Matthias Jung
Leben und Bedeutung

HUMANPROJEKT
Interdisziplinäre Anthropologie

———

Im Auftrag der Berlin-Brandenburgischen
Akademie der Wissenschaften
herausgegeben von Detlev Ganten, Volker Gerhardt,
Jan-Christoph Heilinger und Julian Nida-Rümelin

Band 20

Matthias Jung

Leben und Bedeutung

Die verkörperte Praxis des Geistes

DE GRUYTER

ISBN 978-3-11-106551-9
e-ISBN (PDF) 978-3-11-106559-5
e-ISBN (EPUB) 978-3-11-106592-2
ISSN 1868-8144

Library of Congress Control Number: 2022952386

Bibliografische Information der Deutschen Nationalbibliothek
Die Deutsche Nationalbibliothek verzeichnet diese Publikation in der Deutschen Nationalbibliografie;
detaillierte bibliografische Daten sind im Internet über http://dnb.dnb.de abrufbar.

© 2023 Walter de Gruyter GmbH, Berlin/Boston
Einbandgestaltung: Martin Zech, Bremen
Druck und Bindung: CPI books GmbH, Leck

www.degruyter.com

Inhalt

Vorwort

Was macht das Besondere der menschlichen Lebensform aus? Gibt es so etwas wie *human uniqueness*, also eine ‚Sonderstellung des Menschen‘, wie das früher in der Philosophischen Anthropologie genannt wurde, oder ist diese These aus einer wissenschaftlichen Perspektive endgültig obsolet geworden? Welche Rolle spielen bei dieser Frage die symbolisch-allgemeinen, gleichzeitig aber immer auch leibgebundenen Ausdrucksfähigkeiten des Menschen? Und wie verhalten sich in dieser Hinsicht Natur und Kultur zueinander? Ich bin davon überzeugt, dass es die *verkörperte Praxis des Geistes* ist, also die nie endende Spiralbewegung zwischen leiblichem Erleben, symbolischer Formung und soziokulturellen Sinnvorräten, die uns bei der Suche nach Antworten auf diese Fragen leiten sollte. Nun ist die Geschichte anthropologischer Selbstreflexion zwar alt und ehrwürdig, doch stehen erst seit einigen Jahren bzw. Jahrzehnten die empirischen und konzeptuellen Mittel zur Verfügung, um die oben genannten Fragen auf eine sowohl wissenschaftlich wie philosophisch angemessene Weise zu stellen. Diese Mittel sind, so möchte ich im Lauf dieses Buchs zeigen, die evolutionäre Anthropologie, die Kognitionswissenschaft, soweit sie sich am Paradigma der *embodied cognition* orientiert, und *last but not least* ein philosophischer Ansatz, der gegen reduktionistische Verkürzungen ebenso entschieden argumentiert wie gegen dualistische Trennungen von Mensch und Natur: der klassische amerikanische Pragmatismus.[1] Philosophisch nach dem Menschen zu fragen, ist meiner Überzeugung nach heute nur noch möglich, wenn die Ergebnisse der empirischen Humanwissenschaften einbezogen werden, und zwar nicht bloß illustrativ und nachträglich, sondern methodisch und von Anfang an. Umgekehrt ist es die Aufgabe der Philosophie, eine integrative Deutung der Vielfalt menschlicher Welt- und Selbstverhältnisse zu liefern die, empirisch belehrt

---

1 Die Lebenswissenschaften haben sich in den etwa hundert Jahren, die seit den klassischen pragmatistischen Schriften vergangen sind, natürlich immens weiterentwickelt, was die empirische Basis dieser Texte an vielen Stellen überholt wirken lässt. Man denke nur an die immensen Fortschritte in der Erforschung der Primatenkognition in den letzten Jahrzehnten. Gleichzeitig können diese Fortschritte in vielen Fällen aber auch gerade für eine Bestätigung der pragmatistischen Grundannahmen herangezogen werden. Frithjof Nungesser bringt es auf den Punkt, wenn er herausstellt, dass die „pragmatistische Spezifikation der menschlichen Lebensform [zwar] an zahlreichen Stellen aktualisiert und reformuliert werden muss, die grundlegenden Thesen der Pragmatisten aber von ungebrochener Aktualität sind" (Nungesser 2020, 262). – Mit meiner These, dass der klassische Pragmatismus einen angemessenen Kontext für anthropologische Fragen bereitstellt, soll natürlich nicht bestritten werden, dass auch andere philosophische Traditionen, besonders die Leibphänomenologie und die Philosophische Anthropologie, für die hier behandelten Fragen Wichtiges beizutragen haben.

https://doi.org/10.1515/9783111065595-001

und korrigiert, einheitliche Strukturen in der Fülle der Erfahrung sichtbar macht und so einen Beitrag zum menschlichen Selbstverständnis leistet.

Anhand von fünf Grundbegriffen möchte ich die zentralen methodischen und inhaltlichen Weichenstellungen dieses Buchs vorgreifend verdeutlichen: *Bedeutung, Artikulation, Verkörperung, Kontinuität* und *Differenz.* Alles Leben, und so auch das menschliche, lebt von *Bedeutungen.* Die Umwelt ist für den vulnerablen Organismus bedeutsam, weil er sich nur im stets gefährdeten Austausch mit ihr erhalten kann. Jakob von Uexküll hat als erster Wissenschaftler diese Universalität des Bedeutungsphänomens erkannt und theoretisch verarbeitet. Auch Menschen erleben die Bedeutung der Welt, doch *artikulieren* sie darüber hinaus die gefühlten Relevanzen ihres Umweltverhältnisses, indem sie diese symbolisch explizieren und dabei auch auf Distanz bringen. So entsteht ein ganzer Kosmos an soziokulturellen Bedeutungen, zu dem nur Menschen Zugang haben. Symbolsprachen befreien also von der alleinigen Relevanz des Bedeutungs*erlebens* und öffnen unseren Geist auf den Geist anderer und auf objektive Sachverhalte hin. Damit verliert das leibliche Umweltverhältnis jedoch keineswegs an Bedeutung, es verändert nur seine Funktion. Symbolische Kommunikation ist nur einem Organismus möglich, der mit anderen Organismen und der physischen Beschaffenheit seiner Umwelt in Austausch steht. Die Öffnung des Bewusstseins auf eine Welt hin vollzieht sich daher alleine in der *verkörperten* Praxis des Geistes, der schon deshalb nicht als eine selbständige Entität, sondern als Resultat natürlich evolvierter leiblicher Praktiken begriffen werden muss. Der menschliche Geist steht in evolutionärer *Kontinuität* mit den kognitiven Fähigkeiten anderer Lebewesen und hat sich ohne metaphysische Sprünge im Lauf der Hominisation entwickelt. Diese Einsicht macht alle dualistischen Positionen obsolet und gibt Anlass, auch in normativer Hinsicht unser Verhältnis zu anderen Lebewesen neu zu bewerten. Doch Kontinuität schließt qualitative Sprünge keineswegs aus. Es existiert eine spezifische *Differenz,* durch die sich die menschliche, sowohl natürlich evolvierte als auch kulturell ausgestaltete Lebensform qualitativ und nicht nur quantitativ von denjenigen anderer Lebewesen unterscheidet. Man kann und muss daher empirisch begründet von einer Sonderstellung des Menschen oder, moderner formuliert, von *human uniqueness* sprechen. Und die Zahl der Evolutionsanthropologen und Kognitionswissenschaftler, die dies auch tun, wächst. Nur der Mensch kann die lokalen Bedeutungen seiner Umwelt transzendieren. Diese Einzigartigkeit unterscheidet sich qualitativ von den jeweiligen Besonderheiten, die alle Spezies aufweisen. Es kommt dabei jedoch entscheidend darauf an, sie nicht gegen die Natur, sondern gerade als Resultat eines Evolutionsprozesses zu verstehen, der eine natürliche Angewiesenheit auf Kultur hervorgebracht hat. Die Kontinuität ist die Bedingung der Möglichkeit der Differenz.

Im *ersten* Kapitel geht es um grundsätzliche Weichenstellungen: Welche Theorien und Fragestellungen sollten einen Ansatz bestimmen, der Leiblichkeit und symbolische Transzendenz gleichermaßen ernst nimmt? Kann man heute, ohne metaphysisch zu argumentieren, noch von *human uniqueness* sprechen? Warum ist die Idee einer artikulatorischen Verkörperungsanthropologie, wie ich sie hier entwickeln möchte, überhaupt interessant? Und privilegiert dieser Ansatz die Sprache, oder ist er für alle Formen der Bedeutungsbildung offen? Die theoretischen Grundlagen für mein Projekt werden im *zweiten* Kapitel dargestellt. Ich verteidige dort die These, dass die Philosophie des klassischen amerikanischen Pragmatismus am besten geeignet ist, das anthropologische Denken anzuleiten und seine Grundbegriffe zu reflektieren. Entscheidend ist der prozessontologische Ansatz beim vorgängigen Interaktionszusammenhang von Organismus und Umwelt, aus dem Unterschiede wie Reiz und Reaktion, Wahrnehmung und Handlung, Subjekt und Objekt, Faktum und Wert etc. erst hervorgehen. Damit ist nicht nur jeder Dualismus zurückgewiesen; es wird dann auch möglich, das empirische Wissen vom Menschen sowohl ernst zu nehmen als auch in den weiteren Kontext unserer alltäglichen Lebenserfahrung einzuordnen, also jeden Szientismus zu vermeiden. Das *dritte* Kapitel widmet sich, ausgehend von der Annahme, dass auch die traditionelle Dualität von Natur- und Kulturgeschichte überholt ist, der Evolution von symbolischer Verkörperung und Kulturalität. Der aktuelle Stand der Forschung zur Evolution der menschlichen Kultur wird mit Blick auf die grundsätzliche Frage nach unserer expressiv-artikulatorischen Lebensform rekonstruiert. Anschließend arbeite ich im *vierten* Kapitel anhand der kognitionswissenschaftlichen Strömungen der *embodied cognition* heraus, wie sich die Idee einer sowohl an den Organismus gebundenen als auch ihn transzendierenden Expressivität erfahrungswissenschaftlich präzisieren und überprüfen lässt. Kapitel *fünf* entwickelt auf dieser Basis Grundzüge einer Anthropologie der Bedeutung, die die sprachanalytische Verkürzung des Bedeutungsbegriffs überwinden und eine phänomenologisch dichte Beschreibung der Vielfalt des menschlichen *sense-making* entwickeln soll. Im *sechsten* und letzten Kapitel schließlich werden die Themen der menschlichen Einzigartigkeit und der verkörperten Praxis des Geistes nochmals aufgegriffen. Das geschieht angesichts einflussreicher Strömungen in Kognitionswissenschaft und Philosophie, die die Relevanz des verkörperten Erlebens als Generator von Bedeutungen bestreiten. Es geht also um eine Frage, die vor dem Hintergrund der rasanten Entwicklung künstlicher Intelligenz und der verbreiteten Hoffnung auf eine technologische Überwindung der Grenzen des Biologischen dringend gestellt werden muss: Welche Rolle spielt der biologische, vulnerable und sterbliche Organismus des Menschen dafür, dass die Realität für uns überhaupt Bedeutung erlangt, dass wir in einer sinnhaften, wenngleich keineswegs auch immer sinnvollen Wirklichkeit leben?

Thomas Fuchs, Magnus Schlette und Uta Schaffers haben einzelne Kapitel dieses Buchs gelesen und kommentiert und mir dadurch sehr geholfen, Maik Exner hat das gesamte Manuskript durchgearbeitet. Ihnen allen danke ich sehr herzlich für ihre Hilfe und Unterstützung.

1 Menschen und andere Lebewesen

1.1 Weichenstellungen

Was verbindet die menschliche Lebensform mit derjenigen anderer Organismen, was unterscheidet sie von ihr? Wie können wir unsere Existenzweise und damit uns selbst verstehen, ohne auf dualistische Ansätze zurückzugreifen, die Geist und Kultur aus dem organischen Lebensprozess herauslösen? Welche Weichenstellungen braucht es, um die philosophische Reflexion auf den Menschen eng mit der empirischen Erforschung seiner Evolution und seiner kognitiven Fähigkeiten zu verbinden, dabei aber gleichzeitig die Offenheit für nichtwissenschaftliche Erfahrungsweisen zu bewahren? Um solche Fragen geht es in diesem Buch. Es setzt die Ausarbeitung einer artikulatorischen Verkörperungsanthropologie fort, die ich in meiner Monographie *Der bewusste Ausdruck, Anthropologie der Artikulation* (Jung 2009a) und weiteren Monographien und Aufsätzen (u. a. Jung 2005, 2014a, 2017a, 2018) begonnen habe. Stand in dem früheren Buch die historisch-systematische Ausarbeitung der Grundidee im Zentrum, Menschen seien artikulierende Lebewesen, geht es hier nun um den weiteren, verkörperungs- und bedeutungstheoretischen Kontext sowie die Auseinandersetzung mit dem aktuellen Stand der evolutionären Anthropologie und Kognitionswissenschaft. Was die menschliche Lebensform ausmacht, sind Reichtum und Differenziertheit ihrer Bedeutungswelten, doch Bedeutung ist eben auch ein biologisches Basisphänomen und keineswegs die alleinige Domäne des Menschen. Besser verständlich zu machen, wie humanspezifische Bedeutungen aus dem universellen Lebensphänomen ‚Bedeutung' hervorgehen, wie sie in dieses eingebettet bleiben und es doch gleichzeitig übersteigen, ist das Argumentationsziel dieses Buchs.

Dafür gilt es, zwei komplementäre Wahrheiten über den Menschen zusammenzudenken, statt sie, wie es so häufig geschieht, gegeneinander auszuspielen: (1) Menschen sind *Lebewesen*. Wie alle anderen Organismen auch weisen sie eine physiologische Organisation auf, die es ihnen ermöglicht, sich mit der Umwelt auszutauschen und dadurch zu (über-)leben und sich zu reproduzieren. Der Aufbau unseres Körpers und Gehirns legt zusammen mit basalen Umweltwerkmalen die elementaren Formen dieses Austauschs fest. Was wir ‚Geist' nennen, hat sich in einem Prozess der Ko-Evolution aus den Umweltinteraktionen menschlicher Organismen über etwa sieben Millionen Jahre entwickelt. Es kann daher nicht verwundern, dass tierische und menschliche Kognition in vielen Aspekten eng miteinander verwandt ist. (2) Menschen sind *Kulturwesen*. Anders als andere Organismen verfügen sie über eine kumulative Kultur (vgl. Tomasello 2001), über geteilte Intentionalität (vgl. Tomasello 2014) und eine symbolische Sprache. Ihr Le-

https://doi.org/10.1515/9783111065595-002

ben ist deshalb durch und durch von kulturellen Werten und Normen, Lebensformen und Institutionen bestimmt. Sie können das Hier und Jetzt ihres Organismus transzendieren und sich darüber Gedanken machen, ob Gott existiert, ob die Riemannsche Vermutung zutrifft oder ob Kants Moralphilosophie dem Utilitarismus überlegen ist. Und natürlich bewegen sich Menschen auch bei ihren alltäglichen Verrichtungen in einem dichtgesponnenen Netz von Bedeutungen, die ihre physische Existenz weit übersteigen.

Zwischen diesen beiden elementaren Wahrheiten über unsere Gattung besteht eine unauflösbare Spannung, die im Verlauf der menschlichen Kulturgeschichte sehr unterschiedlich bearbeitet worden ist. Zumindest im westlichen Denken sind *dualistische* Positionen lange Zeit dominant gewesen. Bewusstsein, Geist, Kultur, Normativität etc. stehen dann auf einer Seite und sind von der anderen Seite – dem lebendigen Organismus in seiner Umwelt – durch eine ontologische Kluft getrennt. Diese Kluft kommt aus der griechischen Philosophie, ist dann durch platonisierende Deutungen ins Christentum eingedrungen und später in säkularisierter Form als Cartesianismus lebendig geblieben, wo sie noch heute, in naturalisierter Form, die neurophilosophischen Konzeptionen des menschlichen Selbst als vom Gehirn erzeugte Konstruktion oder gar Illusion unterfüttert. Ein materielles Gehirn produziert innerhalb dieses Denkrahmens eine rein subjektive Erlebniswirklichkeit, die von der objektiven Welt ‚da draußen‘ getrennt ist. Auch in die „social imaginaries" (Charles Taylor[2]) unseres alltäglichen Denkens und Sprechen hat sich dieser Dualismus hineingedrängt. Wie Alva Noë gezeigt hat (vgl. Noë 2009, 5f.), ist die öffentliche Akzeptanz, mit der populärwissenschaftliche Darstellungen von Geist und Subjektivität als reine Gehirnphänomene rechnen können, nur dadurch erklärbar, dass dualistische Positionen im kulturellen Gedächtnis zumindest des Westens tief verankert sind.

Mittlerweile wissen wir es jedoch besser: Der Dualismus ist eine unhaltbare Position – ontologisch, weil er die unerlässliche *Unterscheidung* des Geistigen vom Physischen in eine *Trennung*[3] verwandelt, anthropologisch, weil er eine tiefgreifende Selbstentfremdung des Menschen zur Folge hat: Er trennt den Geist auf eine Weise vom Körper ab, die es uns unmöglich macht zu begreifen, wer wir sind, wie wir entstanden sind und wie wir die Bedeutungen erzeugen, die unsere kulturelle Lebensform ausmachen. Wie wir denken, fühlen und handeln, ist so tief geprägt von

---

2 Vgl. Taylor 2007, 146: „… our ‚social imaginary‘, that is, the way that we collectively imagine, even pretheoretically, our social life …"
3 Hier greife ich Robert Brandoms präzise Charakterisierung dualistischer Positionen auf: „A distinction becomes a dualism when its components are distinguished in terms that make their characteristic relations to one another ultimately unintelligible. (Descartes's dualism is, as always, the paradigm.)" (Brandom 2000, 615)

unserer Existenz als evolutionär entstandene Lebewesen mit einer bestimmten Anatomie und Physiologie, von dem Austausch, den unser Organismus mit seiner Umwelt unterhält, dass jede Trennung zwischen Leib und Geist uns elementarer Mittel beraubt, uns selbst zu verstehen. Philosophische Richtungen wie der Pragmatismus, die Leibphänomenologie und die philosophische Anthropologie haben diese antidualistische Einsicht schon vor einem Jahrhundert stark gemacht, doch erst die moderne Kognitionswissenschaft der zweiten Generation mit ihrer Wende zur *embodied cognition* hat auch empirisch im Detail gezeigt, wie *somatische Marker* (vgl. Damasio 1997, Kap. 8), *körperbasierte unbewusste Metaphern* (vgl. Lakoff/ Johnson 1980), *Bildschemata* (vgl. Johnson 1987, 2017), *Körperschemata und -bilder, sensomotorische Rückkoppelungen, leibliche Intersubjektivität* (vgl. Gallagher 2005, 2017), der *Umgang mit Dingen und Artefakten* (vgl. Malafouris 2013) usw. alle kognitiven Prozesse wie auch die natürlichen Sprachen in ihren pragmatischen, syntaktischen und semantischen Dimensionen (vgl. Di Paolo/Cuffari/DeJaegher 2018) prägen. Kein lebendiger Organismus[4], kein Geist.

Nur darf aus dieser antidualistischen Grundeinsicht nicht geschlossen werden, dass (Selbst-)Bewusstsein und Geist von den Imperativen biologischer Selbsterhaltung und -reproduktion determiniert wären. Im evolutionären Entstehungsprozess der menschlichen Lebensform sind vielmehr symbolisch-intersubjektive Kompetenzen emergiert, die es uns ermöglichen, gerade *mittels* unserer leiblichen Verfasstheit die physischen Grenzen der organischen Existenz zu überschreiten – in die wir doch als Lebewesen immer eingefügt bleiben: Kumulative Kultur überwindet die kognitiven Limitationen jeder einzelnen, individuellen Existenz. Sprachlicher Ausdruck transformiert die leiblichen Bedeutungsgefühle in eine hoch differenzierte, intersubjektiv zugängliche Welt von Bedeutungen, die auf die Individuen zurückwirkt. Symbolische Kommunikation lässt eine objektive Welt entstehen, in der sich individuelle Perspektiven auf geteilte Sachverhalte beziehen können. In all diesen Prozessen findet jeweils eine Bewegung des *Transzendierens* statt: Der vergemeinschaftete Geist erweitert den Bereich dessen, worauf er sich richten kann, über die lokalen Probleme der Lebensbewältigung hinaus auf Fragen des Zusammenlebens der Gruppe, schließlich sogar der Menschheit, auf die objektiven Eigenschaften von Gegenständen und Ereignissen, auf ästhetische Qualitäten jenseits der Nützlichkeit, schließlich sogar auf die Wirklichkeit im Ganzen. Wir benötigen

---

4 Ich verwende hier und durchgängig in diesem Buch bewusst den Begriff des Organismus, weil dieser anders als etwa die Begriffe des „Leibs" oder „Körpers", „von Bakterien bis zum Menschen anwendbar ist" (Toepfer 2017 b, 159). Damit möchte ich die evolutionäre Kontinuität des Menschen zu anderen Lebewesen betonen – ohne im Geringsten zu insinuieren, dass es zwischen menschlichen und nichtmenschlichen Organismen keine qualitativen Unterschiede gibt.

deshalb dringend ein Verständnis der symbolischen Transzendenz[5] des Menschen, und zwar – das ist der springende Punkt – *als Resultat* seiner natürlichen Entwicklung. Dabei wird es für den methodischen Ansatz dieses Buch entscheidend sein, diesen Transzendenzbegriff klar von einem metaphysischen oder religiösen zu unterscheiden. Es geht nicht um die ohnehin wissenschaftstranszendente Frage nach der Existenz einer jenseitigen, „transzendenten" Wirklichkeit, sondern um das für unser Menschsein konstitutive Überschreiten des Hier und Jetzt der individuellen, leiblichen Existenz. „[H]umans alone", so drückt es Kevin N. Laland drastisch aus, „have devised vaccines, written novels, danced in *Swan Lake*, and composed moonlight sonatas, while the most culturally accomplished nonhuman animals remain in the rainforest cracking nuts and fishing for ants and honey" (Laland 2017, 11). Dabei geht es niemals darum, die enorme Komplexität und das reiche Bewusstseinsleben nichtmenschlicher Lebewesen in Frage zu stellen, auch nicht um die Leugnung unserer tiefen Verbundenheit mit allem Leben, sondern einzig um den *game changer* eines zugleich tief verkörperten und den biologischen Organismus transzendierenden Bewusstseins.

Die Pointe dieses Buchs wird dementsprechend darin bestehen, die Fähigkeit unseres Geistes, sich über die lokale Umwelt hinaus auf eine prinzipiell unbegrenzte Bedeutungswelt zu richten, gerade als emergenten Effekt unseres leiblich fundierten Bewusstseins zu verstehen. Dualistische Positionen hingegen machen den Fehler, diese evolvierte und leibvermittelte Fähigkeit zu verdinglichen und eine unabhängige geistige Welt zu postulieren, von der dann völlig unklar bleiben muss, warum sie überhaupt an die physische Existenz eines Organismus in einer Umwelt gebunden ist. – Nun könnte man glauben, dass die gerade erörterten Unterscheidungen auf eine Abstraktionsebene getroffen werden, die weder für unser Selbstverständnis als Menschen noch für die Praxis der Wissenschaft relevant ist. Demnach ginge es um einen bloßen Philosophenstreit, der von der breiteren Öffentlichkeit getrost ignoriert werden kann. Doch das wäre ein folgenschwerer Irrtum, denn dualistische Menschenbilder können die Alltagspraxis ebenso sehr deformieren wie die der Wissenschaft. Ein gutes, wenn auch – bislang – noch relativ exotisches Beispiel für ersteres liefert die *quantified self*-Bewegung (zumindest in ihren extremeren Formen), bei der es darum geht, Lebensqualität und Selbstoptimierung durch permanente Gewinnung und Auswertung physiologischer Daten wie Puls, Atemfrequenz, Sättigung des Bluts mit Sauerstoff etc. zu erreichen (vgl. Dutt-

---

5 Das Adjektiv ‚symbolisch' soll zum Ausdruck bringen, dass die Fähigkeit, den biologischen Lebensprozess zu transzendieren, an die Entstehung symbolischer Sprachen gekoppelt ist. Diese wiederum bedienen sich bestimmter Struktureigenschaften des Lebensprozesses (unter ihnen als wichtigste der Zusammenhang von Leben und *Bedeutung*), ohne die sie niemals hätten entstehen können.

weiler et. al. 2016). Damit droht eine Überschreibung der erlebten Identität durch eine externalistische Sichtweise, die die Subjektivität des Leibes ausblendet und den Geist zum ängstlichen oder auch neugierigen Beobachter und Kontrolleur einer physiologischen Maschine macht.

Jeder Mensch trägt mindestens eine implizite Anthropologie mit sich herum, und zu Recht hat Karl Jaspers darauf hingewiesen, dass tiefsitzende Annahmen über unser Menschsein unvermeidlich unser Handeln prägen, „[d]enn das Bild des Menschen, das wir für wahr halten, wird selbst ein Faktor unseres Lebens. Es entscheidet über die Weisen unseres Umgangs mit uns selbst und mit den Mitmenschen, über Lebensstimmung und Wahl der Aufgaben." (Jaspers 1948/1974, 50) Was nun die dualistische Gefahr betrifft, so zeigt sie sich besonders deutlich in der Neurowissenschaft und Neurophilosophie (vgl. Roth 2001, Eagleman 2012, Metzinger 2017). Dualistische Forschungsparadigmen tragen dort entscheidend dazu bei, ein Bild des menschlichen Bewusstseins zu fördern, das wissenschaftlich unplausibel und überdies mit den normativen Voraussetzungen unserer Kultur wie Freiheit und Selbstbestimmung kaum verträglich ist. Vielleicht der wichtigste Aspekt ist jedoch der Folgende: Die Ausklammerung der *leiblichen Praxis des Geistes* kann eine zynische und verächtliche Haltung gegenüber der Verkörpertheit der menschlichen Lebensform befördern. Der Fokus auf angeblich nur kontingent verkörperte geistige Strukturen ist die Kehrseite einer Abwertung der Zeitlichkeit, Endlichkeit und Vulnerabilität unserer Existenz. Wenn kognitive Prozesse leibvergessen als computationale, algorithmische Muster beschrieben und umgekehrt die organischen Funktionskreise nur noch als physiologische Verschaltungen betrachtet werden, geraten daher auch die kulturellen Errungenschaften eines humanistischen Menschenbildes unter Druck, wie Thomas Fuchs im Detail nachgezeichnet hat (vgl. Fuchs 2020, 7–11).

Das szientistische und dabei, zumindest was das Verhältnis von Geist und Leib betrifft, stets auch dualistische Menschenbild, gegen das sich sein Buch ebenso wie diese Monographie richtet, weist Fuchs zufolge drei charakteristische Aspekte auf: *Naturalismus* (Verabsolutierung naturwissenschaftlicher Erkenntnis), *Eliminierung des Lebendigen* (Ausklammerung von Subjektivität und Erleben als biologischen Grundphänomenen) und *Funktionalismus* (Bewusstsein wird als informationsverarbeitender Prozess verstanden, der im Prinzip auf beliebigen physischen Trägern ablaufen könnte). Allerdings erscheint mir hier beim ersten Punkt, dem Naturalismus, eine Differenzierung angebracht. Was Fuchs an dieser Stelle kritisiert, ist (obwohl dies vermutlich die betreffenden Wissenschaftler nicht eingestehen würden) eine *metaphysische* Grundhaltung: die wissenschaftlich nicht zu begründende Absolutsetzung der Naturwissenschaften als einziger Erkenntnisquelle. Diesen metaphysischen Naturalismus sollte man aber nicht mit dem Naturalismus als *methodischer Einstellung* verwechseln. Für die Philosophie und alle Wissenschaften ist diese Einstellung geradezu konstitutiv: Supranaturale Faktoren (wie etwa ein göttliches Eingreifen) kommen als mögliche Erklärungen nicht in Betracht. In diesem Sinne sind alle Wissenschaften und so auch der Ansatz dieser Studie von Haus aus methodisch naturalistisch – naturalistisch im Sinne des Verzichts auf die Geltendmachung nichtnatürlicher Kausalfaktoren, aber eben nicht *reduktionistisch.* Unter Reduktionismus (als zu vermeidendes Übel, nicht als in ihren Grenzen wissenschaftstheoretisch legitime Strategie) verstehe ich hier die methodische Haltung, höherstufige, emergente Eigenschaften eines Systems grundsätzlich als durch niederstufige bzw. evolutionär frühere Eigenschaften vollständig erklärbar zu betrachten. Ein Beispiel wären die Bemühungen bestimmter Strömungen innerhalb der evolutionären Psychologie, das Verhalten moderner Menschen aus den Entstehungsbedingungen unserer Gattung im späten Pleistozän abzuleiten.[6] Davon zu unterscheiden ist der wissenschaftlich völlig legitime, fortschrittsermöglichende Versuch, komplexe Phänomene bzw. Theorien dort auf einfachere zurückzuführen, wo die Phänomene es auch hergeben (vgl. Jung 2019, 55–65). Hierfür ist ein gängiges Beispiel in der Wissenschaftstheorie die Erklärung des chemischen Bindungsverhaltens von Atomen durch unterliegende physikalische Gesetzmäßigkeiten.

Dualistische Positionen mit ihren verzerrenden Wirkungen auf Menschenbild und Wissenschaft lassen sich nur überwinden, wenn es gelingt, unsere Fähigkeit zur symbolischen Transzendenz als Ausdruck unserer spezifisch menschlichen Art von organischer Lebendigkeit zu verstehen: „Mind in Life" – wie ein Buchtitel des Philosophen und Kognitionswissenschaftlers Evan Thompson programmatisch lautet (Thompson 2007).[7] Dafür sind drei Weichenstellungen unerlässlich. *Erstens* kommt es darauf an zu verstehen, dass nicht nur das menschliche Leben, sondern Leben überhaupt von der Sensitivität des Organismus für *Bedeutungen* geprägt ist. Die Existenz von Bedeutungen gründet in der biologischen Elementartatsache, dass Organismen sich mit ihrer Umgebung austauschen müssen, um ihr Leben zu erhalten und zu reproduzieren, und deshalb die Qualität dieser Austauschbeziehung so sorgfältig wie andauernd registrieren und bewerten. Daher lässt sich die universelle Aussage treffen: „Living is a process of sense-making, of bringing forth significance and value." (Thompson 2007, 158) Dieser Gedanke wird in diesem Buch in Auseinandersetzung mit evolutionsanthropologischen und kognitionswissenschaftlichen Positionen entfaltet.

Auch das menschliche Leben ist, *zweitens*, umhüllt von Bedeutungswelten, die in den gespürten Qualitäten des leiblichen Umgangs mit der Umwelt gründen, sich

---

6 Kritisch dazu Dupré 2006, 196–214.

7 Thompson neigt dazu, den Geistbegriff („mind") soweit evolutionär zurückzuverlegen, dass er bei einer nahezu panpsychistischen Position landet (vgl. dazu unten, 329). Seinen Titel zitiere ich hier nur als griffige Formulierung für die Grundtendenz meines Ansatzes.

jedoch kraft symbolischer Kommunikation und „geteilter Intentionalität" (Tomasello) auf prinzipiell alles, also auch auf das Ganze des Weltbezugs ausdehnen können. Diese Ausdehnung verstehbarer Bedeutungen über dasjenige hinaus, was dem Organismus lebensdienlich ist, verdankt sich den Ausdrucksmöglichkeiten der menschlichen Symbolsprache, die aber ihrerseits durch und durch verkörpert, d. h. für ihre umwelttranszendierenden Leistungen auf die Physiologie der interagierenden Organismen und die materiellen Strukturen der Welt angewiesen ist. Um diesen Sachverhalt angemessen denken zu können, sind die begrifflichen Mittel der weltweit dominierenden sprachanalytischen Philosophie jedoch wenig geeignet. Diese hat nämlich (sofern sie überhaupt für anthropologische Fragen Interesse aufbringt) die menschliche Fähigkeit, sich mit Ausssagesätzen auf Tatsachen zu beziehen, darüber begründende Diskurse mit anderen führen und dies auch reflektieren zu können, zum ausschlaggebenden Merkmal des Menschseins gemacht (vgl. Brandom 2000, 650).

Gleichwohl handelt es sich auch bei dieser Fähigkeit zur propositionalen Sprache um eine intersubjektive Erweiterung unserer organischen Sensitivität für Bedeutungen. Und das impliziert, dass sie nur im Verbund mit unserem leiblichen Handeln und Erfahren in dieser Welt, also als verkörperter Geist, möglich wird. Ohne das In-der-Welt-Sein des Organismus, ohne qualitatives Erleben, physische Interaktion, metaphorische Erweiterungen des Körperschemas usw. ist menschlicher Symbolgebrauch nicht verständlich zu machen. Diese vom analytischen Denken ausgeklammerte Verankerung symbolischen Sinns im Lebensprozess ist in der pragmatistischen Philosophie von Peirce, James, Mead und Dewey[8] schon gegen Ende des 19. Jahrhunderts ins Zentrum gerückt worden. Der klassische Pragmatismus bietet sich deshalb als theoretischer Rahmen an, um die sehr unterschiedlichen methodischen Ansätze, empirischen Befunde und Denkformen, die im Folgenden behandelt werden, miteinander zu integrieren. Dabei stellen die Einsichten der Leibphänomenologie, der klassischen philosophischen Anthropologie und der hermeneutischen Tradition willkommene Ergänzungen dar.

Die *dritte* Weichenstellung besteht darin, eine Denkfigur ausfindig zu machen, die geeignet ist, den *inneren* Zusammenhang zwischen den beiden Polen des Bedeutungskontinuums – leiblich gespürte Bedeutsamkeit und symbolische Bedeutung – sichtbar zu machen. Hierfür schlage ich den Begriff der *Artikulation* vor, den ich bereits in früheren Arbeiten (Jung/Schlette 2005; u. a. Jung 2009a, 2014, 2017a, 2019) ausgearbeitet habe. Er soll nun hier seine anthropologische Integrationskraft

---

8 Was das kontinentaleuropäische Denken betrifft, ist bis in die Gegenwart Wilhelm Dilthey immer noch nicht genügend als eminenter Vordenker einer handlungs-, lebens- und verkörperungsphilosophischen Wende anerkannt worden (vgl. Jung/Madzia 2015).

im Durchgang durch philosophische, evolutionsanthropologische und kognitionswissenschaftliche Einsichten in die Eigenart der menschlichen Lebensform entfalten. Unter Artikulation verstehe ich die Struktureigenschaft menschlicher Bedeutungsbildung (mit Vorformen im nichtmenschlichen Leben), erlebte Bedeutsamkeiten explizit zu machen, indem organische Muster und materielle Strukturen genutzt werden, um durch Zergliederung des Empfundenen relevante Unterschiede und Akzente sichtbar zu machen. Dabei ist es die innere Verbindung der physischen Gliederungselemente (etwa Körperbewegungen, Lautäußerungen, Töne) mit dem ‚geistigen' Gehalt, die Artikulation erst ermöglicht. Dieses „Urphänomen" der Verschränkung von Sinnlichkeit und Sinn, von Ernst Cassirer als „symbolische Prägnanz" (vgl. Cassirer 1990, 222–237) bezeichnet, macht jeden Leib-Seele-Dualismus unmöglich. Artikulation ist ein somatisch-semantischer Prozess, der von der unmittelbaren Erfahrung des gelebten Lebens zu kulturell verfügbaren Sinngestalten *und zurück* führt, denn natürlich imprägnieren diese Sinngestalten, sobald sie zu zirkulieren beginnen, dann auch das individuelle Leben. Kulturelle Vorstellungen und Normen beherrschen selbst die elementarsten Lebensäußerungen wie Nahrungsaufnahme und Sexualität. Man könnte hier auch von einem Rhythmus zwischen intersubjektiver Explikation, individueller Implikation und neuerlicher Explikation, oder mit Charles S. Peirce einfach vom Leben der Zeichen, vom offenen und genuin sozialen Prozess der Semiosis sprechen.

Artikulationsprozesse sind niemals nur sprachlicher Art. Sie spielen sich immer zwischen den Polen verkörperter, individueller Erfahrung einerseits, und dem, was Dilthey, Hegel aufgreifend, „objektiver Geist" genannt hat, ab: den gestischen, mimischen, piktorialen, musikalischen, dramatischen, sprachlichen etc. Sinngestalten, die kulturell entstanden und verfügbar sind sowie dauernd einer kreativen Weiterentwicklung unterliegen. Indem sie Implizites explizieren und Expliziertes für das qualitative Bewusstsein verfügbar machen, konkretisieren sie die Grundeinsicht eines *ökologischen* (vgl. Fuchs 2008) Verständnisses von Bewusstsein, Organismus und Welt: Es ist die Relation, die die Relate erst konstituiert. Wer sich nur auf einen einzigen Pol dieses „aufgespannten Verhältnisses" (Schrödter 1987, 12) bezieht, wird immer bei einer verzerrten und reduktionistischen Sicht der Dinge landen – je nachdem, welcher Pol als der ursprüngliche angesehen wird, bei einem weltanschaulichen Naturalismus oder Idealismus. Entscheidend ist jedoch zu verstehen, dass der Interaktionszusammenhang zwischen dem verkörperten Bewusstsein und der physischen und sozialen Welt keine nachträgliche Verbindung selbständiger Einheiten darstellt, sondern umgekehrt erst seine Relate bestimmbar macht und im Fall von Bewusstsein und sozialer Welt erst konstituiert. Natürlich ist die physische Realität vom Bewusstsein unabhängig und seiner Entstehung vorgängig, aber von einem bewussten Organismus, seiner tierischen oder menschlichen *Umwelt* und schließlich im Fall des Menschen von einer die Umwelt transzendierenden *Welt* zu sprechen, setzt das Korrelatverhältnis des Organismus mit seiner Umgebung immer schon voraus.

Die ungeheure Anzahl menschlicher Artikulationsleistungen ist, so betrachtet, nichts anderes als die semiotische Konkretisierung dieses Verhältnisses im Lauf der Menschheitsgeschichte. Wir sind, wie es Helmuth Plessner formuliert hat, Wesen, deren Lebensmodus die Ausdrücklichkeit ist (vgl. Plessner 1975, 323). Dabei ist die relative Distanz der so geschaffenen Artefakte vom organischen Lebensprozess keine Konstante, sie ist vielmehr im Lauf der Menschheitsgeschichte, wie noch zu untersuchen sein wird, immer größer geworden und unterliegt im digitalen Zeitalter einer exponentiellen Beschleunigung. Die Vorstellung allerdings, es könnte möglich sein, die leibliche Präsenz in einer bedeutungsvollen Umwelt jemals zugunsten entkörperter Bedeutungswelten hinter sich zu lassen, führt anthropologisch und im Übrigen auch moralphilosophisch ins Abseits.

1.2 Die Einzigartigkeit der menschlichen Lebensform

Dass unsere Spezies etwas Besonderes ist, galt in der westlichen, von jüdischen, christlichen und griechischen Traditionen geprägten Kultur lange als ausgemacht, ob dies nun über die Gottähnlichkeit oder die Fähigkeit zum Vernunftgebrauch begründet wurde. Mensch und Tier waren durch eine ontologische Kluft getrennt, die ihre größte Tiefe wahrscheinlich in Descartes' Vergleich von tierischen Organismen mit Automaten bzw. Maschinen (vgl. Descartes 1637/1990, 91f.) erreicht hat. Der Durchbruch der Evolutionstheorie in der zweiten Hälfte des 19. Jahrhunderts machte dann zwar offensichtlich, dass zwischen Menschen und anderen Lebewesen eine evolutionäre Kontinuität besteht. Und bekanntlich hat in der Folge Sigmund Freud die Einsicht der Menschheit in ihre „Abstammung aus dem Tierreich" als eine (neben der kosmologischen Kränkung durch Kopernikus und der psychoanalytischen durch ihn selbst) von drei großen „Kränkungen ihrer naiven Eigenliebe" (Freud 1916 u. 1917/1989, 283) bezeichnet. Doch auch noch nach Darwin und Freud gehen die Autoren der klassischen philosophischen Anthropologie wie Scheler, Gehlen, Portmann und Plessner, obwohl sie um eine biophilosophische Kontextualisierung der menschlichen Existenzform bemüht waren, selbstverständlich von einer „Sonderstellung" des Menschen aus. So behauptete Max Scheler 1928, dass diese „Sonderstellung" auf einem neuen, den Menschen bestimmenden Prinzip gründe, dem „Geist", verstanden als ein *jedem Leben überhaupt, auch dem Leben im Menschen entgegengesetztes Prinzip*" (Scheler 1991, 37f.). „*Existenzielle Entbundenheit vom Organischen*" (Scheler 1991, 38) wird damit zum Prinzip einer eben doch im Kern bei allem Interesse für Lebensprozesse dualistischen Anthropologie. Ein Sammelbandtitel des 21. Jahrhunderts wie „Der Geist der Tiere" (Perler/ Wild 2005) wäre Scheler vermutlich als Gipfel der Absurdität erschienen.

An diesem Titel zeigt sich auch exemplarisch, wie weit der philosophische und wissenschaftliche Zeitgeist der Gegenwart unter der Prämisse des methodischen Naturalismus von dem intellektuellen Projekt zumindest Schelers entfernt ist. Scheler war selbst nach Darwin noch von einem metaphysisch aufgeladenen Geistbegriff ausgegangen, der Vernunft von Intelligenz scharf unterscheidet und jene dem Menschen vorbehält, während er diese anderen Lebewesen durchaus zugesteht. Im Unterschied dazu orientieren sich Perler/Wild an einem naturwissenschaftlich geprägten Verständnis des Geistes als organismisches Vermögen der Kognition. Deshalb verpflichten sie sich auf die methodische Maxime: *„Prima facie* darf kein prinzipieller Unterschied zwischen Menschen und Tieren angenommen werden. Andernfalls ‚bestätigen' die Beobachtungen nur das, was durch die These von der anthropologischen Differenz ohnehin von vornherein feststeht." (Perler/ Wild 2005, 33). Hier drängt sich allerdings der naheliegende Einwand auf, dass doch auch das Umgekehrte gilt: Die Annahme der Nichtexistenz eines prinzipiellen Unterschieds produziert genauso einen *confirmation bias* wie ihr Gegenteil und muss jedenfalls empirisch revisionsbereit gehalten werden. Davon abgesehen machen Perler/Wild aber in der Tat einen wichtigen Punkt geltend: Nicht metaphysische Setzungen, sondern empirische Befunde müssen in dieser Frage den Ausschlag geben. Dabei ist es entscheidend, die Empirie entsprechend umfassend anzusetzen und der Tendenz zu widerstehen, einzelne Faktoren – exemplarisch etwa die in jüngster Zeit in der molekularen Anthropologie viel diskutierten Mutationen des Nova1-Gens[9] – als auschlaggebend zu betrachten. Die subjektive Wirklichkeit des Erlebens und die symbolischen Tatsachen der Kultur müssen genauso zur empirisch erfahrbaren Realität gezählt werden, wie die Korrelate naturwissenschaftlicher Forschung.

Wie die programmatische Rede vom ‚Geist der Tiere' deutlich macht, gelten jedenfalls Sonderstellungsthesen oftmals als diskreditiert und bestenfalls als Ausweis eines naiven, metaphysisch überhöhten Anthropozentrismus. Der methodische Naturalismus der Wissenschaft kennt nur evolutionäre Kontinuität, aber keine quer zum Evolutionsprozess stehenden Wirkungsfaktoren wie Schelers „Geist". Wir sind, so die gängige Vorstellung, Tiere wie andere Tiere auch, deren Kognitionsprozesse aufgrund ihrer Überlebens- und Reproduktionsvorteile evolviert sind und die deshalb auch mit denselben Methoden analysiert werden können, wie sie bei

---

9 Dieses Gen wird mit einer Veränderung in der Entwicklung der synaptischen Verbindungen zwischen Neuronen („splicing") bei der Ontogenese in Zusammenhang gebracht, die *homo sapiens* einen Entwicklungsvorsprung vor dem Neanderthaler gesichert haben könnte (vgl. Cleber A. Trujillo et. al. 2021).

nichtmenschlichen Lebewesen Anwendung finden. Dabei werden nicht selten zwei unterschiedliche Fragen miteinander verwechselt, nämlich diejenige nach der graduellen Evolution der menschlichen Lebensform und diejenige nach dem Bestehen qualitativer Differenzen zwischen Menschen und anderen Lebewesen. Es wird dann davon ausgegangen, dass mit der immer besseren und detaillierteren Rekonstruktion der evolutionären Anthropogenese bereits der Nachweis für die Hinfälligkeit solcher Differenzen erbracht ist. Dieser Schluss wäre aber nur unter der Voraussetzung gültig, dass der Evolutionsprozess die Emergenz von qualitativem Neuem ausschließen würde. Dass dem nicht so sein kann, zeigt schon das biologische Grundphänomen des Lebens, das aus anorganischer Materie entstanden ist.[10] Solange jedoch der methodische Naturalismus der Wissenschaften fälschlich so verstanden wird, dass er qualitative Emergenzen ausschließt, scheinen Autoren, die um der Phänomene willen auf diesen bestehen, in einer misslichen Lage zu sein. Wer von einer Sonderstellung des Menschen, von der Einzigartigkeit der menschlichen Lebensform oder ähnlichem spricht, steht dann unter dem Verdacht, den beanspruchten Status schlicht weltanschaulich vorauszusetzen und damit den methodischen Boden der Wissenschaft verlassen zu haben.

Doch die Alternative zwischen metaphysischer Setzung und Aufgabe der anthropologischen Differenz ist eben nicht vollständig. Zwar müssen alle Versuche, die Einzigartigkeit der menschlichen Lebensform *contra naturam* zu begründen, um den Preis eines Rückfalls in den Dualismus, an der evolutionären Kontinuität der menschlichen Entwicklungsgeschichte scheitern. Und nimmt man letztere ernst, zeigt sich sofort eine neue Schwierigkeit: Die metaphysisch und/oder religiös begründete Geringschätzung nichtmenschlicher Lebewesen hat über Jahrhunderte die Erforschung nichtmenschlicher Kognition behindert. Speziesvergleichende Forschungen und mit ihnen empirische Vergleichsdaten gibt es überhaupt erst seit einigen Jahrzehnten, unser Wissen über die kognitiven Fähigkeiten anderer Lebewesen und damit auch über das konkrete Ausmaß evolutionärer Kontinuität ist immer noch sehr rudimentär. Doch unbeschadet dieser Beschränkungen haben die Fortschritte der evolutionären Anthropologie und der vergleichenden Kognitionsforschung in den letzten Jahrzehnten einen dritten Weg zwischen metaphysischem Essentialismus und einer reduktionistischen Nichtbeachtung qualitativer Differenzen möglich gemacht. Er besteht darin, den qualitativen Unterschied zwischen der menschlichen und den tierischen Lebensformen gerade als Resultat eines uns

---

10 Für ein Verständnis des Evolutionsprozesses, das gerade an solchen „major transitions" orientiert ist, vgl. John Maynard Smith/Eörs Szathmáry 2009. Als letzter dieser großen Übergänge, die alle mit einer neuen Form der Verarbeitung von Informationen einhergehen, wird der Übergang von Primatengesellschaften zu sprachbasierten menschlichen Gesellschaften genannt (vgl. Smith/ Szathmáry 2009, 17).

mit allen Lebewesen verbindenden evolutionären Prozesses zu verstehen, der zur Entstehung von kultureller Evolution geführt hat.[11] Um es mit Antonio Damasio zu sagen: „... discovering the roots of human cultures in nonhuman biology does not diminish the exceptional status of humans at all" (Damasio 2019, 7).

Dieser Strategie zu folgen, bedeutet keinen Abschied vom methodischen Naturalismus, denn ‚human uniqueness' wird hier nicht dualistisch verstanden und basiert auch nicht auf metaphysischen Postulaten. Entscheidend sind vielmehr evolutionäre Entwicklungen, darunter prominent die Ko-evolution kultureller und biologischer Faktoren (Deacon 1997), die Eigenart der menschlichen Ontogenese (Tomasello 2019) sowie kulturelle Traditionen, die sich auf der Basis von „shared intentionality" (Tomasello 2014) eigenlogisch und pfadabhängig entwickeln und verändern. Dabei kommt dem funktionalen Wandel menschlicher Organismen auf der Basis von Prozessen der *Exaptation* eine zentrale Rolle zu (Johnson 2018a). Unter diesem Begriff versteht man einen sekundären Funktionswandel bereits evolvierter Strukturen[12], etwa die spätere Rekrutierung von Hirnrealen, die ursprünglich der sensomotorischen Koordination gedient haben, für Begriffsbildung und sprachliche Artikulation. Der so benannte evolutionäre Mechanismus ist grundlegend für ein nicht-reduktionistisches Verständnis der menschlichen Lebensform. Evolutionäre Rekonstruktionen der Entstehungsbedingungen einer Funktion oder eines Organs werden nämlich in reduktionistischen Erklärungen menschlichen Verhaltens, etwa in der evolutionären Psychologie, häufig herangezogen, um zu suggerieren, wir seien „behaviourally programmed for the life of hunter-gatherers on the Pleistocene savannah" (Dupré 2006, 209). Evolutionärer Entstehungskontext und aktuelle Funktion müssen jedoch, wie das Phänomen der Exaptation zeigt, keineswegs identisch sein. Vielmehr können im Rahmen kulturell-biologischer Ko-evolution neue und höherstufige Leistungen entstehen, die ältere Strukturen *top-down* refunktionalisieren.[13] Damit wird ein Zusammendenken evolutionärer und kultureller Prozesse möglich.

---

11 Ähnlich argumentiert auch Welsch 2014, 97: Es entsteht „angesichts der neueren Kontinuitäts-befunde gerade die Aufgabe, eine *neuartige Erklärung der menschlichen Besonderheit* zu finden, die nicht auf einen Sonderfaktor setzt, der beim Menschen irgendwoher hinzugekommen wäre, sondern die strikt davon ausgeht, dass unseren Vorfahren auf dem Weg zur Menschwerdung gar kein anderes Startkapital zur Verfügung stand als das unseren nächsten Verwandten ebenfalls zur Verfügung stehende Kapital." (Kursiv im Original.)

12 Das Phänomen war bereits Darwin bekannt; sein Beispiel ist die Konversion der Schwimmblase von Fischen in das Atmungsorgan der Lunge (vgl. Darwin 1859/2003, 187).

13 Wie Mark Johnson (2018a) gehe ich davon aus, dass Exaptation nicht allein auf der neuronalen Ebene stattfindet – als „neural reuse" (Gallagher 2017, 31), wie von Gallagher diskutiert – sondern darüber hinaus auch höherstufige kulturelle und semiotische Muster betrifft.

Es geht mir in diesem Abschnitt nicht darum, einen vollständigen Überblick über die diversen Ansätze zu einer sowohl nichtdualistischen als auch nicht aus der evolutionären Kontinuität ausscherenden Konzeption menschlicher Einzigartigkeit zu liefern. Vielmehr soll lediglich exemplarisch plausibel gemacht werden, dass es möglich ist, von einem Begriff des verkörperten Geistes ausgehend zu Einsichten über die Spezifika der menschlichen Lebensform zu gelangen, die den menschlichen Geist im Lebensprozess des Organismus verankern, ohne deshalb seine qualitative Differenz zu anderen Lebensformen zu leugnen. Wer den Lebensprozess des Organismus ernst nimmt, muss sich daher vor jeder anthropozentrischen Überheblichkeit hüten: Menschen sind Lebewesen und teilen mit allen anderen Lebewesen Grundbedürfnisse sowie Natalität, Vulnerabilität und Sterblichkeit. Und weil die Fähigkeit zum Bewohnen einer intersubjektiven und objektiven Realität gerade von exaptiven Funktionserweiterungen des Organismus getragen wird, bleibt sie dessen Lebensprozess immer verbunden. – Die Hauptkapitel dieser Schrift dienen entsprechend der Durchführung dieses hier nur sehr knapp skizzierten Programms einer nichtdualistisch-nichtreduktionistischen Anthropologie am Leitfaden der Idee der Artikulation.

Drei Ansätze[14] zu einem nichtdualistischen Verständnis menschlicher Einzigartigkeit sollen hier kurz dargestellt werden: *Raymond Tallis'* Konzeption einer Anthropologie zeichenvermittelter, leibbasierter Transzendenz, *Daniel Liebermans* Argumente für eine auf Kreativität und Unvorhersehbarkeit basierende Einzigartigkeit des Menschen und schließlich *Michael Tomasellos* akribische Rekonstruktion geteilter Intentionaliät als Merkmal der menschlichen Lebensform. Ihnen allen ist eine Überzeugung gemeinsam, die Kevin N. Laland prägnant zum Ausdruck bringt: „All species are unique, but we are uniquely unique." (Laland 2017, 29)

Raymond Tallis hat in zahlreichen Monographien (u. a. Tallis 2004, 2010, 2011) eine anthropologische Position vorgelegt, die sich um eine Versöhnung darwinistischen und humanistischen Denkens bemüht und sich dabei gegen jeden Supranaturalismus, ebenso entschieden aber auch gegen den szientifischen Naturalismus wendet. Tallis begreift den Menschen als ein biologisch evolviertes Lebewesen, das jedoch im Laufe seiner Entwicklung gelernt hat, die kognitiven Limitationen anderer Lebewesen zu überwinden. Die menschliche Lebensform ist „engulfed by nature" (Tallis 2011, 360) und „answerable to nature" (Tallis 2011), jedoch gleichzeitig in der Lage, Naturprozesse zu transzendieren. „Because we transcend our natural condition, we are aware of our own nature and of nature herself in the way that no other part of nature is aware." (Tallis 2010, XXII) „Making things explicit" (Tallis

---

14 Für zwei weitere aktuelle Arbeiten, die aus einer evolutionären Perspektive die qualitative Andersartigkeit unserer Spezies betonen vgl. Suddendorf 2014 und Laland 2017.

2010, 230) wird dabei als das entscheidende menschliche Vermögen gesehen, als die „crucial global difference between us and other beasts" (Tallis 2010, 230). Die menschliche „propensity to live by explicit rules and make explicit sense of the world we live in" (Tallis 2010, 230) manifestiere sich in vielfältigen Formen, und schon sehr früh etwa an der Entwicklung des Werkzeuggebrauchs, am deutlichsten aber in der Fähigkeit, mittels einer symbolischen Sprache explizit zu machen, was die Welt für uns bedeutet. Für die Individuen hat das zur Konsequenz, dass sie geradezu, mit Sartre gesprochen, „verurteilt [sind], frei zu sein" (Sartre 1946/ 1986, 16), jedenfalls gar nicht umhinkönnen, ihr Leben bewusst zu führen statt nur auf äußere Ereignisse zu reagieren.[15] Für das kollektive Bewusstsein bedeutet es, dass Geltungsansprüche auf Wahrheit und normative Richtigkeit alle kulturellen Praktiken durchdringen. Antidualistisch ist Tallis' anthropologische Position insofern, als er Menschen als verkörperte Subjekte betrachtet und die Transzendenz des menschlichen Bewusstseins über die biologischen Notwendigkeiten des Organismus gerade aus einer Besonderheit der menschlichen Anatomie heraus verständlich machen möchte, nämlich der Hand und ihrer Rolle für das Selbstverhältnis des Menschen, für die Entwicklung und Nutzung von Werkzeugen und schließlich – in Form von Zeigegesten[16] – für die Entstehung der Sprache.

Ein stärker neurobiologisch orientierter Ansatz zum Verständnis menschlicher Einzigartigkeit findet sich bei Philip Lieberman. Ähnlich wie Dupré und Tallis wendet er sich gegen die Basisthese der evolutionären Psychologie, menschliches Verhalten könne durch im Pleistozän entstandene, in unseren Genen fest eincodierte Verhaltensmuster erklärt werden. Gegen dieses deterministische Modell, als dessen Vertreter er u. a. Richard Dawkins und Steven Pinker anführt (Lieberman 2013, 2), setzt Lieberman seine zentrale These: „...the human brain evolved so as to allow us to choose between alternative courses of action and to create new possibilities – in short, the creative capacity that sets us aside from other species." (Lieberman 2013, IX[17]) Es ist diese Fähigkeit, die simple und deterministische Verhaltenserklärungen obsolet macht: „We continually craft patterns of behavior, concepts, and cultures that no one could have predicted." (Lieberman 2013, 2) Auf das Phänomen kreativer Offenheit, das Lieberman so stark betont, wird noch zu-

---

15 Wahrscheinlich wäre es präziser zu betonen, dass Menschen zwar unvermeidlich diesem Anspruch unterstehen, ihm aber natürlich keineswegs immer genügen.

16 Tallis 2010. In der Betonung der Bedeutung von Zeigegesten berührt sein Ansatz sich mit demjenigen von Michael Tomasello (2008, 62 f.). Vgl. dazu auch unten, S. 183–193.

17 Ganz ähnlich argumentiert auch Gerhard Neuweilers Verteidigung einer herausgehobenen Stellung des Menschen im Evolutionsprozess: „Nicht perfektionierte Leistungen, sondern improvisierender Einfallsreichtum schob die Dynamik der Evolution in Richtung *Homo Faber* voran. [...] der moderne Mensch verdankt seine Existenz ... der Selektion auf Variabilität." (2008, 140 f.)

rückzukommen sein. Es ist anthropologisch fundamental, stellt ein wesentliches Merkmal der pragmatistischen Deutung des menschlichen Handelns dar und wird unter Stichworten wie „Unbestimmtheit" und „Nicht-Festgestelltheit"[18] auch in der Philosophischen Anthropologie zum Thema. Artikulationsprozesse sind im Übrigen schon deshalb genuin kreativ und ergebnisoffen, weil es keine deterministischen Gesetzmäßigkeiten gibt, die von spezifischen erlebten Qualitäten zu spezifischen intersubjektiven Ausdrucksgestalten führen.

Liebermans Buch mit dem programmatischen Titel *The Unpredictable Species. What Makes Humans Unique* besteht im Wesentlichen aus der Sichtung neurowissenschaftlicher, genetischer, anatomischer und archäologischer Forschungsergebnisse, die in der Fähigkeit zu Innovation und der Kreativität des menschlichen Verhaltens konvergieren. Aus neurologischer Sicht spielen dabei die subkortikalen Basalganglien und vor allem Verbindungen zwischen diesen und kortikalen Arealen eine entscheidende Rolle (vgl. Lieberman 2013, 33). Sowohl Bewegungssteuerung als auch Sprachverstehen und Denken werden mit diesen Strukturen assoziiert, die deshalb auch als exemplarisch für die „exaptive" Funktionserweiterung evolutionär früherer Hirnareale und damit als Beleg für die Verkörperung des Geistes, hier konkret für die Verankerung des Denkens in Bewegungsmustern und ihrer Steuerung gelten können. Insgesamt ist Liebermans Ansatz eher neurozentrisch bzw. genzentriert und widmet dem Körper und seinen Umweltinteraktionen wenig Aufmerksamkeit; um so bemerkenswerter ist es aber, dass er die funktionale Architektur des Gehirns einschließlich der für sie relevanten Gene als Beleg für eine einzigartige „cognitive flexibility and creativity" (Lieberman 2013, 190) geltend macht, durch die sich unsere Spezies qualitativ von allen anderen unterscheide.

Michael Tomasello, auf dessen Ansatz im Kapitel über die Evolution symbolischer Verkörperung noch zurückzukommen sein wird, ist sicherlich der prominenteste Autor, der aus der Perspektive der evolutionären Anthropologie die „human uniqueness" (Tomasello 2019, 3 – 9) explizit zum Thema gemacht hat. Bereits in *The Cultural Origins of Human Cognition* (Tomasello 1999/2001) nimmt er die zwei entscheidenden Weichenstellungen vor, nämlich in Richtung geteilte Intentionalität und evolutionäre Selektion für kulturelle Lebensformen. Tomasello arbeitet immer wieder heraus, dass zwar die menschliche Sprache für die Entwicklung komplexerer Kulturen zentral ist, ihre Entstehung aber nur verständlich gemacht werden kann, wenn zuvor die intersubjektiv-kooperative Infrastruktur herausgearbeitet worden ist, auf der sie basiert. Sein Programm zielt daher auf die Rekonstruktion der Genese geteilter (*shared*) Intentionalität mit den beiden phylogenetischen Stu-

---

18 Schon Nietzsche hat bekanntlich den Menschen als „das *noch nicht festgestellte Thier*" (Nietzsche 1988, 81; im Original gesperrt) bezeichnet.

fen der gemeinsamen (*joint*) und der kollektiven Intentionalität. Ähnlich wie Merlin Donald darauf abhebt, dass sprachliche Kommunikation die Beschränkungen der individuellen Kognition überwindet („the great hominid escape from the nervous system" [Donald 2001, 305]), arbeitet Tomasello heraus, wie kooperative Kulturprozesse die Limitationen individueller Intentionalität erweitern und qualitativ verändern. In der Tradition von George Herbert Mead und Lew Wygotski werden menschliche Individuen von ihrer sozialen Identität und kooperativen Aktivität her verstanden. Damit werden implizit individualistische Methodologien und entsprechende Anthropologien kritisiert, weil ihnen die begrifflichen Möglichkeiten fehlen, „human uniqueness" zu denken, die Tomasello zufolge eben nicht dem isolierten, sondern nur dem kooperierenden Individuum zukommt.

Schon die Schrift von 1999 hatte herausgestellt, dass Menschen nicht nur ihre Gene, sondern auch ihr kulturelles Umfeld erben („dual inheritance theory" [Tomasello 1999/2001, 15]). Kumulative Kulturprozesse ermöglichen Entwicklungsfortschritte, die Individuen in ihrer Lebenszeit nicht möglich gewesen wären. In mehreren Monographien (am wichtigsten Tomasello 2014, 2016) hat Tomasello dann detaillierte Rekonstruktionsvorschläge für die wichtigsten phylogenetischen Entwicklungsetappen der spezifisch menschlichen Lebensform vorgelegt. Mit *Becoming Human* (2019) wendet er sich schließlich, die „dual inheritance theory" konkretisierend, der menschlichen Ontogenese zu. Wenn die für unsere Spezies charakteristischen Fähigkeiten auf geteilter Intentionalität basieren, diese aber kein genetisches, sondern ein kulturelles Phänomen darstellt, dann fällt der Akzent auf den Prozess, in dessen Verlauf Kindern zu kompetenten Mitgliedern der Gesellschaft werden: „... uniquely human forms of cognition and sociality emerge in human ontogeny through, and only through, species-unique forms of sociocultural activity" (Tomasello 2019, 6). Im Ineinandergreifen der biologischen Disposition für das Leben in geteilter Intentionalität und soziokulturellen Lernprozessen entwickeln sich so menschliche Lebensformen, die als Ganze und qualitativ von denen unserer nächsten Verwandten im Tierreich unterschieden sind – eben „human uniqueness".

Wie diese drei Beispiele zeigen, ist es sehr wohl möglich, die These der menschlichen Einzigartigkeit und damit der anthropologischen Differenz zu vertreten, ohne zu Anleihen bei Glaubenssystemen oder metaphysischen Annahmen zu greifen. Es verhält sich einfach nicht so, dass der Kompass der Empirie klar in die Richtung einer Position zeigen würde, die alle qualitativen Unterschiede zwischen Menschen und anderen Lebewesen leugnet. Tallis, Lieberman und Tomasello verdeutlichen verschiedene Strategien einer nichtdualistischen Rekonstruktion der menschlichen Lebensform: kognitive Transzendenz, neuronal gestützte Flexibilität und Kreativität, Erweiterung individueller durch geteilte Intentionalität. Gemeinsam ist diesen drei Positionen auch, dass sie zwar auf einer qualitativen Differenz zu nichtmenschlichen Lebewesen bestehen, diese Differenz aber unter Wahrung der evolutionären Kontinuität aus humanspezifischen Entwicklungspfaden des sozialen Organismus Mensch erklären wollen.

1.3 Warum wir eine artikulatorische Verkörperungsanthropologie brauchen

William James schreibt in seiner Vorlesung zur Einführung in den Pragmatismus von 1907, im Anschluss an eine Passage, die dem Wahrheitsbegriff gewidmet ist: „The trail of the human serpent is [...] over everything" (James 1907/1988, 33). Und in der Tat: Sowenig es menschenmöglich ist, auf dem Weg zur Erkenntnis des ‚Dings an sich' die eigenen Denk- und Wahrnehmungsformen abzustreifen und einen Gottesstandpunkt einzunehmen, sowenig gelingt es uns auch in Fragen der Moral, der Ästhetik oder der Religion, vom fiktiven Standpunkt des Universums aus zu denken. Auch die Fähigkeit zur symbolischen Transzendenz des sinnlich Gegenwärtigen bleibt an die Verkörpertheit des Geistes gebunden. Positiv formuliert, hat die durch geteilte Intentionalität und Symbolsprachlichkeit geprägte menschliche Lebensform einen strukturell selbst- und weltexplikativen Charakter. Wir werden uns nicht nur niemals selbst los, wir sind auch in unseren Lebensvollzügen jeweils von den Vorstellungen tief geprägt, die wir darüber entwickelt haben, was es bedeutet, ein Mensch zu sein. Selbst wenn es weder historische, noch evolutionäre, noch philosophische Anthropologie gäbe, würden alltagsreflexive und narrative Selbstbilder unser Handeln und auch den Wissenschaftsbetrieb weiter prägen. Philosophische Anthropologie kann vor diesem Hintergrund als der Versuch bestimmt werden, zu der unhintergehbaren Reflexivität und Expressivität der menschlichen Lebensform selbst ein einzelwissenschaftlich informiertes und reflexives Verhältnis zu entwickeln. Auf diesen Versuch zu verzichten läuft dann darauf hinaus, impliziten und meist unterkomplexen Menschenbildern, wie sie prominent etwa Teile der Evolutionstheorie und der Neurowissenschaft prägen und populärwissenschaftlich vermarktet werden, einfach das Feld zu überlassen.

Wie schon gezeigt, muss dieses anthropologische Projekt eine dezidiert antidualistische und antireduktionistische Stoßrichtung haben. Der Dualismus zerreißt den für unser Menschsein entscheidenden Zusammenhang zwischen unserer Existenz als Lebewesen, die mit ihrer Umwelt interagieren, und den darauf basierenden, die Umwelt jedoch transzendierenden geistigen Leistungen. Der Reduktionismus verwechselt evolutionäre Kontinuität mit der Leugnung emergenter, qualitativ unterscheidender Gattungsmerkmale. Beide, eng miteinander verknüpfte Positionen sind mit einem *humanistischen Menschenbild* unverträglich, dass Verkörperung, freie Selbstbestimmung und konstitutive Sozialität ins Zentrum rückt (vgl. Fuchs 2020, 8) und damit einen Anspruch sowohl auf deskriptive als auch auf normative Angemessenheit vertritt. Schärfer gesagt: eine angemessene Rekonstruktion der menschlichen Lebenspraxis, die zugleich im Dienst ihrer humanisierenden Fortführung steht, muss eine Anthropologie *symbolischer Verkörperung* sein. Nur wenn die kommunikativen, kognitiven und semiotischen Leistungen des menschlichen Geistes *bottom-up* in ihrem inneren Zusammenhang mit dem In-der-Welt-Sein des menschlichen Organismus begriffen werden und umgekehrt der menschliche Organismus als durch die sozial-kulturell-symbolische menschliche Lebensform *top-down* reorganisiert begriffen wird, können Menschenbilder reflexiv eingeholt und empirisch belastbar differenziert werden. Das schließt natürlich die Kritik reduktionistischer und dann in der Regel auch dualistischer Positionen wie denen des Transhumanismus eminent ein (vgl. Fuchs 2019, 21–118 und unten, Schlusskapitel).

Die Überwindung des Dualismus ist häufig und nicht zu Unrecht als ein wichtiges Anliegen auch der klassischen Philosophischen Anthropologie gekennzeichnet worden, insbesondere derjenigen Helmuth Plessners (vgl. Fischer 2009, 75)[19]. Es lassen sich aber gute Gründe dafür anführen, dass Plessner diese Überwindung nicht wirklich geglückt ist. *Erstens* nimmt Plessner die Evolutionsgeschichte nicht ernst. Im Haupttext seines Hauptwerk *Die Stufen des Organischen und der Mensch* (1928) tauchen weder Begriff noch Sache der Evolution auf. Das gilt im Übrigen auch von Arnold Gehlens Hauptwerk *Der Mensch. Seine Natur und seine Stellung in der Welt* (Gehlen 1940/2004). Dieses methodische Defizit entwertet den Rückgriff auf biologische Prozesse und macht den Dialog mit der Biologie unmöglich, sofern dort der bekannte Essay-Titel Dobzhanskys Gültigkeit hat: „Nothing in biology makes sense except in the light of evolution." (Dobzhansky 1973) *Zweitens* hält Plessner an dem traditionellen Dualismus von Nützlichkeit und Selbstzweckcharakter fest: Biologische Evolutionsprozesse selektieren im Rahmen dieser Vorstellungen Überlebensnützliches, während die davon kategorial getrennte Sphäre der Kultur für den Geist zuständig ist (vgl. Plessner 1928/1975, 320[20]). Damit macht Plessner es sich unmöglich, Wechselbeziehungen und damit Kontinuitäten zwischen intrinsisch sinnhaften und instrumentellen Aspekten des menschlichen Welt- und Selbstverhältnisses zu denken.

Drittens ist es ein allgemeines Merkmal der Philosophischen Anthropologie und so auch des Plessnerschen Werks, sich zwar zwecks Überwindung des Dualismus

---

19 Zu Schelers Dualismus siehe jedoch oben, S. 13.

20 Möglicherweise hat der späte Plessner seine Perspektive verändert. Im 1964 geschriebenen Vorwort zur zweiten Auflage seines Hauptwerks bezieht er sich positiv auf den Handlungsbegriff von James, Dewey und Schiller und begründet das mit dessen antidualistischem Potential (vgl. Plessner 1928/1975, XV).

auf Lebensprozesse zu beziehen, dabei aber den methodischen Fokus auf die Außenperspektive zu legen (vgl. Fischer 2009, 520). Dadurch wird das qualitative Erleben, die phänomenale Realität ausgeklammert, oder mit Evan Thompsons Worten „the interiority of selfhood and sense-making" (Thompson 2007, 238). Es ist aufschlussreich, dass Plessner bei der Aufstellung des Arbeitsplans für die *Stufen des Organischen* zwar sehr präzise auf das „Phänomenhafte am Phänomen" (Plessner 1928/1975, 30) eingeht und die Bedeutung subjektiver Erlebnisqualitäten betont, dann jedoch unmittelbar zu bereits objektivierten Ausdrucksgestalten übergeht, indem er von einer „Neuschöpfung der Philosophie unter dem Aspekt einer Begründung der Lebenserfahrung in Kulturwissenschaft und Weltgeschichte" (Plessner 1928/1975, 30) spricht. Aus der Einsicht in die Nichtobjektivierbarkeit des Qualitativen – die ja noch die etwa bei Dewey beschrittene Möglichkeit offenlässt, seine Funktion als unselbständiges Teilelement der Organismus-Umwelt-Beziehung zu analysieren – wird damit die methodische Fokussierung auf eine „am Objektpol ansetzende Reflexion" (Fischer 2009, 521).

Die Anthropologie symbolischer Verkörperung verfährt anders. Sie setzt bei dem *Artikulationskontinuum* ein, das sich zwischen erlebter Bedeutsamkeit und artikulierter/objektivierter Bedeutung erstreckt. Das Bedeutungsphänomen ist koextensiv mit dem des Lebens, wobei ich terminologisch zwischen *Bedeutsamkeit* – im Sinne von noch impliziter und diffus, aber womöglich höchst intensiv gespürter Relevanz – und *Bedeutung* differenziere. Dieser zweite Begriff bezieht sich auf symbolisch explizierte, also intersubjektiv zugängliche, logischen Kohärenz- und Konsistenzkriterien unterworfene und kritisierbare Sinnfiguren innerhalb des geteilten Bewusstseins einer Sprachgemeinschaft. Es geht dann anthropologisch darum, Artikulationsprozesse so zu bestimmen, dass die qualitativen Differenzen zwischen leiblich gefühlter Bedeutsamkeit und symbolischem Sinn als *Phasen eines Kontinuums* verstanden werden können. Aber Kontinua schließen eben die Emergenz qualitative Unterschiede nicht aus, sondern ein. Auch „aus Sicht der Evolution betrachtet [kann] ein Unterschied ums Ganze die Summe vieler gradueller Unterschiede sein ..." (Dupré 2009, 80).

Denken lässt sich dieser Zusammenhang von Kontinuität und Differenz nur, wenn die leiblich-qualitative Dimension, der Handlungscharakter des Artikulationsgeschehens und die objektivierten Ausdrucksgestalten des Geistes über eine hinreichend differenzierte *Zeichentheorie* miteinander verbunden werden. Die Semiotik von Charles Sanders Peirce kann hierfür die erforderlichen begrifflichen Mittel bereitstellen. Der Philosophischen Anthropologie im Allgemeinen und dem Plessnerschen Ansatz im Speziellen fehlt jedoch, *viertens*, diese zeichentheoretische Dimension, die organisch erlebte und kulturelle Bedeutungen integrieren könnte. Damit wird natürlich nicht bestritten, dass vor allem Plessner in vielen Bereichen Pionierarbeit für *embodied cognition*-Ansätze geleistet hat – obwohl er in den aktuellen Diskussionen dort kaum rezipiert wird. Systematisch am Wichtigsten sind wohl seine Ästhesiologie des Geistes, die den Einfluss der Sinnesorgane auf geistige Prozesse analysiert (Plessner 1923/2003) und die in den *Stufen des Organischen* entwickelten drei anthropologischen Grundgesetze Plessners, nämlich natürliche Künstlichkeit, vermittelte Unmittelbarkeit und utopischer Standort (vgl. Plessner 1928/1975, 309–348). Mit letzteren liefert Plessner prägnante Formeln, die das aufgespannte Verhältnis von symbolischer Transzendenz und organismischer Umweltbeziehung umkreisen.

Eine Anthropologie symbolischer Verkörperung wird sich aus den genannten vier Gründen nicht einfach in Verlängerung der Traditionslinie Philosophischer Anthropologie entwickeln lassen. Genauso wenig kann sie sich jedoch dem szientifischen Anspruch beugen, den verschiedene Neuro- und Kognitionstheoretiker aus dem repräsentationalistischen, der Computermetapher des Geistes (vgl. Münch 1998, 18) verpflichteten Lager erhoben haben, nämlich die Kognitionswissenschaft als die neue, nun endlich von den Schlacken der Metaphysik gereinigte Anthropologie zu verstehen. Beispielsweise plädiert Thomas Metzinger (Metzinger 1998) für eine kognitionswissenschaftlich angeleitete Anthropologie (Metzinger 1998, 327), die sich dann allerdings auch auf die für die erste Generation der Kognitionswissenschaft (nicht hingegen für die *embodied cognition*-Forschung) zentralen Postulate der *Multirealisierbarkeit* und des *methodischen Solipsismus* einzulassen hätte (vgl. Metzinger 1998, 334). Das klassisch-funktionalistische Argument der Multirealisierbarkeit, wie es Hilary Putnam entwickelt hat, besagt ja, dass sich die Funktionen eines kognitiven Systems rein über ihre kausalen Rollen beschreiben lassen, die physische Realisierung also nichts Inhaltliches beiträgt und im Prinzip in vielen, ganz unterschiedlichen materiellen bzw. organischen Strukturen möglich wäre. Diese Vorstellung steht natürlich in scharfem Kontrast zum Verkörperungsdenken, für das ja die Beschaffenheit des menschlichen Organismus sowie dessen leibliche Umweltinteraktionen bei der Entstehung kognitiver Fähigkeiten gerade ausschlaggebend sind (vgl. dazu unten, Schlußkapitel). Ebenso muss für jede Anthropologie, die den Menschen bereits auf der Ebene seiner Leiblichkeit als grundlegend soziales Wesen begreift, der methodische Solipsismus als eine *petitio principii* erscheinen, die grundlegende Lebensrealitäten willkürlich ausblendet. Wenn daher der Mensch aus der Perspektive einer computationalen Kognitionswissenschaft „nur die zufällige neurobiologische Realisierung einer viel umfassenderen Klasse von möglichen Systemen ist, die alle durch denselben Algorithmus beschrieben werden können" (Metzinger 1998, 335), dann handelt es sich *de facto* gar nicht mehr um Anthropologie, sondern um eine im Kern dualistische Suche nach nichtanthropomorphen Strukturen des Geistes in Form einer durch Algorithmen bestimmbaren Turing-Maschine (vgl. Metzinger 1998, FN 3). Die intendierte Neubelebung der Anthropologie durch die methodisch solipsistische Suche nach multirealisierbaren kognitiven Systemen läuft *de facto* auf ihre Abschaffung hinaus.

Seit dem letzten Jahrzehnt des Zwanzigsten Jahrhunderts haben sich in scharfer Abgrenzung von diesem repräsentationalistisch-computationalen Ansatz neue Paradigmen ausgebildet, die bei allen Unterschieden die Verkörpertheit des Geistes betonen – die schon mehrfach erwähnten verschiedenen Richtungen der *embodied cognition*. Mittlerweile hat es sich, den dominierenden Varianten entsprechend, eingebürgert, von *4E cognition* (*embodied, extended, enactive, embedded*) zu sprechen, oft ergänzt um ein *A* für *affective* (4EA, vgl. Madzia/Jung 2016, 3). Mark Johnson schlägt sogar eine Erweiterung um die Attribute *emotional* (statt *affective*) sowie *evolutionary* und *exaptive* vor und kommt damit auf die stattliche Zahl von sieben Adjektiven: *7E cognition* (vgl. Johnson 2018a, 53 f.) All diese verschiedenen Ansätze versorgen eine Anthropologie verkörperter Bedeutung oder Artikulationsanthropologie mit der kognitionswissenschaftlichen Empirie, auf die sie angewiesen ist und stellen auch eine kritische Instanz dar, an der philosophische Überlegungen sich messen lassen müssen. Allerdings wäre auch hier die Vorstellung verfehlt, die kognitionswissenschaftlichen *embodiment*-Ansätze einfach zu einer Anthropologie hochskalieren zu können. Das ist natürlich bereits deshalb nicht der Fall, weil zwischen einzelwissenschaftlicher Empirie und philosophischer Kategorienbildung immer ein Wechselverhältnis besteht (oder zumindest bestehen sollte). Dabei kommt der Philosophie die Rolle zu, die kognitionswissenschaftliche Theoriebildung in einen übergreifenden Rahmen einzuordnen und sie mit anderen menschlichen Erfahrungsformen etwa in Alltag, Kunst und Moral in Beziehung zu setzen, während es umgekehrt die Kognitionswissenschaft möglich macht, dem begrifflichen Rahmen eine empirische Interpretation zu geben und ihn ggf. auch entsprechend zu kritisieren und zu verbessern.

In der Frühphase des *embodiment*-Ansatzes haben dessen Vertreter philosophische Rückendeckung überwiegend bei Heidegger und der Leibphänomenologie Merleau-Pontys gesucht.[21] Ohne bestreiten zu wollen, dass diese philosophischen Denker und Richtungen wichtige Ressourcen des Verkörperungsdenkens darstellen, argumentieren doch Roman Madzia und ich (vgl. *Pragmatism and Embodied Cognitive Science*, Madzia/Jung 2016, 3 – 7) dafür, den klassischen amerikanischen Pragmatismus als übergreifenden Referenzrahmen zu nutzen. Im zweiten Kapitel dieses Buchs soll entsprechend gezeigt werden, dass und wie Peirce, James, Mead und Dewey einen solchen flexiblen Rahmen geschaffen haben, der nicht allein für kognitionswissenschaftliche Empirie offen ist, sondern auch eine Integration der

---

21 Zahlreiche Belege hierfür in Madzia/Jung 2016, 3.

verschiedenen anthropologisch relevanten Formen menschlicher Erfahrung sowie der Strukturelemente des Erfahrungs- und Artikulationsprozesses ermöglicht.

Welchen Mehrwert bietet das Artikulationskonzept für eine verkörperungs-orientierte Anthropologie? In größtmöglicher Knappheit: *Es ermöglicht uns, erlebte Bedeutsamkeit und kulturelle Bedeutungen in ihrem inneren Zusammenhang zu verstehen.* Dem Dualismus wird damit der Boden entzogen und jenes fatale anthropologische Schema überwunden, das im 18. Jahrhundert Joachim Lorenz Evers am Beginn seines Gedichts „Menschenbestimmung" prägnant formuliert hatte: „Was ist der Mensch? Halb Tier, halb Engel".

Die Anthropologie verkörperter Artikulation trägt so auch dazu bei, die unglückliche Polarität von organisch und soziokulturell orientierten Ansätzen zu verflüssigen. Bei Vertretern der *embodied cognition* lässt sich nicht selten beobachten, dass die Betonung leibbasierter Bedeutungsformen zu einer Vernachlässigung symbolischer Objektivationen mit ihrer *relativen* Distanz zur leiblichen Präsenz führt. Deutlich ist das beispielsweise bei Hubert Dreyfus zu erkennen, der flexibles und kompetentes situatives Agieren („skillful coping") als die höchste Form des menschlichen Geistes begreift.[22] Umgekehrt neigen Kultur-, Sozial- und historische Anthropologen nicht selten dazu, der kognitionswissenschaftlichen Rede von invarianten – weil in der biologisch-sozialen Grundausstattung des Menschen verankerten – Strukturmerkmalen der menschlichen Lebensform zu misstrauen. Wenn etwa in der historischen Anthropologie „ein zentrales Interesse" daran konstatiert wird, „Menschen in ihrer jeweiligen *Einmaligkeit und Subjektivität*" (Wulf 2004, 77) darzustellen, steht dies offenkundig in Spannung zu dem Fokus der *embodied cognition* auf nicht-kulturspezifischen und nichtindividuellen Kognitionsmustern. Ob diese Spannung aber dann im Sinne von C.P. Snows bekannter Rede von den „zwei Kulturen" als unvermittelbarer Gegensatz oder umgekehrt als wechselseitig befruchtende Komplementarität empfunden wird, hängt nicht zuletzt davon ab, ob ein ‚Brückenprinzip' verfügbar ist, das Kontinuität herzustellen vermag. Der Artikulationsbegriff liefert ein solches Prinzip, allerdings gerade nicht im Sinne einer nachträglich geschlagenen Brücke zwischen zwei voneinander unabhängigen Seiten, sondern als Charakterisierung einer Prozessdynamik, die überhaupt erst eine Bestimmung ihrer Relate ermöglicht. Die qualitativen Zustände und Interaktionsschemata des lebendigen Organismus werden erst in der Wechselwirkung zwischen diesem und seiner – auch semiotischen – Umwelt beschreibbar, während umgekehrt die Vielfalt kultureller Objektivationen ohne die sie ermöglichenden leiblichen Leistungen unverständlich bliebe, auf diese aber auch zurückwirkt. Artikulation als Lebensprozess verkörperter Symbolverwender ist die

---

22 Vgl. Dreyfus 2016; darin speziell auch das Vorwort von Mark Wrathall (Dreyfus 2016, 3).

kreisförmige Bewegung der soziokulturellen Explikation des leiblich Impliziten und der Verkörperung oder ‚Einschreibung' soziokultureller Sinnfiguren in den Lebensvollzug der menschlichen Organismen.

1.4 Vor und nach der Sprache: Die Vielfalt der Bedeutungsbildung

Wo Leben ist, ist auch Bedeutung. Dass etwas für einen Organismus und/oder eine soziale Gruppe von Organismen bedeutsam sein kann, ergibt sich bereits dadurch, dass Organismen nur leben können, wenn sie sich mit ihrer Umwelt austauschen. Atmung und Stoffwechsel sind die elementarsten Formen dieses Austauschs, der nur gelingen kann, wenn sich der Organismus mit seinen homöostatischen Regelkreisläufen von der Umwelt autopoetisch *abgrenzt*, diese aber gleichzeitig die Stoffe bereitstellt, die der Organismus zum Überleben und Sich-Reproduzieren braucht. Am Passungsverhältnis dieser beiden Größen (des Organismus und der Umwelt) hängt die Existenz einer jeden Lebensform. Weil dieses Passungsverhältnis aber in einer Realität, die aus Erwartbarem und Überraschendem prekär gemischt ist, dauernd verloren zu gehen droht, muss es vom Organismus aktiv überwacht und immer wieder handelnd repariert werden. Das ist die Urszene der Bedeutungsbildung: Bestimmte Merkmale der Umwelt und bestimmte enterozeptive Wahrnehmungen gewinnen Salienz und Bedeutung, weil sie das Wohlergehen des Organismus-in-einer-Umwelt fördernd oder behindernd betreffen. Schon im 19. Jahrhundert hat deshalb Wilhelm Dilthey betont, dass „auch unsere Gefühle Zeichen [sind]", nämlich für „Art und Abstufung des Lebenswerts von Zuständen eines Selbst und von Bedingungen, welche auf dieses Selbst einwirken" (Dilthey 1890/1957, 208). Bedeutung hat immer mit Relevanz und Emphase zu tun, sie ist konstitutiv selektiv. Und die primordialen Bedeutungsformen sind *qualitativ:* sie werden gefühlt, gehen allen Artikulationsversuchen voraus und lenken dabei den Gang der sprachlichen Explikation. Gefühlte *Stimmigkeit* zwischen dem erlebenden Selbst und seiner physischen, sozialen und semiotischen Umwelt ist auch beim Kulturwesen Mensch das Basisphänomen, auf dem alle höherstufigen Geltungsansprüche aufbauen (vgl. Jung/Schlette 2018).

Wer also die Leiblichkeit des Menschen ernst nimmt, kommt nicht umhin, die Omnipräsenz des Bedeutungsphänomens über den Menschen hinaus zuzugestehen. Auch anderen Lebewesen sind ihre Umweltinteraktionen in Schmerz und Freude, Relevanz und Irrelevanz, Zuträglichkeit und Abträglichkeit als bedeutsam gegenwärtig. Auch sie haben, wie dies in den tierethischen Debatten häufig ausgedrückt wird, ein Gut (ihr Wohlergehen) bzw. viele einzelne Güter (alles, was das globale Gut des Wohlergehens fördert). Und wären wir keine in unserem Wohl und Wehe von unserer Umwelt abhängigen Lebewesen, sondern reine Geister, wären wir für Bedeutungen gar nicht zugänglich. Denn Bedeutung – nicht zu verwechseln mit Referenz, also dem designativen Bezug einer Zeichenkette auf Tatsachen oder Ereignisse in der Welt – existiert *nur für vulnerable Wesen,* denen es im Vollzug ihres Lebens um dessen Gelingen geht.[23] William James hat in einem Gedankenexperiment verdeutlicht, wie absurd es wäre und welche bizarren Folgen es hätte, in unserem Weltverhältnis von leiblich gefühlten Bedeutungen abzusehen:

> Conceive yourself, if possible, suddenly stripped of all the emotion with which your world now inspires you, and try to imagine it *as it exists,* purely by itself, without your favorable or unfavorable, hopeful or apprehensive comment. It will be almost impossible for you to realize such a condition of negativity and deadness. No one portion of the universe would then have importance beyond another; and the whole connection of its things and series of its events would be without significance, character, expression, or perspective. (James 1902/1990, 140 f., kursiv im Original)

Die Relevanzhierarchien, die durch unsere spontanen emotionalen Bewertungen erzeugt werden, sind zwar bei Menschen als Kulturwesen vielfältig soziokulturell vermittelt und entsprechend auch sehr variabel. Aber diese Vermittlungen schreiben sich dem leiblichen Weltverhältnis ein und wir erleben sie als unmittelbare Reaktionen auf die jeweilige Qualität unserer Interaktionen mit der Umwelt – und dies schon deshalb, weil jeder neuen Interaktion eine nichtantizipierbare, durch bereits sedimentierte Deutungsmuster nicht einzufangende Qualität zumindest potentiell innewohnt. Die Vermitteltheit hebt deshalb die Unmittelbarkeit situativer Präsenz nicht auf und umgekehrt. Die von uns ontologisch unabhängige Wirklichkeit ist uns nur über unsere physischen Interaktionen mit ihr unmittelbar gegenwärtig – in dem doppelten Sinn gespürter Qualitäten und sensomotorisch erfahrenen Widerstands –, kann also auch epistemisch nur in Interaktion mit menschlichen Organismen erscheinen. Dadurch sind die symbolischen Ordnungen der Kultur an Erfahrung rückgebunden und können davor bewahrt werden, in den diskursiven Treibsand frei flottierender Signifikanten zu geraten, den postmoderne Kulturtheorien erzeugen. Nirgends zeigt sich deutlicher als in den erlebten Bedeutsamkeiten des organischen Lebens, dass die Erfahrung von Realität aus der im Handeln erfahrenen Eigenständigkeit und Widerständigkeit dessen erwächst, was nicht in unseren Intentionen aufgeht, wie bereits Dilthey in seiner Außenweltabhandlung gezeigt hat (vgl. Dilthey 1890/1957, 90 – 138).

---

[23] Streng genommen gibt es ohne Bedeutung nicht einmal Referenz, denn es fehlte dann der biologische Grund (Relevanz für den Organismus) dafür, überhaupt auf Sachverhalte in der Welt Bezug zu nehmen.

Wir *spüren* Bedeutungen (in meiner Terminologie „Bedeutsam*keiten*"), bevor, während und nachdem wir sie symbolisch *artikulieren*. Gefühlte Bedeutsamkeit ist der psychische Ausgangspunkt symbolischer Explikationsleistungen, lenkt ihren Verlauf und markiert durch eine Änderung ihrer Qualität den – stets vorläufigen – Abschluss des Symbolisierungsprozesses. Zwischen dem umgangssprachlich „Bauchgefühl" genannten leiblichen Spüren auf der einen Seite, das Antonio Damasio in *Ich fühle, also bin ich* (der englische Titel ist sehr viel präziser: *The Feeling of What Happens*) beschreibt (Damasio 2000), und den elaborierten Artikulationen des bewussten sprachlichen Ausdrucks besteht daher in mehreren Hinsichten ein Kontinuum: Das biologische Grundphänomen der Bedeutung übergreift *erstens* die Differenzen zwischen symbolischem und gefühltem Sinn. Die leiblichen Leistungen des Körperschemas, der Metaphernbildung und der primären Intersubjektivität ermöglichen *zweitens* überhaupt erst höherstufige Formen der Bedeutung. Und schließlich ist es *drittens* ein die Semiosis begleitendes Gefühl, ein „felt sense" (Gendlin), der Artikulationsprozesse wie alles zielorientierte Handeln begleitet und lenkt. Im fünften Kapitel wird auf all diese Aspekte noch ausführlich einzugehen sein.

Eine Anthropologie, die der Zentralität von Bedeutungen für die menschliche Lebensführung gerecht wird, braucht deshalb ein umfassendes Bedeutungskonzept, das biologische und kulturelle Dimensionen verbindet. Sprachfokussierte Auffassungen von Bedeutung greifen anthropologisch viel zu kurz. Sie machen es unmöglich, die menschliche Vielfalt der Bedeutungsbildung zu erfassen und sind zudem insofern zwangsläufig dualistisch, als sie die leibliche Existenzform des Menschen ausblenden, unplausiblerweise nichtmenschlichem Leben Bedeutung absprechen und die evolutionäre Kontinuität zwischen uns und diesem nicht konzeptualisieren können. Im deutlichen Kontrast hierzu scheint es sich jedoch für die analytische (Sprach)-philosophie der Gegenwart von selbst zu verstehen, dass Bedeutung sprachliche Bedeutung ist – und sonst nichts. Mit dem ‚linguistic turn' in den Zwanziger Jahren des Zwanzigsten Jahrhunderts wurde die Reflexion auf Sprache und deren Verhältnis zur Welt so dominant, dass nichtsprachliche Bedeutung schlicht aus den Debatten herausfiel. Beispielsweise unterscheidet der von Jeff Speaks verfasste Artikel „Theories of Meaning" in der renommierten *Stanford Encyclopedia of Philosophy* (Speaks 2021) zwischen *semantischen* und grundlegenden (*foundational*) Bedeutungstheorien, wobei erstere den Ausdrücken einer Sprache semantischen Gehalt zuweisen und letztere die Fakten rekonstruieren, aufgrund derer diese Ausdrücke ihre Bedeutung haben. Spätestens an dieser Stelle würde ein verkörperungstheoretisch denkender Sprachphilosoph natürlich das Faktum des leiblichen In-der-Welt-seins und damit auch das Kontinuum zwischen nichtlinguistischen und linguistischen Bedeutungen ins Spiel bringen wollen. Dies geschieht jedoch keineswegs. Stattdessen werden kausale Beziehungen, soziale

Normen, psychische Zustände und ähnliches behandelt – bedeutungstheoretisch relevante Faktoren, die jedoch allesamt ohne Rekurs auf die Organismus-Umwelt-Beziehung analysiert werden. In beiden Varianten der Bedeutungstheorie wird dementsprechend vorausgesetzt, dass *meaning* ein ausschließlich linguistisches Phänomen darstellt. Es ist genau diese *petitio principii*, die George Lakoff und Mark Johnson in ihrer *Philosophy in the Flesh* (Lakoff/Johnson 1999) scharf kritisieren.

Ein anthropologisch angemessener, nichtreduktionistischer Begriff der Bedeutung ist hingegen in der Philosophie des amerikanischen Pragmatismus entwickelt worden. Ihre Relevanz für eine artikulatorische Anthropologie wird im nächsten Kapitel untersucht. Unbeschadet erheblicher Differenzen zwischen den einzelnen Autoren, auf die dort zum Teil noch einzugehen sein wird, weisen die pragmatistischen Bedeutungstheorien vier Gemeinsamkeiten auf. Sie sind nämlich allesamt *erstens* von der Annahme einer *Kontinuität* des Bedeutungsphänomens zwischen Menschen und anderen Lebewesen geprägt: Überall dort, wo Organismen fühlen können, wie sich Veränderungen in ihrem homöostatischen Milieu und ihrer Umwelt auf ihr Wohl und Wehe auswirken, gibt es Bedeutungen. *Zweitens* weisen sie die Vorstellung zurück, eine einzige Form von Bedeutung (etwa die denotative Funktion des Aussagesatzes) sei derart paradigmatisch, dass ihre Analyse eine differenzierte Phänomenologie anderer Bedeutungsformen überflüssig mache. Es geht also darum, die Vielfalt des Phänomens ernst zu nehmen. Leibgefühle, physische Interaktionen, Töne, Bilder, Dinge, Artefakte wie Kleidung oder Autos, Institutionen, Kollektive usw. können in unterschiedlichster Weise Bedeutungen verkörpern. *Drittens* betonen die Pragmatisten die zentrale Rolle des *qualitativen* Weltverhältnisses für die Bedeutungsgenese. Das menschliche Leben vollzieht sich ‚je schon‘ eingehüllt in gespürte Qualitäten, ohne die auch die Leistungen der Vernunft und die diskursive Rede nicht verständlich zu machen sind. *Viertens* bestehen sie bei aller Kontinuität auf einer prinzipiellen Differenz zwischen nichtmenschlichen und menschlichen Zeichensystemen und damit auch des Bewusstseins. Was wir mit anderen Lebewesen teilen, nämlich die gemeinsame evolutionäre Herkunft, trennt uns auch wieder von ihnen, weil nur *Homo sapiens* eine Form leibbasierten intersubjektiven Zeichengebrauchs und Bewusstseins evolviert hat, die es ihm ermöglicht, die Beschränkungen der individuellen Existenz zu transzendieren. Diese Transzendenz auf andere und auf Sachverhalte hin ist im Übrigen keine für seltene Stunden der Erhebung reservierte Höchstleistung des Menschen, sondern geradezu die Konstitutionsbedingung einer nicht-pathologischen Lebensführung als Individuum.[24] – Die vorstehenden vier Grundannahmen werden auch den weiteren Argumentationsgang dieses Buches leiten.

---

[24] Eine Passage aus der Beschreibung einer beginnenden Schizophrenie durch den Psychiater und

Wie steht es nun um den Zusammenhang zwischen Erleben und Sachbezug? Wilhelm Dilthey hat in dem nachgelassenen Entwurf *Leben und Erkennen* von 1892/ 93 seiner Überzeugung Ausdruck verliehen, dass selbst die basalsten kategorialen Unterscheidungen, mittels derer symbolische Sprachen die Welt einteilen – also etwa *Substanz, Selbst, Ursache* und *Wirkung* – „Lebenskategorien" (Dilthey ca. 1892/ 1982, 345) sind, mithin ihren Ursprung in der organischen Erfahrung von Bedeutungen haben. Der Zusammenhang zwischen solchen qualitativen Erfahrungen und der Welt geistiger Sinngebilde („objektiver Geist") wird von ihm als ein Prozess zunehmender Explikation und Artikulation des Elementaren verstanden. Nicht ohne spekulativen Schwung erblickt Dilthey hier eine Grundeigenschaft *aller* Lebensprozesse, in die sich auch die menschliche Lebensform einschreibt: „Die Entwicklung der Lebewesen zu höheren Formen ist [...] nach der Innenseite angesehen eine Artikulation: Das Leben artikuliert sich" (Dilthey ca. 1892/1982, 345).

Diltheys Grundgedanke läuft darauf hinaus, dass mit wachsender Komplexität von Organismen und deren Umwelten auch die entsprechenden Beziehungen und Feedbackschleifen und damit die empfundenen Bedeutungen immer komplexer werden. „Die Zwischenglieder zwischen dem Eindruck und der vollzogenen Bewegung mehren sich. Das Anfangs- wie das Endglied nehmen zusammengesetzte Formen an" (Dilthey ca. 1892/1982, 345), „... Betonung und ... Rhythmus in dieser erregten Melodie" (Dilthey ca. 1892/1982, 346) folgen dem Muster der Komplexitätssteigerung. Dabei legt Dilthey großen Wert darauf, dass die zunehmende Gliederung und Strukturierung der Morphologie des Organismus – die wiederum einer komplexeren Umwelt korrespondiert – *einerseits* und die ihr korrespondierende und von ihr getragene Binnendifferenzierung von Bedeutungen *andererseits* zwei Seiten ein und derselben Medaille darstellen. Eine komplexere Organisation des Organismus, entsprechende Organismus-Umwelt-Beziehungen und komplexere Bedeutungsformen greifen kreis- oder besser spiralförmig ineinander. Ein beliebig herausgegriffenes Beispiel aus der aktuellen evolutionären Anthropologie findet sich bei Michael Tomasello. Er zeigt, wie der durch ökologische Veränderungen des frühmenschlichen Habitats erzwungene Übergang vom bloßen Nahrungssammeln zur kooperativen Jagd neue Formen von „joint intentionality" erforderlich macht, die dann ihrerseits komplexere Verhaltensmuster aus sich hervortreiben (vgl. Kap. 3

Neurologen Klaus Conrad macht dies eindrucksvoll deutlich: „Der Kranke ist [im Wahn] ... nicht mehr zu einem ‚Überstieg' fähig. Er vermag nicht mehr selbstvergessen, bei den ‚Dingen', d. h. nicht mehr beim ‚Andern' zu sein. Die Zurückwendung auf das Ich, als Reflexion normaler Weise Befreiung aus dem unbewussten Dunkel des unreflektierten (tierischen) Lebens, wird ... zur *Gefangenschaft im Ich*. Diese Gefangenschaft ist es, die den eigentlichen Grund für das Erlebnis: ‚Es dreht sich alles um mich' abgibt. Nichts mehr ist aus dem Ich-Bezug auszunehmen, kein Überstieg ist möglich." (Conrad 1992,79). – Ich danke Thomas Fuchs für diesen Hinweis.

in Tomasello 2014). Damit einher geht natürlich auch eine interne Neustrukturierung des Organismus einschließlich des Gehirns.

An dieser Stelle kommt es mir darauf an, hervorzuheben, dass die Denkfigur einer Komplexitätssteigerung der Artikulation den Schlüssel für das Verständnis der Vielfalt von Bedeutungen vor dem Hintergrund der Einheitlichkeit des Bedeutungsphänomens liefert. Dabei weist der Begriff „Artikulation" immer einen *Doppelsinn* auf: den der zunehmenden Gliederung und Strukturierung des Organismus mit seinen beweglichen Körpergliedern und seinem Gehirn *einerseits* und der Explikation von Bedeutungen durch zunehmend längere und stärker in der Tiefe gegliederte Ketten von Zeichen *andererseits*. Artikulation hat also eine somatisch-semantische Doppelnatur. Dieses Kapitel abschließend, sollen daher die wichtigsten Gliederungselemente des Bedeutungskontinuums am Leitfaden zunehmender Artikulation – die ausführlicheren Darstellungen der folgenden Kapitel vorwegnehmend – knapp skizziert werden.

Erlebte Qualitäten sind die Ausgangs-, maximal durchbestimmte symbolische Artikulationen die Endpunkte dieses Kontinuums. Doch die Gelenkstellen zunehmender Artikulation gleichen nicht den Sprossen der berühmten Leiter aus Wittgensteins *Tractatus*, die man hinter sich zurücklassen kann, nachdem man auf ihr aufgestiegen ist (vgl. Wittgenstein 1921/1963, 6.54). Die menschliche Bedeutungswelt entsteht gerade in der Verschränkung und wechselseitigen Abhängigkeit *aller* Formen von Bedeutung, nicht aus der Überwindung unartikulierter Vorformen des symbolischen Sprachgebrauchs. Aus diesem Grund hat Charles S. Peirce in seiner Semiotik immer wieder betont, dass symbolische Kommunikation – und Denken, was für ihn auf dasselbe hinausläuft – ohne den arbeitsteiligen Einbezug nicht-symbolischer, also ikonischer und indexikalischer Zeichen gar nicht möglich ist (vgl. Peirce 1894/1998, 10).

Für das symbolverwendende Wesen Mensch sind entsprechend auch unmittelbar erlebte qualitative Zustände mit Bedeutungen aufgeladen, die ihnen aus der sozialen Biographie ihres Subjekts zuwachsen. Die einzigartige Fähigkeit von Qualitäten, eine ganze Welt zu evozieren, ist in der Literatur wohl am prominentesten und exzessivsten durch Marcel Proust am Beispiel von Lindenblütentee und Madeleinekeksen beschrieben worden, lässt sich aber auch in der Alltagserfahrung anhand eher trivialer Erfahrungen nachvollziehen: die Härte des gefrorenen Bodens ruft die kalten Winter der Kindheit wieder hervor, der Duft der Kirschblüten den Frühling, der staubige Geruch von Büchern die in der Bibliothek verbrachte Zeit des Studiums usw. Doch erschöpft sich die Bedeutung qualitativ erlebter Zustände gerade *nicht* in ihrer Verweisfunktion auf bereits symbolisch strukturierte Kontexte. Vielmehr ist der primordiale Fall von Bedeutung die gespürte Relevanz einer Umwelt- oder Homöostaseveränderung für den Lebensvollzug eines Organismus. „Die Qualitäten von Situationen, in denen Organismen und Umweltbedingungen interagieren, ergeben Sinn, wenn sie unterschieden werden." (Dewey 1925/2007, 251)

Um der Weite des Phänomens gerecht zu werden, unterscheidet John Dewey hier hilfreich zwischen *Signifikation* und ihr vorgängigem *Sinn*: „Der Sinn eines Dinges [ist] eine unmittelbare oder immanente Bedeutung; er ist Bedeutung, die selbst gefühlt oder direkt gehabt wird." (Dewey 1925/2007, 251) Im Lauf der Ontogenese und des Spracherwerbs werden solche Bedeutungen dann holistisch in ein Netzwerk intersubjektiver Bedeutungen eingebunden. Sobald nämlich eine gespürte Qualität wiederholt empfunden wird und für frühere Vorkommnisse derselben Qualität zu stehen anfängt, beginnt sie ihre Existenz als Zeichen, und zwar – hier greife ich auf Peirce' Zeichenklassifikation zurück – als *Icon*. Indexikalische Zeichen hingegen basieren nicht auf erlebter Ähnlichkeit, sondern auf dem Widerstand und den aktiven Einwirkungen der Umwelt auf den Organismus, also auf entweder an sich selbst oder in der Umwelt erfahrener physischer Kausalität. In Indexzeichen konkretisiert sich das Wissen um die dem Subjekt nicht gefügige Eigenlogik der Dinge. *Symbolische* Bedeutungen setzen schließlich etablierte ikonische und indexikalische Bedeutung bereits voraus und ermöglichen es, unabhängig von dem direkten Realitätszugang, der im Erleben und Handeln vorliegt, Bedeutungen zu artikulieren, die durch ihren Ort in einem komplexen Netzwerk aus Zeichen(ketten) und grammatischen Regeln bestimmt werden. Sinn (im Rahmen der Dewey'schen Unterscheidung von Sinn und Signifikation) ist der noch unartikulierte Ausgangspunkt und gleichzeitig der als „pervasive quality" (Dewey) gefühlte Endpunkt des sozialen Signifikationsprozesses.

Die Vielfalt der Bedeutung beginnt also mit noch unartikulierten Lebenssituationen, die für ein Individuum Salienz und Relevanz gewinnen, weil sie seinen Lebensprozess betreffen. *Kommunikative* Bedeutungen entstehen, sobald wiederkehrende ikonische Ausdrucksqualitäten, Handlungen und vor allem Gesten von anderen Individuen (in der Regeln Mitglieder der eigenen Spezies) wahrgenommen werden und als Zeichen dienen, auf die deren eigene Handlungen abgestimmt werden. George Herbert Mead hat das mit vielen Beispiel aus dem Verhalten von Tieren, am prominentesten am Fall des Hundekampfes, veranschaulicht (Mead 1934/ 2015, chap. 9 u. 10). *Symbolische* Bedeutungen und damit Sprachlichkeit im vollen Sinn entsteht, sobald sich ein Netzwerk von innersemiotischen Bezügen etabliert hat, das es möglich macht, Bedeutung nur noch indirekt (über ikonische und indexikalische Zeichen) mit organischen Prozessen verbunden sein zu lassen und die Stabilität des Sinns durch die Lokalisierung im Netzwerk, also gewissermaßen horizontal statt vertikal, zu gewährleisten. Diese horizontale Zeichenverkettung realisiert sich im Sprachhandeln über die *Gliederung* der sequentiellen Zeichen- und Lautfolge, also durch Artikulation. Die gestalthafte Präsenz einer qualitativen Bedeutsamkeit kann so kommunikativ Schritt für Schritt und im Wechsel von Rede und Gegenrede explizit gemacht und in intersubjektive Bedeutung transformiert werden. Rekursive Gliederungselemente befördern dabei Reflexivität, während gleichzeitig die Umstellung auf einen indirekten, durch die Knoten des semiotischen Netzwerks vermittelten Realitätsbezug symbolische Distanz ermöglicht.

Artikuliertheit im voll entfalteten Sinn einer reflexiven, symbolisch distanzierten Explikation situativer Bedeutsamkeiten setzt voraus, dass sich bereits symbolische Sprachen entwickelt haben. Es wäre jedoch grundfalsch, Artikuliertheit als ein rein sprachliches Phänomen aufzufassen. Zum einen verhält es sich *diachron* so, dass sich die Fähigkeit zur Gliederung bedeutsamer Strukturen mithilfe physischer Unterscheidungen und ihrer Verkettung ko-evolutiv mit der Entstehung symbolischer Sprachen entwickelt hat. Es besteht hier insofern eine zirkuläre Kausalität, als die sequentielle Bestimmung von Bedeutung durch Modifikation eines physischen Substrats und die Etablierung eines holistischen Netzes von Zeichen sich wechselseitig fördern und bedingen. Menschen fangen nicht erst an, (sich) zu artikulieren, sobald ihnen eine Symbolsprache zur Verfügung steht, denn letztere hätte sich ohne die sensomotorischen *skills* der physischen Gliederung gar nicht entwickeln können. Und diese wiederum verweisen auf die motorische Artikulation, die tierische Organismen grundsätzlich auszeichnet: „[I]sn't the living animal body the very paradigm of something that articulates?" (Noë 2017, 82) Der immer differenziertere Gebrauch von körperschematischen Handlungsmustern, vor allem in Form artikulierter (also ganz wörtlich durch die Gelenkstellen von Arm und Hand gegliederter) Gesten und in der Umwelt des Organismus verfügbarer physischer Strukturen (Risse, Haufen, Schnitte, Muster, serielle Strukturen etc.) geht mit der Erweiterung sinnhafter Gliederungsmöglichkeiten in Form komplexerer Syntax Hand in Hand.[25]

Zum anderen zeigt sich aus der *synchronen* Perspektive, dass in einer Lebensform, die durch die Verfügung über eine artikulierende, symbolische Sprache gekennzeichnet ist, auch andere Ausdrucksformen eine artikulatorische Qualität gewinnen. Besonders deutlich ist das in dem Bereich der Tanz- und Schauspielkunst, die beide ja von Haus aus auf die Gliederungs- und Bewegungsmöglichkeiten des Körpers angewiesen sind. Alva Noë hat die These vertreten, dass die Kunst der Choreographie gerade darin besteht, von den Artikulationsmöglichkeiten des lebendigen menschlichen Körpers einen selbstreflexiven Gebrauch zu machen (Noë 2016, chap. 2). Damit inszeniert choreographische Gestaltung dieselbe Parallele zwischen Reflexivität und materieller Sequentialität, die auch sprachliche Artikulationsprozesse auszeichnet. Ähnliches ließe sich für alle anderen Kunstformen

---

25 Einen Versuch, Artikulationsprozesse phylogenetisch extrem früh anzusetzen und sogar Parallelen bei heutigen Menschenaffen zu finden, unternimmt Horst Bredekamp (Bredekamp 2017).

aufzeigen, denn selbst in Plastik und Malerei, die ja auf den ersten Blick dem ikonischen Gestaltprinzip, nicht der semantischen Gliederung verpflichtet erscheinen, spielen artikulatorische Prozesse eine wichtige Rolle (vgl. Catoni 2017, Pawel 2017, Hadjinicolaou 2017). Aber natürlich impliziert die Annahme, dass nichtsprachliche Artikulationen eine etablierte Symbolsprache zur Möglichkeitsbedingung haben, in keiner Weise, dass die Bedeutungen etwa eines Bildes oder eines choreographierten Tanzes sich vollständig in Sprache übersetzen ließen.

Eine zentrale Pointe des Verkörperungsdenkens besteht schließlich darin, dass Artikulation von einer *inneren* Verbindung zwischen dem jeweiligen Medium (Laute, Schriftzeichen, Farbe auf Leinwand, Körperbewegungen, Töne etc.) und den dadurch explizierbaren Bedeutungen getragen wird. Die Eigenart der physischen Komponente eröffnet und verschließt also jeweils materialspezifische Sinnmöglichkeiten. Nicht alles, was – beispielsweise – getanzt, gemalt oder musikalisch zum Ausdruck gebracht werden kann, kann auch gesagt werden. Jede spezifische Artikulationsform weist auch charakteristische Verbindungen zwischen den Gliederungsmöglichkeiten, der Weise, wie auf direkte Erfahrung Bezug genommen wird und den damit möglichen Performanzen auf. Zusammengehalten wird dieses reiche, in sich vielfältig gegliederte Artikulationskontinuum jedoch von der Tatsache, dass der semiotische Prozess immer von ein und derselben Dynamik einer – ,produktionsästhetisch' formuliert – Explikation des Impliziten und umgekehrt – aus ,rezeptionsästhetischer' Perspektive – einer qualitativen Wiederverkörperung (Re-Implikation) der Artikulierten getragen wird. Philosophische Ansätze, die sich ausschließlich auf unser sprachliches Weltverhältnis beziehen, bringen für solche Wechselwirkungen zwischen Gespürtem und Artikuliertem keine Aufmerksamkeit auf. Für die Anthropologie verkörperter Symbolverwender zeigt sich jedoch gerade in ihnen die Grundform unseres In-der-Welt-seins.

2 Die pragmatistische Revolution

2.1 Handeln und Verkörperung: Der Primat der Praxis

‚Revolution' ist ein großes Wort. Gerechtfertigt ist sein Gebrauch nur dann, wenn auch tatsächlich von einer Umwälzung die Rede sein kann, die einen Unterschied ums Ganze macht. Meiner Überzeugung nach ist genau das bei den pragmatistischen Denkern tatsächlich der Fall. Die pragmatistische Revolution besteht in der Überwindung des im westlichen Denken weitverbreiteten Intellektualismus, Theoretizismus und Dualismus. Dies schließt allerdings nicht aus, sondern ein, dass es um die Wende zum zwanzigsten Jahrhundert noch eine ganze Reihe anderer, konvergierender Entwicklungen gab, die für ein hinreichendes Verständnis mit in den Blick genommen werden müssen. Die Schriften der klassischen Pragmatisten Peirce, James, Mead und Dewey begründen bei allen Unterschieden im Detail eine Philosophie der menschlichen Welt- und Selbstbeziehung, die der Praxis auch für die Theorie eine entscheidende Rolle zuweist. Diese Autoren denken aus der (evolutions-)biologisch elementaren Interaktion von Organismen mit ihrer Umgebung heraus, sie betrachten alle geistigen Phänomene als genuin verkörpert und mit erlebten Situationen verbunden. Daraus ergibt sich ihre oben bereits skizzierte, kontinuitätsbetonte Behandlung des Bedeutungsphänomens. Und schließlich nehmen sie die Kontingenz und Pfadabhängigkeit von Entwicklungsprozessen wirklich ernst. In dieser Anerkennung von Situativität, die auch das eigene Denken einschließt, ist die Zurückweisung jeder statischen Anthropologie enthalten, die mit überzeitlichen Wesensbegriffen arbeitet. Auch die Pragmatisten sprechen zwar ganz unbefangen von der *menschlichen Natur*, doch gerade nicht im Sinne einer unveränderlichen Form in der Art einer platonischen Idee, sondern eher dem einer fragilen, gestalthaften Einheit, die ohne Ewigkeitsgarantie auskommen muss, weil ihre Reproduktion auf veränderliche Performanzen angewiesen ist. Die menschliche Lebensform sehen sie durch selbstbezügliche Veränderbarkeit und normative Selbstbilder charakterisiert, die ihrerseits – man denke nur an die szientistische Gefährdung des humanistischen Menschenbilds – auf die eben nicht rein deskriptive ‚Natur' des Menschen zurückwirken.

In dieser Grundhaltung fühlen sich die klassischen Pragmatisten durch eine Rezeption der darwinschen Evolutionstheorie bestärkt, die sich erheblich von der in Europa dominierenden unterscheidet. John Dewey stellt in einem Aufsatz über die „Bedeutung des Darwinismus für die Philosophie" heraus, dass Darwin „Hand an den heiligen Schrein absoluter Permanenz" (Dewey 1909/2004, 31) gelegt und die „Phänomene des Lebens für das Prinzip des Übergangs erobert" (Dewey 1909/2004, 36) habe. Dieser antidualistischen und anti-essentialistischen Wirkung der Evolu-

https://doi.org/10.1515/9783111065595-003

tionstheorie entspricht jedoch, so betont Dewey – hier übrigens ganz im Einklang mit Peirce – eine enorme Aufwertung offener, kontingenter Entwicklungsprozesse und damit zugleich der menschlichen Selbsttätigkeit und kreativen Gestaltungsfreiheit. Der Kontrast zu der fast zeitgleichen Deutung Darwins durch Ernst Haeckel könnte kaum größer sein. Haeckel betont in der Evolutionstheorie den „Mechanismus der Natur, der alles nach festen Gesetzen bewirkt" (Haeckel 1907/1984, 483). Dewey hingegen stellt heraus: Wenn sich die Realität nicht durch theoretische Kontemplation ihrer rationalen Essenz und auch das „Wesen des Menschen" sich keiner Betrachtung seiner überzeitlichen Merkmale, sondern allein aus seiner kontingenten Evolutions- und Kulturgeschichte erschließt, dann „wird Verantwortung in das geistige Leben" (Dewey 1909/2004, 41) eingeführt. *Wie* die sich selbst reproduzierende und kreativ zukunftsoffene menschliche Lebenspraxis fortgeführt wird, spricht dann das letzte Wort über unsere Spezies. Damit steht Dewey auch im deutlichen Kontrast zu der These heutiger Soziobiologen und Evolutionspsychologen, menschliches Verhalten sei durch Anpassungsleistungen weitgehend determiniert, die bereits in der Steinzeit entstanden sind.

Der *pragmatic turn* von Peirce, James, Mead und Dewey besteht im Kern darin, den Primat der Theorie auch in epistemischen Fragen durch den Primat der Praxis, also des menschlichen Handelns zu ersetzen. Es geht mithin keineswegs darum, das theoretische Weltverhältnis hinter sich zu lassen und stattdessen nun ins Handeln zu kommen, sondern zentral um die Einsicht, dass auch Begriffsbildung, Urteil, Schluss und grundsätzlich alle wirklichkeitserschließenden logisch-semantischen Kategorien funktionale Bestandteile handlungsförmiger Feedbackschleifen zwischen menschlichen Organismen und ihrer Umgebung sind und daher auch nur in diesem Kontext verständlich gemacht werden können. Während in weiten Bereichen der westlichen Philosophie die platonische Vorstellung dominiert hat, dass der kontingente und fallible Bereich des Handelns ontologisch wie axiologisch der Kontemplation ewiger Werte untergeordnet und von dieser abhängig ist, betonen Pragmatisten den grundbegrifflichen Primat des Handelns, genauer: der Organismus-Umwelt-Interaktion, als deren bewusste Form Handlungen begriffen werden können. Sie stellen, um Engels' Diktum über Marx' Hegelinterpretation aufzugreifen, unser Weltverhältnis vom Kopf wieder auf die Füße. Der zentrale Rang, den die Verkörperung für die Pragmatisten hat, ergibt sich aus dieser grundbegrifflichen Entscheidung.

Ein kurzer Vergleich mit dem in analytischen Handlungstheorien weit verbreiteten *belief-desire*-Modell kann diesen Punkt verdeutlichen: Handlungen werden innerhalb dieses Denkrahmens durch Kombinationen zweier psychischer Zustände erklärt, nämlich Überzeugungen und Wünsche. Wenn ich den Wunsch habe, x zu erreichen und davon überzeugt bin, y sei hierfür das probate Mittel, dann wird die entsprechende Handlung initiiert, es sei denn, es liegt ein Fall von Willensschwäche vor. Appetit auf Schokolade, verbunden mit der Überzeugung, eine Tafel davon befinde sich im Küchenschrank, löst den Gang in die Küche aus. Mit den Worten von Colin McGinn, der dieses Modell kritisiert: „Action is the result of something cognitive and something appetitive operating together." (McGinn 2019) Die physischen Aktivitäten hingegen, die ein Organismus in einer von seinen Intentionen unabhängigen Welt ausführt, kommen in dieser Analyse gar nicht vor, genauso wenig wie die Rückkoppelungen, die Akteure durch die Objekte ihres Handelns erfahren. Der Körper des Akteurs exekutiert lediglich, was in der Konjunktion der beiden psychischen Zustände schon vor Beginn der Handlung beschlossen liegt, ausführendes und befehlgebendes Organ bleiben dualistisch getrennt. Die Analyse der Handlung ist im Grunde zu Ende, bevor es überhaupt zu Körperbewegungen gekommen ist.

Geht man jedoch, wie die Pragmatisten, davon aus, dass nicht ein von der Welt getrennter psychischer Apparat, sondern die Interaktionseinheit von Organismus und Umwelt die angemessene *unit of explanation* darstellt, zeigt sich sofort die zentrale Rolle des Körpers für das Verständnis des Handelns. Bevor intentionales Handeln möglich wird, sind Menschen schon durch unbewusste Austauschprozesse (etwa das Atmen) und sensomotorische Körperschemata (etwa für das Greifen, Gehen und den Umgang mit Mitmenschen und Dingen) mit ihrer Umwelt vielfältig verbunden. Explizite Intentionen entstehen dann als „Resultat einer Reflexion auf die in unserem Handeln *immer schon* wirksamen, vor-reflexiven Strebungen und Gerichtetheiten" (Joas 1996, 232). Besonders deutlich hat George Herbert Mead herausgearbeitet, dass diese Reflexion und mit ihr die Entstehung von bewussten *beliefs* und *desires* erst dann beginnt, wenn die in Gewohnheiten sedimentierten Feedbackschleifen zwischen dem Organismus und seiner Umgebung aus irgendeinem Grund ins Stocken geraten (vgl. Mead 1903/1980, 143; Jung 2009b, 227–234). Pragmatisten verstehen also bewusstes Handeln in Kontinuität zu unbewussten regulatorischen Kreisläufen und gehen davon aus, dass sowohl die physiologischen Eigenschaften des Organismus als auch die Materialität des einbezogenen Weltausschnitts mit dem als zeitlich gedehnt, kontinuierlich und sensomotorisch gedachten Handeln rückgekoppelt sind. Unter diesen Prämissen schließt die grundbegriffliche Entscheidung für den Primat der Praxis ein dualistisches Verständnis des Handelns nach dem *belief-desire*-Modell aus. Handeln ist leibliches, der Widerständigkeit der physischen wie der sozialen Umwelt ausgesetztes Tun und nicht einfach die physische Realisierung von mentalen Kombinationen aus Wunsch und Überzeugungen. Mit dieser Feststellung wird nicht die Bedeutung solcher mentalen Zustände für Intentionsentstehung und Handlungserklärung bestritten, sondern nur die Vorgängigkeit leiblicher Regungen und funktionaler Verkoppelungen mit der Umwelt betont.

Handeln als genuin verkörpert zu betrachten, lässt auch seinen *artikulatorischen* Charakter sichtbar werden: Sowenig, wie Sprechen einfach die akustische Realisierung eines vorher bereits ‚im Geist' geformten Satzes ist, sowenig ist nichtsprachliches Handeln die Umsetzung eines mentalen *belief-desire*-Paars in der physischen Realität. In beiden Fällen vollzieht sich im Verlauf der Handlung eine sukzessive, gliedernde Bestimmung des Handlungssinns, in der die physischen Komponenten (beim Sprechen Phoneme, beim nichtsprachlichen Handeln sensomotorische Bewegungsmuster, andere Organismen, Werkzeuge und Materialien unterschiedlichster Art) Gliederungsmöglichkeiten bereitstellen, die auf die sich formenden Intentionen zurückwirken und ihre fortschreitende Explikation tragen.

Lambros Malafouris (2013) hat in seiner *material engagement-theory*, auf die später noch einzugehen sein wird, herausgearbeitet, dass ohne den *feedback*-sensiblen Umgang mit den jeweils relevanten physischen Strukturen die Formierung von Intentionen und ihre Realisierung gar nicht gedacht werden kann. Was der Archäologe Malafouris phylogenetisch an Faustkeilen, Töpferwaren und Schreibtafeln analysiert, ist aber keineswegs nur an handwerkliche Herstellungsprozesse gebunden. Die Rede von der Verkörperung des Handelns in materiellen Strukturen ist kein nostalgisches Bekenntnis zu vormodernen Formen der Interaktion und Produktion. Auch hoch technologievermittelte Praktiken, etwa die Programmierung einer App, folgen dem Strukturmuster fortschreitender Gliederung via wiederholter Feedbackschleifen zwischen Intentionsbestimmung und der Sachlogik der verwendeten Materialien. Was auf dem Weg vom Faustkeil zum Computerprogramm allerdings drastisch anwächst, ist der Grad der Vermitteltheit, Indirektheit und Pfadabhängigkeit der physisch realisierten Handlungsmittel: Der Leib des Akteurs und die natürliche Umwelt treten in den Hintergrund, an ihre Stelle schieben sich hochgradig vermittelte Rückkopplungen zwischen technisch bereits (etwa durch die Kenntnis einer Programmiersprache) vorformatierten Anfangsintentionen und ebenfalls technisch mediatisierten Materialeigenschaften (etwa einer Prozessorarchitektur). Daraus ergibt sich eine Reihe von anthropologischen Problemen, die unter dem Stichwort der Plastizität und Persistenz leiblicher Verkörperung im Schlusskapitel wenigstens skizziert werden sollen.

Der antidualistische Neuansatz der klassischen Pragmatisten ist in den vergangenen Absätzen als Wende vom Primat der theoretischen Betrachtung zum Primat des verkörperten Handelns in allen Lebensbereichen, einschließlich der epistemischen Weltbeziehung[26], beschrieben worden. Die Leiblichkeit und Mate-

---

26 In meiner Darstellung konzentriere ich mich auf die *anthropologischen* Dimensionen des pragmatistischen Neuansatzes. Dies hat zwangsläufig zur Folge, dass das innovative Potential der klassischen Pragmatisten mit Blick auf andere wichtige Bereiche, etwa die Wissenschaftsphilosophie, kaum zur Geltung kommt (vgl. jedoch Massing 2022). Es sollte aber zumindest im Grund-

rialität des Handelns zusammen mit seiner Situierung im vorintentionalen Organismus-Umwelt-Interaktionszusammenhang stehen im Zentrum der pragmatistischen Revolution. Von physischen Interaktionen auszugehen, hat auch massive Konsequenzen für den Bedeutungsbegriff und die Rolle, die der Widerständigkeit der Umwelt dabei zugeschrieben wird. Nur im Rahmen physischer Handlungen, nicht in rein begrifflichen Operationen hat die vom Subjekt unabhängige Realität nämlich die Möglichkeit, in den Prozess der Bedeutungsbildung Eingang zu finden. Wie schon wiederholt ausgeführt, beginnt Bedeutung mit der Qualität, die die Umweltinteraktionen für das Wohlergehen des Organismus aufweisen. Die Umweltkomponente dieser Interaktionen kann der Organismus aber nicht (vollständig) kontrollieren (was im Übrigen ja auch bei seinen eigenen homöostatischen Zuständen nicht der Fall ist). Selbst bei den elementarsten Formen von Bedeutsamkeit ist also ein nicht (sicher) antizipierbarer, jedenfalls widerständiger Faktor im Spiel. Charles Peirce spricht in diesem Zusammenhang von dem „sense of action and reaction, resistance, externality, otherness, pair-edness [sic!]. It is the sense that something has hit me or that I am hitting something; it might be called the sense of collision or clash." (Peirce 1885/1992, 233). Dem Kontinuitätsprinzip entsprechend, erstreckt sich diese Intervention einer trans-subjektiven Instanz von den situativen Leibgefühlen bis hin zu elaborierten Theorien über die Realität. Auch diese sind schließlich nur dadurch von reiner Spekulation unterscheidbar, dass sie im Rahmen experimenteller Überprüfung mit der Realität auch kollidieren können. „Die Explosion", so formuliert es Wilhelm Dilthey prägnant, „überzeugt den erschreckten Chemiker am besten von der unabhängigen Natur des Objekts" (Dilthey 1890/1957, 116).

Bedeutsamkeit entsteht für Lebewesen, weil sie von Austauschprozessen mit der Umwelt in ihrem Wohl und Wehe betroffen werden. Essbare Pflanzen bedeuten Nahrung, Höhlen Schutz, Fressfeinde Bedrohung usw. Die Bedeutsamkeit resultiert hier aus der von Peirce oben beschriebenen Erfahrung der Externalität und Andersheit in Verbindung mit der gespürten Qualität, die sich daraus für die Austauschbeziehungen des Organismus ergibt. Und Externalität wird nur in Interaktion erfahrbar. Dieser Strukturzusammenhang besteht auch dann, wenn wir von der Ebene weitgehend unbewusster Interaktionen zu bewusstem Handeln und sprachlicher Kommunikation übergehen. „Our idea of anything", schreibt Peirce in seinem bekannten Aufsatz *How to Make Our Ideas Clear, „is* our idea of its sensible effects" (Peirce 1878/1992, 132; kursiv im Original). Bedeutung ist also auch als sprachliche immer Handlungsbedeutung, sie besteht in den praktischen Auswir-

---

sätzlichen klar geworden sein, dass die methodologische Umstellung auf den Primat der Praxis auch in allen anderen Bereichen philosophischer Reflexion einen Neuansatz ermöglicht.

kungen, die von den Effekten, die wir Gegenständen oder Tatsachen zuschreiben, denkbarerweise ausgehen könnten. Was keinen denkbaren Unterschied im Handeln macht, hat keine identifizierbare Bedeutung, weil nur im Handeln eine Begegnung mit der Realität stattfinden, sich diese nur im Handeln in ihrer Widerständigkeit auch zeigen kann. Dies ist der Sinn der berühmten pragmatischen Maxime von Peirce, die ich hier in ihrer bekanntesten Fassung zitiere: „Consider, what effects, which might conceivably have practical bearings, we conceive the object of our conception to have. Then, our conception of these effects is the whole of our conception of the object." (Peirce 1878/1992, 132)

Peirce' pragmatische Maxime lässt sich wie die handlungs- und erfahrungstheoretische Wende der klassischen Pragmatisten im Ganzen in dem weiteren Kontext einer anticartesianischen Grundhaltung[27] (vgl. Peirce 1868/1992) verorten, die im ausgehenden 19. Jahrhundert keineswegs nur vom Pragmatismus vertreten worden ist. In der Ablehnung einer Denkform, die auf absolute begriffliche Gewissheit zielt, die Selbstgewissheit des Bewusstseins zum Ausgangspunkt macht, Leib und Seele dualistisch trennt, Kontingenz nicht thematisiert und dem theoretischen Weltverhältnis den Primat zuweist, wissen Pragmatisten sich mit Historisten, Lebensphilosophen, Hermeneutikern und Leibphänomenologen einig. Hans Joas hat vor allem die Parallelen zum Historismus immer wieder herausgearbeitet (vgl. etwa Joas 2015), ich selbst habe mehrfach auf die pragmatistische Phase im Denken Wilhelm Diltheys hingewiesen (vgl. Jung 2009a, 125–180; 2014b, 105–122; Jung/Madzia 2015) und den Affinitäten zwischen der lebensphilosophischen Hermeneutik und dem handlungstheoretischen *turn* der Pragmatisten nachgeforscht. Dabei zeigt sich sehr deutlich, dass die Ablehnung des Cartesianismus nur die negativ-kritische Seite eines Denkens darstellt, das sich positiv am Lebensprozess des menschlichen Organismus und dessen kultureller Ausdifferenzierung orientiert. Gerade die Hermeneutik, die später durch den großen Einfluss Hans-Georg Gadamers wieder in die konservative Richtung einer Auslegungskunst für eminente kulturelle Traditionen gedrängt worden ist (vgl. Gadamer 1960), hatte sich bei Dil-

---

27 In welchem Umfang die Schriften René Descartes' tatsächlich eine theoretische Grundeinstellung wie die oben skizzierte begründen, für die sich der Begriff des Cartesianismus eingebürgert hat, ist natürlich eine Frage, die nur die Descartes-Forschung beantworten kann, und zu der hier gar nicht Stellung genommen werden soll. Offensichtlich erwächst der Cartesianismus nicht einfach unmittelbar aus den Schriften Descartes'. Der Begriff wird dementsprechend vorsichtig verwendet und dient ohne jeden Anspruch auf philologische Exaktheit einfach der groben Kennzeichnung eines Stils des Philosophierens.

they und dem frühen Heidegger bereits zu einer Theorie des Bedeutungsverstehens auf der Basis des praktischen Lebensvollzugs vertieft.[28]

Unter den Protagonisten der Wende zur *embodied cognition* innerhalb der Kognitionswissenschaft hat sich etwa seit der Mitte der 90er Jahre des Zwanzigsten Jahrhunderts die Einsicht verbreitet, dass ihre Position schon deshalb einer philosophischen Kontextualisierung bedarf, um die verwendeten Grundbegriffe und impliziten Hintergrundvoraussetzungen besser analysieren zu können. Heidegger – wegen seiner Analyse des vorprädikativ-praktischen Weltverhältnisses in *Sein und Zeit* (Heidegger 1927/1979[29]) – sowie Merleau-Ponty (Merleau-Ponty 1945/1966) werden in dieser frühen Phase am häufigsten herangezogen. Lakoff und Johnson stellen dann ihr *Philosophy in the Flesh* unter die symbolische Schirmherrschaft von Merleau-Ponty und John Dewey (vgl. Lakoff/Johnson 1999, xi). Shaun Gallagher hat 2009 erstmals systematisch die Parallelen zwischen dem pragmatistischen Grundansatz und der *situated, embodied cognition* herausgearbeitet (Gallagher 2009) und Mark Johnson in mehreren Publikationen eine deweyanische/jamesianische Deutung dieses kognitionswissenschaftlichen Ansatzes entwickelt (vgl. etwa Johnson 2018a, 31–57). Oben wurde bereits darauf hingewiesen, dass Roman Madzia und ich für die Überlegenheit des klassischen Pragmatismus als philosophischer Partner der Kognitionswissenschaft plädiert haben (Madzia/Jung 2016, 3–7).

Aus der Perspektive einer artikulatorischen Anthropologie stellt sich das Verhältnis von Pragmatismus und Kognitionswissenschaften allerdings etwas anders dar als aus dem spezifischen Blickwinkel der Frage nach einer grundbegrifflichen Analyse und Kritik erfahrungswissenschaftlichen Denkens. Die pragmatistische Revolution, also die – theorieinterne – Wende von der theoretisch-desengagierten zur praktisch-engagierten Weltbeziehung hat nämlich (mindestens) zwei Seiten: *einerseits* begünstigt sie einen Stil des Philosophierens, der komplementär auf empirische Forschung angewiesen ist, weil sich die biologischen, sozialen und kulturellen Dimensionen der Organismus-Umwelt-Beziehung rein begrifflicher Analyse entziehen, *andererseits* weitet sie den Blick vom wissenschaftlichen Weltverhältnis auf die Vielfalt menschlicher Weltbeziehungen in ihrer vollen Breite aus, d. h. unter Einbezug nichtwissenschaftlicher Erfahrungsformen in Alltag, Religion, Ästhetik und Moral. Hier gibt es merkliche Differenzen zwischen den klassischen Pragmatisten, und nur bei James und Dewey ist die Bejahung der irreduziblen Vielfalt menschlicher Erfahrung uneingeschränkt theoriebildend geworden. Dewey

---

28 Und konnte nur deshalb auch von Martin Kurthen (vgl. Kurthen 1994) zur Stützung eines verkörperungstheoretischen Neuansatzes in den Kognitionswissenschaften herangezogen werden.

29 Andy Clarks für die frühe *embodied cognition*-Debatte prägende Monographie *Being There. Putting Brain, Body and World Together Again* (Clark 1997) stellt schon in ihrem Titel den Heidegger-Bezug heraus.

stellt zwischen den beiden gerade genannten Aspekten sogar einen inneren Zusammenhang her: Die empirische Methode muss Eingang in die Philosophie finden, damit das „Problem der angeblichen All-Inklusivität der kognitiven Erfahrung" (Dewey 1925/2007, 40) angegangen und anerkannt werden kann, dass „alle Arten der Erfahrung Methoden sind, in denen einige echten Eigenschaften der Natur zur manifesten Realisierung gelangen" (Dewey 1925/2007, 40).

Für die Verkörperungsanthropologie der Artikulation ist dieser Punkt entscheidend. Die vielfältigen, psychophysischen Aktivitäten des *sense-making*[30] lassen sich nicht in das Schema einer einzigen, privilegierten Form pressen. Genau das geschieht aber unvermeidlich, wenn Wissenschaft zum Maßstab aller menschlichen Realitätszugänge erhoben oder wenn die propositionale Sprache zur einzigen Form von Bedeutungserzeugung gemacht wird. Solange dies geschieht, ist der Szientismus noch nicht überwunden.[31] Deshalb ist es auch mit einem von Lakoff und Johnson propagierten „embodied scientific realism" (Lakoff/Johnson 1999, 90), der eine pragmatistisch inspirierte „cognitive science of philosophy" (Lakoff/Johnson 1999, 337) einschließen soll, nicht getan. Dieser erscheint dann – unbeschadet der enormen Fruchtbarkeit der Metapherntheorie von Lakoff und Johnson für die Anthropologie (vgl. unten, S. 264–274) – doch als eine Verkürzung des pragmatistischen Anliegens, die sich noch nicht völlig von einer Denkweise freimachen kann, in der exklusiv die Wissenschaft für die Erschließung der Realität zuständig ist. Lakoffs und Johnsons Projekt einer Fusion aus pragmatistischer Philosophie und Kognitionswissenschaft weist zudem eine naturwissenschaftliche Schlagseite auf: Die Eigenlogik soziokultureller Prozesse wird zugunsten einer weitgehenden Beschränkung auf den menschlichen Körper und sein Gehirn ausgeblendet. Historische, hermeneutische und sozialwissenschaftliche Methoden spielen keine Rolle.

Es sollte nun deutlich geworden sein, dass der klassische Pragmatismus seine anthropologische Bedeutung der Entschiedenheit verdankt, mit der er den Paradigmenwechsel von einer theoretizistisch-dualistischen Perspektive hin zum Primat

---

30 Eine angemessene deutsche Übersetzung dieses in den *embodiment*-Debatten sehr verbreiteten Begriffs ist mir nicht geglückt.

31 Die Bedeutung speziell Deweys für die Anthropologie zeigt sich gerade darin, dass er ein enthusiastisches Bekenntnis zur Wissenschaft mit Offenheit für den welterschließenden Charakter nichtwissenschaftlicher Weltzugänge verbindet. Dabei muss ein mögliches Missverständnis allerdings unbedingt vermieden werden: Für Dewey steht Wissenschaft nicht etwa gleichberechtigt neben anderen Weltzugängen, etwa dem Mythos. Er ist kein Vorläufer der Postmoderne. Wissenschaft ist für ihn die autoritative Quelle allen gegenständlichen *Wissens*. Es gibt jedoch, und das ist der entscheidende Punkt, für ihn Aspekte der Realität, die nicht gewusst, sondern nur ästhetisch, moralisch oder religiös *erfahren* werden können. Dies zu leugnen und ausschließlich epistemische Objekte für real zu halten, hält Dewey für den großen intellektualistischen Fehlschluss der Philosophie: „[D]as Kognitive ist niemals allumfassend" (Dewey 1925/2007, 40 FN 6).

der Praxis vollzieht. Menschen sind leiblich interagierende Wesen, die in einer für sie bedeutsamen Umwelt leben, und der theoretische Standpunkt der dritten Person lässt sich angemessen nur als Subkomponente und Derivat dieses enaktiven Weltverhältnisses konzeptualisieren. Handlung, Verkörperung und Bedeutung werden mit der pragmatistischen Wende in ihrer inneren Zusammengehörigkeit sichtbar. Es ist vielleicht nicht überflüssig, an dieser Stelle nochmals darauf hinzuweisen, dass es sich bei der hier skizzierten Wende zum Primat der Praxis jedoch um einen *innertheoretischen* Übergang handelt. Die klassischen Pragmatisten wollten nicht die Theorie abschaffen, um dann von kategorialen Problemen unbeschwert die Verbesserung des menschlichen Lebens vorantreiben zu können. Sie betonen vielmehr gerade den Rang theoretischer Überlegungen und ihre Wechselwirkungen mit der Lebenspraxis. Daraus ergeben sich dann natürlich auch Konsequenzen für das sozialreformerische Engagement, das die klassischen Pragmatisten – mit der Ausnahme von Peirce und am Entschiedensten wohl im Fall Deweys[32] – auszeichnete. Es hängt eng mit dem theoretischen Vorrang der Praxis zusammen, ohne aber in seiner konkreten Form einfach aus diesem abgeleitet werden zu können. Das Lob eines theoretisch nicht mehr reflektierten Praktizismus war James, Mead und Dewey jedenfalls völlig fremd. – In den folgenden Abschnitten soll nun im Detail herausgearbeitet werden, warum und in welchen Hinsichten das Denken der klassischen Pragmatisten den unentbehrlichen grundbegrifflichen Rahmen einer artikulatorischen Anthropologie abgeben kann.

2.2 Von der Umwelt zur Welt (und zurück): Bedeutsamkeit und symbolische Distanz

Die Interaktionseinheit zwischen Organismen und ihren Umwelten stellt zumindest für James, Mead und Dewey die methodisch angemessene und basale *unit of explanation* für das philosophische Denken dar. Um die Bedeutung dieses Neuansatzes zu verstehen, ist es hilfreich, sich klarzumachen, was damit zurückgewiesen wird,

---

32 Vgl. dazu die ihrerseits mittlerweile klassische Monographie von Robert B. Westbrook, *John Dewey and American Democracy* (1991). – Wie die Autorinnen und Autoren einer Einführung in das Denken von Cornel West (Manemann/Arisaka/Drell/Hauk 2013, 45–59) ausführlich belegen, beruft dieser sich für seinen massiv an praktischer Intervention ausgerichteten *prophetischen Pragmatismus* auf Dewey als Vorbild (obwohl er ihn auch in einigen Aspekten scharf kritisiert; vgl. Manemann/Arisaka/Drell/Hauk 2013, 56 ff.). Dewey unterscheidet jedoch klar zwischen praxeologischer Theorie und theoretisch reflektierter sozialreformerischer Praxis, und bezieht beide, so ist zumindest mein Eindruck, deutlich indirekter und vorsichtiger aufeinander als Cornel West – etwas, das in meinen Augen zu Deweys enormer Aktualität erheblich beiträgt.

nämlich der Cartesianismus. Im pragmatistischen Diskurs kommen keine Subjekte vor, die in bewusstseinsphilosophischer Manier Objekten gegenüberstehen, und kann das philosophische Denken genauso wenig kantianisch als transzendentale Analyse von Bewusstseinstatsachen verstanden werden. Ein Brückenschlag vom erkennenden Subjekt zum erkannten Objekt muss nicht erst geleistet werden, weil diese epistemische Unterscheidung ohnehin allein *ex post*, d. h. auf der Grundlage einer lebenspraktisch bereits vorher bestehenden Interaktionseinheit getroffen werden kann. Diesen Punkt hat bereits Wilhelm Dilthey während seiner pragmatistischen Phase kraftvoll geltend gemacht: Es besteht ein „in Trieb, Wille und Gefühl gegebene[r] Zusammenhang des Lebens, der dann durch Prozesse, die den Denkvorgängen äquivalent sind, vermittelt [...] und bei allen animalischen Wesen auf unserer Erde derselbe" (Dilthey 1890/1957, 95) ist. Nur wenige Jahre später, nämlich 1896, kritisiert Dewey in einem bedeutenden Aufsatz den Reflexbogenansatz in der Psychologie. Weil die „Elementareinheit des Verhaltens"[33] gerade *nicht* das einfache Abfolgeschema Reiz-Verarbeitung-Reaktion ist, sondern die vorgängige Verschränktheit von Organismus und Umwelt, muss der „Dualismus von Reiz und Reaktion" zurückgewiesen und stattdessen der „Charakter von Empfindung, Idee und Handlung aus ihrer Stellung und Funktion im sensorisch-motorischen Schaltkreis" (Dewey 1896/2003, 230) verstanden werden. Es gibt eben kein in sich selbst schon konstituiertes Subjekt, das dann einem ebenfalls bereits fixierten Objekt entgegenzutreten hätte, vielmehr ist es die Vorgängigkeit der Relation, die überhaupt erst die einzelnen Relate unterscheidbar macht – was einer weiteren pragmatistischen Grundeinsicht zufolge immer dann, aber auch nur dann geschieht, wenn die fließenden Austauschbeziehungen ins Stocken kommen.

Wie ist die pragmatistische Kontinuitätsthese (zwischen Organismus und Umwelt, Subjekt und Objekt, Bedeutsamkeit und Bedeutung, nichtsymbolischen und symbolischen Zeichen etc.) genauer zu verstehen und wie lässt sich das Phänomen symbolischer Distanz innerhalb ihrer begreifen? Es wäre ein Missverständnis, wollte man die These von der Vorgängigkeit der Relation vor den Relaten im Sinne der Existenz einer Art von primordialen Superorganismus deuten, in dem zwischen den Teilen und dem Ganzen eine organische Wechselbeziehung herrscht. *Interaktion* muss, wie Georg Toepfer zu Recht betont hat, klar von *Interdependenz* unterschieden werden (vgl. Toepfer 2017a, 32). Die Organe eines Organismus sind tatsächlich in zirkulärer Kausalität interdependent untereinander und mit dem Organismus verbunden: ohne Herz keine Lunge usw. und umgekehrt, aber auch

---

[33] Deweys Text ist zuerst 1896 unter dem Titel „The Reflex Arc Concept in Psychology" erschienen und wurde dann in der Aufsatzsammlung *Philosophie und Zivilisation* 1931 unter dem Titel „Die Elementareinheit des Verhaltens" wieder veröffentlicht.

ohne Organismus keine Organe und umgekehrt. Doch sind die jeweils in die Interaktionseinheit integrierten und dadurch zur Umwelt gewordenen Weltausschnitte vom Organismus ontologisch und, sofern es sich nicht um Artefakte handelt, auch kausal *unabhängig*.[34] Zwar wird das entsprechende Realitätssegment erst durch seine Unentbehrlichkeit für den Organismus zur Umwelt und wird der Organismus auch als selbstbezügliche Einheit erst durch funktionierende Umweltinteraktionen am Leben gehalten. Dennoch ist die Vorgängigkeit der Relation gegenüber den Relaten *asymmetrisch*. Es gibt keinen Organismus ohne Umwelt, aber umgekehrt wird die den Organismus prägende, ihn umgebende natürliche Welt nur in ihrem Umwelt-Sein, nicht in ihrem Sein überhaupt durch die Relation konstituiert.

Wären die Objekte und Prozesse in der Umwelt des Organismus mit diesem in symmetrischen Kausalbeziehungen verbunden, könnte es nie zu der von Peirce als „Outward Clash" (Peirce 1885/1992, 233, groß im Original) bezeichneten, überraschenden Erfahrung von Andersheit und Widerstand kommen. Die Organe eines Organismus überraschen sich nicht wechselseitig mit nichtantizipierbar Neuem. Ihre funktionale Verschränkung ist anderer und intimerer Art als die Verschränkung von Organismus und Umwelt. Man darf also, darin behält Toepfer recht, die vorgängige Interaktionseinheit des Pragmatismus nicht organizistisch – Toepfer spricht hier von „Fusionismus" (Toepfer 2017a, 31[35]) – deuten. Sie ist vielmehr die Bedingung der Möglichkeit von Erfahrungen, durch die menschliche Organismen von einer widerständigen Realität auch überrascht werden können. Erst innerhalb der beständig prekären und daher beständig erneuerungsbedürftigen Kontinuität von Organismus und Umwelt werden die Dinge für den Organismus bedeutsam – doch sind sie es andererseits eben nur deshalb, weil diese Interaktion auch jederzeit misslingen kann und final mit dem Tod des Organismus auch unvermeidlich misslingen wird.

Die übergreifende Einheit ermöglicht also erst die Differenz. Angelegt ist die Erfahrung von Realität jenseits des Organismus bereits in der Tatsache, dass die

---

34 Allerdings zeigt die Diskussion um das Anthropozän (zusammenfassend Bergthaler/Horn 2020) sehr deutlich, dass William James' prägnante Phrase „The trail of the human serpent is thus over everything" (James 1907/1988, 33) durch die ökologische Eingriffstiefe des menschlichen Handelns mittlerweile eine sehr konkrete Bedeutung gewonnen hat, wie etwa die Mikroplastikfunde im Meer und in den Polregionen zeigen. In dem Sinne kausal unabhängig vom Menschen, dass keinerlei Spuren menschlicher Aktivität gefunden werden können, ist auf der Oberfläche und in der Atmosphäre dieses Planeten nichts mehr – die Erdoberfläche wird immer mehr zum Artefakt, im weitesten Sinn dieses Worts. Dennoch bleiben die Naturprozesse und -materialien auch im Anthropozän ontologisch unabhängig von uns.

35 Vgl. dazu meinen Kommentar zu Toepfers Aufsatz (Jung 2017b).

Gelingensbedingungen der Interaktion nicht alleine bei diesem liegen. In der funktionalen Verkoppelung ist entsprechend schon der Keim zur distanznehmenden, partiellen Desintegration angelegt, die mit der sprachvermittelten symbolischen Distanz vom Hier und Jetzt auf eine qualitativ neue Stufe gehoben wird. Das ist der Schlüssel zu einem nichtdualistischen Verständnis der Transzendenz geistiger Gehalte über die konkrete Umwelteinbettung der Personen hinaus, die sie zum Ausdruck bringen. Ohne die Externalität, die sich im Handeln zeigt, hätte sich die Idee von unabhängigen Objekten und Sachverhalten nie ausbilden können. Artikulierbar wird sie aber nicht bereits durch die individuelle Erfahrung einer von uns unabhängigen Realität, sondern erst durch symbolische Kommunikation, die ein geteiltes Bewusstsein voraussetzt.

Die Idee einer Vorgängigkeit der Organismus-Umwelt-Interaktion vor ihren Relaten deute ich als den bio-philosophischen Kontext dessen, was Peirce mit der spröden Wortneubildung *Synechismus* vor Augen hat. Darunter ist die These zu verstehen, „that continuity governs the whole domain of experience in every element of it" (Peirce 1893/1998, 1). Peirce denkt hier vor allem an die Kontinuität des individuellen und sozialen Bewusstseins – und an die spekulative Erweiterung beider zu einem „spiritual consciousness" (Peirce 1893/1998, 3) –, versteht seine Doktrin des Synechismus jedoch als „purely scientific philosophy" (Peirce 1893/1998, 3[36]). Auch William James stellt in seinen berühmten *Principles of Psychology*, vor allem im Kapitel IX über den „Stream of Thought" (vgl. James 1890/1950, vol. I, 224–290), die Kontinuität innerhalb des Bewusstseins, ebenso aber dessen Kontinuität zu seiner Umwelt (vgl. James 1890/1950, vol. I, 6) heraus. Damit sind nur zwei besonders prominente Beispiele für die Bedeutung eines Denkens in Kontinuitäten statt in Dualismen für den Pragmatismus benannt. Auf die bio-philosophische Basis dieses Ansatzes lege ich hier deshalb so großen Wert, weil auch eine angemessene Anthropologie der Artikulation ihren Ausgangspunkt nur in der funktionalen Verkoppelung des Organismus mit seiner Umgebung finden kann. Die Differenz, also *human uniqueness*, entwickelt sich aus der Kontinuität, nicht umgekehrt. Symbolische Distanz zum Andrang der Wirklichkeit ist ein zentrales Charakteristikum des menschlichen Weltverhältnisses, aber dieses Humanspezifikum entwickelt sich aus dem Bedeutungskontinuum heraus, das uns mit anderen Lebewesen verbindet und bleibt in dieses eingebunden.

Es geht also darum zu verstehen, wie Lebensprozesse Bedeutungen hervorbringen, die zunächst fest in den lokalen Umweltbezug des Organismus eingelassen sind, sich dann aber beim Menschen über die Umwelt hinaus zum Weltbezug er-

---

36 Eine ausführlichere Darstellung des synechistischen Prinzips findet sich in dem Artikel „The Law of Mind" (Peirce 1892/1992).

weitern. Dabei gilt: Kontinuität darf nicht mit Identität verwechselt werden, sie ist vielmehr mit dem Bestehen qualitativer Differenzen verträglich, ja sogar deren Möglichkeitsbedingung. Zunächst muss also der Zusammenhang des Bedeutungsphänomens mit dem der Umwelt bestimmt werden, bevor dann deren Entschränkung zur Welt in der symbolischen Distanz erörtert werden kann.

Die Vorstellung eines Bedeutungskontinuums vom organischen Lebensprozess zur menschlichen, symbolischen Kommunikation ist keine Erfindung des Pragmatismus, sie lässt sich – von Vorläufern wie Vico ganz abgesehen – spätestens bei Herder, Hamann, Wilhelm von Humboldt, den Romantikern und anderen „Expressivisten" in den Jahrzehnten um die Wende zum 19. Jahrhundert klar nachweisen.[37] Sachlich ist das darin begründet, dass es den expressivistischen Denkern immer darum ging, Sprache nicht nur und nicht in erster Linie als ein kommunikatives Transportmittel für mental schon vorgegebene propositionale Gehalte zu verstehen, sondern ihre Ausdrucks- und Formungskraft für empfundene Bedeutungen zu betonen. Diesem Fokus auf das leibliche Erleben verdankt das expressivistische Denken seine antidualistische Ausrichtung.

Die Korrelativität von Organismus und Umwelt als biologische Basis des Bedeutungsphänomens ist hingegen erst gegen Ende des 19. Jahrhunderts von Dilthey, Mead und Dewey explizit thematisiert und dann von dem Biologen Jakob von Uexküll – soweit ich sehe ohne jeden Bezug zum Pragmatismus – zu einer regelrechten „Bedeutungslehre" (1940/2022) ausgearbeitet worden. Kalevi Kull fasst Uexkülls Grundidee so zusammen: „sign systems embrace all living systems, and the roots of semiotics lie in biology" – eine Einstellung, mit der dieser zum „... starter and pioneer of the semiotic approach in biology in the twentieth century" (Kull 2001, 1) geworden sei. Uexküll hat 1909 den Begriff der „Umwelt" als Terminus für die „subjective (subjectivized, meaningful) world of an organism" (Kull 2001, 7) eingeführt.[38] Der Kerngedanke besteht darin, dass es eben immer nur bestimmte Aspekte einer überkomplexen Realität sind, die sich der Organismus nach Maßgabe seiner Lebensbedürfnisse herausschneidet und die für ihn dann seine Umwelt ausmachen: „Jedes Subjekt spinnt seine Beziehungen wie die Fäden einer Spinne zu bestimmten Eigenschaften der Dinge und verwebt sie zu einem festen Netz, das sein Dasein trägt." (Uexküll 1934/2023, 31). Es sind ihre ökologischen Nischen, auf die die Wahrnehmungen und Handlungsmuster der Organismen relativ sind. Dabei verfügt

---

37 In Jung 2009, 33–259, unternehme ich den Versuch, die expressivistische Tradition in ihrer Bedeutung für die Artikulationsanthropologie zu rekonstruieren.

38 Diese biologische Umweltlehre hat Uexküll selbst in höchst problematischer Weise weltanschaulich und politisch erweitert, und in dieser Form ist sie im 21. Jahrhundert zu einem Bezugspunkt neurechter Debatten geworden. Zur Kontextualisierung Uexkülls vgl. mein Vorwort zu der Neuausgabe seiner „Streifzüge durch die Umwelten von Menschen und Tieren" (Uexküll 1934/2023).

jedes Lebewesen für die Wahrnehmung und Manipulation der Umwelt über „Merkorgane" und „Wirkorgane", mit denen bestimmte, für den Organismus lebensrelevante Reize *aktiv ausgewählt* und beantwortet werden. Dadurch entsteht ein kreisförmiges, dauernd neu zu durchlaufendes Rückkopplungsverhältnis, das Uexüll als *Funktionskreis* erläutert und auch graphisch darstellt:

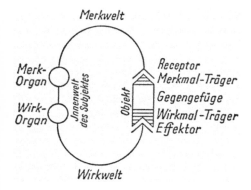

Abb. 1: Uexülls Darstellung des *Funktionskreises.*
Quelle: Uexküll 1934/2023, 27.

Diese rückgekoppelte Struktur zeige, „wie Subjekt und Objekt einander eingepaßt sind und ein planmäßiges Ganzes bilden" (Uexküll 1934/2023, 26). In der Sache entspricht Uexülls Darstellung genau Deweys Überwindung des Reflexbogenmodells durch kreisförmige Interaktionen in dem bereits erwähnten wichtigen Aufsatz von 1896.

Die so etablierten Feedbackschleifen wiederholen sich bis zum Tod des Organismus kontinuierlich, werden aber jeweils situationsspezifisch variiert. Dabei kann es immer zur Begegnung mit Unvertrautem (Peirce' Externalität) kommen, was zu neuen Chancen, Gefährdungen und entsprechendem neuen Verhalten führen kann. In diesen Interaktionsschleifen wird Bedeutungsvolles und Relevantes von Bedeutungslosem und Irrelevantem unterschieden. Damit realisieren sie die von Varela und Thompson (vgl. Thompson 2007, 158) betonte Grundeigenschaft des Lebens als *sense-making.* Dinge in der Umwelt (und Veränderungen in der Homöostase des Organismus) gewinnen Bedeutsamkeit, weil sie im Kreislauf von Merken und Wirken in ihrer Relevanz für den Organismus erschlossen werden. „Jede Komponente eines organischen oder anorganischen Gegenstandes wird, sobald sie in der Rolle eines Bedeutungsträgers auf der Lebensbühne eines Tiersubjekts auftritt, mit einem, sagen wir, ,Komplement' im Körper des Subjektes in Verbindung gebracht, das als Bedeutungsträger dient" (Uexküll 1940/2023, 132). Hier zeigt sich wieder der bereits von den Pragmatisten betonte Primat der Handlung: Bedeutung ist nichts, was in passiven Wahrnehmungsakten der Umwelt einfach abgelesen werden könnte, sie entsteht erst im Kreislauf von bedürfnisgetriebenen Handlungen und entsprechenden Rückmeldungen durch die Sinnesorgane. Uexküll ist, so betrachtet, auch ein Pionier des *Enaktivismus* gewesen, also derjenigen Strömung innerhalb der *Embodiment*-Debatten, die den praktischen, aktiven Charakter auch der Wahrnehmung (von Bedeutungen) herausstellt.

Hinzu kommt natürlich, dass das *sense-making* der Lebewesen weit über den individuellen Organismus hinaus bei sozialen Tieren auch bereits durch artspezifische *Zeichenverwendungen* realisiert wird. Der berühmte Schwänzeltanz der Honigbiene etwa stellt einen hochkomplexen Zeichenprozess dar, in dem spezifische Bedeutsamkeiten der Begegnung mit einer Externalität (in diesem Fall der Fund einer Nektarquelle mitsamt ihrer Lage, Entfernung und Ergiebigkeit) den Artgenossen kommuniziert werden. Der Funktionskreis zwischen individuellem Organismus und Umwelt, in dem diese ihren Zeichencharakter gewinnt, wird dadurch um inter,subjektive' Zeichen erweitert. Solche Zeichen können, wie etwa beim Bienentanz oder Primatengesten, ein kommunikatives System bilden, bei dem die Signalfunktionen über die gespürte Bedeutsamkeit (soweit vorhanden) bereits die Oberhand gewinnen. In jedem Fall aber sind für Uexküll die Systeme von Umweltbedeutungen individuell und artspezifisch konstitutiv, weil die Morphologie der Pflanzen und Tiere durch die Korrelationsbeziehungen zu spezifischen Umweltfaktoren bestimmt wird. Auch die im Lebensprozess eines Organismus realisierbaren Kausalverhältnisse, also beispielsweise seine Greifbewegungen, sind Uexküll zufolge derivativ auf Bedeutungsbeziehungen. Es ist dementsprechend die Bedeutung einer Frucht für den Organismus, die der sensomotorischen Bewältigung des Aufbrechens ihrer Hülle vorangeht. *„Der Frage nach der Bedeutung"*, so schreibt Uexküll daher, *„gebührt bei allen Lebensprozessen der erste Rang."* (Uexküll 1940/2023, 141; kursiv im Original). – Damit ist das Kontinuitätsprinzip in bedeutungstheoretischer Hinsicht realisiert. Das menschliche Sprachvermögen muss nicht mehr als etwas dualistisch vom Rest der belebten Welt Getrenntes verstanden werden, es steht vielmehr in einem genetischen Zusammenhang mit vorsprachlichen Formen. Und nicht nur das: Auch vollentfaltete, symbolisch artikulierte Zeichenprozesse könnten ohne affektiv gespürte Bedeutsamkeiten nicht zustande kommen. Auf diesen Punkt wird weiter unten in diesem Kapitel anlässlich von John Deweys Begriff des Qualitativen noch ausführlich einzugehen sein.

Für Uexküll ist die Korrelativität von Organismus und Umwelt das Grundphänomen des Lebens. Überall herrscht dasselbe Muster einer wechselseitigen Selektion organischer Merkmale und solcher der Umwelt nach Maßgabe von Bedeutungsstrukturen. Kognition wird damit als ebenso sehr nischenabhängig wie nischenerzeugend gedacht. Am Ende seiner *Streifzüge durch die Umwelten von*

Menschen und Tieren erweitert Uexküll sein Schema sogar auf die „Umwelten der Naturforscher" (Uexküll 1934/2023, 119) und demonstriert mithilfe einer recht skurrilen Illustration (von G. Kriszat), wie sich für einen Astronomen die alltägliche Umwelt in ein künstliches Arrangement verändert, bei dem Teleskope eine entscheidende Rolle spielen, sodass Planeten und Sterne zu den salienten Reizen seiner Umwelt werden. Damit kommt es allerdings zu einer selbstwidersprüchlichen Übergeneralisierung der Umweltlehre. Deren zentraler Punkt bestand schließlich darin, dass zwischen Organismen und den von ihnen als Umwelt selektierten Aspekten ihrer Umgebung ein ökologisches Passungsverhältnis besteht, das den Lebensvollzug und die Reproduktion des Organismus erst ermöglicht. Genau dieses Verhältnis wird aber bei der theoretischen Analyse dieser Beziehung, überhaupt bei jeder wissenschaftlichen Naturforschung und bereits im alltäglichen reflexiven Sprachgebrauch kritisch *gebrochen*. Wissenschaft ist nur dort möglich, wo – bei fortdauernder Umwelteinbettung des biologischen Forscherorganismus – Forschende die Beschränkung auf ihre lokale Umwelt überwinden und sich der Blick auf Sachverhalte und kausale Beziehungen richten kann, die für den Lebensprozess des Forscherorganismus gar nicht relevant sind. Dafür wird sowohl die Limitation der Sinnesorgane durch technische Hilfsmittel erweitert als auch auf der begrifflichen Ebene reflexive Distanz zur ökologischen Nische, sprich Umwelt geschaffen.

Anders formuliert: Uexkülls Überdehnung des Umweltbegriffs scheitert an der Unmöglichkeit ihrer reflexiven Selbsteinholung.[39] Organismen, die ausschließlich in einem engen Passungsverhältnis zu ihrer Umwelt leben, können diesen allgemeinen Sachverhalt gar nicht erfassen. Ihn zu beschreiben und eine allgemeine Umweltlehre zu entwickeln, setzt die Fähigkeit zu symbolischer Distanz voraus. Erst sie macht die Umwelt *als* Umwelt und damit als Wirklichkeits*ausschnitt* erkennbar. Nichtmenschliche Lebewesen wissen nicht, dass ihre Umwelt *ihre* Umwelt ist, und es interessiert sie auch nicht, genausowenig wie die Tatsache, dass Umwelten auf eine Welt hin offen sind. Aus diesem Grund ist es zumindest irreführend, die durch technische Instrumente dem astronomischen Blick eröffneten Phänomene als sol-

---

39 Ein analoges Problem stellt sich für die Uexküll-Rezeption Andy Clarks, eines Pioniers der *embodied cognition*. In *Being There* bezieht sich Clark auf Uexkülls Umweltbegriff, betont den hochgradig selektiven Charakter der menschlichen Kognition und reproduziert auch (Clark 1997, 27, Figure 1.7) Kriszats Zeichnung der Astronomenumwelt. Damit übergeneralisiert er die ökologische Nischenabhängigkeit der Kognition, die in Uexkülls Umweltbegriff impliziert ist, denn Astronomie basiert u. a. auf technischer Sinneserweiterung (Teleskope), empirischen Daten, die den menschlichen Sinnen gar nicht zugänglich sind (Radioteleskope) und natürlich auf reflexiver Distanz und Theoriebildung. Die spezifische Umwelt des Astronomen ist daher nur die sekundäre Folge einer transzendierenden Bewegung menschlicher Kognition, die darin besteht, die Umwelt überlebens- und reproduktionsrelevanter, deshalb auch wertbesetzter Phänomene zugunsten einer Welt objektiver Ereignisse und Tatsachen zu übersteigen.

che der Umwelt zu kennzeichnen. Natürlich kann man in einem abgeleiteten Sinn Labore, Teleskope und Teilchenbeschleuniger als physische Arrangements betrachten, in und mit denen Forschende viel Zeit verbringen und die ihnen darüber zur Teilzeitumwelt werden. Aber dabei sollte nicht vergessen gehen, dass diese künstlichen „Umwelten" nur deshalb existieren können, weil die menschliche Lebensform die Fähigkeit zum Transzendieren aller lokalen Umwelten – und Umwelten sind immer lokal – hervorgebracht hat. Im Hier und Jetzt einer Umwelt immer situiert, öffnet sich doch dem verkörperten Symbolverwender Mensch eine nicht mehr auf artspezifische Bedürfnisse restringierte *Welt*, d. h. ein Inbegriff von Tatsachen und Ereignissen, deren Erkenntnis zwar an die ökologisch evolvierten Sinnesorgane, Basismetaphern und Kategorien des Menschen gebunden ist, die aber dessen ökologische Nische transzendieren. Und dasselbe Muster, das ich hier am Beispiel der epistemischen Blickerweiterung durchgespielt habe, betrifft alle menschlichen Sinnbildungen. Musik, die bildenden Künste und die Literatur bieten eine Fülle von Beispielen dafür, wie die künstlerische Arbeit mit physischen und semantischen Umwelten Sinnfiguren hervorbringen kann, die sich vom lokalen Kontext ihrer Erzeugung abgelöst haben.

Der Weg von der Umwelt zur Welt führt über reflexive Distanz. Doch diese ist auch unter zeichentheoretischem Aspekt wiederum nur komplementär zur lokalen Situierung und Verkörperung denkbar, wie in den Passagen über die Semiotik von Peirce noch genauer zu zeigen sein wird. Hier soll es nun zunächst um ein pragmatistisches, also handlungsbezogenes Verständnis des Distanzphänomens gehen. Dazu komme ich auf Deweys Unterscheidung von Sinn und Signifikation zurück. In *Erfahrung und Natur* wurde die Differenzierung zwischen verschiedenen vom Organismus durchlebten Situationsqualitäten als die Urszene der Bedeutungsbildung charakterisiert. Sinn (in meiner Terminologie Bedeutsam*keit*) ist dabei nicht einfach eine positive oder negative Gefühlstönung, sondern bereits deren Verbindung mit einem bestimmten Aspekt der Situation, also „... das qualitative Charakteristikum *von etwas*" (Dewey 1925/2007, 251; Kursivierung M.J.). Gefühlter Sinn erweitert sich zur Signifikation, wenn „das Fühlen durch die Sprache in ein System von Zeichen aufgenommen worden ist" (Dewey 1925/2007, 250), eine Bedeutung also den individuellen Interaktionszusammenhang transzendiert und zum „Zeichen objektiver Unterschiede" (Dewey 1925/2007, 249) wird. Damit entsteht nach Dewey *Geist*, „... eine zusätzliche Eigenschaft, die ein fühlendes Geschöpf erwirbt, wenn es jene organisierte Kommunikation mit anderen lebenden Kreaturen erreicht, die Sprache, Kommunikation ist" (Dewey 1925/2007, 249).

Der entscheidende Punkt besteht hier darin, dass innerhalb einer symbolischen Sprache Bedeutung verstanden und interpretiert werden kann, ohne dass dafür noch eine geteilte situative Erfahrung der Kommunikationspartner nötig wäre. Diese Situationsunabhängigkeit der Bedeutung schließt aber nicht aus, sondern ein, dass die Adressaten sprachlicher Äußerungen ihre unmittelbaren Erfahrungen nutzen müssen, um die symbolisch kommunizierten Bedeutungen zu interpretieren und sie sich dadurch über ihren rein lexikalischen und syntaktischen Sinn hinaus wieder zu eigen zu machen. Symbolischer Sinn muss durch leibliche Erfahrungs- und Zeichenformen *interpretiert* und damit gewissermaßen wiederverkörpert werden, um subjektiv verstanden zu werden. Diese Interpretation ist jedoch nur deshalb erforderlich, weil Symbolsprachen objektive Bedeutung und Bedeutsamkeitserleben entkoppeln. Hier besteht ein direkter Zusammenhang mit der Intersubjektivität der Sprache. Weil verschiedene Sprachzeichen von verschiedenen Benutzern in derselben Weise verwendet werden, kann sich deren Bedeutung von direkter Erfahrung emanzipieren, und nur deshalb können wiederum systematische Beziehungen zwischen Sprachzeichen entstehen (Grammatikalisierung), die eine perspektivische Differenzierung, Gliederung, Artikulation und damit die Explikation von Bedeutsamkeit ermöglichen. In die Interaktionseinheit von Organismus und Umwelt drängt sich damit die intersubjektive Vermittlung des Sinns hinein und reflexive Distanz wird möglich – eine Leistung, die ein einzelnes Individuum niemals für sich alleine erbringen könnte. Ein jeder individueller Organismus ist in seine Umgebung eingepasst und partizipiert dabei an einer artspezifischen Umwelt. Doch erst die geteilte Intentionalität der intersubjektiven Sprache ermöglich das Überschreiten der Umwelt in Richtung auf eine Welt. Dewey erläutert diesen Punkt sehr plastisch durch den Unterschied zwischen einem gebrannten Kind, das einfach vor der Flamme zurückschreckt und einem Kind, das über sprachlich vermittelte Ideen verfügt und deshalb „auf die brennende Flamme in spielerischer, erfinderischer, neugieriger und forschender Weise reagieren" (Dewey 1925/2007, 277) kann.

Solche freieren, distanzierteren Verhaltensweisen transzendieren die Umwelt auf eine Welt hin, setzen aber organische Aktivitäten mit ihren spezifischen Qualitäten immer schon voraus. Letztere

> verschaffen dem Geist seine Grundlage und Verbindung in der Natur; sie versorgen Bedeutungen mit ihrem wirklichen Material. Aber Bedeutungen, Ideen sind auch, sobald sie auftreten, Eigenschaften einer neuen Interaktion von Ereignissen; sie sind Eigenschaften, die in ihrem Zusammenschluss mit der Empfindungsfähigkeit das organische Handeln transformieren, indem sie es mit neuen Eigenschaften versehen. (Dewey 1925/2007, 277)

Nach ihrer semiotischen Seite lassen sich diese neuen Eigenschaften im Begriff der *symbolischen Distanz* bündeln, nach ihrer handlungstheoretischen Bedeutung aber im Begriff der *Freiheit*. Beides gehört untrennbar zusammen. Freiheit setzt die Fähigkeit zur reflexiven Distanznahme vom Andrang der Triebe und situativen Anforderungen voraus; umgekehrt ist eine solche Distanznahme aber einzig und allein freien Wesen möglich, deren Handlungen nicht nur schematischen Reaktionsmustern folgen und deren Zeichengebrauch nicht vollständig durch situative

Trigger determiniert wird. Symbolsprachliche Artikulation funktioniert nicht nach dem Muster eines Reizes, der ein bestimmtes kommunikatives Verhalten auslöst. Natürlich ist die artikulierende Explikation einer gespürten Bedeutungsanmutung (oder Bedeutsamkeit) in Form einer gegliederten, intersubjektiv verständlichen Zeichenkette regelbasiert. Diese Regeln ermöglichen es aber gerade, von „endlichen Mitteln einen unendlichen Gebrauch [zu] machen" (Wilhelm von Humboldt 1836/ 1998, 221); sie determinieren nicht den Sprachgebrauch, sondern eröffnen Möglichkeitsspielräume. Am Phänomen der grundsätzlichen *Perspektivität* sprachlicher Äußerungen lässt sich das am besten erläutern: Sprechakte entstehen zwar immer in situativen Kontexten, die grob eine bestimmte Richtung des Ausdrucks vorgeben. Niemand erwartet von den Beteiligten eines Verkehrsunfalls, dass sie eine Konversation über das Wetter beginnen. Aber aus welcher Perspektive dann gesprochen wird, wird von der geteilten Situation nicht determiniert. Unfallopfer, Unfallverursacher, unbeteiligte Dritte und herbeigerufene Rettungskräfte werden sehr verschiedene Perspektiven zum Ausdruck bringen und natürliche Sprachen erlauben ihnen dies auch. Die Unterschiede der Personalpronomina, verschiedene deiktische Ausdrücke, die modalen Differenzen in der Verbbildung (etwa die Aktiv/ Passiv-Unterscheidung), unterschiedlich allgemeine oder spezifische Adjektive und Adverbien – das sind nur einige Beispiele für die Unterdeterminiertheit sprachlicher Akte durch die gefühlte Bedeutsamkeit, die den Anlass zur Ausdrucksbildung abgibt. Artikulierende Subjekte sind immer darin frei, denjenigen Gebrauch von den ihnen verfügbaren sprachlichen Mitteln zu machen, der ihnen gerade als der stimmigste erscheint. Dies gelingt ihnen aber nur, weil im geteilten Bewusstsein der Sprachverwender Bedeutungen, grammatische wie auch sprachpragmatische Regeln als performatives Können gespeichert sind. Dieses praktische Wissen greift auf soziokulturelle Muster zurück, die im diltheyschen und deweyschen Sinn als (objektiver) „Geist" beschrieben werden können.

Die Freiheit, um die es hier geht, ist eine verkörperte Freiheit. Sie erwächst aus der Kraft der Artikulation, gespürte Bedeutsamkeit in intersubjektiv verständlichen Sinn zu transformieren und dabei durch die Orientierung an objektiver Wahrheit, intersubjektiver Gültigkeit und expressiver Authentizität[40] symbolische Distanz zwischen den Organismus und sein leiblich gespürtes Erleben von Bedeutsamkeit zu bringen. Strukturell ist dieser Distanzierungseffekt der Artikulation des Impliziten ein und derselbe, ob es nun um sprachliches oder nichtsprachliches Handeln geht. *Jede* einigermaßen komplexe Handlung beginnt mit leiblicher Intentionalität,

---

40 In Jung/Schlette 2018 versuchen wir zu zeigen, dass die Habermas'sche Lehre von den sprachlichen Geltungsansprüchen, auf die oben lose angespielt worden ist, in dem verkörperten Geltungsanspruch der *Stimmigkeit* fundiert werden kann.

die in Gefühlen, Trieben und vagen Wünschen verankert ist. Im Laufe des Handlungsvollzugs entwickelt sie sich dann zu immer expliziteren Zwecksetzungen die, in Auseinandersetzungen mit den Widerständen und Chancen der Handlungssituation entstanden, die primären Impulse transformieren.

Umwelt und Welt, so lässt sich zusammenfassen, stellen verschiedene, jedoch durch ein Bedeutungskontinuum verbundene Aspekte der Realität dar, soweit sie dem Menschen zugänglich ist. Natürlich ist aber auch die über die Nischenabhängigkeit hinausgehende Welt für uns nicht an sich erfahrbar, sondern alleine durch die Erweiterung, Ergänzung und funktionale Neubestimmung von Wahrnehmungs- und Kategorisierungsfähigkeiten, die ursprünglich für Nischenkognition evolviert waren, dann aber eine Exaptation durchgemacht haben, die symbolische Distanz ermöglicht. Die Interaktionseinheit von Organismus und Umwelt bildet in Form von erlebten Qualitäten und sensomotorisch erfahrenen Widerständen die primäre Bedeutungsressource, den Ausgangs- und in Form gestalthafter Qualitäten auch den Endpunkt des Erfahrungs-/Zeichenprozesses. Zwischen diesen beiden Punkten liegen sehr vielgestaltige Artikulationsprozesse, die reflexive Distanz erzeugen, indem sie eine gestalthaft gespürte Bedeutsamkeit mittels gegliederter Zeichenketten in intersubjektive Sinngestalten überführen, die Geltungsansprüchen unterliegen. Dabei steht die Verschränkung von Organismus und Umwelt für die auf ökologische Nischen bezogene Selektivität, die auch die menschliche Kognition entscheidend prägt. Der Übergang zu einer Welt erfahrbarer Tatsachen, gültiger Normen und Werte und ästhetischer Qualitäten hingegen erfordert die Evolution eines geteilten, symbolvermittelten Bewusstseins, das befähigt ist, solche nischenspezifische Kognition dennoch zu transzendieren – eine Fähigkeit, ohne die Wissenschaft, Religion, Moral und Kunst undenkbar ist.

Natürlich ist diese Bewegung des Transzendierens kein Zurücklassen der Verkörperung zugunsten reiner Geistigkeit. So zu denken, ist ein Fehlschluss, den Kant in der Einleitung zur *Kritik der reinen Vernunft* in ein prägnantes Bild gefasst hat: „Die leichte Taube, indem sie im freien Flug die Luft teilt, könnte die Vorstellung fassen, daß es ihr im luftleeren Raum noch viel besser gelingen werde." (KrV A 5, Kant 1781/1980, 51) Das Bewusstsein der Taube hätte diese Möglichkeit sicherlich nicht; sie vertritt in Kants Formulierung nur den Menschen, der immer der gnostischen Versuchung ausgesetzt ist, den biologischen Organismus nicht als Möglichkeitsbedingung des Denkens, sondern als erdenschweres Hindernis für die Erkenntnis einer geistigen Welt wahrzunehmen. Verkörperungsanthropologische Positionen bestehen daher darauf, dass der menschliche Geist sowenig wie der der Tiere vom Himmel fällt, sondern es gerade ein neuer, evolutionär exaptiver Gebrauch leiblicher, also umweltgebundener Bewegungs-, Ausdrucks- und Artikulationsmuster ist, der das Transzendieren der Umwelt ermöglicht. Dies gilt wiederum semiotisch wie anthropologisch. Symbolische Kommunikation basiert auf einem unmittelbar umweltbezogenen Zeichengebrauch und geistiges Leben kann sich nur in der Auseinandersetzung mit den Qualitäten und Widerständen leiblicher Erfahrung entwickeln. Damit entsteht eine für die menschliche Lebensform charakteristische *Spannungseinheit* – oder mit den Worten Herman Schrödters ein „aufgespanntes Verhältnis" – zwischen leiblicher Situiertheit und symbolischer Distanz.

Helmuth Plessners hat aus diesem Grund die *conditio humana* durch eine *exzentrische Positionalität* charakterisiert gesehen. „Ist das Leben des Tier zentrisch, so ist das Leben des Menschen, ohne die Zentrierung durchbrechen zu können, zugleich aus ihr heraus, exzentrisch." (Plessner 1923/2003, 291 f.) Der Aspekt der Zentriertheit oder Positionalität ergibt sich, mit Uexküll gedacht, aus dem Funktionskreis Organismus-Umwelt, innerhalb dessen sich auch die menschliche Kognition zunächst und zumeist bewegt. Dezentriert oder exzentrisch ist die menschliche Lebensform kraft ihrer durch geteiltes Bewusstsein und Symbolsprache vermittelten Fähigkeit, die Teilnehmerperspektive dieses Funktionskreises aufzubrechen und ein distanziert-reflexives, auch utopisch übersteigendes Verhältnis zur Organismus-Umwelt-Nische einzunehmen. Plessners anthropologische Grundgesetze, nämlich *natürliche Künstlichkeit, vermittelte Unmittelbarkeit* und *utopischer Standort* (vgl. Plessner 1923/2003, 309 – 348) sind nichts anderes als unterschiedlich akzentuierte Paraphrasen dieser Grundstruktur. Bei aller Betonung der Polarität darf jedoch nie die Einsicht verloren gehen, dass es sich hier gerade nicht um die unvermittelten Gegensätze eines Dualismus handelt, sondern die Exzentrizität aus der Einbettung in der Umwelt hervorgegangen und ohne diese gar nicht denkbar ist.

Es sind die Pragmatisten mit ihrer positiven Anknüpfung an die Evolutionstheorie, die theoriegeschichtlich zum ersten Mal die Möglichkeit geschaffen haben, diese von Plessner nur konstatierte Spannungseinheit als Ergebnis einer evolutionären und kulturgeschichtlichen Entwicklung zu beschreiben. In deren Verlauf sind der umweltbezogenen, leiblichen Erfahrung neue Funktionen zugewachsen, die ein geteiltes Bewusstsein, dessen symbolische Verkörperung und damit Geist ermöglichen. Im Unterschied zu weiten Teilen des überwiegend naturwissenschaftlich ausgerichteten *embodied-cognition*-Diskurses ging es bei den Pragmatisten aber immer darum, *erstens* auch die Perspektive alltäglicher, nichtmethodischer Erfahrung und *zweitens alle* kulturellen Praktiken des *sense-making* einzubeziehen. Anders formuliert: Der Brückenschlag zwischen Kulturanthropologie und evolutionärer bzw. kognitionswissenschaftlicher Anthropologie, der in der heutigen Forschungslandschaft ein dringendes Desiderat darstellt,[41] ist von den pragmatistischen Denkern im Grundsätzlichen bereits geleistet worden, wenn auch natürlich

---

[41] Vgl. dazu den Sammelband *Dem Körper eingeschrieben. Verkörperung zwischen Leiberleben und kulturellem Sinn* (Jung/Bauks/Ackermann 2016)

auf der eingeschränkten Basis des in den ersten Jahrzehnten des 20. Jahrhunderts verfügbaren Kenntnisstands. Weder die Pragmatisten noch die Autoren der Philosophischen Anthropologie hatten die Möglichkeit, auf die ethologischen, speziesvergleichenden und evolutionsanthropologischen Untersuchungen zurückzugreifen, die es in den letzten Jahrzehnten erstmals möglich gemacht haben, empirisch belastbare Theorien der Humangenese sowohl aus onto- wie aus phylogenetischer Perspektive zu entwickeln. Kapitel 3 dieses Buchs ist diesen Theorien und dem Fortschritt der Theoriebildung in der *4E cognition*, speziell im Enaktivismus gewidmet.

Vorher wird es aber darum gehen, die wichtigsten konzeptuellen Beiträge des klassischen Pragmatismus für die artikulatorische Anthropologie systematisch zu entfalten. Mit Blick auf den Primat der Praxis (2.1) und die Verschränkung von Bedeutungskontinuum und symbolisch-reflexiver Distanz (2.2) ist das bereits im vorigen und in diesem Abschnitt geschehen. Die kommenden Abschnitte widmen sich nun den Gründen für meine Bevorzugung des klassischen gegenüber dem linguistischen Pragmatismus (2.3), der Wiederentdeckung des Qualitativen (2.4) und dem Verhältnis von Körperlichkeit und Intersubjektivität im Zeichenprozess (2.5).

2.3 Methodische Fragen: klassischer vs. linguistischer Pragmatismus

In diesem Teil werde ich dafür argumentieren, dass es vor allem die Autoren des *klassischen* Pragmatismus sind, an deren Verständnis von Handlung, Erfahrung und Bedeutung sich die *4E cognition* wie auch die Anthropologie der verkörperten Artikulation orientieren sollte. Dies ist insofern erläuterungsbedürftig, als sich in den letzten Jahrzehnten prominente Neuinterpretationen des pragmatistischen Denkens entwickelt haben, die unter Begriffen wie Neopragmatismus bzw. linguistischer und analytischer Pragmatismus bekannt geworden sind. Von Richard Rorty (1979/1981) bis Cheryl Misak (2007, 2013) sind diese Ansätze bei allen doch erheblichen Unterschieden im Einzelnen dadurch gekennzeichnet, dass das Interesse an verkörperter Erfahrung in ihrer ganzen Breite zugunsten einer sprachzentrierten und/oder wissenschaftstheoretischen Grundausrichtung zurücktritt, die sich der Nähe zum analytischen Philosophieren verdankt. Damit geht die Radikalität wieder verloren, mit der die klassischen Pragmatisten den handelnden menschlichen Organismus in seiner Umwelt ins Zentrum gerückt, *sense-making* in diesem Sinne methodisch naturalisiert und damit antidualistisch auf Kontinuität gesetzt hatten. Natürlich gibt es zwischen dem klassischen und dem linguistischen Pragmatismus aber auch eine ganze Reihe von wichtigen Gemeinsamkeiten, etwa den Antirepräsentationalismus und die Zurückweisung der Dichotomie von Fakten und

Werten. Ich werde zuerst exemplarisch herausarbeiten, wie bei den ‚analytischen‘ Pragmatisten der Bezug auf qualitative Erfahrung zurücktritt, dann deren Leib-vergessenheit und die Verengung auf die geistige Dimension sprachlicher Bedeu-tung thematisieren, bevor ich am Beispiel von Robert Brandoms inferentialistischer Sprachphilosophie zeige, wie fruchtbar einerseits Brandoms Idee von Sprache als Explikationsprozess innerhalb eines holistischen Bedeutungsnetzwerks ist, dass sie aber andererseits auf *alle* Bedeutungsformen und damit um einen Begriff leiblicher Erfahrung erweitert werden muss, um anthropologisch tragfähig zu werden.

2.3.1 Die Ausblendung des Qualitativen und der Leiblichkeit

Für Cheryl Misak, eine der bekanntesten Vertreterinnen des linguistisch-analyti-schen Pragmatismus, weist der Pragmatismus im Ganzen eine „strong and unbro-ken analytic lineage" (Misak 2013, 1f.) auf, eine Linie, die auch den Logischen Em-pirismus einschließt (vgl. Misak 2013, 156) und an der entlang sie eine Rekonstruktion der Geschichte und Gegenwart des Pragmatismus vornimmt. Mit Hilary Putnam stellt sie Fallibilismus, Anti-Skeptizismus, die Überwindung der Di-chotomie von Fakten und Werten sowie den Primat der Praxis als konstitutiv für diese Denkform heraus (vgl. Misak 2013, 239). Dies trifft natürlich auch für den klassischen Pragmatismus uneingeschränkt zu. Dabei vertritt sie allerdings – dann wohl nicht mehr mit Putnam und schon gar nicht mit James oder Dewey – eine szientifische Variante des Naturalismus, in der gilt „ ... what is real is what science says is real" (Misak 2013, 205). Dewey besteht hingegen immer wieder darauf, dass Realität *nicht* mit dem Inbegriff des wissenschaftlich Erkennbaren gleichgesetzt werden kann, sondern auch performativ in erlebten Qualitäten und durchlaufenen Interaktionen, also in der Stellung des Teilnehmers, nicht des Beobachters, zu-gänglich wird. Damit wird gewöhnlicher, also nicht methodisch gewonnener Er-fahrung eine zentrale Rolle bei der Erschließung der Wirklichkeit zuerkannt (vgl. Jung 2014). In Misaks Darstellung hingegen sind Pragmatisten Wissenschaftler, die sich einem universalisierten, d.h. auf Kunst und Moral ausgedehnten Projekt em-pirisch geleiteter „inquiry" verschrieben haben, im Bewusstsein dessen, dass wir dem „human predicament" (Misak 2013, 252) nicht entkommen können, weil wir unsere Begriffe und Praktiken nur von innen, nicht aus einer externen Perspektive kritisieren können. Das Bild, das so entsteht, ist nicht falsch, aber in meinen Augen doch äußerst einseitig. Bereits ein Blick ins Register von Misaks großer Darstellung zeigt, dass Einträge zu den Stichworten *embodiment* und *qualitative experience* fehlen. Der sehr erhebliche Preis, den sie für ihre Wiedereingemeindung des Pragmatismus in den analytischen Mainstream (vgl. Misak 2013, 254) entrichten muss, besteht in der Ausblendung des Primats verkörperter Interaktionen, der qualitativen Perspektive und des Bedeutungskontinuums. Es sind jedoch gerade diese drei Akzentsetzungen, die den klassischen Pragmatismus aus der Perspektive einer verkörperten Anthropologie so fruchtbar machen.

Die Idee, dass Menschen Bedeutsamkeit *erleben* und *ausagieren*, dass sie in ihrem alltäglichen Leben ständig von gestalthaft gespürten Qualitäten und physischen Widerständen umgeben sind, und dass dieser in der Organismus-Umwelt-Interaktion fundierte Grundsachverhalt auf allen Stufen des sprachlichen Weltbezugs eine konstitutive Rolle spielt, ist dem analytischen Denken völlig fremd. Wenn man davon ausgeht, dass unser einziger Zugang zu Bedeutungen sprachlicher Art ist, verliert die Welt qualitativer Bedeutungen, wie sie uns im Erleben und Handeln erschlossen ist, jede Relevanz, ja sogar ihre Existenz. Kurz: Dass Erfahrung primär qualitativ ist und nicht immer bereits sprachlich formatiert daherkommt, ist eine zentrale Einsicht des klassischen Pragmatismus, die bei Autorinnen und Autoren wie Misak und Tallise/Aiken (2020) verloren geht. Damit eng zusammen hängt die Ausblendung der Verkörperung. Nur verkörperte Wesen können schließlich qualitative Weltbeziehungen aufbauen und Widerstandserfahrungen machen. In Misaks Darstellung spielt jedoch die Tatsache, dass Menschen einen Körper haben, der eine bestimmte Beschaffenheit aufweist, dass sie diesen Körper von innen als subjekthaften Leib erleben und sowohl die Beschaffenheit ihrer Sinnesorgane als auch die Struktur ihrer begrifflichen Kategorisierungen in einem vorsprachlichen Leib-Umwelt-Verhältnis gründet, schlicht keine Rolle. Von dieser Verdrängung der Verkörperung ist auch der Primat der Praxis betroffen, den analytische Pragmatisten nur noch in der eingeschränkten Form linguistischer Praktiken thematisieren, wie bei der Behandlung Brandoms noch deutlich werden wird. Mit der Ausblendung des Qualitativen und der Leiblichkeit geht auch die Geringschätzung von Erfahrung einher, zumindest wenn diese als die zu Lernprozessen führende Konfrontation eines lebendigen Organismus mit einer widerständigen Realität im Handeln verstanden wird. Besonders drastisch bringt Alan Malachowski diese massive Akzentverschiebung des ‚neuen Pragmatismus zum Ausdruck: „New Pragmatism has not bound itself by the sorts of commitments that were always going to hold classical pragmatism back. Of these, empiricism, with the accent on experience, is the principal factor. New Pragmatists are able to discard much philosophical baggage by shifting its focus to language." (Malachowski 2010, 31)

Die Verschiebung des Fokus von der Erfahrung auf die Sprache läuft auf eine Assimilierung des klassischen Pragmatismus an die analytische Philosophie und deren *linguistic* turn heraus. Was jedoch linguistischen Pragmatisten als ein Abwerfen von philosophischem Ballast erscheinen mag, stellt sich aus der Perspektive des Verkörperungsdenkens im Gegenteil als eine Aufgabe all dessen dar, was den Pragmatismus inspirierend, aktuell und relevant macht, wie ich am Begriff der Artikulation zeigen möchte. Bedeutungen zu artikulieren, hat einen physischen und einen sinnhaft-geistigen Aspekt, wobei letzterer nicht für sich stehen kann, sondern sich entlang der physischen Gliederungen entwickelt, die Bedeutungsdifferenzen zum Ausdruck bringen. So ist auch die zeitliche Sequenz einer Handlung nichts, was dem sich entwickelnden Handlungssinn äußerlich wäre; vielmehr steht jede Veränderung der sensomotorischen Aktivität, wie sie durch die Rückkoppelungen zwischen den Akteuren und ihrer sozialen und physischen Umgebung veranlasst wird, für die fortschreitende Bestimmung des Handlungsziels im Vollzug. Am deutlichsten wird diese fortschreitende sinnlich-sinnhafte Artikulation wohl bei denjenigen Handlungen, in denen Körperbewegungen und Bedeutungen eine gestalthafte Einheit bilden, nämlich bei Gesten. Hier sind es wirklich die durch die Morphologie des belebten Körpers vorgegebenen Gliederungspunkte (lat. *articulus:* Gelenk, Glied), also Schulter-, Ellenbogen-, Hand- und Fingergelenke, die Bewegungsabfolgen, also Artikulationen im Wortsinn ermöglichen (und einschränken), aus denen sich Gliederungsmöglichkeiten für Bedeutungssequenzen ergeben. Hätten wir einen anderen Körperbau, könnten wir die humantypischen Gesten, aus denen sich vermutlich die Vokalsprache entwickelt hat, gar nicht ausführen. Es ist dieser Zusammenhang von leibgebundener Lebensform und ausdrückbarem Sinn, den wohl Wittgenstein mit seinem berühmten Diktum vor Augen hatte: „Wenn ein Löwe sprechen könnte, wir könnten ihn nicht verstehen." (Wittgenstein 1958/1971, 358)[42]

2.3.2 „Making it explicit": Robert Brandoms linguistischer Expressivismus

Genau genommen verengt der analytische *New Pragmatism* also nicht nur Bedeutungsphänomene insgesamt auf sprachliche Bedeutung; er behandelt auch Sprache so, als ob ihre organische und physische Seite gar keine Rolle spielte. Bei Robert Brandom, dem wohl bekanntesten linguistischen Pragmatisten, wird nicht nur der Erfahrungsbezug des Sprechens, sondern auch dessen physischer Charakter (und damit seine Kontinuität mit organischer Bedeutsamkeit) ausgeklammert, ebenso auch alle Formen von Bedeutung nichtsprachlicher Natur. Sein *Between Saying and Doing. Towards an Analytic Pragmatism* (Brandom 2008) entwickelt konsequent die Gebrauchstheorie der Bedeutung des späten Wittgenstein (den er auch als Referenz für die Bezeichnung seines Projekts als „pragmatistisch" heranzieht) zu einer hochgradig elaborierten „meaning-use analysis" (Brandom 2008, xii) weiter. Das

---

42 Eine andere Konsequenz der Einsicht in diesen Zusammenhang ist, dass ein reiner Geist keine Sprache verstehen könnte: „Gott, wenn er in unsere Seelen geblickt hätte, hätte dort nicht sehen können, von wem wir sprachen." (Wittgenstein 1958/1971, 348)

doing im Titel seines Werks wird insoweit immer schon als *saying* verstanden. Wie ich anhand von Brandoms *Making It Explicit* zeigen möchte, ist sein inferentialistischer Ansatz zwar von hohem Interesse für das Artikulationsdenken,[43] doch wird gleichzeitig der Begriff der Erfahrung auf linguistische Phänomene verengt und damit um seine verkörperungs- und handlungstheoretische Pointe gebracht. „The experience that Brandom's pragmatist philosopher is interested in consists of experiences of assertion, reasoning, justification, and appraisal. [...] Everything is carried on linguistically, with no reference to any other aspect of experience." (Johnson 2018a, 84)

Aus der Perspektive einer verkörperten Artikulationsanthropologie systematisch weiterführend ist jedoch, unbeschadet dieser Universalisierung des Linguistischen, Brandoms Idee von Sprache als Explikationsprozess, der sich in einem Netz von sich dauernd verändernden semantischen und pragmatischen Verpflichtungen und Berechtigungen vollzieht. Dieses inferentialistische Netzwerk impliziert eine Rückübersetzung der Beobachterperspektive propositionalen Wissens in die Teilnehmerperspektive – wenngleich bei Brandom nur sprachlich – Handelnder: ein genuin pragmatistischer Zug. „... believing *that* things are thus-and-so is to be understood in terms of practical abilities to *do* something." (Brandom 2011, 9; kursiv im Original) Dieses Tun bestimmt Brandom in *Making it Explicit* als Prozess einer immer weitergehenden linguistischen Bedeutungsbestimmung. Die philosophische Reflexion auf diesen Prozess wird ausdrücklich auch als Aufklärungsarbeit an unserem menschlichen Selbstverständnis verstanden: „In the end, though, this expressive account of language, mind and logic is an account of *who we*[44] are..." (Brandom 2000, 650, kursiv im Original)

Expressivität versteht Brandom allerdings nicht wie die Romantiker als Ausdruck eines vorher verborgenen Inneren oder als kreative Selbstgestaltung, sondern ganz rationalistisch als ein intersubjektives Geben und Nehmen von Gründen für Äußerungen. Die performative Kompetenz der Sprecherinnen und Sprecher besteht dabei in der Fähigkeit, darüber Buch zu führen („deontic scorekeeping"), welche sprachlichen Berechtigungen und Verpflichtungen sich aus den jeweils getätigten Äußerungen ergeben. Entscheidend und für das Artikulationsdenken anschlussfähig ist dabei der Gedanke einer sequentiellen, fortschreitenden Entfaltung

---

43 Für eine sehr viel ausführlichere Analyse des Verhältnisses zwischen Brandoms Inferentialismus und der Artikulationsanthropologie vgl. Jung 2005.
44 Dieses „we" ist ausdrücklich *nicht* anthropologisch, d. h. ohne Bezug auf die leibliche Existenz des Menschen formuliert. Es geht Brandom um dasjenige ‚wir', das durch die Gemeinschaft expressiv-diskursiver Wesen gebildet wird, und diese Gemeinschaft wird wiederum so verstanden, dass sie bestimmt werden kann, ohne auf die spezifische Form der menschlichen Verkörperung zu sprechen zu kommen.

von Bedeutungen als Kern des rationalen Prozesses. „Concepts", so behauptet Brandom, „are essentially inferentially articulated. Grasping them in practice is knowing one's way around the proprieties of inference and incompatibility they are caught up in." (Brandom 2000, 89) Die Artikuliertheit von Begriffen besteht demnach in der Art und Weise, wie sich ihre Bedeutung in der und durch die Verbindung mit anderen Ausdrücken (bzw. die Nichtvereinbarkeit mit ihnen) performativ entfaltet.

Diese Idee einer schrittweisen Entfaltung des sprachpraktisch schon Beherrschten wird zwar von Brandom ohne jede Rücksicht auf die physische Seite der Artikulation entwickelt, kann jedoch leicht mit ihr verbunden werden. Dann zeigt sich, dass der Artikulationsprozess keineswegs nur von semantischen und syntaktischen Aspekten getragen wird, sondern eben auch eine physische Seite hat, in der durch Phoneme, Schriftzeichen (aber auch etwa in der Malerei durch Kontrast- und Affinitätsbeziehungen zwischen Farben und zwischen Linien) Assoziationsräume geschaffen werden, die den Artikulationsprozess lenken. Eindrucksvoll haben darüber hinaus Lakoff und Johnson gezeigt, dass die Entwicklung eines Gedankens beim Denken wie beim Sprechen auf leibgebundene Metaphern und die ihnen entsprechende assoziative Logik angewiesen ist. Ein Beispiel unter vielen ist die räumliche Metaphorisierung zeitlicher Verläufe in Abhängigkeit von dem Körper des Sprechsubjekts. „The most basic metaphor for time has an observer at the present who is facing toward the future, with the past behind the observer." (Lakoff/Johnson 1999, 140) Nur deshalb liegt die Vergangenheit hinter und die Zukunft vor uns und können wir entsprechend beispielsweise Probleme ‚vor' oder ‚hinter' uns haben. In ähnlicher Weise gibt es zahllose leibgebundene Metaphern, die den diskursiven Raum über die von Brandom thematisierten Inferenzbeziehungen hinaus gliedern. Diese verkörperten Gliederungsmuster sind keine entbehrlichen Zutaten, die eine reine Begriffsschrift à la Frege auch einfach hinter sich lassen könnte, sondern unverzichtbare Bedeutungsträger. Wilhelm von Humboldt hat mit Blick auf die Lautsprache hierfür ein prägnantes Bild gefunden: „Der Begriff vermag sich aber eben so wenig von dem Worte abzulösen, als der Mensch seine Gesichtszüge ablegen kann." (W. v. Humboldt 1836/1998, 222)

Der sprachliche Prozess des Explizierens von Bedeutungen ist von Brandom seinerseits expliziert worden, und zwar als eine fortschreitende Artikulation von Differenzen und Beziehungen innerhalb des holistischen Netzwerks einer Sprache. Expliziert wird dabei dasjenige, was vorher im (sprachlichen) Handeln schon implizit enthalten war. Diese Grundidee des intersubjektiven Ausdrücklich-Machens und Ausdifferenzierens möchte ich übernehmen, dabei aber sprachliche Bedeutungen ganz anders als Brandom auf *leibliche Erfahrung* beziehen (im sehr umfangreichen Register von *Making it Explicit* taucht der Begriff ‚Erfahrung' gar nicht erst auf) und vor allem den inferentiell gegliederten Bereich der Sprache aus seiner

Kontinuität mit *nichtsprachlichen* Bedeutungsformen heraus verstehen. Explizieren heißt dann, das in einer Handlungs-/Erfahrungssequenz Implizite ausdrücklich zu machen. Sprachliches Explizieren ist entsprechend diejenige unter den vielfältigen Aktivitäten des *sense-making*, die über die symbolischen Mittel des kritischen und selbstreflexiven Denkens verfügt, wie Brandom ganz am Schluss seines Buchs herausstellt (vgl. Brandom 2000, 650). Aber das macht sprachliche Bedeutung so wenig zum Muster für alle Bedeutungsformen, wie innerhalb der symbolischen Sprache der Aussagesatz als Muster für alle sprachlichen Bedeutungen herhalten kann.

2.4 Die Wiederentdeckung des Qualitativen

Die theoretische Grundhaltung des sprachanalytisch gewendeten *new pragmatism* ist sowohl für das Forschungsparadigma der *4E cognition* als auch für die Fragestellungen einer artikulatorischen Anthropologie eher unergiebig, weil sie die Leiblichkeit ausblendet. Der Fortschritt, der in der Anerkennung des Primats der Akteursperspektive liegt, geht durch die Fixierung auf rein sprachliches Handeln gleich wieder verloren. Es ist nicht mehr möglich, die Vielfalt von Formen der Bedeutungsbildung anzuerkennen, wenn Bedeutungen von vornherein exklusiv als sprachliches Phänomen behandelt werden. Genauso wenig gelingt es dem linguistischen Pragmatismus, die *genetische Kontinuität* zwischen erlebten und „erhandelten" (*enacted*) Bedeutungen einerseits und solchen sprachlicher Art andererseits in den Blick zu bekommen. Ohne Einbeziehung dieser Kontinuität erscheint es jedoch als völlig illusorisch, rein aus der Analyse der Formen und Mittel sprachlicher Explikation einen „account of who we are" (Brandom 2000, 650) entwickeln zu wollen. Der methodische Ausgangspunkt bei der Organismus-Umwelt-Interaktion, den die klassischen Pragmatisten gewählt hatten, wird von Brandom und verwandten Autoren nicht mehr aufgegriffen. Dabei ist es gerade diese methodische Grundentscheidung, die vor allem James und Dewey in ihren philosophischen Ansätzen dazu gebracht hatte, die unreduzierbare Vielfalt von Bedeutungsformen herauszustellen. Das und ihre Berücksichtigung von Differenz *und* Kontinuität der menschlichen Lebensform im Evolutionsprozess macht ihr Denken anthropologisch ergiebig.

Als entscheidender Differenzpunkt zum *new pragmatism* zeigt sich dabei die Beachtung bzw. Nichtbeachtung des *qualitativen* Charakters unserer menschlichen Weltbeziehung. Die unterschiedlichen Qualitäten, die die Austauschrelationen mit der Umwelt sowie seine eigenen homöostatischen Selbstregulationen für den Organismus haben können, sind nämlich nicht allein über die Bestimmung funktionaler Relationen von außen beschreibbar, sie werden auch von innen erlebt. Dieses

Erleben bietet dem Organismus die Möglichkeit einer unmittelbaren Reaktion und damit einen Überlebensvorteil. Wie differenziert das Nervensystem eines Organismus sein muss, um das zu ermöglichen, ist in Grenzfällen schwer zu entscheiden, hier aber auch nicht weiter von Belang. Dass es jedenfalls unzählige nicht-menschliche Lebensformen gibt, für die es sich so-und-so anfühlt, mit ihrer Umwelt zu interagieren, dürfte außer vielleicht für radikal-dogmatische Cartesianer ganz unstrittig sein. Thomas Nagels berühmter Aufsatz „What is it like to be a bat?" (Nagel 1974/1979) erkundet imaginativ diese subjektiv-bedeutungshafte Seite tierischen (Er-)Lebens. Das qualitative Er- und Durchleben von Situationen, in denen sich etwas innerhalb der Interaktionseinheit von Organismus und Umwelt als bedeutungsvoll zeigt, weil es Wohl und Wehe dieses Organismus beeinflusst, ist die Urszene der Bedeutungsbildung. In ihr ist die Eigenstruktur des Begegnenden, sein Objektcharakter, noch gar nicht aus ihrer Einheit mit der Relevanz für den Organismus hinausgetreten – erst die differenzierende Arbeit der Artikulation leistet das. Im Vokabular der analytischen Sprachphilosophie könnte man von einer Intensions-Extensions-Verschmelzung sprechen, darf aber dann nicht aus den Augen verlieren, dass damit hier nicht die nachträgliche Vereinigung von vorher Getrenntem, sondern umgekehrt die vorsprachliche Einheit von Bedeutung und Gegenstand (Referenz) in der Erfahrung von Qualitäten gemeint ist.

Mit unterschiedlichen Akzentuierungen spielt die Dimension qualitativer, also schon vor ihrer sprachlichen Interpretation bedeutsamer Erfahrung bei allen klassischen Pragmatisten eine wichtige Rolle, aber nur Peirce und vor allem Dewey haben systematische Versuche unternommen, eine Philosophie des Qualitativen zu entwickeln. Auf Peirce' kategorial-semiotische Deutung des Qualitativen werde ich in Kapitel 2.5 zu sprechen kommen. John Dewey hat sich in mehreren Aufsätzen, unter denen „Qualitatives Denken" von 1930 als besonders bedeutend herausragt, sowie in seinen großen Monographien *Erfahrung und Natur* (1925/2007), *Die Suche nach Gewißheit* (1929/2001), *Kunst als Erfahrung* (1934/1988) und *Logik. Die Theorie der Forschung* (1938/2002) intensiv mit dem Thema beschäftigt. Ich werde Deweys Theorie des Qualitativen in ihren Grundzügen darstellen, die Funktionen des Qualitativen in Artikulationsprozessen analysieren, eine Abgrenzung zur analytischen Qualia-Debatte vornehmen, eine aktuelle neurowissenschaftliche Deutung qualitativen Erlebens sowie eine wichtige phänomenologische Erweiterung darstellen. Schließlich werde ich das Verhältnis von Vermitteltheit und Unmittelbarkeit qualitativen Erlebens erörtern, wobei ich auf die Frage der Ineffabilität des Erlebens und seiner Doppelfunktion als Kondensat vergangener Erfahrung und als Ort der Begegnung mit Neuem eingehen werde.

2.4.1 Deweys Theorie des Qualitativen

Die zentrale Bedeutung des Qualitativen bei Dewey erschließt sich nur vor dem Hintergrund des Kontinuitätsprinzips, und zwar im Blick auf das Verhältnis von alltäglicher und wissenschaftlich methodisierter Erfahrung. Die These, dass nicht cartesianische Situationen, in denen Betrachter auf eine Welt von Objekten gerichtet sind, sondern gewöhnliche Organismus-Umwelt-Interaktionen die basale *unit of explanation* in der Philosophie bilden sollten, verdankt sich nicht alleine einer biophilosophischen Blickerweiterung. Sie ist auch eng mit einem Motiv verbunden, das die klassischen Pragmatisten mit ihren Vorgängern Emerson und Thoreau verbindet – dem der kritischen Solidarität philosophischen Denkens mit den nichttheoretischen, gewöhnlichen Erfahrungen, wie sie Menschen im Vollzug ihres eigenen Lebens unvermeidlich machen. In dem wichtigen Kapitel IV seiner *Logik* („Gesunder Menschenverstand und wissenschaftliche Forschung") präzisiert Dewey diesen Punkt: Jeder Mensch, unabhängig von seiner Profession oder intellektuellen Ausbildung, findet sich in qualitativ bestimmten Situationen vor, in denen er sein Leben gestalten muss. In ihrer „gewöhnlichen Lebenspraxis" (Dewey 1938/ 2002, 84) sind die Menschen durch „Gebrauch und Genuss [...] direkt mit der Welt um sie herum verbunden" (Dewey 1938/2002, 84), was einen „direkte[n] Zusammenhang zwischen dieser Tatsache und der Befassung des gesunden Menschenverstands mit dem *Qualitativen*" (Dewey 1938/2002, 84; kursiv im Original) impliziert, denn es sind eben die unterschiedlichen Interaktionsqualitäten, in denen sich Gebrauch und Genuss realisieren. Dabei schreibt Dewey den Qualitäten, die sich im Gebrauch – also im praktischen Umgang mit den Dingen – manifestieren, eine teleologische Dimension zu, die sich, in meiner Sprache formuliert, erst durch die Artikulation des Handelns zeigt. Qualitäten sind immer ebenso Mittel wie Zwecke, und ihre Artikulation strukturiert eine Handlungssequenz durch den Bezug auf eine Erfüllung (*consummation*), in der diese Sequenz terminiert.

Bezogen auf die Kunst arbeitet Dewey heraus, dass diese Erfüllung, im Sinne einer qualitativ erlebten intrinsischen Sinnhaftigkeit, das unterscheidende Merkmal des Ästhetischen ist, aber gleichzeitig eine Dimension jeder Erfahrung darstellen kann. Im Kapitel III („Eine Erfahrung machen") von *Kunst als Erfahrung* (Dewey 1934/1988) wird qualitative Einheit als Kennzeichen einer jeden Erfahrung bezeichnet, die „eine Entwicklung bis hin zur Vollendung durchläuft" (Dewey 1934/ 1988, 47). Diese qualitative Gestalt wird in der ästhetischen Erfahrungsdimension

---

Anmerkung: Dieser Abschnitt stellt eine am Bedeutungsthema ausgerichtete Neuerarbeitung von Themen dar, die ich mit unterschiedlichen Akzenten schon mehrfach behandelt habe (etwa Jung 2005, Jung 2009, 201–221, Jung 2014, 47–55).

zum Fokus und Telos der Gesamterfahrung, ist aber in *jeder* Erfahrung derjenige Aspekt, der sie individuiert und ihr auch zeitlich eine übergreifende Einheit verleiht. Selbst in der unspektakulären Form alltäglicher Konversation findet sich dieses Muster wieder: Wir wissen schließlich am Beginn eines Satzes noch nicht, wie er enden wird und erfahren erst *ex post*, wenn wir ausgeredet haben, was wir eigentlich hatten sagen wollen. Dennoch leitet uns, im „ganz nahe[n] Dunkel des gerade gelebten Augenblicks" (Bloch 1959/1973, I, 11), eine qualitative Antizipation des Satzsinns, die sich im Laufe der fortschreitenden Artikulation in Wechselwirkung mit den physischen Artikulationsmitteln und den brandomschen Inferenzen immer weiter konkretisiert. Die sprachliche Sequenz wird schließlich genau dann beendet, wenn sich eine Vollendung (*consummation*) einstellt, die wiederum als Gefühl der Gerundetheit, Abgeschlossenheit und Stimmigkeit erlebt wird. Natürlich lässt sich dieses Muster auch auf satzübergreifende Einheiten, generell auf Sprechakte aller Art übertragen.

In jüngster Zeit hat besonders Mark Johnson immer wieder auf die Bedeutung der Deweyschen Einsicht in den Primat des Qualitativen verwiesen. Wir leben in und aus gespürten Qualitäten, *bevor, während* und *nachdem* wir Begriffe bilden und Sätze mit Geltungsansprüchen formulieren.[45] Dabei ist es wichtig, zwischen dem Spüren der Qualität und ihrem Bewusstwerden klar zu unterscheiden. In vielen Fällen reagieren wir auf eine gespürte Qualität, beispielsweise eine angespannte Gesprächsatmosphäre, bevor wir uns dessen überhaupt bewusst geworden sind. „Human organisms inhabit their world most immediately through their perception of qualities, often at a level beneath conscious awareness. We are in and of the world via qualitative determinations, ‚before we know it', by which I mean, before we relate to it as knowers." (Johnson 2018a, 15) Dieses „before we know it" hat enorme philosophische Konsequenzen, denn es weist uns darauf hin, dass epistemische Weltverhältnisse immer in leibliche Interaktionen eingebettet sind. Deren Implikationen können sie nie vollständig explizit machen, ist doch die zum Gegenstand einer eigenen Kognition gemachte Situationsqualität nicht mehr die vorher erlebte, sondern eben ein neuer Gegenstand. Außerdem kann das sprachlich artikulierte Wissen auch aus diesem neuen ‚Gegenstand', einer nun bewusst ‚gehabten' Qualität, immer nur selektiv bestimmte Aspekte herausheben, nie aber die instantane Gestaltqualität in einer artikulierten Sequenz als solche erfassen.[46] Dabei sollte al-

---

45 Die Rolle des Qualitativen in Artikulationsprozessen wird in Abschnitt 2 dieses Teils ausführlicher behandelt.

46 Vgl. dazu folgende Bemerkung aus einer Fußnote in *Erfahrung und Natur:* „Es wird nicht bestritten, daß jeder erfahrene Stoff überhaupt zu einem Objekt der Reflexion und kognitiven Introspektion werden kann. Aber der Ton liegt auf ‚werden'; das Kognitive ist niemals allumfassend: das heißt, wenn das Material einer früheren nicht-kognitiven Erfahrung Gegenstand des Wissens ist,

lerdings nicht vergessen werden, dass Dewey kein Erlebnisfundamentalist ist. Weit davon entfernt, das qualitative Weltverhältnis als Quelle ursprünglicher und der Ratio überlegener Erfahrungen zu glorifizieren, betont er immer wieder, dass erst die Arbeitsteilung zwischen gespürten Qualitäten und dem stärker rationalen Prozess der kognitiv-symbolischen Artikulation den menschlichen Weltzugang hervorbringt. Für den entschiedenen Antidualisten Dewey ist nicht etwa der „Geist" der Widersacher der „Seele" (Ludwig Klages), die Unterscheidung zwischen leiblich-emotionalen und geistig-kognitiven Aspekten wird vielmehr als Differenz verschiedener Phase innerhalb eines einheitlichen Handlungszusammenhangs konzeptualisiert.

Dewey hebt an der Phänomenologie erlebter Qualitäten vor allem zwei Merkmale heraus, den *Einheitscharakter* und die diffuse, artikulationsbedürftige *Mannigfaltigkeit*. Es ist ein zentrales Merkmal seiner Lehre vom qualitativen Weltverhältnis, dass sich innerhalb seiner Situationen mittels einer „totale[n] durchgängige[n] Qualität" (Dewey 1930/2003, 107) von anderen unterscheiden. Dewey zufolge führen wir unser Leben in einer Vielfalt von bedeutungsvollen Situationen, die teils aufeinander folgen, teils sich überlappen, teils in Teil/Ganzes-Beziehungen stehen usw. So kann eine Prüfungssituation Teil der größeren Situation des Studierens sein, erscheint vielleicht getragen von der Situation einer glücklichen Beziehung oder umgekehrt verdunkelt durch eine drohende Trennung, und weitere komplexe Überlagerungen lassen sich leicht vorstellen. Diese sich vielfältig überlappenden und hierarchisierten Situationen – also thematische Ausschnitte aus dynamischen Organismus-Umwelt-Interaktionen – werden Dewey zufolge als solche überhaupt erst durch eine ihnen innewohnende, je spezifische Qualität vereinheitlicht. In der ästhetischen Dimension menschlicher Erfahrung tritt, wie schon gesagt, dieser Aspekt der Integration und Ganzheitlichkeit selbstzweckhaft in den Vordergrund.

Die Einheit, die die durchgängige Situationsqualität erzeugt, ist jedoch nicht begrifflicher Natur. Sie kommt keineswegs durch klare Unterscheidung und inferentielle Artikuliertheit im Sinne Brandoms zustande, sondern eben durch die Dominanz einer bestimmten, gefühlten Qualität. In der Sprache der Gestaltpsychologie formuliert, hat sie einen *gestalthaften* Charakter. In Qualitäten wird ein erlebnisfähiger Organismus einer einheitlichen, durch eine bestimmte Tönung charakterisierten Bedeutsamkeit gewahr, die jedoch den Modus emotional oft intensiver, wenngleich diffuser Mannigfaltigkeit aufweist, wie er jede Gestaltwahrnehmung charakterisiert. (Im Abschnitt 4 werde ich auf eine neurowissenschaft-

---

sind es und der Akt des Wissens selbst innerhalb einer neuen und weiteren nicht-kognitiven Erfahrung inbegriffen – und diese Situation kann niemals überschritten werden." (Dewey 1925/2007, 40, FN 6)

liche Theorie eingehen, die die biologische Basis solcher Prozesse verständlich macht.) Der Einheitlichkeit des jeweils spezifischen Erlebnistons korrespondiert eine nicht bereits in Teile zergliederte Vielfalt von Aspekten, eine Aufladung mit impliziten Anschlussmöglichkeiten, die sich jeweils als unterschiedliche Richtungen der Artikulation darstellen. Die „... Umwandlung einer stummen Qualität in ein artikuliertes Objekt des Denkens" (Dewey 1930/2003, 106) geschieht dann jeweils nach Maßgabe der von Dewey „ends in view" (z. B. Dewey 1949/1998, 215) genannten Handlungsziele, die sich im Artikulationsprozess überhaupt erst konkretisieren. Erlebte Qualitäten geben *Möglichkeiten* weiterer Bestimmung vor und schließen andere Möglichkeiten aus. Sie weisen aber keine abgegrenzten Teile auf, deren Konfiguration zueinander dann bei der sprachlichen Bestimmung einfach abgebildet werden könnte. Die Lehre von den durchgängigen Situationsqualitäten liefert dementsprechend ein starkes Argument gegen den *Repräsentationalismus*. Symbolische Artikulation repräsentiert keine bereits in sich gegliederten mentalen Gehalte, sie hebt vielmehr diejenigen Aspekte einer Situation explizierend heraus, die eine Fortführung der situativen Interaktionen möglich machen.[47] Abgrenzbare Teile, Subjekt-Prädikat-Unterscheidungen (vgl. Dewey 1930/2003, 107) und inferentielle Gliederungen entstehen erst im Prozess der Artikulation.

Dabei besteht Dewey darauf, dass einzig und allein gespürte Qualitäten dem Denken und Sprechen eine Richtung geben können, diese also geradezu die Bedingung der Möglichkeit jeder sachgerechten Kognition und Artikulation darstellen. Gegliedertes, propositionales Wissen kann das Denken nicht lenken, wenn es gerade darum geht, dieses Wissen erst hervorzubringen. Deshalb gilt es zu sehen, „dass jedes Beispiel von Denken durch ein qualitatives Ganzes beherrscht wird, das der Formulierung bedarf, um zu funktionieren" (Dewey 1930/2003, 108). Es braucht also beides: Sich der Qualität einer Situation einfach nur hinzugeben, macht nicht handlungsfähig, es bedarf dazu ihrer Formulierung, der Herausarbeitung der handlungsermöglichenden Aspekte. Umgekehrt könnte der Prozess des Formulierens jedoch gar nicht erst in Gang kommen, wenn er nicht an dem unartikulierten Reichtum intensiver Bedeutsamkeit ansetzen könnte, dessen wir in Qualitäten gewahr werden. Die noch ungeteilte, diffuse Mannigfaltigkeit der von einer Leitqualität präsentierten Situationsgestalt setzt Möglichkeiten der Gliederung frei und sichert den Situationsbezug. Aus einer deweyanischen Perspektive ist es die Verdrängung genau dieser verkörperten Quelle der Bedeut-

---

47 Was hier als „Fortführung" zählt, ist situativ extrem unterschiedlich und reicht von der einfachen Klärung eines Missverständnisses oder der Behebung einer Handlungsschwierigkeit in Alltagssituationen über die gezielte Planung von experimentellen Situationen in den Wissenschaften bis zur Ausschöpfung einer Erfahrung um ihrer selbst willen in ästhetischen Kontexten.

samkeit, die den analytischen Pragmatismus hinter seine klassischen Vorläufer zurückfallen lässt.

Wir spüren Qualitäten nur deshalb, weil wir Lebewesen mit einer ganz bestimmten Physiologie sind, deren Umweltinteraktionen sich gedeihlich oder bedrohlich gestalten können. Um ein eher triviales Beispiel für diesen Zusammenhang zu geben: An Land zu sein ist für Fische lebensgefährlich, unter Wasser zu sein hingegen für Menschen. Qualitäten sind also relativ auf die spezifischen metabolischen und sensomotorischen Bedürfnisse und Möglichkeiten eines Organismus, ebenso aber auch auf die korrespondierende Umwelt. In seiner Schrift mit dem programmatischen Titel *The Aesthetics of Meaning and Thought* deutet Mark Johnson Dewey deshalb als Pionier einer im weitesten Sinn des Wortes *ästhesiologischen* Bedeutungslehre[48] und möchte aus dessen Pionierarbeit sogar eine veritable „philosophical orientation built on aesthetics" (Johnson 2018a, 224) entwickeln. Damit wendet er sich frontal gegen das, was er als die analytische – aber auch bereits cartesianische bzw. platonische – Marginalisierung und Diskreditierung der Ästhetik versteht. Dieser Begriff bezieht sich dabei seiner ursprünglichen Wortbedeutung (*Aisthesis*) entsprechend primär auf sinnliche Wahrnehmung (einschließlich ihrer propriozeptiven und viszeralen Dimensionen) und erst davon abgeleitet auch auf im engeren Sinn ästhetische Phänomene. Das so verstandene Ästhetische ist eben das Qualitative, und Qualitäten sind gerade kein nur in ästhetischen Diskursen relevante Phänomene, sondern die verkörperte Basis „of human nature, human meaning, human knowing, and human value" (Johnson 2018a, 224 f.).

Genauer sind es drei Aspekte, die Johnson als fundamental für Deweys philosophische Orientierung herausstellt:

> ... (1) *philosophy should begin and end with experience, taken in its richest, deepest sense;* (2) *aesthetic dimensions are what constitute the character of any fully developed and meaningful experience; and* (3) *attention to the qualitative aspects of experience is the key to an adequate understanding of human mind, thought, language und value.* (Johnson 2018a, 225 f., kursiv im Original)

Wer also Bedeutungen erst mit Sprache beginnen lässt, dem muss die Vielfalt von Bedeutungsphänomenen verschlossen bleiben. Während ich Johnsons Punkten (1) und (3) zustimme, erscheint mir (2) doch als differenzierungsbedürftig. Eines ist es nämlich, dem Qualitativen eine zentrale Rolle zuzuweisen, ein ganz anderes jedoch, es für sich bereits als konstitutiv zu betrachten. Dem steht die Einsicht entgegen,

---

48 Die entsprechenden Versuche Helmuth Plessners (Plessner 1923/2003) scheint Johnson nicht zu kennen; zumindest finden sie keine Erwähnung.

dass symbolische Sprache und geteiltes Bewusstsein eine Distanz zu den Dingen ermöglichen, die Wesen mit einem nur qualitativen Weltverhältnis gar nicht möglich wäre. Auch Wale und Schimpansen, um zwei Beispiele herauszugreifen, leben in qualitativen Welten; dennoch unterscheidet sich ihre Lebensform qualitativ von der unsrigen. Die humanspezifische Art und Weise, in der Qualitäten nicht einfach nur erlebt, sondern auch reflexiv artikuliert und in symbolischer Distanz ferngestellt werden, ergibt sich eben *nicht* bereits aus einer bloßen Analyse des qualitativen Weltverhältnisses. Der durch individuelle, jedoch intersubjektiv ermöglichte Artikulationsleistungen entstehende „objektive Geist" wirkt dann auf die erlebbaren Qualitäten zurück und bringt ihre Differenz zu jenen Qualitäten hervor, die nichtmenschliche Lebewesen erleben können. Es kommt also darauf an, den Primat des Qualitativen mit der spezifisch menschlichen Fähigkeit zur symbolischen Distanznahme zu vermitteln. Die aus einer verkörperungsanthropologischen Perspektive offensichtliche Tatsache, dass auch jede Form von reflexiver Distanzierung auf die leiblichen Mittel der Artikulation angewiesen ist, macht ja nicht hinfällig, dass es sich dabei um eine qualitative Überbietung dessen handelt, was die funktionale Genese von Kognitionen in der direkten Umweltinteraktion von menschlichen Organismen hervorgebracht hat.

2.4.2 Qualitäten und Artikulationen

Qualitäten sind von ihrem Ursprung her biologische Phänomene, die immer dann emergieren, wenn es für einen Organismus Verhaltensvorteile bietet, für ihn lebensrelevante Veränderungen in seinem fragilen Austauschverhältnis zu seiner Umwelt registrieren zu können. Artikulationen hingegen sind Prozesse, in denen direkte Umweltbeziehungen in indirekte, vermittelte umgearbeitet werden, wodurch Freiheitsgrade und reflexive Distanz entstehen. Wie lässt sich das Verhältnis beider angemessen beschreiben? Auch hierzu lassen sich bei Dewey wegweisende Überlegungen finden. In einem ersten Schritt gilt es sich klarzumachen, dass erlebte Qualitäten immer eine Veränderung der Organismus-Umwelt-Beziehung anzeigen, auf die der Organismus reagieren muss. Erleben, zumal in seiner bewussten Steigerungsform, ist immer ein Relevanzphänomen, in dem man einen dominierenden Akzent von einem mehr oder minder diffusen Hintergrund unterscheiden kann. Bewusstseinszustände, in denen überhaupt keine salienten Qualitäten auftauchen, können überhaupt nur durch mühsam erlernte Meditationstechniken und dann immer nur kurzfristig realisiert werden. Das Emergieren von Qualitäten steht also immer innerhalb einer *teleologischen* Spannung: Die Möglichkeit und häufig auch Notwendigkeit, etwas zu tun, drängt sich dem Organismus auf. Qualitäten sind keine mentalen Zustände, die auf der Bühne des Bewusstseins vor einem Beobachter auftauchen und wieder vergehen, sie markieren vielmehr Phasen im Handlungszusammenhang mit der Umwelt. Modallogisch gesprochen indizieren Qualitäten nicht Notwendigkeiten, sondern Möglichkeiten. So schreibt Dewey in *Qualitatives Denken*:

> Es gibt keine unartikulierte Qualität, die lediglich ‚bunt und summend'[49] ist. Sie blüht auf irgendeine Frucht hin, sie summt auf eine bestimmte Wirkung hin. Das heißt, die Qualität, obgleich stumm, enthält als Teil ihrer komplexen Qualität eine Bewegung oder einen Übergang in irgendeine Richtung. Sie kann deshalb intellektuell symbolisiert und in ein Objekt des Denkens verwandelt werden. Das geschieht durch die Formulierung der Grenzen und der Übergangsrichtung zwischen ihnen. (Dewey 1930/2003, 107)

In dem genannten Aufsatz deutet Dewey nur an, wie sich aus diesem Grundgedanken, Unterschiede und die Übergänge zwischen ihnen explizit zu machen, eine Theorie der Prädikation entwickeln lässt: nämlich indem er die Subjekt/Prädikat-Struktur als Verhältnis zwischen Mitteln oder Bedingungen auf der einen und Ergebnissen oder Zielen auf der anderen Seite interpretiert. Sehr viel ausführlicher wird diese Intuition dann in seiner *Logik* behandelt. Es geht mir hier aber nicht um eine qualitätenbasierte Theorie des prädikativen Satzes. Ich möchte vielmehr die Funktionen des Qualitativen in *allen* Formen von Artikulationsprozessen herausarbeiten und greife aus Deweys Überlegung daher nur den einen Punkt heraus, dass qualitative Gestalten nicht statisch sind, sondern kraft ihrer Verbindung mit Handlungen eine Dynamik aufweisen. Diese lässt sich als Lenkung der Richtung von Explikationsprozessen verstehen. Vier verschiedene situative Kontexte müssen hier unterschieden werden: Die Lenkungsfunktion unbewusster Qualitäten *vor* dem Einsetzen von Artikulationsprozessen (a.), die Initialfunktion erlebter Qualitäten für deren *Beginn* (b.), ihre Lenkungsfunktion *innerhalb* solcher Prozesse (c.) und schließlich ihre Indikationsfunktion für den *Abschluss* einer Artikulationssequenz (d.).

(a.) Erlebte Qualitäten sind bedeutsam, weil sie Organismen unmittelbar spüren lassen, wie ihre Austauschprozesse mit der Umwelt gerade, abgeglichen mit den homöostatischen Lebensprozessen dieser Organismen, ablaufen. Ihre Bedeutsamkeit ist daher von vornherein auf Handlungen bezogen und besteht in sehr vielen Fällen einfach darin, das Verhalten unbewusst so zu lenken, dass Bedrohliches gemieden und Förderliches aufgesucht wird. Die einheitliche Qualität einer Situation macht in solchen Fällen für den Organismus die Gewohnheiten oder Handlungs-

---

49 Hier spielt Dewey auf die bekannte Beschreibung des Bewusstseins eines Neugeborenen als „one great blooming, buzzing confusion" (James 1890/1950, vol. I, 488) in William James' „Principles of Psychology" an.

routinen verfügbar, die sich in vergleichbaren Situationen bewährt haben. Eine für alle Pragmatisten grundlegende Annahme besteht dabei darin, dass Situationen nur dann auch *bewusst* erlebt werden, wenn Schwierigkeiten oder Hindernisse auftreten, das Handeln also neu organisiert werden muss. Reflexives Bewusstsein und mit ihm die Unterscheidung von Subjekt und Objekt, so hat vor allem G.H. Mead immer wieder betont, ist kein generelles Merkmal menschlicher Umweltinteraktionen; es entsteht nur dann, wenn unbewusste Handlungsroutinen nicht mehr weiterhelfen und nur die Reflexion auf die Differenz zwischen den subjektiven und den objektiven Situationskomponenten noch eine Fortführung der Handlung ermöglichen kann.[50] Vorbewusste Handlungssteuerung geschieht entsprechend einfach dadurch, dass Situationsqualitäten unbewusst erlebt werden, die bestimmte, in der Biographie des erlebenden Organismus bereits bewährte, Routinen der Handlungsfortsetzung suggerieren. Dewey spricht in diesem Zusammenhang von einem „...*Gefühl* für das Richtige und Falsche, für das, was unter der Vielzahl von angefangenen und sich anbietenden Bedeutungen auszuwählen, zu betonen und fortzusetzen – und was fallenzulassen, zu übergehen und zu ignorieren ist" (Dewey 1925/2007, 285). Diese Steuerungsfunktion vorbewusster Situationsqualitäten für Handlungsgewohnheiten spielt auch bei sprachlichen Handlungen eine wichtige Rolle. In vielen kommunikativen Routinen kann ja von einem bewussten Ausdruck kaum die Rede sein, der Fluss der sprachlichen Sequenz wird vielmehr von unbewusst gespürten kommunikativen Anforderungen gelenkt und man spricht dann ‚wie auf Autopilot'.

(b.) Eine ganz andere Funktion wächst erlebten Qualitäten jedoch zu, sobald sie bewusstwerden, weil die in ihnen implizit präsenten Handlungsmöglichkeiten für die Fortsetzung der Handlung nicht mehr ausreichend sind. Aus pragmatistischer Perspektive handelt es sich dabei keineswegs um einen seltenen Ausnahmezustand. Die Komplexität der für den Organismus gedeihensrelevanten Interaktionen ist enorm und zudem doppelt kontingent: Sowohl nicht antizipierbare Veränderungen in der Autopoiesis des Organismus als auch nicht antizipierbare Reaktionen und Veränderungen in seiner Umwelt können jederzeit das Bestehen fließender Austauschbeziehungen gefährden. Das Gleichgewicht, dem Organismen ihr Überleben und Gedeihen verdanken, ist eben keineswegs statisch, sondern dynamisch-prekär. Sobald Routinehandeln nicht mehr möglich ist, werden Qualitäten bewusst erlebt und so zum Ausgangspunkt von symbolischen Ausdrucksprozessen. Damit ist zugleich auch der Differenzpunkt zu nichtmenschlichen Lebewesen bezeichnet. Zusätzlich zu der un- bzw. vorbewussten Steuerung des Verhaltens durch gefühlte Situationsqualitäten und die in ihnen verdichteten Handlungsmöglichkeiten sind

---

50 Vgl. dazu meine ausführliche Darstellung von Meads Konzeption des Bewusstseins als funktionales Moment von Interaktionen in Jung 2009b, 227–234.

Menschen dazu imstande, beim Auftreten von Abweichungen von Routinen Qualitäten bewusst zu erleben und diese dann zum Ausgangspunkt bewusster Denk- und Artikulationsleistungen zu machen. Die „...erste Stufe in der Entwicklung expliziter Unterscheidungen" (Dewey 1930/2003, 100) ist das Gewahrwerden von Qualitäten und „[a]lles Denken in jedem Themenbereich beginnt mit genau solch einem unanalysierten Ganzen" (Dewey 1930/2003, 100). Den Hintergrund dieser Vorstellung bildet Deweys These, dass Denken immer die Gestalt der fortschreitenden Bestimmung einer vorher erlebten, zwar unbestimmten, aber als relevant und problematisch erfahrenen Situationsqualität hat.

> ... die Formulierung der Natur eines Problems bedeutet, dass die zugrunde liegende Qualität in bestimmte Unterscheidungen von Termini und Relationen umgeformt wird oder zu einem Gegenstand artikulierten Denkens geworden ist. Aber etwas präsentiert sich als problematisch, bevor erkannt worden ist, *worin* das Problem besteht. Man hat das Problem ... als eine unmittelbare Qualität der ganzen Situation. (Dewey 1930/2003, 101; kursiv im Original)

Verständlich wird diese These erst wirklich, wenn man den Begriff des Problems in einem Umfang fasst, der über den üblichen deutlich hinaus geht. Für Dewey hat *jede* Interaktionssituation problematischen Charakter, sobald sie nicht durch bereits etablierte Handlungsroutinen bewältigt werden kann. Auch unverhoffte neue Möglichkeiten, künstlich geschaffene Schwierigkeiten (bspw. das für ein Gedicht gewählte Versmaß), intellektuelle oder ästhetische Neugier und sogar das spielerische Abweichen von bewährten Regeln sind in diesem Sinn ‚problematisch'. Gemeinsam ist all diesen Situationen, dass ihre Bestimmung durch die unbewusste Einordnung in etablierte Routinen nicht gelingt – oder auch gar nicht gelingen soll – und deshalb nur eine bewusste Artikulation der situativ implizierten Möglichkeiten eine Bestimmung und in diesem Sinn eine Lösung des ‚Problems' ermöglicht. Dabei *begrenzt* die Situationsqualität die ansonsten unüberschaubaren Möglichkeiten der Bestimmung, indem sie in der gestalthaften Form diffus-intensiver Mannigfaltigkeit bestimmte Sinnrichtungen der Artikulation suggeriert und andere ausschließt.

Gegen diese kognitive Aufwertung erlebter Qualitäten könnte eingewandt werden, dass sie wohl für die alltägliche Lebenspraxis zutrifft, in den Wissenschaften, also für die Zwecke methodischer Erkenntnisgewinnung, jedoch keine Rolle mehr spielt, weil dort der Ausgangspunkt der Forschung ohnehin bereits in propositionaler Form (etwa der einer zu überprüfenden Theorie) vorliegt. Dem widerspricht Dewey jedoch energisch. Sein Argument: Wohl trifft es zu, dass in der wissenschaftlichen Praxis „keine *direkte* Verwicklung des Menschen in die *unmittelbare* Umwelt" (Dewey 1938/2002, 81, kursiv im Original) gegeben ist. Schließlich ist das Bestehen bzw. Nichtbestehen dieses direkten Involviertseins gerade die Grundlage für die Unterscheidung von Theorie und Praxis. Dennoch besteht Dewey darauf, dass sich die kognitive Lenkungsfunktion nichtkognitiv erlebter Situationsqualitäten nicht auf die Alltagspraxis beschränkt, sondern in allen kognitiven Prozessen entscheidend ist, also auch in den Wissenschaften. Ohne eine durchdringende, alles einfärbende Qualität gibt es nichts, das empirische Beobachtungen und begriffliche Erklärungsmuster aufeinander und vor allem auf eine gemeinsame Sache beziehen kann. Das sei mit einem längeren Dewey-Zitat aus seiner *Logik* verdeutlicht:

> Es ist mehr oder weniger ein Gemeinplatz, dass man Beobachtungen aneinander reihen kann, die unermüdlich Tatsachen aufhäufen, ohne dass diese beobachteten „Tatsachen" zu irgendeinem Ergebnis führen. Andererseits kann es geschehen, dass die Beobachtungstätigkeit durch einen im Voraus fixierten begrifflichen Rahmen so bestimmt wird, dass genau die Dinge, die für das vorliegende Problem und seine Lösung wirklich entscheidend sind, vollkommen übersehen werden. Alles wird in das vorher festgelegte begriffliche und theoretische Schema gepresst. Diesen beiden Übeln kann man nur auf eine einzige Art entgehen, durch eine Empfindlichkeit gegenüber der Qualität der Situation als ganzer. Ein Problem muss, wie man gewöhnlich sagt, empfunden werden, bevor es formuliert werden kann. Wenn die einzigartige Qualität der Situation unmittelbar *erlebt* wird, dann gibt es etwas, das die Auswahl und Gewichtung der beobachteten Tatsachen und ihrer begrifflichen Ordnung regelt. (Dewey 1938/ 2002, 92; kursiv im Original)

Eine andere Weise, diesen Punkt zu unterstreichen, besteht in dem Hinweis, dass jede gedankliche oder sprachliche Artikulation mit einer *Intuition* beginnt. „Intuition bezeichnet die Erkenntnis einer durchdringenden Qualität, und zwar so, dass sie die Bestimmung relevanter Unterscheidungen oder all dessen reguliert, was zum akzeptierten Objekt des Denkens wird ..." (Dewey 1930/2003, 101) Der Resonanzraum für solche Intuitionen ist das leibliche Spüren. Nun hat Charles S. Peirce bereits in einem Aufsatz von 1868 eine scharfe Kritik an der Idee des intuitiven Denkens entwickelt. Ich möchte deshalb hier kurz zeigen, dass Deweys Idee qualitativer Intuitionen nicht von Peirce' Einwänden getroffen wird. Im Zentrum von dessen Kritik steht nämlich die Idee einer „cognition not determined by a previous cognition of the same object, and therefore so determined by something out of the consciousness" (Peirce 1868/1992a, 11). Intuition wird also als ein Fall von nichtdiskursivem, aus dem kontinuierlichen Prozess der erfahrungsbezogenen Semiosis gewissermaßen ausscherendem Denken verstanden. Deweys Intuitionsbegriff hingegen betont gerade, dass die erlebten Qualitäten als Phasen im Prozess der Erfahrung und ihrer Artikulation verstanden werden. Selbstverständlich sind sie *nicht* von früheren Kognitionen unabhängig; ihre dichte Bedeutsamkeit beruht ja gerade darauf, dass sie die ganze Erfahrungsgeschichte eines Individuums – die wiederum von der Erfahrungsgeschichte der Gattung tief geprägt ist – in sich aufgenommen haben. Wenn beispielsweise eine Wissenschaftlerin die Intuition hat, dass der Versuchsaufbau für ein bestimmtes Experiment nicht stimmig ist, dann nur deshalb, weil ihr Gespür für die Situationsqualität aus dem Fluss ihrer früheren einschlägigen Kognitionen hervorgegangen ist.

(c.) Aus dem Gesagten ergibt sich bereits, dass Qualitäten auch *während* des Verlaufs einer gegliederten Handlung oder symbolischen Artikulation eine unverzichtbare Funktion haben. Die Selektion von Möglichkeiten der Akzentuierung und Gliederung, die es am Beginn einer solchen Sequenz erlaubt hatte, beim ja noch unbestimmten Thema zu bleiben, bleibt im Verlauf der (Sprach-)Handlung an jedem neuen Gelenkpunkt entscheidend. Die Bedeutsam*keit*, die gestalthaft und noch ungegliedert am Beginn der Sequenz steht, transformiert sich dabei immer mehr in artikulierte Bedeutung. Woher wissen aber beispielsweise Sprechende, wie sie ihre Sätze im Zeitverlauf sukzessiv gestalten, wenn doch Bedeutung nur dem bereits formulierten Satz zukommt? Wie können wir, anders formuliert, bereits *meinen*, was wir sagen wollen, und auch während des Sagens spüren, wie wir weitersprechen wollen, wenn uns doch erst der vollendete Sprechakt Aufschluss darüber geben kann, was wir eigentlich gemeint hatten? Die Lösung für dieses Problem kann nicht im diskursiven, gliedernden Denken selbst bestehen, denn jede denkbare Sequenz steht ja vor der Schwierigkeit, dass nicht erst nach ihrer Vollendung geklärt sein darf, aus welchen Selektionsschritten sie sich aufbaut. Auch ein Weg, der sich erst beim Gehen baut, wird ja nur dadurch zum Weg, dass im Gehen bereits eine Zielantizipation wirksam ist – andernfalls handelt es sich um ein zielloses Umherstreifen.

An jedem einzelnen Punkt einer Handlungssequenz, an dem sich Wahlmöglichkeiten, ‚Bifurkationsstellen' auftun, muss entschieden werden, wie es weitergehen soll, und die nicht-diskursive Grundlage für diesen Prozess sind eben gefühlte Gestaltantizipationen, die dem Handelnden ein Gespür dafür geben, ob er der Situation gerecht wird oder beim Thema bleibt. Jeder neue Gliederungsschritt innerhalb einer nichtsprachlichen oder sprachlichen Handlung verändert die Gesamtanmutung der am Handlungsbeginn unbestimmten Situation, weil er eine neue Konstellation zwischen den sich allmählich konkretisierenden Intentionen der Akteure und dem Eigensinn der jeweils beanspruchten Handlungsmittel und -objekte erzeugt. Die Intuition, mit der Dewey Handlungen beginnen lässt, erscheint aus dieser Perspektive als vage, aber eben keineswegs beliebige Ausgangsintention, deren zunehmende Klärung dann „als selbstreflexive Bewußtwerdung und Beurteilung vorreflexiver Quasi-Intentionen in konkreten Situationen" (Joas 1996, 237) verstanden werden kann.

Handeln ist in der Regel keine Realisierung bereits propositional bestimmter Ziele, es hat vielmehr einen situativ-dialogischen Charakter: In der Auseinandersetzung mit dem Widerstand und den Möglichkeiten der physischen wie sozialen Handlungssituation konkretisiert sich allmählich die qualitative Intuition, und es sind wiederum Veränderungen in den handlungsbegleitenden Qualitäten, die diesen Konkretisierungen eine Richtung geben. Das zunächst nur vage-intuitiv erfasste Handlungsziel wandelt sich dabei andauernd: „The end thus re-appears as a series of ‚what-nexts', and the what next of chief importance is the one nearest to the present state of the one acting." (Dewey 1922/2007, 36) Bei genauer Betrachtung müssen hier zwei Komponenten unterschieden werden, wobei der Unterschied nur *ex post*, nicht aber *in actu* sichtbar wird. *Einerseits* verändert jede getroffene Entscheidung, ob es sich nun um die Wahl des passenden Werkzeugs oder des passenden Wortes handelt, die Weise, wie die aktuelle Handlungsphase erlebt wird. *Andererseits* konkretisiert sich damit auch die Gestaltantizipation des Abschlusses der Handlung. Die wahrgenommenen Möglichkeiten und die sich formierenden Handlungsziele bedingen sich gegenseitig. Wer zum Beispiel einen Gabelschlüssel in die Hand nimmt, für den fühlt sich die Handlungssituation als eine solche an, in der Schraubenmuttern auf- oder zugedreht werden müssen. Hier berühren sich Deweys Überlegungen mit der Theorie der „Affordanzen", also situativ verfügbarer Handlungsmöglichkeiten, wie sie James J. Gibson 1979 (vgl. Gibson 2015) entwickelt hat.

(d.) Jede Handlungssequenz hat eine teleologische Struktur, ist also auf ihr Ende bezogen. Doch ist dieses Ende aus einer abstrakteren Perspektive nur der Anfang eines neuen, noch unvollendeten Spannungsbogens. Woher weiß man also in einer konkreten Situation, wann es genug ist, wann die Arbeit getan ist und der Sprechakt seinen Abschluss gefunden hat? Eine extreme Antwort auf diese Frage hat Hegel vertreten: Jeder Satz ist unvollständig und daher dialektisch auf andere Sätze bezogen, sodass im Grunde eine jede Äußerung eine Eskalationsdynamik in Gang setzt, die erst mit einer Theorie des absoluten Geistes, der sich selbst und sein Gegenteil umgreift, stillgestellt werden kann – mit einem Urteil, das, wie Dewey sagt, „koextensiv mit dem ganzen Universum ist", da nur „das Letztere wahrhaft wahr sein kann" (Dewey 1930/2003, 108). Dieser idealistischen Perspektive hält Dewey entgegen: „… genug ist immer genug, und die zugrunde liegende Qualität ist selbst der Prüfstein des ‚genug' für jeden beliebigen Einzelfall." (Dewey 1930/2003, 108) Auch das Erreichen eines – natürlich immer nur temporären und relativen – Abschlusses wird demnach qualitativ gespürt, und zwar durch das Gefühl des Übergangs von der handlungsbegleitenden Gestalt*antizipation* zur einer den Abschluss der Handlung anzeigenden Gestalt*schließung*. Es ist eine dynamische Veränderung der Situationsqualität, des „felt sense", wie Eugene Gendlin das nennt (vgl. Gendlin 2015, passim), die den Akteuren Aufschluss darüber gibt, dass es nun genug und ein Ende erreicht ist. Ohne diese Abschlussqualität würden sich die Erfahrungen des menschlichen Lebens gar nicht in unterscheidbare Episoden einteilen lassen. Wie Dewey scharf beobachtet hat, ist die Ausblendung des Qualitativen in der Philosophie entsprechend daran zu erkennen, dass selbst im Empirismus meist gar nicht von Erfahrungen im Plural, sondern nur von Erfahrung im Singular die Rede ist (vgl. Dewey 1934/1988, 47).

2.4.3 Mentale Qualia vs. Situationsqualitäten

In der analytisch geprägten Philosophie des Geistes wird spätestens seit dem schon genannten berühmten Aufsatz von Thomas Nagel „What is it like to be a bat?" ausgiebig und mit immer subtileren Variationen (vertauschte Qualia, invertierte Qualia, qualiafreie Zombies etc.) über das sog. *Qualia-Problem* diskutiert. Auch unter diesem Titel geht es um erlebte, an die Perspektive der ersten Person gebundene Erfahrungen und es könnte daher den Anschein haben, hier liege ein wichtiger Berührungspunkt zum pragmatistischen Denken und womöglich sogar zur Verkörperungsanthropologie vor. Immerhin geht es in der analytischen Debatte um das subjektive Erleben, das in Form leiblicher Erfahrung schließlich auch in pragmatistischen und phänomenologischen Ansätzen sowie in der *embodied cognition* eine wichtige Rolle spielt. Sieht man jedoch genauer hin, so zeigt sich rasch, dass die analytische Behandlung des Qualia-Themas von der Frage nach der Naturalisierbarkeit bzw. Naturalisierungsresistenz des phänomenalen, subjektiven Erlebens dominiert wird. Diese Fragestellung ist aus pragmatistischer Perspektive völlig unfruchtbar, weil hier selbstverständlich und antidualistisch davon ausgegangen wird, dass der Geist zur Natur gehört. Aus diesem Grund können erlebte Qualitäten nicht als subjektiv verstanden werden: „Die Qualitäten waren niemals in dem Organismus; sie waren immer Qualitäten von Interaktionen, an denen sowohl außerorganische Dinge wie Organismen teilnehmen." (Dewey 1925/2007, 249)

Ein kurzer Blick auf die analytische Qualia-Debatte ist daher sehr hilfreich dabei, die Eigenart des pragmatistischen Ansatzes klarer herauszuarbeiten. Immerhin hat niemand anders als Charles S. Peirce den Begriff „Quale" in die philosophische Debatte eingeführt (vgl. Peirce 1866/1986, 115 f.) und zwar als Terminus für den phänomenalen, erlebnismäßigen Charakter eines bestimmten – genauer: des anfänglichen – Stadiums im Prozess bewusster Erfahrung und Zeichenbildung. In der englischsprachigen, analytischen Debatte hat sich dann sehr viel später durch den schon erwähnten Aufsatz von Thomas Nagel die Phrase „what is it like" durchgesetzt, um deutlich zu machen, dass mit dem Ausdruck „Qualia" auf etwas gezielt wird, das sich auf charakteristische Weise eben so-und-nicht-anders anfühlt, wobei dieses ‚etwas' als ein Merkmal des subjektiven Bewusstseins verstanden wird. Michael Tye charakterisiert dementsprechend am Beginn des Lemmas ‚Qualia' in der *Stanford Encyclopedia of Philosophy* sein Thema folgendermaßen:

> Feelings and experiences vary widely. For example, I run my fingers over sandpaper, smell a skunk, feel a sharp pain in my finger, seem to see bright purple, become extremely angry. In each of these cases, I am the subject of a mental state with a very distinctive subjective character. There is something it is *like* for me to undergo each state, some phenomenology that it has. Philosophers often use the term "qualia" (singular "quale") to refer to the introspectively accessible, phenomenal aspects of our mental lives. (Tye 2018)

Hier zeigt sich der erste gravierende Unterschied zwischen der pragmatistischen Lehre vom Qualitativen und der analytischen Qualia-Debatte: diese behandelt den phänomenalen Aspekt von Erfahrung als etwas Mentales und Subjektives, während jene Qualitäten als Eigenschaften von Situationen deutet – und Situationen sind Interaktions*einheiten*, aus denen die Unterscheidung von Subjekt und Objekt erst nachträglich hervorgeht. Dieses subjektivistische Verständnis bewussten Erlebens in der analytischen Philosophie erklärt dann auch die Rolle, die Qualia in den Debatten um die Wahrheit des Physikalismus oder physikalischen Naturalismus spielen. So wird ausgiebig über die Frage diskutiert, ob man Qualia als „irreducible, non-physical entities" (Tye 2018) verstehen müsse – eine Frage, in deren Kontext Frank Jackson seine berühmten Gedankenexperimente mit der in einer schwarz-weißen Umgebung großgewordenen Farb-Wissenschaftlerin Mary entwickelt hat (Jackson 1982). Qualia erscheinen dann nicht selten als eine Art von letzter Bastion, die die vollständige Naturalisierbarkeit des Bewusstseins verhindern kann. Demgegenüber hat etwa Dewey immer wieder betont, dass Qualitäten zwar bewusst erlebt werden (können), also in der analytischen *ex-post*-Betrachtung eine subjektive Seite aufweisen, vorrangig aber als Phänomene zu begreifen sind, die *Situationen* charakterisieren und individuieren, also Organismus und Umwelt in ihrer vorgängigen Einheit – „undifferentiated into thing and thought" – (James 1904, 1175) sichtbar werden lassen. Erfahrungen machen wir für Dewey eben „... sowohl *von* der Natur wie *in* der Natur ..." (Dewey 1925/2007, 18), und dementsprechend sind auch die erlebten Qualitäten, mit denen jede Erfahrungssequenz beginnt, keine mentalen Entitäten.

Bemerkenswerterweise kreist die analytische Qualia-Debatte nahezu ausschließlich um deren subjektiven Charakter, ihren ontologischen Status und die Frage ihrer Reduzierbarkeit auf externe, physikalistische Beschreibungen. Ausgeklammert bleibt das aus meiner Sicht Entscheidende, nämlich die *Bedeutsamkeit* des Qualitativen, seine zentrale Rolle in Denk- und Artikulationsprozessen als Ausgangs- und Endpunkt eines expressiven Kontinuums. Das hängt natürlich mit der Isolierung der Qualia als rein mentaler, im Grunde körperloser Entitäten zusammen, die wiederum mit einer Neigung einhergeht, atomare Zustände wie eine Rotempfindung oder das Hören eines Tons als paradigmatisch für das Phänomen zu betrachten. Durch diese Fixierung wird aber die eigentliche Funktion des Qualitativen im Prozess der Bedeutungsbildung zum Verschwinden gebracht, die darin besteht, in Form der „unifying pervasive quality" eine diffus-bestimmungsbedürftige Mannigfaltigkeit (nicht zu repräsentieren, sondern) gegenwärtig werden zu lassen. Dewey bringt es in seiner *Logik* auf den Punkt:

> Das Wort [„Qualität", M.J.] wird gewöhnlich mit etwas Spezifischem wie *rot, hart* und *süß* assoziiert; das heißt mit Unterscheidungen, die innerhalb einer totalen Erfahrung getroffen

werden. Die hier gemeinte, kontrastierende Bedeutung kann angedeutet, wenngleich nicht adäquat exemplifiziert werden, wenn man an solche Qualitäten denkt, wie sie durch die Ausdrücke beunruhigend, verwirrend, erheiternd oder untröstlich bezeichnet werden. Denn diese Worte bezeichnen nicht spezifische Qualitäten, wie zum Beispiel *hart* eine bestimmte Qualität eines Steins bezeichnet. Denn Qualitäten wie die eben genannten durchdringen und färben *alle* Objekte und Ereignisse, die in einer Erfahrung enthalten sind. (Dewey 1938/2002, 91; Kursivierungen im Original)

Auf einen knappen Nenner gebracht: Analytische ‚Qualia' sind instantan auftretende, subjektive, einheitliche mentale Phänomene, die der objektiven Welt entgegengesetzt sind, pragmatistische ‚Qualitäten' hingegen Eigenschaften von Situationen, in denen sich das Neue der aktuellen Situation mit der verdichteten Erfahrung, gewissermaßen dem qualitativen Profil einer ganzen Biographie verbindet, und die ebenso Teil der Natur sind wie Steine oder Bäume. Ihre Einheit ist die eines dominierenden ‚Tons', der in ungeschiedener Mannigfaltigkeit und Komplexität Möglichkeiten der Bedeutungsbestimmung suggeriert. Bestimmbarkeit entsteht also durch die Gegenwärtigkeit einer Einheit, die in sich komplexe Möglichkeiten enthält, jedoch eben nicht in Form bereits unterscheidbarer Teilkomponenten, sondern in der Gestalt vage andrängender Möglichkeiten. Oben ist die Funktion solcher intensiv-unbestimmten Qualitäten bei der unbewussten (Abschnitt 2.4.2 a.)) und bewussten (Abschnitte 2.4.2 b.)-d.)) Handlungssteuerung bereits ausgiebig erörtert worden. Atomare Empfindungsqualitäten, wie sie in der analytischen Debatte paradigmatisch betrachtet werden, könnten diese Funktion jedoch gar nicht übernehmen, fehlt ihnen doch der Situationsbezug. Die Nähe zwischen der pragmatistischen Position und der analytischen Debatte erweist sich damit weitgehend als scheinbar. Insbesondere wird in letzterer kein Versuch unternommen, die Kontinuität zwischen erlebten und sprachlichen Bedeutungen zu untersuchen, weil Bedeutungsphänomene von vornherein als ausschließlich sprachlich konstituiert betrachtet werden.

2.4.4 Antonio Damasio und die Theorie der somatischen Marker

Wenn die pragmatistische Deutung des Qualitativen als Start- und Zielpunkt des Bedeutungskontinuums zutrifft, dann muss es auch möglich sein, nach den (evolutions-)biologischen „Funktionen des Erlebens" (Heilinger/Jung 2009) zu fragen. Denn das Verstehen von Bedeutungen ermöglicht Organismen die Ausbildung von Intentionen und damit zielgerichtetes Handeln. Und in der Tat gibt es in der (neuro-)psychologisch orientierten Forschung und der ihre Ergebnisse aufgreifenden Philosophie vermehrt Versuche, die funktionalen Rollen von Erlebniszuständen zu analysieren, sie also nicht länger als epiphänomenal oder rein subjektiv aus dem

Funktionszusammenhang Organismus-Umwelt herauszulösen, sondern im Gegenteil ihren Beitrag zu diesem Zusammenhang zu betonen (vgl. dazu die Beiträge von Jan-Christoph Heilinger/Matthias Jung, Dennis Rünger, Axel Cleeremans und Lars Marstaller in dem Band Heilinger/Jung 2009). Aus einer evolutionspsychologischen Perspektive ist die Bereitstellung der neuronalen Bedingungen für erlebbare Situationsqualitäten schließlich eine energie- und generell resourcenaufwendige Angelegenheit, weshalb es nahe liegt, dass diese Erlebnisfähigkeit dem Organismus auch massive evolutionäre Vorteile einbringen muss. Ein Pionier solcher Deutungen ist Antonio Damasio, der in seinen zahlreichen, auch für ein breiteres Publikum bestimmten Veröffentlichungen vor allem die zentrale Rolle der Emotionen im menschlichen Leben, einschließlich ihrer kognitiven Bedeutung, herausgearbeitet hat (Damasio 1997, 2000, 2003, 2019, 2021).[51] Im Folgenden werde ich zeigen, dass Damasios Theorie der „somatischen Marker" als ein Versuch verstanden werden kann, aus neurowissenschaftlicher Perspektive auf ähnliche Fragestellungen zu antworten, wie sie Dewey mit seiner Lehre vom qualitativen Denken behandelt hat.

Damasios erster und durchaus ‚pragmatistischer'[52] Argumentationsschritt besteht darin, den engen Zusammenhang zwischen Denken und Entscheiden zu betonen.

> Man darf wohl sagen, daß der Zweck des Denkens eine Entscheidung ist und daß das Wesen einer Entscheidung darin liegt, eine Reaktionsmöglichkeit auszuwählen, das heißt in Verbindung mit einer gegebenen Situation unter den vielen Möglichkeiten, die sich in diesem Augenblick anbieten, eine nonverbale Handlung, ein Wort, einen Satz oder eine Kombination aus diesen Elementen zu bestimmen. (Damasio 1997, 227)

Was Damasio hier darstellt, ist die oben unter 2.4.2 b.) behandelte Handlungsphase (erlebte Qualitäten als Präsenz von Möglichkeiten und Suggestion von Richtungen der Handlungsfortsetzung): Eine Situation erfordert eine Reaktion, es ist aber noch unklar, welche Reaktionsmöglichkeit die angemessene ist. Zudem darf nicht vergessen werden, dass Handlungen in den allermeisten Fällen auch während ihrer

---

51 Unbeschadet der Ergiebigkeit seines Ansatzes für die neurowissenschaftliche Unterfütterung des Primats verkörperter Kognition vertritt Damasio gelegentlich auch neuroreduktionistische Positionen, wie dies etwa in dem Untertitel seines *Looking for Spinoza* (2003) zum Ausdruck kommt: „Joy, Sorrow and the Feeling Brain". Isolierte Gehirne können jedoch keine Gefühle haben, nur in einer Umwelt interagierende Organismen mit ihren Bedürfnissen und Interessen. – Diese problematische Dimension lasse ich hier beiseite, weil ich mich auf die Darstellung der *Parallelen* zwischen Damasios Denken und Deweys „Qualitative Thought" konzentrieren werde.
52 „Pragmatistisch" in einem primär sachlogischen Sinn. Soweit ich sehe, zeigt sich Damasio in seinen Schriften zwar als sehr vertraut mit dem Denken von William James (vgl. bes. Damasio 2000, 2003), geht dabei aber kaum auf die spezifisch pragmatistischen Lehren ein.

Ausführung mit den Widerständen und Reaktionen der Umwelt der Handelnden abgeglichen werden müssen (Handlungsphase 2.4.2 c.)), bis die Handlung schließlich (oben unter 2.4.2 d.) behandelt) einen Abschluss findet. Eine traditionelle, rationalistische Konzeption der Entscheidungsfindung würde nun mit Kosten-Nutzen-Analysen, Kalkulationen von Eintrittswahrscheinlichkeiten, Entscheidungsbäumen und Ähnlichem arbeiten (vgl. Damasio 1997, 234–236). Damasio stellt jedoch heraus, dass eine solche rein rationale Strategie in den meisten Fällen eine kognitive Überforderung darstellen würde, weil sie unerfüllbare Anforderungen an vollständiges Wissen, an Gedächtnisleistungen, an die Aufmerksamkeit und die verfügbare Zeit zur Entscheidung stellt. Er geht sogar so weit so betonen, dass die „kühle Strategie" (Damasio 1997, 236) einer rationalen Abarbeitung von Handlungsalternativen „weit eher der Art und Weise entspricht, wie Patienten mit präfrontaler Schädigung an Entscheidungen herangehen[53], als der üblichen Verfahrensweise normaler Menschen" (Damasio 1997, 236). Als Alternative zum rationalistischen Kognitionsmodell wird dann die Hypothese der „somatischen Marker" eingeführt.

Es handelt sich dabei um sowohl mit viszeralen (das betrifft das sog. „Bauchgefühl") als auch mit anderen Wahrnehmungen verbundene somatische Zustände, die bestimmte Vorstellungsbilder markieren und immer auch eine affektive Qualität aufweisen. Sie generieren ein automatisches Signal, das dem Organismus nahelegt, dies zu tun und jenes zu lassen.

> ... somatische Marker sind ein Sonderfall der Empfindungen, die aus sekundären Gefühlen[54] entstehen. Von diesen Gefühlen und Empfindungen ist durch Lernen eine Verbindung zur Vorhersage künftiger Ergebnisse bestimmter Szenarien hergestellt worden. Wenn sich ein negativer somatischer Marker in Juxtaposition zu einem bestimmten künftigen Ereignis befindet, wirkt diese Zusammenstellung wie eine Alarmglocke. Befindet sich dagegen ein positiver somatischer Marker in Juxtaposition, wird er zu einem Startsignal. (Damasio 1997, 238)

Dabei ist es Damasio klar, dass die Entscheidungsfindung in vielen Fällen nicht alleine über die somatischen Marker erfolgt, sondern diese nur am Anfang von Denkprozessen stehen, für die sie eben die initialen Möglichkeiten bereitstellen. Bei den Markern handele es sich um einen „Tendenzapparat" (Damasio 1997, 239), der aus der Fülle der Möglichkeiten die relevanten herausgreift, sie also von abstrakten

---

53 In den ersten beiden Kapiteln des Buchs wird diese Behauptung durch eine Analyse des Verhaltens und der neurologischen Läsionen des berühmten Patienten Phineas Gage substantiiert, der eine massive Schädigung eben dieser Hirnregionen durch einen Sprengunfall erlitten hatte.
54 „Sekundäre" Gefühle sind nach Damasio (vgl. Damasio 1997, 187–193) im Unterschied zu „primären" nicht angeboren und bereits in den ‚Schaltkreisen' des limbischen Systems verankert, sie werden vielmehr durch Erfahrung erworben.

in konkrete Möglichkeiten verwandelt. Neuronal sind für diesen Apparat durch Erfahrung erworbene präfrontale Netzwerke – genauer deren „Konvergenzzonen" (Damasio 1997, 249) entscheidend, denen Damasio die generelle Funktion zuweist, „… Ereignisse nach Maßgabe der persönlichen Relevanz zu kategorisieren" (Damasio 1997, 249). Diese Netzwerke finden zwar ihren Ausgangspunkt in „angeborenen regulatorischen Dispositionen, die dem Überleben des Organismus dienen" (Damasio 1997, 245), aber erst durch Lernprozesse werden bedeutungsvolle systematische Relationen mit bestimmten Umweltsituationen hergestellt, die als förderlich oder hinderlich erlebt werden. In Übereinstimmung mit Deweys Lehre vom Qualitativen arbeitet Damasio auch heraus, dass es „[m]anifeste und verdeckte somatische Marker" (Damasio 1997, 252) gibt. Verdeckte Marker operieren unbewusst, manifeste gelangen zum Bewusstsein. In vielen Fällen – Dewey zufolge sind dies eben jene, bei denen präreflexive Handlungsgewohnheiten ausreichen – wird die Bewusstseinsschwelle gar nicht überschritten (wie oben unter 2.4.2 a.) behandelt). „Ein Körperzustand mit Signalfunktion […] kann aktiviert, aber unter Umständen nicht in den Mittelpunkt der Aufmerksamkeit gerückt werden." (Damasio 1997, 253) Er wirkt dann auf unser Handeln und auch auf unsere Denkprozesse ein, ohne bemerkt zu werden, und Damasio sieht hier eine klare Parallele zum Verhalten nichtmenschlicher Lebewesen: „… bei Organismen, deren Gehirne nicht zu Bewußtsein und Denken fähig sind[55], [bilden] verdeckte Prozesse das Kernstück des Entscheidungsapparats." (Damasio 1997, 253) Was sich bei Damasio, wenn ich recht sehe, jedoch nicht findet, ist eine stimmige Erklärung dafür, dass manche somatischen Marker eben doch manifest werden. Diese Erklärung wird von der pragmatistischen Grundeinsicht geliefert, dass Bewusstsein und damit auch das Gewahrwerden einer Qualität nur auftreten, wenn routinisierte Handlungsabläufe auf Widerstände stoßen.

Damasios Theorie der somatischen Marker überwindet die Engführung des Diskurses auf handlungsirrelevante, isolierte Qualia in der analytischen Philosophie, bahnt erlebten Qualitäten den Weg in die neurowissenschaftliche Forschung und weist zahlreiche Parallelen zu der pragmatistischen und speziell der deweyschen Konzeption des Qualitativen auf. Auch Deweys Intuition bezüglich des Intuitionsbegriffs (vgl. oben S. 74 f. und Dewey 1930/2003, 101) findet deutliche Parallelen in den Überlegungen Damasios (vgl. Damasio 1997, 256–258). Unbefriedigend bleibt allerdings der *statische* Charakter seiner Konzeption. So wichtig gefühlte Qualitäten ihm für die Steuerung des Handelns, Denkens und Sprechens sind, so sehr beschränkt er doch seine Darstellung auf unbewusste Reaktionen einerseits,

---

55 Damasio hätte einen mereologischen Fehlschluss vermeiden können, wenn er hier einfach von „Organismen, die nicht zu Bewusstsein und Denken fähig sind", gesprochen hätte.

die Bereitstellung von Möglichkeitssuggestionen andererseits. Eine Konzeption des Handelns jedoch, die gefühlten Qualitäten zwar eine wichtige Funktion bei automatisierten Reaktionen und in der Anfangsphase von Handlungen zuweist, dann aber rein rationalen Prozessen die Handlungssteuerung überlassen würde, ist unplausibel und vermutlich von Damasio auch nicht intendiert. Seine Darstellung fokussiert sich lediglich stark auf die Initialphase, ist aber durchaus mit dem Gedanken verträglich, dass emotionale Bewertungen und gestalthaft verdichtete Wahrnehmungen über den gesamten Handlungsablauf hinweg operativ sind. Somatische Marker zeigen in der Theorie Damasios schließlich gerade charakteristische Handlungsmöglichkeiten an, mit denen *erfahrungsgemäß* auf eine Veränderung der Homöostase des Organismus zum Guten oder Schlechten reagiert werden kann. Der Abgleich mit den hierfür relevanten Umweltbedingungen findet dabei eben nicht nur am Beginn einer Handlungssequenz, sondern kontinuierlich bis zu ihrem Ende statt. Es ist daher auch im Rahmen der damasioschen Theorie plausibel anzunehmen, dass Leibgefühle sich im Handlungsablauf dauernd verändern und dabei dem Akteuren Fortsetzungsmöglichkeiten suggerieren, die dann im Wechselspiel von Gefühl und rationalem, regelgesteuertem Verhalten ständig weiter konkretisiert werden.

Ob sich auf Dauer die von Damasio postulierten spezifischen Prozesse zur neuronalen Vermittlung von handlungslenkenden Leibgefühlen bestätigen lassen, ist nicht so wichtig wie seine Erkenntnis des Zusammenhangs zwischen den homöostatischen Regelkreisläufen des Organismus, ihrer gefühlten Veränderung angesichts von Herausforderungen in der Umwelt und der dadurch gegebenen Suggestion von Handlungsmöglichkeiten. In erlebten Qualitäten sedimentieren sich gleichsam die Erfahrungen gestaltrichtiger Handlungsfortsetzung, über die der Organismus biographisch – beim Menschen in immenser kulturgeschichtlicher Erweiterung – verfügt. Diese Selektion der Handlungsmöglichkeiten setzt voraus, dass eine als einheitlich erlebte, affektiv besetzte Gestalt eine noch undifferenzierte Mannigfaltigkeit von Möglichkeiten darbietet.

In Antonio Damasios Theorie der somatischen Marker steht die emotionale Dimension des Qualitativen im Zentrum. Jeder Marker bezeichnet einen bestimmten Punkt auf einer Skala zwischen Zuträglichkeit und Abträglichkeit für das Gedeihen des Organismus und verbindet diesen mit typischen Erfahrungssituationen. „... feelings tell the mind, without any word being spoken, of the good or bad direction of the life process, at any moment, within its respective body" (Damasio 2018, 12). Das verleiht ihnen eine gewisse Nähe zu dem ersten, stark emotionalen der beiden kognitiven Systeme, die Daniel Kahneman in seinem Bestseller *Thinking, Fast and Slow* (Kahneman 2012) unterscheidet. Da es jedoch beim qualitativen Denken nicht um die isolierte Innerlichkeit eines Subjekts und dessen private Emotionen, sondern um die Umwelt einschließende Situationsqualitäten geht, leuchtet ein, dass Qualitäten auch eine perzeptive Dimension haben. Phänomenologisch präziser müsste man allerdings sagen, dass die Unterscheidung zwischen emotionalen und perzeptiven Komponenten der erlebten Qualität gar nicht innewohnt, sondern erst nachträglich getroffen werden kann, und zwar in Abhängigkeit davon, welche Aspekt der diffusen Mannigfaltigkeit ausdrücklich gemacht werden sollen, um eine Fortsetzung der Handlung zu ermöglichen.

Damasio fokussiert sich auf die emotionale Bewertungsfunktion, schließt aber die perzeptive Komponente keineswegs aus. So betont er etwa, dass „...each feeling-driven, conscious mind" auf „two critical sets of facts and events" bezogen ist: „(1) the conditions in the inner world of its organism; and (2) the conditions of its organism's environment" (Damasio 2018, 30).[56] Deshalb lässt sich seine Theorie durch Überlegungen des Neurowissenschaftlers Christof Koch zum Qualiaproblem in seiner Schrift *The Quest for Consciousness* stimmig ergänzen. Obwohl Koch sich der analytischen Terminologie („Qualia") bedient, geht es ihm nicht um die Frage des Dualismus oder die Sonderstellung von Subjektivität, sondern eben um die Funktion qualitativen Erlebens und damit auch dessen adaptive Nützlichkeit. Beides lokalisiert er in dem, was ich an Dewey anschließend die Verbindung von vereinheitlichtem Erleben und unbestimmter Mannigfaltigkeit genannt habe.

> Qualia symbolize a vast repository of tacit and unarticulated data [...] Given the large number of discrete attributes that make up one percept and even the larger number of relevant relationships among them, phenomenal feelings have evolved to deal with the attendant complexities of handling all this information in real time. (Koch 2004, 242 f.)

In diesem Zitat liegt der Schwerpunkt auf der Art und Weise, in der erlebte Qualitäten die vielfältigen *perzeptiven* Eigenschaften einer Situation integrieren und dadurch Komplexität reduzieren. Doch ist es offensichtlich, dass diese perzeptive Verdichtung erst durch Verschmelzung mit früheren, ähnlichen Situationen und vor allem mit einer emotionalen Bewertung Handlungsmöglichkeiten freisetzt. Zwischen Damasios emotionszentriertem und Kochs wahrnehmungsorientiertem Verständnis des Qualitativen besteht ein komplementäres Verhältnis. In der späteren Monographie *The Feeling of Life Itself* generalisiert Koch dieses handlungsbezogene Verständnis mithilfe der von ihm und Francis Crick bereits 1995 entwickelten „executive summary hypothesis" (Koch 2020, 124) noch weiter. Bewusste Zustände

---

56 In Deweys Lehre von der erlebten Situationsqualität erscheinen diese beiden Dimensionen als erst in reflexiver Rückwendung unterscheidbare Dimensionen eben der Umwelt und Organismus umschließenden Situatution selbst. Ihre Unterscheidung ist gerade *keine* Komponente der *unifying pervasive quality.*

haben die Funktion, dem Organismus eine Zusammenfassung des situativ Relevanten zu ermöglichen, die diesen handlungsfähig macht.

> Any one conscious experience contains a compact summary of what is most important to the situation at hand, similar to what a president, general, or CEO receives during a briefing. This precis enables the mind to call up relevant memories, consider multiple scenarios, and ultimately execute one of them. The underlying planning occurs largely nonconsciously ... (Koch 2020, 124)

In diesem Zitat ist die Bewertungs- und Selektionsfunktion der integrierenden Qualität ausdrücklich benannt. Allerdings müsste man mit Dewey und Damasio hinzufügen, dass die von erlebten Qualitäten bereitgestellte „executive summary" das Handeln nicht immer unbewusst leiten kann. Immer dann, wenn eine Schwierigkeit auftritt, die eine kreative Lösung oder, wie G.H. Mead das nennt, eine „Rekonstruktion der Situation" (Mead 1913/1980, Bd. 1, 248) erfordert, treten Bewusstsein und mit ihm Artikulation und Reflexion auf den Plan. Wie oben gezeigt, ist dieser Prozess nicht als Ablösung der qualitativen durch eine rationale Komponente zu verstehen, sondern im Sinne eines diskursiv-gliedernden Explizierens von Handlungsmöglichkeiten, in dem das Erleben in jeder Phase erhalten bleibt und komplementär zu rationalem Schlussfolgern eine spezifische Rolle spielt.

2.4.5 Matthew Ratcliffes „feelings of being"

In der bisherigen Darstellung sind die verschiedenen Funktionen des qualitativen Erlebens von der Entstehung von Bedeutsamkeit bis zur Ausdifferenzierung expliziter sprachlicher Bedeutungen ausführlich behandelt worden, jedoch immer unter dem leitenden Gesichtspunkt *spezifischer* Situationen, in denen sich erfahrende und handelnde Subjekte vorfinden. Bevor ich dieses Kapitel mit einer Analyse des Verhältnisses von Sagbarkeit und Unsagbarkeit im expressiven Kontinuum der Bedeutung abschließe, muss daher noch eine wichtige Dimension qualitativen Erlebens behandelt werden. Sie ist gerade nicht auf spezifische Situationen bezogen und der Aufmerksamkeit Deweys deshalb weitgehend entgangen. Es handelt sich dabei um sogenannte „existenzielle Gefühle" (*existential feelings*). Solche Gefühle zeichnen sich dadurch aus, dass sie nicht auf die wechselnden Lebenssituationen reagieren, die uns begegnen. Vielmehr situieren sie einen menschlichen Organismus *im Ganzen* seines Lebensvollzugs. Matthew Ratcliffe hat sie in ihrer Bedeutung für unser Menschsein und speziell im Kontext ihrer psychopathologischen Deformationen einer eindringlichen Analyse unterzogen. Es handele sich bei ihnen, so Ratcliffe, um „a felt sense of belonging to the world" (Ratcliffe 2012, 24) – also um die Qualität unseres Realitätssinnes.

In seiner Monographie *Feelings of Being* charakterisiert er die Phänomenologie dieser Gefühle mittels einer „dichten Beschreibung" im Ausgang von subjektiven Äußerungen folgendermaßen:

> People sometimes talk of feeling alive, dead, distant, detached, dislodged, estranged, isolated, otherworldly, indifferent to everything, overwhelmed, suffocated, cut off, lost, disconnected, out of sorts, not oneself, out of touch with things, out of it, not quite with it, separate, in harmony with things, at peace with things or part of things. There are references to feelings of unreality, heightened existence, surreality, familiarity, unfamiliarity, strangeness, isolation, emptiness, belonging, being at home in the world, being at one with things, significance, insignificance, and the list goes on. (Ratcliffe 2008, 68; auch abgedruckt in Ratcliffe 2012, 24)

Manche dieser Gefühle treten nur in kurzen Episoden auf, andere sind so stabil, dass sie den Charakter einer Person tiefgreifend prägen. Offensichtlich handelt es sich bei Ratcliffes Liste nicht um die erlebten Qualitäten selbst, sondern um verschiedene *Artikulationsversuche*, die von den sozialkulturellen Ausdrucksmöglichkeiten der sich äußernden Subjekte geprägt sind. Genauso offensichtlich versuchen diese Artikulationen jedoch, die intrinsische Qualität des Gefühlten zu beschreiben. Letzteres hat oft den Charakter eines vagen Hintergrunds des Handelns wie etwa im Fall des Gefühls, im Frieden mit der Welt zu sein. Es kann jedoch auch, wie bei vielen psychiatrischen Erkrankungen, so aufdringlich werden, dass es das ganze Bewusstseinsleben beherrscht. Hier zeigt sich eine offensichtliche Parallele zu konkreten Situationsqualitäten. Solange der handelnde Austausch des Organismus mit seiner physischen und sozialen Umwelt gelingt, bleibt die Qualität im Hintergrund; wird die Routine jedoch unterbrochen, drängt sie sich vor. Negative existenzielle Gefühle sind aus diesem Grund salienter als positive, denn sie zeigen ein Bedrohtsein der Integrität des Handlungskreises an, auf das dringend reagiert werden muss.

In entsprechenden positiven Gefühlen hingegen ist dem Selbst eine erhöhte Verfügbarkeit von Möglichkeiten des Handelns über das routinemäßige Ausmaß hinaus bewusst. Ratcliffe lässt entsprechend keinen Zweifel daran, dass diese Gefühle „centrally about having a sense of possibility" (bzw. dem bedrohlichen Entzug dieser Möglichkeiten) sind (Ratcliffe 2012, 28). Indem existenzielle Gefühle eine spezifische Beleuchtung nicht auf diese oder jene Situation werfen, wie Deweys Qualitäten, sondern den Lebensvollzug im Ganzen einfärben, eröffnen und verschließen sie Horizonte der Bedeutsamkeit, innerhalb derer dann spezifische Qualitäten von Situationen erlebt werden können: „... existential feelings determine the kinds of mattering we are receptive to ..." (Ratcliffe 2012, 33). Wer etwa in einer klinischen Depression gefangen ist, wird nicht in der Lage sein, die verheißungsvollen Möglichkeiten wahrzunehmen, die sich in einer konkreten Begegnung mit einem anderen Mitmenschen eröffnen könnten (vgl. Ratcliffe 2012, 32).

Wie Ratcliffe mit vielen Belegen verdeutlicht (vgl. Ratcliffe 2012, 26), zeigt sich die anthropologische Bedeutung existenzieller Gefühle besonders eindringlich immer dann, wenn sie sich in psychiatrischen Erkrankungen pathologisch verändern. Schwere Depressionen, Schizophrenien und Depersonalisationsstörungen gehen stets mit einer massiven Modifikation solcher Gefühle einher – und liefern damit einen indirekten Beleg für ihre Bedeutung auch im Leben gesunder Subjekte. Diese Modifikation hat zwei Aspekte, nämlich einerseits eine qualitative Verschlechterung und andererseits das Aufdringlichwerden ihrer phänomenalen Präsenz, eine Verschiebung vom Hintergrund in den Fokus des Bewusstseins. „[A] change in the sense of reality and belonging" (Ratcliffe 2012, 26), und zwar im Sinne von Distanziertheit und Fremdwerdung, schränkt für die betroffenen Personen ihren Möglichkeitshorizont massiv ein. Dies betrifft zwar auch den Inhalt ihrer Erfahrungen, vor allem aber deren Form (vgl. Ratcliffe 2012, 37), nämlich den Charakter dieses Inhalts als Inbegriff konkreter Möglichkeiten, die das Subjekt ansprechen. Mit der Terminologie Hartmut Rosas könnte man hier einem totalen Resonanzverlust konstatieren (vgl. Rosa 2018). Dieser Verlust betrifft keine bereits explizierten Bedeutungen, sondern den Horizont von Bedeutsamkeit überhaupt, aus dem heraus, so zeigt es die Ubiquität existenzieller Gefühle, überhaupt erst konkrete Situation als bedeutsam verstanden werden können.

Existenzielle Gefühle sind demnach genauso innerlich mit dem Bedeutungsphänomen verknüpft wie spezifische Situationsqualitäten, nur eben noch grundsätzlicher, auf einer allgemeinen Ebene, die den gesamten Menschen in seiner Beziehung zur Realität im Ganzen betrifft. Sie teilen mit Deweys Qualitäten ihren vereinheitlichenden und durchdringenden Charakter: Wer sich im Frieden mit sich und der Welt fühlt, dem färbt diese Grundstimmung alle Einzelereignisse positiv ein, wohingegen eine melancholische Stimmung die Bedeutungshaftigkeit aller konkret begegnenden Situationen gleichsam herunterdimmt, alles flach und bedeutungslos wirken lässt.[57] Durch ihre kontrastive Phänomenologie (also die Polarität von Fremdheit und Zuhausesein in der Welt) erweisen sich existenzielle Gefühle als kontinuierlich mit dem Urphänomen der Bedeutung verbunden, nämlich der Bewertung der Qualität der Umweltinteraktionen durch den Organismus. Sie sind, in der Terminologie von Damasio formuliert, die somatischen Marker für die Qualität der Weltbeziehung des Organismus im Ganzen.

Ratcliffe erörtert diese Frage meines Wissens nicht, aber es scheint mir offensichtlich, dass existenzielle Gefühle *humanspezifisch* sind und sich damit von

---

[57] Es bestehen hier offensichtlich deutliche Ähnlichkeiten zu Heideggers Analyse der Stimmungen und Befindlichkeiten in *Sein und Zeit* (§ 29 f.). Für eine ausführliche Erörterung Ratcliffes, warum er die heideggersche Terminologie dennoch nicht übernimmt, siehe Ratcliffe 2012, 32 f.

den Erlebniszuständen und -dynamiken des tierischen Bewusstseins qualitativ unterscheiden. Gefühlte Bedeutsamkeit ist ein omnipräsentes Phänomen des Lebens, existenzielle Gefühle hingegen sind etwas, so behaupte ich, dass nur diejenigen Organismen haben können, dann aber auch haben müssen, deren Lebensform durch einen Bezug auf das Ganze ihres Daseins und der sie umgebenden Wirklichkeit geprägt ist. Es ist, etwas pathetisch formuliert, das unentrinnbare Schicksal verkörperter Symbolverwender, sie zu haben. Nur die symbolvermittelte Distanz zum situativen Andrang des Lebens in seinen einzelnen Momenten ermöglicht es uns, ein Verhältnis zum Leben im Ganzen zu gewinnen, insbesondere auch zu dessen Ende und damit unserer Sterblichkeit. Dieselbe Distanz erlaubt das Transzendieren der lokalen Umwelt auf eine Welt hin, die als physikalisches Universum inkommensurabel größer erscheint als der Raum, in dem ein individuelles Leben gelebt wird. Wie schon mehrmals betont, setzt das symbolvermittelte Weltverhältnis aber die leibvermittelte, gefühlte Bewertung der Lebensqualität nicht außer Kraft; dieses ist vielmehr im expressiven Kontinuum komplementär auf jene bezogen, so dass sich unser symbolisch entgrenztes Bewusstsein immer wieder in vereinheitlichen Erfahrungsqualitäten verkörpert. Die Kreisbewegung zwischen symbolischer Distanz und direktem Erleben lässt sich auf keiner Ebene stillstellen, auch nicht in Hinsicht auf die allgemeine Form unserer Weltbeziehung.

In existenziellen Gefühlen zeigt sich daher die verkörperte Praxis des Geistes mit besonderer Deutlichkeit. Wir sind Wesen, denen es nicht nur um die Bedeutung der wechselnden Situationen unseres Lebens geht, sondern auch um dessen Bedeutung im Ganzen, um eine Situation also, die mit Blick auf alle Menschen als die *conditio humana* bezeichnet werden kann. Hätten wir keinen symbolvermittelten Geist, könnten wir uns nicht vom Hier und Jetzt lösen und unser Bewusstsein auf das Ganze eines gelingenden Lebens richten (und darüber hinaus in theoretischer Einstellung auf alles, was es gibt). Wäre diese Transzendenzbewegung jedoch nicht durch das organische Erleben von Wohl und Wehe getragen, hätte dieser *Bezug* auf das Ganze überhaupt keine *Bedeutung*. Bedeutungen sind eben nur Lebewesen zugänglich, für die das extensionale An-sich von Fakten und Prozessen mit einem intensionalen Für-mich integriert ist, oder mit, wie es Dewey in seinem Essay über *Qualitatives Denken* formuliert, „Sorge um oder Interesse am menschlichen Schicksal" (Dewey 1930/2003, 106).

Wenn meine Analyse zutrifft, ist ein symbolisch entgrenztes Weltverhältnis die Bedingung der Möglichkeit dafür, überhaupt existenzielle Gefühle empfinden zu können. Erst durch den Gebrauch einer Symbolsprache, die Bedeutung von direkter Referenz entkoppelt, erwirbt das verkörperte Bewusstsein die Fähigkeit, sich über seine evolutionäre Entstehungsbedingungen in der Steuerung der Umweltinteraktionen hinaus auf prinzipiell alles zu richten. Nichtsprachliche Organismen hingegen, die nicht in der Lage sind, sich auf das Ganze ihres Lebens und damit auch auf dessen Ende zu beziehen, können zwar situative Gefühle haben, vermutlich sogar situationsübergreifende Gefühle, in denen sich die bisherige Qualität ihrer Umweltinteraktionen sedimentiert hat, sie können aber wohl keine Gefühle entwickeln, die einen Ausgriff aufs Ganze voraussetzen. Was ergibt sich aus dieser Einsicht für das Verhältnis von existenziellem Gefühl und zeichenvermitteltem begrifflichem Denken?

Hier müssen zwei Ebenen unterschieden werden, die *konstitutionstheoretische* und die *individuelle*. Auf der ersten Ebene besteht ein genetischer Primat der Entwicklung symbolvermittelter Lebensformen vor der Entstehung existenzieller Gefühle. Erlebte Qualitäten sind zwar ihrerseits Bedingungen der Möglichkeit der Entstehung leistungsfähigerer, zeichengestützter Denk- und Kommunikationsformen, bleiben aber solange situativ gebunden, als sich noch keine Lebensformen ausgebildet haben, die ihren Subjekten die Möglichkeit geben, symbolische Distanz zu entwickeln. Dass Individuen ohne eine entsprechende, distanzfähige soziale Lebensform keine existenziellen Gefühle ausbilden können, ist nur ein Teilaspekt der offensichtlichen Tatsache, dass die Ontogenese eines ‚normalen‘, mit allen typischen Fähigkeiten ausgestatteten menschlichen Wesens das Aufwachsen in einer sozialen Gemeinschaft voraussetzt, auf deren kollektive Intentionalitäten und im „objektiven Geist" sedimentierte Bedeutungen es angewiesen ist. Erst die Phylogenese einer soziokulturellen Lebensform ermöglicht die Ontogenese von Individuen, die sich fühlend zu ihrem Leben und zur Wirklichkeit im Ganzen verhalten können. Auf der Ebene der Ontogenese liegen die Dinge aber anders, wie Ratcliffe sehr genau analysiert hat. Hier besteht eine asymmetrische Beziehung zwischen dem Fühlen und der symbolischen Artikulation, die genauer bestimmt werden muss.

Zunächst ist festzuhalten, dass auch zwischen existenziellen Gefühlen und ihrem symbolischen Ausdruck, etwa in Form von autobiographischen Erzählungen, zirkuläre Kausalitäten bestehen. Die Art und Weise, wie jemand etwa Gefühle der Verlassenheit und Entfremdung zum Ausdruck bringt, kann auf diese Gefühle zurückwirken und sie verändern, ihnen ein neues *framing* geben. Auf dieser Möglichkeit bauen alle sprachzentrierten Therapieformen auf. Gleichzeitig verhält es sich aber auch so, dass existenzielle Gefühle den Möglichkeitsraum für ihre Versprachlichung soweit beschränken können, dass dieses *reframing* sich als schwierig bis unmöglich erweist. „Existential feeling", so schreibt Ratcliffe, „determines the parameters of intelligible experience, thought and activity for a person" (Ratcliffe 2012, 46). Dies ist vor allem bei psychopathologischen existenziellen Gefühlen der Fall. Hier wird der Möglichkeitshorizont der Artikulation derart deterministisch verengt, dass es kein Entkommen aus dem Kreislauf von negativem Gefühl und entsprechendem Selbstausdruck mehr geben kann. Ratcliffe kommt deshalb zu dem Schluss, „the narrative does not determine which kinds of feeling are currently intelligible possibilities for a person in a way that feeling determines the form of thought, and more specifically, autobiographical, narrative thought. Hence the dependence is not symmetrical" (Ratcliffe 2012, 46). Diese Einsicht lässt sich gut mit der pragmatistischen These verbinden, dass der anthropologische „Sitz im Leben" des Zusammenspiels von qualitativem Möglichkeitshorizont und praktischer oder sprachlicher Artikulation darin besteht, die Fortsetzung eines stockenden Lebensvollzugs zu ermöglichen. Gelingt dies, dann sind die Feedbackschleifen in beiden Richtungen ausgeprägt und der „felt sense" ändert sich in Abhängigkeit von der symbolischen Praxis, gelingt es nicht, dann können pathologische Verzerrungen entstehen.

2.4.6 Die Grenzen der Sagbarkeit

Individuum est ineffabile. Mit dieser klassischen Sentenz wird die seit der Antike im philosophischen Denken nachweisbare Einsicht auf den Punkt gebracht, dass Begriffe immer einen allgemeinen Charakter haben und das Individuelle (ob Einzelding, einmalige Situation oder konkretes phänomenales Erleben) im Grunde gar nicht, zumindest aber nicht adäquat, sprachlich zum Ausdruck gebracht werden kann. Wie steht es nun mit dem Verhältnis von qualitativem Erleben und symbolischen Ausdruck in dieser Hinsicht? Einerseits könnte man die Auffassung vertreten, dass dasjenige, was zum Ausdruck gebracht wird, *immer* eine qualitativ erlebte Situation ist. Schließlich verdankt sich jede artikulierte Bedeutung der Transformation einer bedeutsamen, aber unbestimmten Situation in eine bestimmte(re). Oben wurde in den Abschnitten 2.4.2 b.) – 2.4.2 d.) ausführlich untersucht, in welcher Weise alle symbolischen Äußerungen von ihnen zugrunde liegenden und sie begleitenden erlebten Qualitäten mitgeformt werden. Andererseits ließe sich dafür argumentieren, dass erlebte Situationen zwar aller Ausdrucksbildung zugrunde liegen, aber gerade deshalb niemals selbst als solche zum Ausdruck gebracht werden können. Diese zweite Position vertritt mit guten Gründen John Dewey. Erlebte Qualitäten individuieren Situationen, die *als solche* niemals versprachlicht werden können. Dewey schreibt mit Bezug auf die Frage, was es denn ist, das in Aussagesätzen eigentlich zum Ausdruck gebracht wird:

> Die Situation als solche ist nicht formuliert oder explizit gemacht worden; das ist auch unmöglich. Sie wird als selbstverständlich vorausgesetzt, als etwas, was sich „von selbst versteht", was in aller propositionalen Symbolisierung implizit enthalten ist. Sie bildet den Gegenstandsbereich all dessen, was ausdrücklich formuliert wird oder was als Terminus in einer Aussage erscheint. Die Situation kann sich selbst genauso wenig als Element in einer Aussage darstellen, wie ein Gegenstandsbereich als Element des Diskurses innerhalb jenes Bereiches erscheinen kann. [...] Sie ist durchweg als das gegenwärtig, wovon alles, was explizit formuliert oder behauptet wird, eine Charakterisierung darstellt. (Dewey 1930/2003, 98)

Das, was als die Bedeutsamkeit einer Situation erlebt wird, hat eine jeweils individuelle Gestalt, die als unthematisch bleibende, jedoch jede Thematisierung lenkende Bedingung ihrer Möglichkeit verstanden werden muss. Gestalt, das heißt: vereinheitlichte, noch unbestimmte, aber bereits bedeutsame Mannigfaltigkeit. Weil jeder Akt des symbolischen Ausdrucks nur dadurch gelingen kann, dass innerhalb dieser Mannigfaltigkeit Grenzen gezogen und Aspekte selektiert werden, ist die qualitativ erschlossene Situation selbst nicht darstellbar und in diesem Sinn *ineffabile*. Sie gleicht in dieser Hinsicht dem *Bild*, dessen Wirkung auf den Betrachtenden ebenfalls nicht (vollständig) artikuliert werden kann, weil die von ihm hervorgebrachte Bedeutsamkeitsanmutung aus der Präsenz eines Gesamteindrucks hervorgeht, der vor jeder Gliederung in mögliche Komponenten liegt.[58] Die eben genannte *rezeptionsästhetische* Grundeigenschaft von Bildern lässt sich mit Susanne K. Langer als der Modus einer „simultanen, integralen Präsentation" (Langer 1942/1992, 103) begreifen. Sie schließt aber nicht aus, sondern ein, dass Bilder *produktionsästhetisch* verstanden höchst artikuliert sein können, sich also z. B. einer gliedernden und in diesem Sinne auch diskursiven Malweise verdanken. Dieses Muster ist wiederum strukturell analog zu dem Verhältnis von qualitativer Unmittelbarkeit und Vermittlung: Der Prozess, in dessen Verlauf Bedeutsamkeit in diskursiv zugängliche Bedeutung verwandelt wird, endet schließlich immer in einer neuen *unified pervasive quality*, die direkt und unmittelbar erlebt wird, obwohl sie genetisch betrachtet erst am Ende einer langen Vermittlungskette steht.

Für die Logik von Zeichenprozessen ist es entscheidend, dass die am Ende einer Vermittlungskette stehende sedimentierte Bedeutsamkeit, etwas das Gespür eines Bildhauers für die Möglichkeiten des Marmors oder die Sensitivität einer Forscherin für eine experimentell erzeugte Situation, auch die Perzeption einer qualitativen Veränderung bestimmen und bewusst werden lassen kann. Das tritt aus einer pragmatistischen Perspektive, wie schon erläutert, immer dann ein, wenn die Interaktionseinheit zwischen dem menschlichen Organismus und der Umgebung aus irgendeinem Grund problematisch wird und zwecks Wiederaufnahme der Austauschbeziehung subjektive und objektive Anteile unterschieden werden müssen. Dann kommt es innerhalb der als solche nicht aussagbaren Situation zur Ziehung von Grenzen, zur bewussten Selektion von Aspekten und zu ihrer gliedernden Verknüpfung. Die *finale* Qualität, das biographisch bereits erworbene Gespür für situative Möglichkeiten, verbindet sich mit der *primordialen* Qualität des Neuen, nicht Antizipierbaren und Überraschenden. Wären in gespürten Qualitäten nicht die bereits gemachten Lebenserfahrungen kondensiert – ein Aspekt, den Christof

---

58 Dieser Zusammenhang zwischen dem Qualitativen und dem Ikonischen wird in dem Abschnitt über Peirce' Verständnis verkörperter Zeichenprozesse noch deutlicher werden.

Koch aus neurobiologischer Perspektive besonders betont (vgl. oben S. 84f.) –, könnte die Bedeutsamkeit des aktuell Erlebten niemals eingeordnet werden. Würden sich aber gespürte Qualitäten nicht im Angesicht neu auftretender Schwierigkeiten und Chancen verändern, könnten keine Lernprozesse entstehen, hätte auch die diskursive Gliederung, das Auszahlen der gespürten Bedeutsamkeit in der kleinen Münze des symbolischen Ausdrucks, gar keinen Sinn. Es ist also gerade die Verschränkung der jeweils erlebten einzigartigen Situation mit ihrer Bedeutungsaufladung durch das emotional gespeicherte Erleben früherer, typenähnlicher Situationen, die Qualitäten so wichtig und ihre einzigartige Rolle in Zeichenprozessen verständlich macht.

Die pragmatistische Lehre vom Qualitativen ist in ihrer anthropologischen Bedeutung schwer zu überschätzen. Sie stellt nämlich, wenn ich diese überstrapazierte Bild noch einmal verwenden darf, unser Verständnis des Zusammenhangs von Sprache und Menschsein vom Kopf wieder auf die Füße. Die implizite Anthropologie, die der sprachanalytischen Philosophie zugrunde liegt, erkennt nur sprachliche Bedeutungen an, wobei dann unklar bleibt, welchen Sitz im Leben diese haben können. Warum sollten Menschen überhaupt auf die Idee kommen, sich mit Ja/Nein-Stellungnahmen auf satzförmige Äußerungen zu beziehen?[59] Was motiviert sie dazu, und wie hängt diese Fähigkeit mit unserer leiblichen Existenz zusammen? Die pragmatistische Philosophie beantwortet diese Frage durch den Hinweis auf die vorsprachliche Bedeutsamkeit der Wirklichkeit für die Organismen, deren Wohl und Wehe von gelingenden Austauschbeziehungen mit ihrer Umwelt abhängig ist. Und sie versteht die daraus erwachsenden Erlebnisqualitäten nicht als bloß genetisch relevante, aber im Lauf der Phylogenese durch propositionale Sprache überwundene Phänomene, sondern als fortwährende wirksame Verkörperungen des Bedeutungsphänomens.

Diese Einsicht hat wichtige biophilosophische und metaphilosophische Konsequenzen. Biophilosophisch betrachtet, erzwingt sie unter anderem eine Neujustierung unseres Verhältnisses zu anderen Lebewesen, mit denen wir durch erlebte Bedeutsamkeit tief verbunden sind. In metaphilosophischer Hinsicht nötigt sie uns *erstens* dazu, den von Dewey immer wieder beklagten *Intellektualismus* aus der Philosophie zu verbannen. Dessen Fehler besteht darin, „jenen Kontext des nichtkognitiven, aber erfahrenen Stoffes auszuschließen, der dem, was *erkannt* wird, seine Bedeutung verleiht" (Dewey 1925/2007, 39). Es ist daher ein Fehlschluss, aus der Tatsache, dass sich die Reflexion auf menschliche Erfahrungs- und Zeichenprozesse immer schon im Bereich des Rationalen und Diskursiven bewegen muss, auf dessen

---

59 Diese Fähigkeit des Menschen rückt Ernst Tugendhat in seinen *Vorlesungen zur Einführung in die sprachanalytische Philosophie* (Tugendhat 1976) ins Zentrum.

Primat oder gar Alleinzuständigkeit in unserem Weltverhältnis zu schließen. Und ein nicht minder gravierender Fehlschluss besteht darin, die pragmatistische Anerkennung des Primats erlebter organischer Erfahrung als Irrationalismus zu verstehen. Es verhält sich genau umgekehrt: Erst die Anerkennung von Lebensbedeutsamkeit als Basis für kognitive Bedeutung ermöglicht ein erfahrungswissenschaftlich realistisches, mit den Erkenntnissen der evolutionären Anthropologie und der Kognitionswissenschaften vereinbares Bild des Menschen und damit eine rationale Theorie unserer Weltbeziehungen.

Ein *zweiter* wichtiger metaphilosophischer Aspekt der Einsicht in den Primat des Qualitativen besteht darin, dass sie eine fallibilistische und pluralismuskompatible Einstellung befördert. Die Beziehung von Erleben zu Ausdruck ist kein Repräsentationsverhältnis, sondern ein diskursiver Prozess, in dessen Verlauf in Abhängigkeit von einer sich ständig verändernden Situation Handlungsmöglichkeiten explizit gemacht werden, die erst dann, wenn man sie analytisch zergliedert, immer subjektive und objektive Komponenten umfassen. Damit ist der Dualismus zwischen einer Welt „da draußen" und einem von ihr getrennten Subjekt überwunden. Zur Artikulation gespürter Bedeutsamkeit gehört zudem stets die Erfahrung von Widerstand und nichtantizipiert Neuem, worin sich die vom Organismus unabhängige Welt geltend macht. Dies begründet eine radikal fallibilistische Einstellung. Wir müssen immer damit rechnen, dass neue Erfahrungen uns nötigen, selbst bewährte Annahmen und Werte einer Revision zu unterziehen. Es kommt hinzu, dass jede diskursive Explikation den Charakter einer Wahl aus einer Vielzahl von situativen Möglichkeiten darstellt. Was Peirce die Erfahrung von Zweitheit oder den „outward clash" (Peirce 1885/1992, 233) nennt, *beschränkt* nur die Möglichkeiten des Ausdrucks, ohne sie doch zu *determinieren*. Aus pragmatistischer Sicht führen daher nicht alle, aber eben doch viele Wege nach Rom. Die Pluralität von Perspektiven, Methoden, Ausdrucksweisen und Symbolsystemen ist als ein Gewinn zu betrachten, weil nur sie, nicht eine Einengung auf eine einzige, paradigmatische Instanz der Symbolisierung, der Vielfalt menschlicher Erfahrung gerecht werden kann.

Als *dritter* Punkt sei hier die Überwindung des Szientismus durch die Lehre vom Qualitativen genannt. Wissenschaft hat im Pragmatismus eine zentrale Bedeutung für das Verständnis nicht bloß der natürlichen und sozialen Realität, sondern auch als orientierendes Muster menschlicher Rationalität. Gleichzeitig bewahrt die Anerkennung einer leiblich-emotional fundierten Bedeutungsbeziehung zwischen Organismus und Umwelt den Pragmatismus vor einer Absolutsetzung wissenschaftlicher Welterkenntnis. Erfahrung ist mehr als Kognition, und die „Annahme, daß die Objekte des Wissens und die letztlich realen Objekten [sic!] identisch sind" (Dewey 1925/2007, 35), keine Wissenschaft, sondern szientistische Ideologie. Der Naturalismus, zu dem sich Dewey bekennt, schließt lebensweltliche Erfahrungen wie auch ästhetische, moralische und religiöse Werte ausdrücklich ein und unterscheidet sich dadurch gravierend von dem in unserer Gegenwart weit verbreiteten szientistischen Naturalismus, für den die (Natur-)Wissenschaften den ontologischen Maßstab für alles Existierende bilden.

Schließlich und am wichtigsten hat es, *viertens*, massive Auswirkungen auf die Weise, wie wir unser Menschsein verstehen, wenn wir die Unhintergehbarkeit und Ubiquität des Qualitativen ernst nehmen. Jeder klare und distinkte Begriff, jedes wohlbegründete Urteil und jeder gültige logische Schluss ist eingebettet in leibliche, gespürte Beziehungen zu einer qualitativen Situation, aus der die Gegenstände der rationalen Argumentation hervorgehen, ohne sie doch ganz ausschöpfen zu können. Dasselbe gilt von geteilten Werten, universellen Normen, ästhetischen Prinzipien und religiösen Denkfiguren, etwa den sog. Gottesbeweisen. Es sollte sehr deutlich geworden sein, dass diese pragmatistische Anerkennung des Qualitativen rein gar nichts mit einer Abwertung des diskursiven Denkens zugunsten einer rational nicht einholbaren Intuition zu tun hat. Ohne Logik und diskursive Klärung, ohne das, was Dewey in einem sehr weiten Sinn *inquiry* (Forschung) nennt, würde sich unser menschliches Weltverhältnis nicht über die oben unter 2.4.2. a.) behandelte unbewusste Verhaltenslenkung durch Situationsqualitäten erheben.

In einer seiner berühmtesten Sentenzen behauptet Blaise Pascal, das Herz habe seine Gründe, die die Vernunft nicht kenne. Im französischen Original ist es sogar noch paradoxer formuliert, weil hier dasselbe Wort für die „Gründe" wie für die „Vernunft" verwendet wird: „Le coeur a ses raisons que la raison ne connaît point." (Pascal 1670/1871, article XXIV) Doch die pragmatistische Position unterscheidet sich deutlich von derjenigen Pascals. Das Spüren von Bedeutsamkeit durch den Organismus lässt sich zwar durchaus mit der Metapher des „Herzens" bei Pascal vergleichen, und auch Pragmatisten gehen davon aus, dass dieses Spüren eine verhaltenssteuernde Funktion hat. Aber so intensiv die Bedeutsamkeit auch sein mag, die einer erfahrenen Situation innewohnt, sowenig versorgt sie uns bereits mit artikulierten Gründen. Diese entstehen erst dadurch, dass aus dem vereinheitlichenden Hintergrund der präsenten Qualität heraus Grenzen gezogen, Unterschiede gemacht und gliedernd Verhältnisse zwischen diesen entwickelt werden. Es gibt also pragmatistisch betrachtet gerade keine Dualität zwischen Herzensgründen und Vernunftgründen, weil jeder Grund sich der diskursiven Interpretation einer Situation verdankt, in der Handeln nur fortgesetzt werden kann, wenn es gelingt, die Situation neu zu rekonstruieren. An die Stelle des Dualismus von Gefühl und Vernunft tritt ein Artikulationskontinuum, in dem verschiedene Funktionen unterscheidbar sind, die aber erst durch ihr Zusammenspiel unser menschliches Weltverhältnis konstituieren.

2.5 Körperlichkeit und Intersubjektivität im Zeichenprozess

Schon mehrfach habe ich eine Kurzformel gebraucht, um die Einzigartigkeit der menschlichen Lebensform herauszustellen: *Menschen sind verkörperte Symbolverwender.* Verkörperung ermöglicht Bedeutsamkeit und Wahrnehmungsbezug, Symbolizität ermöglicht Transzendenz über die Welt der inneren und äußeren Wahrnehmung hinaus. Der Handlungszusammenhang zwischen Organismus und Umgebung ist dabei jener elementare vorgängige Prozess, aus dem beides, mithin auch die Unterscheidung zwischen Subjekt und Objekt, erst hervorgeht: Von ihm ausgehend, lassen sich organisches Erleben, Zeichengebrauch und reflexive Distanz als Phasen eines einheitlichen Geschehens begreifen. Den Begriff der symbolischen Artikulation habe ich dabei verwendet, um deutlich zu machen, dass dieser Prozess *transformativ* ist, indem er ein einheitlich Erlebtes in syntaktisch gegliederten, intersubjektiv verständlichen Sinn umwandelt – einen Sinn, der sich dann wieder im leiblichen Erleben verkörpert. Dem biologischen Basisphänomen der Verschränkung von Organismus und Umwelt schreibt sich damit eine humanspezifische Lebensform ein, die sich qualitativ von den nichtsymbolischen Bedeutungswelten anderer Lebewesen unterscheidet, mit denen sie doch untrennbar verbunden bleibt. Das Fundament für ein nicht-dualistisches Verständnis der menschlichen Einzigartigkeit ist somit gelegt.

Wie ist jedoch der Zusammenhang zwischen erlebtem und zeichenvermitteltem Sinn genauer zu verstehen? Ist nicht jeder Sinn zeichenvermittelt? Diese Frage ist mit der oben durchgeführten Analyse der Funktionen des Erlebens in Zeichenprozessen nur teilweise beantwortet. Sind auch erlebte Bedeutsamkeiten bereits Teile von Zeichenprozessen, oder werden sie dies erst durch ihre Verwendung *als* Zeichen? Wie greifen die verschiedenen Zeichenformen ineinander, um Bedeutung zu artikulieren? Welche Rolle spielt dabei deren Materialität und Intersubjektivität? Die pragmatistische Revolte gegen den Cartesianismus liefert die grundbegrifflichen Mittel, um auch diese Fragen anzugehen. Unter diesen Mitteln ragt die Semiotik von Charles S. Peirce durch ihre grundsätzliche Bedeutung heraus. Sie beantwortet nämlich die für jede antidualistische Position entscheidende Frage, wie materielle und speziell organische Prozesse so verstanden werden können, dass sie Träger von geistigen Prozessen werden, die jene zugleich transzendieren und doch an sie gebunden bleiben. Die von Peirce gegebene Antwort ist eine zeichentheoretische und lautet in aller Kürze (und ohne Peirce' Terminologie formuliert): *Geist emergiert in der Arbeitsteilung zwischen den drei verschiedenen Grundtypen von Zeichen, die in je unterschiedlicher Weise verkörpert sind.* Man könnte auch sagen: Geist entsteht in der Triangulation von Zeichenprozessen.

Ich werde zunächst die Argumentation aus dem vorigen Kapitel fortführen, indem ich die Rolle des Qualitativen im Bedeutungskontinuum, nun aber unter zeichentheoretischem Aspekt, wieder aufgreife. Damit kommt die *ikonische* Zeichendimension ins Spiel. Sodann werde ich als zweite Verkörperungsdimension die physischen Wechselwirkungen zwischen Organismen bzw. zwischen diesen und der materiellen Welt zeichentheoretisch untersuchen, mich also der *indexikalischen* Komponente zuwenden. Mit dem Begriff des *Symbols* ist schließlich jenes evolutionäre Schwellenphänomen erreicht, das Bedeutungen vom *direkten* – allerdings nicht vom indirekten – Bezug auf organische Lebensprozesse unabhängig macht. In der Intersubjektivität symbolischer Bedeutung wird eine abstraktere Form der Zeichenverkörperung sichtbar. Symbolische Bedeutungen bedürfen jedoch nicht nur der Verkörperung in einer Sprachgemeinschaft, sie müssen auch durch ihre individuellen Verwender jeweils interpretiert werden, und zwar sowohl bei der Produktion als auch bei der Rezeption. Das geschieht durch ihren Bezug auf leiblich verkörperte Zeichen, also Icons und Indices. Damit kann die Verschränkung der Zeichenformen auch unter dem Aspekt ihrer Re-implikation in qualitative Zustände und Handlungsmuster betrachtet werden – der Kreis schließt sich.

2.5.1 Vom qualitativen Erleben zum ikonischen Zeichen

Während das Qualitative in Deweys Texten eine offensichtlich zentrale Rolle spielt, hat sich seine enorme Bedeutung im Werk von Peirce lange der Aufmerksamkeit vieler Interpreten weitestgehend entzogen. Es ist das Verdienst Helmut Papes, diese verzerrte Rezeption korrigiert zu haben (vgl. Pape 1989, 152–206). Pape arbeitet heraus, dass sich genau an diesem Punkt, dem Qualitativen, die Differenz zur analytischen Tradition am deutlichsten zeigt. Dort ist nämlich von Frege bis Brandom die Theorie der Erfahrung im Grunde ortlos geblieben (vgl. Pape 1989, 153) – semantische Prozesse werden also ohne jeden Bezug auf das leibliche Erleben von Organismen dargestellt. Und der systematische Einsatzpunkt für einen hinreichend weiten Begriff der Erfahrung bei Peirce ist eben die bewusste Wahrnehmung bzw. das Erleben von Qualitäten. Im Rahmen von dessen trichotomischer Kategorienlehre werden bekanntlich die drei Kategorien *firstness, secondness* und *thirdness* unterschieden. Dabei entspricht der Erstheit eine *„Quality* of Feeling" (Peirce 1903/1998, 160; kursiv im Original), der Zweiheit das physische Spiel von Aktion und Reaktion, von Impuls und Widerstand. Der Drittheit schließlich wird die Vermittlung zwischen beiden Aspekten und damit die Entstehung von wirklicher Allgemeinheit zugeschrieben. Diese universellen Kategorien sind so angelegt, dass sie ontologische, erfahrungstheoretische und semiotische Aspekte integrieren sollen.

Der genaue Einführungskontext des Qualitativen erinnert stark an Dewey, denn dieser Begriff wird von Peirce „herangezogen, um kategorialtheoretisch zu erklären, warum das endliche, stets fallible Bewußtsein in der Lage ist, ohne daß wir einer mysteriös im Hintergrund wirkenden Einheit der Apperzeption bedürfen, den vereinheitlichenden Aspekt selbst komplexer Situationen zu erfassen" (Pape 1989, 155). Anders als Kants transzendentale Denkfigur der Apperzeption vermag die Situationsqualität als einheitliche, jedoch diffuse Mannigfaltigkeit dem Denken und Sprechen Möglichkeiten vorzeichnen: Sie hat eben den Charakter unbestimmter Bestimmbarkeit. Natürlich ist diese Unbestimmtheit nicht im Sinne einer *tabula rasa* zu verstehen. Sie ist vielmehr eine bestimmte Form der begrenzten Bestimmbarkeit und besteht darin, dass der handelnde und erfahrende Organismus in Form einer einheitlichen Qualität einer spezifischen– positiven oder negativen – Irritation seiner Umweltbeziehung gewahr wird, in der noch keine Differenzierungen und damit unterschiedliche Fortsetzungsmöglichkeiten der Handlung explizit gemacht worden sind. Das leistet dann erst die weitere semiotische Bestimmung, die aber eben nur aus dem Situationserleben heraus dasjenige weiter explizieren kann, was die Qualität bereits als bedeutsam präsentiert hat. Bestimmung ist damit nicht mehr dualistisch als die Einprägung einer Form in ein neutrales und passives Medium gedacht, vielmehr gehen aus der erlebten Qualität bereits situativ *diese* und eben nicht *jene* Bestimmungsmöglichkeiten hervor. Und wie oben gezeigt, bleibt das Begleiterleben auch im weiteren Bestimmungsprozess dauernd wirksam.

Semiotisch betrachtet, zeigt sich die Erstheit des qualitativen Erlebens als *Ikonizität*, dem ersten Term der Zeichentriade Ikon-Index-Symbol. Tullio Viola hat überzeugend dargelegt, dass Peirce' Denken hinsichtlich dieser Zeichenkategorie eine Entwicklung durchlaufen hat, die mit einem eher traditionellen Verständnis des Ikonischen als Bildhaftigkeit bzw. Ähnlichkeit beginnt, sich aber immer stärker einer operationalen Deutung zuneigt, in der der kreative und erkenntnisgenerierende Aspekt betont wird. Icons werden schließlich als *„the only kind of sign that is able to generate new content"* (Viola 2016, 259; kursiv im Original) verstanden. Natürlich schließen sich beide Aspekte nicht gegenseitig aus; um das genauer nachvollziehen zu können, muss jedoch zunächst das Verhältnis zwischen einer erstmals gespürten Qualität und ihrer semiotischen Funktion präzisiert werden. Etwas als bedeutsam zu erleben, schließt stets, wie oben schon erläutert, die Dimensionen des überraschend Neuen und des bereits Vertrauten gleichermaßen ein. Erlebte Bedeutsamkeit indiziert daher immer eine *Änderung* in der Qualität der Umweltbeziehung, die aber eben als solche nur vor dem Hintergrund vergangener Erfahrungen identifiziert werden kann. Wenn sich nichts verändert, wird auch nichts erlebt. Dabei spielen sowohl der Kontrast zu der Lebensqualität *vor* dem Gewahrwerden der Änderung als auch die Deutung der Änderung aus dem Repertoire typenähnlicher vergangener Situationen eine Rolle. In dem Moment also, in dem eine Qualität für eine andere, ihr ähnliche einzustehen beginnt, wird sie zum ikonischen Zeichen, einem somatischen Marker im Sinne von Damasio.

In der Qualität eines Icons ist aber stets mehr präsent als die Ähnlichkeit mit einer früher durchlebten Situation – eben das Neue und Einmalige der aktuellen Situation. Genau aus dieser inneren Spannung heraus entsteht der Möglichkeitshorizont, den eine Qualität verkörpert. Für Peirce ist dabei die Einsicht zentral, dass diese Eigenschaft des Ikonischen von erlebten Qualitäten auf *alle* Arten ikonischer Zeichen ausgeweitet werden kann. Wie Viola erläutert, können wir etwa die Gestalt eines gerade gezeichneten Dreiecks auf uns einwirken lassen und dabei auf Aspekte aufmerksam werden, die uns vor der Präsenz des ikonischen Zeichens gar nicht zugänglich waren, wie etwa die Winkelsumme von 180°. Ikonische Zeichen teilen eine bestimmte Qualität mit dem, was sie bezeichnen, aber erst in der physischen Realisierung des Zeichens – ob als gespürte Qualität, als Bild, Diagramm, oder was auch immer – werden die Zeichenverwender der Möglichkeiten zur weiteren Bestimmung gewahr, die hierin liegen. Ohne die körperliche Präsenz des Zeichens, die sowohl leiblich als auch in der materiellen Welt jenseits des Organismus realisiert sein kann,[60] bleibt dieser Möglichkeitshorizont verschlossen.

Der Möglichkeitscharakter des Qualitativen, verkörpert in ikonischen Gestalten, wird von Viola herangezogen, um eine Parallele zwischen ikonischen Zeichen und *abduktiven* Schlussprozessen zu ziehen, also solchen, in denen kreativ eine neue Hypothese gefunden wird. Es geht bei Peirce schließlich immer darum, einen Begriff von Erfahrung zu entwickeln, der zeichentheoretisch fundiert werden kann. Und Erfahrungen machen wir, wie auch Dewey stets betont hat, erst dann, wenn Situationen nicht nur passiv erlebt, sondern durch aktives Explorieren zu Lernprozessen gestaltet werden. Ein zentrales Stadium dieser Lernprozesse ist die Generierung von Hypothesen darüber, wie der stockende Handlungsfluss wiederhergestellt werden kann. Viola beschreibt dieses Stadium wie folgt: „Faced with a set of uninterpreted facts, we are able to create an entirely fresh interpretation of those facts, in that we put forth a hypothesis that is an *icon* of them" (Viola 2016, 259; kursiv im Original). Ich würde hier angesichts dessen, dass ein strukturiertes „set of facts" doch gerade erst durch die Interpretation erzeugt wird, die ikonische Qualität also am Beginn des abduktiven Prozessen noch gar nicht in Elemente zergliedert ist, lieber von einer einheitlichen, jedoch komplexen Impression sprechen. Der ikonische Charakter einer am Beginn einer Artikulationssequenz stehenden Hypothese darf hierbei nicht mit dem ikonischen Charakter der erlebten Situationsqualität verwechselt werden. Es bietet sich an, zwischen zwei unterschiedlichen Möglichkeiten zu unterscheiden: Häufig werden die situativ sich eröffnenden, durch eine

---

60 Die Tatsache, dass leiblichen Vollzügen gegenüber materiellen Zeichenrealisierungen phylo- wie ontogenetisch ein Primat zukommt, spielt im Werk von Peirce allerdings, im Unterschied zu den Arbeiten von Mead und Dewey, praktisch keine Rolle.

einheitliche Qualität gebündelten Möglichkeiten direkt und unmittelbar genutzt werden, um einen Artikulationsprozess in Gang zu bringen oder zu halten. Wir spüren dann an der Änderung des *felt sense* im Verlauf des Sprechens, wie es weitergehen könnte. Was jedoch Viola vor Augen hat, ist die komplexere Situation expliziter Hypothesenbildung, wie sie etwa in den Wissenschaften gegeben ist. In solchen Fällen gibt es dann einen abduktiven Zwischenschritt, der in gewöhnlicher Erfahrung meistens fehlt: Die erlebte Qualität wird zunächst genutzt, um imaginativ oder physisch ein Ikon zu produzieren, das *dann erst* den Ausgangspunkt der Hypothesenbildung darstellt.

Das vermutlich berühmteste Beispiel für dieses Phänomen in der Wissenschaftsgeschichte ist Kekulés Traum, dem 2011/12 sogar eine eigene Sonderausstellung im Deutschen Museum Bonn gewidmet war. August Kekulé, der berühmte Chemiker und Entdecker des Ringstruktur des Benzols, schildert diesen Traum fünfundzwanzig Jahre später in einem Berliner Vortrag wie folgt:

> Da saß ich und schrieb an meinem Lehrbuch; aber es ging nicht recht; mein Geist war bei anderen Dingen. Ich drehte den Stuhl nach dem Kamin und versank in Halbschlaf. Wieder gaukelten die Atome vor meinen Augen. Kleinere Gruppen hielten sich diesmal bescheiden im Hintergrund. Mein geistiges Auge, durch wiederholte Gesichte ähnlicher Art geschärft, unterschied jetzt grössere Gebilde von mannigfacher Gestaltung. Lange Reihen, vielfach dichter zusammengefügt; Alles in Bewegung, schlangenartig sich windend und drehend. Und siehe, was war das? Eine der Schlangen erfasste den eigenen Schwanz und höhnisch wirbelte das Gebilde vor meinen Augen. Wie durch einen Blitzstrahl erwachte ich; auch diesmal verbrachte ich den Rest der Nacht um die Consequenzen der Hypothese auszuarbeiten.

> Lernen wir träumen, meine Herren, [...] aber hüten wir uns, unsere Träume zu veröffentlichen, ehe sie durch den wachenden Verstand geprüft worden sind. (zit. nach Anschütz 1929, Bd. 2, 942)

Es ist in der Wissenschaftsgeschichte durchaus umstritten, ob diese Schilderung tatsächlich Kekulés Erleben wiedergibt und wieweit sie von nachträglichen Stilisierungen durchdrungen ist. Ihre Eignung zur Illustration der Beziehungen zwischen erlebter Qualität, ikonischer Gestalt und Hypothesenbildung ist davon aber unabhängig: Kekulés Auseinandersetzung mit dem Problem der Form des Benzols hat sich für ihn zu inneren Bildern verdichtet, die noch unbestimmte Möglichkeiten vorschweben lassen. Diese Bilder präsentieren sich nicht etwa einem distanzierten Betrachter, sie werden emotional erlebt, und zwar in einem ‚träumerischen‘ psychischen Zustand, in dem der Möglichkeitssinn zentral ist und über den Wirklichkeitssinn dominiert. Zum kognitiven Durchbruch und damit zur Ausarbeitung der Hypothese des Benzolrings führt dann die abduktive Konkretisierung der ikonisch suggerierten Möglichkeiten in Form einer sich selbst in den Schwanz beißenden Schlange. Die Findung dieses Sinnbilds ist Kekulé vermutlich durch seine kunstgeschichtliche Vertrautheit mit der Figur des Uroboros erleichtert worden ist. Zeichentheoretisch ist der entscheidende Punkt, dass eine qualitativ erlebte Gestalt ein ikonisches Zeichen hervorbringt, das etwas vorher Unsichtbares sehen lässt und deshalb Ausgangspunkt einer dann diskursiven und rationalen Ausarbeitung werden kann.

Die abduktive Komponente besteht hier in der situierten *Kreativität* des Handelns: Indem das ikonische Zeichen imaginativ oder physisch produziert wird (*enactment*) suggeriert es Möglichkeiten, wie es weitergehen *könnte*. Doch erst in der Konfrontation der gewonnenen Hypothese mit neuer Erfahrung können diese Möglichkeiten überprüft werden – ganz ebenso, wie sich die im Verlauf des Sprechens gewählten syntaktischen und semantischen Möglichkeiten nur dadurch rechtfertigen, dass sie es erlauben, den begonnenen Satz wohlgeformt und erfahrungsbezogen zu Ende zu bringen. Was Viola über die Verwandtschaft des Ikonischen mit dem Abduktiven sagt, lässt sich daher aus einer Peirceschen Perspektive auch auf jede kreative Ausdrucksbildung übertragen. Die diskursive Formulierung eines Gedankens in einem Satz hat die Gestalt fortlaufender unbewusster Abduktionen, die *induktiv* an der Gestaltrichtigkeit des gefundenen sprachlichen Ausdrucks überprüft werden (dazu gleich in Abschnitt 2 Näheres). Und dieses Grundmuster lässt sich auch auf alle nonverbalen Ausdrucksformen übertragen, sofern sie einen gliedernden und explizierenden Charakter haben, also keine rein spontanen und augenblickshaften Akte sind. Das Malen eines Bildes[61], die Erarbeitung einer Tanzchoreographie, die Arbeit an einer Plastik teilen die Struktur eines wiederholten Hin-und-her-Gehens zwischen einem qualitativen Ausgangspunkt, der kreativen Findung einer ‚Hypothese' (hier einer Idee für die stimmige Fortsetzung des Produktionsprozesses) und der Überprüfung dieser Hypothese durch ihre physische Realisierung. Die Klammer, die all diese Prozessmomente verbindet, ist in den Veränderungen des *felt sense* zu finden, der sie begleitet.

---

61 Natürlich gibt es auch Formen des bildhaften Ausdrucks, die darauf abzielen, einen gegliederten Produktionsprozess gerade zu unterlaufen, etwa Jackson Pollocks *action painting*, in dem eine ekstatische motorische Entladung im Zentrum steht, die für Rückkoppelungen des Materials gar keinen Platz lässt. Für diese trifft das oben Gesagte nicht im vollen Umfang zu. Allerdings lassen sich natürlich auch im *action painting*, etwa in der Auswahl von Leinwand, Farben und Pinseln, sowie in der Einbeziehung früherer Malaktionen in die Planung, gewisse Feedback-Elemente finden, wie sie für traditionellere Maltechniken charakteristisch sind.

2.5.2 Indexzeichen und die Widerständigkeit der Realität

Der Erfahrungsbezug des Qualitativen ist nur deshalb so fruchtbar, weil er Bedeutsamkeit noch unbestimmt, im Modus der Möglichkeit, vorschweben lässt. Aus demselben Grunde kann er aber auch nicht für sich alleine stehen. Einen Horizont konkreter Möglichkeiten zu haben, sagt nämlich noch nichts darüber aus, welche dieser Möglichkeiten mit der Wirklichkeit in Einklang zu bringen sind. Er bedarf der Überprüfung und Bewährung an einer widerständigen physischen und sozialen Realität, und dafür sind in Peirce' Kategorienlehre und Semiotik *indexikalische* Zeichen zuständig. Viola verdeutlicht diesen Punkt aus dem Zusammenhang heraus, der in der peirceschen Schlusslehre zwischen Abduktion und *Induktion* besteht. Die Funktion der Induktion liegt in dieser Lehre darin, die durch Abduktion gewonnenen Hypothesen durch Herstellen eines direkten Wirklichkeitsbezugs zu überprüfen. Es erleichtert hier das Verständnis, sich bewusst zu machen, dass die drei logischen Schlussformen (Abduktion, Induktion, Deduktion) für Peirce nicht erst auf der Ebene des wissenschaftlich kontrollierten Denkens ins Spiel kommen. Vielmehr stellen sie Grundformen allen Denkens und Sprechen dar, die sich häufig un- oder halbbewusst vollziehen, wie Kekulés Traum besonders anschaulich macht. Ihre logische Ausarbeitung dient der normativen Kontrolle des Denkens, ihre operative Wirksamkeit jedoch liegt der Erarbeitung methodischen Denkens und einer expliziten Logik bereits voraus.

Abduktion und Induktion, so argumentiert Viola, verhalten sich komplementär. Die Überprüfung von Hypothesen vollzieht sich experimentell, oder, allgemeiner formuliert, der Wirklichkeitsbezug qualitativ eröffneter Möglichkeiten wird durch physische Konfrontation mit dieser sichergestellt – eine Aufgabe, die *indexikalische* Zeichen übernehmen. Diese stehen für „correspondence in fact" (Peirce 1867/1992, 7) oder, wie Peirce es 25 Jahre später nun dynamischer formuliert, für unseren „sense of acting and being acted upon, which is our sense of the reality of things. [...] It essentially involves two things acting upon another" (Peirce 1894/1998, 4 f.). Direkte physische Einwirkung bzw. Wechselwirkung ist der entscheidende Punkt. In indexikalischen Zeichen konkretisiert sich jener *outward clash*, von dem schon mehrmals die Rede war. Die Besonderheit eines Indexzeichens besteht entsprechend darin, dass das von ihm Bezeichnete in der vom Zeichenverwender unabhängigen Realität existieren muss, damit die Zeichenfunktion überhaupt zustande kommen kann.

Die deiktischen Wörter, die in natürliche Sprachen eingelassen sind, dienen entsprechend als Indikatoren für eine direkte Wahrnehmung aus der Perspektive des sprechenden Subjekts: *hier* stehe ich und spüre den Widerstand des Bodens unter den Füßen, *dort* fliegt gerade eine Amsel vorbei, *jetzt* geht die Sonne auf. Auch nichtsprachliche Zeichen werden dadurch zum Index, dass in ihre Konstruktion eine direkte physische Einwirkung eingebaut ist, weshalb der Windsack an Autobahnbrücken gerne als Illustration verwendet wird. Seine Konstruktionsweise bedingt, dass er sich – das Wehen des Windes vorausgesetzt – immer in Windrichtung ausrichtet, also als Anzeiger für diese dienen kann. Die Kategorie der *Zweitheit*, der das Indexzeichen zugeordnet ist, steht dabei dafür ein, dass die nicht vom Subjekt hervorgebrachte Realität *innerhalb der Interaktionseinheit* mit der Umwelt die Chance bekommt, auf dieses in einer Weise einzuwirken, die subjektiv nie vollständig antizipiert werden kann. Wäre Zweitheit keine reale Kategorie und ein direkter Übergang vom Gefühl zum Symbol möglich, müsste ein absoluter Idealismus, wie Hegel ihn vertreten hat, als das überlegene philosophische System gelten (zu Peirce' Kritik an Hegel in dieser Hinsicht vgl. Peirce 1885/1992, 233).

„Feeling", so schreibt Peirce, „is simple consciousness" und neurophysiologisch mit einer „excitation of nerve-cells" verbunden; Willenskraft jedoch wird vom „consciousness of duality" bestimmt, und ist neurophysiologisch mit einem „discharge of nerve-cells" verknüpft. In moderner Sprache handelt es sich also um den Unterschied von Afferenz und Efferenz. Den aus den efferenten Reizleitungen resultierenden physischen Aktivitäten und der afferent registrierten Rückmeldung der Realität korrespondiert ein „direct consciousness of hitting and getting hit [which] enters into all cognition and serves to make it mean something real" (Peirce 1885/1992, 233). Diese Passagen illustrieren besonders klar den Zusammenhang von Handlung und Kognition aus einer pragmatistischen und zeichentheoretischen Perspektive. Ohne gefühlte Qualitäten gibt es zwar keine Handlungsmöglichkeiten, weil nur diese dem Organismus eine Richtung des Handelns vorgeben können, aber ohne wirkliches Handeln könnten Eigensinn und Widerständigkeit der Realität keinen Eingang in unsere Kognitionen finden, die dann eher Träumereien zu vergleichen wären. Auch die pragmatische Maxime von Peirce, also die These, dass alle Bedeutungsunterschiede als Unterschiede in Handlungskonsequenzen begriffen werden müssen, ordnet sich hier ein. Diese Konsequenzen betreffen eben nicht alleine, wie im Inferentialismus von Brandom, die diskursiven Verpflichtungen und Berechtigungen, die Sprechende als Konsequenz einer von ihnen getätigten Äußerung übernehmen (wie dies bei Brandoms „deontic scorekeeping" [Brandom 2000, 141] der Fall ist). Sie beziehen sich genauso auf die Konsequenzen der Ausführung von Handlungen in der physischen Welt, also auf das außersprachliche Wechselspiel von Impuls und Widerstand.

Nervenerregung und Nervenentladung, Erfahrung und physische Aktivität sind komplementäre Phänomene. Sie stehen, wie Dewey wenig später in seiner Kritik am Reflexbogenmodell in der Psychologie dargelegt hat (vgl. Dewey 1930/2003), nicht in einer linearen Sukzession, sondern in einem kreisförmigen Handlungszusammenhang. Das Erlebte und das Getane sind nur abstraktiv, als zwei Phasen innerhalb einer integrierten Handlungseinheit zwischen Organismus und Umgebung, unterscheidbar. Und Qualitäten werden nur deshalb erlebt, weil das Dasein jedes Organismus durch Austausch mit dieser Umgebung geprägt ist, einem Austausch, der sich in Routinen unterbewusst vollzieht, bei jeder Stockung jedoch durch bewusstes Handeln neu errungen werden muss. Der Widerstand, den der Organismus dabei erfährt, zeigt ihm an, dass er sich in einer Realität befindet, die sich seinen Bedürfnissen fügen bzw. seinen Erwartungen entsprechen kann oder eben auch nicht.

Dies betrifft die physische ebenso wie die soziale Realität (die natürlich immer gleichzeitig eine physische ist). Der Stein, an den mein Fuß stößt oder der Ausschlag eines Zeigers im Rahmen eines Experiments – diese Ereignisse tragen ebenso den Charakter nicht-antizipierbaren Widerstands wie der Widerspruch, den jemand gegen mein Argument vorbringt, auch wenn er sich nur in einem Stirnrunzeln äußern mag. Ikonische Zeichenqualitäten verkörpern sich im Leib des Zeichenverwenders und abgeleitet auch in physischen Objekten. Zwar sind sie bereits dadurch genuin intersubjektiv, dass sie – als leibgebundene – die Qualität der Umweltinteraktionen des Organismus zum Ausdruck bringen bzw. – als physische Objekte – im geteilten Wahrnehmungsraum direkt präsent sind. Dennoch ist ihre Intersubjektivität gewissermaßen von der Rolle geborgt, die sie im Verbund mit anderen Zeichen spielen. Mit indexikalischen Zeichen verhält es sich aber anders, denn erst sie verbinden den von Icons eröffneten Möglichkeitsraum der Bestimmbar*keit* mit der Härte einer tatsächlichen Konfrontation mit dem, was über das Subjekt hinausgeht. Indexzeichen kommt also eine Schlüsselfunktion für die Exploration der Realität zu. „Denn ein Index vermag direkt und faktisch zu bezeichnen, was kein Ikon und Symbol zeigen kann." (Pape 2012, 55)

Die ontogenetisch wichtigste Form des Indexzeichens sind *Zeigegesten*, die die Aufmerksamkeit der Adressaten auf etwas lenken und so ein geteiltes Bewusstsein von Wirklichkeit schaffen. Solchen Gesten kommt eine überragende Bedeutung für das spezifisch menschliche Weltverhältnis zu. Sie machen explizit – in einer Weise, die sich bei anderen Lebewesen nicht nachweisen lässt –, dass wir in einer Welt voller Objekte und Ereignisse leben, die wir mit anderen teilen und die mit uns in einer Verschränkung von Perspektiven verbunden sind. Diese Einsicht ruft freilich nach einer Differenzierung: Lange ging man davon aus, dass andere Lebewesen, insbesondere Menschenaffen als die nächstliegenden Kandidaten für menschenähnliche Gesten, keine Zeigegesten ausführen, obwohl sie ansonsten über ein großes gestisches Repertoire verfügen. Mittlerweile hat die Forschung aber zeigen können, dass *enculturated apes*, also Menschenaffen, die in von Menschen geprägten Umgebungen aufwachsen, durchaus gelegentlich Zeigegesten ausführen, meist um einen Betreuer dazu zu bringen, ihnen Futter zu verschaffen, das sie sehen können, das aber für sie unzugänglich ist (vgl. Tomasello 2008, 34–41). Solche *imperativen* Gesten werden ausschließlich gegenüber Menschen ausgeführt, niemals gegenüber Artgenossen. *Deklarative* und *informative* Zeigegesten führen Menschenaffen nach dem gegenwärtigen Stand des Wissens niemals aus, auch nicht gegenüber Menschen (vgl. Tomasello 2008, 38). Es sind jedoch gerade diese beiden Typen von Gesten, die semiotisch und anthropologisch entscheidend sind, weil ihnen als Motivation das Bedürfnis zu Grunde liegt, das geteilte Bewusstsein von Sender und Empfänger zu bereichern.

Raymond Tallis' Monographie *Michelangelo's Finger*[62] unternimmt eine weit ausholende Analyse der Zeigegeste, die sich zwanglos als Konkretisierung des Peirceschen Indexzeichens unter dem Aspekt der *Transzendenz* des Bezeichneten über das Bezeichnende verstehen lässt. Ihr Untertitel lautet *An Exploration of Everyday Transcendence*, und ihr erklärtes Argumentationsziel besteht darin, das humanspezifische Zeigen als Katalysator eines Weltverhältnisses zu deuten, das genuin durch die Fähigkeit zum Übersteigen lokal gebundener Kognition bestimmt wird. Der von dem erklärten Atheisten Tallis verwendete Transzendenzbegriff zielt dabei nicht auf eine höhere, verborgene Welt, sondern auf *Dezentrierung* und symbolische Distanz. Zeigegesten sind indexikalisch und leibgebunden, weil sie auf einer physischen Relation zwischen dem ausführenden Zeigefinger (bzw. der Schulter-Arm-Hand-Kette) und dem bezeichneten Gegenstand beruhen. Um diese Geste aber verstehen zu können, sind komplexe Bewusstseinsleistungen erforderlich. Auf die Spitze des Fingers zu starren ist nicht zielführend, der Empfänger der Geste muss verstanden haben, dass die räumliche Ausrichtung des Fingers den Anfang einer Linie bildet, die verlängert werden muss. Doch damit nicht genug: „in order to locate the pointee, the consumer has to assume the position of the producer. [...] This is a rather remarkable thing to do: it amounts to an, admittedly minor and temporary, but nonetheless real, abdication from the sense that one is at the center of those things that are lit up in one's sensory field; that one is the center of the experienced universe." (Tallis 2010, 9) Wer eine Zeigegeste versteht, dezentriert sein Weltbild.

Damit generiert die Zeigegeste eine trianguläre Struktur, die Tomasello als Charakteristikum jener Szenen gemeinsamer Aufmerksamkeit herausgearbeitet hat, die für den Spracherwerb entscheidend sind (vgl. Tomasello 1999, 62–66): „... a referential triangle of child, adult, and the object or event to which they both share attention." (Tomasello 1999, 62). Ein bestimmtes Objekt wird dabei in einer Weise intendiert, die einschließt, dass die Beteiligten nicht nur wissen, dass auch die jeweils andere Person auf das Objekt bezogen ist, sondern auch darum wissen, dass

---

62 Der Titel spielt auf die berühmte Szene „Die Erschaffung Adams" aus Michelangelos Deckenfresko in der Sixtinischen Kapelle an. Der ausgestreckte Finger Gottes erweckt mit seiner Zeigegeste Adam zum Leben – für Tallis eine Allegorie ihrer humanisierenden Wirkung.

beide dies wissen. Diese komplexe Infrastruktur der Zeigegeste ermöglicht die Unterscheidung zwischen einem Objekt und der jeweils eingenommenen Perspektive auf dieses Objekt, eine Differenzierung, die Tomasello in seinen späteren Schriften als Bedingung der Möglichkeit einer Idee von Objektivität herausstellt (vgl. Tomasello 2014, 69). Tallis zieht sie heran, um seine anthropologischen Überlegungen zum exzeptionellen Status des Menschseins zu untermauern (vgl. oben S. 17 f.).

Worin besteht aber der genaue Zusammenhang zwischen dem physischen Gefühl von Interaktion und Widerstand, das Peirce als charakteristisch für Indexzeichen herausstellt, und der Funktionsweise der Zeigegeste, die ja nur in Verbindung mit dem Fernsinn der visuellen Wahrnehmung funktionieren kann? Allgemein formuliert, machen Zeigegesten zunächst eine unabhängige Realität gegenwärtig: „Pointing opens up, or confirms the prior existence of, an ‚over there‘ populated with objects ...“ (Tallis 2010, 30). Diese deiktisch-visuell erschlossene Welt lässt sich konkreter mit Georg Herbert Mead als ein Raum möglicher Gegenstände des Begreifens im Wortsinn verstehen. Mead hat in zahlreichen Anläufen immer wieder versucht herauszuarbeiten, dass – zumal visuelle und akustische – Wahrnehmungen Affordanzen (dieser Begriff wurde natürlich erst lange nach Mead von Gibson geprägt) für Kontakterfahrungen darstellen. So heißt es in seiner *Philosophy of the Act:*

> The object in perception is a distant object, it invites us to action with reference to it, and that action leads to results which generally accomplish the act as a biological undertaking. [...] The ‚what a perceptual thing is‘ is found in the contact experience alone, but it is a contact experience which is the last term in an act which originates with an experience of something distant ...“ (Mead 1938, 13 f.)

Was Mead sehr plastisch die „‚pushiness‘ of things“ (Mead 1938, 186) und Peirce den „outward clash“ nennt, wird nur in Kontakterfahrungen der physischen (aber natürlich auch der durch Instrumente vermittelten) Manipulation zugänglich, aber das Indexzeichen der Zeigegeste ist eben der erste Schritt hin zu solcher Manipulation. Damit löst sich der Anschein des Paradoxen auf, der darin besteht, dass in indexikalischen Gesten gerade derjenige Sinn – primär das Sehen – in Anspruch genommen wird, der für die Wahrnehmung direkter physischer Einwirkung denkbar ungeeignet ist. Fernsinn und Kontakterfahrung stellen unterschiedliche Phasen eines einheitlichen Handlungskreises dar, die man als visuelle Exploration und gezielte physische Beeinflussung bezeichnen könnte.

Dem steht nicht entgegen, dass sich Zeigegesten auch auf gar nicht manipulierbare Objekte (etwa den Mond oder die Sonne) beziehen können. Davon abgesehen, dass über Raumfahrt und astronomische Instrumente derartige Kontakterfahrungen durchaus doch möglich sein können, lassen sich solche Fälle als *kontrafaktische* Erweiterungen von physischen Handlungen beschreiben. Und genau aus diesem Grund hat Peirce den ersten Satz seiner pragmatischen Maxime auch *kontrafaktisch* formuliert: „Consider, what effects, which *might conceivably have* practical bearings, we conceive the object of our conception to have ..." (Peirce 1878/1992, 132; Kursivierung M.J.) Der Zusammenhang zwischen Zeigegesten und der direkten Widerstandserfahrung hat also den Charakter einer Arbeitsteilung innerhalb der Handlungseinheit („the act" bei Mead): Mittels Indexzeichen geteilte, visuelle und auditive Intentionen auf Objekte nehmen physische Konfrontationen mit diesen in Kontakterfahrungen vorweg bzw. leiten zu diesen hin – Erfahrungen, in denen sich Impuls und Widerstand verschränken. Die indexikalisch bezeichneten Objekte sind dabei genuin sozialer Natur, denn erst in Triangulationssituationen mit ihrer Unterscheidung mindestens zweier Perspektiven entsteht ja ein Objekt, das gegenüber dem Organismus-Umwelt-Interaktionszusammenhang als selbständig erfahren wird.

Vergegenwärtigt man sich, dass Indexzeichen mittels einer physischen Relation zwischen Zeichen und Bezeichnetem funktionieren, wird die Sonderstellung der Zeigegeste noch deutlicher. Indexzeichen können natürlichen Ursprungs sein (Rauch für Feuer) oder bewusst konstruiert werden (analoge Uhr), sind aber in beiden Fällen von der Ausführung von Zeigegesten unabhängig. Und auch andere Lebewesen können lernen, natürliche Indices zu verstehen, wenn es ihnen einen evolutionären Vorteil bringt, wie im Fall der Spuren eines Beutetiers, die vom Beutegreifer ‚gelesen' werden. Viele Tiere produzieren sogar selbst indexikalische Zeichen, wie etwa in dem bekannten Fall der Alarmrufe grüner Meerkatzen, die bei Gefahr durch Leoparden, Adler und Schlangen jeweils unterschiedlich ausfallen und auch unterschiedliche Reaktionen hervorrufen (vgl. Bräuer 2014, 130 f.). Zeigegesten jedoch sind, mit der kleinen Einschränkung, dass *enculturated apes* einen freilich auf Imperative reduzierten Gebrauch von ihnen machen können, humanspezifisch. Sie stellen eine Unterklasse der Indexzeichen dar, in denen der direkte Erfahrungsbezug dieser Zeichenform bereits durch die Referenz auf ein unabhängiges Objekt und damit in Richtung auf symbolische Zeichen ausgeweitet wird.

2.5.3 Das symbolisch erweiterte Bewusstsein als ‚gamechanger'

Das Kontinuitätsprinzip des Pragmatismus lässt sich auch auf die Formen des Zeichengebrauchs übertragen. Es zeigt sich dann, dass ikonische und indexikalische Zeichen, von nichtimperativen Zeigegesten abgesehen, nicht spezifisch Menschliches sind. Auf dieser Linie hat sich, die Arbeiten von Peirce und Jakob von Uexküll zusammenführend, seit etwa 1960 die Biosemiotik entwickelt, mit Thure von Uexküll, dem Sohn Jakobs, und Thomas A. Sebeok als wichtigsten Vertretern. Auf den knappsten Nenner gebracht, kommt es hier zu einer Proliferation des Zeichenbegriffs bis auf die zelluläre oder sogar biochemische Ebene. Wo Bedeutsamkeit ist, da gibt es auch Zeichenprozesse, so die Grundidee. Ohne diese verzweigten Debatten hier nachverfolgen zu können, scheint es doch jedenfalls sehr naheliegend, die Verwendung von ikonischen und indexikalischen Zeichen als biologisch universelle, semiotische Prozesse zu verstehen, die von dem organischen Monitoring der Homöostase bzw. den physischen Interaktionserfahrungen der Organismen angetrieben werden.

Bei symbolischen Zeichensystemen liegen die Dinge jedoch anders. Ihre Verwendung ist nur Wesen möglich, die über geteilte Intentionalität verfügen. Genau aus diesem Grund sind Zeigegesten Brückenphänomene zwischen der Welt direkten, an organische Erfahrung gebundenen Zeichengebrauchs und der Welt symbolischer Artikulation und Kommunikation. Zeigegesten setzen nämlich zwar nicht bereits „collective", aber doch „joint intentionality" im Sinne Tomasellos voraus (vgl. Tomasello 2014, chap. 3) und damit etwas, für das sich bei nichtmenschlichen Primaten keine Belege finden lassen (vgl. Tomasello 2014, 44). Triangulieren (zwischen Subjekt, Kosubjekt und Objekt) kann eben nur, wer bereits ein Ich-Du-Bewusstsein hat, in dem die egozentrische Perspektive soweit aufgebrochen ist, dass sich die Idee einer aus der Interaktionseinheit herauslösbaren Objektwelt bilden kann.

Exkurs zum Verständnis von Zeichenallgemeinheit und Symbolizität

In meiner bisherigen Darstellung habe ich durchgängig die Fähigkeit zu symbolischer Kommunikation als dasjenige Merkmal der menschlichen Lebensform bezeichnet, das einen Unterschied ums Ganze macht und die These menschlicher Einzigartigkeit rechtfertigt. Damit weiche ich allerdings vom Peirceschen Sprachgebrauch in einer erläuterungsbedürftigen Weise ab. Für Peirce gilt nämlich symbolische Allgemeinheit als ein Kennzeichen *jeder* zeichenvermittelten Kognition und stellt daher ein universelles Naturphänomen dar. Dieser Punkt ist vor allem aus einer biosemiotischen Richtung aufgegriffen und ausgebaut worden. So argumentiert Frederik Stjernfelt (2014), dass selbst die gezielte Bewegung eines Bakteriums symbolische Allgemeinheit aufweist:

> Even a case as simple as coli bacteria [...] swimming upstream in a sugar gradient as a result of its registration of molecules displaying a specific active site [...] must be described as symbolic in Peirce's sense of the term: it is a habit [...] the habit connects a specific, typical aspect with a specific, typical action, that of oriented swimming and consumption. (Stjernfelt 2014, 142)

Es handelt sich hier eben nicht um eine einmalige, spontane Reaktion, sondern um die Instantiierung eines allgemeinen Musters. Sofern der Begriff des Symbolischen also mit dem einer regelhaften Allgemeinheit identifiziert wird, lässt sich in der Tat von einer Omnipräsenz des Symbolischen sprechen und müssen auch ikonische und indexikalische Zeichen bereits symbolisch eingebunden sein. Schließlich ist auch beispielsweise die Interpretation umgeknickter Grashalme als indexikalisches Zeichen für den Durchgang eines Tieres durch eine Wiese kein isoliertes Phänomen, sondern beruht darauf, dass hier eine implizite allgemeine Regel operativ ist.

Folgt daraus aber, dass es keinen qualitativen Unterschied zwischen menschlichem Symbolgebrauch und der „symbolischen" Allgemeinheit zeichenvermittelter Kognition gibt? Keineswegs. Denn erst die voll entfaltete Symbolizität der menschlichen Lebensform erlaubt es, nun Vorformen des Symbolischen auch in nichtmenschlicher Kognition zu entdecken. Anders gesagt: Erst die indirekte Referenz, propositionale Explizitheit und kollektive Intentionalität der menschlichen Sprachen ermöglicht die retrospektive Zuschreibung *impliziter* Allgemeinheit selbst für allerelementarste Kognitionen wie diejenige des Zucker konsumierenden Bakteriums. Wir sind Wesen, die sprachlich (und über andere Formen symbolischer Artikulation wie Musik und Malerei) explizit machen können, was unseren Praktiken implizit zugrunde liegt. An diese zentrale Einsicht Robert Brandoms (vgl. Brandom 2000, 650) – die von ihm freilich auf Sprache eingeschränkt wird – ist hier zu erinnern. Es macht einen Unterschied ums Ganze, ob Allgemeinheit in Kognitionen implizit operativ ist – und als solche nur in einer Zuschreibung von außen erkennbar wird –, oder ob sie explizit ins geteilte Bewusstsein gehoben werden kann, weil eine Sprache zur Verfügung steht, die es erlaubt, in symbolischer Distanz und Selbstreflexivität die semiotischen Operationen ihrerseits zu thematisieren. Ersteres lässt sich als die zeichentheoretische Dimension evolutionärer Kontinuität verstehen, letzteres kennzeichnet die qualitative Differenz der menschlichen Lebensform zu allen anderen. Gäbe es keine *explizite* humansprachliche Symbolizität, gäbe es auch nicht die begrifflichen Mittel, um die – qua Allgemeinheit – *implizite* Symbolizität ikonisch und indexikalisch dominierter Kognitionsprozesse zu explizieren.

Symbolizität als Eigenschaft aller, auch der nichtmenschlichen Zeichenprozesse zu verstehen bzw. sie umgekehrt als Humanspezifikum herauszupräparieren, erscheint daher nur auf den ersten Blick als unversöhnlicher Gegensatz. Die implizite Allgemeinheit aller zeichenvermittelter Kognitionen ist die phylogenetische Voraussetzung, das evolutionäre Band, durch das die menschliche Sprache an tierische Kognitionen und Zeichenverwendungen geknüpft ist. Die intersubjektive, sprachlich explizierbare Allgemeinheit menschlicher Artikulationen hingegen ist die epistemische Bedingung der Möglichkeit für die Explikation dieser phylogenetischen Kontinuität. Und die Eigenschaft symbolischer Zeichen, ihre Bedeutung keinem direkten Gegenstandsbezug, sondern dem geteilten Bewusstsein zu verdanken, das die Symbolverwender von einem Netzwerk miteinander verbundener Bedeutungen haben, findet sich eben nur in der menschlichen Lebenspraxis. Aus dem Vorhandensein von Allgemeinheit und Regelhaftigkeit in jeglichem Zeichengebrauch heraus kann also nicht geschlossen werden, dass der spezifisch menschliche Symbolgebrauch keinen qualitativen Unterschied macht.

Damit bleibt es dabei: Der Erwerb der Fähigkeit zur Verwendung symbolischer Zeichen ist *der* entscheidende Schritt hin zur Entstehung einer qualitativ von anderen Primaten unterschiedenen, spezifisch menschlichen Lebens- und Bewusstseinsform.[63] Und die Rekonstruktion dieses Schritts auf Basis von evolutionären Adaptionen und vor allem Exaptationen über sehr lange Zeiträume hinweg ist der Schlüssel zu einer methodisch naturalistischen, zugleich aber anti-reduktionistischen Anthropologie. In Kapitel 3.2 werde ich ausführlicher auf evolutionsanthropologische Theorien jener Prozesse eingehen, die das Überschreiten der *symbolic*

---

63 Dabei darf natürlich nie aus den Augen verloren werden, wie vielfältig und komplex sprachliche Kompetenzen in andere Aspekte der spezifisch menschlichen Lebensform leiblicher, sozialer und kultureller Art verwoben sind. Sprache ist entscheidend, aber nicht in isolierter Betrachtung, sondern nur im Kontext ihrer Einbettung in das Ganze dieser Lebensform.

threshold (Deacon) möglich gemacht haben. Hier geht es zunächst nur darum, die Eigenart symbolischer Zeichen zu erläutern, ihre bewusstseinserweiternden Leistungen zu verdeutlichen, zugleich aber ihre Eingebundenheit in ikonische und indexikalische Weltbeziehungen herauszuarbeiten. Wer nämlich Symbole als isolierbare, kategorial selbständige Zeichenarten behandelt, wird der Dynamik und Verkörperung des Zeichenprozesses sowenig gerecht wie diejenigen, die aus einer biosemiotischen Perspektive den qualitativen Unterschied nivellieren, der zwischen menschlichen und nichtmenschlichen Zeichenverwendungen besteht.

Im alltagssprachlichen Verständnis werden die Begriffe „Symbol" und „symbolisch" in der Regel verwendet, um *Sinnbilder* zu bezeichnen. Das können dann Bilder oder graphische Formen sein, etwa der Davidstern als Symbol des Judentums, Lebewesen wie die weiße Taube als Symbol des Friedens oder auch Gesten wie Willy Brandts Kniefall im Warschauer Ghetto als Symbol für die Bitte um Vergebung. In der Semiotik von Peirce hingegen dienen diese Begriffe dazu, *eine* bestimmte unter mehreren Zeichenarten, besser gesagt vielleicht einen besonderen Aspekt der Zeichenfunktion und davon abgeleitet dann auch die Struktur des humanspezifischen Zeichenprozesses insgesamt zu benennen. Die Peircesche Kategorienlehre ordnet das Symbol der Kategorie der Drittheit zu. Der Erstheit entspricht das Gefühl und die Zeichenart des Icons, der Zweiheit die Handlung im Wechselspiel von Impuls und Widerstand, der Drittheit schließlich das Symbol als Vermittlung zwischen den erlebten Möglichkeiten und der physisch erfahrenen Wirklichkeit. Diese Vermittlung kann das Symbol aber nur leisten, weil es den Charakter eines intersubjektiven Allgemeinbegriffs hat; es ist „connected with its objects by virtue of the idea of the symbol-using mind, without which no such connection would exist" (Peirce 1894/1998, 9). Dabei korrespondiert die Allgemeinheit des Begriffs mit der Allgemeinheit des Bewusstseins, denn das symbolische Bewusstsein ist für Peirce notwendig in einen sozialen Kontext eingebunden. Dies gilt natürlich auch vom Zeichenprozess im Ganzen, der ohne eine Gemeinschaft von Zeichenverwendern überhaupt nicht gedacht werden kann, es wird aber am Gebrauch von Symbolen besonders deutlich, weil diese im Unterschied zu Icons und Indices keinen direkten Realitätsbezug haben. Deshalb setzt ihre Verwendung voraus, dass ein intersubjektives Bewusstsein existiert, in dem die Bedeutung der Symbole innerhalb einer Sprachgemeinschaft geteilt wird.

Nun werden natürlich auch nichtsymbolische Zeichen innerhalb einer solchen Gemeinschaft geteilt, aber eben auf eine andere Weise als die Symbole. Die Bedeutung von Icons und Indices wird durch *direkte Referenz* gesichert, d. h. ihre Verwendung stützt sich auf erlebte und physische erfahrbare Relationen zwischen den Zeichen und ihren Objekten – Relationen, über deren Typenähnlichkeit innerhalb einer Sprachgemeinschaft Einigkeit besteht. Das Auto auf dem Verkehrsschild identifizieren zu können, basiert auf erlebter Gestaltähnlichkeit, das deiktische Indexzeichen „hier" lokalisiert einen physisch anwesenden Sprecher im Raum. Die Bedeutung symbolischer Zeichen hingegen etabliert und stabilisiert sich nur dadurch, dass die Sprachverwender sie in einem Netzwerk von Bezügen zu anderen Bedeutungen zu verorten lernen. Als Beispiel kann die Bedeutung des Worts *Fahrrad* dienen. Sie besteht darin, dass kompetente Sprecher des Deutschen wissen, in welchen Bezügen dieses Wort zu anderen Wörtern steht (etwa zu *Verkehrsmittel, Sattel, Reifen, Nahverkehr, Umweltfreundlichkeit*) und – diesen Aspekt hat Robert Brandom sehr detailliert ausgearbeitet – welche Anschlussmöglichkeiten sich für andere Sätze ergeben und welche umgekehrt ausgeschlossen werden, wenn man die entsprechenden Symbole in einem Satz verwendet hat. „Concepts", so schreibt Brandom, „are essentially inferentially articulated. Grasping them in practice is knowing one's way around the proprieties of inference and incompatibility they are caught up in." (Brandom 2000, 89) Natürlich kann man die symbolische Bedeutung des Worts ‚Fahrrad' illustrieren, indem man Icons von Fahrrädern herzeigt oder indexikalisch auf reale Fahrräder verweist. Aber die Leistungsfähigkeit symbolischer Zeichen entsteht gerade nicht durch diese ikonischen oder indexikalischen Demonstrationen, die im Übrigen bei Abstrakta wie ‚Menschenwürde' oder ‚Demokratie' auch gar nicht möglich sind. Sie ergibt sich erst dadurch, dass Symbole einen Ort im Netz der Sprache haben und deshalb auch ohne sinnlichen Gegenstandsbezug gebraucht werden können.

Bildlich gesprochen könnte man sagen, dass nichtsymbolische Zeichen *vertikal*, symbolische Zeichen hingegen *horizontal* funktionieren: direkte Referenz auf ein Objekt auf der einen Seite, auf der anderen indirekte Referenz mittels holistischer Einbindung in ein Strukturganzes aus Zeichenketten, deren Verwendung jeweils ihre Position in dem gesamten Netzwerk neu bestimmt. An dieser Stelle zeigt sich dann aber sofort die Differenz zwischen dem erfahrungszentrierten Pragmatismus von Peirce (und James, Dewey und Mead) und Brandoms analytisch-sprachzentrierter Neuauflage. Während Brandom nämlich den Gebrauch der Sprache als ein Spiel des Gebens und Nehmens von Gründen charakterisiert, in das sinnliche Erfahrung nur in der stark reduzierten Bedeutung von Diskurseingangsbedingungen eingeht, legt Peirce größten Wert darauf, die Allgemeinheit der Symbolsprache so zu beschreiben, dass ihre innere Angewiesenheit auf direkte Wirklichkeitserfahrung sichtbar bleibt. Ein Symbol, so betont er, ist „applicable to whatever may be found to realize the idea connected with the word; it does *not, in itself,* identify those things" (Peirce 1894/1998, 9; Kursivierung M.J.). Und nun kommt der entscheidende Punkt: Das holistische Netzwerk der Sprache ermöglicht die Verwendung von Symbolzeichen(ketten) ohne *direkte* Erfahrung dessen, worüber gesprochen wird. Deshalb können wir nicht wissen, ob wir von „something actually existing or a mere play of fancy" (Peirce 1894/1998, 7) sprechen, solange wir diesen Bezug nicht wieder hergestellt haben. Peirce kann daher apodiktisch feststellen: „No combination of words (excluding proper nouns, and in the absence of gestures or other indicative concomitants of speech) can ever convey the slightest information." (Peirce 1894/1998, 7). *Rein* symbolische Zeichenketten, so deute ich diesen Satz, können nur Beziehungen zwischen Allgemeinheiten zum Ausdruck bringen, lassen aber offen, wie es um deren Realität steht. Deshalb sind sie zwingend darauf angewiesen, in Arbeitsteilung mit nichtsymbolischen Zeichen zu prozessieren. Die Möglichkeiten zur Fortsetzung einer sprachlichen Sequenz, die erlebte Qualitäten (in denen, wie wir gesehen haben, bereits gemachte Erfahrungen sedimentiert und mit aktueller Erfahrung verschmolzen sind) suggerieren, werden in Kombination mit symbolisch-allgemeinen Zeichen explizit gemacht und artikuliert. Aber erst durch die Integration von Indexzeichen wird der Prozess der Semiose an die unmittelbare Erfahrung von Impuls und Widerstand angeschlossen.

Die menschheitsgeschichtlich so entscheidende Innovation einer symbolischen Kommunikationsform vor dem Hintergrund geteilten Bewusstseins erscheint also im Rahmen der peirceschen kategorialen Semiotik als Durchbruch zu einer qualitativ neuen Sprach- und Bewusstseinsform, deren Möglichkeitsbedingung gerade in der Integration oder, evolutionstheoretisch gesprochen, Exaptation ikonischer und indexikalischer Zeichen besteht. Die evolutionäre Kontinuität zeigt sich also gerade an der Stelle, an der evident etwas Neues emergiert. Ohne die Rückbindung an verkörperte Erfahrung haben wir keinerlei Möglichkeit, den Realitätsbezug sprachlichen Sinns zu überprüfen. Wir können dann nur über Allgemeinheiten sprechen, die assoziativ und inferentiell in ihrer Bedeutung stabilisiert werden, ohne doch dem „outward clash" die Möglichkeit der Intervention zu geben. Dies gilt nach Peirce für alle Bereiche des menschlichen Lebens, und für Wissenschaft ebenso sehr wie für Religion. Wir können also nur Symbolverwender sein, weil wir verkörpert sind, was im Übrigen auch umgekehrt gilt: Im Begriff der *Ver*körperung ist nämlich neben der Betonung der Relevanz des Körpers auch die Idee einer bestimmten *Selbstdistanzierung* von diesem enthalten. Dieser Abstand, der aus dem Körper den Geist hervorgehen lässt, zeigt sich als symbolische Distanz, die durch indirekte Referenz, Perspektivität und Grammatikalisierung entsteht. Weil wir über ein semiotisches Bezugssystem verfügen, das es uns ermöglicht, gedanklich vom Hier und Jetzt zu abstrahieren und unseren Geist auf prinzipiell alles Mögliche zu richten, werden wir zu Wesen der Transzendenz (im Sinne von Tallis). Es gibt aber keinen ontologisch vom Leib verschiedenen Geist, der diese Transzendenz ermöglicht. Vielmehr wird der Geist von den exaptiv erweiterten Funktionen des biologischen Organismus selbst getragen, und deshalb bleibt die direkte Erfahrung des interagierenden Körpers/Leibs weiterhin zentral. Die Idee der Verkörperung würde also völlig missverstanden werden, wenn man sie so auffasste, dass in ihr etwas vorausgesetzt würde – eben der Geist – das bereits unabhängig vom *sense-making* des lebendigen Organismus existiert und sich dann nur noch nachträglich ,inkarniert'.

Es ist die epochale Leistung von Peirce, mit seiner Idee einer unauflöslichen Verschränkung direkter und indirekter Zeichenfunktionen eine sowohl nichtreduktionistische als auch nichtdualistische Bedeutungsanthropologie möglich gemacht zu haben. „In all reasoning", so heißt es in *What is a Sign?*, „we have to use a mixture of *likenesses, indices,* and *symbols*. We cannot dispense with any of them" (Peirce 1894/1998, 10). Symbolzeichen machen den humanspezifischen Unterschied, aber sie bleiben verkörpert, nicht nur in dem abstrakten Sinn ihrer allgemeinen Akzeptanz als physische Realisierungen von Phonem- bzw. Buchstabensequenzen innerhalb einer Sprachgemeinschaft, sondern konkreter dadurch, dass sie *intern* mit ikonischen und indexikalischen Zeichen verbunden sind. Weil dieser innere Zusammenhang für Menschen den Gesamtcharakter des Zeichenprozesses ausmacht, kann dieser auch als Ganzer als symbolisch bezeichnet werden. Symbolzeichen wachsen und verändern sich eben kraft ihrer Verbindung zu den anderen Zeichentypen. Diese Verbindung fasst Peirce in ein sehr passendes und plastisches Bild, das er den Lebensfunktionen des Organismus entnimmt: „... we may liken the indices we use in reasoning to the hard parts of the body, and the likenesses we use to the blood: the one holds us stiffly up to the realities, the other with its swift changes supplies the nutriments for the main body of thought." (Peirce 1894/1998, 10) Auch für den menschlichen Erfahrungsprozess wählt Peirce gerne die organische Metapher eines Wachstums der Symbole. Wachsen können diese aber nur, weil es eben nicht nur symbolische Zeichen gibt, sondern einen komplexen und dynamischen Zeichenprozess, dessen Essenz das Ineinander-Übergehen und die Entfaltung von Zeichen ist.

Bislang habe ich von Symbolen immer als von Elementen einer klar abgrenzbaren Klasse von Zeichen gesprochen, und diese Redeweise hat auch ihre Berechtigung, solange die kategorialen Differenzen im Zentrum stehen. Nicht weniger wichtig ist aber die *Dynamik* der Semiose, also der semiotische Aspekt von Lern- und Erfahrungsprozessen. Das von Peirce betonte Wachstum der Zeichen schließt ein, dass „Symbole ikonische und indexikalische Aspekte auf bedeutungsrelevante Weise in sich aufnehmen und bewahren können" (Pape 2012, 53). Symbole sind schließlich keine physischen oder mentalen Entitäten, sondern funktionale Mittel in einem fluiden Zeichenprozess. Je nach Perspektive und Funktion innerhalb der Semiosis kann daher auch ein und dasselbe Zeichen ikonische, indexikalische und symbolische Aspekte verkörpern. Beispielsweise muss eine Symbolverwendung, um überhaupt als solche erkannt werden zu können, eine identifizierbare Qualität mit einem bestimmten Muster gemeinsam haben (*type-token*-Relation). Was nun aber die *spezifische* Dynamik des Symbolaspekts menschlichen Zeichengebrauchs betrifft, so besteht sie in einer fortschreitenden *Vergemeinschaftung* der *Verkörperung*.

Damit ist gemeint, dass die leibgebundenen Formen direkter Referenz durch ihre Integration in das kollektive Bewusstsein einer Sprachgemeinschaft verallgemeinert und dadurch transformiert werden. Helmut Pape bringt es auf den Punkt:

> Symbole müssen nicht allein, um auf Objekte Bezug zu nehmen, ikonisch auf zwischen Menschen teilbare Erfahrungsqualitäten oder auf die indexikalische Faktizität der Beziehungen zu den von ihnen bezeichneten Objekten eingeschränkt werden. Für Symbole ist vielmehr entscheidend, dass der *Bezug auf* eine Gemeinschaft der Interpretation durch eine Regel, Konvention oder stille Übereinstimmung, durch die die Bedingungen für ikonische und indexikalische Zeichenaspekte verallgemeinert werden. (Pape 2012, 57[64])

Interpretationsgemeinschaften kollektivieren und verallgemeinern symbolisch Bedeutungen, deren Realitätsbezug umgekehrt davon abhängt, dass diese wieder durch den Gebrauch nichtsymbolischer Zeichen auf Gegenstände bezogen werden.

Doch es gibt noch einen weiteren Aspekt des Zusammenhangs von Verkörperung und Vergemeinschaftung, auf den ebenfalls Pape (vgl. Pape 2012, 57) hingewiesen hat: Zeichen können nur interpretiert und verstanden werden, wenn es den Sprecherinnen und Sprechern einer Sprache gelingt, die einzelnen Zeichenverwendungen als Exemplar einer Gattung, als physischen *token* eines allgemeinen *type* zu identifizieren. Die physische Seite des Zeichens muss also so realisiert werden, dass sie als einer von vielen Fällen einer allgemein geltenden Grundform erkannt wird. Dies gilt von akustischen ebenso wie von graphischen Einzelereignissen. Unverständliche Aussprache und unleserliche Handschrift machen eine solche Identifizierung unmöglich. Jede natürliche Sprache braucht daher ein für alle Sprachverwender gültiges, geordnetes Ganzes materieller Zeichen (Laute, Schriftzeichen), das mit einem System von Verknüpfungsregeln für wohlgeformte Sätze auf der Ebene der ‚geistigen Bedeutung‘ verbunden ist. Ohne *type* kein *token*, ohne *token* kein *type*. Peirce unterscheidet diese Dimensionen durch die Begriffe des *Sinzeichens* (das Präfix „sin" bezieht sich dabei auf das Singuläre des Zeichenereignisses) respektive des *Legizeichens* (hier bezieht sich das Präfix auf den allgemeinen, den Gesetzescharakter des Zeichens).

Aus linguistischer Perspektive bietet sich für diese Verschränkung der Begriff der *doppelten Artikulation* (dazu ausführlich Jung 2009, 79–124) an: Die Laute einer Sprache sind aus diskreten akustischen Einheiten (*Phonemen*) aufgebaut (Artikulation I), die Gliederung von Wörtern und Sätzen auf der Bedeutungsebene vollzieht sich durch die Verkettung diskreter *Morpheme* (Artikulation II). Die Abfolge der Laute unterstützt dabei die sachlogische Gliederung, während diese die Laute be-

---

64 Vermutlich sind das Komma und das „dass" im zweiten Satz überflüssig, weil Überbleibsel einer früheren Satzkonstruktion.

deutsam macht. Der Begriff „doppelte Artikulation" bezeichnet dann genau die *Verschränkung* dieser beiden Gliederungssequenzen, wobei die physische Seite es überhaupt erst möglich macht, den intersubjektiv geteilten Sinn zu verstehen. Die kollektive *Intentionalität* der Sprachverwender, um Tomasellos Schlüsselbegriff zu gebrauchen, bedarf einer kollektiven *Materialität* des Lautsystems (erweitert durch die Schrift) einer natürlichen Sprache. Symbolische Sprache ist also mindestens auf zwei[65] Ebenen verkörpert: Der Körper der Symbole besteht in ihrer lautlichen und schriftlichen Gestalt innerhalb einer Sprachgemeinschaft, *und* Symbole sind intern auf ikonische und indexikalische Zeichen angewiesen, die wiederum nicht nur durch ihren Zeichenkörper, sondern auch durch ihren konstitutiven Bezug auf Leibgefühle bzw. physische Interaktionserfahrungen verkörpert sind.

Reine Symbolsprachen kann es demnach nicht geben, und es stellt ein konstitutives Merkmal der menschlichen Sprache dar, dass sie nicht nur verschiedene Arten von Zeichen kombiniert, sondern Bedeutung auch über die regelgeleitete Verknüpfung verschiedener Zeichen- und Wortarten erzeugt. Sprachen sind, wie Linguisten das nennen, *kompositional.* Dass Sätze etwas explizit machen können, wird durch die zahllosen logischen, temporalen, modalen etc. Unterscheidungsmöglichkeiten vermittelt, die eine syntaktisch gegliederte Sprache erlaubt. Deswegen erschließt sich auch die Funktionsweise der von Peirce unterschiedenen Zeichenarten erst wirklich durch ihre Verwendung in Sätzen und Sprechakten. Was Brandom als „inferentielle Artikulation" bezeichnet, verstehe ich als die fortschreitende Sinnbestimmung einer zunächst vage antizipierten Bedeutung (das ‚Gemeinte') durch die regelgeleitete Kombination verschiedener Zeichen- und Wortarten (dazu ausführlich Jung 2009a, bes. 12–22). Dabei werden aus der erlebten einheitlichen Situationsqualität heraus Unterschiede ausdrücklich gemacht: Subjekt und Objekt, Ding und Eigenschaft, Bedeutung und Referenz, Normatives und Faktisches usw.

Die primordiale Einheit der Organismus-Umwelt-Interaktion differenziert sich damit zu einer gegliederten Realität, in der die kausale Logik natürlicher Prozesse sowie die evaluative und normative Logik sozialer Interaktionen unterscheidbar werden, nicht aber getrennt werden können. Das Subjekt/Prädikat-Schema erweist sich dabei nur als eines unter unzähligen, auch je nach natürlicher Sprache durchaus unterschiedlichen Verknüpfungsmustern, wenn auch als dasjenige, dem für die Äußerung assertorischer Sätze eine zentrale Bedeutung zukommt. Symbolsprachen sind über (implizite, erst nachträglich versprachlichte) Regeln se-

---

[65] Eine weitere, höchst wichtige Verkörperungsdimension wird sichtbar, sobald die *metaphorische* Verkörperung von Begriffen in Leiberfahrungen und Bewegungsmustern in die Betrachtung einbezogen wird (vgl. Teil 5).

quentiell gegliedert. Dass sie eine das Hier und Jetzt des biologischen Lebenszusammenhangs transzendierende Kraft haben, erwächst aus ihrer Fähigkeit, einheitlich erlebte Bedeutsamkeit zu zergliedern, Unterscheidungen zu treffen und Geltungsansprüche ausdrücklich zu machen. All dies ist nur dadurch möglich, dass verschiedene Zeichenformen sich in einer Sprachgemeinschaft in verschiedene Wortarten ausdifferenzieren, die dann nach syntaktischen und pragmatischen Regeln miteinander kombiniert werden.

Bislang habe ich mich auf den allgemeinen Charakter der Symbole, ihre horizontale Referenz und ihre innere Verbindung mit nichtsymbolischen Zeichen konzentriert. Dabei ist schon wiederholt angeklungen, warum die Fähigkeit zum Symbolgebrauch (genauer: zur Verwendung einer im Ganzen symbolisch geprägten, jedoch konstitutiv nichtsymbolische Zeichen einschließenden Sprache) einen qualitativen Unterschied der menschlichen Lebensform zu derjenigen anderer Lebewesen erzeugt. Als verkörperte Symbolverwender können Menschen Bedeutungen artikulieren, die den Lebenszusammenhang jedes einzelnen Individuums und sogar jeder Gruppe transzendieren, und sie können dadurch ihr Bewusstsein auf alles Mögliche und Denkbare richten: auf das evaluativ Gewünschte, das normative Gesollte, das wissenschaftliche Objektive, das ästhetisch Einnehmende, das religiös oder weltanschaulich Ganze usw. Durch diese vielfältigen Transzendenzbewegungen über das Hier und Jetzt individueller Lebensvollzüge hinaus entstehen kulturelle Sinngestalten, die schließlich sogar das Bewusstsein jedes empirischen Kollektivs transzendieren und in ihrer Fülle und Dynamik das ausmachen, was Wilhelm Dilthey den „objektiven Geist" genannt hat. Anders als bei Hegel ist bei Diltheys Verwendung dieses Begriffs keine Geistmetaphysik im Spiel. Der objektive Geist muss dauernd performativ reproduziert und weiterentwickelt werden und hat keine vom empirischen Bewusstsein unabhängige Existenz. Er liegt jedoch den Lebensäußerungen aller Individuen als eine symbolisch verkörperte Realität voraus und hat insoweit die Härte jeder objektiven Tatsache. Aus Handlungszusammenhängen hervorgegangen und sich in ihnen erneuernd, ist er gleichzeitig die Voraussetzung jeder Ontogenese, wie Michael Tomasello (in der Sache, nicht qua Verwendung des Begriffs „objektiver Geist") mit seiner *dual inheritance theory* (vgl. Tomasello 1999, 53 – 55) betont hat: Menschen erben von ihren Eltern eben nicht nur ihre Gene, sondern auch ihr soziokulturelles Umfeld mit all seinen Institutionen, Werten, Normen, Praktiken, und „social imaginaries" (Ch. Taylor). Und dieses soziokulturelle Umfeld wird zwar durch kollektive Interaktionen dauernd reproduziert und dynamisch weiterentwickelt, wird aber auch von der Elterngeneration als etwas Gegebenes vorgefunden. Es ist, so könnte man sagen, in genetisch-historischer Perspektive unverfügbar, aber durch Fortsetzung der sozialen Semiose in der Gegenwart zukunftsoffen.

Mit der symbolsprachlich vermittelten Transzendenz von Bedeutungen über den Lebensvollzug von Individuen und sozialen Gruppen hinaus ist die Bedingung der Möglichkeit für ein Wirklichkeitsverhältnis geschaffen, das sich der *Sachlogik* der behandelten Gegenstände unabhängig oder zumindest separiert von ihrer Lebensbedeutung verschreibt. Diesen Punkt hat Reinhard Brandt besonders klar herausgestellt. Es geht hier um die sprachvermittelte Fähigkeit des Denkens als *Urteilen.* Dafür müssen drei Bedingungen erfüllt sein: „die Möglichkeit der Referenz auf etwas Urteilsexternes, die der Binnendifferenz zwischen Bejahung oder Verneinung und damit drittens die des Wahr- oder Falschseins." (Brandt 2009, 32) Erst symbolische Distanz ermöglicht die Unterscheidung von Objektbezug und Lebensbedeutung, die im qualitativen Erleben noch eine Einheit bilden – Brandts *erster* Punkt. *Zweitens* ist symbolisch artikulierte Sprache auf die wechselseitigen Stellungnahmen zu den im Gespräch formulierten Geltungsansprüchen durch die Beteiligten angewiesen. Dies wird aber überhaupt erst dadurch möglich und dann auch unumgänglich, dass über individuelle Bedeutsamkeit hinausgegangen wird. Damit ist schließlich, *drittens,* auch impliziert, dass sich sprachliche Urteile an Erfüllungsbedingungen orientieren, die in der überindividuellen Wirklichkeit zu suchen sind, wobei diese objektiv oder intersubjektiv-sozial sein kann. Selbst die elementarste Verständigung über normativ oder objektiv Strittiges wäre ohne diese Abstraktionsleistungen nicht vorstellbar, wissenschaftliches Denken noch viel weniger.

Sprachlich formulierte Urteile verweisen schon durch ihre Form auf die *Grammatikalität* und *Perspektivität* symbolischer Artikulation. In ihnen wird die *Einheit* der Organismus-Umwelt-Interaktion aufgebrochen, aber nur, um sie durch Explikation der relevanten Elemente einer Situation wieder herzustellen, d. h. Anschlusshandlungen möglich zu machen. Bedeutungen zu artikulieren heißt, räumliche, zeitliche, modale, quantitative, qualitative, intentionale, logische, geltungstheoretische usw. Unterschiede herauszuarbeiten. Diese sind in dem qualitativ-einheitlichen Erleben einer bedeutungshaften Situation *implizit* enthalten, aber eben nicht bereits *impliziert* (also nicht schon als Bestimmte vorhanden) (vgl. Dewey 1930/2003, 98). Das vollzieht sich durch die diskursive Erzeugung immer reichhaltiger gegliederter Sequenzen, in denen verschiedene Wortarten durch ihre Stellung im Satz, durch Flektionen, Agglutinationen und andere Gliederungsmittel zu einer expressiven Einheit gebracht werden. Phylo- wie ontogenetisch bedarf es dazu, wie Michael Tomasello in *Constructing a Language* überzeugend dargetan hat (Tomasello 2003, 13 f. u. passim), nicht der Annahme angeborener, universalgrammatischer Strukturen, wie sie die Anhänger Chomskys vertreten. Ein „usage-based view" (Tomasello 2003, 13) vermag im Detail zu zeigen, wie „processes of grammaticalization and syntacticization can actually create grammatical structures out of concrete utterances" (Tomasello 2003, 13). Nicht nur der kindliche Spracherwerb bewegt sich von holophrastischen Äußerungen über Verbinselkonstruktionen hin zu immer ausgefeilteren grammatischen Strukturen, auch die Ontogenese natürlicher Sprachen dürfte ähnlich verlaufen sein. Aus der Symbolizität erwachsen also die grammatischen Strukturen. „Usage-based linguistics", so betont auch Tomasello, „holds that the essence of language is its symbolic dimension, that is, the ways in which human beings use conventional linguistic symbols for purposes of interpersonal communication." (Tomasello 2003, 283) Und wieder spielt hier die Indirektheit der Referenz eine zentrale Rolle, genauer gesagt, die ‚horizontale' Stabilisierung von Wortbedeutungen innerhalb des Netzwerks der Sprache, die den Prozess der Grammatikalisierung zugleich ermöglicht und von ihm verstärkt wird.

Es wäre aber grundfalsch, die bewusstseinserweiternden und kulturproduktiven Effekte symbolischer Kommunikation auf Urteilsfunktionen und das im engeren Sinn Kognitive zu beschränken. Denn im selben Zug mit der Grammatikalisierung und der Entstehung propositionaler Rede- und Urteilsformen erweitert sich auch die funktionale Rolle sinnlicher Erfahrungen. Diese können sich infolge der funktionalen Integration symbolischer mit nichtsymbolischen Zeichenformen von ihrer Überlebensbedeutung lösen und in freier Variation und Gestaltung nun auch *ästhetische* Qualitäten gewinnen. John Dewey hat aus diesem Grund in seiner Ästhetik größten Wert darauf gelegt, das Ästhetische gerade nicht als einen abgrenzbaren Sonderbereich des menschlichen Weltverhältnisses zu behandeln (was es unbestreitbar als soziales Subsystem ‚Kunst' *auch* ist), sondern als eine immanente Qualität potentiell jeder Erfahrung, wenn diese denn *um ihrer selbst willen* und damit *bis zum Ende* gemacht wird (vgl. Dewey 1934/1988, 47). Diese Freiheit zum Variieren, Ausloten und Wertschätzen sinnlicher Qualitäten geht über die konstitutive Bedeutung weit hinaus, die diesen Qualitäten für die Erhaltung des Lebensprozesses zukommt. Sie ist nur einem Organismus möglich, der sich bewusst vom Andrang seiner Bedürfnisse distanzieren kann. Das gelingt aber nur Symbolverwendern, weil ihr Geist in der Lage ist, Bedeutung und unmittelbare Lebensrelevanz zu unterscheiden. So erweist sich auch auf dem Gebiet der sinnlichen Erfahrungsqualitäten das symbolische Bewusstsein als ein *gamechanger.*

Unter den pragmatistischen Klassikern hat besonders William James immer wieder darauf aufmerksam gemacht, dass Menschen Wesen sind, die unvermeidlich eine generalisierte Einstellung zum Leben und zur Welt im Ganzen entwickeln (vgl. etwa James 1907/1988, 7). Diese Einstellung kann eher implizit bleiben und sich dann etwa in den oben behandelten existenziellen Gefühlen zeigen (vgl. oben S. 85 – 90) oder auch die Form einer expliziten Weltanschauung oder Religion annehmen (dazu ausführlich Jung 2019). Auch diese Fähigkeit zur Totalisierung des Weltbezugs, ob mit oder ohne Postulat transzendenter Entitäten, prägt die Menschheitsgeschichte tiefgreifend. Ohne die symbolische Distanz und indirekte Referenz der natürlichen Sprachen ist sie gar nicht vorstellbar. An Gott zu glauben, die Existenz

Gottes zu bezweifeln, dem Dao (Tao) folgen oder eine stoische Haltung kultivieren zu wollen – all dies ist nur einem Wesen möglich, das sich durch symbolische Semiose vom Hier und Jetzt des Alltags lösen und sein Bewusstsein auf das Ganze richten kann. Doch gerade hier zeigt sich dann wieder, wie symbolische Distanz und qualitatives Erleben in all seiner leiblichen Eindringlichkeit innerlich verbunden sind. Im Zentrum weltanschaulicher und religiöser Praktiken steht eben nicht die distanzierte Kontemplation des Weltgebäudes um seiner selbst willen, sondern die Spannung zwischen der Vulnerabilität und Sterblichkeit des Lebens und einer dazu inkommensurablen, den Lebensvollzug transzendierenden Realität. Nur ein symbolisch erweitertes Bewusstsein kann diese Spannung überhaupt empfinden, aber nur ein vulnerabler Organismus kann unter ihr leiden und hat deshalb ein Motiv, sie mithilfe kultureller Sinndeutungen zu gestalten und damit erträglich oder sogar sinnstiftend zu machen.

2.5.4 Die Wieder-Verleiblichung des Symbolischen

Wenn es darum geht, die Entstehung von symbolischer Bedeutung aus erlebter Bedeutsamkeit nachzuvollziehen, stehen unvermeidlich aktive Artikulationsprozesse im Mittelpunkt, in denen etwas einheitlich Gefühltes in eine syntaktisch gegliederte Zeichenkette umgewandelt und damit explizit gemacht wird. Diese lineare Darstellungsform ist jedoch einseitig, denn schon ein knapper Verweis auf den elementaren Zusammenhang von Organismus und Umwelt macht deutlich, dass wir es hier mit kreisförmigen Prozessen zu tun haben, mit ständig wiederholten Rückkopplungsschleifen oder besser -spiralen. Dem Ausdrücklich-Machen der Artikulation korrespondiert eine Wieder-Verleiblichung des symbolischen Sinns. Zur pragmatistischen Revolution der Philosophie gehört daher auch die Einsicht, dass sich alle symbolischen Ausdrucksleistungen auf der Seite der Individuen in Form von Veränderungen der erlebten Qualitäten und präreflexiven Handlungsgewohnheiten gewissermaßen wieder sedimentieren. Was ins explizite Bewusstsein gehoben worden ist, sackt schließlich und unvermeidlich ins Gefühlte und Habituelle ab, wodurch es zur Aus- bzw. Weiterbildung verschiedenster vorbewusster Verhaltensmuster kommt. In ihrer Gesamtheit bilden sie den *Habitus*[66] eines

---

66 In der Soziologie haben Norbert Elias und noch stärker Pierre Bourdieu umfassende Habituskonzepte mit sehr weitgehenden explikativen Ansprüchen entwickelt, die auch eine breite Rezeption erfahren haben. Ich konzentriere mich hier jedoch ausschließlich auf die handlungstheoretischen Aspekte, wie sie von den Pragmatisten im Begriff des *habit* gebündelt worden sind. – Aus den unterschiedlichen grundbegrifflichen Ansätzen resultieren auch massive Differenzen zwischen dem bourdieuschen Habitusbegriff (dieser wird als „inkorporierte[.] Notwendigkeit" [Bourdieu

Menschen, der zu bestimmten Erlebnisweisen und Handlungsmustern prädisponiert, die dann in neuen Interaktionen bzw. Artikulationen mit dem stets neuen Widerstand der physischen und semantischen Umwelt konfrontiert werden. Diese neuen Explikationen eines unbestimmt-bedeutsamen Handlungssinns verkörpern sich dann wiederum in leiblichen Haltungen, bis ein neuer Kreislauf beginnt. Bewusstseinsleistungen und unbewusste Gewohnheiten greifen in ständigem Wechsel ineinander.

Anthropologisch bietet es sich an, *prä*artikulatorische und *post*artikulatorische Formen der Habitusbildung zu unterscheiden: Qualitative Bewertungen und verkörperte, noch vage Handlungsimpulse verdichten sich zu Verhaltensgewohnheiten, schon *bevor* es zu einer symbolischen Explikation dessen kommt, worum es eigentlich situativ gerade geht. Diese Gewohnheiten sind Vorstufen des sprachlichen Ausdrucks. Umgekehrt können sich sprachlich-begriffliche Klärungsleistungen nicht auf Dauer im expliziten Bewusstsein halten; sie verändern (‚sedimentieren‘) sich vielmehr zu unbewussten Dispositionen, die dann ihrerseits wieder den fortlaufenden Prozess der Erfahrung- und Zeichenbildung prägen. Aus pragmatistischer Perspektive stellt die Vorstellung, die einmal gewonnene begriffliche Klarheit bleibe im expliziten Bewusstsein dauerhaft gespeichert und deshalb verfügbar, eine rationalistische Verkürzung des dynamischen Prozesses von Explikation und Implikation dar – anders gesagt, eine sachwidrige Priorisierung des *knowing-that* über das *know-how*. Präartikulatorisch sind die entstehenden Handlungsgewohnheiten konstitutive Phasen der Begriffsbildung, postartikulatorisch hingegen übernehmen sie die Aufgabe, die Konsequenzen des Überzeugtseins von normativen und deskriptiven Aussagen im Handeln zu implementieren, wie dies in der pragmatischen Maxime von Peirce zum Ausdruck gebracht wird. Diese beiden Aspekte sind wohl unterscheid-, nicht aber trennbar, denn sie bezeichnen lediglich unterschiedliche Akzente und zeitliche aufeinanderfolgende Phasen innerhalb eines dynamischen, kreisförmigen Handlungszusammenhangs von Organismus und Umgebung.

Es sind also affektive und praktische *Gewohnheiten*, mit denen Prozesse der Begriffsbildung beginnen *und* in denen sie auch ihr Ende finden. Die besonders von G.H. Mead immer wieder herausgestellte Einsicht, dass explizites und artikuliertes Bewusstsein keine diachron stabile Eigenschaft des menschlichen Lebens ist, sondern eine funktionale Phase in spiralförmig wiederholt durchlaufenen Umweltinteraktionen darstellt, führt zu einer systematischen Aufwertung des Gewohnheitsbegriffs, dem philosophiehistorisch betrachtet nur selten die angemessene Aufmerksamkeit geschenkt wurde. Und für Charles S. Peirce lässt sich sogar die

---

1998, 278] verstanden) und dem pragmatistischen, der sehr viel stärker auf *habits* als Voraussetzung für kreatives, sozial zwar präfiguriertes, aber eben nicht determiniertes Handeln setzt.

Entstehung von Allgemeinbegriffen überhaupt nur durch Gewohnheitsbildung erklären. Der allgemeine Mechanismus – ich folge hier der Darstellung in Viola 2017, 93 f. – hat die Form, dass ein Stimulus beim ersten Auftreten von einer Reaktion gefolgt wird, die eine, zwar schwache und revidierbare, aber dennoch merkliche Tendenz erzeugt, beim zweiten Auftreten eines ähnlichen Stimulus auf dieselbe Weise zu reagieren. Mit jeder weiteren Wiederholung stabilisiert sich dieser Effekt (falls er nicht durch gegenläufige Erfahrungen konterkariert wird) und damit bildet sich allmählich eine *generalisierte* Reaktionsweise: „a general idea gains the power of exciting reactions." (Peirce 1892/1992, 328) Dieses Konzept der Gewohnheitsbildung lässt sich Viola zufolge auf die Dynamik des Zeichenprozesses übertragen. Ikonische Zeichen sind voller Möglichkeiten, aber noch unbestimmt. Der Prozess des *habit-taking* erzeugt nun eine schwache Tendenz zur Verstetigung bestimmter dieser Möglichkeiten, die u. a. durch das Hinzukommen indexikalischer Zeichen ausgewählt werden können, als besonders charakteristische und saliente Instanzen der von der Qualität bezeichneten möglichen Objekte. Am vorläufigen Ende dieses Prozesses steht eine fixierte, intersubjektiv geteilte Interpretationsregel,[67] wie sie symbolischen Zeichen eigen ist.

Auch John Dewey betont in seiner Sozialpsychologie (*Human Nature and Conduct. An Introduction to Social Psychology*, 1922/2007) die entscheidende Rolle von *habits* für überlegtes Handeln. Es sind weniger die im Bewusstsein aktual präsenten Begriffe und Inferenzen, die solches Handeln ermöglichen, sondern vor- bzw. nachbewusste Handlungsdispositionen: „The scientific man and the philosopher like the carpenter, the physician and politician know with their habits not with their ‚consciousness'. The latter is eventual, not a source." (Dewey 1922/2007, 182 f.) Allerdings bleiben *habits* steril, wenn sie nicht in Lernprozessen mit den Impulsen konfrontiert werden, die entstehen, wenn der Lebensprozess des Organismus gestört[68] wird:

> The disturbed adjustment of organism and environment is reflected in a temporary strife which concludes in a coming to terms of the old habit and the new impulse. [...] With habits alone there is a machine-like repetition, a duplicating recurrence of old act. With conflicts of habit and release of impulse there is conscious search." (Dewey 1922/2007, 179 f.)

---

67 Dabei kommt es nicht darauf an, dass diese Regel sprachlich expliziert worden ist. Entscheidend ist vielmehr, dass sie auf eine sozial verbindliche Weise praktisch beherrscht wird. Mit den Worten Robert Brandoms handelt es sich um „norms that are implicit in practice" (Brandom 2000, 45).
68 Solche ‚Störungen' können, wie oben bereits erläutert, sowohl durch eine Bedrohung als auch durch eine Chance entstehen.

Der „vorübergehende Konflikt" bezieht sich auf die Phase des expliziten Bewusstseins, der klärenden Handlung bzw. symbolischen Artikulation. Vor und nach dem Konflikt regieren Gewohnheiten das Handeln, bis eine erneute Störung auftaucht. Dann muss die gefühlte Situation so explizit gemacht werden, dass sich neue Möglichkeiten der Fortsetzung des Handelns ergeben. Hierbei ist zu beachten, dass dieses „Auftauchen" von Störungen nicht passiv erwartet werden muss, sondern auch, etwa in der wissenschaftlichen Praxis des Experimentierens, beim Philosophieren oder im ästhetisch-kreativen Akt, gezielt herbeigeführt werden kann. Darin besteht ein wichtiger Unterschied zwischen den verschiedenen kulturellen Praktiken der Verfeinerung bestimmter Erfahrungsdimensionen und den Erfahrungen des Alltags.

Aber ob nun in gewöhnlicher Lebenserfahrung kontigente Ereignisse verarbeitet werden müssen oder in professionellen Kontexten Irritationen systematisch erzeugt werden – es ist das Schicksal reflexiver, symbolischer Explikationsprozesse, sich immer wieder in jenen, nun allerdings veränderten, Gewohnheiten und Gefühlen zu verkörpern, aus denen sie im Verbund mit bewussten Irritationen des Handlungszusammenhangs erst hervorgegangen sind. Diese Rückbindung des Symbolischen an den lebendigen Organismus ist unhintergehbar. Sie unterscheidet sich auch von der Verkörperung der Symbole im weiteren Sinn der *extended cognition*, denn diese ist ja auch etwa in Schriftzeichen und sogar in digitalen Medien, nicht nur in der leibgebundenen Stimme möglich. Wiederverleiblichung hat zwei Dimensionen, denen in der Semiotik von Peirce die indexikalischen und ikonischen Zeichen(aspekte) zugeordnet werden können: Handlungsgewohnheiten (habits) verkörpern symbolisch artikulierten Sinn in Form von sensomotorischen Dispositionen, denen neuronal vorgebahnte, teils globale und teils (etwa im sensomotorischen Cortex) lokalisierbare Erregungsmuster des Gehirns entsprechen. Erlebnisqualitäten hingegen speichern Erfahrungen, die der Organismus mit positiven oder negativen Veränderungen der Qualität seiner Homöostase gemacht hat, und suggerieren dabei Handlungsmöglichkeiten. Diese Deutung der gespürten Qualitäten übernehme ich aus den Arbeiten von Antonio Damasio (siehe oben 79 – 85.) Zu den biologischen Realisierungsbedingungen erlebter und emotional gehaltvoller Zustände gehören ihm zufolge nicht alleine spezifische Erregungsmuster von Neuronenclustern, wie das häufig von Neurophilosophen dargestellt wird, sondern auch zahlreiche biochemische, beispielsweise endokrine Prozesse bis auf die molekulare Ebene hinab (vgl. Damasio 2018, chap. 8).

Anthropologisch entscheidend ist die Einsicht, dass jede kognitive Leistung und speziell das Sprechen einer Sprache mit leiblichen Phänomenen beginnt, sich dann mit der kulturbildenden Kraft symbolischer Distanz immer abstraktere Verkörperungsformen (Artefakte wie Institutionen, Bücher, Filme, digitale Speichermedien etc.) ‚erobert' und schließlich für die Individuen wieder in Form von Qualitäten und

Gewohnheiten leibliche Gestalt gewinnt, bevor die erreichte Habituierung wieder durch Irritationen verstört wird und die nächste Runde des Kreisprozesses beginnt.[69] Dieses zyklische bzw. spiralförmige Verständnis von Explikation und Re-Implikation gründet natürlich in der als *basic unit of explanation* gedachten Interaktionseinheit von Organismus und Umwelt, in der sensuell-affektive, volitionale und kognitive Aspekte noch gar nicht auseinandergetreten sind. Das geschieht erst dann, wenn der fließende Austausch stockt und an der einheitlichen Qualität Grenzen und Unterschiede herausgearbeitet werden müssen, damit eine Handlungsfortsetzung möglich wird.

Damit unterscheidet sich die pragmatistische Konzeption deutlich von rationalistisch geprägten Verkörperungskonzepten, wie sie prominent etwa Jürgen Habermas entwickelt hat. Darauf möchte ich abschließend kurz eingehen, um die Grundposition der pragmatistischen Verkörperungsanthropologie kontrastierend noch klarer herauszuarbeiten. In seinem Aufsatz *Die Lebenswelt als Raum symbolischer verkörperter Gründe* (Habermas 2012) arbeitet Habermas zunächst ein Verständnis der Idee des Gebens und Nehmens von Gründen heraus, das sich der pragmatistischen Einsicht in die Bindung von Bewusstsein, Reflexion und Argumentation an Irritationen des Lebensprozesses mühelos anschließen lässt. Dort heißt es:

> Gründe verschaffen orientierungsbedürftigen Personen Aufklärung über intransparente oder rätselhafte Umstände, die stören, weil sie in den [sic!] Horizont eines wie immer auch nur vage – oder, wie sich herausstellen kann, falsch – vorverstandenen Ganzen ein Loch aufreißen. Gründe stellen das durch Unverständnis gestörte epistemische Verhältnis zu einer vertrauten Welt wieder her. Sie reparieren selbst dann eine aufgescheuchte lebensweltliche Naivität, wenn sie unser Weltverhältnis revolutionieren. (Habermas 2012, 55)

Diese Beschreibung stimmt gut mit der Peirceschen Einsicht zusammen, dass Zweifel immer situativ begründet sein müssen und wir ohne konkreten Anlass zu diesen die Wahrheit unserer Überzeugungen implizit voraussetzen – implizit deshalb, weil uns eben dieser Voraussetzungscharakter erst mit dem Auftreten eines konkreten Problems überhaupt bewusst wird (vgl. Peirce 1868/1992b, 28 f.). Es ist allerdings schwer nachvollziehbar, dass Habermas hier ausschließlich das *epistemische* Weltverhältnis thematisiert, spielen doch in lebensweltlichen Praktiken auch etwa Gründe zur Wiederherstellung zerstörten Vertrauens (z. B. Rechtfertigungen und Entschuldigungen) eine entscheidende Rolle. Es wäre jedenfalls eine deutliche Überrationalisierung, wollte man auch solche Gründe als epistemisch

---

69 Peirce-Kenner werden in diesem zyklischen, niemals stillzustellenden Prozess unschwer dessen bekanntes *doubt-belief*-Schema wiedererkennen können (vgl. Peirce 1877/1992).

bezeichnen. Wer beispielsweise als Entschuldigung für eine nicht eingehaltene Verabredung akzeptiert, dass die betreffende Person Erste Hilfe bei einem Autounfall leisten musste, erwirbt damit nur sekundär neues Weltwissen. Primär geht es hier doch darum, dass eine soziale Norm (Verabredungen sind einzuhalten) durch eine höherstufige (Hilfspflicht gegenüber Unfallopfern) aufgehoben werden kann und durch Kommunikation dieser höheren Pflicht entsprechend Vertrauensverluste repariert werden können.

Habermas' nächster Argumentationsschritt besteht darin herauszuarbeiten, dass sich beim Übergang von der Ebene direkter Kommunikation zu derjenigen kultureller Überlieferungen eine „konsolidierende Verkörperung höherer Stufe" (Habermas 2012, 58 f.) vollzieht. Gemeint ist hier das, was ich in der Einleitung mit Rückgriff auf Dilthey als „objektiver Geist" (vgl. auch Habermas 2012, 64) bezeichnet hatte – mit Habermas' Worten ein „öffentlich[.] zugängliche[r] Raum von *vorge-schossenen* Deutungen, in dem sich die Kommunikationsteilnehmer vorfinden" (Habermas 2012, 64). Sodann werden verschiedene Formen unterschieden, in denen sich Gründe intersubjektiv verkörpern: kulturelle, psychosoziale und materielle (vgl. Habermas 2012, 72), wobei Habermas im selben Zug auch bereits jene Theorie der rituellen Kommunikation entwickelt, die dann in seinem späten *opus magnum* (Habermas 2019, Bd.1, Teil II) voll entfaltet werden wird. Das alles ist schon deshalb von hohem systematischem Interesse, weil Habermas durch seine Reflexionen über Verkörperung dazu genötigt wird, eine „Peripherie von Sinnsedimenten, die über den Raum der explizit verfügbaren Gründe hinausreicht" (Habermas 2012, 76), anzuerkennen und damit den Hyperrationalismus der *Theorie des kommunikativen Handelns* (Habermas 1981) zumindest ein wenig abzumildern. „Peripherie" ist allerdings aus einer pragmatistischen Perspektive eine systematisch irreführende Metapher. Wie oben bereits ausführlich gezeigt wurde, sind *alle* Handlungsgründe aus verkörperungstheoretischer Sicht schon deshalb genuin verkörpert, weil jeder sprachlich ausgedrückte Grund *intern* mit bewertenden Leibgefühlen und sensomotorischen Handlungsgewohnheiten verbunden ist.

Diese primäre Verkörperung (genauer eigentlich: Verleiblichung) liegt kulturell sedimentiertem Sinn bereits voraus, wird jedoch von Habermas weitestgehend ausgeblendet. Die Rolle des lebendigen Organismus bei der *Genese und kreativen Weiterbestimmung von Bedeutungen*, die im klassischen Pragmatismus so zentral ist, findet bei ihm keine Berücksichtigung. Für Habermas liegen die Dinge so, dass zunächst im Fluss befindliche Kommunikationen sich in Formen des objektiven Geistes verkörpern, die dann wiederum von den Subjekten verinnerlicht werden: „Auf dem Wege der Internalisierung werden die tragenden Werte und normativen Gründe einer Gesellschaft in den Persönlichkeitsstrukturen ihrer Mitglieder buchstäblich verkörpert." (Habermas 2012, 72) Damit wird Verkörperung als eine Einbahnstraße gedacht, die von den objektivierten Sinngestalten, die innerhalb einer Gesellschaft zugänglich sind, in die Persönlichkeit der Gesellschaftsmitglieder hineinführt. Die Gegenrichtung, also die Bedeutung des leiblichen Weltverhältnisses für die kreative Artikulation von sozialem Sinn, bleibt unbefahren. Dieses Verkörperungsverständnis ist unzureichend, weil es viel zu spät ansetzt: nicht schon, wie es angemessen wäre, am qualitativen Erleben und seiner artikulierenden Bestimmung, sondern erst an der Sedimentierung sozialer Kommunikation in den Gestalten des objektiven Geistes. Der stetige Kreislauf von Implikation, Explikation und neuer Implikation wird damit durch eine nur in eine Richtung verlaufende Dynamik der Verinnerlichung sozialer Werte, Normen und Tatsachen ersetzt. Darauf kann sich eine artikulatorische Verkörperungsanthropologie jedoch nicht einlassen. Ihre Überzeugungskraft beruht schließlich auf der Annahme, dass die Interaktionseinheit von Organismus und Umwelt für Bedeutungsphänomene fundamental ist und daher das „aufgespannte Verhältnis" zwischen leiblichem Erleben/ Handeln und kulturellem Sinn auf allen Ebenen, auch derjenigen propositionaler Sprache, einen angemessenen theoretischen Ausdruck finden muss.

3 Die Evolution der Kultur

3.1 Die Überwindung des Dualismus von Natur- und Kulturgeschichte

Im vergangenen Kapitel wurde ausführlich dargestellt, warum und wie die Philosophie der klassischen Pragmatisten das anthropologische Denken revolutioniert hat: Wir stehen der Welt nicht zuerst als Beobachter gegenüber, bevor wir dann in ihr handeln, vielmehr sind alle kognitiven Prozesse Teilaspekte eines im Ganzen praktischen Weltverhältnisses. Diese radikale Umstellung der Grundbegriffe auf die Umweltinteraktion als Erklärungs- und Verständnisansatz unterscheidet das pragmatistische Denken nachhaltig von dem Projekt der klassischen „Philosophischen Anthropologie", die sich aus der Beobachterperspektive heraus zunächst Lebensphänomenen und dann von ihnen her den Humanspezifika zuwendet (vgl. Fischer 2009, 519–525). Die gefühlte *Bedeutsamkeit* der Welt für den Lebensvollzug des Organismus ist im Pragmatismus der Ausgangspunkt aller Sinnbildung, die jedoch durch die evolutionäre Entstehung symbolischer Distanz eine völlig neue Dimension gewinnt und sich vielfältige Weltbezüge, darunter reflexive Selbstdistanz und einen Bezug zur Wirklichkeit im Ganzen, neu erschließt. Diese Weltbezüge lassen sich nach unterschiedlichen Geltungsansprüchen auffächern, unter denen derjenige auf Wahrheit nur *ein* spezifischer ist. Dass das organische Bedeutungserleben sich durch die Emergenz symbolischer Bedeutungen zwar verändert, jedoch nie an Relevanz verliert, ist durch die pragmatistische Lehre vom Qualitativen kraftvoll zum Ausdruck gebracht worden. Und schließlich kann ein qualitativ-symbolisch-praktisch konzipiertes Bewusstsein nur *verkörpert* und *intersubjektiv* gedacht werden: Die Emergenz des Geistes beruht auf exaptativen Erweiterungen evolutionär früherer Funktionen wie der Bewegungssteuerung sowie auf der Evolution eines geteilten Bewusstseins, das symbolische Artikulation und Kommunikation ermöglicht.

Vor diesem Hintergrund zeichnen sich die Konturen einer artikulatorischen Anthropologie der Verkörperung ab, für die die Dichotomie zwischen Natur(geschichte) und Kultur(geschichte) keinerlei systematische Relevanz mehr besitzt. Damit soll *nicht* behauptet werden, methodische Differenzen etwa zwischen hermeneutisch-sinnverstehenden und kausal-nomologischen Ansätzen seien irrelevant. Aber die Einführung der Elementarkategorie des organischen Lebensvollzugs verändert eben die Perspektive grundsätzlich. Wenn nämlich bereits die Interaktion zwischen Organismus und Umwelt, wie schon von Deweys Reflexbogenaufsatz und Uexkülls Bedeutungslehre (vgl. Dewey 1896/2003 und Uexküll 1940/2023) nahegelegt, als intrinsisch *bedeutungshaft* verstanden werden muss, werden die Grundlagen der

https://doi.org/10.1515/9783111065595-004

Hermeneutik in die Biologie zurückverlegt. Wenn aus unbelebter Materie Leben emergieren kann, sind dessen Phänomene auch Teil der natürlichen Welt, und der methodische Dualismus zwischen dem Erklären von Kausalzusammenhängen und dem Verstehen von sinnhaften Mustern mildert sich damit zu einer Perspektivendifferenz *innerhalb* der natürlichen Wirklichkeit.[70] Mit der Evolution des Lebens evolvieren auch Bedeutungen, denn Lebensvollzüge können immer gelingen oder misslingen, weshalb Organismen die Welt nicht gleichgültig sein kann. Nicht erst Menschen, bereits nichtmenschliche Lebewesen verstehen mithin *etwas als etwas* (nämlich einen Aspekt ihres Austauschs mit der Umwelt als förderlich oder behindernd für ihren Lebensvollzug), und zwar deshalb, weil sie ein *Wohl* haben.[71]

Dies gilt zumindest dann, wenn man bereit ist, ‚Verstehen' auch als eine praktische Diskriminierungsfähigkeit und Sensitivität für Affordanzen aufzufassen, nicht nur als rein sprachgebundene Tätigkeit. In diese Richtung hat sich seit Heideggers früher Hermeneutik der Faktizität die Theorie des Verstehens (allerdings mit der markanten Ausnahme Gadamers) auch tatsächlich entwickelt (vgl. Jung 2012). Der Ursprung der hermeneutischen Grundoperation des Verstehens ist, wenn man dieser Linie folgt, nicht erst in der Kultur, sondern viel früher in der Biologie zu finden. Er liegt in der von Damasio besonders betonten (vgl. Damasio 2018) elementaren Tatsache, dass Organismen die Qualität ihrer homöostatischen Prozesse in Verbindung mit ihren Umweltinteraktionen dauernd überwachen und deren Veränderung fühlen können. So entsteht ein Gefühl für die Bedeutung einer Situation. Diese Form des Verstehens ist natürlich in ihren Anfängen weder *bewusst* noch *selbstbewusst*; beide Eigenschaften sind an Organismen, die über ein Nervensystem verfügen, gebunden. Dennoch hat das biologische elementare Verstehen bereits die formale Struktur, einen Teilaspekt im Hinblick auf seine Rolle für ein

---

70 Eine historische Randbemerkung: Die Verhärtung der methodischen Differenz von *Erklären* und *Verstehen* wird unter anderem auf Wilhelm Dilthey zurückgeführt, der diese Differenz in seinem Spätwerk u. a. unter dem Druck, den Geisteswissenschaften ihre Selbständigkeit zu erhalten, tatsächlich stark betont hat. Dadurch ist aber völlig aus dem Blick geraten, dass derselbe Dilthey, vor allem in seiner mittleren, ‚pragmatistischen' Phase, ein Pionier der Überwindung dieses Dualismus gewesen ist, und zwar gerade dadurch, dass er den Organismus-Umwelt-Zusammenhang und die interne Differenzierung des Organismus in seinem Kontext als Ausgangspunkt für das Verständnis auch menschlicher Lebensäußerungen stark gemacht hat. Vgl. dazu sein Fragment „Leben und Erkennen" (Dilthey ca. 1892/1982, 344 ff.) und Jung 2014, 105 – 122. Der ganze Vorgang hat eine tragische Komponente, denn die methodische Selbstabschließung der Geistes- und Kulturwissenschaften gegenüber dem naturwissenschaftlichen Denken hat keinen geringen Anteil an der Marginalisierung dieser Disziplinen im Wissenschaftsdiskurs der Gegenwart.
71 Zur Diskussion über den Zusammenhang von „leben" und „ein Wohl haben" vgl. McLaughlin 2008, 33 – 37.

Ganzes zu bewerten. Die Kontinuität von „Mind in Life" (Thompson 2007) zu denken, ist daher der entscheidende Schritt zur Überwindung des Dualismus.[72]

Wer den Geist im Lebensprozess verankert, ‚vergeistigt' damit aber umgekehrt auch die biologischen Lebensvorgänge. Das kann sich, wie bei Evan Thompson, in die Richtung eines Biopsychismus (vgl. unten S. 329) entwickeln, aber auch mit einer klaren Beschränkung von „mindedness" auf Organismen mit einem hinreichend entwickelten Nervensystem verbunden werden, wie bei Antonio Damasio (vgl. Damasio 2018, 72 f.). In jedem Fall ermöglicht eine nichtreduktionistische Naturalisierung des Geistes auch eine neue, „humanisierte" Sicht auf Naturprozesse. Von „Humanisierung" spreche ich dann, wenn – wie etwa in Deweys *Erfahrung und Natur* – Natur nicht mehr auf einen sinnfreien Inbegriff kausaler verknüpfter Ereignisse und Prozesse verkürzt wird, sondern auch als Erscheinungsraum für Werte, Normen, Sinnerfahrungen aller Art und schließlich für die nichthumanen Bedeutungen tierischen Lebens fungiert. In diesem Sinne zielt die Rede von einer ‚Humanisierung' der Natur auch auf deren ‚Biologisierung' (im Sinn einer Uexküllschen Biologie, die den Bedeutungsbegriff priorisiert). Es geht um einen Gegenentwurf zu all jenen reduktionistischen Ontologien, die davon ausgehen, dass allein physikalische Prozesse die Realität erschöpfend beschreiben und Sinnkategorien nur als Projektionsmechanismen gedacht werden können, die Bedeutungen wie flüchtige Bilder auf der Oberfläche eines intrinsisch sinnfreien Universums aufscheinen lassen.

‚Humanisierung' darf aber nicht mit Anthropomorphisierung gleichgesetzt werden. Diese liest humanspezifische Sinnkategorien in die nichtmenschliche Realität hinein, während jene einen deutlich bescheideneren Anspruch hat und die Existenz nichtsinnhafter Kausalzusammenhänge ernst nimmt. ‚Humanisierung' zielt vor allem darauf, dass a.) die biologische Zentralkategorie der Bedeutung als emergente Realität aller Lebensprozesse geltend gemacht wird, also ebenso real ist wie physikalische Prozesse, und damit b.) auch spezifisch menschliche Bedeutungen und Werte in der (belebten) Natur ‚zuhause' sein können. Mit den Worten Ronald Dworkins: „…. values are real and fundamental, not just manifestations of something else; they are as real as trees and pain." (Dworkin 2013, 13) Pragmatisten bestehen also darauf, dass wir in einer (im Sinne von Rosa 2018) „resonanten" Welt leben – einer Wirklichkeit, die von erfahrbaren Interaktionsqualitäten geprägt ist. Das schließt nicht aus, dass Kulturprozesse sich eigenlogisch entfalten, also nicht naturgesetzlich erklärbar sind, wohl aber, dass Kultur in einen Gegensatz zur Natur

---

72 Daher kann Volker Gerhardt programmatisch behaupten: „An den Lebenswissenschaften wird sich bald erweisen, dass die Unterscheidung zwischen Geistes- und Naturwissenschaften einem zu engen Verständnis beider Seiten entspringt." (Gerhardt 2010, 203)

tritt. An die Stelle dieses so lange die Theoriebildung dominierenden und verzerrenden Gegensatzes tritt damit die Vorstellung einer *Evolution der Kultur*.

Evolution der Kultur ist allerdings ein eher schwammiger *umbrella term*, der ein breites Spektrum abdeckt. Es reicht von radikal evolutionistischen Ansätzen, die jede Eigenständigkeit der Kulturentwicklung leugnen und stattdessen auf die Selektion und Replikation sog. „Meme" setzen (vgl. Dawkins 1976, Blackmore 1999) bis hin zu Positionen, die die naturgeschichtliche Einbettung der Kulturgeschichte und damit zugleich betonen, dass Kulturen sich nur innerhalb des biologisch vorgegebenen Rahmens entwickeln können (Diamond 1992). Christian Illies (Illies 2010, 17–27) hat hinsichtlich des Verhältnisses von, grob gesagt, Biologie und Kultur, eine hilfreiche Typologie vorgelegt, die ich hier aufgreifen und ergänzen möchte. Er unterscheidet fünf verschiedene Arten von Erklärungsansprüchen: (A.) Theorien von Montesquieu bis Jared Diamond, in denen „Naturgegebenheiten im weitesten Sinn als Voraussetzung für spezifische Kulturformen benannt" (Illies 2010, 17) werden. (B.) Soziobiologische und der evolutionären Psychologie zuzurechnende Theorien, in denen das gegenwärtige kulturelle Verhalten unserer Spezies mit (häufig nun als maladaptiv aufgefassten) Anpassungsleistungen an die Lebensbedingungen in der Entstehungsphase von Homo Sapiens in der Steinzeit erklärt wird.[73] (C.) „Theorien, die den Prozess der natürlichen Selektion auf die Kulturentwicklung übertragen." (Illies 2010, 21). Solche Positionen sind lamarckistisch, weil sie davon ausgehen, dass kulturelle Errungenschaften einer Generation, die einen evolutionären Vorteil bieten, aus diesem Grund an die nächste Generation weitergegeben werden. Illies nennt hier als Vertreter u. a. Konrad Lorenz. (D.) Schließlich ist es möglich, kulturelle Entwicklungen so zu verstehen, dass sie sich evolutionär erklären lassen, ohne dass dabei Rückkoppelungen zur biologischen Fitness stattfinden. Friedrich August von Hayek wird von Illies als Vertreter einer solchen Position herausgestellt. (E.) Etwas quer zu den genannten Theorien stehend führt Illies schließlich Positionen auf, bei denen die Evolutionstheorie in den Rang eines universellen Erklärungsprinzips und der Basis für eine umfassende Wirklichkeitsdeutung erhoben wird. Ein prominentes Beispiel hierfür bietet Daniel Dennnett mit seinem Buch *Darwin's Dangerous* Idea (1996).

Die Positionen (A.) – (D.) deklinieren verschiedene Möglichkeiten durch, die Entstehung und zum Teil auch die Weiterentwicklung kultureller Lebensformen mit dem begrifflichen Instrumentarium der Evolutionstheorie, also vor allem unter Vermeidung jeder teleologischen Perspektive, erklärbar zu machen. Die unter (E.)

---

[73] Das schon klassische Diktum von Lea Cosmides und John Tooby (Principle 5 aus ihrem „Evolutionary Psychology. A Primer" (1997) bringt diese Position auf den Punkt: „Our modern skulls house a stone age mind".

gefassten Positionen greifen diese Möglichkeit auf und extrapolieren sie tendenziell zu einer *theory of everything* (vgl. Illies 2010, 25). Sie erweitern den methodischen Naturalismus zum metaphysischen und tragen insoweit einen spekulativen, über die Naturwissenschaften hinausgehenden Charakter. Als Dialogpartner für eine Anthropologie der verkörperten Artikulation kommen sie schon aus diesem Grund nicht in Frage. Wie steht es aber mit den vier anderen Erklärungsansätzen? Entscheidend ist, dass die im Einführungskapitel dieses Buchs genannte irreduzible Spannung zwischen evolutionärer Kontinuität und qualitativer Differenz zu anderen Lebensformen nicht zugunsten ersterer aufgelöst wird. Macht man sich das klar, wird eine Ambiguität in dem von Illies verwendeten Begriff „kausale[.] Kulturerklärungen" (Illies 2010, 30) sichtbar. Er kann sich nämlich auf die evolutionäre *Entstehung* kultureller Lebensformen, genauso aber auch auf deren historische *Entwicklung* selbst beziehen. Dass auch die Entwicklung einer kumulativen Kultur im Sinne Tomasellos (Tomasello 1999, 5 f.) den Prinzipien zufälliger Mutation und adaptiver Selektion vollständig unterworfen sein sollte, ist aber eine sehr viele stärkere These als die Behauptung, die evolutionären Mechanismen bei der Entstehung einer kulturellen Lebensform benennen zu können.

Mustert man aus dieser Perspektive die von Illies genannten Positionen durch, so fällt zunächst auf, dass der Erklärungsanspruch von Theorien des Typs (A.) von allen nicht radikalen dualistischen Kulturtheorien im Prinzip (nicht zwangsläufig auch in den Details der materialen Durchführung) als eine Selbstverständlichkeit anerkannt werden muss. Wenn der Mensch in evolutionärer Kontinuität zur Natur steht, bedarf es keiner zusätzlichen Begründung, dass er auch von naturalen Faktoren wie dem Klima, geographischen Bedingungen, (Infektions-)Krankheiten, verändertem Selektionsdruck durch ökologischen Wandel etc. in zentralen Aspekten seiner kulturellen Evolution geprägt sein wird. Anders steht es mit soziobiologischen und/oder evolutionspsychologischen Theorien (B.) im Gefolge des großen Entwurfs von Edward O. Wilson (Wilson 1975), soweit sie beanspruchen, gegenwärtige kulturelle Phänomene aus Anpassungsleistungen des menschlichen Gehirns in der Steinzeit verständlich zu machen. Hier wird die komplexe Wechselwirkung zwischen biologischer Evolution und kultureller Entwicklung geleugnet (vgl. Dupré 2003, chap. 6 u.7; Dupré 2006, chap.V) und letzterer jede Eigenständigkeit abgesprochen. Mit der Emergenz einer qualitativ neuen menschlichen Lebensform, die als sprachlich und kulturell bestimmte keineswegs ausschließlich, aber eben *auch* durch symbolische Distanz und Freiheit von der Unmittelbarkeit adaptiver Notwendigkeiten geprägt ist, lassen sich solche Positionen nicht vereinbaren. Dasselbe gilt auch von den Theorien des Typs (C.) und (D.), sofern diese nicht einfach nur die Wirksamkeit evolutionärer Selektionsprozesse behaupten, sondern Kulturentwicklung exklusiv durch diese erklären wollen.

Auffällig an der Illiesschen Typologie ist jedoch, dass ein bestimmter Theorietyp gar nicht eigens erwähnt wird, der für das Projekt einer naturwissenschaftlich informierten Verkörperungsanthropologie von besonderem Interesse ist. Gemeint sind Theorien, die die evolutionäre Entstehung einer *natürlicherweise kulturellen* menschlichen Lebensform rekonstruieren wollen, ohne doch zu bestreiten, dass neben fortdauernden evolutionären Selektionsmechanismen dabei auch grundsätzlich neuartige Entwicklungsmuster emergieren (Damasio 2019; Donald 1991, 2002; Laland 2017; Lieberman 2013; Neuweiler 2008; Suddendorf 2014; Tomasello 1999, 2008, 2014, 2016, 2019; Newson/Richerson 2021). Hier wird dann der Unterschied zwischen *Evolution* und *Entwicklung* systematisch relevant. Entwicklungsprozesse vollziehen sich zwar innerhalb der ständig fortlaufenden Evolution. Während die Pointe der Evolutionstheorie gerade darin besteht, dass die Mechanismen von zufälliger Mutation und Selektion gemäß der durch die Mutationen (in seltenen Fällen) gewährten Fitnessvorteile an die Stelle einer planvollen Entwicklung treten, ist Entwicklung immer ein *auch* teleologischer Prozess. Das lässt sich gut an den Forschungen Michael Tomasellos erläutern. Tomasello hat bereits in *The Cultural Origins of Human Cognition* (1999) die Besonderheit kultureller Lernprozesse[74] betont. Dafür verwendet er die Stichworte „cumulative cultural evolution" und „ratchet effect" (Tomasello 1999, 5): Über Generationen hinweg kommt es zur *zielgerichteten* Entwicklung und Perfektionierung kultureller Artefakte, wobei der Sperrklinkeneffekt[75] verhindert, dass nach dem Tod eines innovativen Individuums bzw. der Mitglieder einer innovativen Gruppe wieder von Neuem begonnen werden muss. In seinem *Becoming Human* (2019) arbeitet Tomasello dann die absolut fundamentale Bedeutung *ontogenetischer* Lernprozesse heraus. Ein kulturfern aufgewachsenes menschliches Wesen würde sich in seinen kognitiven Fähigkeiten nur wenig von denen eines Menschenaffen unterscheiden. Es sind also die ersten Lebensjahre, in denen durch kulturelles Lernen all jene Fähigkeiten ausgebildet werden, die ein Individuum zu einem ‚normalen' Vertreter unserer Gattung machen.

Tomasellos Einsicht in „[c]hildren's biological inheritance for cultural inheritance" (Tomasello 1999, 199) überwindet grundsätzlich den sterilen Gegensatz zwischen Natur- und Kulturwissenschaften, vor allem dann, wenn man ihn mit den Einsichten der *embodied-cognition*-Forschung verbindet. Denn die evolutionäre

---

74 Überhaupt von „Lernprozessen" zu sprechen, bedeutet ja bereits, kognitive Leistungen zu betrachten, die auf ein in der Zukunft liegendes Ergebnis hin orientiert, also teleologisch sind.

75 In deutschen Übersetzungen Tomasellos ist meistens von einem „Wagenhebereffekt" die Rede. Diese Übertragung verfehlt aber die Pointe der „ratchet"-Metapher, die darin besteht, dass (bei Wagenhebern des amerikanischen Typus) eine Sperrklinke verhindert, dass der nach oben gedrückte Wagenheber nach unten rutscht, der erzielte Fortschritt also wieder verloren geht.

Disposition für eine kulturelle Lebensform ist nicht so zu verstehen, als ob Naturprozesse lediglich die Fundamente bereitstellen würden, auf denen sich dann die Gebäude der Kultur errichten ließen, ohne sich noch weiter um die Leiblichkeit menschlicher Kognition zu kümmern. Vielmehr ist der lebendige Organismus, wie ich oben auch mithilfe zeichentheoretischer Kategorien gezeigt habe, bis in den höchsten Kulturleistungen hinein operativ. Evolutionstheoretisch gesprochen, machen Exaptationen die evolutionär früheren Funktionen, auf denen sie basieren, nicht überflüssig, sie setzen sie vielmehr gerade voraus. Eine solide evolutionstheoretische Basis ist daher *gerade* für anthropologische Positionen wie die hier vertretene, die von der Emergenz einer qualitativ neuen menschlichen Lebensform ausgehen, unentbehrlich. Denn das qualitative Neue entsteht nur aus der exaptativen Erweiterung des Alten. Es ist diese Einsicht, die den Dualismus dauerhaft obsolet werden lässt.

Allerdings darf auch das wichtige Konzept der Exaptation nicht zu einer für sich schon hinreichenden Erklärung der menschlichen Kulturalität überdehnt werden. Schon in seinem frühen Buch (1999) hat Tomasello daher darauf hingewiesen, dass ein zureichendes Verständnis der Anthropogenese *drei* Dimensionen des Wandels unterscheiden muss, die miteinander interagieren, jedoch jeweils durch eine eigene Zeitskala und durch eigene sachliche Gesetzmäßigkeiten und Muster gekennzeichnet sind: *Phylogenese, historische* Prozesse und die *ontogenetische* Entwicklung des Individuums werden von verschiedenen „time frames" (Tomasello 1999, 202) und spezifischen Sachlogiken regiert. Tomasello aufgreifend, möchte Nungesser (2021) die tiefsitzende sozialwissenschaftliche Skepsis gegenüber der Rolle biologischer Faktoren für soziokulturellen Wandel überwinden, indem er einen pragmatistischen Evolutionsbegriff stark macht, in dem Offenheit und Kontingenz zentrale Faktoren darstellen (Nungesser 2021, 180). Theorien kultureller Evolutionen sind demnach nur dann mit den wohlbegründeten Grundeinsichten des Pragmatismus verträglich, wenn sie die genuin unterschiedlichen Dimensionen der biologischen Evolution, des soziokulturellen Wandels und der individuellen Handlungs- und Entwicklungsprozesse unterscheidend aufeinander beziehen (vgl. Nungesser 2021 180 – 183). Wo dies geschieht, wird eine „biologieaffine, aber biologismuskritische Position" (Nungesser 2021, 180) möglich, und eben diese ist es auch, die ein dualistisches Verständnis der menschlichen Lebensform von den Grundbegriffen her überwinden kann.

3.2 Evolutionäre Theorien der Kulturgenese

In seinem *Essay on Man* von 1944, der den Untertitel *An Introduction to a Philosophy of Human Culture* trägt, greift Ernst Cassirer Jakob von Uexkülls[76] Idee des Funktionskreises zwischen Organismus und Umwelt auf, die sich ja ganz ähnlich auch bereits in Deweys Aufsatz über den Reflexbogen von 1896 findet. Er stellt sich die Frage, ob sich dieses Konzept denn auch auf die menschliche Welt anwenden lasse, und bejaht sie, um dann sofort hinzuzufügen:

> ... in der Menschenwelt stoßen wir auf ein neues Merkmal, welches das eigentliche Kennzeichen menschlichen Lebens zu sein scheint. Der „Funktionskreis" ist beim Menschen nicht nur quantitativ erweitert; er hat sich auch qualitativ gewandelt. [...] Verglichen mit anderen Wesen, lebt der Mensch nicht nur in einer reicheren, umfassenderen Wirklichkeit; er lebt sozusagen in einer neuen *Dimension* der Wirklichkeit. [...] Er lebt nicht mehr in einem bloß physikalischen, sondern in einem symbolischen Universum. Sprache, Mythos, Kunst und Religion sind Bestandteile dieses Universums. Sie sind die vielgestaltigen Fäden, aus denen das Symbolnetz, das Gespinst menschlicher Erfahrung gewebt ist. (Cassirer 1944/1996, 49 f.)

Cassirer geht es, wie sein Rückgriff auf Uexküll deutlich macht, um ein nicht mehr dualistisches, die Kontinuität mit anderen Lebewesen betonendes Verständnis des Menschen, das gleichzeitig auf der Einzigartigkeit der menschlichen Lebensform besteht. Diese Programmatik ist genauso aktuell geblieben wie seine Betonung des symbolischen Ausdrucks: Der Mensch kann nach Cassirer „... sein Leben nicht leben, ohne es zum Ausdruck zu bringen" (Cassirer 1944/1996, 339). Kulturen müssen dementsprechend als expressive Möglichkeitsräume verstanden werden, in denen durch Sprechakte, Texte, Bilder, Töne, Filme etc. Lebensbedeutungen artikuliert werden. Die „neue Dimension der Wirklichkeit", von der Cassirer spricht, sprengt den organischen Funktionskreis nicht, formatiert ihn aber qualitativ neu, indem sie symbolische Vermittlung, Indirektheit und reflexive Distanz ins Spiel bringt.

Instruktiv ist das Cassirer-Zitat aber auch, weil es aus der Perspektive einer kognitionswissenschaftlich informierten Ausdrucksanthropologie in zwei Hinsichten ergänzungs- bzw. korrekturbedürftig ist: Zum einen leben eben auch Tiere keineswegs in einem bloß physikalischen, sondern bereits in einem Bedeutungsuniversum. Hier scheint Cassirer hinter die Bedeutungslehre Uexexternal auf ein eher cartesianisches Modell zurückzufallen. Der relevante Kontrast ist eben gerade nicht derjenige zwischen ‚bloßen' Kausalprozessen auf der einen Seite und symbolischen Bedeutungen auf der anderen, sondern spielt sich innerhalb des Lebens ab, nämlich zwischen ‚nur' erlebten tierischen und auch symbolisch artikulierten, menschli-

---

76 Cassirer schreibt „Johannes von Uexküll", aber es handelt sich klarerweise um Jakob Johann Baron von Uexküll.

chen Bedeutungen. Zum anderen muss das symbolische Universum, die neue Dimension der Wirklichkeit, als sowohl physiologisch wie physisch *verkörpert* gedacht werden. Dieser Gedanke ist Cassirer natürlich nicht fremd und stellt geradezu die Pointe seiner Idee der „symbolischen Prägnanz" dar. Gleichwohl behält seine Betonung von „Sprache, Mythos, Kunst und Religion" einen idealistischen Beiklang. Diese berühmten „symbolischen Formen" müssen in Kontinuität mit den Entwicklungen der materiellen Kultur verstanden werden, um einen falschen Kontrast zwischen hehren Zwecken und bloß praktischen Mitteln, zwischen geistiger Bedeutung und instrumenteller Kontrolle zu vermeiden. Die evolutionäre Perspektive ist hier sehr hilfreich, weil sie alle kulturförderlichen biologischen Adaptionen unter den Vorbehalt eines Zugewinns an ‚fitness' stellt. Evolutionäre Theorien der Kulturentstehung und -entwicklung sollten beides leisten: die Kulturgenese als adaptiven Prozess verständlich machen und zugleich einen Raum für die jeweils eigenlogische Ausdifferenzierung kultureller Bedeutungswelten eröffnen, die zwar genuin verkörpert, aber nur noch indirekt an biologische Fitness angebunden sind.

In diesem Kapitel wird nicht der Anspruch erhoben, eine vollständige Übersicht aktueller evolutionärer Theorien der Kulturgenese zu liefern. Stattdessen werden in Querschnittsdarstellungen ausgewählte Forschungsergebnisse vorgestellt. Sie heben jeweils einen zentralen Aspekt der Kulturevolution heraus, dem für das systematische Projekt einer Anthropologie verkörperter Artikulation besondere Relevanz zukommt. – Sowohl die primäre Evolution kultureller Lebensformen als auch deren Weiterentwicklung ist durch die Abfolge von verschiedenen *Stadien* gekennzeichnet, die aufeinander aufbauen (3.3). Dabei kommt es zu einer exponentiellen Steigerung der Fähigkeit zu *kreativen* Problemlösungen, die eng mit der Entwicklung der Fähigkeit zur *Imagination* verknüpft ist (3.4). Kultureller Wandel muss dabei als ein *autokatalytischer Prozess* verstanden werden, der immer stärkere Eigendynamiken erzeugt und immer weniger von unmittelbaren Herausforderungen durch die physische Welt geprägt wird (3.5). Diese Zunahme kultureller Selbstreferentialität impliziert jedoch keine Abnahme der *Materialität* der Kultur. Vielmehr sind es jeweils spezifische Formen der physiologischen und zunehmend auch physischen Verkörperung, die die Ausbreitung kultureller Sinnwelten erst möglich machen (3.6). Kulturelle Innovationen sind eng mit der Entstehung neuer *Formen von intersubjektivem Bewusstsein* verbunden. Dabei kommt es auch zu neuen Formen der kooperativen Sinnproduktion, die die Bedeutung von ‚Bedeutung', verglichen mit nichtmenschlichem Leben, nochmals ganz neu formatieren (3.7).

3.3 Die Stadialität der Kulturentwicklung

Viele Aspekte der Evolution unserer Spezies sind noch ungeklärt oder umstritten. Die einschlägigen Forschungen werden durch mindestens zwei Faktoren limitiert: Zum einen ist dies der fragmentarische Charakter der verfügbaren Evidenzen wie Fossilien oder haltbaren Artefakte (vgl. Newson/Richerson 2021, 237 Anm. 4), zum anderen die enorme Komplexität des Zusammenhangs zwischen archäologischen Befunden und den aus ihnen gezogenen Rückschlüssen.[77] Und obwohl in den letzten fünfzig Jahren eine Vielzahl von neuen Untersuchungsmethoden entwickelt und unzählige archäologische, biogeographische, paläogenetische etc. Entdeckungen gemacht wurden, besteht keine Einigkeit in Bezug auf elementare Faktoren der menschlichen Kulturentwicklung. So zeigt Kevin Laland (2017, 176) eindrücklich am Beispiel der Evolution der menschlichen Sprache, dass zwar die zentrale Bedeutung der Sprache für die menschliche Kultur weitgehend unstrittig ist, aber mindestens acht prominente Erklärungen für die Sprachentstehung miteinander konkurrieren.

3.3.1 Kumulative Kultur als Humanspezifikum

Die Annahmen über die evolutionär entscheidenden Triggerfaktoren des Aufstiegs einer in der Tiefe kulturellen Lebensform sind vielfältig; einig sind sich jedoch die meisten Autoren, dass der Unterschied zwischen Menschen und anderen Organismen (vor allem Wirbeltieren) nicht im Bestehen von kulturellen Traditionen als solchen gefunden werden kann, sondern in der *Art* der kulturellen Weitergabe gesucht werden muss. Zwar galt es lange als selbstverständlich, dass nichtmenschliche Lebewesen gar keine durch Lernen weitergegebenen Traditionen aufweisen; doch ist auch dieses Differenzmerkmal seit einiger Zeit hinfällig geworden. Im *Abstract* seines Überblicksartikels in *Science* fasst Andrew Whiten den aktuellen Forschungsstand folgendermaßen zusammen:

> Culture can be defined as all that is learned from others and is repeatedly transmitted in this way, forming traditions that may be inherited by successive generations. This cultural form of inheritance was once thought specific to humans, but research over the past 70 years has instead revealed it to be widespread in nature, permeating the lives of a diversity of animals, including all major classes of vertebrates. (Whiten 2021)

---

77 Vgl. dazu das Positionspapier der ROCEEH-Forschungsgruppe von 2017 (Hertler/Haidle 2017, 2): „Archäologische Befunde bedürfen zahlreicher Interpretationsschritte mit Hilfe von Brückenargumenten, um Aussagen über das individuelle Verhalten und kulturelle, kognitive und ökologische Kontexte zu erlauben."

Berühmte Beispiele sind die tradierten Praktiken des Waschens von Süßkartoffeln unter bestimmten japanischen Makakenarten, populationsspezifische Tradierungen von Gesängen unter Buckelwalen und die schon in den zwanziger Jahren des letzten Jahrhunderts unter Meisen beobachtete Verbreitung einer Technik zum Öffnen von vor Haustüren abgestellten Milchflaschen, um an den obenliegenden Rahm zu kommen.

Humanspezifische Kultur, so die gegenwärtig dominierende Position, unterscheidet sich von solchen Traditionsprozessen durch ihren *kumulativen* Charakter. Michael Tomasello erläutert den entscheidenden Prozess folgendermaßen:

> ... what happened was that some individual or group of individuals first invented a primitive version of the artifact or practice, and then some later user or users made a modification, an "improvement", that others then adopted without change for many generations, at which point some other individual or group of individuals made another modification, which was then learned and used by others, and so on in historical time ... (Tomasello 1999, 5)

Für die Existenz dieses iterativen und gleichzeitig selbstverstärkenden Musters lassen sich im Reich des Lebendigen nach gegenwärtigem Wissensstand nur bei unserer Gattung Belege finden. Nicht Traditionsbildung und kulturelles Lernen als solche bestimmen demnach die menschliche Kultur, sondern die ständig wiederholte Abfolge von Innovation, Tradition und erneuter Innovation, die auf der tradierten früheren Innovation aufbaut. „Kumulativ" ist dieser Prozess also gerade nicht in dem Sinne, dass dauernd rein quantitativ Innovationen aufgehäuft würden; insoweit ist dieser fest eingebürgerte Begriff vom Wortsinn her eher irreführend. Entscheidend ist vielmehr der von Tomasello so genannte „ratchet effect" (vgl. oben, S. 129): Soziale Lernprozesse können in historischer Zeit aufeinander aufbauen und ermöglichen damit eine immer größere kulturelle Komplexität. Das ist natürlich nicht im Sinne eines Automatismus zu verstehen. Kulturelle Rückschritte – man denke etwa an die Wirren der sog. Völkerwanderung, in der viele Errungenschaften des römischen Reichs verloren gingen – kommen nicht selten vor, die Wirksamkeit der „Sperrklinke" ist an kontingente Voraussetzungen gebunden, die sie nicht selbst garantieren kann. Kriegerische Auseinandersetzungen und widrige Naturereignisse wie Klimaveränderungen spielen eine wichtige Rolle, aber auch kulturinterne Faktoren wie gewachsene Mentalitätsunterschiede können sich negativ auf kulturelles Lernen und Innovation auswirken. All das ändert jedoch nichts daran, dass für den Prozess der humanspezifischen Kulturentstehung und -weiterentwicklung die Möglichkeit kumulativer Innovationen entscheidend ist.

Hängt der kumulative Charakter der spezifisch menschlichen Kultur mit ihrer Stadialität zusammen? Die Antwort lautet *ja*, denn es ist dasselbe Grundmuster einer auf Lernprozessen aufbauenden Entwicklungsdynamik, das nicht nur einzelne Innovationszyklen (etwa denjenigen vom Faustkeil zum Beil) charakterisiert, sondern auch immer stärker die Evolution der Kultur selbst prägt, genauer: ihre fortschreitende Transformation von einem ausschließlich durch adaptive Selektionsvorteile geprägten Prozess zu einem Geschehen, in dem die Eigendynamik innerkultureller Entwicklungen eine immer stärkere Rolle spielt. Sukzessive Stadien der Kulturentwicklung werden unterscheidbar, wenn adaptive Herausforderungen, zunächst durch Umweltveränderungen, später dann immer stärker auch durch die Eigendynamik der Kulturentwicklung selbst, Innovationen hervorbringen, die so bedeutend sind, dass sie die Form ihrer kulturellen Tradierung selbst verändern. Welche Entwicklungsphasen- und stadien dabei als die jeweils wichtigsten herausgegriffen werden, hängt zum Teil natürlich von den spezifischen Erkenntnisinteressen der jeweiligen Autorinnen und Autoren ab. So erscheint die Evolution der Kultur bei Merlin Donald als Abfolge von *Bewusstseinsformen* (Donald 1991, 2002), bei Michael Tomasello spezifischer als Abfolge von Formen *geteilter Intentionalität* (Tomasello 1999/2001, 2008, 2014, 2016, 2019), bei Philip Lieberman (Lieberman 2013) als Freisetzung von *Kreativität, Innovation und Nicht-Vorhersagbarkeit* oder bei Kevin Laland (Laland 2017) als *autokatalytischer Lernprozess.* Diese unterschiedlichen Akzentsetzungen ergänzen sich teilweise und bilden dann kumulative Evidenzen (etwa im Blick auf die wachsende Bedeutung kooperativer Prozesse), völlige Übereinstimmung ist jedoch nicht zu erwarten, bestenfalls eine ausgeprägte Familienähnlichkeit im Hinblick auf basale Entwicklungsmuster.

Interessant für eine Anthropologie verkörperter Expressivität sind dabei nicht alleine die jeweils bevorzugten Vorstellungen über die Abfolge von Stadien und die mit ihnen einhergehenden kognitiven Schübe, sondern auch die Art und Weise, in der konzeptualisiert wird, wie neue Stadien frühere Formen voraussetzen und weiterführen. Eine der wichtigsten Lehren, die sich aus der Beschäftigung mit Phasen der Kulturevolution ziehen lässt, besteht in der von Robert Bellah lapidar formulierten Einsicht: „Nothing is ever lost." (Bellah 2011, 267) Damit wird natürlich nicht die Realität von Rückschritten, von vergessenen kulturellen Reichtümern oder der bewussten Zurückweisung vergangener „Formen des Geistes" (wie Hegel gesagt hätte) bestritten. Der zentrale Gedanke ist vielmehr, dass die basalen Innovationen der Kulturgenese durch Inkorporation und funktionale Neubestimmung des Älteren gekennzeichnet sind. Hier lässt sich wieder die Denkfigur der *Exaptation* fruchtbar machen, denn die Emergenz des Neuen wäre ohne die Funktionserweiterung des Alten gar nicht möglich. Diese Einsicht gilt auch und gerade für die Rekonstruktion der Genese symbolischer Kommunikation. Indirekte Referenz setzt direkte voraus, symbolische Zeichen ikonische und indexikalische, und syntaktisch gegliederte Rede holophrastische Strukturen.

3.3.2 Das Kulturstadienmodell von Merlin Donald

Robert Bellah stützt sich in seinen religionssoziologischen und -anthropologischen Untersuchungen auf das bekannte Kulturstadienmodell von Merlin Donald (Donald 1991, 2002).[78] Donald wendet sich in zwei großen Monographien entschieden gegen die Vernachlässigung der Rolle des Bewusstseins durch von ihm so genannte „neo-Darwinian Hardliners" (Donald 2002, 1) wie Daniel Dennett und Richard Dawkins, die seiner Ansicht nach der bewussten Kognition einen bloß epiphänomenalen Status zuweisen. Er hält es für massiv reduktionistisch, die Evolution des menschlichen Gehirns ohne Rekurs auf bewusste Phänomene erklären zu wollen, denn „... consciousness is the single biggest determinant of what the brain does. [...] The empirical truth is that brain and awareness interpenetrate each other's domains like the cogs and wheels of a clock ..." (Donald 2002, 5) In derselben Weise besteht auch für den Evolutionsanthropologen Terrence Deacon kein Zweifel daran, dass Bewusstseins- und Gehirnentwicklung ko-evolutiv miteinander verschränkt sind und insbesondere die Genese symbolischer Kommunikation mit beidem korreliert (Deacon 1997).

Donalds Darstellung der Evolution des menschlichen Bewusstseins wird dadurch zu einer Theorie *kultureller* Evolution, dass sie die *fortschreitende Kulturalisierung des individuellen Bewusstseins* rekonstruiert: „Our remarkable evolutionary drive was presumably sustained by the many advantages of having a collective mentality, and our brains went through a series of modifications that gave them this strong cultural orientation." (Donald 2002, 259) Im Verlauf dieses Prozesses, der vor ca. 2.5 Millionen Jahren begann, reichern sie die erlebten Bedeutungen individueller Umweltinteraktionen zunehmend mit kulturellen Bedeutungsgehalten an, die durch ihre sprachliche Artikulation später überdies rasant an Eigenständigkeit gewinnen. Alles kommt nun darauf an, diese Eigenständigkeit richtig zu verstehen. Wie verhält sich die Emergenz des kulturell Neuen zu dem evolutionär früheren Funktionskreis von Organismus und Umgebung, dessen Relevanz für den Lebensvollzug des Organismus von diesem dauernd durch affektives Erleben evaluiert wird? *Löst* es sich von diesem, oder bleibt es an die leibliche Erfahrung *rückgebunden?*

---

78 In Jung 2009, 372–414, habe ich Donalds Theorie bereits ausführlich behandelt, mit Terrence Deacons Überlegungen zur Ko-Evolution von Sprache und Gehirn (Deacon 1997) in Beziehung gesetzt und die Ansätze beider mithilfe des von Robert Brandom (Brandom 2000) entwickelten Schemas logischer Expressionsstufen interpretiert. Hier soll es nun nicht wieder um die Details der Theorie, sondern primär um die *bedeutungstheoretischen* Konsequenzen verschiedener Theorien der konsekutiven Stadien kultureller Evolution gehen.

Donald argumentiert klar für die zweite Alternative und stützt damit Bellahs Motto „Nothing is ever lost". Selbst hochabstrakte kulturelle Bedeutungen, etwa die teilchenphysikalische Aussage „„Deconstrained quarks can only roam free for microseconds because matter reverts quickly to one of its more common states'" (Donald 2002, 277), weisen „metaphorical anchors in experience" (Donald 2002, 278) auf, die notwendige (wenn auch keineswegs hinreichende) Bedingungen ihrer Verständlichkeit darstellen. Dieses und ähnliche Beispiele führen Donald zu einer „important generalization: We evaluate all symbolic expressions from outside the symbol system, from a region of mind that [...] is different from, and much more powerful than the reach of any consensual expressive system." (Donald 2002, 277) Es ist, so deute ich diese Passage, das Bedeutungserleben eines in seinem Wohl und Wehe betroffenen, mit der Umwelt interagierenden Organismus, das allen symbolischen Bedeutungen noch zugrunde liegt: „Semantic processing is ultimately grounded in embodiment ..." (Donald 2002, 136) Trifft diese Interpretation zu, dann erscheint es allerdings als angemessener, nicht mehr wie Donald von einem „Außen" des symbolischen Systems zu sprechen, sondern herauszustellen, dass ein Bedeutungskontinuum symbolische mit vorsymbolischen Zeichen und schließlich mit leiblicher Erfahrung verklammert. Dies gezeigt zu haben, stellt, wie oben schon gesagt (vgl. S. 111 f.), eine der großen innovativen Leistungen der peirceschen Semiotik dar.

Donalds Geschichte der Ko-Evolution von Bewusstsein und Kultur hat ihren Ausgangspunkt in dem, was er die „hominid Executive Suite" nennt, zu der kognitive Leistungen wie *self-monitoring, divided attention, self-recognition, mind-reading* und *Gestengebrauch* gehören (vgl. Donald 2002, 139, table 4.1). Diese Leistungen ermöglichen eine Form der Kultur, die allen Primaten gemein ist, die sog. „episodische". Sie ist durch die Fähigkeit gekennzeichnet, multisensorische Wahrnehmungen und gespürte Bewegungsimpulse zu typischen, wiederkehrenden Situationen zu bündeln, eben jenen Episoden, die in Sukzession und Überlappung das bewusste Erleben dieses Kulturstadiums ermöglichen. Vor ungefähr zwei Millionen Jahren begann dann Donald zufolge der erste von drei großen Übergängen („transitions"), aus denen der moderne Mensch hervorgegangen ist.[79] Im *mimetischen* Stadium hätten die frühen Hominiden Fähigkeiten wie (bewusste) Körpersprache, Schauspielerei, Imitation und Gestik entwickelt, allesamt Kompetenzen, die durch eine Ausdehnung bewusster Kontrolle auf das Gebiet des Handelns möglich werden (vgl. Donald 2002, 261). Diese mimetischen Kompetenzen erleichterten nicht nur das soziale Erlernen komplexer *skills* wie der Herstellung von Werkzeugen und die Produktion inten-

---

[79] Eine tabellarische Übersicht der vier Stadien und drei Übergänge der Kultur- und Bewusstseinsevolution findet sich bei Donald 2002, 260, table 7.1. Vgl. auch Donald 2012, 55, table 3.1.

tionaler Laute, sie hatten auch eine *expressive* Funktion und dienten damit der Erzeugung von Gruppensolidarität. Beides ist eng verbunden, denn Subjekte erlebter Bedeutungen sind ja zunächst die Individuen.[80] Donalds Hinweis auf die expressive Rolle der frühesten Formen von Vokalisierungen ist sehr wichtig, weil auch in den aktuellen Theorien kultureller Evolution immer noch die Tendenz besteht, kulturelle Kommunikation primär oder gar ausschließlich als Informationsaustausch zu verstehen (vgl. Newson/Richerson 2021, 16). Expressive Lautfolgen dienen aber nicht dem Informationsaustausch über bereits vorher bestehende mentale Zustände anderer oder Ereignisse in der objektiven Welt. Sie formen und artikulieren allererst die in einer Gemeinschaft geteilten affektiven Bedeutungen von Situationen, sind also konstitutiv und nicht bloß designativ (zu dieser wichtigen Unterscheidung vgl. Taylor 2016, 3–50). Durch mimetisch-expressive Stilisierung von Ausdrucksqualitäten können erste kulturelle Bedeutungen entstehen, die dann wiederum auf das Bedeutungserleben der zunehmend enger vergemeinschafteten Individuen zurückwirken. Donald erkennt hier auch die ersten Anfänge von Sprache und lokalisiert diese in der variablen Prosodie der intentionalen Vokalisierungen und deren Ausdrucksqualitäten, noch bevor sich eine explizite referentielle Funktion ausbildet.

Mit der Evolution der archaischen Formen von *homo sapiens* vor ca. 500 000 Jahren beginnt für Donald der zweite Übergang, derjenige zur *mythischen* Kultur, der mit der Entstehung natürlicher Sprachen verbunden ist und in der Genese unsere eigenen Subspezies *Homo sapiens sapiens* vor etwa 125 000 Jahren kulminiert. Die Entwicklung immer durchdachterer Werkzeuge, die Entstehung von Ornamenten, elaborierten Unterkünften und Grabanlagen fällt in diese Zeit, vor allem aber auch das Aufkommen einer narrativ strukturierten oralen Kultur und damit eines kulturellen Formats, das noch in der Gegenwart eine zentrale Rolle spielt. Symbolische Sprache ermöglicht es, die Kommunikation vom Hier und Jetzt einer einzelnen Kommunikationsgemeinschaft von physisch kopräsenten Individuen partiell abzukoppeln; dauerhafte Traditionen, mythische Welterklärungen und normative Vorstellungen des angemessenen Zusammenlebens breiten sich aus. Alle kulturellen Lernprozesse werden durch die Möglichkeit expliziter Instruktionen im

---

80 Damit soll nicht behauptet werden, Individuen erlebten zunächst Bedeutungen, die dann erst später sozial überformt würden. Die soziale Lebensform des Menschen versieht vielmehr im Lauf der Ontogenese die Subjekte mit Bedeutungen, die sie überhaupt nur aufgrund ihrer symbolischen Artikulation in einer Kultur erleben können. Man denke beispielsweise an Schamgefühle oder das Erleben romantischer Liebe. Beides setzt *social imaginaries* voraus, ohne die es nicht denkbar wäre. Allerdings können sich umgekehrt auch alle sozial vermittelten Bedeutungen nur auf der Basis der leiblichen, affektiv gefärbten Bewertungen entfalten, in denen Organismen die Qualität ihrer Umweltbeziehung erleben.

Vergleich zu bloßer Mimesis immens erleichtert und beschleunigt. Dies gilt natürlich in besonderem Maß für das Erlernen einer symbolischen Sprache. Die mimetischen Rituale der früheren Kulturstufe werden in diesem Prozess mit sprachlichen Interpretationen verschmolzen und dadurch angereichert und konserviert. Das Bewusstsein der Individuen erweitert sich quantitativ und qualitativ immens: quantitativ durch intersubjektiv geteiltes Wissen und Bewertungen, qualitativ durch die Möglichkeit, sich zu dezentrieren, also einen intersubjektiven bzw. objektiven Standpunkt einzunehmen, der das subjektive Bedeutungserleben kritisch zu reflektieren erlaubt. Sehr plastisch spricht Merlin Donald deshalb von einer „spiraling coevolution of thought and symbol" (Donald 2002, 274).

Für die Entstehung der humanspezifischen Lebensform ist Donalds zweite Transition die entscheidende. Ohne die noch vorsymbolische Kommunikation der mimetischen Transition, in der interpersonale Aufmerksamkeit und Nachahmung eine zentrale Rolle spielen, wäre sie zwar nicht möglich gewesen, aber zentral ist die Genese einer Symbolsprache. Diese ermöglicht es, Sachverhalte, Werte und Normen explizit zu machen und bei all dem zwischen der persönlichen Perspektive der Akteure und dem objektiven Anspruch auf Wahrheit bzw. Richtigkeit zu unterscheiden. Auch die Erzeugung narrativer Kohäsion zwischen verschiedenen Zeiten, Räumen, Gruppen und Einzelakteuren als wichtiges Bindemittel des Sozialen inkorporiert zwar mimetische Elemente, setzt aber doch eine Symbolsprache voraus, in der Bedeutungen vom Situativen ins (mythisch-narrativ) Allgemeine transponiert werden können. Dass die zweite Transition für die Menschwerdung entscheidend war, wird auch daran deutlich, dass nicht alle gegenwärtig lebenden Menschen eine kulturelle Lebensform aufweisen, die durch Donalds dritte Transition – zumindest nicht in der Vollform einer Schriftkultur – geprägt worden ist.

Donalds dritte und letzte Transition ist diejenige zum Stadium der *theoretischen* Kultur, in der alle Mitglieder globalisierter Gesellschaften heute leben. Diese habe vor ca. 40 000 Jahren begonnen und sei primär durch eine „revolution in the technology of symbols" (Donald 2002, 262) gekennzeichnet. Gemeint ist, dass durch Bild- und andere Kunstwerke, später dann primär durch die Entwicklung von Notationen zur Buchführung und schließlich vollentwickelte Schriften die Möglichkeit geschaffen wurde, kulturelle Bedeutungen und Denkmuster auch unabhängig von dem Gedächtnis der Individuen zu speichern und über vielen Generationen hinweg wieder auf sie zuzugreifen. Diese „externalisation of memory" (Donald 2002, 262) habe den Stil und die Reichweite menschlicher Kognition entscheidend verändert. Donald versteht sie als die Vollendung eines bereits (durch die Kollektivierung des Bewusstseins) mit den frühen Hominiden einsetzenden Trends zur Emanzipation von Denkprozessen von den Begrenzungen individueller Organismen und ihrer Gehirne. Die Entwicklung von externen Speichermedien ist, so betrachtet, der letzte

Schritt der Befreiung des Bewusstseins von den „limitations of the brain's biological memory systems" (Donald 2002, 305).

Bücher, Museen, Messinstrumente, Kalender und Computer (Donalds Beispiele) sind Bestandteile der materiellen Kultur, aber ihre primäre Funktion ist kognitiv. Sie besteht in der Erweiterung von Denkprozessen über die Beschränkungen des Individuums hinaus. Wie Donald betont (vgl. Donald 2012), wären auch die Entstehung der Anfänge der Wissenschaft und die anderen kognitiven Umbrüche der sog. Achsenzeit ohne das, was er „symbolische Technologien" nennt, nicht möglich gewesen. Mit der Entstehung theoretischer Kultur beginnt ein Prozess, in dessen Verlauf *physische* Strukturen gegenüber *physiologischen* erheblich an Bedeutung gewinnen: Die Dynamik der Verkörperung verändert sich. Dieser Prozess hat eine auf den ersten Blick paradox wirkende Struktur. Die Kette von Zwischengliedern, die kognitive Prozesse mit leiblich erlebten Bedeutungen (von denen sie gleichwohl abhängig bleiben) verbinden, wird immer länger, aber gleichzeitig nimmt die Abhängigkeit von kognitiven Technologien, die schließlich immer in der physischen Welt realisiert sein müssen, immer mehr zu. Digitalisierung und Virtualisierung beispielsweise haben, was gerne vergessen wird, hochkomplexe und durchaus fragile Voraussetzungen in der physischen Welt in Form von Serverfarmen, Glasfaserkabeln, Funkverbindungen, lokalen Rechnern usw. Es ist daher zwar ein langer kulturhistorischer Weg, der beispielsweise vom direkten Austausch zwischen zwei leiblich Beteiligten zum Versenden und Beantworten einer Nachricht in einem sozialen Netzwerk führt. Aber die elementare Struktur, dass Materialien in der physischen Welt jenseits des menschlichen Organismus herangezogen und gezielt manipuliert werden, um kognitive Prozesse und symbolische Kommunikation zu erleichtern und zu verbessern, entsteht Donald zufolge bereits mit der Transformation zur theoretischen Kultur, die vor ca. 40 000 Jahren beginnt. Dabei sollte nicht vergessen werden, dass bereits die sehr viel früher einsetzende Herstellung von immer komplexeren Werkzeugen ein Prozess ist, bei dem es zwar noch nicht um kognitive Speichermedien geht, sondern um instrumentelle Eingriffe in die Umwelt, der aber dennoch kognitive Veränderungen bei den Werkzeugproduzenten und -benutzern zur Folge hat. Materielle Kultur und Kognitionsstil stehen seit Beginn der menschlichen Evolution in Wechselwirkung.

Die Transition von der narrativen zum Stadium der *theoretischen* Kultur liefert auch ein überzeugendes Beispiel für die oben aufgestellte Behauptung, dass die Entstehung sukzessiver Kulturstadien mit Struktureigenschaften kumulativer Lernprozesse eng zusammenhängt. *Erstens* ist festzuhalten, dass sowohl die Phylo- als auch die Ontogenese symbolsprachlicher Kompetenz ein Paradebeispiel für die Leistungsfähigkeit von (in dem erläuterten Sinn) kumulativen Lernprozessen darstellt: Der Erwerb eines horizontal verknüpften Netzes von symbolischen Zeichen setzt das vorherige Erlernen vieler mittels direkter Referenz operierender Zeichen voraus, der Prozess der Grammatikalisierung die Fähigkeit zu holophrastischen Äußerungen, die wiederum die Voraussetzung zum Erlernen von Zwei-Wort-Sätzen bildet, usw. *Zweitens* kann, nicht zwangsläufig, aber unter bestimmten kontingenten Voraussetzungen, die Nutzung oraler Symbolsprache Kulturen hervorbringen, in denen ein Bedarf an der dauerhaften Speicherung von sprachlichen –schon vorher auch bildlichen – Bedeutungen entsteht. Schriftlichkeit mitsamt ihren Vorstufen erleichtert bereits durch die Möglichkeit, immer wieder gedanklich auf denselben Text zurückzukommen, bzw. abstrakter formuliert, in objektivierender Einstellung eine Sinnfigur zum Gegenstand der Analyse zu machen, reflexive Haltungen. Darauf werde ich in Abschnitt 5.4 noch ausführlicher zurückkommen.

Aber wie ist das Verhältnis oraler zu schriftlicher Symbolkultur und allgemeiner zwischen den drei Transitionen Donalds strukturell genauer zu bestimmen – als Verdrängung oder als Anreicherung? Schon Platon hatte den Verdrängungsverdacht formuliert und in seinem Dialog *Phaidros* (274e-275b) erhebliche Einwände gegen die, modern formuliert, Nutzung externer Speichermedien erhoben: Die Schrift führe nur dazu, dass an die Stelle des individuellen Gedächtnisses ein falsches Vertrauen auf externe Stützen der Erinnerung trete. Unter den Bedingungen universeller Zugänglichkeit von Wissensbeständen im Internet („the world at your fingertips") gewinnt Platons Unterscheidung zwischen individueller Aneignung und bloßer Verfügbarkeit im externen Medium sicher noch an Aktualität. Allerdings scheint die Argumentation seines Protagonisten Thamus im *Phaidros* vorauszusetzen, dass das Neue das Alte *ablöst*, statt es zu ergänzen. Und genau dieses Verdrängungs- oder Überwindungsmodell vertritt Donald nicht, im Gegenteil. Ebenso wenig, wie die Schriftsprache dazu geführt hat, dass weniger gesprochen wird, sind auch die anderen Transitionen keineswegs als globale Umstellungen auf neue Formate der Kognition und symbolischen Kommunikation zu verstehen. Donalds Stadien der Kulturentwicklung sind zwar zeitlich sukzessiv und setzen einander im Sinne kumulativer kultureller Lernprozesse jeweils voraus, aber eben nicht in der Form, dass spätere Stadien die früheren überwinden, so wie beispielsweise das Krabbeln überflüssig wird, wenn ein Kind erst einmal das Laufen gelernt hat. „Each stage", so schreibt Donald, „continues to occupy its cultural niche today, so that fully modern societies have all four stages simultaneously present" (Donald 2002, 260).

Das schließt natürlich Rückwirkungen evolutionär späterer Formen auf frühere nicht aus. Beispielsweise bleibt es für die mimetische Kultur nicht folgenlos, wenn szenische Performanzen mit sprachlichen Äußerungen anreichert werden, hat die Einführung der Schrift vielfältige Rückwirkungen auf die mythische Kultur und verändert die Möglichkeit des digitalen Samplings von Texten, Tönen und (bewegten) Bildern die Weise, in der wir mit Schrift umgehen. Umgekehrt gilt aber eben auch, dass spätere Stadien die früheren nicht nur genetisch, sondern prinzipiell voraussetzen. Die theoretische Kultur könnte ohne die mythische und die mimetische genausowenig bestehen, wie Symbole ohne indexikalische und ikonische Zeichenkomponenten funktionieren könnten. Aus verkörperungstheoretischer Perspektive bedeutet das, dass der Funktionskreis zwischen Organismus und Umwelt wohl unabsehbar *erweitert*, jedoch nie aus ihm *ausgestiegen* werden kann. Der Weg von dem verkörperten Bedeutungserleben eines Organismus zu einer digital erzeugten virtuellen Realität oder zu den theoretischen Termen einer physikalischen Theorie ist sehr lange und gewunden. Aber nur deshalb, weil er immer noch zurückgelegt werden kann, sind auch solche hochgradig vermittelten Bedeutungen eben weiterhin dies – bedeutsam. Sie bleiben verankert in metaphorisch erweiterten leiblichen Grunderfahrungen, die selbst von der technologischen Materialität des Digitalen noch vorausgesetzt werden müssen. Es wäre daher falsch, vom Bedeutungs*zuwachs* technologisch verkörperter Weltzugänge auf einen Bedeutungs*verlust* leiblicher Verkörperung zu schließen.

Allerdings sind hier zwei Ebenen zu unterscheiden: Anthropologisch betrachtet, ist leibliche Verkörperung auch in theoretischen Kulturen für alle Bedeutungsphänomene konstitutiv, weil wir eben, solange wir leben, vulnerable Organismen bleiben, die die Welt als bedeutsam *erleben*. Über das Ausmaß jedoch, indem diese Tatsache auch auf der Ebene kultureller Selbstreflexion Beachtung und damit Eingang in unser anthropologisches Selbstverständnis findet, ist damit noch nichts gesagt. Selbst der flüchtigste Blick in die westliche Geistesgeschichte zeigt, dass leibfeindliche Konzeptionen des Selbst häufig dominiert haben. In unserer Gegenwart sind es häufig von der KI-Forschung dominierte Metaphern, etwa der Geist als Computer, die die Selbstbilder spätmoderner Gesellschaften prägen. Merlin Donalds Einsichten in die Stadialität der Kulturentwicklung und die bleibende Bedeutung aller früherer Phasen sprechen jedoch, wie auch die Arbeiten im Umkreis der *embodied cognition*, deutlich gegen die Validität dieser Metaphern. Auch die symbolischen kognitiven Prozesse gründen „in foundational semantic processes that we share with other primates" (Donald 2002, 277). Und die primatenspezifische, von Donald „episodisch" genannte Kognition steht wiederum in evolutionärer Kontinuität mit den Bedeutungsgefühlen *aller* bewusster Lebewesen. Ein angemessenes, nicht reduktionistisches Verständnis unserer kulturellen Lebensform kann daher an Donalds Stadienmodell anknüpfen, in dem – anders etwa als in Lawrence Kohlbergs bekannten Stufenmodell der moralischen Entwicklung (vgl. Kohlberg 1997) – jedes Stadium einschließlich dessen, das wir mit allen Primaten teilen, in veränderter Form präsent und wirksam bleibt.

Merlin Donalds Stadien der Kulturentwicklung verbinden empirische Indizien (etwa das Auftauchen und die Qualität von Steinwerkzeugen, das durch Knochenfunde dokumentierte Wachstum des Gehirns und Veränderungen des Vokaltrakts) mit eher spekulativen Annahmen: Es *könnte* plausiblerweise so gewesen sein. Diese

Plausibilität wird durch Konvergenzen mit anderen Theorien der Kulturevolution noch verstärkt. So geht beispielsweise Michael Tomasello genau wie Donald davon aus, dass es nicht möglich ist, von den kognitiven und sozialen Fähigkeiten des *last common ancestors* von Mensch und Menschenaffe ausgehend ohne Zwischenschritt die Evolution des modernen Menschen zu rekonstruieren. „..... [I]t would seem that we need an *intermediate step* in our natural history. We need some early humans who were not yet living in cultures[81] and using conventional languages, but who were nevertheless much more cooperatively inclined than the last common ancestor." (Tomasello 2014, 33; Kursivierung M.J.) Diese neue Form der Fähigkeit zur Zusammenarbeit betrachtet Tomasello ganz ähnlich wie Donald als vermittelt durch die kommunikativen Fähigkeiten von „pointing and pantomiming" (Tomasello 2014, 33), und sie besteht eben in jener „joint intentionality" (Tomasello 2014, 33 und passim), in der Rollenbewusstsein und Perspektivenübernahme sich zu einem gemeinsamen Bezug von Ich und Du auf Aktivitäten und Gegenstände verdichten. Donalds Stadium der mimetischen Kultur lässt sich also zwanglos mit Tomasellos „joint intentionality"-Phase parallelisieren, und dasselbe gilt von der Entstehung der typisch menschlichen Lebensform im mythischen Stadium, der dann die Stufe der „collective intentionality" entspricht. Auch hier zeigt sich wieder, dass die Emergenz des Neuen, nämlich kumulativer Kultur, das frühere Stadium bleibend voraussetzt: „Modern humans did not start from scratch but started from early human cooperation. Human culture is early human cooperation writ large." (Tomasello 2014, 82)

3.3.3 Alternative Konzeptionen und neuere Entwicklungen

Andere Autoren setzen andere Schwerpunkte, von denen im Folgenden einige sehr knapp skizziert werden sollen, ohne jeden Anspruch auf Vollständigkeit oder auch nur Repräsentativität, aber jeweils vor dem Hintergrund der Frage, ob sich die kumulative Auffassung von Stadialität durch kumulative Evidenzen aus verschiedenen Theorien bestätigen lässt.

---

81 Dieser Satz gibt nur Sinn, wenn ‚Kultur' hier in einem engeren Sinn verstanden wird, also als vollentfaltete kooperative Vergesellschaftung mit ausgeprägtem *ratchet effect*. Denn es liegt in der Logik der Tomaselloschen Genealogie, dass die Entwicklungsphase der „joint intentionality" genau jene Frühphase der Kultur produziert, auf der dann die kollektive Intentionalität der kumulativen Kultur aufbauen kann. Vgl. auch Tomasello 2014, 80: „Social transmission was almost certainly important in the lives of early humans (as it is in some apes' lives), as difficult-to-invent, tool-based, subsistence activities became ever more complex and important for survival."

Steven Mithen (Mithen 1996) wählt in seiner Darstellung der menschlichen Evolution einen von Tomasello und Donald[82] eher weit entfernten und stärker individualpsychologisch geprägten Ansatz. Insbesondere bezieht sich Mithen auf die von evolutionären Psychologen wie Cosmides/Tooby (1997) behauptete Modularität des Geistes (*swiss army knife-model of the human mind*), macht von diesem Ansatz jedoch einen originellen Gebrauch, indem er das Spannungsverhältnis zwischen „a ‚generalized‘ and ‚specialized‘ mentality" (Mithen 1996, 10) als Strukturierungsprinzip der menschlichen Entwicklung benutzt. Auch er geht von drei Entwicklungsphasen aus, die er aber weniger durch die Kollektivierung des Bewusstseins (Tomasello) oder durch kulturbezogene Leitbegriffe (Donald) charakterisiert sieht, als durch unterschiedliche Organisationsformen menschlicher Intelligenz. Dabei leitet ihn die seit Aristoteles bekannte und später durch Ernst Haeckel wieder prominent gemachte Vorstellung einer Rekapitulation der Ontogenese durch die Phylogenese.[83]

Mithen bezieht sich auf die entwicklungspsychologischen Arbeiten von Patricia Greenfield, Annette Karmiloff-Smith und anderen. Vereinfacht gesagt vertreten diese Autorinnen die These, dass die kognitive Entwicklung kleiner Kinder zunächst durch ein unspezifisches, allgemeines Lernverhalten gekennzeichnet ist, das dann durch spezialisierte kognitive Module für Sprache, physische, soziale usw. Kognition ersetzt wird, bevor die Kinder schließlich die Fähigkeit zum „mapping across domains‘" (Mithen 1996, 61) und damit eine höhere und flexiblere Form kognitiver Integration und Kreativität entwickeln. Die in der Evolutionspsychologie behauptete Modularität des Geistes wird hier also nicht als Endpunkt einer Entwicklung behandelt, sondern zu einer ontogenetischen Entwicklungsphase herabgestuft. Auf die menschliche Fähigkeit zum *cross domain mapping* wird bei der Behandlung von Theorien verkörperter Metaphern wieder zurückzukommen sein. Hier geht es zunächst nur um Mithens Stadienmodell der menschlichen Evolution. Es nimmt selbst ein solches *cross domain mapping* bewusst vor, indem im Sinne Haeckels die von Greenfield et.al. postulierte Dreischrittigkeit der Ontogenese auf die Phylogenese projiziert wird. Dadurch gelangt Mithen zu seinem Dreierschema, von dem er behauptet, es könne die archäologischen und fossilen Befunde besser erklären als Merlin Donalds Ansatz:

---

[82] Mithen weiß sich mit Donald einig in dem Projekt einer Rekonstruktion der Evolutionsgeschichte des menschlichen Geistes (vgl. Mithen 1996, 6), kritisiert ihn aber für seine Verwendung der archäologischen Daten (vgl. Mithen 1996, 260 f.).
[83] Mithen verwendet diesen Gedanken heuristisch und beansprucht für ihn nicht, wie Haeckel, einen Gesetzesstatus.

Phase 1. Minds dominated by a domain of general intelligence – a suite of general-purpose learning and decision-making rules.

Phase 2. Minds in which general intelligence has been supplemented by multiple specialized intelligences, each devoted to a specific domain of behaviour, and each working in isolation from the others.

Phase 3. Minds in which the multiple specialized intelligences appear to be working together, with a flow of knowledge and ideas between behavioural domains. (Mithen 1996, 69)

Aus der Perspektive der hier bislang entwickelten Einsichten scheint Mithens kognitionspsychologisch-evolutionäres Dreierschema zumindest in zwei Hinsichten ergänzungs- bzw. korrekturbedürftig. *Erstens* klammert sein methodischer Individualismus die Rolle geteilter Intentionalität wie auch die Rückwirkungen des sich verfestigenden kulturellen Rahmens auf die Kognitionsprozesse der Individuen weitestgehend aus. *Zweitens* ist die These der Modularität des Geistes, auch in ihrer abgeschwächten Form, grundsätzlich in der Schwierigkeit, die evolutionäre Entstehung einer derart energieaufwendigen Novität, wie sie ein subjektives Bewusstsein mit phänomenaler Integration der verschiedenen Sinneseindrücke darstellt, nur schwer erklären zu können. Spekulative und empirisch kaum verifizierbare Vorannahmen (bei Mithen die Existenz getrennter und separat evolvierter mentaler Module[84]) spielen immer eine erhebliche Rolle, und auch Donalds Phasierung der Kulturevolution ist natürlich von spekulativen Generalisierungen (speziell der in den jeweiligen Stadien dominierenden Leitvorstellungen) deutlich geprägt. In einem zentralen Aspekt allerdings stimmen Mithen und Donald bei allen Unterschieden überein: Jedes folgende Stadium ergibt sich aus einer *Innovation, die die Integration der früheren Stadien* voraussetzt. Die modularen Teilintelligenzen, die Mithen für die Phase 2 postuliert, entwickeln sich als Ausdifferenzierungen der Allgemeinintelligenz von Phase 1, und die kognitive Flexibilität und höherstufige Integration der Phase 3 aktiviert diese Allgemeinintelligenz im Blick auf eine Überwindung der separaten Kognitionsmodi der Phase 2.

Donald, Tomasello und Mithen wurden hier mit unterschiedlicher Ausführlichkeit als Vertreter von Stadienmodellen der Kulturentwicklung behandelt. Es ließen sich noch viele weitere Autorinnen und Autoren anführen. So hat die ROCEEH[85]-Forschungsgruppe der Heidelberger Akademie der Wissenschaften ein hochdifferenziertes *achtstufiges* Modell für die Evolution und Ausdehnung kultureller Fähigkeiten entwickelt, das sehr elementar mit der sozialen Erleichterung des

---

84 Vgl. dazu den Abschnitt „The (lack of) evidence for evolutionary psychology", in Dupré 2006, 89–92 und Tomasellos Kritik an Mithen in Tomasello 2014, 130 f.
85 Das Akronym steht für „The Role of Culture in Early Expansions of Humans".

Beschaffens von Informationen beginnt (die sich bei vielen sozialen Lebewesen, nicht nur bei Wirbeltieren findet) und mit begrifflichen kulturellen Fähigkeiten endet, wie sie spätestens vor 40 000 Jahren von evolutionär modernen Menschen entwickelt worden sind (vgl. Haidle et. al. 2015, 53 – 62). Weniger fein gegliedert, aber auch spezifischer auf die Humanevolution zugeschnitten, sind die vier Phasen kultureller Evolution, die Newson/Richerson (Newson/Richerson 2021) unterscheiden.

So unterschiedlich diese Modelle aber auch zumindest in Teilen ausfallen, sie konvergieren doch allesamt in vier sehr grundsätzlichen Vorstellungen: 1. Die Entstehung charakteristischer menschlicher Lebensformen war ein kontinuierlicher Prozess, in dem jedoch verschiedene Stadien unterscheidbar sind. 2. Diese Stadien entstanden durch kumulative Veränderungen, die schließlich an bestimmten Schwellen qualitative Entwicklungssprünge ausgelöst haben. 3. Jeweils spätere Evolutionsstufen inkorporieren frühere, nicht als Atavismen, sondern als funktionale Neubestimmungen oder Exaptationen, auf denen die emergierenden neuen Fähigkeiten aufruhen. 4. Im Laufe der kulturellen Evolution hat sich das Gewicht von der Anpassung an von außen kommende Veränderungen der Umwelt in Richtung auf die Artikulation und Verarbeitung von Fragen und Problemen verschoben, die der Kulturprozess selbst hervorgebracht hat. Der Aufstieg der Rede vom ‚Anthropozän' illustriert diese veränderte Dynamik sehr plastisch. Denn während die Menschen sich in früheren Eiszeiten mit exogen verursachten Kältephasen herumschlagen mussten, ist die gegenwärtige Erderwärmung bekanntlich anthropogen. Aber es ist natürlich möglich, noch viel weiter zurückzugehen: Während, wenn man Tomasello folgt, etwa die Entstehung von „joint intentionality" als eines der Schlüsselmomente der Menschheitsgeschichte mit der Notwendigkeit verbunden ist, sich wegen zunehmender externer Konkurrenz neue ökologische Nischen für die Nahrungssuche zu schaffen (vgl. Tomasello 2014, 36), ist dies bereits bei der Evolution von Schriftsprachen anders. Sie ist nur in Reaktion auf *interne* Herausforderungen der Gesellschaftsorganisation, beispielsweise auf neu entstehende Bedürfnisse der Buchführung hinsichtlich produzierter und gehandelter Waren, zu verstehen.

Im Lauf der kulturellen Evolution reichern sich also die erlebten Bedeutungen unmittelbarer Umweltinteraktionen immer stärker mit Bedeutungen an, die an Symbolsysteme und kulturelle Ordnungen gebunden sind. Da jede erreichte neue Stufe aber jede frühere voraussetzt, erweisen sich Kulturkonzeptionen, in denen Neues das Alte zwar genetisch voraussetzt, aber nicht mit diesem integriert wird, als unzureichend und strukturell dualistisch. Und ‚alt' heißt hier wirklich *sehr* alt. Menschenaffen und wir sind zusammen mit unseren lange ausgestorbenen letzten gemeinsamen Vorfahren Mitglieder im selben „consciousness club" (Merlin Donald), und selbst der methodisch reflexivste rationale Diskurs unter Wissenschaftlerinnen und Wissenschaftlern basiert – unter anderem – auf dem verkörperten Gewahrsein („awareness") von Lebewesen, denen die Qualität ihrer Umweltbeziehung bewusst wird. So stützen evolutionäre Kulturtheorien die These, dass alle qualitativen Unterschiede zwischen Formen von Bedeutung, in der ganze Breite des Spektrums von elementaren Erlebnissen bis zur „logischen Expressivität" (Brandom) natürlicher Sprachen, nur im Rahmen eines Bedeutungskontinuums verstanden werden können: „Nothing is ever lost." (Bellah)

Stadialität erweist sich damit, recht verstanden, geradezu als Gegenkonzept zu allen *Schichtenmodellen* der menschlichen Lebensform, die sich, etwas flott formuliert, von Platon bis Scheler und darüber hinaus auch in post- und transhumanistischen Denkansätzen beobachten lassen. Dort wird davon ausgegangen, dass der menschliche Geist zwar (zumindest in diesem Leben bzw. vor seinem Transfer in eine postbiologische Existenz) eines biologischen Unterbaus bedarf, jedoch strukturell von diesem unabhängig ist. Demgegenüber machen die evolutionären Stadienkonzepte bei allen Unterschieden deutlich, dass Sprache, kollektive Intentionalität, Kultur, kurz Geist, evolutionäre Entwicklungen darstellen, deren Emergenz allein durch die funktionale Integration und Neubestimmung der früheren Stadien möglich geworden ist. Hingegen verfehlen „[s]tratigraphische Vorstellungen ... grundsätzlich die Realität des menschlichen Lebens" (Meuter 2006, 219). Die leibliche Praxis des Geistes kennt qualitative Unterschiede innerhalb des funktional integrierten Ganzen der menschlichen Lebensform, aber keine Schichten.

3.4 Kreativität und Imagination

Ein zentrales Motiv dieses Buches ist die Idee eines Bedeutungskontinuums vom elementaren bewussten Erleben bis hin zu komplexen kulturellen Sinnfiguren wie Symphonien, wissenschaftlichen Theorien oder Rechtsordnungen. Das Phänomen der Bedeutung beginnt mit Gefühlen. „The feeling experience is a natural process of evaluating life relative to its prospects." (Damasio 2018, 106) Ikonische, indexikalische und symbolische Zeichen ermöglichen die expressive Gestaltung und intersubjektive Kommunikation solcher Gefühle. Im selben Zug erlauben sie aber auch die Ausdifferenzierung von objektiven, normativen und evaluativen Geltungsansprüchen aus dem ursprünglichen, gefühlten Integral von Weltausschnitt und subjektiver (Re-)Aktion auf diesen heraus. Logisch selbstreflexive, rationale Diskurse markieren dann zwar das andere Ende des Bedeutungskontinuums, nicht aber den Eintritt in eine Sphäre von Bedeutungen, die vom leiblichen Weltverhältnis abgelöst werden könnte, denn die emotionale Bewertungsfunktion bleibt immer operativ.

In dem Maß jedoch, in dem kulturelle Bedeutungen artikuliert und auf Dauer gestellt werden, entsteht ein expressiver Spielraum. Sprech- und sonstige Zeichenakte werden von erlebten Interaktionsqualitäten schließlich nicht determiniert; diese eröffnen vielmehr einen Möglichkeitshorizont für Ausdrucksformen, die als stimmig empfunden werden können. Dieser Horizont erweitert sich durch eine zentrale Qualität der Evolution humanspezifischer Kognition immens, nämlich ihre *Kreativität* und *Imaginationskraft*. Aus der Perspektive einer Anthropologie der Artikulation erweisen sich beide Eigenschaften als eng mit der Erfahrung von *Freiheit* verbunden. Wenn die Qualität von Umweltinteraktionen nicht einfach nur spontan empfunden, sondern durch den Gebrauch von Zeichen intersubjektiv auch explizit gemacht wird, wächst den kommunizierenden Individuen eine bedingte Freiheit zu. *Bedingt* ist sie, weil das mitlaufende Erleben eine ständige Rückmeldung über die Angemessenheit oder Unangemessenheit der Ausdrucksakte liefert,[86] doch gleichzeitig auch *frei*, weil das Stimmigkeitsgefühl nur einen Spielraum eröffnet, innerhalb dessen das freie Spiel von Einbildungskraft und Kreativität seinen Platz findet. Ginge es beim sprachlichen Ausdruck nur darum, bereits fertige Gedanken intersubjektiv mitzuteilen, wovon viele Evolutionspsychologen ausgehen,[87] wäre diese Freiheitserfahrung nur schwer erklärbar. Die Stimmigkeit einer Artikulation ist jedoch nicht mit der Abbildung mentaler Zustände oder Ereignisse in der Welt gleichzusetzen. Repräsentieren lässt sich nur, was bereits vorher eine bestimmte, gegliederte Form hatte. Hingegen sind Leibgefühle als verkörperten Quelle von Bedeutungen „pervasive qualities" (Dewey) *ohne* bereits definierte Teile. Sie müssen durch Artikulation überhaupt erst bestimmt, d. h. als durch charakteristische Unterscheidungen, Inferenzen und Geltungsansprüche charakterisierbar gekennzeichnet werden. Diese Bestimmung ist ein kreativer Akt, in dem Vorstellungskraft und Antizipationsvermögen entscheidende Rollen spielen. Um verstehen zu können, wie sich diese Vermögen natürlich entwickelt haben und wie sie zur *human uniqueness* beitragen, ist der Beitrag unverzichtbar, den Theorien der kognitiven und der kulturellen Evolution hier leisten können.

---

86 Für eine genauere Darstellung des Verhältnisses von expressiven Akten und Stimmigkeitsgefühlen vgl. Jung/Schlette 2018.

87 Zwei Beispiele für viele: „Dieses Buch entstand in der Absicht, meine Gedanken zu diesem Thema [der Bedeutung von Sprache, M.J.] mittels Schriftzeichen in ihren Kopf fließen zu lassen." (Suddendorf 2014, 94) Steven Pinker behauptet in seinem bekannten Buch „Der Sprachinstinkt", es ginge bei der Lautsprache darum, mentalesische Strukturen (Gedankenverbindungen) „von einem Kopf in den nächsten zu transportieren" (Pinker 1998, 188).

3.4.1 Der Möglichkeitsmensch

Der Evolutionstheoretiker Thomas Suddendorf nennt es „… einen der grundlegendsten Aspekte des menschlichen Geistes: Wir können uns Dinge vorstellen, die unseren Sinnen nicht direkt zugänglich sind. Wir können uns vergangene, zukünftige und gänzlich fiktionale Welten vorstellen und über sie nachdenken." (Suddendorf 2014, 67) Und er stimmt dem pragmatistischen Philosophen William James darin zu, dass es gerade diese Fähigkeit zum Imaginieren von Alternativen ist, die uns eine reflexive Einstellung zu den Dingen ermöglicht (vgl. Suddendorf 2014, 67). Natürlich ist die Vorstellungskraft nicht auf Sprache beschränkt. Sie spielt auch für bildliches Denken, für alle symbolvermittelten Kognitionsprozesse und schließlich für technische Innovationen eine zentrale Rolle. In der menschlichen Ontogenese lässt sie sich schon früh beobachten und zählt zu den offensichtlichsten Faktoren, durch die sich die Entwicklung von Kleinkindern von derjenigen gleichaltriger Schimpansen und Bonobos unterscheidet. Bereits im Alter von zwei Jahren, und nicht zufällig parallel zur raschen Entfaltung sprachlicher und sozialer Kompetenzen, beginnen Kleinkinder mit sog. Als-ob-Spielen. Sie sind dann in der Lage, ein Klötzchen für ein Auto, eine Puppe für lebendig, einen Teppich für eine Landschaft zu halten und entsprechende Szenarien auszuagieren – eine komplexe Fähigkeit, denn etwas als Darstellung für etwas anderes zu behandeln, setzt voraus, die Darstellungsfunktion und gleichzeitig die Differenz des Darstellenden zum Dargestellten mental gegenwärtig zu haben. Vorstellungskraft und die Fähigkeit, etwas für etwas stehen zu lassen, sind eng verbunden.

Finden sich diese Fähigkeiten auch, und falls ja in welchem Ausmaß, bei unseren nächsten Verwandten im *animal kingdom?* Diese Frage ist heftig umstritten, und wie immer konkurrieren hier eher weitreichende und eher schlanke Interpretationen der verfügbaren Feldforschung miteinander. Einige anekdotische Evidenzen sprechen jedenfalls deutlich dafür, so Beobachtungen über das Verhalten des Jungschimpansen Kakama (vgl. Bredekamp 2017, 26 f.). Während er seine trächtige Mutter begleitete, spielte er mit einem Holzscheit, das er wie ein Baby behandelte, ihm ein Nest baute etc. Horst Bredekamp greift ähnliche Beobachtungen unter Schimpansinnen in Uganda auf, die Steine als eine Art von Puppen zwecks spielerischer Einübung in die Mutterschaft zu benutzen scheinen. Er deutet sie in einer sehr weitreichenden Interpretation als Frühformen der Artikulation, in denen eine Naturform durch einen Akt der Imagination für etwas anderes steht (vgl. Bredekamp 2017, 28). – Andere einschlägige Beispiele sind raffinierte Täuschungsmanöver unter Primaten, etwa aktive Irreführungen, die eine mentale Vorstellung des zu Täuschungszwecken Vorzuspielenden vorauszusetzen scheinen, also eine Als-ob-Struktur (für beide Beispiele vgl. Suddendorf 2014, 69). Ob solche anekdotischen Beobachtungen auch sparsamer, etwa durch Zufälle oder durch assoziative

Lernprozesse erklärt werden können, ist schwer zu beurteilen. Suddendorf fasst jedenfalls den Erkenntnisstand dahingehend zusammen, dass vermutlich „unsere engsten tierischen Verwandten eine gewisse Fähigkeit besitzen, mental alternative Welten zu entwerfen". (Suddendorf 2014, 73).

Unstrittig scheint allerdings, dass Als-ob-Spiele bei Menschenaffen, so sie denn über anekdotische Einzelfälle hinaus dokumentiert werden können, nicht dieselbe entscheidende Rolle in der Ontogenese spielen wie bei Menschenkindern. Für uns Menschen ist die Fähigkeit, sich sinnlich nicht Gegebenes vorzustellen, über das Hier und Jetzt hinaus den „Möglichkeitssinn" (Musil)[88] in Anspruch zu nehmen, *konstitutiv.* Die Annahme liegt deshalb nahe, dass es auch auf der Ebene der genetischen und neuronalen Ausstattung unserer Gattung evolvierte Unterschiede gibt, die im Zusammenspiel mit kulturellen Ursachen die Prägung der menschlichen Lebensform durch Kreativität, Vorstellungskraft und Entwicklungsoffenheit hervorgebracht haben.

3.4.2 Die unberechenbare Spezies: Philip Lieberman

Ein entschiedener Vertreter der gerade genannten Annahme ist der Kognitionswissenschaftler und Psychologe Philip Lieberman, der oben bereits kurz als Vertreter einer Sonderstellung des Menschen behandelt worden ist. Liebermans Position ist originell, weil sie sich auf genetische und neuronale Veränderungen konzentriert, aber dabei zu einem Ergebnis kommt, dass dem geno- und neurozentrischen Mainstream der evolutionären Psychologie diametral widerspricht. Gegen den „central claim of evolutionary psychology, that we are locked into predictable patterns of behavior that were fixed by genes shaped by the conditions of life hundreds of thousands of years ago" (Lieberman 2013, 24) stellt er die These: „The human brain evolved in a way that enhances both cognitive flexibility and imitation, the qualities that shaped our capacity for innovation, other aspects of cognition, art, speech, language, and free will." (Lieberman 2013, 24) Selbst ein Autor wie Lieberman, der die Intersubjektivität und Kulturalität des Bewusstseins methodisch weitgehend ausklammert, vermag also auf Basis neurowissenschaftlicher, genetischer und paläoanthropologischer Evidenzen ein starkes Argument für die

---

88 Die berühmte Passage aus dem *Mann ohne Eigenschaften* lautet: Wer den Möglichkeitssinn „besitzt, sagt beispielsweise nicht: Hier ist dies oder das geschehen, wird geschehen, muss geschehen; sondern er erfindet: Hier könnte, sollte oder müsste geschehen; und wenn man ihm von irgendetwas erklärt, dass es so sei, dann denkt er: Nun, es könnte wahrscheinlich auch anders sein. So ließe sich Möglichkeitssinn geradezu als die Fähigkeit definieren, alles, was ebenso gut sein könnte, zu denken und das, was ist, nicht wichtiger zu nehmen als das, was nicht ist." (Musil 1978, 16)

evolutionäre Entstehung kreativer Freiheitsspielräume zu entwickeln. Diese Kreativität hat unsere Kulturen geprägt, und Lieberman betont ausdrücklich, dass menschliches Verhalten umgekehrt in erheblichem Ausmaß von kulturellen Normen und Werten bestimmt wird. Seine Analyse gilt jedoch den genetischen und – vermittelt über die Rolle der Gene für die Gehirnentwicklung – neuronalen Veränderungen, die kumulative Kulturen möglich gemacht haben, nicht etwa der Eigendynamik der kulturellen Evolution und genauso wenig ihren Rückkoppelungen mit der biologischen Evolution.[89]

Trotz seiner gen- und gehirnzentrierten Methodik argumentiert Lieberman konsequent *antideterministisch*. Titelgebend für seine Monographie „The Unpredictable Species" ist die Nicht-Festgelegtheit und Unvorhersagbarkeit des menschlichen Verhaltens, die er zwar als kulturelles, aber eben doch durch Veränderungen auf der neuronalen Ebene verursachtes Phänomen ansieht: „... cultural innovation fueled by the enhanced creative capacities of human brains has made us the unpredictable species. The result is that we are able to shape our actions and destiny for better or worse." (Lieberman 2013, xi) Offenheit, Vorstellungsvermögen, Flexibilität, Kreativität – diese eng mit einander verbundenen kognitiven Fähigkeiten sind nach Lieberman dasjenige, was uns qualitativ von allen anderen Lebewesen unterscheidet. Etwas paradox ausgedrückt könnte man sagen: Unsere Gene und das von ihnen geprägte Gehirn disponieren uns zu einer Lebensform, in der die Rolle von Genen und Hirnstrukturen nicht mehr deterministisch verstanden werden kann, sondern Kreativität und Freiheit ermöglicht.

Auf der Ebene der neurowissenschaftlichen Argumentation wendet er sich deshalb, wie schon Merlin Donald, scharf gegen die These von der Modularität des menschlichen Geistes, mit der Evolutionspsychologen[90] (er nennt als Beispiele Noam Chomsky, Jerry Fodor, Richard Dawkins, Sam Harris, Marc Hauser und Steven Pinker, vgl. Lieberman 2013, 2 u. 5) die behauptete Fixiertheit des menschlichen Verhaltens durch stammesgeschichtlich erworbene, voneinander jeweils unabhängige Anpassungsleistungen erklären wollen. Weder sei das Gehirn in irgendeiner aufschlussreichen Weise mit einem Computer vergleichbar, noch ließen sich für die Existenz von „‚domain specific' modules" (Lieberman 2013, 5) im Gehirn belastbare Belege beibringen. Die Vorstellung solcher neuronal lokalisierbarer, das Verhalten determinierender Module falle im Grunde ins frühe 19. Jahrhundert zu-

---

89 Bei Lieberman 2013, 24 ist zwar von einem „... interplay of culture and biology in shaping human behavior ..." die Rede; das wird jedoch kaum systematisch aufgegriffen.

90 Im *weiteren* Sinn des Wortes sind natürlich auch Autoren wie Lieberman, Donald und Deacon Evolutionspsychologen. Es hat sich aber eingebürgert, von Evolutionspsychologie im *engeren* Sinn nur dann zu sprechen, wenn eine Theorierichtung gemeint ist, die versucht, gegenwärtiges Verhalten als erklärbar durch (modular spezifische) Anpassungsleistungen in der Steinzeit zu erklären.

rück: „The research paradigm is similar to that used by phrenologists[91] 200 years ago, except for the high-tech veneer" (Lieberman 2013, 8). Lieberman betont gegen die Modularitätsthese den global vernetzten und integrierten Charakter aller geistiger Leistungen und insbesondere der Sprache, was er mit einer Kritik an der Vorstellung verbindet, Sprache könne im sog. Broca-Wernicke-Areal des Gehirns lokalisiert werden (vgl. Lieberman 2013, 27–32). Und er arbeitet einen Punkt heraus, der über die Kritik an reduktionistischen Vorstellungen des Gehirns hinaus von sehr grundsätzlicher Bedeutung ist: Der Modularismus und Determinismus der Evolutionspsychologie verfehlt die grundsätzliche Bedeutung der *Exaptation*, die Mark Johnson veranlasst hatte, diesen Begriff in seine erweiterte Charakterisierung der Ansätze der *embodied cognition* aufzunehmen: embodied, extended, enactive, embedded, emotional, evolutionary, *exaptive* (vgl. oben, S. 25). Der ursprüngliche Entstehungskontext einer kognitiven Fähigkeit kann ein ganz anderer sein als ihre gegenwärtige Funktion.

Warum Lieberman soviel Mühe auf die Kritik des modular-deterministischen Denkens verwendet, ist leicht zu erkennen: Es handelt sich für ihn dabei um eine besonders in der „pop neuroscience" (Lieberman 2013, 8) weit verbreitete Haltung, die es unmöglich macht, den spezifischen Charakter des menschlichen Denkens und seinen Zusammenhang mit der Architektur des Gehirns zu erkennen. Nicht in spezialisierten Modulen, sondern in der *Art der Verbindung* zwischen den verschiedenen Teilen des Gehirns muss ihm zufolge die neuronale Grundlage der menschlichen Einzigartigkeit gefunden werden. Um eine lange Argumentation sehr knapp zusammenzufassen, sieht Lieberman die für Kreativität und Vorstellungskraft ausschlaggebende Flexibilität der menschlichen Kognition neuroanatomisch als durch „neural circuits linking activity in prefrontal cortex with the basal ganglia and other parts of the brain" (Lieberman 2013, 99) ermöglicht an. Dabei spielt die exaptive Funktionserweiterung der Basalganglien eine entscheidende Rolle. Diese evolutionär ursprünglich der Bewegungssteuerung dienenden, unterhalb der Großhirnrinde liegenden Teile des Endhirns haben wir beispielsweise mit den Fröschen gemein, bei Menschen zeigen sie jedoch bei motorischen wie kognitiven Aufgaben eine vergleichbare Aktivität. Diese These Liebermans stimmt natürlich gut mit der von Mark Johnson vertretenen Annahme zusammen, dass verkörperte Metaphern, insbesondere die Grundrichtungen und -rhythmen der Bewegung, bei der Genese auch abstrakter Bedeutungen eine zentrale Rolle spielen.

---

91 Die von Franz Josef Gall am Ende des 18. Jahrhunderts entwickelte Phrenologie sah das Gehirn als einen Komplex spezialisierter Module an und versuchte, durch Messungen des Schädels und seiner Wölbungen auf entsprechend kognitive Fähigkeiten und auch Defizite zu schließen. Sie galt schon zu ihrer Zeit vielfach als unwissenschaftlich.

Die exaptiv erweiterten Basalganglien sind nach Lieberman beim Menschen, und nur bei ihm, über neuronale Feedbackschleifen mit dem präfrontalen Cortex verbunden, dessen Aktivitäten bei höheren kognitiven Prozessen eine zentrale Rolle spielen. Und diese stärker integrierte Gesamtarchitektur des menschlichen Gehirns verleihe uns eine höhere Effizienz bei der Verarbeitung von Reizen und ermögliche die humanspezifische Flexibilität und Kreativität – Lieberman spricht von „supercharged neural circuity" (Lieberman 2013, 112). Für die Entstehung dieser effizienteren und dichteren Formen neuronaler Feedbackschleifen spiele das $FOXP2_{human}$-Gen eine zentrale, wenn auch nicht alleinentscheidende Rolle.[92] Populärwissenschaftlich ist dieses Gen häufig als „Sprachgen" bezeichnet worden, aber Lieberman zufolge liegen die Dinge komplizierter. Das Gen spiele u. a. in den Basalganglien und für die Verbindung des Cortex mit evolutionär früheren Hirnstrukturen eine wichtige Rolle bei der Steigerung synaptischer Plastizität (vgl. Lieberman 2013, 111) und sicherlich auch für die Sprachentstehung. Monogenetische Erklärungen weist er aber klar zurück.

Aus philosophisch-anthropologischer Perspektive legen sich vor allem zwei methodische Rückfragen an Liebermans Ansatz nahe. *Einmal* wäre sicher noch genauer zu prüfen, ob das „supercharging" des menschlichen Geistes durch die Vernetzung von Basalganglien und präfrontalem Cortex und die damit gegebene Steigerung der Verarbeitungsgeschwindigkeit wirklich als ausschlaggebender und vor allem als isoliert zu betrachtender Faktor für die Entstehung von Flexiblität und Kreativität betrachtet werden kann. Würde sich nicht eine stärker ökologische, also von den Interaktionen zwischen dem Organismus und seiner Umgebung ausgehende Konzeption nahelegen? So argumentieren beispielsweise Newson/Richerson dafür, dass „costly large brains" als „adaptions to an increasingly variable environment" (Newson/Richerson 2021, 87) gedacht werden müssen. Anders gesagt: Zwischen der Veränderungsrate der Umwelt menschlicher Organismen und der Entstehung von flexibel-kreativem Denken besteht ein evolutionärer Zusammenhang. Nun sind beide Erklärungen leicht als komplementär zu verstehen, aber bei Lieberman tritt die Frage nach der Rolle und Variabilität der physischen und biologischen Umgebung doch stark zurück. Die *zweite* Rückfrage hätte dem methodischen Individualismus Liebermans zu gelten. Anders als etwa Tomasello stellt er keinen systematischen Bezug zwischen kognitiven Veränderungen und solchen in der Sozialstruktur her. Die Intersubjektivität des Geistes spielt für ihn keine erkennbare Rolle. Unverzichtbar bleibt Liebermanns Argumentation jedoch in einer

---

92 Lieberman verweist hier vor allem auf die Forschung von Svante Pääbo (bei Lieberman „Paabo") am MPI in Leipzig, dem Pionier der Paläogenetik und langjährigem Kollegen Michael Tomasellos, der sich unter anderem mit den Unterschieden des $FOXP2_{human}$-Gens zu den entsprechenden Varianten bei Neanderthalern und Denisova-Menschen beschäftigt hat.

zentralen Hinsicht: Er hat gewissermaßen auf dem heimischen Spielfeld des Gen- und Neurozentrismus gezeigt, dass die Rolle von genetischen Dispositionen und hirnorganisch basierten Veränderungen auch völlig konträr zu deterministischen Positionen verstanden werden kann. Für ihn ist das Gehirn, mit einer Formulierung von Thomas Fuchs, unser „Organ der Freiheit" (Fuchs 2020, 216).

3.4.3 Der soziale Charakter von Vorstellungskraft und Kreativität: George Herbert Mead

Eine deutlicher sozialökologisch ausgerichtete Rekonstruktion der Evolution von Kreativität hätte ungleich stärker als Lieberman Veränderungen im Bereich der sozialen Interaktionsformen einbeziehen müssen. Die verschiedenen Formen des *Spiels* spielen hier eine zentrale Rolle.[93] Lieberman erkennt sie zwar ausdrücklich an, behandelt aber nur die genetischen und neuronalen Wurzeln des Spielverhaltens. Der erste Autor, der die Bedeutung des Spiels für die soziokulturelle Entwicklung des Kindes ins Zentrum gerückt hat, war wohl George Herbert Mead. Allerdings ist seine Ausgangsfrage nicht die nach der Entstehung von Kreativität, sondern nach der sozialen Genese der Ich-Identität. Beides ist jedoch, wie ich zeigen werde, auf eine aufschlussreiche Weise miteinander verbunden. In Meads postum erschienenem und von der Editionslage her schwierigem Buch *Mind, Self and Society* wird das kindliche Spiel in den Kapiteln 19 und bes. 20 behandelt. Berühmt geworden ist Meads Unterscheidung von *play* und *game*. In der früheren Phase des *play* beginnen Kinder mit Als-ob-Spielen, in denen sie selbst verschiedene Rollen einnehmen und auch Objekten solche Rollen zuweisen. Durch dieses *role-taking* und die damit verbundenen imaginativen Szenarien verfügt das Kleinkind Mead zufolge über „a set of stimuli which calls out in himself the sort of responses they call out in others. He takes this group of responses and organizes them into a certain whole. Such is the simplest form of being another to one's self." (Mead 1934/2015, 151). Ich-Identität setzt für Mead bekanntlich ein *me* voraus, in dem sich das Ich selbst gegenständlich werden kann, und dieses *me* sind eben die verinnerlichten Einstellungen der Anderen. Handelt es sich bei spontanen Rollenspielen noch um

---

93 Ein weitreichendes Argument für die grundsätzliche Bedeutung des Spiels (und seinen Zusammenhang mit dem Ritual) in der vormenschlichen und menschlichen Evolution entwickelt Robert Bellah (2011). Er betont besonders den evolutionären Zusammenhang zwischen „relaxed fields", (Bellah 2011, 587), also auch schon bei anderen Lebewesen vorkommenden Situationen, in denen der Existenzkampf zurücktritt, und der Entstehung spielerischer Einstellungen, die kreativ Szenarien ausprobieren oder durchspielen, ohne dass nichtangepasstes Verhalten gleich negative Folgen hätte.

konkrete Andere, kommt dann in den später auftretenden Regelspielen (*game*) ein „generalized other" (Mead 1934/2015, 154) ins Spiel, denn die Spielregeln verkörpern in diesem Fall die Einstellungen aller Spielbeteiligten, die eben deshalb zu einer sozialen Gruppe werden.

Die Pointe von Meads Analyse besteht nun darin, dass die verinnerlichten sozialen Einstellungen des „generalized other" in konkreten Handlungssituationen niemals ausreichen, um die Handlung zu determinieren, weil hier immer widersprüchliche Impulse, Erfahrungen, Anforderungen anderer usw. eine Rolle spielen. Das *I* als vom *me* unterschiedene Instanz in der Genese des Selbst ist „.... the answer which the individual makes to the attitude which others take toward him when he assumes an attitude toward them. [...] The ‚I' gives the sense of freedom, of initiative" (Mead 1934/2015, 177). Selbstbewusstsein ist dementsprechend nichts dauernd Vorhandenes, es entsteht immer dann, wenn nicht mehr routinemäßig gehandelt werden kann, sondern eine neue „Rekonstruktion der Situation" (Mead 1913/1980, 248) erforderlich wird (vgl. auch Jung 2009b, 227–234). Spielen hat Mead zufolge evolutionär die Funktion, eben diese Fähigkeit zur Rekonstruktion deutungsbedürftiger Situationen anzubahnen. Situationen sind aber immer genuin sozial, selbst dann, wenn in ihnen außer dem Selbst nur physische Objekte vorkommen. ‚Selbste' gibt es nur innerhalb sozialer Prozesse, und im Kapitel 23 von *Mind, Self and Society* macht Mead deutlich, dass auch unsere Haltung physischen Objekten gegenüber, soweit sie als rational begriffen werden kann, aus der sozial erworbenen Fähigkeit der Rollenübernahme hervorgeht. Spielen ist daher selbst dann eine soziale Aktivität, wenn Kinder nur für sich selbst zu spielen scheinen.

Der bedeutende Beitrag Meads für das Verständnis der Entstehung von Vorstellungskraft und Kreativität in der Phylo- und Ontogenese des Menschen besteht also in dem Nachweis, dass diese Fähigkeiten genuin *sozialer* Natur sind. Im *play* trainiert das Kind die Fähigkeit, imaginative Szenarien zu entwerfen, in denen Rollenmuster und typische Verhaltensweisen ausprobiert werden können, und zwar sowohl in der sozialen als auch in der physischen Welt. Regelgeleitete Spiele (*game*) spielen dann eine wichtige Rolle bei der Entstehung eines sozialen Identitätsbewusstseins durch die Verinnerlichung von Regeln und Rollenerwartungen eines organisierten sozialen Ganzen. Beim Übergang von *play* zu *game* werden die imaginativ zu beherrschenden Szenarien deutlich komplexer. Das Selbst des Erwachsenen schließlich verfügt über situative Kreativität, die durch spielerisch trainierte, genuin soziale Vorstellungskraft ermöglicht wird: Wenn Konflikte (zwischen divergierenden sozialen Einflüssen und/oder Wahrnehmungsgehalten) entstehen und Handlungsroutinen brüchig werden, bedarf es einer Rekonstruktion der Situation, in der sich dann auch das Ich (*I*) des Handelnden zeigt. Für diese Rekonstruktion stellt die gespeicherte Erfahrung einen Horizont von Möglichkeiten bereit, aus dem heraus *kreativ*, als nicht schon durch frühere Lösungen präjudiziert, gehandelt werden muss. Die Interaktionseinheit von Organismus und Umwelt wird temporär zerstört, um durch kreatives Handeln wieder hergestellt zu werden. Dieses Grundschema ist für alle Pragmatisten zentral, weshalb man geradezu mit Hans Joas den Pragmatismus im Ganzen als „eine *Theorie situierter Kreativität*" (Joas 1996, 197; kursiv im Original) bezeichnen kann. Joas' Buch arbeitet im Detail heraus, dass Kreativität nicht etwa primär als Kennzeichen einer spezifischen Klasse von Handlungen (beispielsweise künstlerischen[94]) begriffen werden darf, sondern konstitutiv für die Form des menschlichen Handelns überhaupt ist, und dies aufgrund seines sozialen und symbolvermittelten Charakters. Dass die Ontogenese kreativer Imagination in Als-ob-Spielen mit dem Erwachen der sozialen Identität und dem raschen Wachstum sprachlicher Fähigkeiten einhergeht, ist also alles andere als zufällig. Dazu passt, dass die Feldforschung bei freilebenden Tieren bislang zwar einige vereinzelte Hinweise für Ansätze von Verhalten gefunden hat, das Vorstellungskraft und mentale Szenarien erfordert (vgl. oben S. 149 f. und Suddendorf 2014, 68 – 71), Rollenspielen und solchen Szenarien in der normalen Entwicklung aller menschlichen Kinder aber eine ausschlaggebende Bedeutung zukommt.

In Meads Analysen zum Spiel und zur Genese sozialer Identität ist der Gedanke zentral, dass kreatives Handeln eine Rekonstruktion problematisch gewordener Handlungssituationen darstellt. Damit lässt sich auch die Beziehung von Vorstellungskraft und Kreativität genauer fassen. Beide stehen in einem komplexen wechselseitigen Implikationsverhältnis: Auf der einen Seite braucht es Vorstellungskraft, also die Fähigkeit, den Geist vom Hier und Jetzt zu lösen und in mögliche Welten ausschweifen zu lassen, um überhaupt in der wirklichen Welt kreativ sein zu können. Die Psychologin Alison Gopnik, die sich intensiv mit der kognitiven und sprachlichen Entwicklung von Kindern beschäftigt hat, spricht daher sehr plastisch von der „power of counterfactuals" (Gopnik 2009, 21). Wenn beispielsweise Dewey Denken als Probehandeln bzw. als *imaginative rehearsal* charakterisiert („Deliberation is actually an imaginative rehearsal of various courses of conduct", Dewey 1908/2008, 275) steht ebenfalls dieser Aspekt im Zentrum. Wir stellen uns vor, wie es wäre, wird dieses oder jenes täten, und zwar nicht im Sinne einer neutralen Vorstellung zukünftiger Weltzustände, sondern „dramatic and active" (Dewey 1908/2008, 275), also aus einer engagierten Einstellung heraus. Doch andererseits ist natürlich auch Kreativität unverzichtbar, um das Wirkliche überhaupt als einbettet in Mögliches verstehen und entsprechende Bilder und Vorstellungen entwickeln zu

---

94 Damit wird natürlich nicht bestritten, dass im künstlerischen Handeln Kreativität als grundlegende Eigenschaft menschlichen Handelns und Erfahrens besonders deutlich zum Ausdruck kommt. Vgl. dazu Deweys *Kunst als Erfahrung* (1934/1988).

können, die den Akteuren alternative Handlungsverläufe mit ihren verschiedenen mutmaßlichen Konsequenzen vor Augen stellen.

In diesem Zusammenhang ist es bemerkenswert, dass kleine Kinder schon sehr früh im Spracherwerb lernen, „nein" zu sagen und ihr Verständnis alternativer Möglichkeiten auszudrücken. Eine wesentliche Komponente von Kreativität ist es, das Faktische zugunsten des Kontrafaktischen negieren zu können. Hegelianer mögen sich hier an Hegels „bestimmte Negation" erinnert fühlen, aber auch Entwicklungspsychologinnen sehen im Erwerb der Negationsfähigkeit einen entscheidenden Unterschied der frühkindlichen Entwicklung zur derjenigen unserer nächsten tierischen Verwandten: „Being able to say ‚no' and ‚uh-oh' immediately puts you in the world of the counterfactual and the possible – the road not taken, the possibility that isn't real." (Gopnik 2009, 29) Das Nein-Sagen-Können steht dabei auch mit dem nichtsprachlichen Handeln in Echtzeit in einer engen Beziehung: Mögliche Handlungsziele müssen mit der harten Realität abgeglichen, imaginativ konkretisiert und kreativ neu justiert werden. Dieser Prozess wird durch die Negationskompetenz enorm erleichtert und in seiner Reichweite potenziert.

Es bietet sich daher an, im Verhältnis von Kreativität und Vorstellungskraft zwei Akzente innerhalb des übergreifenden Handlungszusammenhangs der Mensch-Umwelt-Beziehung zu unterscheiden: den der mentalen Konstruktion von möglichen Szenarien *vor* der Handlung und den des physischen Handelns. Im Handeln (auch im sprachlichen Handeln der Artikulation) erfolgt jeweils eine Konfrontation der Akteure mit nichtantizipierbaren Eigenschaften der physischen und sozialen Umwelt (der peircesche „outward clash"), auf die diese kreativ reagieren müssen. Dieser Aspekt lässt sich auch durch die ausgiebigste Konstruktion von alternativen Handlungsverläufen vorab nicht eliminieren. Vorstellungskraft und Kreativität sind immer gefordert, aber beim mentalen Probehandeln liegt der Akzent auf der möglichst realistischen Imagination von Handlungsalternativen, bei der Handlungsausführung hingegen auf der Bewältigung von Unvorhergesehenem, wozu es dann wieder reaktive Vorstellungskraft und Kreativität braucht. Entscheidend ist es dabei, diese beiden Aspekte als Phasen eines ständig wiederholten Feedbackprozesses zu verstehen und nicht etwa als zeitliche Momente in dem Sinn, dass erst ein Handlungsziel mental konkretisiert und dann physisch realisiert wird.

3.4.4 Die Kreativität symbolischer Kommunikation

Nach dieser Präzisierung des Zusammenhangs von Kreativität und Vorstellungskraft zurück zu den Befunden der evolutionären Kulturtheorien: Es sind vor allem vier Aspekte, an die hier angeknüpft werden kann: *Erstens* ist das kreative Imaginieren von Szenarien bei unseren nächsten Verwandten im Tierreich nach gegenwärtigem Kenntnisstand nur schwach ausgeprägt (vgl. Suddendorf 2014, Kap. 5), *zweitens* haben Kreativität und Vorstellungskraft bei der Entstehung komplexer Werkzeuge[95] und beim Aufkommen dekorativer Muster und schließlich bildlicher Darstellungen eine zentrale Rolle gespielt, *drittens* müssen sie als sozialkognitiv-kulturelle Fähigkeiten verstanden werden (vgl. Haidle et. al. 2015, 52) und stehen *viertens* sowohl onto- als auch phylogenetisch im engen zeitlichen Zusammenhang mit der Ausbildung symbolischer Fähigkeiten.

So, wie es Vorformen sprachlicher Kompetenzen bei Menschenaffen (insbesondere bei inkulturierten, also in einer von Menschen geprägten Umgebung aufgewachsenen) gibt, finden sich auch Vorformen imaginativer Kreativität. Um den *ratchet-effect* einer kumulativen Kultur auszulösen, reichen sie jedoch offensichtlich nicht aus. Das lässt die Frage dringlich erscheinen, wie denn beides zusammenhängt. Sind Vorstellungskraft und symbolische Artikulationsfähigkeit intern verknüpft? Offensichtlich nicht in der Weise, dass jede Imagination an symbolisches Denken gebunden ist. Die Fähigkeit, in charakteristischen Episoden zu denken, die Merlin Donald als typisch für *alle* Primaten identifiziert, impliziert ja bereits die Möglichkeit, zukünftige Situationen in ihrer Typik zu antizipieren. Für die dann folgende mimetische Stufe der Kulturentwicklung dürfte bildhaftes Denken jedoch eine entscheidende Rolle gespielt haben. Donald definiert „the imaginative reenactment of an event" (Donald 2012, 263) als den basalen *skill* dieser Kulturstufe. Sich wichtige Ereignisse der Vergangenheit zu imaginieren, dient aus evolutionstheoretischer Perspektive immer dem Zweck, kommende Herausforderungen besser meistern zu können; es ist also keineswegs vergangenheits-, sondern *zukunftsorientiert* und handlungsbezogen (vgl. Suddendorf 2014, 149). Viel spricht dafür, dass die weitere Erweiterung der bildlichen Vorstellungskraft und der „Fähigkeit, mental durch die Zeit zu reisen" (Suddendorf 2014, 111) dann aber mit der Sprachentwicklung eng verbunden ist. In dem Kapitel über die „pragmatistische Revolution" hatte ich daher bereits durchgängig dafür argumentiert, dass ein innerer Zusammenhang besteht zwischen der kreativen Fähigkeit des Bewusstseins, sich vom Hier-und-Jetzt zu lösen, und der Fähigkeit zum Gebrauch von symbolischen Zeichensystemen.

Dieser Zusammenhang zeigt sich vor allem an drei Aspekten symbolischer Kommunikation: erstens an der Möglichkeit *indirekter Referenz*, zweitens an dem *imaginativ-antizipatorischen* Charakter aller Artikulationsprozesse und drittens an

---

[95] Um ein konkretes Beispiel zu geben: Die ältesten Funde von Faustkeilen sind etwa 1,76 Millionen Jahre alt. Ungefähr 300 000 Jahre vor unserer Zeit kam es dann zur Entwicklung der sog. Levallois-Technik für die Produktion solcher Werkzeuge, die Vorausplanung und damit die Entwicklung eines entsprechenden mentalen Szenarios zur kognitiven Voraussetzung hat. Um dieselbe Zeit tauchen aus mehreren Komponenten zusammengesetzte Werkzeuge (etwa Speere) auf, die noch deutlicher die Fähigkeit zur Imagination von Szenarien zeigen, die über das Hier und Jetzt hinausgehen.

der *Expressivität* der Sprache. *Erstens* stabilisieren menschliche Zeichensysteme, wie oben bereits gezeigt, die Bedeutungen der in ihnen verwendeten *symbolischen* Zeichenkomponenten primär durch ihre ‚horizontale' Verkettung in einer holistischen Zeichenganzheit, die inferentiell gegliedert ist (während *ikonische* und *indexikalische* Zeichen durch ihre direkte Referenz den Bezug auf gelebte Erfahrung herstellen). Nur kraft dieser Zeicheneigenschaft kann sich der menschliche Geist auf ungegenständliche und unbildliche, also abstrakte Sachverhalte richten, den individuellen Erfahrungsraum in Richtung auf allgemein Gültiges überschreiten. Indirekte Referenz erweitert das Denken noch weit über die bildhaften Erweiterungen des unmittelbar Erlebten hinaus und ermöglicht die kreative Bestimmung von begrifflich Allgemeinem. Komplementär dazu ist jedoch immer mitzudenken, dass auch die abstraktesten Symbolketten verkörpert sind oder, wie Terrence Deacon es formuliert, durch unmittelbar auf Erfahrung bezogene Zeichen interpretiert werden (vgl. Deacon 1997, 451). Diesen Punkt hatte ich oben als eine der wichtigsten Erkenntnisse der peirceschen Semiotik herausgestellt. Es ist gerade die unaufhebbare Spannung zwischen der Allgemeinheit der Bedeutungen und der Konkretheit der Erfahrung, die kreative Vermittlungsprozesse in beiden Richtungen vorantreibt. Als beispielsweise der Astrophysiker Roger Penrose für kosmische Objekte mit extremer Massendichte die Bezeichnung „schwarzes Loch" prägte, schlug er eine kreative Brücke zwischen der gänzlich unanschaulichen, nur mathematisch darstellbaren Physik dieser Objekte und der unmittelbaren Erfahrung, die jeder Mensch mit Dunkelheit und Löchern gemacht hat. Dass Penrose mit seiner Metapher so enorm erfolgreich war, ist nur durch diesen Brückenschlag erklärbar.

Der *zweite* Aspekt, in dem ein innerer Zusammenhang zwischen symbolischer Sprache und Kreativität sichtbar wird, betrifft unmittelbar den Prozess der Artikulation. Edmund Husserl hat in seinen *Vorlesungen zur Phänomenologie des inneren Zeitbewussstseins* herausgearbeitet, dass Bewusstsein, zeitlich betrachtet, immer durch eine Verschränkung der drei Aspekte des aktual Erlebten (Husserls „Urimpression"), noch präsenten Vergangenen („Retention") und für die Zukunft Antizipierten („Protention") gekennzeichnet ist (vgl. Husserl 1928/1980). Diese drei Dimensionen lassen sich auch im Vollzug des Sprechens und Schreibens nachweisen: In der fließenden Gegenwart derer, die gerade einen Sprechakt vollziehen, muss sowohl die Vergangenheit (das bislang Ausgesprochene des Satzes und dessen zeitlicher Kontext) als auch die Zukunft (in Form antizipierter Möglichkeiten, die Rede fortzuführen) präsent sein. Der generative Charakter der Sprache, die einen unendlichen Gebrauch von endlichen Mitteln (Wilhelm von Humboldt) macht, bringt es mit sich, dass die Kreativität der Sprecher hier eine entscheidende Rolle spielt: Sprache ist zwar regelgeleitet und die möglichen Verknüpfungen von Wörtern zu Sätzen sind durch grammatische Vorgaben eingeschränkt, aber eben nicht determiniert. Sich gestaltrichtige und als stimmig empfundene Fortsetzungen und

Vollendungen von Sprechakten imaginieren zu können (also ‚linguistische Protention'), ist eine zentrale Komponente sprachlicher Kreativität. Man könnte auch sagen, dass der sprachliche Weg sich erst beim Gehen baut, wobei Grammatik und Wörterbuch nur die Baumaterialien bereitstellen, nicht aber die Wegführung festlegen. Was jemand gemeint hat, weiß sie oder er schließlich erst, nachdem es artikuliert worden ist. Die Artikulation hat den Charakter einer Transformation des Gemeinten (d. h. als bedeutungsvoll Gefühlten) in eine regelgeleitete Sequenz aus unterschiedlichen Arten von Zeichen, die das Unbestimmt-Bedeutungsvolle explizit macht, indem sie Unterscheidungen trifft. Ohne situative Kreativität ist es daher unmöglich, vom Gemeinten zum Gesagten zu kommen, denn dieses bildet jenes nicht etwa ab, sondern interpretiert es sprachlich.

Viele Linguisten – am prominentesten sicherlich Noam Chomsky – sind überzeugt, dass *Rekursivität*, also die Möglichkeit, Elemente der Sprache wiederholt auf sich selbst anzuwenden, um Untereinheiten und damit komplexe hierarchische Verschachtelungen zu erzeugen, Sprachlichkeit als solche charakterisiert. Auch wenn die Universalität der Rekursivität gegenwärtig heftig umstritten ist (vgl. etwa Everett 2009, 94 f.), leuchtet es ein, dass rekursiv strukturierte Sprachen expressiver Kreativität einen mächtigen Schub versetzen. Die Möglichkeit, Komplexität durch verschachtelte Szenarien zum Ausdruck zu bringen („Ich denke, wir haben alle gedacht, ihr müsstet doch jetzt denken, dass ....") setzt Kreativität und mit ihr rekursive Vorstellungskraft ebenso sehr voraus, wie umgekehrt. Es spricht aus evolutionstheoretischer Sicht daher vieles dafür, dass Terrence Deacon mit seiner These der Koevolution von Geist, Sprache und Gehirn richtig liegt (vgl. Deacon 1997).

Der *dritte* Punkt ist grundsätzlicher Natur. Nicht selten wird Sprache ausschließlich als ein Mitteilungsmedium für Gedanken behandelt, als eine Art Transportvehikel für schon vorsprachlich Vorhandenes, eben Gedanken (oder auch „Informationen"). Diese Auffassung ist nicht falsch, aber doch äußerst einseitig und geht an der tiefsten anthropologischen Dimension der Sprache vorbei. Wie schon mehrfach betont, ist Sprache nämlich genuin expressiv. Sie bringt nicht bloß mentale Zustände und Sachverhalte in der Welt zum Ausdruck, sie konstituiert und formt durch ihren Gebrauch auch dasjenige mit, über das wir uns Gedanken machen und austauschen können. Niemand hat diesen Punkt unermüdlicher betont als Charles Taylor: „Certain crucial human realities we try to understand in language are created in discourse and cannot simply be treated as extralinguistic." (Taylor 2016, 99) Die Idee der Menschenrechte, der Unterschied zwischen dem Erhabenen und dem Schönen, die Frage nach der Güte Gottes angesichts der Übel in der Welt – das sind Beispiele für kulturelle Realitäten, die Menschen nur deshalb berühren und in ihren Geist aufgenommen werden können, weil sie zuvor kreativ artikuliert worden sind. Darin besteht die *anthropologisch tiefste Dimension sprachlicher Kreativität*. Dass Sprache, wie Taylor schreibt, Realitäten *erzeugt*, keineswegs nur bestehende Realitäten abbildet, steht aber nicht im Widerspruch zur Bedeutung leiblicher Erfahrung. In diffuser, wenngleich intensiver Form müssen auch sprachlich geschaffene Realitäten gefühlt werden, bevor sie artikuliert werden können und so auf das individuelle Erleben zurückwirken. „[C]reated in discourse" kann demnach keine Schöpfung aus dem Nichts meinen. Es zielt auf die kreative Sinnbestimmung gelebter Erfahrung, durch die diese dem intersubjektiven, geteilten Bewusstsein und *auf diesem Weg* auch den sich artikulierenden Individuen überhaupt erst zugänglich wird.

Taylors *The Language Animal* (2016) kontrastiert zwei Weisen, Sprache zu verstehen: Zum einen innerhalb eines Rahmens, der durch nichtlinguistische Phänomene wie mentale Zustände, Handlungen oder Sachverhalte vorgegeben wird. Sprache wird dann die Funktion zugewiesen, solche Phänomene, klassischerweise „Ideen" genannt, zu repräsentieren, d. h. durch geeignete Zeichenketten abzubilden. Solche designativ-instrumentellen Sprachtheorien bezeichnet Taylor nach ihren prominentesten Vertretern in der philosophischen Tradition auch als „Hobbes-Locke-Condillac (HLC)"-Theorien (Taylor 2016, 4). Dem stellt er, zum anderen, konstitutiv-expressive Auffassungen der Sprache gegenüber, die nach ihren bekanntesten Protagonisten im späten 19. und frühen 20. Jahrhundert (Hamann, Herder und Humboldt) als HHH-Theorien bezeichnet werden (vgl. ix und passim). Für diese Theoriegruppe ist die Leitmetapher nicht Abbildung, sondern *Ausdruck*. Ausdruckstheorien betrachten das als bedeutungsvoll gefühlte Verhältnis des menschlichen Organismus zu der Welt, in der er lebt, als basal. Dieses Verhältnis auszudrücken bedeutet, eine „unified pervasive quality" in sprachlichen Sinn zu transformieren. Dabei wird überhaupt erst herausgearbeitet, welche Unterscheidungen, Bezüge, Geltungsansprüche usw. als bedeutsam gelten. Designative Sprachtheorien hingegen verstehen sprachliche Äußerungen als Repräsentationen einer außersprachlichen Realität. Es geht für sie darum, etwas, das in sich bereits bestimmt ist, struktur- und/oder inhaltserhaltend abzubilden.

Vergleicht man diese beiden Theorien miteinander, wird sofort deutlich, dass der Aspekt der Kreativität nur für HHH-Theorien eine zentrale Rolle spielen kann. Expressivität ist genuin kreativ, weil sie, einen Freiheitsspielraum nutzend, Unbestimmtes bestimmt. Diese Struktur einer kreativen Bestimmung im Wechselspiel von sich formender Intention und Eigendynamik dessen, was im Handeln begegnet ist, wie Hans Joas gezeigt hat (vgl. Joas 1996, Kap. 3), ein grundlegendes Merkmal des Handelns überhaupt, über die Sprache hinaus. Wenn Sprechen hingegen als Repräsentieren gedacht wird, erscheint Kreativität als überflüssig bis störend und muss in einen Sonderbereich des Künstlerischen abgeschoben werden. Der Akt der Ausdrucksfindung gilt dann ja als dadurch bestimmt, dass etwas in sich Gegliedertes, ein physischer oder psychischer Sachverhalt bereits vorliegt und nun möglichst akkurat abgebildet werden muss. Expressivistische Sprachtheorien weisen demnach eine größere Nähe zu jenen evolutionären Theorien der Kulturentstehung auf, die Kreativität und Offenheit als Humanspezifika herausstellen, als designativistische. Dieser Umstand ist meines Wissens bislang kaum gesehen worden, weil die naturwissenschaftlich orientierten Evolutionstheoretiker in der Regel das Modell der Sprache als Informationsvermittlung als selbstverständlich voraussetzen. Expressivität, Freiheit und Kreativität bilden einen sich wechselseitig verstärkenden Zusammenhang, der für eine evolutionstheoretisch informierte Anthropologie von größter Bedeutung ist.

3.5 Kultureller Wandel als autokatalytischer Prozess

Der junge Augustinermönch Martin Luther litt Seelenqualen, während er mit der Frage rang, wie er einen gnädigen Gott bekommen könnte. Heutige Jugendliche und junge Erwachsene fühlen sich auf ganz andere Weise gequält, wenn sie den Bildern von Schönheit, Gesundheit und Erfolg nicht entsprechen können, die ihnen ihre sozialen Netzwerke unentwegt vor Augen stellen. Bei allen gewaltigen Unterschieden haben diese beiden Beispiele etwas Gemeinsames: Sie beziehen sich auf in Bildern, Texten und Tönen gespeicherte und mit ihrer Hilfe auch artikulierte kulturelle Bedeutungen („social imaginaries" im Sinne Charles Taylors), deren Eigenart nur aus der kulturellen, nicht aber aus der biologischen Evolution heraus verständlich gemacht werden kann. Das ist nicht dualistisch zu verstehen: Ohne ein Bewusstsein von der Sterblichkeit des menschlichen Organismus wären Religionen wohl kaum entstanden, und ohne die biologische Bedeutung von Attraktivität für die Fortpflanzung der Gattung fehlte kulturell erzeugten Körperidealen ihre leibliche Verankerung. Der entscheidende Punkt ist jedoch, dass sich, von der darwinistischen Logik der biologischen Evolution ausgehend, selbstbezügliche kulturelle Sinnmuster ausbilden, deren Entstehung und Wandel sich in ständig wachsendem Maß einer kulturellen Eigenlogik verdankt. Dies gilt auch für die Form der Verkörperung dieser Sinnmuster und überdies für die gesamte materielle Kultur: Flugzeuge oder Smartphones etwa erzeugen in erheblichem Maß überhaupt erst diejenigen Bedürfnisse, deren Befriedigung sie ermöglichen. Sie sind keine bloßen Mittel für von ihnen unabhängige Zwecke, etwa solche des biologischen Überlebens. Im selben Zug mit der Schaffung neuer Mittel (des Ausdrucks wie der technischen Kontrolle) entstehen neue kulturabhängige Zwecke. Kulturelle Bedeutungen und Praktiken reagieren nicht mehr nur unmittelbar auf natürliche Herausforderungen, sie prozessieren in immer stärkerem Maß kulturelle Bedeutungen und Praktiken weiter und interpretieren sie neu. Damit wird der Möglichkeitsraum für die Entstehung von Neuem durch die bereits erfolgten Ausdrucksleistungen entscheidend geprägt. Dieser wichtige Aspekt des kumulativen Charakters von Kultur wird in der Soziologie als die ‚Pfadabhängigkeit' soziokultureller Entwicklungen bezeichnet.

Alle geschichtsphilosophischen Versuche, aus der pfadabhängigen Zunahme kultureller Komplexität teleologische Tendenzen zu destillieren, die auf eine Höherentwicklung der Menschheit hinauslaufen, haben sich allerspätestens nach den totalitären Katastrophen des 20. Jahrhunderts von selbst erledigt. Vielleicht sind evolutionäre Kulturtheorien in den letzten Jahrzehnten auch deshalb so *en vogue*, weil sie für eher nüchterne, kontigenzsensible und teleologiearme[96] Vorstellungen soziokulturellen Wandels argumentieren: „… cultural evolution is a lot more like the evolution of life than it is like intelligent design by a supernatural agent." (Newson/Richerson 2021, 172) Das lässt einen Spielraum für bewusste Planung und zielgerichtete Aktivitäten offen, ordnet diese aber in die Überkomplexität des Lebensprozesses ein, die alle menschliche Planungsfähigkeit übersteigt. Es wäre aus evolutionstheoretischer Sicht ein fataler Fehler, die wachsende Komplexität kultureller Sinnordnungen und die zunehmende Indirektheit der Naturabhängigkeit als lineare Zunahme von Freiheit und Naturkontrolle zu verstehen. Kulturevolution ist nicht, wie eine idealistische Perspektive nahelegen würde, der Weg vom Reich der natürlichen Notwendigkeit ins Reich der geistigen Freiheit,[97] denn die biologische Lebensform des Menschen wie die ökologische Einbettung in die Natur bleiben bei aller Zunahme von Komplexität immer bestehen – davon einmal ganz abgesehen, dass schließlich auch kulturelle Artefakte ja keineswegs *ipso facto* freiheitsermöglichend sind. Genauso wenig ist die Kulturevolution jedoch, wie es reduktionistische Naturalismen à la Dawkins darstellen, nichts anderes als die Fortsetzung der biologischen Evolution mit anderen Mitteln, beruht sie doch zum Teil auf kreativen Denk- und Ausdrucksleistungen, für die Freiheitsspielräume und Zielgerichtetheit konstitutiv sind.

---

96 Hier gibt es natürlich ein breites Spektrum von Möglichkeiten (vgl. dazu die oben S. 127 f. vorgestellte Typologie von Christian Illies). Grob gesagt: Während Richard Dawkins' Theorie kultureller *memes*, wenn diese als der einzige Motor der Kulturentwicklung begriffen werden, jede Form von Zielgerichtetheit ausschließt, finden sich am anderen Ende des Spektrums Positionen wie diejenige von Michael Tomasello, in denen teleologisch strukturierte Phänomene in der Ontogenese und bei den kumulativen Effekten der Kultur eine wichtige Rolle spielen.

97 Ernst Cassirer, der am Beginn dieses Kapitels als Kronzeuge für die *Erweiterung* – im Unterschied zur *Durchbrechung* – des organischen Funktionskreises durch Kulturleistungen herangezogen worden war, gerät doch am Ende seines *Versuchs über den Menschen* zumindest in die Nähe dieses teleologischen Narrativs, wenn er schreibt: „Im ganzen genommen könnte man die Kultur als den Prozeß der fortschreitenden Selbstbefreiung des Menschen beschreiben. Sprache, Kunst, Religion und Wissenschaft bilden unterschiedliche Phasen in diesem Prozeß. In ihnen allen entdeckt und erweist der Mensch eine neue Kraft – die Kraft, sich eine eigene, eine ‚ideale' Welt zu errichten." (Cassirer 1944/1990, 345. Es handelt sich um den emphatischen Schlussabschnitt des ganzen Werks.)

3.5.1 Autopoiese und Komplexitätssteigerung

Eine für die Anthropologie verkörperter Artikulation zentrale Lektion aus der Sichtung evolutionärer Kulturtheorien ist also gehörige Skepsis sowohl gegenüber der Annahme eines teleologischen Drives von der zufälligen Evolution zur rational kontrollierbaren Entwicklung als auch gegenüber allen Versuchen, die relative Eigenständigkeit der Kulturentwicklung(en) durch die zufällige Variation und Selektion kultureller „Meme" ersetzen zu wollen. Was sich im Lauf der Evolutionsgeschichte beobachten lässt, ist nicht Fortschritt oder Höherentwicklung, sondern ein globaler Trend zu Steigerung von *Komplexität* (vgl. Newson/Richerson 2021, 172–175). Gesteigerte Komplexität wiederum bedeutet auch gesteigerte *Kontingenz*. Die an der Evolutionstheorie geschulten klassischen Pragmatisten stellen genau diese Kontingenz des Sozialen ins Zentrum ihrer Auffassungen soziokulturellen Wandels (vgl. Nungesser 2021, Kap. 5) und entwickeln damit eine überzeugende Alternative sowohl zu idealistischen wie reduktiv-naturalistischen Auffassungen. Die Theorie „situierter Kreativität" (Joas 1996, 196), die Hans Joas als Kennzeichen des klassischen Pragmatismus herausstellt, hat hier ihre Wurzeln. Komplexität und Kontingenz sind unaufhebbar ambivalente, grundlegende Phänomene. Auf ihrer Basis entfaltet sich das pragmatistische Verständnis menschlichen Handelns, wie John Dewey es zusammenfasst: „Das Bemühen, die Stabilität des Sinns über die Instabilität der Ereignisse herrschen zu lassen, ist die Hauptaufgabe intelligenter menschlicher Anstrengung." (Dewey 1925/2007, 63)

Wie lässt sich aber der evolutionäre Trend zur Komplexitätssteigerung genauer verstehen und wie hängt er, soweit er das menschliche Leben beeinflusst, mit der Eigendynamik kultureller Entwicklung zusammen? Dem wird im Folgenden weiter nachgegangen. Dabei lässt sich lose an den Begriff der *Autopoiesis* oder *Autopoiese* anknüpfen, wie ihn Humberto R. Maturana und Francisco J. Varela entwickelt haben. Autopoiesis wird von diesen Autoren als die Fähigkeit eines Systems zur Selbstorganisation beschrieben und dann spezifisch auf Lebewesen bezogen:

> Die eigentümliche Charakteristik eines autopoietischen Systems ist, daß es sich sozusagen an seinen eigenen Schnürsenkeln emporzieht und sich mittels seiner eigenen Dynamik als unterschiedlich vom umgebenden Milieu konstituiert. Ein Lebewesen ist durch seine autopoietische Organisation charakterisiert. Verschiedene Lebewesen unterscheiden sich durch verschiedene Strukturen, sie sind aber in bezug auf ihre Organisation gleich. (Maturana/Varela 1984/2020, 54 f.)

Aus dem selbstorganisierenden und selbstverstärkenden Charakter von Lebensprozessen ziehen Maturana und Varela sehr weitreichende Konsequenzen, die die „Autonomie des Lebendigen" (Maturana/Varela 1984/2020, 55) und den konstruktivistischen Charakter seiner Kognitionen betreffen. Diese stehen – zumindest in einigen Interpretationen – in einer deutlichen Spannung zu dem pragmatistischen Verständnis des Lebenszusammenhangs, das die interne Organisation des Organismus stärker von dessen Interaktion mit seiner Umgebung her versteht. Die entsprechenden Deutungsprobleme können aber vernachlässigt werden, denn es geht an dieser Stelle nur darum, den Aspekt der Selbstorganisation hervorzuheben, unabhängig von den ontologischen und epistemischen Annahmen, die etwa auch in der soziologischen Systemtheorie Luhmanns daraus gezogen worden sind. Dann zeigt sich, dass der Begriff der Autopoiese Analogien zu dem der kumulativen Kultur aufweist. Sie machen es möglich, das mit ihm bezeichnete Phänomen als Ausgangspunkt für die Emergenz von Kulturprozessen zu verstehen, die sich partiell eigenlogisch weiterentwickeln.

Der zentrale *Vergleichspunkt* liegt in der Selbstorganisation. Lebewesen organisieren sich und ihre Umweltbeziehungen so, dass sie im Idealfall überleben, gedeihen und sich reproduzieren können. Der biologische Lebensprozess selbst ist es, der seine Fortführung so lange wie möglich organisiert. Dasselbe gilt von kulturellen Prozessen, sobald sie – im oben erläuterten Sinn – kumulativ werden. Der zentrale *Differenzpunkt* hingegen besteht darin, dass die biologische Evolution mit den sinnblinden Mechanismen von Mutation und Selektion operiert, bei der kulturellen Evolution jedoch neben kontingenten Faktoren auch kreative Intelligenz und mit der Sprachentstehung dann auch zunehmend die Artikulation von Bedeutungen über viele Generationen hinweg operativ sind. So entstehen pfadabhängige, selbstbezügliche kulturelle Netzwerke aus Praktiken, symbolischen Bedeutungen und Institutionen, denen eine zunehmende, wenngleich immer relative Eigenständigkeit gegenüber den unmittelbaren Anforderungen des biologischen Lebensprozesses zukommt. Alle Lebewesen leben nach der Einsicht Jakob von Uexkülls in Bedeutungswelten, aber die Bedeutungswelten des Lebewesens Mensch verdanken ihren Reichtum nicht mehr alleine den primären Umweltbeziehungen der menschlichen Organismen, sondern auch der selbstverstärkenden und selbstorganisierenden Dynamik kultureller Prozesse.

Der Evolutionsbiologe Kevin Laland hat, durchgängig biologisch argumentierend, diesen von ihm *autokatalytisch* genannten Charakter der menschlichen Kultur herausgearbeitet. Er geht von sehr grundsätzlichen Untersuchungen über die evolutionäre Verbreitung und Nützlichkeit von sozialem Lernen aus und deutet die Entstehung der humanspezifischen, also kumulativen Kultur einschließlich der Sprache als Adaption im Sinne einer Effizienzsteigerung von Lernprozessen. Als Zwischenglied zwischen der elementaren Autopoiesis aller Lebewesen und der typisch menschlichen Kultur lässt sich dabei Allan Wilsons „cultural drive hypothesis" (Laland 2017, 114) verstehen. Wilson argumentiert – mit Lalands Worten – für einen evolutionären Effekt kulturellen Lernens, der bereits *vor* der Entstehung der menschlichen Kultur eingesetzt habe: „the spread of behavioral innovations through cultural transmission led animals to exploit the environments in new ways, and thereby increased the rate of genetic evolution." (Laland 2017, 114 f.) Dieser Effekt habe sich dann jedoch nur im einzigartigen Fall der menschlichen Kultur zu einem „autocatalytic process" (Laland 2017, 29) verstärkt, der eine Interaktion zwischen kulturellen und genetischen Faktoren zur Folge hatte – hier darf wieder an Deacons These von der Koevolution von Sprache und Gehirn erinnert werden. Deshalb kann Laland resümieren: „Only in hominins did language, teaching, and cumulative culture coevolve in a runaway, autocatalytic process initiated by selection for strategic and high-fidelity social learning." (Laland 2017, 189[98])

Kumulative Kultur ist demnach nicht alleine das Produkt (noch) nicht kultureller, biologischer Selektionsprozesse auf der Basis der Überlebensvorteile sozialen Lernens, sie ist auch im Laufe ihrer Entwicklung immer mehr zur treibenden Kraft ihrer selbst geworden. Sie verändert den evolutionären Druck auf die menschlichen Gene in Richtung auf eine bessere Anpassung an ein Leben innerhalb einer Kultur[99] und verwandelt die menschliche Ontogenese in einen präzedenzlos langen soziokulturellen Lernprozess, dessen Misslingen oder gar Ausbleiben dazu führt, dass sich die typisch menschlichen Fähigkeiten kaum ausbilden können.[100] Aus einer evolutionären Perspektive erscheint diese selbstverstärkende Entwicklung einer kulturellen, auf komplexe Traditionsprozesse setzenden Lebensweise als *Nischenkonstruktion*. Alle Lebewesen formen bestimmte Aspekte ihrer Umwelt so um, dass eine ökologische Nische für ihrer Lebensweise entsteht. Der Nestbau von Vögeln, Termitenhügel und Biberdämme sind offensichtliche Beispiele. Kulturalität verstärkt nach Laland dieses Phänomen: „The more an organism controls and regulates its environment and that of its offspring, the greater is the advantage of transmitting cultural information across generations." (Laland 2017, 190) Damit entstehen allmählich selbstverstärkende Effekte, die irgendwann einen kritischen Schwellenwert überschreiten.

Aus bedeutungstheoretischer Perspektive ergeben sich hieraus zwei Konsequenzen: *Zum einen* reichern sich die erlebten Bedeutungen, in denen menschliche Organismen die Qualität ihrer vielfältigen Umweltbeziehungen und Selbstverhältnisse spüren, mit immer komplexeren kulturellen Bedeutungen an. Die Nischen expandieren. An einen Schöpfer der Welt zu glauben oder ihn zu leugnen, den Satz

---

98 In Kap. 3 und 7 seiner Monographie entwickelt Laland die These, dass der evolutionäre Erfolg sozialen Lernens davon abhängt, dass dieses nicht mechanisch befolgt, sondern strategisch in passenden Situationen ausgewählt wird, und dass es eine hohe Übertragungstreue ermöglicht.
99 Diese evolutionäre Anpassung bezieht sich, wohl verstanden, auf Kulturalität als solche, nicht auf eine bestimmte Kultur. Babys, die in einer anderen Kultur und Sprache aufwachsen als derjenigen ihrer Eltern, haben keinerlei Probleme beim Hineinwachsen in beides.
100 Die traurigen Schicksale sog. ‚Wolfskinder' liefern dafür die besten Belege.

des Pythagoras zu verstehen, für Musik empfänglich zu sein, einen Witz zu machen oder Fernweh empfinden zu können – all das sind bedeutungsbezogene Fähigkeiten, die erst durch ihre Artikulation in symbolischen Medien überhaupt denkbar werden. *Zum anderen* zeigt der autokatalytische Selbstbezug kultureller Formen aber auch die Grenzen eines rein informationstechnischen Verständnisses von Sprache auf. Dieser Punkt wird von Evolutionstheoretikern, wie schon betont, in der Regel nicht gesehen. Sicherlich, Informationen werden aufgrund ihrer Nützlichkeit erlernt und sprachlich weitergegeben. Aber in eben dem Maß, in dem die innerhalb einer Kultur geschätzten Handlungsziele und Zwecke durch symbolische Artikulationsleistungen überhaupt erst bestimmt werden, entfernen sie sich auch von unmittelbaren biologischen Vorgaben. Es wäre ganz irreführend, beispielsweise die Kommunikation über asketische Ideale in bestimmten religiösen Milieus als Austausch von Informationen über symbolisierungsunabhängige Sachverhalte zu verstehen. Hier wird eben etwas sprachlich konstituiert und nicht abgebildet. Generell gilt, dass der selbstverstärkende Kulturprozess nicht allein Mittel der Naturbearbeitung kommunikativ verfügbar macht, sondern gleichzeitig kulturelle Nischen erzeugt, in denen Bedeutungen sich auf frühere Bedeutungen beziehen und damit Innovationen auf Traditionen. So gewinnen kulturelle Prozesse im Lauf der Zeit immer stärker an relativer Autonomie und generieren Zwecke weit über die biologischen Imperative des Gattungserhalts hinaus. Relativ bleibt diese Autonomie jedoch, weil sie von vulnerablen Organismen um ihres Lebensprozesses willen geschaffen und durch deren leibliche sowie weitere physische Ausdrucksmittel ermöglicht wird. Der Bedeutungszusammenhang wird also, wie schon die Kontinuitätsthese nahelegt, in Richtung immer komplexerer symbolischen Formen erweitert, jedoch niemals verlassen. Zeichentheoretisch ausgedrückt, bedeutet das: Auch die komplexesten Symbolketten bedürfen der Interpretation durch ikonische und indexikalische Zeichen, in denen leibliche Erfahrungen gespeichert sind – solche des Erlebens und solche des Handelns.

3.5.2 Das Konzept der ‚problem-solution distance' und ihrer Verlängerung

Das hier beschriebene Muster der Komplexitätssteigerung und Dehnung des Bedeutungskontinuums durch einen sich selbst verstärkenden Prozess lässt sich auch in dem Modell der Kulturentstehung und -entwicklung wiederfinden, das die schon mehrfach erwähnte ROCEEH-Forschungsgruppe vorgelegt hat. Die Grundidee besteht darin, dass die Länge des Wegs von einem Problem, das sich einer Gruppe stellt zu seiner Lösung sowie die Zahl und Qualität der eingefügten Zwischenschritte als Indikator für den Zuwachs an kognitiven Kapazitäten im Kulturprozess herangezogen wird. Das sog. EECC-Modell (Evolution and Expansion of Cultural Capacities) arbeitet mit acht verschiedenen Stadien und knüpft an das zuerst von Wolfgang Köhler vorgeschlagene Konzept der *problem-solution distance* an: „The problem-solution distance (PSD) represents the behavioral route from perceiving a problem or need to its solution or satisfaction including possible loops or sidetracks." (Haidle et.al. 2015, 52) Die „loops" und „sidetracks" sind hier besonders wichtig, denn sie stehen für den rekursiven Charakter kultureller Lösungswege, also die Möglichkeit, fast beliebig viele Zwischenschritte einzubauen, die ihrerseits wieder Unterteilungen haben können, usw. Der Übergang von der situationsbezogenen, improvisierten Herstellung von Faustkeilen zu deren systematischer Produktion ‚auf Vorrat' liefert ein prominentes Beispiel für dieses Phänomen aus der Frühgeschichte des Menschen.

Von den acht Stadien des EECC-Modells beziehen sich die ersten drei auf protokulturelle Fähigkeiten des sozialen Lernens. Die Stufen vier bis acht sind dann durch die Genese jeweils spezifischer kultureller Fähigkeiten mit jeweils längerer PSD und einem höheren Grad an Selbstbezüglichkeit gekennzeichnet, die die Autorinnen und Autoren als „basic", „modular", „composite", „complementary" und schließlich „notional" (vgl. Haidle et.al. 2015, 55 – 58) voneinander abgrenzen. *Basale* kulturelle Fähigkeiten ermöglichen bereits eine Vielfalt von Traditionen und ein breites tradiertes Verhaltensspektrum, lassen aber noch keine kumulativen Verbesserungsprozesse zu. *Modulare* Fähigkeiten sind charakterisiert durch „development and use of a set of independent cultural units which can be used as behavioral modules,[101] combined in different ways and put in an effective sequence by acting on and modifying each other" (Haidle et.al. 2015, 65f.). Damit ist der erste, folgenreiche Schritt zur Loslösung vom Hier und Jetzt der Situation, in der sich ein Problem stellt, bereits getan. *Zusammengesetzte* kulturelle Fähigkeiten addieren nicht nur Verhaltensmodule, sie erzeugen aus mehreren Komponenten etwas qualitativ Neues, beispielsweise das neue Werkzeug ‚Beil'. Es stellt durch die Kombination von Klinge und Griff ganz neuartige Möglichkeiten bereit, die vorab imaginiert sein müssen, um auf die Idee zur Herstellung eines solchen Werkzeugs zu kommen.

Komplementäre Fähigkeiten gehen noch einen wichtigen Schritt weiter. Sie beziehen zwei oder mehrere voneinander unabhängige Elemente so aufeinander, dass ein funktionsfähiges Set aus mehreren Teilen entsteht, etwa Bogen und Pfeil

---

101 Dass hier von Verhaltensmodulen die Rede ist, darf nicht im Sinne der Evolutionären Psychologie verstanden werden. Die Pointe des ROCEEH-Modells besteht schließlich darin, dass nicht separat evolvierte kognitive Module unser Verhalten steuern, vielmehr die kognitive Entwicklung gerade in jeweils neuen *Integrationsleistungen* auf den Stufen des individuellen wie des kollektiven Bewusstseins zum Ausdruck kommt.

oder Nadel und Faden.[102] Die letzte Stufe auf der PSD-Skala ist durch die Entstehung *begrifflicher* Fähigkeiten (ich würde hier eher von symbolischen Kompetenzen sprechen) gekennzeichnet. Damit kommt es zu einem weiteren Vergemeinschaftungsschub, denn das Imaginieren, Artikulieren und Teilen von Bedeutungen setzt eine entsprechende Bewusstseinsform voraus, die Michael Tomasello als „shared intentionality" beschrieben hat. Die Verwendung von symbolischen Konzepten erlaubt den gemeinsamen Ausgriff auf Kontrafaktisches und verlängert die PSD drastisch. Sie verändert diese aber auch qualitativ, denn die zu lösenden Probleme werden immer stärker solche, deren genaue Bestimmung Aufgabe der sozialen Kommunikation ist. Einen eindrucksvollen archäologischen Beleg für den kognitiven Sprung, der durch begriffliche Fähigkeiten ermöglicht wird, stellt der etwa 40 000 Jahre alte sog. ‚Löwenmensch' dar, der in der Hohlenstein-Stadel-Höhle gefunden worden ist (vgl. Haidle et.al. 2015, 59). Seine Erschaffung setzt ein individuellkollektives Bewusstsein voraus, das über die Möglichkeit verfügt, sich vom Hierund-Jetzt zu lösen, Vorstellungsbestandteile frei zu kombinieren und in soziale Narrative einzubinden.

Das sehr differenzierte Stadienmodell der ROCEEH-Gruppe stellt sicher einen der ambitioniertesten Versuche dar, empirisch überprüfbare Kategorien für die frühe Menschheitsgeschichte zu entwickeln. Das Bild der Kulturevolution, das sich in ihm abzeichnet, stimmt in einer entscheidenden Hinsicht mit Lalands Beschreibung eines autokatalytischen Prozesses überein: Die kontinuierliche Verlängerung der PSD führt zu einer Verlagerung der Entwicklungsdynamik von okkasionellem, situativem Handeln zu Lebensformen, die immer stärker durch das interne Prozessieren pfadabhängiger, kulturell geprägter Entwicklungen bestimmt werden. Die rekursive Einlagerung immer weiterer Zwischenschritte zwischen Problem und Lösung resultiert in einem selbstverstärkenden oder auch *autokatalytischen* Effekt. Ohne ihn wäre gar nicht erklärbar, was Michael Tomasello das Rätsel des menschlichen Entwicklungstempos (vgl. Tomasello 1999/2001, 1–12[103]) nennt. Selbstverstärkung, Verlängerung der PSD und Akzentverlagerung auf kulturell erzeugte Praktiken, Bedeutungen und Institutionen sind dabei nur drei Facetten desselben Sachverhalts.

---

102 Hier werden jeweils Werkzeuge als Beispiele genannt. Das liegt aber nur daran, dass es nur für diese auch archäologische Evidenzen gibt. Komplementäre *Verhaltensformen*, etwa die Jagd mit verteilten Rollen, hinterlassen eben keine materiellen Spuren.
103 Ähnlich auch bei Joshua Greene (Greene 2013, 12).

3.6 Die Materialität des kulturellen Zeichenprozesses

Im Lauf der Entstehung kumulativer Kultur verschiebt sich, wie gezeigt, die evolutionäre Dynamik von primärer adaptiver Nützlichkeit zu autokatalytischen Prozessen. In diesem Abschnitt wird es darum gehen, die Verankerung dieser Prozesse in physischen Strukturen genauer zu untersuchen. Dabei geht es auch um die leiblichen, primär jedoch um die im engeren Sinn materiellen Bedingungen kultureller Sinnproduktion. Zwar stehen hinter jeder technologischen oder semantischen Innovation kreative Individuen, aber deren geistige Fähigkeiten sind eben auch soziokulturell sowie durch die Nutzung von Artefakten und nicht allein durch die funktionale Architektur ihrer Gehirne konstituiert. Der menschliche Geist wird dementsprechend hier als ein Emergenzhänomen betrachtet, das Gehirn, Nervensystem, Körper, physische, soziale und semiotische Umwelt als notwendige, jedoch für sich alleine jeweils nicht hinreichende Komponenten voraussetzt. W. Teed Rockwell bringt es auf den Punkt:

> ... the supervenience base for all mental events, including subjective experiences, includes not only brain events, but events in the rest of the body and in those parts of the environment with which the conscious organism maintains a synergetic relationship. (Rockwell 2007, 206)

Leibliche Verkörperung allein reicht demnach nicht aus, denn auch die materiellen Strukturen in der Umwelt des Organismus und ihre gezielte Manipulation spielen eine ko-konstitutive Rolle – eine Einsicht, die in der Kognitionswissenschaft unter dem Stichwort *extended mind* behandelt wird. Im letzten Kapitel dieses Buchs werde ich diesen Punkt und meine Diskussion der Arbeiten von Andy Clark (hier direkt im Anschluss) nochmals ausführlicher aufgreifen und die These verteidigen, dass zwar beides, der lebendige Organismus und die Nutzung und Erzeugung physischer Strukturen, konstitutiv ist, dem Leib als Relevanzgenerator aber dennoch ein Primat für die Grundform unseres Menschseins zukommt. Damit werde ich abschließend eine begriffliche Brücke von der Vulnerabilität und Endlichkeit organischer Existenz zur Entstehung von Bedeutungen schlagen und so auch eine innere Grenze des *extended mind* aufzeigen.

3.6.1 Die Theorie des 'extended mind'

Die Frage, die David Chalmers und Andy Clark gleich im ersten Satz ihres für die ganze Debatte initialen Aufsatzes *The Extended Mind* von 1998 gestellt hatten, erscheint aus Rockwells Perspektive als rein rhetorisch. Sie lautete nämlich: „Wo endet der Geist und wo beginnt der Rest der Welt?" (Clark/Chalmers 1998/2013, 205)

Die Antwort liegt für die Autoren in der These des „aktiven Externalismus, der auf der aktiven Rolle der Umwelt bei der Steuerung kognitiver Prozesse basiert" (Clark/ Chalmers 1998/2013, 205). Chalmers' und Clarks bekanntestes Beispiel ist das Notizbuch, in das der unter Alzheimer leidende fiktive Protagonist Otto Informationen über Orte und Adressen einträgt und dessen funktionale Rolle für das Zustandekommen der Kognition sich ihnen zufolge nicht von im Gedächtnis gespeicherten Informationen unterscheidet. Die beiden Autoren sind jedoch zu Recht dafür kritisiert worden, dass ihre Fragestellung und auch die berühmte These des ausgedehnten Geistes immer noch Reste eines cartesianischen Dualismus in sich tragen (vgl. Fabbrichesi 2016, 1f.). Die Ausdehnungsmetapher scheint – im Unterschied zu Rockwells radikalerer Formulierung – zu implizieren, dass der Geist bereits besteht und sich erst dann auch ausdehnt. Auch Ottos Notizbuch ist schließlich eine externe Gedächtnishilfe, die nur erkrankungsbedingt zum Einsatz kommt, normalerweise aber nicht benötigt wird. Wenn daher in diesem Abschnitt anlässlich einer Diskussion der Verkörperungsbedingungen kultureller Zeichenprozesse die *extended mind*-These aufgegriffen wird, dann immer im Sinn *radikaler* Verkörperung: ohne Semiosis gibt es keinen Geist; Zeichenprozesse ohne physisches Substrat jedoch sind schlechthin undenkbar. Und dieses physische Substrat darf nicht als das beliebig formbare, weiche Wachs gedacht werden, in das der Geist seinen Stempel drückt; es prägt auf jeder Ebene, von der Anatomie und Physiologie des Körpers bis zur Materialität kultureller Artefakte entscheidend mit, was gedacht und zum Ausdruck gebracht werden kann. Die Evolution des Geistes *ist* die Evolution seiner Verkörperungen.

Ein wirklich radikal antidualistisches Konzept des Geistes und seiner materiellen Bedingungen muss geistige Prozesse daher zeichentheoretisch interpretieren, und die entsprechende Zeichentheorie muss Verkörperung als *konstitutiv* verstehen. Das ist jedoch keineswegs bei jeder Rede von Verkörperung bereits der Fall, sondern nur dann, wenn auch die intrinsische Beschaffenheit der verkörpernden Substrate als wesentlich angesehen wird, nicht allein die Identität einer substratunabhängig beschreibbaren Funktion. Letzteres ist jedoch die Position von Andy Clark. Ihm zufolge sollten wir den lebendigen Körper „… (for all cognitive purposes) [as] nothing but the item, or items, that play a certain complex functional role in an information-processing economy" (Clark 2008, 57; vgl. auch Clark 2003) betrachten. Hier zeigt sich wieder, dass das funktionalistische Herunterspielen des lebendigen Organismus, den Clark auch öfter herablassend als „biological skin-bag" (Clark 2003, 33) bezeichnet, fast unvermeidlich wird, wenn man die expressive Dimension von Körperlichkeit ausklammert und Kognition daher nur als Informationsverarbeitung versteht. Die Leibgebundenheit des qualitativen Erlebens als Quelle bewertender Bedeutungen kann dann keine theoriearchitektonische Rolle mehr spielen. So wird der Weg frei für ein von der Metapher des Cyborgs geprägtes Verständnis extrakorporaler, technoider Verkörperung, wie es Clark in *Natural Born Cyborgs* (2003) entfaltet. Die Frage, welche fatalen anthropologischen Verkürzungen diese und ähnliche Positionen mit sich bringen, wird im Schlusskapitel im Blick auf das Problem menschlicher Einzigartigkeit nochmals diskutiert werden.

Gegen Clarks funktionalistische ‚Entleibung' des Verkörperungsbegriffs – also die Ausklammerung leiblichen Erlebens und expressiven Handelns – gilt es, ein Verständnis der Körperlichkeit geistiger Prozesse zu gewinnen, das von der intrinsischen Beschaffenheit des Organismus ausgeht,[104] aber genauso der Rolle materieller Verkörperung gerecht wird. Dafür braucht es eine Denkfigur, die beide Elemente nicht nachträglich verbindet, sondern als nur nachträglich zu sondernde Strukturmerkmale eines übergreifenden Zusammenhangs betrachtet – eben die pragmatistische Grundidee des Interaktionszusammenhangs von Organismus und Umwelt. Dewey hat diesen Gedanken in seinem Begriff der bedeutungsvollen *Situation* weiter ausdifferenziert (vgl. Dewey 1930/2003, 97–103). Nicht fixe Entitäten, dynamische Situationen sind für ihn die zentrale Einheit, an der weitere Analysen ansetzen müssen. Objekte und ihre Eigenschaften gibt es nur, weil es qualitativ integrierte Situationen gibt, die um der Fortsetzung des Handelns willen[105] explizit gemacht werden müssen. Situationen selbst jedoch sind nicht objektivierbar, weil sie nicht von Beobachtern von außen angeschaut, sondern von Beteiligten durchlebt werden. Die in ihnen involvierten Elemente liegen *innerhalb* ihrer – als Komponenten, die sich erst dadurch voneinander abheben, dass sie im sprachlichen oder außersprachlichen Handeln artikuliert werden. Erst danach wird innerhalb des situativen Ganzen der Organismus von seiner Umgebung unterscheidbar.

---

104 Vernünftigerweise sollte diese intrinsische Beschaffenheit nicht zu feinkörnig bestimmt werden. So haben Menschen normalerweise zwei Beine, aber es gibt keinerlei Grund anzunehmen, dass das Fehlen eines oder beider Beine etwas an der Grundform menschlicher Kognition ändert. Funktionalisten vertreten die *Multirealisierbarkeit* kognitiver Funktionen unabhängig von dem physischen Substrat, in dem diese realisiert sind. Vertreter einer intrinsischen Verkörperungsthese weisen diese Vorstellung zurück, sollten aber zugestehen, dass sie ein Körnchen Wahrheit enthält. Nur die *Grundbeschaffenheit* des Organismus ist kognitiv relevant. Geistige Phänomene können daher *in derselben Weise* in sehr unterschiedlichen menschlichen Organismen verkörpert werden. Die Verkörperungsthese nötigt nicht dazu, eine bis ins Detail bestimmte Beschaffenheit des menschlichen Körpers zu spezifizieren.

105 Vgl. dazu auch die luzide Darstellung von Deweys Situationsbegriff in Gallagher 2017, 54–57, die herausarbeitet, dass Situationen nur dann bewusst erlebt werden, wenn die situative Organismus-Umwelt-Integration gefährdet ist: „Dewey's concept of situation arises when the coupling of the organism-environment becomes problematic or starts to break down.[...] When it starts to go wrong we have what Dewey calls a problematic situation and it calls for a kind of re-pairing, a reestablishment of a workable coupling." (Gallagher 2017, 55)

Im prozessontologischen Denken der Pragmatisten liegt damit eine dynamische, integrierte Struktur vor, die den Organismus, sein subjektives Erleben und seine Umgebung noch undifferenziert einschließt. „*Mind* and *body*, as well as *mental* and *physical*," so bringt es Mark Johnson auf den Punkt, „are therefore just terms we use to pick out certain aspects of the integrated processes of organism-engaging-its-world" (Johnson 2017, 221; kursiv im Original). Weil die – zunächst affektive – Bewertung der Interaktion aus der Perspektive der Lebensinteressen des Organismus heraus erfolgt, hat einerseits dessen leibliche Gestalt innerhalb der Interaktionseinheit eine herausgehobene Bedeutung. Andererseits ist es gerade die Interaktion mit der Umwelt, die bewertet wird, und deren Qualität auch von den subjektunabhängigen, materiellen und soziokulturellen Eigenschaften des jeweils relevanten Umweltausschnitts abhängt. Daher ist die Umwelt ebenfalls konstitutiv. Das gilt umso mehr, wenn man mit einbezieht, dass auch die Physiologie des Organismus von den Eigenschaften der Umwelt elementar geprägt ist.

Dafür einige beliebig herausgegriffene Beispiele: Läge der Sauerstoffanteil in der Luft nicht bei knapp 21%, hätten wir andere Lungen, und andere Skelette und Muskeln, wenn die Schwerkraft auf der Erde anders wäre. Hätten die veränderten Verhältnisse in den Savannen des Pleistozäns nicht den aufrechten Gang begünstigt, wären die räumlichen Basismetaphern (vorne/hinten; oben/unten) nicht entstanden, die den Ausdruck von Bedeutungen universell prägen (vgl. Lakoff/Johnson 1980). Und natürlich ist die spezifische Vulnerabilität des menschlichen Organismus von dem Stoffwechsel und der Biochemie der Zellen geprägt, aus denen er sich zusammensetzt, und deren Evolution von Anpassungsleistungen an die Umwelt geprägt war. Anders als Andy Clark meint, muss es also nicht notwendig eine Spannung „between the kinds of account that typically stress features of human embodiment and the kinds of account that typically stress environmental embedding and intervention" (Clark 2008, 49) geben. Für den pragmatistischen Interaktions- und Situationsbegriff sind beide Begriffe, *embodiment* und *embedding* (oder *extension*), nur Bezeichnungen für Differenzen innerhalb der situativen Einheit, wenngleich es immer das Bedeutungserleben des Organismus bleibt, das semiotische Phänomene erst erzeugt. Dasselbe gilt im Übrigen auch für die Bedeutungslehre Jakob von Uexkülls, auf die sich Clark selbst bezieht (Clark 2003, 24f.) Allgemein lässt sich sagen, dass die Frage nach den Quellen von Bedeutung im Sinne von *Relevanz* die Rolle des lebendigen Organismus betont, die Frage nach der Ausdifferenzierung transindividueller, kulturell tradierter Bedeutungen hingegen zu den materiellen Strukturen in der Umwelt hinführt, die als semiotische Träger und Stützen fungieren können.

3.6.2 Theorien des ‚material engagement'

Die Evolution der menschlichen Physis und des menschlichen Gehirns in kognitiver Hinsicht und in Ko-Evolution mit der Entstehung symbolischer Kompetenzen stand bereits in den Abschnitten 3.3 bis 3.5 im Mittelpunkt. Hier soll es nun um den anderen konstitutiven Aspekt innerhalb der situativen Einheit gehen: die Rolle der dinglichen Welt und des gekonnten Umgangs mit ihr. „… [A]ll distinctively human intelligent behavior", so schreibt John Dewey bereits 1949, „is attended with use of artefacts, appliances, implements, tools, weapons, head- and foot-gears, etc., and with use of arts, which [...] are akin to artefacts" (Dewey 1949/1998, 218). Damit verschiebt sich der Akzent auf die materielle Kultur. Auch in den Kulturwissenschaften und in der Ethnologie hat es in den vergangenen Jahren einen sog. *material turn* gegeben, der sich als Wende der Aufmerksamkeit hin zu Objekten und Artefakten und den mit ihnen verbundenen Ausdrucks- und Wissenspraktiken beschreiben lässt (vgl. Miller 1997, 2008). David Miller, der wohl bekannteste Vertreter dieser Richtung, versteht seine Arbeiten als Beiträge zu einer gegenwartsbezogenen *Archäologie des Sozialen*. Für die Frage nach der Evolution der spezifisch menschlichen Lebensform sind jedoch die Arbeiten innerhalb der *kognitiven Archäologie* von deutlich größerem Interesse.

Auch in den Forschungen der ROCEEH-Gruppe (vgl. oben S. 167–169) sind die materiellen Relikte der Frühmenschen entscheidend, die als Indizien für die bereits erreichte *problem-solution-distance* und damit für kognitive und symbolische Fähigkeiten herangezogen werden. Die von Lambros Malafouris entwickelte Theorie des *material engagement* rückt Dinge und speziell Artefakte noch radikaler in den Mittelpunkt, indem sie die Frage stellt, ob nicht die Dinge ebensosehr den Geist hervorbringen, wie umgekehrt. Artefakte sind dann nicht bloße Indizien für Kognitionen, sondern selbst Agentien in der Hervorbringung kognitiver Veränderungen. Malafouris' *How Things Shape the Mind* (Malafouris 2013) tritt damit Shaun Gallaghers früherer Fragestellung *How the Body Shapes the Mind* (Gallagher 2005) komplementär zur Seite, womit wir wieder auf die Unterhintergehbarkeit der Interaktionseinheit von Organismus und Umwelt geführt werden.

Zwischen Malafouris' Darstellung der kognitiven Evolution und dem pragmatistischen Ansatz, der auch hier vertreten wird, besteht eine ganze Reihe von Parallelen, die Antonis Iliopoulos (2019) gründlich herausgearbeitet hat: die prozessontologische, evolutionistische und zeichentheoretische Orientierung, die Betonung von *habits*, die Kontinuitätsannahme zwischen Materie und Geist, etc. Auch der *Externalismus* wird von Iliopoulos als Parallele genannt (vgl. Iliopoulos 2019, 39) und dem ist sicher zuzustimmen, soweit man darunter nur die globale These versteht, dass Bedeutungen nicht ‚im Kopf' sind. Mir scheint jedoch, dass Pragmatisten strenggenommen weder Internalisten noch Externalisten sind. Der Internalismus in der Philosophie des Geistes argumentiert dafür, dass der Gehalt mentaler Zustände von Subjekten alleine durch deren interne Eigenschaften hervorgebracht wird, während der Externalismus auf der konstitutiven Rolle der Außenwelt besteht. Die Anerkennung der Funktion der Außenwelt als Externalismus zu bezeichnen, ist jedoch mindestens irreführend, denn es wird von dieser Position ja keineswegs behauptet, dass geistige Zustände *allein* von externen Zuständen erzeugt werden. Es besteht in dieser Hinsicht gar kein symmetrisches Verhältnis zum Internalismus. Darüber hinaus trägt die ganze Unterscheidung von Internalismus und Externalismus noch cartesianisch-dualistische Züge, weil sie die Differenz von innen und außen als etwas vorgängig Gültiges akzeptiert. Wenn Chalmers/Clark von *aktivem* Externalismus sprechen, ändert sich daran gar nichts. Die pragmatistische Position ist jedenfalls angemessener als *interaktionalistisch*[106] zu bezeichnen, und zwar in dem Sinn, dass es der Prozess selbst ist, der überhaupt erst seine unterscheidbaren Elemente erzeugt und dass alle Bedeutungen in den Interaktionseinheiten gefunden werden müssen. Genau dieselbe Position vertritt Malafouris:

> ... in the human engagement with the material world there are no fixed attributes of agent entities and patient entities and no clean ontological separations between them; rather, there is a constitutive intertwining between intentionality and affordance. (Malafouris 2013, 18)

Welche Grundbegriffe und Hypothesen zeichnen Malafouris' kognitiv-archäologische Theorie des *material engagement* in der konkreten Durchführung aus? In Anlehnung an Iliopoulos (2019, 41) hebe ich drei Aspekte heraus: *extended mind, material agency* und *enactive signification.*

(1) „... the human mind is constitutively entwined with material culture" (Iliopoulos 2019, 41). Die *extended-mind* Basisannahme der *4E* (oder *7E*) *cognition* ist zwar schon seit den klassischen Pragmatisten immer wieder vertreten worden – eine gewisse Berühmtheit hat Peirce' Behauptung erlangt, er brauche auch sein Tintenfass, um denk- und diskussionsfähig zu sein (vgl. Peirce 1958, CP 7.364–367) –, musste in der kognitiven Archäologie aber auf Malafouris warten, um konsequent durchgeführt zu werden. Malafouris greift die klassische Illustration für die These des ausgedehnten Geistes wieder auf, den von Merleau-Ponty in die Debatte eingeführten Blindenstock (vgl. Merleau-Ponty 1945/1966, 182 f.), der auch bei Gregory Bateson und Alva Noë wieder herangezogen wird. Das Beispiel ist nicht zuletzt deshalb so beliebt, weil es die Plastizität des menschlichen Geistes und auf neurologischer Ebene der entsprechenden synaptischen Erregungsschleifen deutlich

---

106 Allerdings ist auch diese Bezeichnung noch interpretationsbedürftig. Für Pragmatisten setzen Interaktionen nämlich *keine* voneinander unabhängige Interaktionspartner voraus, alltagssprachlich aber wohl.

macht. Blinde Menschen ‚scannen' mit den Bewegungen ihres Blindenstocks ihre Umgebung aktiv auf eine Weise, die partiell das Sehvermögen zu ersetzen vermag. „Using a stick, the blind man turns touch into sight." (Malafouris 2013, 5). Dem entspricht im Gehirn die teilweise Verlagerung der taktilen Reizverarbeitung in den visuellen Kortex. Zieht man die besonders von Shaun Gallagher (2005) stark gemachte Kategorie des *Körperschemas* heran, ergibt sich, dass das Körperschema blinder Menschen, die mit einem Blindenstock vertraut sind, derart modifiziert wird, dass der Stock nun als ein Teil des Körpers erscheint, also körperschematisch inkorporiert wird. Das Verhältnis von Musikern zu ihren Instrumenten, Sportlern zu ihren Geräten oder Bildhauerinnen zu ihren Materialien zeigt in vergleichbarer Deutlichkeit, dass die unbewussten sensomotorischen Schemata, die uns zu handeln erlauben, Elemente der Umwelt konstitutiv integrieren können. Was bei den genannten, spezifischen Beispielen nur besonders plastisch hervortritt, ist aber auch auf einer sehr grundsätzlichen Ebene eine allgemeine Eigenschaft jeder menschlichen Kognition. George H. Mead hat in seiner nachgelassenen *Philosophy of the Act* schon vor hundert Jahren, lange vor dem Beginn der *extended mind*-Debatte, darauf hingewiesen, dass Wahrnehmung und Handeln keine rein subjektiven Aktivitäten darstellen, sondern auf einer „Kooperation" zwischen dem menschlichen Organismus und seiner Umgebung beruhen. Die erfahrbare Wirklichkeit ist demnach ebenso sehr als ausgedehnter Geist zu verstehen, wie der Geist ‚ausgedehnte physische Realität' ist, wie ein längeres Zitat deutlich machen soll:

> The pressure of the foot calls for the corresponding pressure of the ground. It is only in a situation within which action and reaction between the organism and manipulated things constitutes a moving system that we successfully control implements or any physical things. In our abstracted view of the physical world about us, we overlook the co-operation which we are continually looking for, in rest and movement on the slight foundation of our feet, in the mutual leverage of the organism and the objects it handles, and in general by the firmness, elasticity, and effective occupation of space by physical things that give us the opportunity for our reactions. *The physical object must literally do as much as we do if we do anything.* (Mead 1938, 109, Kursivierung M.J.)

Mead wird von Malafouris nicht erwähnt, aber seine *material engagement* -Theorie lässt sich auf der systematischen Ebene dennoch ungezwungen als eine Anwendung der grundsätzlichen Einsichten Meads auf dem Gebiet der kognitiven Archäologie verstehen, wobei der Fokus der Aufmerksamkeit nicht allgemein auf den physischen Strukturen und Eigenschaften der Umwelt liegt, sondern spezifischer auf der Herstellung von Artefakten. Es geht Malafouris um die Frage „… why we humans, more than any other species, make things, and how those things, in return, make us who or what we are" (Malafouris 2013, 8). In drei Fallstudien geht Malafouris dieser Frage konkret nach, von denen sich zwei spezifisch auf die Evolution der materiellen Kultur beziehen, nämlich seine Analyse der Herstellung von Steinwerkzeugen und diejenigen, die den Zeichencharakter von Praktiken des „mark-making" (Einkerbungen, Ritze, Linien etc.) und früher Schriftformen zum Thema haben.

Wie lassen sich die Veränderungen in den Funden von Steinwerkzeugen von der Oldowan-Kultur bis in die Jungsteinzeit am besten verstehen? Kann man die Herstellung von Faustkeilen und deren Verfeinerung als einen Prozess begreifen, in dessen Verlauf immer differenziertere mentale Intentionen gebildet werden, die dann feinere Werkzeuge möglich machen, oder ist es die Ausführung der Tätigkeit selbst, die Interaktion mit dem Material, durch die der kognitive Prozess an Differenziertheit und Finesse gewinnt? Malafouris plädiert entschieden für die zweite Alternative, in der der Prozess der Steinbearbeitung selbst kognitiven Charakter gewinnt. An die Stelle der dualistisch-cartesianischen Vorstellung, dass mentale Repräsentationen technischer Verbesserungen am Anfang stehen, die dann auf den Gegenstand projiziert und physisch umgesetzt werden, tritt das interaktionistische Modell, das schon der Meadschen Wahrnehmungstheorie zugrunde liegt. „... knapping as an *act of thought*" (Malafouris 2013, 164; kursiv im Original) zu sehen, ist der entscheidende Punkt. M.E. ist diese Vorstellung jedoch durchaus mit der Annahme verträglich, dass in der Anfangsphase einer Handlung (hier konkret der Produktion eines Artefakts), mit Husserl gesprochen, Protentionen wirksam sind, vage Antizipationen von Handlungszielen, die dann im Verlauf des kognitiv-materiellen Prozesses in Auseinandersetzung mit dem Material präzisiert und konkretisiert werden. Diese Protentionen sind dann freilich weniger mental als sensomotorisch.

(2) Am Beispiel der Faustkeilproduktion – auf die Produktion materieller Zeichen werde ich noch zurückkommen – zeigt sich sehr deutlich, was Malafouris „material agency" (Malafouris 2013, 119 u. passim) nennt. Die Eigenschaften der benutzten Steine, ihre Härte, Bruchlinien und Kantenschärfen, ihre Eignung als Ambossstein oder Faustkeil etc. sind für den Herstellungsprozess und seine kognitiven Qualitäten ko-konstitutiv. *Material agency* soll die Dualität zwischen Akteuren und Objekten (bzw. Artefakten) radikal unterlaufen: Menschen können nur deshalb Akteure sein, weil sie von Dingen umgeben sind und vor allem Artefakte hervorbringen, die ihrerseits konstitutiv zu den kognitiven Aktivitäten beitragen. Diese These ist nicht so zu verstehen, als ob in einer quasi-magischen Weise Dingen und Artefakten Handlungsfähigkeit zugesprochen werden könnte[107]; vielmehr gelte: „while agency and intentionality may not be properties of things, they are not

---

[107] In einer beiläufigen Bemerkung stellt G.H. Mead jedoch heraus, dass die Angewiesenheit menschlichen Handelns auf das Entgegenkommen einer vom Menschen unabhängigen Wirklichkeit dazu beigetragen haben könnte, Dingen magische Kräfte zuzuschreiben (vgl. Mead 1938, 109).

properties of humans either; they are the properties of material engagement" (Malafouris 2013, 119). Wenn dem so ist, ist allerdings auch der Begriff *material agency* etwas missverständlich. Unbelebte Materie ist nicht handlungsfähig: sie hat kein Wohl, kein Wehe, keine Lebensinteressen und damit auch kein Handlungsmotiv. Genauso wenig handlungsfähig sind jedoch von den Austauschbeziehungen mit ihrer Umwelt abgeschnittene Organismen. Handlungen werden von Organismen ausgeführt, die so eng mit ihrer Umgebung verkoppelt sind, dass sie ohne Feedback einer widerständigen Realität unmöglich wären. Diese Überlegung macht deutlich, dass es innerhalb der unauflösbaren Interaktionseinheit von Organismus und Umgebung doch der – durch seine Umweltbeziehungen konstituierte – Organismus ist, der handelt. Von vollständiger Symmetrie kann man hier deshalb nicht sprechen. Ob dies nun auch die Position Malafouris' trifft oder nicht – es ist jedenfalls die hier vertretene systematische Deutung des Begriffs der „material agency".

Die Evolution der Kultur ist, wenn man diesen Begriff ernst nimmt, gleichursprünglich eine Evolution von Artefakten. Die Bearbeitung der Dinge, durch die diese ihren Beitrag für kognitive Prozesse zu leisten beginnen, transformiert immer mehr Naturmaterialien in immer komplexere Artefakte. Der Zusammenhang von Artefaktproduktion, kognitiver Aktivität und *Intersubjektivität* spielt bei Malafouris keine wichtige Rolle, aber es erscheint als offensichtlich, dass es zwischen der Komplexität der Kommunikation und derjenigen der Herstellung von Artefakten einen inneren Zusammenhang gibt. So stellt sich die Sache bei Kevin Laland dar. Er deutet die Sprachentstehung geradezu als eine kulturelle Innovation zum Zweck der Erleichterung des sozialen Lernens:

> ... language evolved as an adaptation to cope with self-constructed elements of the environment [...] Which features of the self-constructed ape environment change and diversify sufficiently rapidly to require learning to track them? [...] the most obvious features to fit the bill are cultural practices, particular tool use, extractive foraging, and material culture. (Laland 2017, 191)

Aber nicht nur für den Selektionsdruck bei der Sprachevolution, auch für die interne Entwicklung der Sprache lässt sich der Begriff der *material agency* fruchtbar machen. Von den Arm-Hand-Gesten, mit denen die Sprachentwicklung vermutlich begonnen hat, über die Produktion differentieller Laute bis zur Entstehung erster Aufschreibsysteme haben die dinglichen Eigenschaften der verwendeten Zeichenträger durchgängig eine zentrale Rolle gespielt. Besonders deutlich lässt sich das an der Lautsprache aufzeigen. Laute sind zwar keine Dinge, aber eben doch der physischen Welt angehörige Phänomene, deren Produktion auf die expressiven Möglichkeiten der Sprachverwender zurückwirkt. „Unsere Vorstellungen sind nicht von den materiellen Wörtern getrennt, wie dies offensichtlich immer noch (oder wie-

der) geglaubt wird, sondern sie bilden eine synthetische Einheit mit dem Laut."
(Trabant 1998, 29) Diese Einheit des „*pensée-son*" (Sausssure, zit. bei Trabant 1998,
29) weist (mindestens) zwei Aspekte auf. Die lautliche Nähe sinnverwandter Phoneme und Wörter erleichtert und lenkt schon intrasubjektiv die Assoziation von
Bedeutungen. Und die Sprachlaute werden, wie besonders Mead immer wieder
betont hat, bei ihrer Artikulation von uns selbst und von den Adressaten der
Kommunikation identisch vernommen, was Kommunikation und Kognition miteinander verschränkt. „Unser ‚Ton'", so schreibt Jürgen Trabant (Trabant 1998, 29),
„muß von uns selbst gehört werden und auch von den anderen wieder zu uns zurückkommen, damit unser Denken Form und Halt bekommt". In der evolutionstheoretischen Betrachtung lässt sich die physische Seite der Sprachzeichen nicht
ausklammern. Zwischen Laut, geistiger Bedeutung und der Zugänglichkeit für andere besteht ein innerer Verweisungszusammenhang, und es ist eben dieser verkörperte Konnex, nicht etwa eine isolierbare geistige Bedeutung, auf den auch der
evolutionäre Selektionsdruck wirkt.

(3) *Material agency* ist ein, vielleicht *der*, Grundbegriff der verkörperungstheoretischen Konzeption Malafouris'. Bedeutungstheoretisch konkretisiert er sich
in der Idee der *enactive signification*. Sie greift den *Enaktivismus* in der Tradition
von Maturana/Varela (1984/2020), O'Reagan/Noë (2001/2013), Noë (2004), Gallagher
(2005) und Thompson (2007) auf und erweitert ihn von der Wahrnehmungs- auf die
Zeichentheorie. Es geht Malafouris darum, „the semiotic basis of the relationship
between cognition and material culture" (Malafouris 2013, 90) aufzudecken. Leider
führt er dazu eine Dualität zwischen linguistischen und materiellen Zeichen ein,
mit der er hinter seine verkörperungstheoretischen-anticartesianischen Einsichten
wieder zurückfällt. Er grenzt sich scharf von der saussureschen Semiotik ab, in der
die Arbitrarität des Zeichens im Zentrum steht, billigt ihr jedoch für den Bereich der
Sprache ihr Recht zu (vgl. Malafouris 2013, 94), um dann speziell für materielle
Zeichen die peircesche Verkörperungssemiotik mit ihrer Verschränkung von symbolischen mit ikonischen und indexikalischen Zeichen aufzurufen (vgl. Malafouris
2013, 95). Das bringt ihn dann dazu, sprachliche und materielle Zeichen als „independent yet complementary" zu betrachten: „The distinctive properties of the
material world bring about meanings in ways that language cannot, and vice versa."
(Malafouris 2013, 95) Ohne nun im Geringsten bestreiten zu wollen, dass die jeweils
spezifische Materialität jeweils spezifische Möglichkeiten des Bedeutens hervorbringt – was ja gerade die Zentralthese des Verkörperungsdenkens ist –, meine ich
doch, dass Malafouris hier aus den Augen verliert, wie vielfältige nichtarbiträre
Elemente auch die Lautsprache aufweist. Denn die Arbitrarität des Zeichens ist
streng genommen nur eine der Symbole und gilt auch bei diesen nur einge-

schränkt,[108] während ikonische und indexikalische Elemente der Sprache ohnehin nichtarbiträr sind. Es gibt also, wie ich mit Bezug auf Wilhelm von Humboldt gezeigt habe (vgl. Jung 2009, 87–91), sehr wohl eine „gegenseitige Abhängigkeit des Gedanken [sic!], und des Worts von einander" (Humboldt 1820/1994, 27 f.). Hier bewährt sich wieder die These eines verkörperten Bedeutungskontinuums: Es gibt in der Tat massive qualitative Unterschiede zwischen verschiedenen Formen von Bedeutung, jedoch handelt es sich eben um Differenzen innerhalb eines Kontinuums verkörperter Zeichenfunktionen, dessen Einheit im Bezug auf den erlebenden Organismus besteht. Im Lauf der kulturellen Evolution kommt es zu einer immensen Verbreiterung und Vertiefung dieses Kontinuums, aber nie zu einem Bruch. Anders als Malafouris möchte ich also den Prozess der *enactive signification* auf alle Formen der Bedeutungsgenese ausdehnen, einschließlich der sprachlichen. Auch Laute haben eine materielle Widerständigkeit, die für sprachliche Artikulationen konstitutiv ist, wie das Erlernen einer Fremdsprache rasch sichtbar macht. Die Arbitrarität der symbolischen Zeichen kann sich nur innerhalb des ‚Lautkörpers' einer natürlichen Sprache entfalten.

Malafouris hebt in seiner Darstellung drei Aspekte enaktiver Zeichenerzeugung hervor und denkt dabei an Zeichenprozesse, die an dingliche Materialien (Farben, Ton, Steine etc.) gebunden sind, nicht aber an Laute:

„(1) I define the *material* sign as a semiotic conflation and co-habitation through matter that enacts and brings forth the world." (Malafouris 2013, 99) Entscheidend ist hier die Überwindung des Repräsentationsmodells. *Enactment* und *forthbringing* sollen verdeutlichen, dass es die Performanz des Zeichenprozesses selbst ist, die Bedeutungen erst erzeugt, im Unterschied zu der dualistischen Vorstellung präexistenter mentaler oder physischer Sachverhalte, die es zu repräsentieren gelte. Dieser Punkt wird besonders im neunten Kapitel von Malafouris' Monographie herausgearbeitet, in dem es um prähistorische Ritzungen, Kerbungen und sonstige Markierungen geht. Malafouris interpretiert diese als tentative Performanzen: „There are no pre-formed ideas here, only potentialities or possibilities which are being loosely and flexibly objectified as part of an unfolding creative process." (Malafouris 2013, 193) Genau dasselbe gilt aber von jedem Sprechakt: Wenn wir zu sprechen beginnen, haben wir nur vage Möglichkeiten der Fortsetzung vor uns, die sich dann in Auseinandersetzung mit den tatsächlich geäußerten Lauten konkretisieren und modifizieren. Auch Malafouris' brillante Rekonstruktion der Entstehung von Zahlenverständnis im Neolithikum folgt diesem Schema eines Wechselspiels zwischen den Affordanzen der jeweils zu Zählzwecken geschaffenen

---

108 Man denke hier etwa an onomatopoetische Ausdrücke oder an die Klangwirkung verschiedener Konsonanten innerhalb von Silben (z. B. ‚scharf' vs. ‚weich').

Artefakte und sich langsam formenden, materiell ausagierten („enacted") Intentionen (Malafouris 2013, 111–116). Sicherlich sind bei sprachlichen Performanzen die arbiträren Anteile und die Selbstbezüglichkeit des Zeichenprozesses (Stichwort „horizontale Vernetzung der Zeichenbedeutungen") sehr viel höher, aber auch Sprechakte stellen „Enactments" dar, weil und insoweit für sie die materielle Seite der Zeichenproduktion mit ausschlaggebend ist (vgl. dazu auch unten, Kap. 4.3).

(2) „I define *enactive signification* as a process of embodied ‚conceptual integration' responsible for the co-substantial symbiosis and simultaneous emergence of the signifier and the signified that brings forth the material sign." (Malafouris 2013, 99; kursiv im Original) In welchem Sinn kann man auch symbolische Artikulationen als eine simultane Hervorbringung von Zeichen und Bezeichnetem charakterisieren? Schließlich liegt individuellen Ausdrucksakten doch immer schon das Netzwerk sprachlicher Bedeutungen (also bereits vorhandener Einheiten von Signifikat und Signifikant) und außerdem das implizite grammatische Regelwissen voraus. So sehr das jedoch für den sprachlichen Ausdruck in bereits etablierten Kulturen zutrifft – im Lauf der Sprach*evolution* muss es anders gewesen sein, denn Lexikon und Grammatik sind nicht vom Himmel gefallen, sondern erst im Sprechen produziert worden (vgl. Tomasellos *Constructing a Language*, 2003). In diesem Sinn ist es also in jedem Fall zwingend, auch sprachliche Bedeutung als Resultat von *enactive signification* zu bezeichnen. Erinnert man sich daran, dass Humboldt zufolge Sprache einen unendlichen Gebrauch von endlichen Mitteln macht, wird man auch dem kreativen, also nicht bloß standardisierten Sprachgebrauch *nach* der evolutionären Entstehung symbolischer Sprachen als enaktivistisch bezeichnen dürfen. Das trifft besonders auf den unendlichen Prozess der Erzeugung immer neuer Metaphern und Vergleiche zu. In solchen Fällen gibt es zwar bereits fixierte lexikalische Bedeutungen und grammatische Regeln, aber diese dienen in kreativen Sprechakten als das widerständige Material, aus dem heraus neue Ausdrucksformen hervorgebracht („enacted") werden.

(3) „I propose *enactive signification* as the crux of material semiosis and thus of the meaningful engagement of cognition with matter." (Malafouris 2013, 99; kursiv im Original) Auch hier darf wieder gefragt werden, was denn der Gegenbegriff zu materieller Semiose sein sollte. Immaterielle? Und das wäre dann das Kennzeichen des Linguistischen? Will Malafouris nicht für seine *material engagement*-Theorie den Preis einer dualistischen Ausklammerung der Lautsprache zahlen, muss er bereit sein, auch die linguistische Semiose als verkörpert zu verstehen. Damit werden die Unterschiede zwischen der Schaffung bedeutungsvoller physischer Artefakte und der Artikulation im vergänglichen Medium des Lauts ja nicht geleugnet. Was die kognitive Archäologie und die Rekonstruktion der menschlichen Kulturevolution betrifft, muss jedoch ein Fehlschluss von dem dauerhaften Charakter von Materialien wie Stein und Ton, später Metallen (in viel geringerem

Umfang auch Holz) auf ihre einzigartige Bedeutung verhindert werden. Lautsprachliche Äußerungen hinterlassen naturgemäß keine archäologischen Spuren, aber daraus zu schließen, in ihnen sei die Dialektik von Material und Bedeutung nicht wirksam, ist sicher nicht legitim. Deshalb sollte der enaktivistische Ansatz die Sprache integrieren (vgl. Di Paolo/Cuffari/Jaeger 2018). Der Begriff der *enactive signification* bezieht dann seine Relevanz für eine artikulatorische Anthropologie der Verkörperung daraus, dass er a.) Bedeutungen als Handlungsresultate sichtbar macht, b.) diese Handlungen nicht als Repräsentationen, sondern als die aktive Hervorbringung vorher noch nicht vorhandenen Sinns versteht und c.) den psychophysischen Prozess, nicht die nachträgliche Verbindung von Geist und Materie, als ontologisch und semiotisch zentral versteht. Diese Qualitäten gelten über die Hervorbringung physischer Artefakte hinaus auch für sprachliche Zeichenprozesse, was der Begriff der Artikulation gerade zum Ausdruck bringen soll.

Malafouris stellt seinem Kapitel über das enaktive Zeichen ein der Tänzerin Isadora Duncan zugeschriebenes Zitat voran: „If I could tell you what it meant, there would be no point in dancing it." (Malafouris 2013, 89). Ganz ähnlich soll der Filmregisseur Akira Kurosawa auf die Frage eines Journalisten nach der *message* seiner Filme geantwortet haben, dass er keine mehrstündigen Filme zu drehen bräuchte, wenn er diese Botschaft auch in einem knappen Statement unterbringen könnte. Wie ist die enaktivistische Pointe dieser Sentenzen jedoch genau zu verstehen? Hier sollte man eine *schwache* von einer *starken* Lesart unterscheiden. In der starken Lesart ist die Bindung von Signifikant und Signifikat derart eng und materialspezifisch, dass die Identität der Bedeutung vollständig an ihr hängt. Sprachliche Paraphrasen von Filmen, Beschreibungen von Tanzchoreographien oder Bildanalysen wären dann, strenggenommen, ein Ding der Unmöglichkeit. Die Erfahrung zeigt jedoch, dass es erkennbare Gestaltähnlichkeiten zwischen expressiven Akten in verschiedenen materiellen Medien gibt.

Ich plädiere daher, womöglich gegen Malafouris, für eine schwächere Lesart: In ihr ist die Verschmelzung von Gedanke und physischer Realität ebenfalls konstitutiv, aber es bleibt im *enactment* dieser Einheit immer auch ein unauflösbares Spannungsverhältnis zwischen der Bedeutungsintention, die sich im und am Material konkretisiert, und ihrer spezifischen Einlösung erhalten. Das liegt daran, dass sich im *enactment* selbst dauernd neue Möglichkeitshorizonte auftun, die im Bewusstsein der Zeichenproduzenten auch nach der Entscheidung für eine bestimmte *materialiter* realisierte Ausdrucksweise noch präsent bleiben. Diese Asymmetrie *innerhalb* der Symmetrie nenne ich *sehr schwache Multirealisierbarkeit*. Sie zeigt sich in der unschließbaren Kluft zwischen dem Meinen und dem Sagen, dem Malen und dem Bild, dem Drehbuch und den Filmaufnahmen, dem *song* und seiner *performance* etc. Das Bewusstsein alternativer Möglichkeitshorizonte, wie unbestimmt auch immer, erzeugt ein Gefühl kreativer Freiheit und einen gewissen kognitiven

Abstand zwischen den handelnden Subjekten und der *enactive signification*. Dieser Abstand darf keinesfalls zu einer angeblichen Unabhängigkeit der Intention oder des Gedankens vom materiellen Substrat erweitert werden, denn er entsteht überhaupt erst im Prozess der Ausdrucksbildung in der Erfahrung von Aktion und Reaktion, Impuls und Widerstand. Ohne Widerstand weder Kreativität noch Freiheitserfahrung. Aber *innerhalb* eines verkörperungstheoretischen Ansatzes bildet er eben doch ein wichtiges Element, das nicht zugunsten einer *totalen* Verschmelzung von Kognition und physischer Realisierung eliminiert werden darf.

3.7 Geteiltes Bewusstsein und Intentionalität: Michael Tomasello

Ich hatte das dritte Kapitel dieses Buchs mit einem Abschnitt über die Überwindung des Dualismus von Natur- und Kulturgeschichte begonnen. Wohl niemand hat dazu in den letzten Jahrzehnten so wirkmächtig beigetragen wie Michael Tomasello mit seinen Arbeiten zur Rekonstruktion der natürlichen Evolution einer kumulativen Kultur. Nicht nur die antidualistische Grundhaltung verbindet Tomasello mit den klassischen Pragmatisten, die die noch heute überzeugendsten Denkformen zu einem angemessenen Verständnis der soziokulturellen Lebenswelt des Menschen geliefert haben – auch die Betonung des Sozialkognitiven, die vor allem bei Mead entwickelte Methode des Interspezies-Vergleichs und die Verbindung von evolutionärer Kontinuität mit einem robusten Verständnis qualitativer Differenzen begründen substanzielle Gemeinsamkeiten. Natürlich gilt auch umgekehrt, dass der pragmatistische Ansatz nur durch Einbezug des aktuellen Wissensstands in der evolutionären Anthropologie bewahrt und weiterentwickelt werden kann.

> Tragfähige Argumente zur Genese der menschlichen Handlungs- und Denkmöglichkeiten müssen heutzutage in den Rahmen der Primatenevolution integriert werden. Sie können nicht mehr – wie es in den Sozial- und Geisteswissenschaften noch immer häufig geschieht – von einem allgemeinen Mensch-Tier-Vergleich ausgehen.[109] (Nungesser 2021, 457 f.)

In den vergangenen Abschnitten wurde bereits versucht, die *Stadialität, Kreativität, Selbstverstärkung* und *Materialität* der Evolution kumulativer Kultur, teils auch schon mit Blick auf Tomasellos Forschungen, diesem Anspruch zu unterwerfen. Im letzten Abschnitt dieses Kapitels wird es nun spezifisch um Tomasellos Beitrag ge-

---

[109] Darin besteht eine eklatante Schwäche der Tradition der Philosophischen Anthropologie, aber auch, worauf Nungesser zu Recht hinweist (Nungesser 2021, 458, Anm. 550), der historisch-genetischen Kulturtheorie von Günter Dux.

hen, konkret um die Genese verschiedener Formen geteilter Intentionalität und ihren Beitrag zur Entstehung kumulativer Kultur. Dabei wird auch zu untersuchen sein, welche artikulationsanthropologisch relevanten Aspekte durch den Fokus auf geteilte Intentionalität sichtbar, welche dadurch umgekehrt aber auch ausgeblendet werden.

Bekanntlich besteht die zentrale grundbegriffliche Entscheidung Tomasellos in der These der geteilten Intentionalität („shared intentionality"): Die Evolution der Kooperation, die Entstehung der menschlichen Sprache, die Entwicklung immer komplexerer, aufeinander aufbauender Werkzeuge – all das wird im begrifflichen Rahmen der spezifisch menschlichen Fähigkeit verstanden, die Köpfe zusammenzustecken und ein gemeinsames Bewusstsein zu entwickeln. Humanspezifische Kognition wird als genuin sozial betrachtet und auch die menschliche Form der physischen Kognition erscheint als abkünftig von unseren sozialkognitiven Fähigkeiten. Tomasello postuliert drei Eigenarten des menschlichen Denkens, die allesamt die für andere Primaten typische *individuelle* Kognitionsfähigkeit voraussetzen und aufgreifen, sich aber eben nur bei uns finden: *Objektivität, Reflexivität* und *Normativität*. Diese Eigenarten versteht er insgesamt als Anpassungsleistungen, die durch Anforderungen der sozialen Koordination und Kooperation im Laufe der Evolution selektiert worden sind.

Auch die Kategorie der *Objektivität,* im Sinne eines Verständnisses von Tatsachen, die vom Bezug auf wahrnehmende Subjekte unabhängig sind, ist nach Tomasello eine *sozialkognitive* Errungenschaft. Sie erwächst aus der Fähigkeit, *ein und dieselbe* Situation unter unterschiedlichen, ja sogar unter konfligierenden sozialen Perspektiven zu konzeptualisieren (vgl. Tomasello 2014, 4). Der kognitive Pfad verläuft also von der sozialen zur Dingwahrnehmung, nicht umgekehrt. Wenn beispielsweise im Rahmen einer kooperativen Jagd verschiedene Rollen, etwa die des Speerwerfers und die des Treibers, verinnerlicht werden müssen, erfordert dies die Fähigkeit, die eigene Rolle, die des anderen, und das gemeinsame Ziel simultan im Bewusstsein zu haben. Daraus entwickelt sich Tomasello zufolge über weitere Zwischenschritte die Idee der Objektivität als Konvergenzpunkt der verschiedenen Perspektiven. Ohne die sozialkognitive Fähigkeit der kooperativen Rollenübernahme, also des mentalen ‚Jonglierens' mit *mehreren divergierenden, aber aufeinander bezogenen* Perspektiven gleichzeitig, hätte auch der sprachliche Bezug auf Objekte mit intrinsischen Eigenschaften nicht entstehen können.

Der kognitive Sprung, den das bedeutet, lässt sich durch den Vergleich mit den gut untersuchten Alarmrufen verdeutlichen, wie sie etwa grüne Meerkatzen von sich geben. In diesen intentionalen Rufen, beispielsweise bei dem rauen Bellen, das vor der Annäherung eines Leoparden warnt (vgl. Bräuer 2014, 131), bilden die Verhaltensaufforderung und der, jetzt nur aus menschlicher Perspektive gesprochen, propositionale Gehalt („*dass* sich ein Leopard nähert") eine untrennbare Einheit.

Der objektive Sachverhalt wird nicht als solcher markiert und auch nicht von dem imperativen Charakter des Rufs unterschieden. Die menschliche Sprache hingegen ermöglich es immer, in der Terminologie von Austins Sprechakttheorie formuliert, die lokutionäre, illokutionäre und perlokutionäre Komponente zu unterscheiden. All dies basiert auf der Fähigkeit zur Einnahme verschiedener Perspektiven, die wiederum die Unterscheidung zwischen einem Gegenstand und den Weisen des Bezogenseins auf ihn möglich macht. Objektivität kann sich aber auch im erweiterten Sinn nicht nur auf Tatsachen beziehen, sondern ebenso auf normative und evaluative Standards aller Art. Die Grundstruktur besteht hier immer darin, dass die eigene, partikulare Perspektive von einem objektiveren und allgemeineren Standpunkt aus bewertet wird – einem Standpunkt, der aber nicht objektiv existiert, sondern durch eine Abstraktionsleistung erzeugt wird, die partikulare Perspektiven *von innen heraus* erweitert. Davon ist auch der Prozess der Bedeutungsbestimmung durch Artikulation zutiefst geprägt. Auf dem Weg von der Bedeutsamkeit, die in den qualitativen Bewertungen einzelner Individuen erlebt wird, hin zu den mit Geltungsansprüchen versehenen Bedeutungen des *cultural common ground* vollzieht sich eine Verallgemeinerung der Perspektiven, die, mit Habermas formuliert, an Wahrheit, Richtigkeit und Aufrichtigkeit (Wahrhaftigkeit), also an intersubjektiv-objektiven Standards orientiert ist (vgl. Habermas 1981 Bd. 1, 439, Fig. 16).

Reflexivität meint die ebenfalls sozialkognitive, niemals individualistisch zu verstehende Fähigkeit, auf eigene und fremde Intentionen zurückzuschließen: „... although many animals also make simple causal and intentional inferences about external events, only humans maks socially recursive and self-reflective inferences about others' or their own intentional states." (Tomasello 2014, 4) „Hat er jetzt wirklich geglaubt, dass ich ihm nicht geglaubt habe?" „Bin ich mir sicher, dass ich das jetzt tun will?" – solche Fragen können sich nur reflexive Wesen stellen, deren Bewusstsein mit dem anderer intrinsisch verbunden sein kann. Ausdruckstheoretisch betrachtet, ist Reflexivität ein konstitutives, immer mitlaufendes Moment aller Expressionen, die über spontane Interjektionen hinausgehen. So setzt die Fähigkeit, nach dem stimmigsten Ausdruck, der treffendsten Formulierung, der angemessensten Handlung zu suchen, voraus, dass sich auf die zielbezogene Handlungsintention eine reflexive Intention aufsetzt, die in Echtzeit eine Bewertung der Qualität der bisherigen Performanz vornimmt. Diese Reflexivität muss nicht explizit formuliert werden, sie hat vielmehr häufig, wie ich oben bei der Analyse von Deweys qualitativem Denken zeigen wollte, die Form eines *felt sense*. Selbstverständlich gibt es aber auch Formen *nachträglicher* Reflexivität, die für gedankliche Prozesse entscheidend sind. Die Stimmigkeit und Wohlgeformtheit einer Ausdrucksgestalt performativ-begleitend zu reflektieren und sie im Nachhinein explizit einer Prüfung zu unterwerfen, das sind zwei unterschiedliche Dimensionen des Bedeutungsphänomens, wobei es nur im zweiten Fall zu einer Ausweisung der Prüfungsmaßstäbe und zur Explikation von Alternativen kommen kann.

Das dritte Alleinstellungsmerkmal des menschlichen Denkens, das Tomasello nennt, ist dessen *Normativität*. Zwar bewerten auch andere Lebewesen ihre Handlungen hinsichtlich ihres instrumentellen Erfolgs für das Wohlergehen des Individuums, und sie tun dies unentwegt. Damasios elaborierte Theorie der Gefühle und ihrer kognitiven Rolle ist durchgängig auf diesen affektiven Bewertungsmechanismen aufgebaut. Aber solche Bewertungen basieren nicht auf einem geteilten Bewusstsein von gültigen normativen Standards. Das ist nur bei Menschen der Fall, denn nur sie „… self-monitor und evaluate their own thinking with respect to the normative perspectives and standards (,reasons‘) of others or the group" (Tomasello 2014, 4). Im Vergleich zwischen kleinen Kindern einer-, Schimpansen oder Bonobos andererseits zeigt sich dieser Aspekt in aller Deutlichkeit. So begreifen Kinder kooperative Aktivitäten schon sehr früh als ein gemeinsames Spiel, dessen Regeln beachtet werden müssen, während die nichtmenschlichen Primaten ausschließlich am instrumentellen Erfolg orientiert sind. Dabei muss parallel zum Fall der Reflexivität zwischen einer implizit-performativen Variante (der praktischen Beherrschung von Normen) und der Fähigkeit zur sprachlichen Formulierung der Normen, deren Verständnis und Begründung unterschieden werden. Wie wichtig diese Differenzierung ist, ließe sich z. B. an Kohlbergs bekanntem Schema der Moralstufen zeigen. Weil Kohlberg in seiner kognitivistischen Theorie der Moralentwicklung die Differenz von *know-how* und *knowing-that* ausblendet und allein die Fähigkeit der Normbegründung zum Maßstab für seine Stufenfolge macht (vgl. z. B. Kohlberg 1997, 123 ff.), gelangt er zu gänzlich anderen Ergebnissen als Tomasello. Dieser orientiert sich am Verhalten, rekonstruiert daraus dessen sozialkognitive Voraussetzungen (vgl. Tomasello 2018, Teil III) und kann damit nicht nur auf viel frühere Phasen der Entwicklung, sondern auch auf die belastbareren empirischen Daten zurückgreifen.

Es ist offensichtlich, dass die evolutionäre Adaption auf die Befolgung von Kooperationsnormen eine zentrale Voraussetzung für den Erwerb symbolischer Sprachen darstellt. Sprachnormen spezifizieren jeweils Spielräume des Ausdrucks, die beachtet werden müssen, um von den anderen Kommunikationsteilnehmern verstanden zu werden. Sie treten den einzelnen Individuen mit der vollen Härte objektiver Tatsachen entgegen, werden aber auch durch die aggregierten Folgen des individuellen Sprachgebrauchs unentwegt verändert. Und diese Dynamik bildet einen zentralen Aspekt bei der Konstitution von Gruppenidentitäten. Auch in Brandoms expressivistischer Sprachtheorie spielt diese eigentümliche Verbindung aus sozialer Normativitätsproduktion und kollektiver Identitätsgenese eine zentrale Rolle: „We have met the norms, and they are ours." (Brandom 2000, 639) Im Unterschied zu moralischen Normen sind sprachliche jedoch weniger restriktiv als *möglichkeitserzeugend.* Hier darf wieder an die schon mehrmals erwähnte Einsicht Humboldts erinnert werden, dass Sprache einen unendlichen Gebrauch von endlichen Mitteln macht. Die Sprachnormen eröffnen einen Möglichkeitshorizont für die Artikulation von Bedeutungen, der linguistischer Kreativität ausgedehnte Spielräume bietet.

In Tomasellos Rekonstruktion der Kulturevolution gibt es zwei entscheidende evolutionäre Schritte, nämlich die Genese der *joint intentionality*[110] und später der *collective intentionality.* Seine Darstellung knüpft an das bekannte Buch von John Maynard Smith und Eörs Szathmáry über die *Origins of Life* (2009) an, in dem acht ausschlaggebende Transitionen bei der Entstehung komplexer Lebensformen unterschieden werden (die achte, finale Transition ist die Entstehung der Sprache (vgl. Smith/Szathmáry 2009, 18 u. 149 ff.)). Alle acht Übergänge, so stellt Tomasello heraus, sind sowohl durch die Genese neuer Formen der interdependenten *Kooperation* als auch neuer, diese ermöglichenden Formen der *Kommunikation* gekennzeichnet (vgl. Tomasello 2014, 32). In dieses basale Muster möchte er auch seine eigene Darstellung einschreiben. Nun sei es aber unmöglich, den Übergang von Affengesellschaften, die durch Konkurrenz gekennzeichnet sind, zu (auch) kooperativen humanspezifischen Kulturen „in one giant leap" (Tomasello 2014, 32) zu vollziehen. Es bedarf eines Zwischenschrittes, und dieser besteht eben in der Genese von *joint intentionality.* Auf dieser transitorischen Stufe entsteht bereits ein geteiltes Bewusstsein, jedoch zunächst in Form von kleinräumigen Ich-Du-Strukturen, nicht bereits in Form eines sozialen ‚Wir'. Ohne Merlin Donald zu erwähnen, kennzeichnet Tomasello diese Phase in Begriffen, die stark an Donalds oben bereits behandelte *mimetische Kultur* erinnern.

Den „cooperative turn" (Tomasello 2014, 36) lässt er vor ungefähr 2 Millionen Jahren beginnen, was genau mit Donalds Datierungsversuch übereinstimmt. Vermutlich sei der evolutionäre Auslöser ein veränderter Selektionsdruck durch die Vermehrung bodenbewohnender Affen wie Paviane gewesen, die den Mitgliedern der Gattung *homo* ihre angestammte Nahrung streitig gemacht haben. Die Lösung des Problems bestand in der Entwicklung kollaborativer Strategien der Nahrungssuche, speziell der Jagd mit verschiedenen Rollen. Diese erfordert die Entwicklung gemeinsamer Ziele, die jedoch nur durch das simultane Bewusstsein unterschiedlicher Rollen (etwa „Jäger" und „Treiber") und deren Bezogenheit aufeinander er-

---

110 In der deutschen Übersetzung von Tomasello 2014 ist von „gemeinsamer" Intentionalität die Rede. Diese sicherlich korrekte Übertragung hat jedoch den Nachteil, dass sie den Unterschied zu „kollektiver" Intentionalität weniger deutlich werden lässt, als das englische Original „joint", das eben nicht nur „gemeinsam", sondern auch „beiderseitig" bedeutet, was die hier thematische „small-scale collaboration" (Tomasello 2014, 5) präziser trifft. Aus diesem Grunde lasse ich „joint" unübersetzt.

reicht werden können. So entsteht eine neuartige soziale Infrastruktur, die auch neue Kommunikationsformen (Gesten und Pantomime), neue subjektive Formen der Selbstkontrolle im Licht geteilter Rollenerwartungen und neue Formen der Werkzeugherstellung einschließt.

Der letzte und entscheidende Schritt bei der Entstehung der typisch menschlichen Lebensform besteht nach Tomasello in der Ausdehnung der geteilten Intentionalität von wechselnden Ich-Du-Beziehungen auf ein umfassendes soziales ‚Wir', in deren Folge das Leben in der Gruppe zu einer einzigen „big collaborative activity" (Tomasello 2014, 5) wird. „The resulting group-mindedness among all members of the cultural group (including in-group strangers) was based on a new ability to construct common *cultural ground* via collectively known cultural conventions, norms and institutions." (Tomasello 2014, 5). Es ist Tomasello sehr wichtig, dass erst auf der Basis dieses reichen, kulturell geteilten Grundes auch die Entstehung konventioneller und symbolischer Sprache möglich war – wobei er natürlich nicht bestreitet, dass Sprache diesen Prozess der Vergemeinschaftung der Kognition ihrerseits entscheidend verstärkt hat und in der Ontogenese eine ausschlaggebende Rolle spielt.[111] Aber sie wird eben als „capstone", nicht als „foundation" (Tomasello 2014, 127) in Anschlag gebracht. Wer die Sprache als alleinige treibende Kraft ansetze, übersehe, wie komplex die soziale Infrastruktur ist, die gegeben sein muss, damit eine Symbolsprache überhaupt möglich wird.

Für lange Zeit hatte sich die auf *joint intentionality* basierende kollaborative Nahrungssuche als eine evolutionär stabile Strategie erwiesen. Welche Umwelteinflüsse haben sie schließlich doch destabilisiert[112] und die Entwicklung jener Form geteilten Bewusstseins ermöglicht, die noch den modernen Menschen bestimmt? Tomasello sieht hier *demographische* Faktoren als entscheidend an. Zum einen habe die Konkurrenz mit Fremden eine zentrale Rolle gespielt. Eindringlinge und die Konfrontation mit anderen Gruppen setzten bislang eher lose Gruppenstrukturen „under pressure to transform into a coherent collaborative group with joint goals aimed at group-survival (each group member needing the others as collaborative partners for both foraging and fighting) and division-of-labor roles

---

111 Vgl. Tomasello 2019, 20: „Language is the key to the way that humans think in many different ways ..."

112 Tomasello argumentiert keineswegs für eine *Ersetzung* der *joint* durch die *collective intentionality*, sondern für ihre Ergänzung und Erweiterung. Ich-Du-basierte Formen der Kooperation spielen auch in hochkomplexen Gesellschaften, in denen sehr viele Interaktionen unter einander Fremden ablaufen, eine zentrale Rolle – man denke nur an Partnerschaften, Freundschaften, Familien und die immer noch sehr verbreiteten Strukturen der Patronage. Transitorisch ist also nicht etwa die Existenz von Ich-Du-Intentionalität, sondern jene evolutionäre Phase der Anthropogenese, in der diese Intentionalitätsform dominant war.

toward this end" (Tomasello 2014, 82). Zum anderen sei ein Wachstum der Populationsgröße entscheidend gewesen. Dadurch sei nämlich eine Aufspaltung in kleinere Gruppen mit Stammesstruktur begünstigt worden, wodurch das Problem entstand, andere Stämme als Mitglieder derselben übergreifenden kulturellen Einheit zu identifizieren und damit Vertrauen zu sichern. Die Markierung einer solchen, überlebenswichtigen Gruppenidentität erzeugt einen Konformitätsdruck in Bezug auf kulturelle Praktiken, der bis heute ein zentrales Merkmal kultureller Einheiten darstellt.

Wichtige Aspekte des Verhältnisses zwischen der ersten und der zweiten Stufe des Tomaselloschen Modells der Anthropogenese lassen sich mit Hilfe des Begriffs der *Exaptation* – im Unterschied zu einem radikalen Neuanfang – beschreiben und fügen sich damit der von Mark Johnson betonten Kontinuitätslogik der Evolution ein. Das gilt, wie Nungesser gezeigt hat, vor allem von der Entstehung der Fähigkeit zur *Selbstreflexion*. Diese ist, wie oben schon betont, genuin sozialkognitiv und lässt sich in ihren Ursprüngen „auf die Antizipation des Verhaltens sozial Anderer [zurückführen] – zunächst in primär kompetitiven, später in zunehmend kooperativen Kontexten" (Nungesser 2021, 574). Konkurrenzorientiertes *mindreading* wird, knapp zusammengefasst, in der Phase der *joint intentionality* zur Koordination zusammenwirkender sozialer Rollen umfunktioniert, um mit der Emergenz kollektiver Intentionalität eine weitere Funktion zu erhalten, nämlich die der Selbstkontrolle im Kontext einer radikal vergemeinschafteten Lebensform, in dem nicht nur konkrete Andere, sondern die Normen des verallgemeinerten Anderen beachtet werden müssen.

Will man die Kontinuität und Differenz der menschlichen Lebensform zu und von anderen Lebensformen verstehen und vor allem beides *zusammendenken*, spielt der Begriff der *Exaptation* eine zentrale Rolle. Diese Integration der Grundbegriffe ist kein unkompliziertes Unterfangen und kann leicht in zwei entgegengesetzten Richtungen misslingen. Einmal dadurch, dass die Emergenz genuin neuer Formen der Bedeutung, des Denkens und der sozialen Organisation geleugnet wird, womit man beim reduktionistischen Biologismus landet. Zum anderen aber auch dadurch, dass man zwar die biologischen Grundlagen der Kultur anerkennt, dann aber im Weiteren davon ausgeht, die „Geistigkeit der humanen Lebensform" (Dux 2014, 40) entwickele sich mehr oder minder unabhängig von den biologischen Grundlagen, etwas so, wie ein funktionierendes Herz-Kreislauf-System zwar eine notwendige Bedingung des Denken-Könnens darstellt, dieses aber nicht weiter beeinflusst. So schreibt Günter Dux: „In den Geistes- und Sozialwissenschaften haben wir eine Geschichte im Blick, die zwar nicht davon entbindet, ihren Take-off an die biologische Evolution anzuschließen, aber doch so, dass sich aus ihr heraus eine anthropologische Grundverfassung zu bilden vermocht hat, die sich signifikant von der ihrer nächsten Verwandten unterscheidet." (Dux 2014, 40) Es geht aber eben nicht nur um den „Take-off" – eine Metapher, die impliziert, dass die Gesetze des Fliegens gänzlich andere sind als die des Rollens und zu dieser in keiner aufschlussreichen Beziehung stehen. Entscheidend ist vielmehr, die von Dux zu Recht betonten signifikanten Unterschiede selbst zu unseren nächsten tierischen Verwandten als *exaptive Erweiterung* aufzufassen, also als einen qualitativen Sprung, der auf der fortdauernden Wirksamkeit der evolutionär früheren Stadien *und* auf ihrer Indienstnahme für Neues beruht.

Solange dies nicht geschieht, ist die schlechte Dualität von reduktionistischem Biologismus und naturvergessener Kulturwissenschaft nicht überwunden. Und aus demselben Grund vermag auch Dux' Kritik an Tomasello nicht zu überzeugen. Dux behauptet, Tomasello kenne nur die Mechanismen von Mutation und Selektion und seine Theorie hänge am „Muster einer problematisch konzipierten Evolution", es komme aber gerade darauf an, den „Bildungsprozess [der menschlichen Lebensform; M.J.] transparent zu machen" (Dux 2014, 40). Auch wenn man Dux zugute halten muss, dass sein Text lange vor dem Erscheinen von Tomasellos *Becoming Human* (2019) herausgekommen ist, trifft sein Vorwurf nicht Tomasellos bereits früher erkennbare Intention. Diese sehe ich darin zu zeigen, wie ein sinnblinder Prozess von Mutation und Selektion eine kumulative Kultur hervorgebracht hat, die sowenig wie die Ontogenese, der seine Aufmerksamkeit in der Monographie von 2019 gilt, sinnblind ist, vielmehr konstitutiv teleologische Momente aufweist.

Es gilt also, ein Narrativ zu entwickeln, das die Herkunftsgeschichte der kumulativen Kultur erzählt, und dies in einer Weise, die der Unterschiedlichkeit der involvierten Prozesse an ihrem jeweiligen Ort in der Zeitskala der menschlichen Evolution gerecht wird. Die wesentlichen Stationen dieses Narrativs im Blick auf unsere Gattung sind die von allen Primaten geteilten individualkognitiven Voraussetzungen, die Entstehung von Kulturen, die durch *joint intentionality* und damit durch sozialkognitive Fähigkeiten charakterisiert sind und schließlich die Evolution einer vollständig vergemeinschafteten Lebensform, basierend auf *collective intentionality* sowie den früheren Formen des Bewusstseins und der Intentionalität nach ihrer Umarbeitung durch den kumulativen Kulturprozess. Seitdem erben Menschen, wie Tomasello betont und damit den Vorwurf von Dux noch zusätzlich entkräftet, nicht nur ihre Gene, sondern ebenso ihre kulturellen Traditionen von ihren Vorfahren. Damit schließt er sich der „Dual Inheritance Theory" von Boyd und Richerson (1985/1988) an (vgl. Tomasello 1999/2001, chap. 2). Die Evolution der Sprache allein kann, wie gerade schon betont, diese Entwicklungen genauso wenig erklären, wie man, so Tomasellos Beispiel, die Verwendung von Geld als evolutionäre Erklärung für die Entwicklung der ökonomischen Aktivitäten der Menschheit heranziehen kann (vgl. Tomasello 1999/2001, 94). In beiden Fällen, beim Geld wie bei der Sprache, führt die Entstehung des Mediums zu einer grundlegenden Transformation der entsprechenden Aktivität, ohne doch ihre evolutionäre Ursache zu sein. Basal ist für Tomasello vielmehr die Kollektivierung von Intentionalität.

Zurecht stellt Nungesser Tomasellos Theorie der Kulturevolution und des Sprachursprungs als „zentrale lebenswissenschaftliche Ressource für die Aktualisierung wesentlicher pragmatistischer Argumente" (Nungesser 2021, 565) dar, und ebenso zurecht weist er darauf hin, dass es auch eine Reihe von Spannungen zu dem pragmatistischen Theoriesetting gibt, etwa, was die Bedeutung der Verkörperung und die handlungstheoretischen Grundlagen betrifft (vgl. Nungesser 2021, 567–569). Ein weiterer Kritikpunkt besteht darin, dass systematische Analyse und evolutionäre Genese bei Tomasello nicht genügend differenziert werden, was dazu führt, dass geteilte Intentionalität *immer* im Entstehungshorizont kooperativer Tätigkeiten gesehen wird. Auch „humanspezifische[.] Rücksichtslosigkeit" (Nungesser 2021, 577) wird jedoch von geteilter Intentionalität ermöglicht, selbst wenn sie sich zu dieser parasitär verhält. Der gravierendste Punkt, den Nungesser in seiner luziden Analyse herausarbeitet, betrifft jedoch das „Problem der funktionalistischen Verengung" (Nungesser 2021, 579): Da Tomasello ganz darauf fixiert ist, welche Ziele soziale Handlungen erfüllen, entgehen ihm die nicht-funktionalen und nicht (primär) teleologischen Aspekte des menschlichen Handelns.

Am deutlichsten wird dies daran, dass Tomasello geteilte Intentionalität und geteiltes Bewusstsein weitgehend gleichsetzt. Er greift dabei den (als *terminus technicus* von Searle 1990 geprägten) philosophischen Begriff der *shared intentionality* von Autoren der analytischen Handlungstheorie und *philosophy of mind* wie John Searle, Michael J. Bratman und Margret Gilbert (vgl. Tomasello 2008, 6) auf. Im Unterschied zu Searle (vgl. Searle 1997, 34) geht er jedoch nicht davon aus, dass andere Lebewesen als wir über diese Fähigkeit verfügen. *Mit* Searle glaubt allerdings auch Tomasello, dass sich die Wir-Intentionalität nicht additiv aus individuellen Intentionalitäten aufbauen lässt. Der springende Punkt ist nun, dass der Begriff der Intentionalität sich immer auf „Überzeugungen, Wünsche und Absichten" (Searle 1997, 34) bezieht, die den Charakter *bereits bestimmter* mentaler Zustände aufweisen. Damit fallen Erlebnisqualitäten, Stimmungen, innere Bilder, allgemein der sehr weite Bereich dessen, was Ferdinand Fellmann „zuständliche[s] Bewusstsein" (Fellmann 1991, 34) genannt hat, aus dem Analysebereich heraus. Das, was kulturell im gemeinsamen Bewusstsein geteilt werden kann, hat für Tomasello immer schon die doppelte Eigenschaft, bereits in sich bestimmt und stets auf Zwecke bezogen zu sein. Die kreative Dimension des Handelns und vor allem auch der Sprache lässt sich in diesem Schema nicht unterbringen. Und das hat eine problematische Konsequenz, nämlich die, dass Sprache als der Austausch von „mental content" (Tomasello 2019, 67) verstanden wird. Hier lässt sich trotz der intersubjektivistischen und interaktionistischen Globalorientierung Tomasellos zweifellos eine Art Residualindividualismus konstatieren (vgl. auch Loenhoff/Mollenhauer 2016, Nungesser 2021, 566). Sprache dient dem koordinativen Informationsaustausch über Überzeugungen, Wünsche, Absichten und ähnliche intentionale Zustände, die zwar das einzelne Subjekt nur deshalb haben kann, weil es meadianisch die Haltung des generalisierten Anderen und die natürliche Sprache des *shared common ground* seiner Kultur verinnerlicht hat, die aber dennoch als im individuellen Geist bereits gegebene Gehalte verstanden werden. Die *konstitutiv-expressive* Seite sprachlicher Artikulation wird damit unsichtbar und Tomasello reiht sich in den Chor jener Kognitionswissenschaftler ein, die Sprache lediglich als Informationsweitergabe verstehen.

Diesen wichtigen Punkt möchte ich noch weiter verdeutlichen, indem ich auf den enaktivistischen Grundgedanken der *enactive signification* zurückkomme. Wie gezeigt, ist hierfür die Annahme maßgeblich, dass die Bedeutung der Zeichenketten dem kreativen Akt der Signifikation nicht vorausliegt, sondern im Wechselspiel zwischen zunächst vagen Intentionen und dem jeweiligen Material erst *herausartikuliert* wird. Immer dann, wenn dies geschieht, ist Sprache *konstitutiv*, verändert sich ihre Rolle vom bloßen Transportbehälter für bereits bestehende Gedanken zum schöpferischen Medium des Explizitmachens von Unterscheidungen, Wertungen und Relationen, die vor diesem schöpferischen Akt nur in vagen Gestaltantizipationen bestanden haben. Gliedernde Unterteilung eines anfänglich einheitlich Gespürten ist der Kern der Artikulation. Natürlich gibt es auch Fälle, in denen die Sprecherinnen und Sprecher schon genau wissen, was sie sagen werden, aber das ist ihnen dann nur deshalb möglich, weil sie einen gestalt- bzw. bildhaft erfassten Gedanken durch innerliches Sprechen bereits soweit aufgegliedert haben, dass der Artikulationsprozess im Grund schon vorbei ist, wenn der Sprechakt beginnt. Und diese Fähigkeit setzt als Bedingung ihrer Möglichkeit das laute Sprechen zu und mit Anderen bereits voraus.

Diese *konstitutive Bedeutung* der Sprache, die Charles Taylor so betont hat, steht nicht im Gegensatz zu ihrer von Tomasello herausgestellten kooperativen Funktion, sie weist aber eine Dynamik auf, die dem autokatalytischen Charakter der Kulturevolution geschuldet ist. Je weniger nämlich die Koordinationserfordernisse der sozialen Gruppen durch unmittelbare Umweltherausforderungen vorgegeben werden und je mehr sie sich auf Vorstellungen des guten Lebens verlagern, die im Kulturprozess selbst kreativ erzeugt worden sind, desto wichtiger wird der konstitutive Charakter von Sprache. Denn die Ziele und damit die Intentionen, die kommuniziert werden, müssen dann ihrerseits erst kreativ artikuliert werden, sprachlich oder in anderen symbolischen Medien. Vorher existieren sie überhaupt nicht. Damit treten kulturelle und nur noch mittelbar durch die natürliche Umwelt bestimmte Vorstellungen in den Vordergrund.

So haben beispielsweise die *social imaginaries* der Moderne mit ihren Vorstellungen von Wohlstand, Wachstum und Fortschritt wesentlich zu jenen wirtschaftlichen Zielstellungen beigetragen, die nun in Form des Klimawandels aus der natürlichen Umwelt auf uns zurückschlagen. Die Industrialisierung und Karbonisierung der Wirtschaft seit dem 18. Jahrhundert ist eine kontingente kulturelle Entwicklung des globalisierten Westens gewesen, kein Schicksal, das der natürliche Selektionsdruck über die Menschheit verhängt hat – was natürlich nicht ausschließt, dass auch Klimaveränderungen nicht anthropogenen Ursprungs die Kulturgeschichte tief geprägt haben (vgl. Diamond 2011). Es entbehrt jedenfalls nicht der Ironie, dass die Menschheit durch den Klimawandel nun vor globalen Koordinationsanforderungen hinsichtlich der gestörten Selbstregulation natürlicher Kreisläufe steht, die sie zwar selbst verschuldet hat, denen sie sich aber bisher kaum gewachsen zeigt. – Natürlich soll damit nicht die abwegige Behauptung aufgestellt werden, die Komplexität soziokulturellen Wandels lasse sich primär aus dem konstitutiv-artikulatorischen Charakter der Sprache ableiten. Es handelt sich lediglich um eine von unzähligen notwendigen, aber nicht hinreichenden Bedingungen. Behauptet wird jedoch, dass es ein reduktionistisches Verständnis symbolischer Kommunikation als Informationsweitergabe unmöglich macht, die Eigendynamik sozialer Entwicklungen und damit auch der humanspezifischen Lebensform im Ganzen zu verstehen.

Doch auch dann, wenn diese kritischen Gesichtspunkte einbezogen werden, reicht die Nähe von Tomasellos Rekonstruktion der kumulativen Kultur zu den Grundeinsichten der Pragmatisten auf sozialkognitivem Gebiet, so schätze ich es ein, tiefer als seine problematische Übernahme des analytischen Intentionsbegriffs, der die Kreativität des Handelns und des symbolischen Ausdrucks ausblendet. Im geteilten Geist menschlicher Gemeinschaften werden nicht nur schon vorhandene Intentionen koordiniert, er ist auch das verkörperte Medium der *enactive signification.* Zur Orientierung an bereits gegebenen Handlungszielen tritt damit immer stärker die kreative Erzeugung und soziale Aushandlung neuer, humanspezifisch-kultureller Handlungsziele hinzu. Erweitert man die geteilte Intentionalität zum geteilten Bewusstsein und gesteht konstitutive Sprachverwendungen zu, kann daher dem enaktivistischen Gedanken auch innerhalb des Ansatzes von Tomasello Raum geben werden.

4 Expressivistischer Enaktivismus

Im zweiten Kapitel hatte ich die anthropologischen, naturphilosophischen und zeichentheoretischen Weichenstellungen der klassischen Pragmatisten ins Zentrum gerückt, die ich für immer noch maßgeblich halte: Den Primat der sozialen Praxis, die Organismus-Umwelt-Interaktionseinheit als *basic unit of explanation*, die unhintergehbare Rolle des Qualitativen, die Verkörpertheit von Zeichenprozessen und die Vielfalt von Bedeutungen. In den Querschnittsanalysen des dritten Kapitels ging es dann um einflussreiche Theorien der Kulturevolution im Hinblick auf diejenigen Aspekte, die für eine pragmatistische Artikulationsanthropologie zentral sind: Den kumulativen und selbstverstärkenden Charakter der Kultur, die Bedeutung von Kreativität und Imagination, die Materialität kultureller Zeichenprozesse sowie ihre Verankerung in einem geteilten Bewusstsein. In diesem vierten Kapitel wird nun die aktuelle Theoriebildung in den Kognitionswissenschaften im Zentrum stehen. Meine Hauptthese ist, dass die Einsichten des Pragmatismus, gedeutet vor dem Hintergrund der Erforschung der Anthropogenese, ein *enaktivistisches* Verständnis der menschlichen Weltbeziehungen nahelegen,[113] *der kognitionswissenschaftliche Enaktivismus jedoch dringend um die Dimension des Expressiven und Artikulatorischen erweitert werden muss.* Nur dann kann es ihm gelingen, die Vielfalt von Bedeutungen und Resonanzen wirklich zu würdigen, in denen sich die menschlichen Weltbezüge artikulieren.

Im Cluster der *embodied-cognition*-Theorien (*4E cognition: embedded, extended, embodied, enactive*) sind es besonders *enaktivistische* Positionen, die den Handlungscharakter von Wahrnehmung und, allgemeiner, Kognition betonen. Die ‚Gründungsurkunde' des Enaktivismus aus dem Jahr 1991, *The Embodied Mind* von Varela, Thompson und Rosch (1991/2016), formuliert es folgendermassen:

> In a nutshell, the enactive approach consists of two points: (1) perception consists in perceptually guided action, and (2) cognitive structures emerge from the recurrent sensorimotor patterns that allow action to be perceptually guided." (Varela/Thompson/Rosch 1991/2016, 173)

---

113 In seiner Anfangsphase hat sich der Enaktivismus ganz überwiegend auf die phänomenologische Tradition von Husserl und Heidegger bis Merleau-Ponty berufen, aber mittlerweile wächst das Bewusstsein von den „pragmatic resources for enactive and extended minds" (Gallagher 2017, 48), vor allem durch die Arbeiten von Shaun Gallagher: „...it's very clear that one can find the central concepts of enactivism already discussed by Peirce, Dewey, and Mead." (Gallagher 2017, 50) Gallagher hat auch sehr klar die herausgehobene Bedeutung von Deweys Reflexbogenaufsatz von 1896 erkannt. Dort wird nämlich bereits der enaktivistische Grundgedanke formuliert, dass Wahrnehmung als aktive Exploration der Umwelt des Organismus nach Maßgabe von dessen Lebensinteressen betrachtet werden muss (vgl. Gallagher 2017, 50 f.).

https://doi.org/10.1515/9783111065595-005

Der erste Punkt verkoppelt Wahrnehmung und Handeln, der zweite generalisiert dies zu einer allgemeinen Aussage über die Entstehung von Kognitionsmustern aus der Habitualisierung der im Punkt eins genannten Zusammenhänge. Dabei ist klar, dass der Ausgangspunkt des Enaktivismus nicht in historisch-kulturell-sozialen Prozessen zu sehen ist, sondern im biologischen Zusammenhang von Wahrnehmung und Handlung. Auch ein Bezug auf humanspezifische, symbolisch vermittelte kognitive Strukturen ist in dieser ursprünglichen Definition nicht enthalten. Dieses Defizit wird in den letzten Jahren jedoch deutlich wahrgenommen und es mehren sich Publikationen, in denen die Bedeutung der soziokulturellen Sphäre für die (spezifisch menschliche) Interaktionsbeziehung zwischen Organismus und Umwelt herausgearbeitet wird (vgl. Durt/Fuchs/Tewes 2017; Di Paolo/ Cuffari/de Jaegher 2018). Im Lauf der letzten Jahrzehnte hat sich das enaktivistische Programm ohnedies enorm ausdifferenziert und durchaus unterschiedliche Strömungen hervorgebracht. Beispielsweise unterscheiden Ward et. al. (vgl. 2017, 369) zwischen *autopoietic, sensorimotor* und *radical enactivism.* In der erstgenannten Richtung steht in der Tradition Maturanas und Varelas die autopoietische Dynamik lebender Systeme im Vordergrund, in der zweiten die Rekonstruktion von Wahrnehmungsphänomenen aus sensomotorischen Zusammenhängen und in der dritten die grundsätzliche Kritik an kognitivistisch-repräsentationalistischen Konzeptionen menschlicher Kognition.

Allerdings bildet die für die dritte Richtung besonders kennzeichnende Ablehnung des Kognitivismus auch ein übergreifendes Merkmal *aller* enaktivistischer Positionen, und dieser Aspekt eignet sich besonders gut, um den Bezug zu den oben behandelten kulturevolutionären Positionen und zur Ausdrucksanthropologie deutlich zu machen. Das viele Jahrzehnte dominante kognitivistische Paradigma versteht intelligentes Verhalten „in terms of the production of inner states that *represented* properties of the domain the cognizer was trying to deal with" (Ward et. al. 2017, 365). Das Computermodell des Geistes steht hier unverkennbar Pate, und der zeichentheoretisch zentrale Gedanke konzeptualisiert dementsprechend Bedeutung als Vorliegen einer Isomorphie zwischen Zeichenketten auf der einen und Tatsachen im Geist und/oder der Welt auf der anderen Seite. Wie fügt sich der Kognitivismus/ Repräsentationalismus nun in die oben skizzierten evolutionären Narrative der Kulturentstehung ein, und welche Alternative hat der Enaktivismus anzubieten? Diese Frage wird im ersten Abschnitt dieses vierten Kapitels erörtert (4.1). Abschnitt 4.2 bietet eine Darstellung der ursprünglichen, biologisch-sensomotorisch orientierten Konzeption und ihrer Erweiterung in den kulturellen Raum hinein. In jüngster Zeit hat der Enaktivismus dann auch in der Sprachtheorie Schule gemacht (4.3). Vor dem Hintergrund dieser Entwicklungen wird es schließlich möglich, das systematische Argumentationsziel des Kapitels anzugehen, nämlich die grundbegriffliche Integration von Enaktivismus und Artikulationsanthropologie (4.4).

4.1 Enaktivismus, Repräsentationalismus und Evolution

Wie kann die Emergenz kognitiver Bedeutungen als evolutionäre Anpassungsleistung verstanden werden? Diese Frage muss selbst dann beantwortet werden, wenn der Akzent der weiteren Theoriebildung auf der Eigenständigkeit der kulturellen Entwicklung liegen soll. Wird sie ausgeklammert, ist der Weg in den Dualismus nicht mehr zu vermeiden. Hier zeigt sich nun ein bis in sehr grundsätzliche Fragen der Philosophie des Geistes und Anthropologie hineinreichender Unterschied zwischen kognitivistischen und enaktivistischen Ansätzen:

> Whereas the cognitivist holds that significance (or meaning) is bestowed by the organism *representing* environmental structures in the service of adaptive behavior, TEM[114] argues that significance is *enacted* as part of a dynamical process that creates and sustains both the organism and the environment to which it is responding – the adaptive behavior emerges from, and is sustained by, a set of dynamic interactions that itself gives rise to the organism/environment distinction. (Ward et.al. 2017, 368; kursiv im Original)

Kognitivisten verstehen intelligentes Verhalten, wie von der Computeranalogie suggeriert, als ein sensorisch stimuliertes Operieren mit Repräsentationen der Welt „da draußen", gefolgt von dessen physischer Umsetzung. Das ist das „klassische Sandwich-Modell" (Hurley 1998/2013, 379), bei dem die interne Verarbeitung zwischen den beiden äußeren Schichten des sensorischen Inputs und des motorischen Outputs eingeklemmt ist. Was repräsentiert wird, sind demnach Eigenschaften von Objekten und Prozessen, deren Kenntnis für das Überleben des Organismus hilfreich ist. So ist es beispielsweise für Pflanzenfresser überlebenswichtig, unverdauliche und giftige von genießbaren und nährstoffreichen Pflanzen unterscheiden zu können. Diese Diskriminierungsfähigkeit stellen sich Kognitivisten als ein mentales Operieren mit Repräsentationen vor, die jeweils bestimmten Umweltausschnitten entsprechen. Bedeutung wird entsprechend als die Spiegelung oder Abbildung von etwas verstanden, das vom Organismus unabhängig ist. Nun hatte allerdings bereits Dewey in seinem Reflexbogenaufsatz deutlich gemacht, dass die Wahrnehmungsreize, auf denen solche Repräsentationen den Kognitivisten zufolge aufbauen sollen, gar nicht *an sich* bestehen, sondern nur innerhalb einer Feed-

---

114 "TEM" ist ein Akronym für den Varela/Thompson/Rosch-Klassiker *The Embodied Mind* als repräsentativ für die Grundpositionen des Enaktivismus.

backschleife auftauchen, für die das aktive Explorieren des Organismus wesentlich ist: „Der Reiz ist etwas, was entdeckt, was herausgefunden werden muss …" (Dewey 1896/2003, 244)

Aus dem passiven Beobachter wird damit ein aktiver Teilnehmer, und Pragmatisten bestehen wie Enaktivisten darauf, dass auch die wissenschaftliche Beobachterperspektive als eine derivative und immer nur partiell einnehmbare Haltung begriffen werden muss, die stets vom Lebensprozess der menschlichen Organismen umfangen ist. Wir können die von uns unabhängige Wirklichkeit in ihrem gedachten An-sich-Sein nicht erfahren. Stattdessen explorieren wir bedeutungsvolle Situationen, die relativ auf unsere Sinnesorgane, Denkmuster und kulturellen Sinnbilder sind, in die aber eine von uns unabhängige Wirklichkeit – Peirce' *outward clash* – ebenso sehr eingeht wie unsere kognitiven Konstruktionen. Wie man diese sehr allgemeine Einsicht dann im Detail erkenntnistheoretisch und ontologisch ausbuchstabiert, ist auch unter Enaktivisten umstritten. Zwischen eher konstruktivistischen Positionen und solchen eines „internen Realismus", wie er von Putnam konzipiert worden ist, lassen sich viele Zwischenpositionen denken.[115]

Die gerade skizzierte wahrnehmungs- und erkenntnistheoretische Grundhaltung des Enaktivismus stimmt mit den grundsätzlichen Einsichten der Evolutionstheorie sehr viel besser zusammen als der Kognitivismus. Kognitivisten können nämlich kaum verständlich machen, wie sich die evolutionäre Nützlichkeit der Umweltrepräsentationen denn erklären lassen soll, solange gar keine Bewertungs- und Selektionsprozesse stattfinden. Dem Lebensprozess feindlich bzw. förderlich sind Umgebungsmerkmale schließlich nicht an sich, sondern jeweils relativ zu der Physiologie, Sozialität und Kulturalität des entsprechenden Lebewesens. Säugetiere brauchen Luft zum Atmen, Fische brauchen Wasser. Auch im obigen Beispiel, wo es um die Überlebensbedeutung von Kenntnissen über essbare Pflanzen gibt, ist diese Relativität – in diesem Fall auf die Physiologie des Verdauungstraktes – unübersehbar. Es gibt potentiell unendlich viel zu repräsentieren, doch Umweltstrukturen darstellen zu können, ist eben nur dann überlebensnützlich, wenn deren Relevanz bereits durch die Lebensinteressen des entsprechenden Organismus vorselektiert worden ist. Für diese elementare Bewertungsfunktion findet sich jedoch im Kognitivismus/Repräsentationalismus kein systematischer Platz.

Für die pragmatistisch-enaktivistische Position entsteht dieses Problem erst gar nicht, denn sie begreift Bedeutung von vornherein als Qualität nicht von Objekten, sondern von *Interaktionen* und ordnet dem auch alle kognitiven Prozesse ein: „The

---

115 In zahlreichen Arbeiten hat sich besonders Sami Pihlström immer wieder bemüht, einen pragmatistischen Realismus auszuarbeiten, der den Einsichten des Konstruktivismus und vor allem auch dem pragmatistischen Grundgedanken des *fact-value-entanglement* gerecht wird (vgl. Pihlström 2014; 2022a).

function of intelligence is [...] not that of copying the objects of the environment, but rather of taking account of the way in which more effective and more profitable relations[116] with these objects may be established in the future." (Dewey 1925/1998, 10) Aus diesen Umweltrelationen können dann allerdings, durch die *gliedernde Artikulation* bedeutungshafter Situationen, selektiv subjektive und objektive Anteile herausgehoben werden. Hieran lässt sich der sachliche Ausgangspunkt für die systematische Integration des Artikulationsgedankens mit dem enaktivistischen Ansatz festmachen. Darauf wird unten noch genauer einzugehen sein. Hier geht es zunächst nur darum, die Überlegenheit des pragmatistisch-enaktivistischen Denkens in einem evolutionstheoretischen Rahmen verständlich zu machen. In den Situationsqualitäten, mit deren Gewahrsein Dewey zufolge Ausdrucksleistungen beginnen, existiert zunächst nur ein einheitliches „what-it-is-like", in dem die Bewertung von Objekteigenschaften und diese selbst noch nicht auseinandergetreten sind. Es ist gerade diese einheitliche Qualität, die rasche Reaktionen ermöglicht, und es sind stets erst Stockungen im Handlungsablauf, die zur Artikulation subjektiver und objektiver Komponenten der einheitlichen Situationsqualitäten nötigen. Warum hingegen auch die Spiegelung der Natur (vgl. Rorty 1979/1981) durch subjektive Repräsentationen einer intrinsisch wertfrei gedachten Realität evolutionär nützlich sein sollte, vermag der Kognitivismus nicht zu plausibilisieren. Erst die Integration der Objektwahrnehmung in den Prozess der aktiven Exploration der Umwelt aufgrund ihrer Relevanz für den Lebensprozess des Organismus kann den evolutionären Wert von Kognition verständlich machen. Es ist deshalb kein Zufall, dass die kognitive Leistung der Bewegungskontrolle sich als besonders hartnäckig gegenüber repräsentationalistischen Erklärungen erwiesen hat (vgl. Ward et. al. 2017, 366). Bewegungen explorieren Affordanzen. Das statische Beobachtermodell, das dort leitend ist, blendet die Rückkopplungsschleifen zwischen Organismus und Umwelt jedoch aus und verfügt über keinen Begriff der Bedürfnisse und ihrer emotionalen Bewertung als Motivation zum Handeln.

Noch klarer wird der Kontrast zwischen Repräsentation und *enactment* als Leitmetaphern, sobald man die oben diskutierten Merkmale kultureller Evolution heranzieht, nämlich *Stadialität, Selbstverstärkung, Kreativität, Materialität* und *geteiltes Bewusstsein.* Dass die kulturelle Evolution in *Stadien* verläuft und einen *selbstverstärkenden* Charakter aufweist, hat in diesem Zusammenhang zwei rele-

---

116 „effective and profitable" darf, wenn man den weiteren Kontext berücksichtigt, nicht bloß utilitaristisch verstanden werden. Dewey hat in *Art as Experience* (*Kunst als Erfahrung*, Dewey 1934/1988) immer wieder herausgestellt, dass keineswegs bloße Utilität für die biologischen Zwecke des Organismus, sondern sinndurchströmte, intrinsisch wertvolle Erfahrungen die höchste Form des menschlichen Weltverhältnisses darstellen. Sie sind allerdings kein Merkmal organischer, adaptiver Intelligenz im Allgemeinen, sondern nur der spezifisch menschlichen Lebensform.

vante Aspekte. Erstens beziehen sich, auf der Makroebene, die jeweils neuen Stadien, etwa die theoretische Kultur als Nachfolgerin der mythischen bei Merlin Donald, immer so auf die früheren, dass die Selbstbezüglichkeit des Kulturprozesses zunimmt, und damit auch der Anteil an expressiver und normativer Kommunikation, in der die Werte einer Gemeinschaft ausgehandelt werden. Solche nichtrepräsentationalen Kommunikate entgehen dem Kognitivismus. Zweitens verhält es sich auch auf der Mikroebene so, dass kumulative Kulturprozesse immer längere Traditionsketten bilden, bei denen das jeweils Ältere, bspw. eine bestimmte Stufe der Werkzeugentwicklung, nicht abgebildet, sondern kreativ weiterentwickelt wird.

Wohl am deutlichsten treten die Schwächen des Repräsentationalismus bei der Deutung der Rolle von Kreativität in der Evolution hervor. Wenn die paradigmatische Form der Zeichenverwendung darin besteht, mentale Zustände oder Tatsachen in der Welt zu repräsentieren, muss unverständlich bleiben, warum der menschliche Geist im Lauf seiner Entwicklungsgeschichte immer stärker von der Kraft des Kontrafaktischen angezogen wird, mögliche und imaginäre Welten entwirft, und diese Fähigkeit dann auch noch evolutionär selektiert wird. In Philip Liebermans Darstellung der menschlichen Evolutionsgeschichte (Lieberman 2013) erklärt sich diese Selektion durch den Zusammenhang zwischen kognitiver Flexibilität und kreativer Imagination. Die Fähigkeit, das was ist, im Lichte dessen zu sehen, was sein *könnte*, ermöglicht die expressive Schaffung alternativer Welten. Diese wiederum ist adaptiv, weil sie die Anpassungsfähigkeit unserer Gattung an Umweltveränderungen steigert. Das Moment des Imaginativ-Kreativen, das sich schon so früh im kindlichen Als-ob-Spiel zeigt, lässt sich im Repräsentationalismus wiederum nicht unterbringen. Eine Repräsentation ist schließlich umso korrekter, je mehr sie auf kreative Variation verzichtet, je ungetrübter der Spiegel also ausfällt. Das für uns Menschen typische, lebhafte Spiel der Einbildungskraft hat innerhalb dieser Abbildrelation gar nichts verloren. Es bildet nichts ab, sondern bringt mögliche Welten überhaupt erst hervor, wozu es sich mit dem interaktiv erschlossenen Material der wirklichen Welt produktiv auseinandersetzt.

Auch die Materialität der sprachlichen Zeichen und mit ihr die Wechselwirkung zwischen Signifkat und Signikant taucht auf dem Radar des Kognitivismus nicht auf. Das wird am Beispiel von Jerry Fodors *language of thought* (Fodor 1975/ 1980) besonders deutlich. Bedeutung wird dieser Vorstellung zufolge bereits im „vocabulary of internal representations" (Fodor 1975/1980, v), im Innenraum des Subjekts konstituiert und muss dann nur noch in einem geeigneten linguistischen Medium getreu abgebildet werden. Wechselwirkungen zwischen dem Prozess des Sich-Ausdrückens, den materiellen Gegebenheiten und den sich formierenden Ausdrucksintentionen sind hier nicht vorgesehen. Alles Entscheidende ist bereits geschehen, bevor der interne Gedanke externalisiert wird. Es kommt hinzu, dass Kognitivisten normalerweise auch auf die (starke) Multirealisierbarkeitsthese des

Funktionalismus verpflichtet sind. Wenn mentale Zustände jedoch identisch in den unterschiedlichsten physischen Substraten und bspw. auch auf einem Computer realisiert werden können, spielt *material agency* (Malafouris) keine Rolle mehr. Man kann dann zwar noch nach der größeren oder geringeren Zweckmäßigkeit dieses oder jenes materiellen Substrats fragen, aber nicht mehr nach der Weise, in der es mit dem Selbst im Sinnbildungsprozess interagiert. Mit der hier vertretenen *sehr schwachen* Multirealisierbarkeitsthese (vgl. oben, S. 183) werden hingegen genau diese Interaktionen ins Zentrum gerückt. Gleichzeitig wird darauf bestanden, dass die qualitativen Zustände, mit denen symbolische Artikulation beginnt, Möglichkeitsspielräume eröffnen, denen nie nur eine einzige mögliche materielle Realisierung entspricht, wenngleich das materielle Substrat eigenständiger Mitspieler im Ausdrucksakt ist. Dafür sorgt bereits die grundsätzliche Perspektivität, die allen Sprechakten innewohnt.

Wie steht der kognitivistische Repräsentationalismus zu Tomasellos Grundidee der geteilten Intentionalität? Hier fällt der Befund ambivalent aus. *Einerseits* lässt sich diese Grundidee als Überwindung des methodischen Individualismus verstehen, auf dem der Repräsentationalismus basiert. Geteilte Intentionalität kann nicht additiv aus individuellen Intentionen rekonstruiert werden. Außerdem lässt Tomasello keinen Zweifel daran, dass in der Phase der *joint intentionality* leiblich-enaktive Kommunikationsformen (etwa Gesten und Pantomime) eine entscheidende Rolle gespielt haben. Geteiltes Bewusstsein ist in Situationen der sensomotorischen Feinabstimmung zwischen zwei oder mehr (früh-)menschlichen Organismen entstanden, die dann immer stärker auch bewusst ausagiert und inszeniert wurden. *Andererseits* neigt Tomasello, wie bereits gezeigt, doch dazu, Sprache als den Austausch von „mental content" (Tomasello 2019, 67) zu verstehen. Zwar betont er immer wieder den perspektiven Charakter des sprachlichen Weltbezugs, was durchaus in Spannung zu repräsentationalistischen Ansätzen steht, aber die konstitutiv-kreative Funktionen der Sprache über den Austausch von Informationen hinaus hat er kaum im Blick (vgl. oben S. 191 ff.).

Zusammenfassend lässt sich sagen, dass die evolutionäre Entstehungsgeschichte des menschlichen, verkörperten Geistes ein starkes Argument für enaktivistische Ansätze liefert. Der Enaktivismus geht davon aus, dass Bedeutungsphänomene entstehen, weil Umweltinteraktionen den Lebensprozess des Organismus positiv oder negativ beeinflussen können und dies vom Organismus registriert wird. Bedeutungen sind, anders gesagt, evolutionär adaptiv, weil sie Bewertungen und Informationen über Vorgänge in der Umwelt miteinander verbinden. Fasst man Bedeutungen hingegen, wie im Kognitivismus, als Repräsentationen, Spiegelungen, Abbilder etc. einer subjekttranszendenten Wirklichkeit, verschwindet dieses aktive, bewertende Element und eine Beobachterperspektive gewinnt die Oberhand, die außerstande ist, die adaptive Bedeutung von Bedeutung verständlich zu machen.

4.2 Der wahrnehmungstheoretische Enaktivismus und seine anthropologisch-naturphilosophische Erweiterung

Auf fast eintausend Seiten bietet das *Oxford Handbook of 4E Cognition* (Newen/de Bruin/Gallagher 2018) eine eindrucksvolle Übersicht über die enorme Breite, Tiefe und Fruchtbarkeit dieses erst gut dreißig Jahre alten Forschungsparadigmas. In Teil IX dieser umfassenden Darstellung geht es auch um „Evolution and Culture", die Beiträge konzentrieren sich jedoch allesamt auf die *Evolution* der Kultur aus der Perspektive des Verkörperungsdenkens in der Kognitionswissenschaft, nicht auf historisch geprägte Kulturprozesse selbst. So wichtig diese erstgenannte Fragestellung ist, der ich schließlich meinerseits das gerade abgeschlossene Kapitel 3 gewidmet habe, so zentral erscheint es mir doch auch, den verkörperungstheoretischen Ansatz in den Bereich historisch-kontingenten, kulturellen Sinns hinein auszuweiten, kurz: auch die Human- und Geisteswissenschaften zu integrieren. Denn erst dort, wo sich die Evolution der Kultur in die Geschichte der Kulturen hinein verlängert, entwickeln sich symbolische Traditionen, entsteht die Welt des „objektiven Geistes" (Hegel/Dilthey). Daher muss die Rekonstruktion der Phylo- und Ontogenese humanspezifischer Bedeutungsbildung *im Allgemeinen* zwar als eine zentrale Komponente der Artikulationsanthropologie verstanden werden. Sie ist jedoch nicht dazu imstande, die Beschäftigung mit der Frage zu ersetzen, wie die vielfältigen Formen kultureller Bedeutungsbildung in Geschichte und Gegenwart verkörperungstheoretisch durchdrungen werden können. Diese letzte Frage hat wiederum zwei Seiten: Sie kann zum einen auf spezifische Untersuchungen zu humanwissenschaftlichen Themen wie etwa der Textinterpretation oder der Rezeptionsforschung unter Zuhilfenahme von 4E-Konzepten zielen (vgl. dazu Cook 2018). Dann ist sie eine Angelegenheit geisteswissenschaftlicher Forschung. In dieser Studie soll es hingegen, zum anderen und grundsätzlicher, um eine verkörperungsanthropologische Sondierung der wichtigsten Strukturelemente eines umfassenden, artikulatorischen Bedeutungsbegriffs gehen. Dieser geht von einem expressiven Kontinuum vom Erleben zum kulturellen Sinn aus, rechnet *innerhalb* dieses Kontinuums jedoch mit der Emergenz von Neuem und also mit qualitativen Sprüngen.

Innerhalb des Verkörperungsdenkens weist der in dem Band *The Embodied Mind* (1991/2016) grundgelegte Enaktivismus[117] eine besondere Nähe zu dem hier

---

117 Bereits 1984 hatten Maturana und Varela mit dem *Baum der Erkenntnis* einen systematischen Entwurf mit sehr weit ausgreifendem Erkenntnisanspruch publiziert, in dem biologische Basisphänomene (scheinbar) mühelos mit kulturellen Erkenntnisansprüchen verbunden wurden. Es war jedoch eben nicht dieses Buch, sondern erst *The Embodied Mind*, das den Anstoß zur enaktivistischen Theoriebildung gab.

vertretenen Begriff von Bedeutung auf. Auch er geht ursprünglich von elementaren sensomotorischen Feedbackschleifen aus, hat sich aber im letzten Jahrzehnt immer mehr dem Thema kultureller Bedeutungen zugewandt (vgl. Durt/Fuchs/Tewes 2017). Ich werde zunächst auf repräsentative, bereits ‚klassisch‘ gewordene Positionen wie Varela/Thompson/Rosch (1991/2016), Noë/O'Regan (2001) sowie Gallagher (2005) und dann auf neuere Tendenzen zur Ausweitung des Paradigmas eingehen. Dabei leitet mich der Grundgedanke, dass die anthropologisch-naturphilosophischen Ansätze der klassischen Pragmatisten bereits jener Erweiterung des Bedeutungskontinuums vorgearbeitet haben, die auch in der inneren Logik des klassischen, vom Einzelorganismus ausgehenden Enaktivismus gelegen ist.

4.2.1 Das klassische Programm

Varelas, Thompsons, und Roschs Klassiker *The Embodied Mind* von 1991 verbindet eine wirkungsgeschichtlich eminente Exposition der enaktivistischen Grundidee mit mehreren anderen Ideenkomplexen, die keineswegs alle zwangsläufig mit dem Enaktivismus verbunden sind. Das gilt etwa von der konstruktivistischen These der Viabilität, einer sehr kritischen Grundhaltung gegenüber der phänomenologischen Tradition und einer sehr speziellen Inanspruchnahme buddhistischer Traditionen für die Idee einer Integration gewöhnlicher und wissenschaftlicher Erfahrung. Zumindest von den letzten beiden Aspekten in der damaligen Darstellung distanziert sich Evan Thompson in seinem Vorwort zu der *revised edition* des Gemeinschaftswerks explizit (vgl. Thompson 2016, xxii-xxiv). Der wohl wirkmächtigste Gedanke des Buchs besteht in einem Paradigmenwechsel in Bezug auf den Begriff der Kognition: „... cognition is no longer seen as problem solving on the basis of representations; instead, cognition in its most encompassing sense consists in the enactment or bringing forth of a world by a viable structural coupling." (Varela/ Thompson/Rosch 1991/2016, 205) Die komplexe Debatte um den Begriff der Viabilität ausklammernd, hebe ich hier zwei Punkte als zentral heraus: die strukturelle Koppelung von Organismus und Umgebung sowie die Hervorbringung einer bedeutungsvollen Welt.

Aus enaktivistischer Sicht besteht das Problem mit der kognitionswissenschaftlich etablierten Vorstellung von Kognition *nicht* darin, dass diese als Problemlöseverhalten verstanden wird. Vielmehr ist es problematisch, dass hier Probleme gleichsam als objektiv in der Umwelt auftauchende Sachverhalte behandelt werden, die dann nur noch repräsentiert werden müssen. Diese Vorstellung geht jedoch völlig am verkörperten Lebensprozess vorbei. Innerhalb seiner sind Probleme niemals einfach nur objektiv vorhanden, sie existieren einzig und allein relativ zu den Lebensinteressen von Organismen, und sie werden auch nicht von selbst beim Lebewesen vorstellig, sondern müssen aktiv exploriert werden. Um auf mein früheres, bewusst trivial gewähltes Beispiel zurückzukommen: ein Mensch hat ein Problem, wenn er sich längere Zeit (ohne Sauerstoffgerät) unter Wasser befindet, ein Fisch nicht. Dass Organismus und Umwelt strukturell verkoppelt sind, muss von den Lebensäußerungen des Organismus aus gedacht werden, so wie diese umgekehrt nur in einer spezifischen Umwelt möglich sind: Die gekoppelte Einheit ist der Unterscheidbarkeit ihrer Teile mithin *vorgängig* – was der Begriff der Verkoppelung allerdings eher verdunkelt als erklärt, weil er selbständige Entitäten vorauszusetzen scheint, die der Interaktionseinheit vorgängig sind.

Jedes Problem, auf das der Organismus reagieren muss, ist erst durch diese Einheit konstituiert, und innerhalb ihrer durch die Aktivitäten des Organismus, der sich ohne Austauschbeziehungen mit der Umwelt nicht erhalten und nicht gedeihen kann. Aus diesem Grunde ist die Idee eines objektiven Problems in sich widersprüchlich: Probleme stellen sich nur innerhalb von Interaktionen. Diese Einsicht wird umso wichtiger, je weiter man sich von elementaren Lebensäußerungen wie Atmung, Nahrungsaufnahme etc. weg und hin zu komplexeren Tätigkeiten bewegt, in denen der problematische Charakter einer Situation nur in einem symbolisch konstituierten Raum kultureller Bedeutungen überhaupt verständlich wird. Oben hatte ich bereits auf Martin Luthers Suche nach einem gnädigen Gott hingewiesen, weil dieses Beispiel schlagartig verdeutlicht, dass komplexe kulturelle Kognitionen nicht auf fertig vorgefundene Probleme in der physischen Umwelt reagieren, sondern auf Problemlagen, die sich erst durch den symbolisch vermittelten Austauschprozess mit der physischen, sozialen und kulturellen Umwelt überhaupt einstellen.

Der zweite entscheidende Gesichtspunkt ist die Hervorbringung (*forthbringing*) oder das *enactment*[118] einer (Bedeutungs-)Welt durch die jeweiligen Formen der strukturellen Koppelung. Dieser Aspekt ist derart fundamental und allgemein, dass er *alle* menschlichen Lebensäußerungen umgreift. Lebewesen, die den in der Luft enthaltenen Sauerstoff aufnehmen, bringen eine Welt hervor, in der es das Atmen gibt. Lebewesen, die eine Theorie entwickeln, in der Higgs-Bosonen eine Rolle spielen, bringen eine (potentiell) von Higgs-Bosonen erfüllte Welt hervor. In beiden Fällen existiert eine strukturelle Koppelung zwischen dem Organismus und seiner Umwelt – bei atmenden Lebewesen in Form des Passungsverhältnisses von Atemtrakt und Lunge zu den 20,95 % Sauerstoff, die die Atmosphäre unseren Planeten enthält, im Fall der Higgs-Bosone zwischen den operativ definierten Bedeutungen einer teilchenphysikalischen Theorie und den materiellen Bedeutungsträgern

---

118 Ich lasse diesen Begriff hier unübersetzt, weil eine halbwegs sinnerhaltende Übersetzung wie etwa ‚Herausagieren' immer noch missverständlich und zudem sprachlich äußerst unschön ist.

(Lauten, Graphitspuren auf Papier oder auch Stromflüsse innerhalb von Computern, die eine siebenstellige Folge von Nullen und Einsen physisch realisieren, die wieder über den ASCII-Code Zahlen und Buchstaben definieren). Die Unterschiede in Komplexität und Indirektheit sind selbstverständlich immens, aber ein und dieselbe Bedeutungsfunktion des lebendigen, umwelteingebetteten Organismus ist in beiden Fällen operativ. Es braucht daher einen philosophisch-anthropologischen Zugriff, der sowohl zeigen kann, wie Bedeutung koextensiv mit Lebendigkeit ist, als auch die humanspezifische Emergenz immer neuer Bedeutungswelten verständlich machen kann. Eben dies soll, wofür unten (4.4) ausführlicher zu argumentieren sein wird, die Artikulationsanthropologie leisten.

Wie ist nun aber die Verwendung der Begriffe *enactment* und *forthbringing* genauer zu verstehen, die sich seit Erscheinen von *The Embodied Mind* geradezu als semantischer Marker für enaktivistische Ansätze etabliert hat? Handelt es sich um ‚Welterzeugungen' in einem radikal konstruktivistischen Sinn, oder um Bedeutungen, die von dem Akt ihrer symbolischen Artikulation nicht erzeugt, sondern ‚nur' explizit gemacht werden? Eine angemessene Diskussion der hier aufgeworfenen Frage nach einer eher realistischen vs. konstruktivistischen Interpretation des Enaktivismus würde den Rahmen dieses Buchs sprengen.[119] Klar ist jedoch soviel: Der enaktivistische Rahmen schließt eine radikale, letzten Endes idealistische Konstitutionstheorie ebenso aus wie einen naiven Realismus, der Erkenntnis als Enthüllung einer prinzipiell auch in ihrem An-sich-Sein zugänglichen Realität versteht. Der Paradigmenwechsel besteht schließlich gerade darin, dass an die Stelle der sterilen und statischen Kontraposition von Subjektivismus und Objektivismus die dynamische Interaktionseinheit von Organismus und Umgebung gerückt wird. Die Begriffe *enactment* und *forthbringing* betonen *innerhalb* dieser Einheit die organische Aktivität. Die strukturelle Koppelung sorgt jedoch immer dafür, dass die Eigenschaften der von dem Organismus *unabhängigen* Umwelt in die Hervorbringung von Bedeutungen eingehen. Dies ist das von Peirce als irreduzibler Bestandteil jeder Semiose herausgearbeitete Element der *secondness*, des Widerstands.

Dieser ‚realistische' Aspekt des Interaktionszusammenhangs tritt noch deutlicher zutage, wenn man berücksichtigt, „... that cognition as embodied action is always about or directed toward something that is *missing*" (Varela/Thompson/Rosch 1991/2016, 205; Kursivierung M.J.). Solange der Interaktionszusammenhang fluide Austauschbeziehungen ermöglicht, ist keine bewusste Kognition erforderlich, ein Punkt, den besonders Georg Herbert Mead immer wieder betont hat. Diese entsteht

---

119 Ich verweise hier wiederum auf die Pionierarbeiten Sami Pihlströms zu einem pragmatischen Realismus, der *transzendentale* Gegenstandskonstitution durch menschliche Praktiken der Welterschließung in aller Klarheit von *kausaler* Hervorbringung unterscheidet (vgl. etwa Pihlström 2022a; 2022b).

erst, wenn ein Mangel bemerkt wird oder ein Hindernis auftritt – wobei beides in kulturellen Zusammenhängen auch proaktiv gesucht werden kann, z. B. im Fall der wissenschaftlichen Forschung. Ein gängiger Einwand gegen diese pragmatistische Vorstellung, dass bewusste Kognition *immer* von einer – im weitesten Sinn zu verstehenden – Störung der Interaktionseinheit mit der Umgebung ausgeht, läuft darauf hinaus, dass es doch auch Situationen gebe, in denen das offenkundig nicht der Fall sei. Beispiele wären hier spontane oder anlassunabhängig geplante, nicht direkt interaktionsgebundene Aktivitäten wie etwa die künstlerische oder wissenschaftliche Praxis.

Dem lässt sich aber aus pragmatistischer Perspektive *erstens* entgegenhalten, dass auch solche menschlichen Aktivitäten sich aus Störungen der Umweltinteraktionen heraus entwickelt haben. Man darf nur eben den Begriff der Störung nicht allein negativ verstehen. Auch positive Irritationen der fließenden Interaktion, etwa durch das Betroffensein von visuellen oder haptischen Qualitäten, die eine künstlerische Gestaltung evozieren, oder durch auffällige Umweltphänomene, die einer kausalen Erklärung bedürfen, können Keimzellen kultureller Praktiken sein, die sich dann eigenlogisch weiter entfalten. *Zweitens* aber kommt es in jeder Phase solcher kulturellen Praktiken darauf an, sich auf die Widerständigkeit der Phänomene einzulassen. Kunst ist keine Abbildung einer bereits fertigen Idee im Material, Wissenschaft kein Überstülpen theoretischer Kategorisierungen über die Explananda. In der Sprache der peirceschen Kategorienlehre ausgedrückt, spielt Zweitheit in allen kognitiven Prozessen eine entscheidende Rolle. Deshalb lässt sich generell behaupten, bewusste Kognitionsprozesse würden immer dadurch getriggert, dass eine unbewusst ablaufende Interaktion nicht mehr mittels der sie dominierenden gespürten Qualität fortgesetzt werden kann, sondern das Implizite explizit gemacht werden muss. Die Situation wird problematisch, der *felt sense* verändert sich, und eine explizierende Handlung beginnt, die auf dem Niveau menschlicher Kognition durchgängig symbolisch strukturiert ist. Weil die symbolische Explikationshandlung aber auf eine ihr vorgängige problematische Situation reagiert, und in diese Situation die Bedürfnisse des Organismus und seine kognitiven Strukturen ebenso eingegangen sind wie die vom Organismus unabhängige Realität, findet hier immer statt, was Peirce den „outward clash" genannt hat – eine Konfrontation mit dem nicht Konstruierten, die freilich immer nur im Rahmen eines *auch* von humanspezifischen kognitiven Strukturen geprägten Weltzugangs möglich ist.

4.2.2 Die Wahrnehmungstheorie von Kevin O'Regan und Alva Noë

Wie gestaltet sich diese für menschliche Kognition kennzeichnende Verschränkung von Aktivität und Welterschließung, wenn man sich auf den Bereich der (primär visuellen) Wahrnehmung konzentriert? Dazu haben Kevin O'Regan und Alva Noë (2001/2013) einen sehr bekannt gewordenen enaktivistischen Vorschlag gemacht, die sog. „sensomotorische Kontingenztheorie", die Noë dann in seiner Monographie *Action in Perception* (2004) weiter ausgebaut hat. Für die hier entwickelte Artikulationsanthropologie ist dieser Ansatz von hohem Interesse, weil er eine Konzeption der Struktur des Zusammenhangs von sensorischen und motorischen Prozessen entwickelt, die – wie unten noch zu zeigen sein wird – auch das Verständnis von Artikulationsprozessen befruchten kann. Der Grundgedanke ist antirepräsentationalistisch und besteht darin, „Sehen als eine erschließende Aktivität zu verstehen" (O'Regan/Noë 2001/2013, 332), als etwas, das man sich nicht als ein einfaches Augenöffnen, sondern besser nach dem Muster einer „blind person tap-tapping his or her way around a cluttered space" vorstellen sollte, „perceiving that space by touch, not all at once, but throught time, by skillful probing and movement" (Noë 2004, 1).

Sehen ist, kurz gesagt, eine gekonnte („skillful") Aktivität und nichts, was einfach von selbst passiert, wenn man die Augen aufmacht und die Welt hineinlässt. Diese These ist natürlich ein frontaler Angriff auf die wahrnehmungstheoretische Vorstellung, Wahrnehmungsprozesse seien umso leistungsfähiger, je passiver und freier von allen Eigenaktivitäten des wahrnehmenden Organismus sie verliefen. Diese Passivitätsvorstellung hat die theoretizistische Tradition des westlichen Denkens entscheidend geprägt und kommt vielleicht am klarsten in Schopenhauers Vorstellung von der reinen, nicht mehr vom Willen instrumentalisierten Anschauung zum Ausdruck, die das anschauende Subjekt in einen radikal desengagierten Betrachter transformiert: „... nur dann faßt man die Welt rein objektiv auf, wann man nicht mehr weiß, daß man dazu gehört ..." (Schopenhauer 1844/1977, 436). Die Wahrnehmungstheorie von O'Regan und Noë zeigt sich vor diesem Hintergrund als eine erfahrungswissenschaftlich fundierte Bestätigung der pragmatistischen Zentralthese vom Primat der Praxis, die überdies noch den Vorteil hat, dass sie zumindest indirekt empirisch überprüfbar ist, und zwar gerade durch die alternativen Erklärungen, die sie für jene wahrnehmungspsychologischen Phänomene anzubieten hat, die nicht selten als Evidenzen für den Neurokonstruktivismus verstanden werden. Beispiele wären etwa das invertierte Retina-Bild, dessen fehlende Stabilität, der blinde Fleck, die Dreidimensionalität des Sehens und die Farbwahrnehmung (vgl. Noë 2009, 131–137).

O'Regans/Noës Wahrnehmungstheorie basiert auf der grundlegenden Einsicht, dass Wahrnehmungsprozesse nur im Rahmen jener Feedbackschleifen verstanden werden können, durch die der motorische Output des Organismus, sein sensorischer Input und die jeweiligen Umwelteigenschaften miteinander verkoppelt sind, und zwar nicht im Sinne einer nachträglichen Verbindung, sondern einer integrierten Einheit, die es überhaupt erst erlaubt, einzelne Elemente innerhalb ihrer zu unterscheiden. Ihre spezielle Ausrichtung erhält die Theorie aber erst durch die

Bedeutung, die den sog. *sensomotorischen Kontingenzen* beigemessen wird. Bei diesen handelt es sich um regelhafte, erlernbare Zusammenhänge zwischen den vom Organismus ausgeführten Bewegungen und den dadurch ausgelösten Veränderungen in den Sinnesreizungen. Diese Veränderungsmuster sind für jede Sinnesmodalität verschieden.

So verändern Streichbewegungen der Finger den Zusammenhang von Bewegung und taktilem Sinnesreiz in einer systematisch anderen Weise als derjenigen, in der die Sakkadenbewegungen des Auges oder die Drehung des Kopfes die visuelle Wahrnehmung modifizieren. Aus diesem Grund sind die Autoren der Meinung, hier eine Erklärung für die Verschiedenartigkeit der Sinneseindrücke gefunden zu haben, die sich in ihrer neuronalen Verarbeitung gar nicht wiederfinden lässt. Neurophysiologisch betrachtet werden beispielsweise Gerüche schließlich in derselben Weise, nämlich durch Aktivitätsmuster großer Neuronenverbände, verarbeitet wie Geräusche oder visuelle Wahrnehmungen. Die spezifischen Wahrnehmungsqualitäten des Fühlens, Riechens, Schmeckens, Sehens und Hörens lassen sich aus anatomischen Unterschieden in den Hirnregionen der Verarbeitung oder in den Feuermustern der beteiligten Neuronenverbände jedenfalls nicht ableiten. Hingegen weist jeder Sinneskanal ein spezifisches, regelhaftes und invariantes Muster sensomotorischer Kontingenzen auf, durch das er sich klar von anderen Kanälen unterscheidet. O'Regan und Noë haben diesen Grundgedanken mithilfe einer Science-Fiction-Geschichte sehr plastisch illustriert, die um ihrer Anschaulichkeit willen hier vollständig zitiert wird:

> Man stelle sich ein Ingenieursteam vor, das ein ferngesteuertes Unterwasserfahrzeug lenkt, welches das Wrack der *Titanic* erkundet. Und man stelle sich ein boshaftes Wassermonster vor, das die Kontrollkabel manipuliert und die Verbindungen von und zu Unterwasserkameras, Sonargeräten, Roboterarmen, Antriebselementen und Sensoren durcheinandergebracht hat. Was auf den vielen Bildschirmen, an Lichtern und auf den Anzeigetafeln aufleuchtet, ergibt keinen Sinn mehr, und die Antriebselemente haben ihre normale Funktion verloren. Was könnten die Ingenieurinnen und Ingenieure tun, um das Problem zu beheben? Daraus, dass sie die *Struktur der Veränderungen* auf dem Instrumentenbrett beobachten, wenn sie verschiedene Knöpfe und Hebel bedienen, sollten sie schließen können, welche Knöpfe welche Bewegungen des Fahrzeugs auslösen, welchen Kontrollleuchten den Informationen von den Sensoren entsprechen, die außen am Fahrzeug angebracht sind, welche Anzeigen den Sensoren an den Fangarmen entsprechen usw. (O'Regan/Noë 2001/2013, 332 f.; kursiv im Original)

Es sind demnach die invariant-regelhaften Veränderungsmuster, die den sinneskanaltypischen Zusammenhang zwischen Bewegung und Wahrnehmung stiften. Eine Rekonstruktion dieser Regularitäten ermöglich wieder gezielte Umweltinteraktionen. Wenn beispielsweise Probanden für eine bestimmte Zeit Brillen getragen haben, die alles auf den Kopf stellen, springt nach einer Phase der Verwirrung die visuelle Wahrnehmung wieder in die aufrechte Normalität zurück, weil die sensomotorischen Kontingenzen nun wieder zugeordnet werden konnten. Erst die Kenntnis und Beherrschung (im Sinne eines praktischen *know-how*) dieser Zusammenhänge ermöglicht die multimodale Wahrnehmung und gleichzeitig deren Integration zu einem einheitlichen Wahrnehmungsobjekt. In rudimentärer Form ist dieses *know-how* vermutlich angeboren, zum größten Teil wird es jedoch in der Ontogenese erlernt, wie die allmähliche Entwicklung der Auge-Hand-Koordination im Lauf des ersten Lebensjahrs deutlich macht. Die Ausübung dieser erworbenen Wahrnehmungsfähigkeit wird jedoch häufig unbewusst vonstatten gehen. So dürfte vielen Menschen, die regelmäßig mit dem Auto eine bestimmte Strecke zum Arbeitsplatz pendeln, das Gefühl vertraut sein, ans Ziel gelangt zu sein, ohne sich bewusst an die Wahrnehmungen während des Weges erinnern zu können. Dieses Phänomen ist nicht mit einem abgelenkten, unsicheren Fahren zu verwechseln, sondern illustriert den pragmatistischen Grundgedanken, dass Bewusstsein erst dann emergiert, wenn die fluiden Handlungsabläufe ins Stocken geraten. Hätte es auf dem Arbeitsweg eine brenzlige Situation gegeben, wäre diese auch bewusst wahrgenommen worden. O'Regan und Noë beschreiben dieses Phänomen so:

> Wenn man nicht nur ein Umweltmerkmal durch die Ausübung des Wissens über die relevanten sensomotorischen Kontingenzen visuell verfolgt, sondern diese angewandte Beherrschung [...] mit den Fähigkeiten zum Denken und zur Handlungssteuerung verbindet, dann ist man sich dieses relevanten Merkmals visuell gewahr. Dann [...] *sieht* man es." (O'Regan/Noë 2001/2013, 341; kursiv im Original)

Ein letzter Schritt ist nötig, um die anthropologische Relevanz der enaktivistischen Wahrnehmungstheorie von O'Regan und Noë zu erschließen. Er besteht darin, die Anwendung des praktischen Wissens um die sensomotorischen Kontingenzen als eine Form des *Verstehens* zu verstehen. „To be a perceiver is to understand, implicitly, the effects of movement on sensory stimulation." (Noë 2004, 1) Vor dem symbolisch-artikulierten, begrifflichen Verstehen kommt das sensomotorische. Wir verstehen die Wahrnehmungswelt, insoweit wir im praktischen Können eine Kontrolle über den Zusammenhang zwischen dem, was wir tun, und dem was wir wahrnehmen entwickeln.[120] Dieses praktische Verstehen läuft jedoch nicht alleine

---

[120] An dieser Stelle würde es sich anbieten, Noës Position auf George Herbert Meads wahrnehmungstheoretische Überlegungen zu beziehen. Für eine Passage aus Mead, die Grundgedanken der sensomotorischen Kontingenztheorie bereits klar vorwegnimmt, vgl. Mead 1938, 3 ff.: „The process of sensing is itself an activity. In the case of vision this is most evidently the case. Here the movement of the eyes, the focusing of the lense, and the adjustment of the lines of vision of the two eyes requires a complicated activity [...] The sensing of the object as so located that the organism takes a definitive attitude toward it, involving possible movement toward or away from the object, is thus a part of the process of perception."

über die Beherrschung abstrakter sensomotorischer Kontingenzen, es setzt die Einbettung perzeptiver Handlungen in interessen- und wertegeleitete voraus. Das steht nicht im Zentrum der von O'Regan/Noë entwickelten Wahrnehmungstheorie, es spielt aber etwa in Gibsons Theorie der Affordanzen, also der Wahrnehmung von Objekten als Handlungsmöglichkeiten (vgl. Gibson 1979/2015), eine entscheidende Rolle. Sensomotorisches Verstehen konstituiert sich in der Verbindung der Wahrnehmungshandlung mit jenen Umweltinteraktionen, in denen der Organismus seine Lebensinteressen und -werte zu realisieren versucht. Wahrnehmungshandlungen finden als unselbständige Teilkomponenten von Handlungen statt, mit denen Organismen ihre Lebensinteressen sichern wollen. Soll das Beherrschen sensomotorischer Kontingenzen als Verstehen begriffen werden, dann muss es deshalb in einen weiteren interaktionistischen Deutungsrahmen integriert werden. Entscheidend ist, dass die sinnliche Erschließung einer Welt, die durch diese Beherrschung möglich wird, nicht durch einen einem neutralen, wenn auch aktiven Beobachter erfolgt, sondern durch ein Wesen, dessen Lebensinteressen vom erfolgreichen Austausch mit einer Umwelt abhängen, die es nicht hervorgebracht hat. Deshalb ist die erschlossene Welt eine solche von Affordanzen, und deshalb vollzieht sich die Wahrnehmungspraxis nicht als neutrales Registrieren von Informationen, sondern als ein Prozess des *enactive sense-making*.

Wahrnehmung ist also nicht nur durch sensomotorische Regelhaftigkeiten geprägt, sie ist auch genuin sinnverstehend und, beim Menschen, symbolisch artikuliert (vgl. Trabant 2017; Jung 2017c). Das bedeutet zunächst, dass sie beim Menschen mit dem Sprachvermögen integriert ist und beim Hören wie beim Lesen der Artikulation der Sprache folgt, um dadurch Sinnverstehen überhaupt erst zu ermöglichen (vgl. Trabant 2017, 167 f.). Darüber hinaus ist natürlich auch die Wahrnehmung von Naturobjekten und -ereignissen durch sprachliche Gliederungen und Kategorisierungen durchgängig geprägt. Ein Großstadtbewohner mag im Wald nur einen Baum im generischen Sinn oder einen Laubbaum wahrnehmen, wo ein Förster eine ,alte Rotbuche' sieht, d. h. Wahrnehmung und begriffliches Wissen zur Einheit bringt.

Es gibt jedoch noch einen weiteren, grundsätzlicheren Aspekt, der die Theorie der sensomotorischen Kontingenzen in der Wahrnehmung mit dem artikulatorischen Ansatz verbindet. Dieser besteht in Folgendem: Die praktische Beherrschung des regelhaften Zusammenhangs zwischen *Eindruck* und *Bewegung* kann als die biologische Basis für die sinnexplizierende Dynamik der Artikulation verstanden werden. Das *tertium comparationis* besteht darin, dass in beiden Fällen eine Form des Verstehens (perzeptiv bzw. semantisch) mit sensomotorischen Mustern eine innere Verbindung eingeht. Sich bzw. etwas artikulieren zu können, setzt nämlich durchgängig voraus, die regelhaften Zusammenhänge zwischen Wahrnehmungsmustern (*types*) für Zeichenereignisse (*tokens*) sowie deren syntaktischer Verkettung einerseits und intersubjektiv verständlichem Sinn andererseits praktisch zu beherrschen. Auch nichtmenschliche Lebewesen nehmen zwar, wenn wir die sensomotorische Kontingenztheorie zu Ende denken, wahr, indem sie die zwischen Sensorik und Motorik bestehenden regelhaften Zusammenhänge zu meistern verstehen. Menschen *erleben* jedoch nicht nur Bedeutungen, wie andere Lebewesen, sie *artikulieren* sie auch, machen sie explizit, indem sie auf ihr praktisches Wissen um die Zusammenhänge zwischen sinnlich Wahrgenommenem (dem Wortklang, der Gestalt des Schriftzeichens, dem zeitlichen Verlauf) und geistiger Bedeutung zurückgreifen. Sprachkompetenz lässt sich als eine spezifische Form der Beherrschung sensomotorischer Kontingenzen beschreiben, nämlich der Zusammenhänge zwischen artikuliertem Laut und sich sukzessiv gliedernder Satzbedeutung. In einer noch stark von Kant geprägten Form hat Wilhelm von Humboldt diese Grundstruktur der Artikulation bereits klar zum Ausdruck gebracht:

> Die Thätigkeit der Sinne muss sich mit der inneren Handlung des Geistes synthetisch verbinden, und aus dieser Verbindung reißt sich die Vorstellung los, wird, der subjektiven Kraft gegenüber, zum Object, und kehrt, als solches auf neue wahrgenommen, in jene zurück. Hierzu aber ist die *Sprache* unentbehrlich. Denn indem in ihr das geistige Streben sich Bahn durch die Lippen bricht, kehrt das Erzeugniß desselben zum eignen Ohre zurück. (Humboldt 1836/1998, 182; kursiv im Original)

Der sinnliche Vorgang der Artikulation setzt die Kenntnisse der regelhaften Zusammenhänge zwischen ihren physischen und ihren bedeutungshaften Aspekten bereits voraus, aber erst die sprachliche Performanz, die die Sprechenden ebenso wie die Zuhörenden affiziert,[121] erzeugt jene Objektivität, die Bedeutungen intersubjektiv kontrollierbar macht. Bei der Wahrnehmung sind es die regelhaften Zusammenhänge zwischen dem, was jemand tut, und dem, was ihr/ihm widerfährt (O'Regans/Noës „sensomotorische Kontingenzen"), aus denen sich die Vorstellung einer objektiven Welt aufbaut. Ohne die Parallele überstrapazieren zu wollen: Bei der Artikulation von Bedeutungen ist es die praktische Beherrschung der regelhaften Beziehungen zwischen Zeichenträger und Zeichenbedeutung sowie zwischen dem Verlauf des Sprechens in der Zeit und der syntaktischen Gliederung, aus der objektive, intersubjektiv teilbare Satzbedeutungen entspringen. Die als objektiv

---

121 Humboldt nimmt hier einen systematischen Gesichtspunkt vorweg, der bei G.H. Mead breit ausgeführt wird: Die Lautgeste unterscheidet sich von körpersprachlichen Gesten dadurch, dass sie die Ausführenden in derselben Weise affiziert wie die Empfänger. Vgl. Mead 1934/2015, 62, wo die „peculiar importance" der Lautgeste begründet wird: „it is one of those social stimuli which affect the form that makes it in the same fashion that it affects the form when made by another. That is, we can hear ourselves talking, and the import of what we say is the same to ourselves that it is to others."

wahrgenommene Welt zeigt sich durch die Beherrschung sensomotorischer Kontingenzen hindurch. Der als objektiv wahrgenommene *Sinn sprachlicher Äußerungen* zeigt sich kompetenten Sprechern kraft ihrer Beherrschung der senso-semantischen Kontingenzen, worunter hier die für eine natürliche Sprache typischen Zuordnungsmuster von Zeichen und Bezeichnetem, sukzessiver Artikulation und syntaktischer Gliederung zu verstehen sind.

4.2.3 Verkörperungsanthropologische Vertiefung

Shaun Gallaghers scharfsinnige Analysen des *Körperschemas* im Unterschied zum *Körperbild* sowie der primären Intersubjektivität (Gallagher 2005) lassen sich heranziehen, um die Wahrnehmungstheorie von O'Regan und Noë verkörperungsanthropologisch weiter zu vertiefen. Auch Gallagher postuliert eine „essential relation between movement and cognition" (Gallagher 2005, 8), fasst sie aber noch grundsätzlicher als O'Regan und Noë auf und geht über die Wahrnehmung in Richtung auf grundsätzliche Fragen der Philosophie des Geistes und der Kognition hinaus. Dabei spielt der Begriff des Körperschemas (*body schema*) eine entscheidende Rolle für das Verständnis des *embodied mind*. Gallagher unterscheidet Körperbild und Körperschema folgendermaßen:

> A *body image* consists of a system of perceptions, attitudes, and beliefs pertaining to one's own body. In contrast, a *body schema* is a system of sensory-motor capacities that function without awareness or the necessity of perceptual monitoring. (Gallagher 2005, 24; kursiv im Original)

Ein Körperbild zu haben, impliziert, wenn O'Regan und Noë recht haben, die Beherrschung der für Perzeptionen ausschlaggebenden sensomotorischen Kontingenzen, mithin ein *in dieser Hinsicht* funktionierendes Körperschema.[122] Während

---

122 Gallagher betont im obigen Zitat, dass die sensomotorischen Fähigkeiten der Körperschemata nicht bewusst und auch nicht durch „perceptual monitoring" vermittelt sein müssen. Dies scheint auf den ersten Blick meinem Vorschlag zu widersprechen, die sensomotorischen Kontingenzen im Sinne von O'Regan und Noë als wahrnehmungsspezifische Körperschemata zu begreifen. Der Widerspruch löst sich jedoch auf, wenn man bedenkt, dass das praktische Wissen um die Zusammenhänge zwischen Sinneseindrücken und Körperbewegungen zwar auf der Wahrnehmung der entsprechenden Regularitäten der Zuordnung beruht, einmal beherrscht jedoch gerade keine bewusste Wahrnehmung dieser invarianten Muster impliziert, sondern eben die Wahrnehmung einer sich zeigenden Welt ermöglicht. Analog verhält es sich mit den Körperschemata: das „system of sensory-motor capacities", das etwa eine Klavierspielerin benötigt, um flüssig spielen zu können, wird bewusst erlernt, sinkt dann aber ins Unbewusste ab und ermöglicht gerade dadurch die bewusste Konzentration auf die im Spiel neu auftauchenden Schwierigkeiten.

Körperbilder für Identitätsfragen eine wichtige Rolle spielen, ist die Funktion der Körperschemata von noch größerer Bedeutung, weil in ihnen das Handlungsvermögen der Subjekte gründet. Da auch Gallagher selbst explizit von Körperschemata im Plural spricht (Gallagher 2005, FN 5), schlage ich vor, die Beherrschung dieser Kontingenzen als ein körperschematisches Können in Bezug auf Wahrnehmung zu verstehen, das sich vom körperschematischen Können in Bezug auf z. B. Gehen, Laufen, Schwimmen etc. klar unterscheiden lässt.

„Language is a modality of the human body. It is generated out of movements." (Gallagher 2005, 107) Hält man sich vor Augen, dass es für Gallagher immer sensomotorische Körperschemata sind, die den Möglichkeitsraum für bewusst ausgeführte Bewegungen bereitstellen, müssen diese auch für das Sprachvermögen eine zentrale Rolle spielen. In der von mir auf die Sprache erweiterten Begrifflichkeit von O'Regan und Noë ausgedrückt, sind es sensomotorische Kontingenzen, nur eben lexikalischer und syntaktischer Art, die in den sprachrelevanten Körperschemata beherrscht werden.[123] Sprachvermögen gründet im praktischen Wissen um die eine natürliche Sprache ausmachenden Zuordnungsmuster zwischen Lauten und ihrer gegliederten Abfolge einerseits, verständlichem Sinn andererseits. Doch kann die Beherrschung dieser Kontingenzen nicht die ganze Wahrheit hinsichtlich des Sprachvermögens sein, denn die lautbildenden Bewegungen und die sie begleitenden Gesten verkörpern zwar die *Performanz* des Sprechens, aber die intersubjektive und objektive Seite der Sprache lässt sich über diesen Ansatz beim gestikulierenden und sprechenden Leib allein nicht fassen. Die Verständlichkeit von sprachlichen Bedeutungen sowie ihr Bezug auf eine die Sprache transzendierende Wirklichkeit lassen sich nur im geteilten Bewusstsein einer Sprachgemeinschaft denken. Gallagher bringt es sehr klar auf den Punkt:

---

123 Ich bin mir allerdings nicht sicher, ob diese Deutung mit Gallaghers eigener vereinbar ist. In einer Tabelle (Gallagher 2005, 122) unterscheidet er vier verschiedene Typen von Bewegungen, nämlich erstens Reflexe wie Niesen, zweiten solche vom Typ „locomotive" wie etwa Gehen und Sitzen, drittens instrumentelle wie das Ergreifen von etwas und viertens expressive. Die „primary control" liege im ersten Fall bei automatischen Verhaltensprogrammen, beim Sich-Bewegen und bei instrumentellen Bewegungen dann im *body schema* und im letzten Fall der expressiven Gesten schließlich bei auf der kognitiv-semantischen bzw. kommunikativen Ebene. Damit ist jedoch meiner Auffassung nach nicht aus-, sondern eingeschlossen, dass die kognitiv-semantische Bewegungskontrolle das Funktionieren unbewusster Schemata voraussetzt, wie ja auch beispielsweise Greifhandlungen durch die entsprechenden Körperschemata ermöglicht werden, dennoch aber bewusst ausgeführt werden können. Vermutlich hängt die interpretative Unsicherheit an dieser Stelle damit zusammen, dass Gallagher völlig zurecht immer wieder betont, wie Sprache einerseits zutiefst verkörpert ist, andererseits Verkörperung aber – wie ich hinzufügen würde, „symbolisch" – transzendiert (vgl. Gallagher 2005, 121).

> The body materializes language by means of movement that is already expressive. [...] Although speech and gesture depend on movement as a necessary condition, they nonetheless *transcend* motility and move us into a semantic space that is also a pragmatic, intersubjective, intercorporeal space. Language, insofar as it involves an ‚open and indefinite power of giving significance‘, transforms and transcends the natural powers of the body [...], without leaving the body behind. Thus, language is irreducible to either the purely noetic or the purely motoric, even though it shapes thought and depends upon motor ability. (Gallagher 2005, 126 f.; kursiv im Original)

Die Verkörpertheit sprachlicher, und darüber hinaus *aller* symbolischen Bedeutungen manifestiert sich öffentlich sichtbar in motorischen Vollzügen. Diese werden wohl durch körperschematische Muster ermöglicht, aber nicht mehr von den instrumentellen Bewegungsinteressen des Organismus, sondern von den Regeln des semantisch-intersubjektiven Raums regiert. Ohne die motorische-zeitliche Gliederung sprachlichen Sinns im Sprechen oder Schreiben, die durch unbewusste Körperschemata gestützt wird, gäbe es zwar keine diskursive Rede, aber das heißt nicht, dass deren innere Struktur aus der instrumentellen Motorik des Individuums ableitbar wäre. „Language", so drückt Gallagher es aus, „returns to the body in the sense that it makes the body move in certain ways" (Gallagher 2005, 129). Sprache fügt den Körperbewegungen eine neue Steuerungsebene hinzu, die als *emergent* verstanden werden muss, weil sie aus der individuellen Intentionalität nicht abgeleitet werden kann. Ohne den beweglichen Organismus mit seinen unbewussten Schemata könnte es keinen sprachlichen Ausdruck geben, aber ohne sprachlichen Ausdruck und die ihn grundierende kollektive Intentionalität würde sich die menschliche Motorik auf die Realisierung individueller Interessen beschränken. Diese zirkuläre Kausalität von ‚oben‘ nach ‚unten‘ und von ‚unten‘ nach ‚oben‘ ist für die Verkörpertheit symbolischen Sinns ausschlaggebend, und sie kann nur innerhalb eines methodischen Rahmens verständlich gemacht werden, der die menschliche Sensomotorik mit der menschlichen Intersubjektivität zusammendenkt.

> The relation between embodiment and language, however, is a self-reprocitating, self-organizing one only if there is another person.[124] The body generates a gestural expression. It is, however, another person who moves, motivates, and mediates this process. To say that language moves my body is already to say that other people move me. (Gallagher 2005, 129)

---

[124] Die andere Person, an die sich der leibliche Ausdruck der Sprache richtet, muss allerdings selbst als *eine von vielen* Vertreterinnen einer Sprachgemeinschaft gedacht werden. In der Terminologie von Michael Tomasello ausgedrückt: Sprache beginnt mit *joint intentionality*, gelangt aber erst durch *collective intentionality* zur vollen Entfaltung.

Aufschlussreich sind in diesem Zusammenhang Gallaghers Analysen der *primären Intersubjektivität*[125]. Sie zeigen nämlich, dass kleine Kinder, lange bevor sie eine *theory of mind* im kognitiven Sinn, also eine bewusste Einsicht in die andersartigen mentalen Zustände anderer Personen entwickelt haben, bereits über ein Verstehen der Intentionen anderer verfügen, das sich in deren verkörpertem Handeln und den leiblichen Reaktionen der Kinder hierauf ausdrückt. Es kommt dann zu einer Verschränkung der Körperschemata und entsprechenden Verhaltensweisen, zu einer „common bodily intentionality" (Gallagher 2005, 225), deren neurophysiologische Grundlage wohl in den Spiegelneuronen zu suchen ist (vgl. Gallagher 2005, 220 – 223). Diese direkte, leibliche Form von Intentionsverstehen geht der Sprachentwicklung voraus, interagiert aber auch mit ihr und wird dabei zunehmend komplexer. Es wäre Gallagher zufolge jedoch ein Missverständnis, sie nach Art einer primitiven *theory of mind* verstehen zu wollen, also als mentale Repräsentation der Beziehungen zwischen dem eigenen Organismus und dem Interaktionspartner, wie dies Gopnik und Meltzoff (1997, 130) nahelegen. Sparsamer und naheliegender erscheint eine Erklärung, die eine direkte, nichtrepräsentationale Verkoppelung von Verhaltensmustern (*body schemata*) annimmt, also eher ein *body-* als ein *mindreading*, das keiner Rückschlüsse auf separate mentale Zustände bedarf.

Primäre Intersubjektivität ist demnach ein leibliches Aufeinander-Eingestimmt-Sein. Sie manifestiert sich in den vielfältigen Weisen, in denen bereits der Organismus von Säuglingen zur Interaktion mit den primären Bezugspersonen fähig ist, in Form von „affective and temporal coordination between the gestures and expressions of the infant and those of the other persons with whom they interact" (Gallagher 2005, 227). Dieses direkte Verstehen Anderer, das durch eine sensomotorische Verschränkung der Körperschemata vermittelt ist, hat zunächst einen dyadischen Charakter und ist zwar interpersonal, setzt aber noch keine *shared intentionality* voraus. Colwyn Trevarthen hat hierfür den von Michael Tomasello dann aufgegriffenen Begriff der *Protokonversation* verwendet.

> Protoconversations are social interactions in which the parent and infant focus their attention on one another – often in a face-to-face manner involving looking, touching, and vocalizing – in ways that serve to express and share basic emotions. (Tomasello 1999/2001, 59)

Für die Sprachentwicklung ist wichtig, dass solche Protokonversationen bereits eine klare „turn-taking structure" (1999/2001, 59) aufweisen. In den Monaten vor dem ersten Geburtstag (vgl. Gallagher 2005, 272 und Tomasello 1999/20001., 61 f., sog. „Neunmonatsrevolution") kommt es dann zur Entstehung *triangulärer* Interaktionssituationen zwischen dem Kind, dem Erwachsenen und einem gemeinsamen

---

125 Der Begriff stammt ursprünglich von Colwyn Trevarthen (vgl. Gallagher 2005, 226).

Objekt der Aufmerksamkeit. Parallel dazu beginnen die Kinder, Zeigegesten zu verwenden. Damit beginnt die Sprachentwicklung im engeren Sinn, weil nun über die direkte interpersonale, leibgebundene Beziehung hinaus auch der gemeinsame Bezug auf ein geteiltes Drittes im Zentrum steht. Tomasello zufolge sind solche triangulären Situationen auch die Urszenen der Sprachentwicklung. Auf der grundbegrifflichen Ebene wird diese entwicklungspsychologische Annahme durch die Einsicht von Peirce gestützt, dass die Zeichenrelation unhintergehbar dreistellig ist (Zeichenmittel-Zeichengegenstand-Interpretant) und daher niemals in dyadische Relationen[126] aufgelöst werden kann (vgl. Nagl 1992, 32–42).

Primäre und sekundäre Intersubjektivität unterscheiden sich demnach durch den Übergang von dyadischen zu triadischen Interaktionen und dementsprechend durch die zunehmende Bedeutung symbolisch vermittelter Kommunikation. Dies führt dann auch dazu, dass die Steuerung der beteiligten sensomotorischen Körperschemata immer stärker durch sinngeleitete und an intersubjektiven Regeln orientierte Artikulationsprozesse erfolgt. Was sich jedoch beim Übergang von primärer zu sekundärer Intersubjektivität keineswegs ändert, ist der *enaktivistische* Charakter des ganzen Prozesses. Es sind die verkörperten *Handlungen* von Personen, in denen symbolischer Sinn ebenso neu erzeugt wie reproduziert wird. Die Struktur der Zuordnungsmuster („sensomotorische Kontingenzen") wird auf dem Weg von der Wahrnehmung zum symbolischen Sinn sehr viel komplexer und eine neue, für alle soziokulturellen Prozesse entscheidende Ebene der Integration leiblicher Vollzüge – die semantische – entsteht; aber all dies vollzieht sich nicht durch isolierte mentale Operationen, sondern einzig und allein im Handeln (*enactment*) leiblicher und deshalb miteinander verbundener Symbolverwender.

Diese Skizze zentraler Aspekte des Enaktivismus lässt seine Nähe zum klassischen Pragmatismus hervortreten und macht gleichzeitig deutlich, dass auch eine Anthropologie der Artikulation enaktivistisch ansetzen muss. Ihr Grundgedanke besteht nämlich in der gliedernden Sinnbestimmung des Gemeinten im Gesagten und dessen rückgekoppelter Beziehung auf das qualitative Erleben. Und dieser Vorgang stellt sich als eine spezielle Form jener sensomotorischen Rückkopplungsschleifen zwischen Organismus und Umgebung dar, die die *basic unit of explanation* für jedes, auch das spezifisch menschliche Verhalten bilden muss. Umgekehrt gilt natürlich genauso, dass die spezifische Eigenschaft des menschlichen Lebens, sich innerhalb kultureller Sinnordnungen zu vollziehen, auch auf die basalen Manifestationen des enaktivistischen Schemas, etwa die Wahrnehmung, zurückwirkt. Wenn von *enactive* und *collaborative sensemaking* die Rede ist, ist diese Verschränkung stets mit zu bedenken.

---

126 Wie etwa solche, mit denen der linguistische Strukturalismus Saussures operiert.

Thomas Fuchs hat in diesem Zusammenhang auf hilfreiche Weise zwischen denjenigen Wechselwirkungen unterschieden, die sich zwischen dem Organismus und seiner Umgebung abspielen und solchen, die innerhalb des Organismus zwischen verschiedenen hierarchischen Ebenen (etwa dem visuellen System und dem Sprachverstehen) ablaufen. Ersteres bezeichnet er als *„horizontale"*, letzteres als *„vertikale zirkuläre Kausalität"* (Fuchs 2008, 130). Beispiele für horizontal-zirkuläre Kausalität sind die sensomotorischen Kontingenzen der Wahrnehmung oder auch die Auge-Hand-Koordination, während es sich etwa bei der Wechselwirkung zwischen der Sensomotorik der Schreibhand und dem semantischen Sinn des Geschriebenen um vertikal-zirkuläre Kausalität handelt. Zwischen dem „Funktionskreis von Organismus und Umwelt" und dem „Funktionskreis von Ganzem und Teilen innerhalb des Organismus" (Fuchs 2008, 130) bestehen aber natürlich ebenfalls Wechselwirkungen, so beispielsweise dann, wenn wahrgenommene Widerstände zu einer Modifikation des Handelns führen, die ihrerseits die Wahrnehmung verändert, dies aber nur dadurch möglich wird, dass das perzeptive System innerhalb des Organismus mit der höheren Ebene der Handlungssteuerung durch die Akteure kausal integriert wird.

Enaktivisten betonen den aktiven, dynamischen Charakter der Organismus-Umwelt-Interaktion und im selben Zug ihre Rolle als *Bedeutungsgenerator* (*sense-making*). Aufgrund der Universalität dieser Strukturannahme ist dem Enaktivismus seine Erweiterung über die Wahrnehmungs- und Handlungstheorie hinaus auf weitere, beispielsweise kulturtheoretische und naturphilosophische Fragen bereits in die Wiege gelegt. Tatsächlich lässt sich an den Arbeiten der prominenten Enaktivisten Shaun Gallagher und Alva Noë beobachten, wie sich das Paradigma über den engeren Bereich der Kognitionswissenschaft hinaus ausdehnt. So erwägt Gallagher (2017) die These, beim Enaktivismus handele es sich weniger um ein einzelwissenschaftliches Forschungsprogramm als um eine „holistic conception of cognition" (Gallagher 2017, 21) oder gar eine „philosophy of nature" (Gallagher 2017, 22). Begründet wird das u. a. damit, dass der Enaktivismus eine Form des Naturalismus darstelle, die sich entschieden gegen ein mechanistisch-reduktionistisches Verständnis der Natur wendet und damit den Naturbegriff selbst verändert. Schließlich versteht er die wahrnehmenden, handelnden und bedeutungsgenerierenden (*sense-making*) Subjekte als Teil der Natur, wie dies bereits der klassische Pragmatismus getan hatte. Dies nimmt den menschlichen Hoffnungen, Wünschen, Werten und Normen den bloß epiphänomenalen Charakter, der ihnen in einem szientifischen Naturalismus zwangsläufig zugeschrieben werden muss (Gallagher 2017, 22; vgl. auch 126). Die vielfältigen Bedeutungen, die erlebt und bewusst artikuliert werden, sind entsprechend ebenso sehr natürlich wie menschengemacht, sie entziehen sich, anders gesagt, der schlechten Alternative von ‚gefunden' vs. ‚konstruiert':

> ... meaning emerges at the intersection of social, cultural, material and sequential structures of the environment where action and interaction occur. Meaning is accomplished not just via speech, but by drawing on different kinds of semiotic resources available in the environment and in whole-body pragmatics. (Gallagher 2017, 158)

Die Pluralität der „enacted meanings" lässt sich nicht mehr über den Kamm einer einzigen Form der Welterschließung wie etwa derjenigen der Naturwissenschaften scheren. Es liegt daher in der inneren Konsequenz des enaktivistischen Bedeutungsbegriffs, sich vom interagierenden Organismus zum sozialen Sinn und darüber hinaus hin zu den vielfältigen, pfadabhängigen und historisch variablen Formen des „objektiven Geistes" zu erweitern.

Auch in den Arbeiten von Alva Noë ist eine Tendenz von der eher technischen Wahrnehmungstheorie in O'Regan/Noë (2001/2013) hin zu einer Erweiterung des Enaktivismus in Richtung auf die Philosophie des Geistes und zunehmend auch auf kulturelle und kunstphilosophische Themen zu beobachten. *Out of our Heads* (2009) bringt den Enaktivismus gegen den neurophilosophischen Konstruktivismus in Stellung und entwirft eine Art von enaktivistischen Realismus. Ausgehend von dem, was Noë die „Biologie des Bewusstseins" nennt, wird die Idee einer intrinsisch bedeutungserfüllten Realität entwickelt, die sich den aktiv explorierenden Subjekten enthüllt, dabei aber immer Organismus und Umwelt umgreift und deshalb interaktioneller, nicht naiv realistischer Natur ist. „The world provides meaning" (Noë 2009, 164), jedoch wird diese Bedeutung nicht passiv an einer vorgeblichen Realität-an-sich abgelesen, vielmehr gilt: „Meaning is relational" (Noë 2009, 164). In der Monographie *Strange Tools* (2016) und den Essays von *Learning to Look* (2021) geht Noë dann noch einen großen Schritt weiter und skizziert eine Art von Anthropologie der Kunst, die auf den Spuren John Deweys Kunst, alltägliche Erfahrung und Philosophie einander näherbringen möchte. Für eine ausführliche Darstellungen dieser ideenreichen Texte fehlt hier der Raum; ich möchte aber einen Punkt herausheben, der für die artikulationsphilosophische Erweiterung des Enaktivismus systematisch wichtig ist: Noë unterscheidet zwischen zwei grundsätzlich verschiedenen, aber durchgängig beobachtbaren Ebenen der Organisation von menschlichen Praktiken. In erster Annäherung entspricht dem grob die Unterscheidung zwischen Kognition und Metakognition.

> Level 1 is the level of the organized activity or the technology. Level 2 is the level where the nature of the organization at the lower level gets put on display and investigated.
>
> At level 1, we have activities like talking, moving, dancing, making pictures, singing, etc. The defining feature of level-1 activities is that they are basic and involuntary modes of our organization.

Correspondingly, at level 2, we have the different arts: poetry and fiction, choreography, painting and photography, music, and so on. Level-2 practices play with and reshape level-1 activities.

A running theme of this book [...] is that philosophy is a level-2 reorganizational practice that stands to our level-1 cognitive undertakings –reasoning, argument, belief formation, and, crucially, the work of science – in the same kind of relation that, say, choreography stands to movement and dancing [...]. (Noë 2016, 29 f.)

Noës origineller Vorschlag bringt viele überraschende Pointen mit sich, beispielsweise die Nähe von Kunst und Philosophie, auf die hier nicht weiter eingegangen werden kann. Er wirft auch eine ganze Reihe von Problemen auf. Vor allem scheint es naheliegend, dass „reason", „argument" und „science" keineswegs allein auf Stufe eins angesiedelt werden können, sondern bereits von Hause aus metareflexive, d. h. die Stufe zwei einschließende Aktivitäten darstellen.[127] Von diesen Fragen unabhängig ist jedoch die Einsicht, dass menschliche Kognition durch die Unterscheidung zwischen einer *gegenstandsbezogenen* und einer *reflexiven* Ausrichtung geprägt ist. Diese Erkenntnis ist natürlich keineswegs neu und beispielsweise bereits in der scholastischen Unterscheidung von *intentio recta* und *intentio obliqua* angelegt. Noë gibt der Sache jedoch einen innovativen, enaktivistischen Einschlag, der sich zum Beispiel in der Parallele zwischen dem Verhältnis von Choreographie und Tanz auf der einen, Philosophie und Wissenschaft auf der anderen Seite zeigt. Es existieren reflexive, verkörperte Praktiken höherer Stufe, die sich auf die eingespielten gegenstandsbezogenen Praktiken beziehen und diese dadurch umformen: „reorganizational practices loop back and change first-order activities." (Noë 2016, 31)

Diese Einsicht lässt sich auch für die Anthropologie der Artikulation fruchtbar machen. Dazu ist es lediglich erforderlich, sie auf das Verhältnis zwischen spontanem leiblichen Ausdruck und gewohnheitsmässigem Sprachgebrauch einerseits und bewusster Artikulation andererseits zu beziehen. Spontane Expressivität und auch Sprechroutinen stellen Stufe-eins-Aktivitäten dar, die durch die symbolische Distanz, die bewussten sprachlichen Äußerungen eingebaut ist, reflexiv interpretiert und dadurch verändert werden. Die Anerkennung von Stufe-zwei-Aktivitäten erweitert den Enaktivismus und erlaubt es zugleich, einen qualitativen Unterschied

---

127 Differenzierend ließen sich hier mit Bezug auf die Praxis der Wissenschaften beispielsweise die Einsichten Thomas Kuhn heranziehen. Auf Level 1 würde sich dann der Betrieb der *normal science* abspielen, während für wissenschaftliche Revolutionen bzw. Paradigmenwechsel eine „reorganizational practice" (Noë) auf Level 2 ausschlaggebend wäre (vgl. Kuhn 1962/1996). – Auch unabhängig von Kuhn leuchtet es jedenfalls nicht ein, den Wissenschaften die Fähigkeit zu interner Selbstreflexion abzusprechen.

zwischen der menschlichen Lebensform und derjenigen anderer Lebewesen mit evolutionärer Kontinuität zusammenzudenken. Stufe-zwei-Aktivitäten sind genauso essentiell verkörpert wie solche auf Stufe eins. Aber mit ihnen kommt etwas in die Welt, das das spontane Ausdrucksverhalten, wie es sich bei vielen Lebewesen beobachten lässt (vgl. Darwin 1872/2000), in eine wahrheits- und geltungsorientierte, normative und bewusst geformte (eben „artikulierte") Aktivität verwandelt. Durch die Anerkennung von Stufe-zwei-Aktivitäten wird entsprechend die Voraussetzung dafür geschaffen, den Enaktivismus ausdruckstheoretisch zu erweitern.

Diese Erweiterung ist schon deshalb nötig, weil die soziokulturelle Lebensform des Menschen durch die Merkmale der Indirektheit, Selbstbezüglichkeit und reflexive Distanz so stark geprägt wird, dass ein nur auf die Sensomotorik des Organismus fixierter Enaktivismus für zentrale Aspekte dieser Lebensform und vor allem für die historisch-kulturelle Pluralität ihrer pfadabhängigen Ausprägungen blind bleiben muss. Allerdings erscheint es mir nicht plausibel, mit Noë die Entstehung von Stufe-zwei-Praktiken erst auf der Ebene systematisch reflexiver, institutionalisierter Aktivitäten anzusetzen. Alles spricht dafür, dass bereits in die symbolische Form sprachlicher Verständigung eine Stufe-zwei-Reflexivität eingelassen ist, die dann natürlich ihrerseits sekundär auch explizite, institutionalisierte Formen annehmen kann. – Bevor diese Fragen weiter erörtert werden können, muss jedoch noch dargestellt werden, wie sich der enaktivistische Ansatz sprachtheoretisch entfalten lässt. Hier wird sich dann zeigen, ob es gelingt, die „Continuity between Life and Language" (Di Paolo/Cuffari/De Jaegher 2018, Untertitel) so zu entfalten, dass auch symbolische Distanz und das Transzendieren verkörperter Situationen einen angemessenen Raum erhalten, der Naturalismus also nicht zum Reduktionismus verkommt.

4.3 Linguistischer Enaktivismus als Verkörperungstheorie der Sprache

Die elementarsten Formen von Bedeutungen bestehen in gefühlten Veränderungen des dynamischen homöostatischen Gleichgewichts *innerhalb* des Organismus, jedoch *anlässlich* von dessen Umweltinteraktionen. Bedeutsam wird die Umwelt, weil sie sich auf Wohl und Wehe des Organismus auswirkt, und dies, wie Antonio Damasio immer wieder betont hat (vgl. Damasio 1997, 2000, 2003, 2019, 2021) vom Organismus als Veränderung seiner homöostatischen Regelkreise zum Guten wie zum Schlechten hin registriert wird. Von diesem Bedeutungsbegriff, der mit dem Lebensprozess koextensiv ist, müssen Bedeutungen klar unterschieden werden, die eine kommunikative Funktion erfüllen. Sie sind ebenfalls im Tierreich weit verbreitet. Beide Bedeutungsdimensionen (*homöostatische* und *kommunikative* Bedeutung) stellen notwendige, jedoch auch zusammen noch nicht hinreichende Möglichkeitsbedingungen humanspezifischer, sprachvermittelter Bedeutung dar, denn diese hat einen genuin symbolischen und artikulierenden Charakter, wie oben mit Bezug auf die Zeichenlehre von Peirce herausgearbeitet worden ist (vgl. oben 2.5). Symbolische Zeichen ermöglichen, zusammen mit grammatischen Strukturen der Gliederung, jene Emanzipation der Bedeutungen vom Hier und Jetzt ihrer verkörperten Äußerungssituation, die den menschlichen Geist entscheidend geformt hat. Dennoch sind sie keine bloßen, beliebigen Transportbehälter für geistige Ideen, sondern ihrerseits genuin verkörpert, und zwar sowohl in den Organismen der an einer kommunikativen Situation Beteiligten als auch in materiellen Strukturen außerhalb des Organismus, wie etwa Farbe auf Leinwand oder Graphit auf Papier. Symbolische Bedeutung entsteht im *collaborative sense-making* leiblich involvierter Protagonisten, also im *enactment.*

Aus diesen einführenden Überlegungen ergibt sich, dass enaktivistische Theorien der menschlichen Sprachen zwei Bedingungen erfüllen müssen: *Einerseits* gilt es verständlich zu machen, wie nicht allein hömöostatische Bedeutungen oder vorsprachlich-kommunikative Gesten, etwa von Menschenaffen, verkörpert sind, sondern auch linguistische Bedeutungen. *Andererseits* muss dieselbe Theorie auch eine Erklärung dafür anbieten, „how a realm of ideality emerges from embodied and linguistic practices, one with its own grounded normativity" (Di Paolo/Cuffari/ De Jaegher 2018, 9). Anschaulich fassbar wird dieser Punkt der verkörperten Idealität wohl zuerst in Wilhelm Diltheys Rede vom „objektiven Geist", mit der er Hegels Terminologie aufgreift, jedoch ausdrücklich auf dessen „absoluten Geist" Verzicht tut: „So können wir den objektiven Geist nicht aus der Vernunft verstehen, sondern müssen auf den Strukturzusammenhang der Lebenseinheiten, der sich in den Gemeinschaften fortsetzt, zurückgehen." (Dilthey 1926/1992, 150). Auch die ‚geistigsten‘ Hervorbringungen der menschlichen Kultur, so argumentiert Dilthey, müssen als Resultate des Lebensprozesses verstanden werden, also ohne einen Bezug auf Strukturen des Absoluten, die der Verkörperung vorgängig sind und sie leiten. Gleichwohl gewinnen geistige Bedeutungen eine relative und begrenzte Autonomie, zwar nicht gegenüber ihrer Verkörpertheit als solcher, wohl aber gegenüber den spezifischen leiblichen und materiellen Mitteln ihrer Verkörperung – ein Sachverhalt, den ich oben (vgl. S. 183) in Abgrenzung gegen den klassischen Funktionalismus als *sehr schwache Multirealisierbarkeit* bezeichnet habe. Die Realisierbarkeit von Bedeutungen durch unterschiedliche physische Mittel ist deshalb sehr schwach, weil bereits jede neue Instantiierung symbolischer Prägnanz streng genommen die Bedeutung verändert, allein schon deshalb, weil unterschiedliche Produzenten und Rezipienten unterschiedliche leibliche Resonanzräume ins Spiel bringen. Andererseits erhält sich aber doch die Identität einer symbolischen Form über unterschiedliche Realisierungen hinweg. Wenn beispielsweise Gert Westphal die „Buddenbrooks" von Thomas Mann einspricht, so unterscheidet sich diese Lesung deutlich von ‚modernen' Interpretationen – die Identität des Werks wird dadurch jedoch keineswegs zerstört. Auch wenn die ikonischen und indexikalischen Interpretationen der symbolischen Form jeweils verschieden sind – als Gestalt erhält sie sich über unterschiedliche Realisierungen hinweg. In dieser begrenzten und ‚schwachen' Form kann auch für einen verkörperungstheoretischen Ansatz von einer *Idealität* der Bedeutung gesprochen werden, ohne damit dualistische Prämissen wieder einzuschmuggeln.

Die analytische Sprachphilosophie hat sich seit Frege, wie Mark Johnson deutlich macht (Johnson 2018b, 623 f.), ganz auf objektiv-allgemeine, universelle linguistische Bedeutungen konzentriert und damit das Geistige gerade ohne seinen Bezug zum lebendigen Organismus gedacht. Ein solcher „disembodied' account of thought and language [...] assumes that it is possible to explain the syntax, semantics, and pragmatics of natural languages without a detailed explanation of how grammatical forms and meanings are shaped by the nature of our bodies, brains, and the physical environment we inhabit" (Johnson 2018b, 625). Enaktivisten hingegen verneinen diese Möglichkeit entschieden. Ihnen geht es um die Wiederherstellung der Kontinuität von *mind* und *life*. Wenn sich der enaktivistische, die evolutionäre Kontinuität herausstellende Ansatz bei der Organismus-Umwelt-Interaktion in der Wahrnehmungs-, Bewustseins- und Handlungstheorie bewährt hat, sollte er sich auch auf das menschliche Sprachvermögen beziehen lassen.

Es ist jedoch nichts gewonnen, wenn für diese antidualistische Kontinuität ein Preis gezahlt werden muss, der darin besteht, symbolische Artikulation an nichtmenschlichen Bedeutungs- und Kommunikationsformen zu assimilieren. Dann geht nämlich die Einzigartigkeit der menschlichen Lebensform verloren und mit ihr die Differenz innerhalb der Kontinuität. Diese Tendenz lässt sich gegenwärtig bei vielen naturalistischen Ansätzen beobachten (vgl. etwa Perler/Wild 2015). Will der Enaktivismus sie vermeiden, braucht er ein klares Verständnis davon, dass mit der Evolution eines symbolisch erweiterten Bewusstseins wirklich etwas genuin Neues in die Welt kommt. Enaktivistische Sprachtheorien müssen, anders gesagt, auch die Transzendenz der Bedeutung über ihre spezifische Verkörperung hinaus und damit die Entstehung des „objektiven Geistes" noch verkörperungstheoretisch einfangen können. Nur dann wird über ikonische und indexikalische Verkörperung hinaus auch die Realität *symbolischer* Verkörperung ernst genommen. Das lässt sich jedoch nicht dadurch erreichen, dass man eine genetisch-evolutionäre Perspektive auf Symbolizität ausblendet und diese einfach als selbstverständlich voraussetzt. Entscheidend ist, *bottom-up* verständlich zu machen, wie linguistische Bedeutungen aus bedeutungshaften, leiblichen Handlungen emergieren (vgl. Määttänen 2021, 14) – was freilich nicht aus-, sondern einschließt, dass einmal erreichte Symbolizität und Grammatikalität wiederum *top-down* auf den indexikalischen und ikonischen

Zeichengebrauch zurückwirkt. Angemessen erscheint hier die Rede von einer vertikal-zirkulären Kausalität (im Sinne der Unterscheidung von Thomas Fuchs, vgl. oben S. 215 f.).

Wie lässt sich der Zusammenhang zwischen den impliziten Bedeutungen leiblicher Erfahrung und den expliziten Bedeutungen sprachlicher Kommunikation so beschreiben, dass Kontinuität nicht gegen Differenz ausgespielt wird oder umgekehrt? Den wohl ambitioniertesten Versuch in diese Richtung aus enaktivistischer Perspektive haben Ezequiel A. Di Paolo, Elena Clare Cuffari und Hanne Jaegher in ihrer Monographie *Linguistic Bodies. The Continuity between Life and Language* (2018) unternommen. Ihr Ausgangspunkt ist der titelgebende Körper/Leib[128] des Menschen, der als intrinsisch linguistisch verstanden wird: „we are *linguistic bodies*" (Di Paolo/Cuffari/De Jaegher 2018, 5). Dabei sollen zwei Fehldeutungen von vornherein ausgeschlossen werden, nämlich einerseits die Trivialität, dass menschliche Organismen normalerweise über die Fähigkeit zum Sprachgebrauch verfügen, andererseits aber auch die abwegige Vorstellung, organische Unterschiede seien bloße Produkte von sprachlichen Prozessen der Unterscheidung. Sehr stark betont werden hingegen die Aspekte der Offenheit, der dynamischen Interaktion sowie deren Netzwerkcharakter. Der lebendige Organismus des Menschen erscheint als Knotenpunkt in einem Relationsgeflecht, das die physische und soziale Umgebung umschließt. Diese dynamische Konzeption bringt es mit sich, dass auch der lebendige, sprachbezogene Organismus als ein offener Entwicklungsprozess erscheint, in dem Sprache eine konstitutive Bedeutung als „defining of humanness" (Di Paolo/Cuffari/De Jaegher 2018, 7) zugeschrieben wird.

Vor diesem Hintergrund besteht die zentrale grundbegriffliche Annahme des Buchs darin, die Entstehung neuer Formen verkörperter Handlungsfähigkeit (*agency*) und sozialer Organisation als systematisch miteinander verschränkt und auch evolutionär in einer „co-emergence" (Di Paolo/Cuffari/De Jaegher 2018, 7) verbunden zu verstehen.[129] Ähnlich wie bei Evan Thompson (2007) und Antonio

---

128 Die im Deutschen mögliche Unterscheidung zwischen dem lebendigen, erlebten Leib und dem von außen betrachteten, funktionierenden Körper ist in der englischen Sprache so nicht möglich.
129 Dieser Gedanke erinnert deutlich an Michael Tomasellos Position, für die intersubjektive Erweiterungen der Intentionalität und deren subjektive Voraussetzungen und Konsequenzen im Zentrum stehen. Umso erstaunlicher ist es, dass eine Auseinandersetzung mit Tomasello in dem Buch von Di Paolo, Cuffari und Jaegher nicht stattfindet. Möglicherweise liegt dies daran, dass der Ansatz von Tomasello von dem Autor und den Autorinnen als noch zu subjektivistisch empfunden wird. Dies legt ein kritischer Hinweis auf Positionen nahe, für die Sozialität immer noch vermittelt über „individual mental attitudes such as empathy or *shared intentional states*" (Di Paolo/Cuffari/De Jaegher 2018, 8, Kursivierung M.J.; jedoch ohne Nennung Tomasellos) verstanden werde. Gleichwohl hätte die Argumentation des Buchs von der Auseinandersetzung mit Tomasellos empirisch gestützten Argumenten erheblich profitieren können.

Damasio (2018) wird die Entstehung von Bewusstsein und Sprachfähigkeit in einen tief in die Entstehungsgeschichte des Lebens zurückreichenden Kontext hineingestellt. Vom Begriff der *Autopoiesis* ausgehend, kommen zunächst allgemeine Charakteristika von Lebensprozessen wie Adaptivität, Selbst-Differenzierung, Autonomie und *sense-making* zur Darstellung und werden dann als weitere Schritte die Entstehung sensomotorischer Rückkoppelungsschleifen zwischen Organismus und Umgebung sowie, zentral, der leiblichen Intersubjektivät herausgearbeitet. Als strukturgebender Faktor fungiert dabei ein Muster, das sich vom Bakterium bis zur menschlichen Sozialität durchzieht, aber jeweils neue, emergente Formen annimmt: „The primordial tension between an organism's distinctiveness and its opening to the world ..." (Di Paolo/Cuffari/De Jaegher 2018, 41). Dieser Aspekt ist auch aus der Perspektive der peirceschen Unterscheidung zwischen ikonischen und indexikalischen Zeichenfunktionen einer-, symbolischen andererseits gut nachvollziehbar: Während im ersten Fall die direkte Referenz an die individuelle leibliche Erfahrung der Zeichenverwender gebunden bleibt, ist die indirekte Referenz des Symbols ein Intersubjektiv-Allgemeines, für dessen Verständnis das Individuum über seine eigenen Interessen und Erfahrungen hinausgehen muss.

Di Paolo, Cuffari und Jaegher beanspruchen nicht, eine evolutionäre Chronologie der Sprachentstehung vorzulegen und konzentrieren sich stattdessen nach eigenem Bekunden auf eine systematische Rekonstruktion der „basic corporeal logic of what is involved in the activity of using and enacting language" (Di Paolo/Cuffari/ De Jaegher 2018, 133). Mit Charles Taylor weisen sie dabei die Versuchung zurück, Sprache als Ergänzung in ein bereits etabliertes vorsprachliches Set an verkörperten Kompetenzen einzufügen (Taylor bezeichnet entsprechende Theorien als „enframing"; vgl. Taylor 2016, 35). Statt in separaten kognitiven Modulen zu denken, zu denen linguistische Kompetenz dann einfach ergänzend hinzukäme (im Sinne des *swiss-army-knife model of the human mind* von Tooby und Cosmides), geht es um eine integrale Sichtweise. Sprache soll als ein genuin neues, konstitutives Vermögen „that repurposes human bodies" (Di Paolo/Cuffari/De Jaegher 2018, 134) verstanden werden. Sie prägt die menschliche Lebensform im Ganzen, nicht nur die im engeren Sinn sprachlichen Vollzüge des Menschen. Es liegt hier dementsprechend ein emergenztheoretischer Ansatz vor, in dem *top-down-* und *bottom-up*-Kausalitäten miteinander verschränkt sind. Aus einer evolutionstheoretischen Perspektive formuliert, handelt es sich also um Exaptationsphänomene.

Als Ausgangspunkt der weiteren Analyse wählen die Autorinnen und der Autor die interaktive Situation des „participatory sense-making" (Di Paolo/Cuffari/De Jaegher 2018, 137). Die Grundidee besteht, sehr verknappt dargestellt darin, dass die Spannung zwischen dem Selbst- und dem Weltbezug der Beteiligten Koordinationserfordernisse und Dissonanzen erzeugt, aus denen in einem dialektischen Hin-und-Her die Emergenz jeweils neuer Niveaus der Handlungskoordination und

Normativität resultiert (vgl. Di Paolo/Cuffari/De Jaegher 2018, 160, Fig. 7.2 und 199, Fig. 8.3). Dies alles wird freilich recht abstrakt erörtert, ohne auf die empirischen Befunde in der kognitiven Anthropologie der letzten Jahrzehnte genauer einzugehen. Hier zeigt sich eine Schwäche der ganzen, theoretisch äußerst anspruchsvollen Konstruktion, die doch jedenfalls mehr als eine bloße *just-so story* sein möchte. Um diesem Anspruch zu genügen, bedürfte es aber einer Schritt-für-Schritt-Auseinandersetzung mit empirisch gesättigten onto- und phylogenetischen Theorien der Sprachentstehung. Der Einwand, es handele sich um eine sachlogische, nicht empirische Rekonstruktion, kann nicht überzeugen, denn der Kontinuitätsanspruch des Enaktivismus setzt schließlich voraus, dass auch systematische Differenzierungen empirisch rückgebunden werden.

Am Ende des dialektischen Durchgangs durch immer neue Niveaus der basalen Spannung von Selbstabgrenzung und Weltoffenheit steht eine beeindruckende Liste sprachkonstitutiver *skills*. Diese sind zwar nicht empirisch abgesichert, können aber vielleicht als analytische Werkzeuge begriffen werden, die sich dann auch auf evolutionäre Theorien der Sprachentstehung anwenden ließen und die insgesamt die Emergenz von Differenz innerhalb der Kontinuität verständlich machen sollen:

> Thus, linguistic bodies entail: Skills of interactive coregulation, shared repertoires and know-how for partial acts, the recursive coordination of partial acts, the emergence of community-wide sharing of repertoires and norms, the asymmetries between participants induced by strongly regulatory acts, the dialogic organization of interactions between mutually recognized participants, the skills and sensitivities involved in utterance production and interpretation, the emergence of metastable participation genres, the skills of mutual interpretation and social self-control, the recursive use of utterances to report other utterances, their incorporation in the flow of self-directed utterances, and the incarnation of other linguistic agencies produced by the skill of reporting. These factors, and not others, emerge as fundamental in our model. (Di Paolo/Cuffari/De Jaegher 2018, 210)

Diese umfangreiche Liste sortiert sprachkonstitutive Kompetenzen nach ihrer zunehmenden Komplexität. Dabei folgt sie dem dialektischen Entwicklungsschema von spezifischen Variationen der anthropologischen Grundspannung, bei denen dann jeweils eine neue (partielle) Synthese neue Spannungsverhältnisse aus sich heraustreibt. Beispielsweise werden Reflexivität und selbstkritische Objektivität durch die rekursive Einbettung von Äußerungen anderer in eigene Sprechakte gefördert, die dann wiederum den selbstbezogenen Äußerungen der Akteure als kritisches Korrektiv zur Verfügung stehen: „Self-regulatory acts (e. g. self-directed utterances) are always accompanied by the possibility of critical attitudes towards one's own actions, affect, and experiences." (Di Paolo/Cuffari/De Jaegher 2018, 206) Auf dieser Linie kann schließlich für Di Paolo, Cuffari und De Jaegher auch die Entstehung von Objektivät und Idealität enaktivistisch verständlich gemacht werden und zwar dadurch, dass innerhalb der „ongoing confrontation between world, practices, norms, and bodies" sogenannte „metastable patterns" (Di Paolo/Cuffari/ De Jaegher 2018, 207) entstehen. Interagierende lebendige Organismen erzeugen symbolische Prägnanzen, die sich vom Hier und Jetzt des Äußerungszusammenhangs ablösen und auf Allgemeinheit und Dauer stellen lassen.

An dieser Stelle zeigt sich besonders deutlich, wie sehr die Darstellung von einem Einbezug der peirceschen Kategorienlehre und Semiotik profitiert hätte. Dass aus stabilen lokalen Interaktionsmustern meta-stabile Bedeutungen werden, lässt sich von dort aus nämlich als Übergang von der direkten Referenz ikonischer und indexikalischer Zeichen (die auch bereits stabile Zuordnungsmuster benötigen) zur *indirekten* Referenz symbolischer Artikulation beschreiben. Symbolische Bedeutungen sind deshalb meta-stabil, weil sie sich durch ihre Stellung im holistischen Netzwerk der Inferenzen stabilisieren und daher nur noch indirekt auf die kontingenten und sehr unterschiedlichen Erfahrungen der Zeichenverwender angewiesen sind. Meta-Stabilität ist eine *zeichentheoretische* Qualität, die sich zwar auch enaktivistisch als Interaktionsresultat beschreiben lässt, aber eben nur dann, wenn der Fokus auf dem Bedeutungsholismus der Symbole liegt. Dieser wichtige Punkt bleibt in der Darstellung von *Linguistic Bodies* unterbelichtet, weil der dort vertretene Interaktionismus nicht zeichentheoretisch unterfüttert ist.

Besonders deutlich zeigt sich das, wenn Di Paolo, Cuffari und De Jaegher direkt auf den Symbolisierungsprozess zu sprechen kommen. „Our view of symbolizing is therefore that of an operation that linguistic bodies perform that is at once concrete and often spontaneous as well as embedded in the sedimented repertoires of previous operations of symbolizing." (Di Paolo/Cuffari/De Jaegher 2018, 295) Natürlich sind linguistische Akte der Symbolverwendung auch konkret und spontan, aber sie sind es eben kraft ihrer Situierung in und Interpretation durch ikonische und indexikalische Bedeutungen. Diese sind mit den Erfahrungen konkreter Symbolverwender eng verbunden. Welche Lebenserfahrungen sich beispielsweise mit dem Geruch des Meeres verbinden, welche Rituale in der Kindheit ein Gefühl von Geborgenheit erzeugt haben – all das ist höchst individuell bzw. spezifisch für bestimmte Personengruppen, und es färbt auch die persönliche Verwendung konventioneller, ikonischer und indexikalischer Zeichen ein. Aber die bloße Sedimentierung früherer Zeichenakte erzeugt für sich alleine noch keine Symbolizität. Auch ikonische und indexikalische Zeichen sedimentieren und konventionalisieren sich schließlich. So wird grün zur Farbe der gleichnamigen politischen Partei und ein schmaler Metallstreifen, als Uhrzeiger, zum Index der vergehenden Zeit. Sedimentierung, im Sinne von Gewohnheitsbildung, findet sich z. B. auch bei den Alarmrufen der grünen Meerkatzen oder bei Walgesängen. Den qualitativen Unterschied symbolischer Sprache von tierischen Zeichensystemen kann sie aber nicht verständlich machen, weil sie eine Eigenschaft aller Zeichen darstellt.

Für den qualitativen Sprung zur spezifisch menschlichen Sprach- und Lebensform sind die entscheidenden Schritte die *Umstellung auf indirekte Referenz* und die damit eng verbundene *Grammatikalisierung.* Wie Terrence Deacon (vgl. Deacon 1997) immer wieder betont hat, besteht das zentrale Problem bei der Sprachentstehung darin, den Übergang von direkter Referenz zu indirekter und damit „the curious difficulty of symbolic reference" (Deacon 1997, 43) zu verstehen. Die Leistungsfähigkeit von Symbolen gründet nämlich darin, dass sie ihre Bedeutung ihrer Stellung in einem Netzwerk anderer Zeichen – unter ihnen sowohl symbolische, als auch ikonische und indexikalische – und nicht mehr einem direkten Bezug auf das Bedeutete verdanken. Das ermöglicht es, über lokale, anlassbezogene Kommunikationsakte hinauszugehen und komplexe, syntaktisch gegliederte Zeichenketten zu entwickeln (Sätze und aus ihnen aufgebaute, noch komplexere Sprechakte zu artikulieren), in denen explizit gemacht wird, in welchen Beziehungen innerhalb des holistischen Sprachnetzes die beteiligten Zeichen stehen. Grammatikalität setzt nach dieser Sichtweise Symbolizität voraus bzw. entwickelt sich zusammen mit ihr (vgl. Tomasello 2003). Doch dieser holistische Charakter menschlicher Sprache ist es auch, der ihre Entstehung auf den ersten Blick so schwierig und unwahrscheinlich erscheinen lässt. Ganze Bedeutungsnetzwerke und grammatische Strukturen zu verstehen, ist etwas genuin anderes und viel voraussetzungsreicher als die Fähigkeit, einzelne ikonische und/oder indexikalische Zuordnungsmuster zu erlernen. Wie es nun zur Überschreitung der „symbolic threshold" (Deacon 1997, 79) konkret gekommen ist, dafür macht Terrence Deacon einen konkreten Vorschlag, der allerdings auch auf entschiedene Kritik gestoßen ist (vgl. Stjernfelt 2014). Eine detaillierte Diskussion würde hier zu weit führen, doch wie immer man auch zu Deacons Vorschlag und zu seinem Verständnis der peirceschen Zeichentrias stehen mag – es spricht wenig dafür, dass die bloße Sedimentierung vergangener Kommunikation für sich allein bereits zur Emergenz von Symbolizität und Grammatikalität führen könnte.

Hingegen liegt die Vermutung nahe, dass sich einige oder sogar alle der zahlreichen *skills,* die Di Paolo, Cuffari und De Jaegher in der oben zitierten längeren Passage als ausschlaggebend für das linguistische Vermögen des Menschen herausstellen, im Sinne einer enaktivistischen, handlungsorientierten Anbahnung symbolischer Kompetenz und Grammatikalisierung verstehen lassen. Dies müsste dann allerdings auch spezifisch für jede Kompetenz herausgearbeitet werden. So ließe sich beispielsweise der „recursive use of utterances to report other utterances" (Di Paolo/Cuffari/De Jaegher 2018, 210) als wichtiger Schritt in der Entstehung ‚horizontaler' Bedeutungsverknüpfungen interpretieren: Indem eine Äußerung rekursiv in eine andere eingebettet wird, gewinnt die innersprachliche, grammatikalisierte Bedeutungsverknüpfung an Gewicht gegenüber der direkten Referenz auf außersprachliche Bezugsgegenstände. Der „gestalt switch" (Di Paolo/Cuffari/De Jaegher 2018, 293) hin zur Sprache jedoch, den schließlich auch die Autorinnen und der Autor betonen, lässt sich meiner Überzeugung nach ohne ein klares Verständnis des prinzipiellen Unterschieds zwischen nichtsymbolischen und symbolischen Zeichen nicht verstehen. Von einem „practice-grounded realm of ideality" (Di Paolo/Cuffari/De Jaeger 2018, 293) zu sprechen, ohne die *spezifisch symbolische Form* dieses neu entstehenden Raums der Bedeutungen herausgestellt zu haben, kann daher nicht befriedigen.

Der enaktivistische Ansatz in der Sprachtheorie unterscheidet sich in zentralen Punkten von der dominierenden sprachanalytischen Konzeption. Er macht sprachkompetente Lebewesen (*linguistic bodies*) zum Ausgangpunkt einer Analyse, die nicht erst bei bereits konstituierter sprachlicher Bedeutung ansetzt, sondern viel früher, nämlich beim vulnerablen menschlichen Organismus, dessen Wohl und Wehe von seinem Umweltverhältnis abhängt. Ob man nun, wie Mark Johnson (vgl. Johnson 2018b) die metaphorische Bedeutung leiblicher Erfahrungen und ihre Übertragung in neue Zielbereiche ins Zentrum der linguistischen Analyse rückt oder wie Di Paolo, Cuffari und De Jaeger die dialektische Spannung von Selbstbezogenheit und Weltoffenheit – es geht immer um die *bottom-up* Rekonstruktion eines Vermögens, dessen Emergenz dann wiederum *top-down* auf den Organismus zurückwirkt, ihn als ganzen bestimmt und zu einem *linguistic body* macht. Der Singular ist hier allerdings im Grunde irreführend, denn sprachkompetente Lebewesen kann es nur im Plural geben. Enaktivismus und Interaktionismus sind untrennbar miteinander verbunden.

Die Rekonstruktion des Sprachvermögens vom lebendigen, interagierenden Leib/Körper aus kann den verengten Bedeutungsbegriff der analytischen Sprachphilosophie aufbrechen. Sie macht deutlich, dass Sprache in einem Kontinuum zu leiblich erfahrener und leiblicher ausagierter Bedeutung steht, nur innerhalb dieses Kontinuums verständlich wird, und auch als entfaltete Symbolsprache vom interagierenden Organismus hervorgebracht, am Leben gehalten und kreativ weiterentwickelt wird. Für allen anderen Bereiche der Forschungen innerhalb der *embodied cognition* kann gezeigt werden, wie sie aus der Interaktion des Organismus mit der Umwelt hervorgegangen sind und ihr dienen. Auch das menschliche Gehirn muss aus dieser ökologischen Perspektive heraus verstanden werden, es ist ein „Beziehungsorgan" (Fuchs 2008, Titel) und steht im Dienst von Umweltinteraktionen. Nichts spricht daher dafür, dass ausgerechnet das Sprachvermögen einer Analyse zugänglich sein sollte, die ausschließlich mit neuronalen bzw. mentalen Repräsentationen und deren Codierung arbeitet, ohne den lebendigen Organismus im Blick zu haben.[130] Es verhält sich genau umgekehrt: Ein enaktivistisches Verständnis ist im Fall der menschlichen Sprache besonders naheliegend. Denn Sprache ist nichts anderes als die intersubjektive Explikation vorsprachlich erlebter Interaktionsbedeutungen in Einheit mit der Rückwirkung dieser Explikation auf die unbewussten und bewussten Erlebnisqualitäten und Werte in einer auf die Zukunft hin geöffneten Feedbackschleife.

Um die zirkelförmige Kausalität zwischen dem gelebten Leben und dem Raum artikulierter Bedeutungen angemessen verstehen zu können, bedarf es allerdings, wie schon mehrfach betont, eines ausgearbeiteten Verständnisses *beider* Seiten dieses Prozesses. Enaktivistische Sprachtheorien haben den Fokus bislang, nicht zuletzt in verständlicher Reaktion auf die Einseitigkeit des analytischen Bedeutungsbegriffs, auf die Kontinuität zwischen Lebensbedeutung und sprachlicher Bedeutung gelegt, nicht auf die Prägung des Prozesses der leiblichen Semiosis durch die im Lauf von Jahrtausenden entstandenen Formationen des ‚objektiven Geistes'. Auch dann, wenn sie die *relative* Unabhängigkeit des Raums der Bedeutungen explizit anerkennen (vgl. Di Paolo/Cuffari/De Jaegher 2018, 8), findet die zunehmende Prägung des *enaktive sensemaking* durch sozialen Sinn, der sich bereits von einzelnen Interaktionen abgelöst hat, keine angemessene Berücksichtigung in den *Linguistic Bodies*. Hier zeigen sich jedoch bislang noch weithin unerschlossene Berührungspunkte zwischen enaktivistischen Ansätzen und solchen einer Kulturanthropologie, die, nach dem prominenten Vorbild von Ernst Cassirers zwischen 1923 und 1929 erschienener *Philosophie der Symbolischen Formen* (3 Bde, 1988 – 1990), die Prägekraft soziokultureller Objektivationen für intersubjektive Formen des *sensemaking* zu ihrem Forschungsgegenstand macht. Die systematische Erschließung solcher Zusammenhänge ist viel zu lange durch eine dualistisch formatierte, wechselseitige Abschottung zwischen *science* und den *humanities* verhindert worden, die auch und in gerade im deutschen Sprachraum mit seiner von einem missverstandenen Dilthey[131] inspirierten Tradition der ‚Geisteswissenschaften' immer noch sehr stark ausgeprägt ist.

Zwischen kulturanthropologischen Forschungen, die sich auf konkrete und dabei sehr unterschiedliche Formationen des „objektiven Geistes" beziehen und einer enaktivistischen Analyse der menschlichen Kognitions- und Lebensform, die sich auf Invarianten konzentriert, kann die Anthropologie verkörperter Artikulation als verbindende Klammer dienen. Ihr geht es nämlich primär weder um die empirische kognitionswissenschaftliche Forschung noch um eine angemessene

---

130 So auch Johnson 2018b, 636: „Empirical studies of language processing do not support a disembodied mind."
131 Für eine antidualistische, verkörperungstheoretische Revision des traditionellen Dilthey-Bildes vgl. Jung/Madzia 2015.

Hermeneutik kultureller Lebensformen in ihrer pfadabhängigen Verschiedenheit, sondern gerade um das Dazwischen: eine möglichst präzise Rekonstruktion der verkörpert-performativen Erzeugung von symbolischer Distanz. Es sind die humanen Akte der artikulierenden und explizierenden Binnendifferenzierung erlebter Bedeutungen, durch die die zunehmende Indirektheit, Selbstbezüglichkeit und Vermitteltheit des Kulturprozesses überhaupt erst möglich werden. Darin gründet die integrierende Kraft der Artikulationsanthropologie. Sie kann verständlich machen, wie das Bedeutungskontinuum des Lebens über die Verschränkung ikonischer und indexikalischer mit symbolischen Zeichendimensionen eine immer stärker vermittelte und indirekte Bedeutungswelt aus sich hervortreibt, ohne doch jemals den Zusammenhang mit der unmittelbaren organischen Erfahrung von Bedeutung hinter sich lassen zu können. Selbst der höchste Grad an Vermitteltheit bleibt doch immer: vermittelte Unmittelbarkeit (vgl. Fuchs 2008, 177 f.).

4.4 Expressivistischer Enaktivismus

Das enaktivistische Denken, so hat sich gezeigt, bietet einen überzeugenden Ansatzpunkt zur Überwindung des Geist-Körper-Dualismus auch im Blick auf die Sprache. Menschliches Sprachvermögen und seinen Gebrauch als sensomotorisches, kollaboratives *sense-making* zu verstehen, das interagierende menschliche Organismen gemeinsam ins Werk setzen, öffnet den Weg für die Wiederherstellung der Kontinuität des Bedeutungsphänomens im Lebensprozess. Es ist aber auch deutlich geworden, dass sich der Enaktivismus mit der Differenz *innerhalb* der Kontinuität schwerer tut. Die Brücke, die von ihm in diejenigen Disziplinen führt, die sich mit den vielfältigen kulturellen Sinngestalten in ihrem Eigenleben befassen (also die Geistes-, Sozial- und Kulturwissenschaften) ist noch nicht sehr stabil. Erste Versuche gibt es, wie etwa Alva Noës *level1/level 2*-Unterscheidung, die Anerkennung eines enaktiv produzierten „realm of ideality" (Di Paolo/Cuffari/De Jaegher 2018, 9) oder auch Mark Johnsons oben aus Platzgründen nicht behandelter Versuch, auch abstrakte Begriffe und grammatische Strukturen mithilfe der „embodied simulation semantics" (Johnson 2018b, 630 f.) verständlich zu machen. In diesem Abschnitt wird jedoch dafür argumentiert, dass nur eine konsequente Erweiterung des Enaktivismus in Richtung Expressivismus und Artikulationsdenken in der Lage ist, stabile Brückenprinzipien zu entwickeln. Der entscheidende Schritt besteht darin, den Prozess der verkörperten Semiose als ein dauerhaft auf Unmittelbarkeit verwiesen bleibendes, immer komplexeres Ausdifferenzieren (*enactment*) von Vermitteltheit und im selben Zug von Selbstbezüglichkeit zu begreifen.

4.4.1 Bedeutung und Referenz

Die Basis hierfür liefert die peircesche Semiotik mit ihrem Grundgedanken einer inneren Verschränkung der Zeichendimensionen bei gleichzeitiger Leitfunktion des Symbolischen. Dieser Punkt ist oben bereits ausführlich herausgearbeitet worden. Die expressivistische und damit antirepräsentationalistische Pointe wird aber erst sichtbar, wenn der Primat des Bedeutungsphänomens vor dem der sprachlichen Referenz anerkannt wird. Diese Akzentsetzung ändert auf einen Schlag vieles, weil es erst durch sie möglich wird, die Vielfalt von sprachlicher Bedeutung diesseits wie jenseits wahrheitsfähiger Aussagesätze anzuerkennen – eine Vielfalt, die ihrerseits noch von der Vielfalt nichtsprachlicher Bedeutungen umfangen wird. – Sprachlicher Ausdruck kann sich unter anderem auf objektive Phänomene in der Welt richten. Und dieser Objektivitätsbezug spielt für die Reflexivität und Rationalität unseres Denkens in der Tat eine herausgehobene Rolle. Aber dies geschieht eben immer innerhalb eines im Ganzen durch Wertungen gekennzeichneten Weltverhältnisses, das wiederum auf dem Erleben vulnerabler Organismen basiert. Erst durch die artikulierten Bedeutungen hindurch wird die Referenz auf objektive, wahrheitsfähige Sachverhalte sichtbar. Es gibt zwar auch Fälle von rein extensionaler bzw. operationaler Bedeutungsbestimmung, paradigmatisch in der Wissenschaftspraxis, diese setzen aber Lebensbedeutsamkeiten und lebenspraktische Handlungen jeweils schon voraus und bleiben über verschiedene methodische Abstraktionsschritte stets mit ihnen verbunden.[132] Wahrheitskonditionale Bedeutungstheorien sind deshalb einseitig und auch irreführend, wie Charles Taylor betont (vgl. Taylor 1980/1995, 58 f.), weil sie den elementaren Charakter von Sprache ausblenden, Wertungen vorzunehmen und Räume der sozial geteilten Bedeutsamkeit zu schaffen. John Dewey drückt diesen Primat der Bedeutung, der für den Expressivismus konstitutiv ist, folgendermaßen aus:

> Sinn oder Bedeutung ist von größerem Umfang und höherem Wert als Wahrheit. [...] Wahrheiten sind nur eine Klasse von Bedeutungen, nämlich diejenigen, in denen ein Anspruch auf Verifizierbarkeit durch Konsequenzen ein immanenter Teil ihrer Bedeutung ist. Jenseits dieser Insel von Bedeutungen, die ihrer eigenen Natur nach wahr oder falsch sind, liegt der Ozean der Bedeutungen, für die Wahrheit und Falschheit irrelevant sind. (Dewey 1931/2003, 8 f.)

Selbstverständlich ist mit diesem Diktum keine Abwertung wissenschaftlicher Wahrheitssuche verbunden, im Gegenteil: Die Orientierung an Wahrheit wird aus

---

132 Die Autoren des Erlanger Konstruktivismus im Gefolge Paul Lorenzens haben für verschiedenste Wissenschaften, prototypisch für die Mathematik und Physik, versucht, diese Schritte und Übergänge zu operationalisieren.

der pragmatistischen Perspektive Deweys gerade deshalb so bedeutsam, weil nur durch sie die Realisierung humaner Werte in einer widerständigen Realität denkbar wird. Unter diesen Werten kann allerdings, was gegen eine verkürzende, instrumentalistische Deutung Deweys betont werden muss, auch die Suche nach Wahrheit um ihrer selbst willen auftauchen.

Wäre Sprache hingegen im Kern eine Darstellung von Sachverhalten in der Welt, würde man ihr nur noch in einem sehr eingeschränkten und speziellen Sinn expressive Qualitäten zusprechen können. Das lässt sich am deutlichsten in der Abgrenzung von Robert Brandoms „logischem Expressivismus" (vgl. Brandom 2001, Kap. 1) verständlich machen. Brandom begreift das Expressive von der logischen Kraft der Vernunft aus, Unterschiede und Geltungsansprüche ausdrücklich zu machen. Daher kann er behaupten, der Expressivismus sei am „Sagen im Sinne eines *Behauptens*" orientiert und lenke „unsere Aufmerksamkeit in erster Linie auf *propositionale* begriffliche Gehalte" (Brandom 2001, 25, beide Kursivierungen im Original). Nun ist das Ausdrücklich-machen solcher Gehalte natürlich eine zentrale Dimension des sprachlichen Ausdrucks, aber damit wird gleichzeitig ausgeblendet, was im Zentrum des romantischen Expressivitätsbegriffs stand, auf den sich Taylor beruft, und von dem Brandom sich ausdrücklich absetzt (vgl. Brandom 2001, 37), nämlich die erfahrene Lebensbedeutung im Unterschied zur objektivierbaren Referenz. Die Bedeutung, die etwas für einen Organismus aufweist, der sein Leben zu leben hat, lässt sich nicht aus der Darstellung von Sachverhalten in der Welt ableiten. Ohne sie wird auch die Kontinuität von Emotion und Sprache unverständlich. Viel mehr als die beiderseitige Verwendung des Worts „expressiv" verbindet die rationalistische Position Brandoms daher nicht mit dem linguistischen Expressivismus, wie er gegenwärtig am prominentesten von Charles Taylor vertreten wird.

Auch aus einer evolutionstheoretischen Perspektive sind wahrheitskonditionale Bedeutungstheorien alles andere als naheliegend. Sobald Sprache nämlich in das Bedeutungskontinuum der Evolution eingerückt wird,[133] zeigt sich die Verkürzung, die mit einem rein designativen, referenzorientierten Sprachverständnis einhergeht. Spätestens seit Jakob von Uexkülls *Bedeutungslehre* (Uexküll 1940/2023), seit Gibsons Theorie der Affordanzen (Gibson 1979/2015) und seit dem enaktivistischen Klassiker *The Embodied Mind* (Varela/Rosch/Thompson, 1991/2016) sollte klar sein, dass *sense-making* eine für viele tierische Organismen charakteristische Aktivität darstellt. Deren Eigentümlichkeit besteht aber gerade darin, dass Referenz und Lebensbedeutung für die betreffenden Lebensformen gar nicht auseinander-

---

[133] Dieser Aspekt spielt allerdings in Taylors Sprachtheorie keine bzw. eine lediglich negative Rolle, da es ihm zentral darum geht, die „metabiologische" Bedeutung der Sprache herauszuarbeiten (vgl. Taylor 2016, 91). Damit setze ich mich in Kap. 5.5 ausführlich und kritisch auseinander.

treten. Beispielsweise haben die schon mehrfach erwähnten Alarmrufe der grünen Meerkatzen vermutlich sowohl einen referentiellen Aspekt (z. B. „Leopard nähert sich"), als auch einen handlungsbezogenen („Flüchte auf den Baum!"), der sich ganz natürlich aus der Lebensrelevanz (in diesem Fall Lebensbedrohlichkeit) der Situation ergibt (vgl. Bräuer 2014, 131). Es gibt jedoch keinerlei Indizien dafür, dass grüne Meerkatzen in der Lage wären, diese beiden Aspekte im Gebrauch ihrer Zeichen und kognitiv zu unterscheiden. Die Referenz ist für sie gewissermaßen ein Implikat der Lebensbedeutung und die Zerlegung des Leopardenalarmrufs in zwei Aspekte, die eben vorgenommen wurde, ist den Zeichenverwendern selbst gar nicht zugänglich; sie kann nur sprachlich und *ex post* erfolgen. Allein menschliche Symbolsprachen scheinen in der Lage zu sein, den Referenzaspekt zu isolieren, wie es z. B. bei einer operationalen Definition geschieht; aber selbst bei ihnen ist die Lebensbedeutung der verkörperte Ausgangspunkt jedes sprachlichen Ausdrucks.

Wenn Expressivität ein Merkmal vieler, auch nichtmenschlicher Lebewesen ist, dann ergibt sich komplementär die Notwendigkeit, die für natürliche Sprachen charakteristischen Modi des *sense-making* und damit die *human uniqueness* präziser herauszuarbeiten. Und genau an dieser Stelle kommt der Zusammenhang von Expression und Artikulation ins Spiel. Zunächst ist nochmals daran zu erinnern, dass Expression der umfassendere Begriff ist. Auch viele von nichtmenschlichen Lebewesen verwendete Gesten haben schließlich expressiven Charakter, wie schon Darwin in seinem Klassiker *Der Ausdruck der Gemütsbewegungen bei den Menschen und den Tieren* (Darwin 1872/2000) herausgearbeitet hat. Darwin identifiziert dort eine ganze Reihe von speziesübergreifenden „Gemütsausdrücken". Und umgekehrt gibt es viele Aspekte menschlicher Expressivität, die nicht artikuliert und auch sonst nicht bewusst gestaltet werden. Helmut Plessner hat dreien von ihnen, dem Lachen und Weinen (Plessner 1941/2003) und dem Lächeln (Plessner 1950/2003), eindrucksvolle Untersuchungen gewidmet. Schließlich sind beispielsweise Schauspielerinnen und Schauspielern in der Lage, das Repertoire spontaner, nichtartikulierter Ausdrucksformen bewusst, d. h. eben doch artikuliert, zum Einsatz zu bringen, also *top-down* auf neue Weise in den Dienst von, mit Noë zu sprechen, *level-2*-Aktivitäten zu stellen. Für sich genommen, ist daher das Prädikat *expressivistisch* nicht trennscharf genug, um bereits die spezifisch menschliche Form der Explikation von Bedeutung auszudrücken.

Wenn hier von expressivistischem Enaktivismus die Rede ist, soll es aber genau darum gehen: um die expressiven Möglichkeiten artikulierter Sprache.[134] Erst die

---

134 Dies gilt auch bereits für den Expressivismus der deutschen Romantik bzw. der Hegel-Haman-Humboldt-Traditionslinie, auf die sich Taylor bezieht. Den Romantikern ging es nicht um spontane Interjektionen angesichts, beispielsweise, erhabener Natur, sondern um die artikulierte sprachliche Gestaltung und Evokation von Bedeutsamkeit: „Schläft ein Lied in allen Dingen...", heißt es in

Entstehung symbolischer Bedeutungen und die von ihnen ermöglichte Grammatikalisierung erzeugen den schier unendlichen Reichtum menschlicher Expressivität. Die von Noam Chomsky so betonte linguistische Rekursivität, ob sie nun ein Merkmal aller oder nur vieler Sprachen ist (vgl. Everett 2009, 240) ist hiervon lediglich ein Teilaspekt. Der Unterschied zwischen organischer Expressivität im Allgemeinen und menschlicher Expressivität im Speziellen besteht im Übergang zur symbolischen Artikulation. Streng genommen müsste man daher eigentlich vom artikulatorisch-expressivistischen Enaktivismus sprechen. Dieses Wortungetüm soll hier jedoch schon aus sprachästhetischen Gründen vermieden werden. ‚Expressivismus' ist die etablierte Bezeichnung für ein Sprachdenken, das nicht allein die Repräsentation von Sachverhalten, sondern auch die Explikation von verkörperten Interaktionsbedeutungen für sprachkonstitutiv ansieht. Aus diesem Grund wird hier von einer expressivistischen Erweiterung des Enaktivismus gesprochen. Gemeint ist aber nicht Expression als Merkmal von Lebensprozessen überhaupt, sondern artikulierende, symbolische Expression, wie sie nur in der menschlichen Lebensform zu finden ist.

Expressivistische Positionen betonen, knapp formuliert, den Primat der (Lebens-)Bedeutung vor der Referenz. Lebensbedeutung kann sich in emotionalen Reaktionen, in spontanen Interjektionen oder Gesten, aber auch in der hintergründigen Wirksamkeit von existenziellen Gefühlen (vgl. oben 2.4.5) zeigen. Artikuliert kann sie jedoch erst werden, wenn das spontane Verhalten verzögert und symbolische Distanz möglich wird. Pragmatistische Philosophen, aber auch die Autoren der Philosophischen Anthropologie haben oft betont, dass menschliches Verhalten durch eine eigentümliche Indirektheit oder Zögerlichkeit gekennzeichnet ist. Zwischen Reiz und Reaktion, zwischen dem vitalen Impuls und seine motorische Ausführung schiebt sich die kognitive Antizipation möglicher Handlungskonsequenzen ein, die ein Zögern zwischen Handlungsalternativen erzwingt und so auch den ursprünglichen Impuls bzw. Reiz modifiziert. „Denken", so bringt Martin Suhr Deweys Position auf den Punkt, „ist Probehandeln mithilfe von Symbolen" (Suhr 1994, 50). Bereits handlungstheoretisch lässt sich daher ein enger Zusammenhang zwischen der Fähigkeit zum Symbolgebrauch und der Indirektheit und Sinnvermitteltheit menschlichen Handelns nachweisen. Dies gilt von nichtsprachlichen ebenso wie von sprachlichen Handlungen. Das Bewusstsein von Alternativen schwingt noch in den spontansten Verhaltensweisen mit und bettet auch die elementare Expressivität von Menschen in einen durch symbolische Indirektheit bestimmten Kontext ein.

Eichendorfs wohl bekanntestem Gedicht. Aber das Lied schläft eben, und es muss durch menschliches Tun, durch das Finden des Zauberworts, zum Singen gebracht werden.

Helmuth Plessner hat diese Einbettung des nichtartikulierten Ausdrucks in das symbolische Weltverhältnis anhand der menschlichen Verhaltensweisen des Lachens und des Weinens herausgearbeitet. Lachen und Weinen sind expressiv, aber nicht artikuliert. Und während artikulierte Äußerungen immer durch einen symbolisch ermöglichten Abstand vom unmittelbaren Andrang einer Situation gekennzeichnet sind, stellen sich Lachen und Weinen genau dann ein, wenn es sich als unmöglich erweist, diesen Abstand noch einzunehmen – wodurch sie das Phänomen der symbolischen Distanz zugleich affirmieren und relativieren. Plessner charakterisiert Lachen und Weinen folgendermaßen:

> Ihre Äußerungsform [...] zeigt als solche keine symbolische Prägung. Wiewohl vom Menschen aus motiviert, treten sie als unbeherrschte und ungeformte Eruptionen des gleichsam verselbständigten Körpers in Erscheinung. Der Mensch verfällt ihnen, er fällt – ins Lachen, er läßt sich fallen – ins Weinen. Er antwortet mit ihnen auf etwas, aber nicht mit einer entsprechenden Formung, die der sprachlichen Gliederung, der mimischen Gebärde, Geste oder Handlung an die Seite zu stellen wäre. Er antwortet – mit seinem Körper als Körper wie aus der Unmöglichkeit heraus, noch selber eine Antwort finden zu können. Und in der verlorenen Beherrschung über sich und seinen Leib erweist er sich als ein Wesen zugleich außerleiblicher Art, das in Spannung zu seiner physischen Existenz lebt, ganz und gar an sie gebunden. (Plessner 1941/2003, 234 f.)

Zum Lachen bzw. zum Weinen ist uns zumute, wenn die Aufrechterhaltung symbolischer Distanz und mit ihr die artikulierte Rede entweder unmöglich oder aber zutiefst unangemessen erscheinen. Die Bedeutung einer Situation drängt dann dazu, einen Ausdruck zu finden, was aber gerade nicht mehr durch differenzierende Gliederung geschehen kann, also vermittelt, sondern nur noch unmittelbar. Lachen und Weinen sind also nach Plessners subtiler Analyse gewissermaßen Kippfiguren einer im Ganzen symbolischen Existenzform. Sie agieren unmittelbar leiblich aus, was sprachlich nicht mehr in eine wohlgeformte Gestalt zu bringen ist. Die Explosion des Lachens kompensiert die Implosion der symbolischen Gestaltung. Lachen und Weinen im Plessnerschen Sinn können entsprechend nur Wesen, die sich auch artikulieren können[135], und so zeigt Plessners Analyse, wie die artikulierende Grundform menschlicher Existenz noch in ihrer Negation bestätigt wird.

---

135 Anders formuliert, sind Lachen und Weinen Plessner zufolge *post-*, nicht etwa *präsemantische* Phänomene und *in diesem Sinne* Menschen vorbehalten. – Davon zu unterscheiden ist die ethologische Frage, ob beispielsweise Menschenaffen ebenfalls ‚lachen' können, wofür es viele Indizien gibt. Aus Plessners Argumentation erschließt sich jedoch auch, dass ein beim Menschen und Menschenaffen als ähnlich klassifizierbares mimisches Display nicht zwangsläufig auch dieselbe Bedeutung aufweist. Dies ist natürlich mit der evolutionären Kontinuität des Primatenlachens vereinbar. Außerdem könnte es auch menschliche Situationen des Weinens und des Lachens geben, denen die Fallhöhe der Plessnerschen Argumentation fehlt, bei denen es sich also eher um eine

4.4.2 Die Indirektheit symbolischer Kommunikation

Zurück zur Indirektheit und Zögerlichkeit menschlichen Symbolhandelns. Sie zeigt sich konkret darin, dass Erfahrungen zwar mit intensiver Bedeutsam*keit* aufgeladen sein können – mit einer Bedeutsamkeit, die als Qualität einer problematischen Situation stets bereits mögliche Richtungen ihrer Explikation impliziert –, dass es aber in der *unified pervasive quality* (Dewey) noch keine bestimmten, von anderen abgegrenzten Elemente sowie expliziten Relationen gibt. Diese werden im Prozess der Artikulation erst hervorgebracht, nicht willkürlich, sondern geleitet von dem Relevanzgefühl (*felt sense*), das Denk- und Sprechakte begleitet. Ein Problem[136] zu formulieren bedeutet, „dass die zugrunde liegende Qualität in bestimmte Unterscheidungen von Termini und Relationen umgeformt oder zu einem Gegenstand artikulierten Denkens gemacht wird" (Dewey 1930/2003, 101). Dieser Prozess hat einen sukzessiven, gliedernden Charakter, er benötigt Zeit und bringt schon dadurch ein retardierendes Moment von Indirektheit und Vermittlung zwischen Reiz und Reaktion ins Spiel. Meinen ist instantan, Sagen diachron.

Dabei ermöglicht erst der zeitliche Verlauf der Artikulation eines Sprechaktes auch die syntaktische Gliederung und diese wiederum die „Unterscheidung von Termini und Relationen". Jedes bewusste Sprechen vollzieht sich als eine Umarbeitung momenthaft gefühlter Bedeutsamkeit in eine wohlgeformte Zeichenkette, die sich in der Zeit sukzessiv bildet und dabei Bedeutungen explizit macht, die im *felt sense* nur in der Form von Möglichkeiten der Bestimmbar*keit* angelegt waren. Dabei greifen die sachliche Komplexitäts- und Differenziertheitssteigerung durch die fortschreitende Gliederung und die sie stützende phonetische oder schriftliche Artikulation in der Zeit ineinander, und zwar in derselben Weise, wie beim nonverbalen Handeln die Phasen der sensomotorischen Aktion und der mentalen Antizipation von Handlungsfolgen ineinander verwoben sind. Artikulation ist *zeitliche* Gliederung um *sachlogischer* Differenzen willen. Beide Aspekte erzeugen

---

unmittelbare physiologische Reaktion als um den Ausdruck einer nichtsymbolisierbaren Situationsbedeutung handelt. In der Primatenforschung wird das Lachen in der Regel als Reaktion auf Kitzeln betrachtet. Aber auch die Spannbreite menschlicher Reaktionen auf das Kitzeln lässt sich, wie Plessner eindrucksvoll gezeigt hat (Plessner 1941/2003, 281 f.), aus der Spannung zwischen Unmittelbarkeit und kultureller Vermittlung heraus deuten.

136 Hier ist nochmals daran zu erinnern, dass klassische Pragmatisten einen inneren Zusammenhang zwischen der Entstehung eines Problems – im Sinne einer Stockung des fließend-unbewussten Handelns –, der Emergenz von Bewusstsein und der kognitiven Anstrengung des Formulierens bzw. Artikulierens sehen. ,Problematisch' in diesem sehr weiten und auch gegenüber positiven oder negativen Konnotationen neutralen Sinn ist jedwede Interaktion oder Erfahrung, die Aspekte des Neuen und Unvorhergesehenen enthält, freudige Überraschung also genauso wie beklommene Irritation.

reflexive Distanz. Möglich wird die Grammatikalisierung der Sprache als Differenzierungsinstrument aber erst dann, wenn Zeichen nicht mehr okkasionell und „in Echtzeit" gebraucht werden – wie dies etwa bei den Alarmrufen der grünen Meerkatzen oder bei den Gesten von Menschenaffen der Fall ist –, sondern ihre Bedeutung von lokalen Äußerungsanlässen unabhängig wird. Wie schon mehrmals betont, besteht genau darin die Leistung der symbolischen Zeichendimension, und eben deshalb spreche ich von ‚symbolischer Distanz'.

Anthropologisch betrachtet, geht mit dieser Distanz eine Lockerung biologischer Handlungsimpulse einher. Der elementare Handlungskreis von motorischem Impuls, erfahrener Reaktion und Neujustierung des Impulses – oft noch behavioristisch zum Reiz-Reaktionsschema verkürzt – wird durch die Einschaltung symbolischer Kognition komplexer und indirekter, er ändert seine Qualität. Diese „Instinktreduktion" ist von den Autoren der Philosophischen Anthropologie oft, besonders prominent bei Arnold Gehlen,[137] vermerkt und zu Recht als ein zentrales anthropologisches Merkmal herausgestellt worden. In ihren Anfängen war die Instinktreduktion vermutlich ein Resultat der methodischen Erzeugung immer komplexerer Werkzeuge, die zwischen Reiz und Reaktion immer mehr Zwischenschritte einschaltete. Ein Beispiel wäre etwa die Produktion von Faustkeilen auf Vorrat, unabhängig davon, ob sie gerade situativ benötigt wurden. Unübersehbar ist jedoch auch ihr Zusammenhang mit der Sprachentwicklung, mit der Entstehung indirekter Bedeutungen und der Grammatikalisierung. Dabei ist natürlich von Synergien und Wechselwirkungen zwischen der koordinierten Herstellung von Werkzeugvorräten und der Verbesserung sprachlicher Möglichkeiten der Handlungskoordination auszugehen.

Je vermittelter der Zusammenhang zwischen den vitalen Impulsen, die den Organismus im Austausch mit seiner Umwelt lenken, und seinen sensomotorischen Aktivitäten jedenfalls wird, desto weniger gelingt es, die Intentionalität des Handelns schlicht als Realisierung instinktiver Zwecke zu bestimmen. Am einfachsten kann man sich das an zwei besonders starken menschlichen Instinkten klar machen, der Sexualität und dem Nahrungstrieb. In beiden Fällen sind die instinktiven Impulse offenkundig sehr stark, und doch können nur durch kulturelle, symbolische Vermittlungen hindurch konkrete Handlungsziele aus ihnen gewonnen werden. Wie, mit wem und wann Sexualität praktiziert wird, ist ebenso sehr Gegenstand mannigfacher und kulturell sehr unterschiedlicher Normen wie das was, mit

---

[137] Vgl. etwa Gehlen 1940/2014, 26: „Die für den Menschen entscheidende Eigenschaft besteht [...] in einer *Instinktreduktion*, d. h. in einem offenbar stammesgeschichtlichen ‚Abbau' fast aller fest montierten Zuordnungen von ‚Auslösern' zu speziellen, angeborenen Bewegungsweisen." – Für die Philosophische Anthropologie auch über Gehlen hinaus vgl. die Belege im Register von Fischer 2009, 677.

wem, und wann des Konsums von Nahrung. Natürlich gibt es in diesen beiden vitalen Bereichen nicht selten Normverletzungen, die dann aber charakteristischerweise als Rückfall hinter die spezifisch menschliche Lebensform wahrgenommen werden.

Symbolisch artikulierende Lebewesen sind demnach nicht einfach instinktreduziert und infolgedessen handlungsunsicher, wie Gehlen suggeriert; der entscheidende Unterschied zu den Kognitionsprozessen nichtmenschlicher Lebensformen besteht vielmehr darin, dass humane Kognition über die bloß instrumentelle Bestimmung der geeignetsten Mittel zur Erreichung instinktiv vorgegebener Handlungszwecke hinausgeht. Es geht immer auch um die Neubestimmung der Zwecke selbst. Eine solche Neubestimmung ist nur Wesen möglich, die die erlebte Bedeutsamkeit ihres Handlungszusammenhangs mit der Umwelt in fixierbare, gegliederte und intersubjektive Bedeutungen umwandeln können. Darin besteht auch der häufig nicht beachtete, qualitative Unterschied zwischen Intelligenz und reflexivem Denken. Das gilt auf der Ebene individueller Reflexion („Welches Leben möchte ich leben?") ebenso wie von kollektiven *social imaginaries.* Viele von diesen kommen von weit her und bilden sich nur sehr langsam in der *longue durée* (Ferdinand Braudel) kultureller Großtraditionen (Religionen, Zivilisationen), aber auch in den vielfältig miteinander verflochtenen und sich gleichzeitig voneinander abgrenzenden (inter-)kulturellen Realitäten der Gegenwart finden dauernd neue Sinnbildungsprozesse statt, in denen es darum geht, mit den jeweils verfügbaren Mitteln im selben Zug auch die Zwecke neu zu bestimmen.

Niemand hat diese Verschränkung von Mitteln, Zwecken und Bedeutungen klarer gesehen und schärfer analysiert als John Dewey. Rationalität ist eben kein bloßes Instrument im Dienst unserer natürlichen Willensimpulse, sie leistet auch, im Verbund mit unseren artikulationsbedürftigen Gefühlen, eine Neubestimmung der Handlungszwecke selbst, und dies jeweils in Abhängigkeit von den verfügbaren Mitteln. Dagegen könnte man einwenden, dass bekanntlich Dewey selbst den Pragmatismus, einschließlich seines eigenen, als „instrumentalism" (Dewey 1925/1998, 3) bezeichnet hat. Damit ist aber gerade nicht gemeint, dass pragmatische Vernunft alleine der Bestimmung von Mitteln für von ihr unabhängige Ziele dient, wie dies beispielsweise Steven Pinker, die lange Humesche Traditionslinie fortsetzend, behauptet: „... reason is the means to an end, and cannot tell you what the end should be ..." (Pinker 2021, 45). Für Dewey sind Vernunft und Sprache Werkzeuge, mit deren Hilfe Menschen sowohl die Angemessenheit ihrer Ziele als auch die Angemessenheit der dazu verwendeten Mittel beurteilen und Instrumentalismus ist dementsprechend „an attempt to establish a precise logical theory of concepts, of judgments and inferences in their various forms, by considering primarily how thought functions in the experimental determinations of future consequences" (Dewey 1925/1998, 9). Es ist gerade der antizipierende Einbezug der zukünftigen

Konsequenzen, der nicht allein, gemäß der pragmatischen Maxime, die Bedeutung der verwendeten Begriffe festlegt, sondern auch die Wechselwirkungen zwischen Mitteln und Zielen sichtbar macht. Diese Funktion können Denkakte aber natürlich nur dann übernehmen, wenn zwischen erlebten Qualitäten, Emotionen und kognitiven Prozessen keine unüberbrückbare Kluft angenommen wird, sondern die Einsicht regiert, dass es sich hier um aufeinander verweisende Phasen eines sich ständig wiederholenden und rekursiven organischen Prozesses der Interaktion mit der Umwelt handelt. Instrumentell ist Vernunft demnach in dem Sinn, dass sie die *Wechselwirkung* von verfügbaren Mitteln und intrinsisch wertgeschätzten Zielen zu bestimmen erlaubt. Das ist etwas völlig anderes als eine instrumentalistische Auffassung des Denkens, die es in den Dienst der effizienten Verfolgung beliebiger, kognitiv undurchdringlicher Ziele stellt.

Aus genau diesem Grund sind menschliche Vernunft und Sprache auch genuin expressiv. Bedeutungen ergeben sich nicht mehr von selbst aus dem emotionalen Verhältnis vitaler Impulse zu den Umweltbedingungen ihrer Realisierung. Vor dem Hintergrund der Erwägungen, die Dewey etwa in seiner Theorie der Wertschätzung (Dewey 1939/2004) über das von ihm so genannte „Ziele-Mittel-Kontinuum" (Dewey 1939/2004, 333) anstellt, ist es völlig klar, dass Handlungsziele sich für ihn keineswegs bereits in einer vorsprachlichen und vorvernünftigen Instinktsphäre formieren und dann bestenfalls noch zum Ausdruck gebracht werden müssen. Sprachliche, expressive Vernunft ist im Kontinuum zwischen sensomotorischer Erfahrung/ Handlung und symbolischer Explikation immer damit beschäftigt, vital implizierte Bedeutungen zu artikulieren und dabei auch kritisch zu reflektieren. Auch hehre Ideale und hohe Ziele haben ihren *Ursprung* zwar in vitalen Impulsen, aber der qualitative Unterschied zwischen dem vitalen Ursprungsimpuls und einer reflektierten, artikulierten Wertschätzung besteht eben darin, dass letztere durch einen Prozess der sprachlichen, intersubjektiven und vernünftigen Bedeutungsexplikation und -klärung hindurchgegangen ist (vgl. Dewey 1939/2004, 324). Erst artikulierte Expressivität verwandelt vitale Impulse und erlebte Bedeutsamkeiten in intersubjektiv teilbare Werte und Bedeutungen. Dabei erzeugt sie eine symbolische Distanz, die Unmittelbarkeit zugleich bricht und doch bleibend voraussetzt. Denn ohne spontan erlebte Situationsqualitäten existiert überhaupt nichts in der Erfahrung, das Gegenstand einer sprachlichen Expression und Bedeutungsklärung werden könnte. So verändert sich der Interaktionszusammenhang mit der Umwelt durch die Entstehung von symbolischer Reflexivität qualitativ, ohne dabei jedoch jemals unterbrochen zu werden. „Reflection is an indirect response to the environment, and the element of indirection can itself become great and very complicated. But it has its origin in biological adaptive behavior ..." (Dewey 1925/1998, 10)

Enactive sense-making beim Menschen unterscheidet sich demnach grundsätzlich von der Interpretation der Umwelt im Rahmen genetisch fixierter oder auch – wie etwa bei Menschenaffen – im Lauf der Ontogenese erlernter Verhaltensmuster, wie sie allgemeine Merkmale von Lebensprozessen darstellen. Die „exzentrische Positionalität" (Plessner) des Menschen manifestiert sich in der Unumgänglichkeit artikulierter Lebensbedeutungen und -ziele, deren Ausarbeitung sich in symbolischer Distanz zum Andrang vitaler Impulse vollzieht. Dementsprechend ist auch die Darstellung von Sachverhalten in der Welt immer in Bewertungsprozesse eingebettet, die einen expressiven, keinen repräsentationalen Charakter aufweisen. Die Insel der Wahrheit liegt, um Deweys Metapher nochmals aufzugreifen, *innerhalb* des Ozeans der Bedeutungen. Dabei gilt, dass nur sprachliche Formen des *sense-making* überhaupt Wahrheitsansprüche und mit ihnen die Referenz auf Sachverhalte artikulieren können, während etwa Musik, Malerei und Tanz nichtreferenzielle Bedeutungen zum Ausdruck bringen.

Da artikulierte Expressivität augenblicklich Erlebtes in sachlich wie zeitlich Gegliedertes transformiert, ist sie, wie bereits dargestellt, grundsätzlich durch Indirektheit, Vermitteltheit und Umwegigkeit gekennzeichnet. Damit wird ein Prozesscharakter angesprochen, der sich bereits in den Frühphasen der Hominisation beobachten lässt und den die Forscherinnen und Forscher der ROCEEH-Gruppe als Verlängerung der *problem-solution distance* (vgl. oben, S. 167–169) aufgegriffen und zu einem Stufenmodell der Menschheitsentwicklung operationalisiert haben. Die bloße *Verlängerung* der Schrittfolge von einem Problem zu seiner Lösung schlägt dabei in eine zunehmende Selbstreferentialität des Bearbeitungsprozesses um. Während etwa der Übergang von einteiligen Faustkeilen zu Multikomponenten-Werkzeugen wie Äxten (Holzgriff, Pflanzenfasern zur Befestigung, Kopf der Axt) die Zahl der kognitiven und praktischen Zwischenschritte erhöht, dabei aber immer noch der Lösung von Problem in der physischen Umwelt dient, verhält es sich mit den narrativen und rituellen Wirklichkeitsdeutungen, die im Lauf der von Merlin Donald so genannten *mythischen* Kultur entwickelt worden sind, bereits anders. Solche Deutungen dienen nicht mehr unmittelbar instrumentellen Zwecken, sie betten vielmehr die physische Umwelt mit ihren Kausalitäten in einen Bedeutungszusammenhang ein, der sicherlich *auch* noch evolutionäre Vorteile verschafft (etwa eine höhere Gruppenkohäsion), aber im selben Zug auch neuartige Zwecksetzungen ermöglicht, die mit den Imperativen des Überlebens und Sich-Fortpflanzens nur noch sehr indirekt verbunden sind. Damit verändert sich gleichzeitig die Struktur von Expressivität, die sich jetzt nicht mehr allein auf vital bedeutsame Situationen im Hier und Jetzt bezieht, sondern immer neue kulturspezifische, jeweils pfadabhängige Möglichkeiten auslotet und sich dabei ebenso stark auf tradierte Ausdrucksleistungen (den „objektiven Geist") bezieht wie auf unmittelbar erlebte Qualitäten. Komplexitätssteigerung und Wachstum von Selbstreferentialität gehen Hand-in-Hand.

In diesem Prozess interagiert artikulierende Expressivität kontinuierlich mit den sozialen, politischen, technologischen und wirtschaftlichen Entwicklungen, in die sie eingebettet ist und die sie ihrerseits formt. Gegenwärtig lassen sich diese Verschränkungen besonders deutlich, um nur ein besonders prominentes Beispiel zu erwähnen, in den Debatten zum Thema ‚Künstliche Intelligenz‘ beobachten. Hier greift alles ineinander: Wachsende technologische Möglichkeiten etwa zur Gesichtserkennung und autonomen Steuerung von Robotern sind keineswegs bloß Mittel zur Erreichung von ihnen unabhängiger Zwecke, sie erlauben auch völlig neue Zwecksetzungen wirtschaftlicher, politischer und nicht zuletzt militärischer Art. Gleichzeitig entwickelt sich ein diesen Entwicklungen oft nur hinterherlaufender Diskurs, in dem sowohl massive Befürchtungen als auch Erwartungen artikuliert werden, nicht selten sogar von denselben Diskursteilnehmern. Der springende Punkt aus der Perspektive des expressivistischen Enaktivismus ist nun, dass sich dieser Diskurs nicht primär um die Darstellung und Kommunikation von Sachverhalten dreht.

In seinem Zentrum steht die Artikulation von Bedeutungen und Werten, die wiederum offensichtlich von den jeweils favorisierten mehr oder minder impliziten Anthropologien (Stichwort Humanismus vs. Transhumanismus) abhängig sind. Es geht hier also um wertende Unterscheidungen im Sinne der von Charles Taylor so genannten expressiv-konstitutiven Sprachleistungen (vgl. Taylor 2016, 48), mittels derer das Verhältnis zwischen instrumenteller (künstlicher) Intelligenz und verkörperter expressiver Vernunft thematisiert wird, man könnte auch sagen: zwischen effizienter Mittelwahl und reflexiver Bestimmung von Zwecken. Es gehört zu den großen Vorteilen des pragmatistischen Interaktionsmodells von Organismus und Umgebung, dass diese beiden Aspekte als zusammengehörig erkannt werden und eine Dualität von ‚hehren‘ (Selbst-)Zwecken einerseits und ‚bloßer‘ Utilität andererseits konsequent zurückgewiesen wird. Mittel und Zwecke implizieren sich im selbstbezüglichen Prozess der Kulturentwicklung wechselseitig und generieren dabei neue, zunehmend vermittelte Bedeutungen, die zu den biologischen Imperativen der Lebenserhaltung hinzukommen. Im selben Zug verwandelt sich die unbearbeitete Natur immer stärker in kultivierte, erzeugen technologisch ermöglichte Handlungen immer stärker auch nichtintendierte Folgen (wie etwa die Aufheizung der Erdatmosphäre), sodass die menschliche Abarbeitung an der Natur immer stärker zum Versuch der Bewältigung dieser Handlungsfolgen wird. Künstliche Intelligenz verfügt jedoch (noch?) nicht über die verkörperten Gefühle, an denen jede reflexive Bestimmung von Zielen und Bedeutungen ansetzen muss: Sie hat keine Lebensinteressen. Es bleiben daher immer noch Menschen, denen die Verantwortung zufällt, ihre expressive Vernunft zur Artikulation humaner und für den Rest des Planeten verträglicher Bedeutungen, Handlungsziele und angemessener Mittel zu nutzen.

Es sollte nun deutlich geworden sein, dass artikulierte im Unterschied zu un-artikulierter Expressivität zeitlich ausgedehnt, indirekt und vermittelnd ist und sich schon aus diesem Grund in den kulturevolutionären Prozess einer Verlängerung der *problem-solution distance* einschreibt, der sich auch für andere fundamentale kognitive Entwicklungen wie diejenige des Werkzeuggebrauchs beobachten lässt. Explizit zu machen, was in leiblich erlebten Situationsqualitäten enthalten ist und damit intersubjektive teilbare Bedeutungen zu erzeugen, setzt Unmittelbarkeit ebenso voraus, wie sie mit ihr bricht. Wer symbolische Zeichenketten bildet, *transzendiert* unvermeidlich das Hier und Jetzt ihrer Entstehung. Dadurch entsteht die Dynamik eines selbstbezüglichen Zeichenprozesses, der zwar durch ikonische und indexikalische Zeichen immer mit der nichtsprachlichen Realität verbunden bleibt, aber mittels symbolischer Distanz und gliedernder Grammatikalisierung Bedeutungstraditionen erzeugt, die über alle okkasionellen Zeichenverwendungen weit hinaus gehen. Jeder Akt der Artikulation von Bedeutungen verbindet daher zwei Aspekte des menschlichen Weltverhältnisses miteinander, nämlich die initiale Erfahrung von Bedeutsamkeit im Erleben von situativen Qualitäten und die kulturellen Sinnwelten des „objektiven Geistes", die alle Zeichenverwender bereits im Rücken haben. Was individuelle Zeichenverwender ausagieren, wenn sie in Akten des *collaborative sense-making* miteinander kommunizieren, ist nichts anderes als die Vermittlung ihres ureigensten, persönlichen Erlebens mit den expressiven Möglichkeiten der Bedeutung, die ihnen durch die jeweils verfügbaren kulturellen Codes und *social imaginaries* bereitgestellt werden. Dabei muss der Begriff der Vermittlung in beide Richtungen gedacht werden. Einerseits bedienen sich Sprecherinnen und Sprecher bei den kulturellen Ausdrucksmöglichkeiten, die sie vorfinden, zur Artikulation von Bedeutsamkeit, andererseits sind aber auch die individuellen Situationsqualitäten bereits semantisch imprägniert. Qualitäten werden zwar unmittelbar erlebt, aber eben von einem sozialen Organismus, dessen Erlebnismöglichkeiten gleichermaßen situativ wie kulturell bestimmt sind.

Enaktivistisches Denken rückt zu Recht die Organismus-Umwelt-Interaktion ins Zentrum und setzt entsprechend bei sensomotorisch ausagierten Lebensbedeutungen ein. Auch im Blick auf die menschliche Sprache scheint mir die vorbehaltlose Anerkennung der „continuity between life and language" (Di Paolo/Cuffari/De Jaegher 2018, Untertitel) der einzige Weg zu sein, den Rückfall in eine dualistische Position zu vermeiden. Enaktivisten betrachten die Umweltinteraktionen des Organismus nicht aus der externen Perspektive eines Beobachters, der Funktionszuschreibungen konstatiert. Sie sehen *sense-making* als einen Prozess, der an die Handlungsperspektive gebunden ist: „The interiority of life is the interiority of selfhood and sense-making [...] A living being enacts a milieu marked by significance and valence." (Thompson 2007, 225) Auch sprachlich artikulierte „significance and valence", in der beispielsweise die Unterscheidung zwischen „Bedeutung für..."

und „Referenz auf ..." explizit gemacht werden kann, bleibt in diesen Lebenszusammenhang eingebunden. Sofern daher ‚Repräsentationalismus' als Etikett für ein Sprachverständnis steht, in dem der auf objektive Tatsachen referierende Aussagesatz das Paradigma des Sprachlichen darstellt, ‚Expressivismus' hingegen eine Sprachauffassung bezeichnet, bei der Interaktionsbedeutungen primär sind und Referenz innerhalb dieser gedacht wird, sind Enaktivisten zwangsläufig Expressivisten.

Es hat sich aber auch gezeigt, dass die Bezeichnung „Expressivismus" zwar eine etablierte und prägnante Begriffsmarke liefert, aber artikulatorisch erweitert werden muss, um der Tatsache gerecht zu werden, dass es eine relative Eigenständigkeit kultureller Bedeutungen bzw. des „objektiven Geistes" gegenüber dem individuellen *sense-making* gibt. Semiotisch betrachtet, wird diese relative Eigenständigkeit durch die Vermitteltheit und Indirektheit symbolischer Bedeutungen ermöglicht. Jede beliebige Zeichenkette verweist inferentiell auf andere Zeichenketten und damit letztlich auf den „objektiven Geist". Auch aus handlungstheoretischer Perspektive gilt, dass individuelle Artikulationsakte die jeweils unvertretbar erlebten Situationsqualitäten nur bestimmen und in intersubjektiv verständliche Bedeutungen überführen können, indem sie sich aus dem Fundus bereits geteilter und dadurch verallgemeinerter Bedeutungen und grammatischer Gliederungsmöglichkeiten bedienen. Vom Meinen zum Sagen führt nur ein einziger Weg, nämlich derjenige über die Brücke der symbolischen Verallgemeinerung. Die Rede von Expressivität im Allgemeinen ist daher zu unspezifisch und außerdem zu sehr auf spontanes Ausdrucksverhalten bezogen, als dass sie die charakteristisch menschliche Form der Bedeutungsbildung bezeichnen könnte. Eben dies leistet jedoch der Begriff der *Artikulation*, weil er genau jenen Transformationsprozess bezeichnet, der von der Bedeutsamkeit mittels zeitlich-sachlicher Gliederung zur intersubjektiv zugänglichen Bedeutung führt.

Artikulation erweist sich damit als das gesuchte Brückenprinzip, das zwischen dem lebendigen *enactment* von Bedeutsamkeit und der kulturellen Welt der symbolischen Formen vermitteln kann. Der Begriff bringt zum Ausdruck, dass sprachliches *sense-making* einen gliedernden, in der Zeit verlaufenden und Unmittelbarkeit umarbeitenden Charakter hat, und er enthält gleichzeitig, dass die sachlogische Dimension der Gliederung von der verkörperten, lautlichen Artikulation getragen und ermöglicht wird. Unartikulierte Expressionen, etwa Seufzen oder Lachen, vertreten innerhalb der artikulierten Sprache das spontane Bedeutungserleben des Organismus, ikonische und indexikalische Zeichen stellen dann gewissermaßen die Ankerpunkte da, an denen das Symbolisch-Allgemeine mit individueller Erfahrung verbunden ist. Das regierende Prinzip des sprachlichen Ausdrucks ist aber die Artikulation, durch die mittels leiblicher Gliederung Satzgebilde entstehen, in denen aus gespürter Relevanz ausdrückliche Unterscheidungen geworden sind. Diese Satzgebilde gehören dann einer Sphäre geteilter Bedeutungen an. Sie lösen sich insoweit von ihrem Entstehungskontext und können bei entsprechenden Rezeptionsbedingungen in dieser Sphäre zirkulieren, neu interpretiert und mit anderen Sinnfiguren zu kulturellen Traditionen verschmolzen werden.

Nach Wilhelm von Humboldts berühmter Unterscheidung ist Sprache primär immer *energeia*, nicht *ergon* (vgl. Humboldt 1836/1998, 174), Vollzug, nicht Resultat. Damit erweist sich Humboldt als Enaktivist *avant la lettre*. Die dynamische Selbstreproduktion der Sprache schließt aber keineswegs aus, sondern ermöglicht im Gegenteil erst, dass sich Bedeutungstraditionen bilden, die ihrerseits auf den lebendigen Sprachgebrauch zurückwirken. Sprache hat, wie Humboldt sich ausdrückt, „... einen Stoff von früheren Geschlechtern ...“ empfangen, weshalb die „... den Gedankenausdruck hervorbringende Thätigkeit immer zugleich auf etwas schon Gegebenes gerichtet, nicht rein erzeugend, sondern umgestaltend ...“ (Humboldt 1836/1998, 175) ist. Die Geistes- und Kulturwissenschaften befassen sich mit diesem Stoff, mit historischen entstandenen Figurationen von Sprache und Kultur und ihrem Einfluss auf aktuelle Bedeutungsbildungen. Enaktivisten brauchen deshalb ihre Grundidee, den sensomotorischen Zusammenhang von Organismus und Umwelt als Bedeutungsgenerator, nicht aufzugeben, um sich diesen Wissenschaften zu öffnen. Und Geistes- und Kulturwissenschaftler tun ihrerseits gut daran, die biologischen Quellen kulturellen Sinns nicht länger zu ignorieren oder gar sozialkonstruktivistisch wegzudiskutieren.

5 Zur Anthropologie der Bedeutung

5.1 Bedeutung als anthropologische Grundkategorie

Die Universalität des Bedeutungsphänomens ist vielleicht die wichtige Erkenntnis, in der die klassischen Pragmatisten und die Vertreterinnen und Vertreter der *embodied cognition*, speziell des Enaktivismus, übereinstimmen. Wo Leben ist, ist Bedeutung, denn diese beschränkt sich nicht auf die Menschenwelt, sie gründet vielmehr in der universellen biologischen Tatsache, dass die Qualität seiner Umweltaktionen sich auf das homöostatische Gleichgewicht des Organismus auswirkt. Diese Auswirkungen werden vom Organismus registriert und von einem bestimmten Punkt in der Entwicklung komplexerer Organismen ab auch wertend als gut oder schlecht, zuträglich oder abträglich etc. *erlebt*. Auf dieser Lebensbedeutung basiert *artikulierte* Bedeutung, die jedoch kraft ihres intersubjektiven, symbolischen und gegliederten Charakters nicht an das Erleben von Individuen gebunden bleibt, sondern im sozialen „Raum der Bedeutungen"[138] zirkuliert und dabei aufgegriffen, kritisiert, weiterentwickelt und natürlich auch vergessen werden kann. Und erst durch die Gliederungs- und Unterscheidungsmöglichkeiten, die eine grammatisch strukturierte Symbolsprache bietet, wird es möglich, den referenziellen Aspekt des Bedeutungsphänomens zu isolieren und ausdrücklich zu machen, was wiederum beispielsweise die Entwicklung von Bedeutungstheorien überhaupt erst möglich gemacht hat, die Bedeutung wahrheitskonditional einengen. Die pragmatistische Revolution, von der ich oben gesprochen hatte, lässt sich dementsprechend *einerseits* ebenso wie die kognitionswissenschaftliche Wende zur *embodied cognition* als eine antidualistische Wiederherstellung der Kontinuität zwischen biologischen Lebens- und semiotischen Bedeutungsphänomenen begreifen. *Andererseits* erlaubt sie es aber auch, der menschlichen Einzigartigkeit gerecht zu werden, indem sie die Evolution humanspezifischer Lebensformen als Emergenz von genuin Neuem begreift.

Dabei steht immer die Fähigkeit reflektierter Kontrolle über die Relevanz des Erfahrenen für den Lebensprozess, genauer dessen Fortsetzung und Steigerung gegen Widerstände und Schwierigkeiten, im Vordergrund. In dem kurzen Text *Importance, Significance, and Meaning* von 1949 bringt John Dewey das sehr klar zum Ausdruck:

---

138 Ich greife mit dieser Formulierung Sellars' bekannte Rede vom *space of reasons* auf, die ich bedeutungstheoretisch erweitere, um darauf hinzuweisen, dass auch jede Argumentation, jede Aktivität des Begründens in einen semiotischen Kontext eingebettet ist, der neben rationalen auch emotionale und volitionale Komponenten umfasst.

https://doi.org/10.1515/9783111065595-006

> ... [T]he distinguishing and identifying mark of distinctively human activity in every one of its many varieties, knowing included, is the demand made in it and upon it, with respect to its measure as *intelligently* managed, to consider, weigh, estimate, judge or pass upon the *importance* of what is presented, suggested, in any way entertained and held in view with how to proceed when difficulties and obstacles are incurred. (Dewey 1949/1998, 220; kursiv im Original)

Bedeutungen gründen also weder im für sich betrachteten, isolierten Organismus noch in seiner Umwelt, sondern in der Bewertung von *Interaktions*zusammenhängen und dem Bestreben des Organismus, diese auch gegen Widerstände fortzusetzen. Sie werden daher nicht passiv registriert, sondern ausagiert (*enacted*) – was natürlich auch eine passiv-rezeptive Komponente einschließt, ganz im Sinne der Peirceschen *secondness*. All die eingefahrenen Dualismen von Herstellen und Empfangen, Reaktion und Reiz, Erleben und Artikulieren verbieten sich hier von selbst, genauer: Sie werden in relationale Unterscheidungen zwischen den kontinuierlich ineinander übergehenden Phasen eines zirkulären Zusammenhangs von Organismus und Umgebung transformiert. *Projektions*modelle – Bedeutungen als die Projektion menschlicher Bewertungen auf eine intrinsisch sinnfreie Realität – sind damit ebenso ausgeschlossen wie *Spiegel*modelle, die Bedeutungen als isomorphe Repräsentationen einer subjektunabhängigen Realität verstehen.

Ich habe oben schon mehrfach betont, dass es gerade diese Verschränkung passiver und aktiver Elemente ist, die auch in sprachlicher Hinsicht *Freiheitsgrade* ermöglicht, die sich im Rahmen des Repräsentationalismus grundsätzlich nicht denken und verstehen lassen.[139] Dem Spiegelmodell entspricht ein Verständnis von Sprache, dessen Ideal die linguistische Abbildung eines vorab bereits bestehenden Urbilds ist. Projektionsmodelle hingegen neigen dazu, sprachliche Freiheit als grenzenlos anzusetzen, weil das freie Flottieren der Signifikanten im Rahmen dieses Denkens durch keinen Realitätsschock mehr limitiert werden kann. Das interaktionistische Modell hingegen impliziert ein verkörpert-bedingtes Verständnis von Freiheit als kreativer Bestimmungsprozess innerhalb eines Möglichkeitsraums, der von den sich artikulierenden Subjekten, vom „objektiven Geist" und von der von uns unabhängigen Wirklichkeit zusammen bestimmt wird. Eine Situation zu artikulieren, lässt niemals nur eine einzige ‚richtige' Ausdrucksmöglichkeit zu, ebenso-

---

139 Dazu passt, dass Dewey auch in seiner Rezeption von Darwins Evolutionslehre (vgl. Dewey 1909/2004, 41 f.) und seiner Arbeit zum Freiheitsbegriff (vgl. Dewey 1928/2003, 284 f.) hervorgehoben hat, dass es einen inneren Zusammenhang zwischen der offenen evolutionären Dynamik und menschlicher Freiheit und Verantwortung gibt, und dass dabei die Explikation von Bedeutungen eine zentrale Rolle spielt. – Für eine gründliche Diskussion der Art und Weise, in der das pragmatistische Verständnis von Vernunft und Erfahrung auf einen Begriff der „*gebundenen Freiheit*" führt vgl. Volbers 2018, hier: 8.

wenig allerdings beliebig viele. Die Freiheit der artikulierenden Bedeutungsbestimmung ist strukturell von derselben Art wie die bedingte Freiheit nichtsprachlichen menschlichen Handelns. Die eine und die andere sind in zirkulärer Kausalität miteinander verbunden.

5.1.1 Die bedingte Freiheit des ‚sense-making'

William James hat in seinem Vortrag *Der Wille zum Glauben* (*The Will to Believe*) diese anthropologische Verschränkung von Handlungs- und Bedeutungsfreiheit in großer Klarheit herausgearbeitet. Der Text bezieht sich zwar primär auf die Frage nach dem rationalen und/oder volitionalen Charakter weltanschaulicher bzw. religiöser Grundentscheidungen; er lässt sich jedoch genauso gut auch als Ausarbeitung einer Logik verstehen, die *allen* bedeutsamen Entscheidungen zugrunde liegt. James geht davon aus, dass Entscheidungen grundsätzlich als Wahlen zwischen Hypothesen verstanden werden können. Sein nicht wirklich glücklich gewählter Begriff der „Hypothese" ist hierbei sehr allgemein zu verstehen. Wenn ich mich zwischen zwei wissenschaftlichen Theorien zu entscheiden habe, fungieren diese als Hypothesen, aber dasselbe gilt im Grunde für alle Wahlmöglichkeiten, und man kann daher auch die Entscheidung für die Wahl dieses und nicht jenes Ausdrucks, dieser und nicht jener grammatischen Konstruktion innerhalb eines Artikulationsakts als Entscheidung zwischen zwei Hypothesen beschreiben.

Optionen (Wahlen zwischen zwei oder mehreren Hypothesen) können nun lebendig oder tot, zwingend oder vermeidbar, bedeutsam oder trivial sein (vgl. James 1896/2022, 9 – 11 und Jung in James 1896/2022, 103 f.). Existenziell relevant sind aber einzig und allein *lebendige, zwingende* und *bedeutsame* Optionen, die James dann zusammenfassend *genuine* nennt. Diese Terminologie wendet James spezifisch auf religiöse Entscheidungen an, etwa auf die Frage, ob jemand Agnostiker werden oder Christ bleiben möchte. Dabei findet eine Wahl zwischen zwei oder mehr Möglichkeiten statt, die von den Wählenden als ernsthaft verfügbar und nicht bloß abstrakt gegeben betrachtet werden. Abstrakt gedacht, könnte sich die Person vielleicht auch entscheiden, irgendeiner obskuren Sekte beizutreten, aber in ihrem konkreten Möglichkeitsraum taucht diese Möglichkeit eben gar nicht auf, sie ist, in James' Worten, nicht „lebendig". Das zweite Kriterium für eine genuine Option besteht in ihrer Nicht-Vermeidbarkeit. Die Handlungsoption „Lieben Sie mich oder hassen Sie mich" (Beispiel in James 1896/2022, 10 f.) erfüllt dieses Kriterium nicht, denn sie stellt keine vollständige Disjunktion dar; es gibt auch noch andere Möglichkeiten, etwa diejenige, gegenüber der Person indifferent zu bleiben. Drittens und letzten sind genuine Optionen *bedeutungsvoll*, d. h. in James Kontext: Ihre

Ausübung in die eine oder andere Richtung muss einen erheblichen, nicht bloß trivialen Unterschied für die sich entscheidende Person machen.

Wie schon gesagt, bringt James all diese Unterscheidungen in Stellung, um die innere Logik des Handelns im Fall religiöser Entscheidungen von existenzieller Bedeutung herauszuarbeiten. Sie lassen sich jedoch, wie ich jetzt im Einzelnen zeigen möchte, auch auf die Struktur von Artikulationsprozessen und auf den dort bestehenden Zusammenhang zwischen Handlungs- und Bedeutungsfreiheit (letztere nicht im Sinne der Freiheit *von*, sondern der Freiheit *zur* Entscheidung für bestimmte Interpretationen von Bedeutung) anwenden. Sich auszudrücken, stellt eine ständige Abfolge von Mikroentscheidungen dar. Bei der Gliederung des Sprechens/Schreibens, oder mit Heinrich von Kleist formuliert der „allmählichen Verfertigung der Gedanken beim Reden" (Kleist 1805, Titel) tauchen ständig ‚Bifurkationspunkte' auf, die eine Wahl zwischen mindestens zwei Möglichkeiten der Fortsetzung erzwingen. Dabei suggeriert die Sprechsituation (zu der auch der biographische Hintergrund der Sprechenden sowie die ihnen zugänglichen Sinnbildungen des „objektiven Geistes" gehören) jeweils bestimmte Wörter und Weisen der Wortverbindung als konkrete Möglichkeiten, während andere rein abstrakt bleiben. Schließlich ergibt sich ja bereits aus der pragmatistischen Beschreibung des Handelns und der Bedeutungsbestimmung, dass der Ausgangspunkt immer in einer Situation besteht, in der ein vorab bereits etablierter Interaktionszusammenhang mit der Umwelt sich – in dem oben schon erläuterten sehr weiten Sinn – als problematisch erweist.

Welche Handlungsmöglichkeiten (bei James „Hypothesen") dann für die Akteure lebendig sind, also konkret in Frage kommen, hängt von den Bedeutungen ab, die die Konsequenzen der jeweiligen Handlungswahl haben, und diese Bedeutungen fallen wiederum nicht vom Himmel, sondern werden denkend und sprechend artikuliert. Dabei stellt jede qualitativ empfundene einheitliche Situation Möglichkeiten ihrer Bestimmung bereit und schließt andere wiederum aus. Die „Qualität [...] enthält als Teil ihrer komplexen Qualität eine Bewegung oder einen Übergang in irgendeine Richtung. Sie kann deshalb intellektuell symbolisiert und in ein Objekt des Denkens verwandelt werden." (Dewey 1930/2003, 107) Es ist eben die Situationsqualität, die Optionen zu lebendigen macht, und das trifft für nichtsprachliches Handeln in derselben Weise zu wie für die Wahl der sprachlichen Ausdrucksmittel in einem Artikulationsprozess. Die Optionen sind dadurch bedingt und begrenzt, aber die Entscheidung zwischen ihnen bleibt ein Akt der Freiheit.

Auch das zweite Kriterium von James, der *zwingende* Charakter der Wahl, wird von *allen* genuinen Situationen der Bedeutungsbestimmung erfüllt, nicht allein von existenziellen Entscheidungen in religiösen Fragen. Der Unterschied liegt im *Grad* der Dringlichkeit, nicht in dieser selbst. Denn auch die Artikulation von Bedeutungen setzt eine als klärungs- und bestimmungsbedürftig erfahrene Situation voraus, ein *Meinen*, das dringend im *Sagen* expliziert werden will. Nichts zu tun, also auf den Versuch zu verzichten, erlebte Bedeutsamkeit in artikulierte Bedeutung zu transformieren, stellt deshalb keine Option dar. Damit ist unmittelbar auch das dritte Kriterium angesprochen. Natürlich gibt es sehr erhebliche Unterschiede im Grad der Bedeutung auf einer Skala von fast noch trivial bis hin zu höchster existenzieller Relevanz für das gesamte Leben. Aber wenn eine gefühlte Situationsbedeutsamkeit überhaupt ernstlich artikuliert wird, setzt das bereits voraus, dass eine bestimmte Relevanzschwelle überschritten ist. Niemand strengt sich besonders an, triviale Ereignisse des Lebens möglichst stimmig zum Ausdruck zu bringen. Sprachlicher (und auch nichtsprachlicher, aber von der menschlichen Symbolkompetenz geprägter) Ausdruck besteht in der bedingten Freiheit der Wahl zwischen Möglichkeiten, die den Handelnden und Sprechenden als genuine Optionen präsent sind. So betrachtet, entwickelt James die *anthropologische* Grundstruktur der sprachlichen ebenso wie der nonverbalen Bedeutungsbestimmung, keineswegs nur die speziellen Verhältnisse im Sonderfall religiöser bzw. weltanschaulicher Konversionen.

Für ihn ist Handeln im emphatischen Sinn (im Unterschied zu bloß routiniertem Verhalten) immer eine[140] Wahl zwischen ihrerseits nicht gewählten, sondern dem Handlungssubjekt vorgängigen Möglichkeiten (im Sinne von antizipierten Handlungsfolgen). Es sind diese Möglichkeiten, die dem Tun eine Bedeutung geben. Aus diesem Grund schreibt auch Max Weber in seiner bekannten Definition des Handelns: „‚Handeln' soll [...] ein menschliches Verhalten (einerlei ob äußeres oder innerliches Tun, Unterlassen oder Dulden) heißen, wenn und insofern als der oder die Handelnden mit ihm einen subjektiven *Sinn* verbinden." (Weber 1922/1988, 542; Kursivierung im Original gesperrt) Bei der Bedeutung, die das Handeln für die Akteure hat, sind in Weiterführung der Analyse von James immer zwei Aspekte zu unterscheiden: *Zum einen* diejenigen Bedeutungen, die schon vor dem Handeln, ob linguistisch oder nicht, in den lebendigen Optionen verfügbar sind und *zum anderen* die neuen Bedeutungen, die durch die sukzessiven Wahlakte der Handlung selbst erst erzeugt werden. Dieser zweite Aspekt ist der entscheidende, wenn man verstehen möchte, worin die Kreativität des Handelns und worin ihr Zusammenhang mit dem Bedeutungsphänomen besteht.

---

140 Der Singular ist nur bei seltenen, existenziellen Unterscheidungen angebracht. Im Falle sprachlicher Artikulation handelt es sich hingegen um eine dynamische Abfolge zahlreicher, rascher und zunächst nur von dem *felt sense* der allmählichen Bedeutungsbildung zusammengehaltener Mikrowahlen.

5.1.2 Handlungssinn und Lebensbedeutung

Wie etwa von Hans Joas (Joas 1996, 11 ff.) und Susan Wolf (Wolf 2010, 1 f.) bemerkt worden ist, tendieren die etablierten Handlungsmodelle in Psychologie, Soziologie und Philosophie jedoch dazu, lediglich zwei verschiedene Typen von Handlungssinn zuzulassen: denjenigen, der egozentrisch-zweckrationale und denjenigen, der normativ-orientierte Handlungen regiert. So beschreibt Wolf die Einstellung Henry Sidgwicks als exemplarisch, die sie folgendermaßen bestimmt: „[He] held that two perspectives offer people valid reasons to act: the egoistic perspective, which issues recommendations of what is most in an agent's self-interest; and the impersonal perspective, which urges one to do what is best ‚from the point of the universe'." (Wolf 2010, 2) Wolf geht sogar soweit, Sidgwicks klassisches Zwei-Gründe-Modell auch in unseren alltäglichen Handlungsbegründungen wiederzuerkennen: Entweder wir sprechen die Sprache des Eigeninteresses oder diejenige der Pflicht, *tertium non datur.*

In seiner *Kreativität des Handelns* kritisiert Joas eine solche Beschränkung auf nur zwei Perspektiven ausdrücklich und führt ein drittes Modell ein, das den „kreativen Charakter menschlichen Handelns" (Joas 1996, 15) herausstellt, und zwar nicht einfach als Ergänzung der bereits etablierten Handlungstypen, sondern um „für alles menschliche Handeln eine kreative Dimension zu behaupten" (Joas 1996, 15). Mit James, Joas und Wolf lässt sich dafür argumentieren, dass der semiotische Kern dieser kreativen Handlungsdimension im Begriff der *Bedeutung* gefunden werden kann. In abbildrealistischen, wahrheitskonditionalen Bedeutungstheorien spielt Kreativität keine Rolle, im Expressivismus ist sie hingegen zentral. Im Erleben von Bedeutsamkeit mutet eine Situation als ebenso relevant wie explikationsbedürftig an und eröffnet damit, wie erläutert, Möglichkeiten ihrer Explikation.

Der Plural ist hier entscheidend. Denn die Explikation dessen, was im Erleben implizit, aber eben nicht bereits impliziert ist, trägt einen genuin kreativen Charakter, weil sie eine dauernde Wahl zwischen lebendigen Möglichkeiten voraussetzt. Jede artikulierte Bedeutung ist Wirklichkeit vor dem Hintergrund noch lebendiger, jedoch abgewählter und also negierter Möglichkeiten, und der Weg, der sich so kreativ beim Gehen baut, besteht aus verwirklichten Möglichkeiten, die dem Selbst zuvor qualitativ suggeriert wurden. Die Kreativität des Handelns basiert dementsprechend, bedeutungstheoretisch gesprochen, darauf, dass die Transformation von Bedeutsamkeit in Bedeutung einen *Akt bedingter Freiheit* darstellt: Das Meinen determiniert das Sagen nicht, es verschafft ihm aber einen begrenzten Freiheits- und Möglichkeitsspielraum. In gleicher Weise determiniert auch die Ausgangsintention das nichtsprachliche Handeln keineswegs,[141] sie setzt vielmehr einen kreativen Prozess situativer Weiterbestimmung von Handlungsmitteln und -zielen in Gang. Aus diesem Grund verzichtet John Dewey auf die statische Rede von vorab feststehenden Handlungszielen und ersetzt sie durch die Dynamik spezifischer „ends in view" (z. B. Dewey 1949/1998, 215). Dabei zeigt sich die innere *Stimmigkeit* (vgl. Jung/Schlette 2018) kreativer (Sprach-)Handlungen jeweils darin, dass das Erleben von Bedeutsamkeit, die Unverfügbarkeit der jeweils involvierten sachlichen Aspekte sowie die kreativ erschlossenen und dann gewählten Handlungsmöglichkeiten in ein ihrerseits stimmiges Verhältnis treten.

Sowohl Hans Joas als auch Susan Wolf kritisieren die handlungstheoretische Verkürzung möglicher Handlungsgründe und -typen auf die zweckrationale Durchsetzung von Eigeninteressen einer- und normenorientiertes Handeln andererseits. Während Joas aus einer pragmatistischen Perspektive heraus die Kreativität des Handelns herausstellt, konzentriert sich Susan Wolf auf den Begriff der *Lebensbedeutung*. Zwischen beidem besteht jedoch, wofür ich soeben argumentiert habe, ein enger Zusammenhang. Allerdings muss hier klar zwischen verschiedenen Bedeutungen von ‚Bedeutung' unterschieden werden. Semiotisch betrachtet, sind natürlich auch Handlungen, die durch Eigeninteressen motiviert werden, im Sinne der weberschen Definition sinnhaft, d. h. durch eine zeichenvermittelte Bedeutung bestimmt, und das gilt noch mehr von sozialen Normen, die in vielen Fällen schließlich sogar in sprachlich kodifizierter Form auftreten. Auch Eigeninteressen werden den Subjekten, wie alle anderen Handlungsgründe auch, zunächst in der Form von Situationsqualitäten bzw., mit Joas gesprochen, verkörperten „Strebungen" (Joas 1996, 232) bewusst, die man auch als „vorreflexive Quasi-Intentionen" (Joas 1996, 237) bezeichnen könnte. Erst durch Reflexion und sprachliche Artikulation können sie sich dann aber in ‚wohlverstandenes' Eigeninteresse verwandeln. Dasselbe gilt entsprechend von Normverletzungen, die subjektiv zunächst als Gefühle von Scham und Schuld auftreten, bevor über sie und ihre Angemessenheit reflektiert werden kann. Kurz, semiotisch vermittelte Bedeutungen prägen in unterschiedlicher Form *alle* Handlungstypen und -motive. Immer ist es der charakteristisch menschliche Prozess einer artikulierenden Transformation gefühlter Bedeutsamkeit, der überhaupt erst einen sozial verfügbaren Fundus von Sinnmustern für Handlungen erzeugt. Handlungen werden überhaupt erst dadurch von bloßen Körperbewegungen unterscheidbar, dass mit ihnen ein (mindestens) subjektiver Sinn verbunden wird.

Von dieser grundsätzlichen handlungstheoretischen Funktion von Bedeutungen ist die Rolle zu unterscheiden, die Susan Wolf der Kategorie *Meaning in Life*

---

[141] Vgl. dazu die nicht-telelogische Deutung der Intentionalität des Handelns in Joas 1996, 218–244.

(Wolf 2010, Buchtitel) zuweist. Mit ihr soll ein Typus von Handlungen und Handlungsmotivationen bezeichnet werden, der weder als egozentrisch-instrumentell noch als sozial-normativ bedeutsam vereinnahmt werden kann, sondern eben eine Form des Handelns *sui generis* darstellt. „[M]eaningfulness" stelle ein „attribute lives can have" dar, „that is not reducible to or subsumable under either happiness, as it is ordinarily understood, nor morality[142]" (Wolf 2010, 3). Es handelt sich hier um jene Bedeutungen, die gerade in der inneren Verbindung zwischen dem subjektiven Angesprochensein eines Selbst und dem Eigenwert der Person oder Sache, von der dieses Angesprochensein ausgeht, bestehen. *Meaningfulness* ist im Sinne von Hartmut Rosa (vgl. Rosa 2018) also ein *Resonanzphänomen.* „[I]n order for a life to be meaningful both an objective and a subjective condition must be met: A meaningful life is a life that a.) the subject finds *fulfilling*[143], and b.) contributes to or connects positively with something the value of which has its source outside the subject." (Wolf 2010, 20; Kursivierung M.J.) Wolf argumentiert an dieser Stelle, allerdings ohne es zu bemerken oder zu erwähnen, genuin pragmatistisch. Die objektive und die subjektive Seite können überhaupt nur deshalb unterschieden werden, weil sie unselbständige Komponenten des einheitlichen Interaktionszusammenhangs zwischen menschlichen Wesen und ihrer Umwelt darstellen. Und Lebensbedeutung – im Unterschied zur Befriedigung von subjektiven Interessen[144] – kann etwas nur haben, wenn es eine Wertkomponente aufweist, die über das Individuum hinausgeht und in diesem Sinn objektiv ist.

---

142 „Morality" muss hier in dem engen Sinn einer Moral des Rechten verstanden werden, die die Fragen nach dem guten Leben ausspart. Sobald man letztere einbezieht, taucht die Frage nach *Werten* auf und damit nach einer Kategorie, die offenkundig mit Wolfs Begriff der Lebensbedeutung einige Gemeinsamkeiten aufweist, an vorderster Stelle die Tatsache, dass Werte nicht als restriktiv, wie Normen, sondern als *attraktiv* und mithin als mit einer Vorstellung des guten Lebens verbunden empfunden werden. Vgl. dazu die pragmatistische Werttheorie von Hans Joas (Joas 1999). Der Zusammenhang zwischen der Kategorie der Lebensbedeutung und dem rechten Verständnis von Werturteilen wird auch von Wolf betont (vgl. Wolf 2010, 3)

143 M.E. macht Wolf hier den Fehler, nicht klar zwischen einem *bedeutungsvollen* und einem *erfüllenden* Leben zu unterscheiden. Ein menschliches Leben kann nämlich durchaus bedeutungsvoll sein und in einem adverbialen Sinn gut geführt werden, ohne deswegen schon als erfüllend erlebt zu werden. Widrige Umstände oder auch einfach nur fehlendes Glück können die Erfüllung verhindern, ohne dass dies die Qualität und Authentizität der gelebten Bedeutungen beeinträchtigen würde: „[H]aving a bad life does not always mean not having lived well" (Dworkin 2011, 200), betont deshalb Ronald Dworkin, der diesen Punkt scharf herausgearbeitet hat (vgl. Dworkin 2011, 200 – 202). Deshalb gilt auch: „[T]he value of living well is lexically prior to the value of a good life." (Dworkin 2011, 202)

144 Allerdings ist auch die Befriedigung rein subjektiver Interessen stets darauf angewiesen, Ressourcen nutzen zu können, die der physischen und/oder sozialen Wirklichkeit tatsächlich verfügbar und in diesem Sinn auch objektiv sind.

Lebensbedeutung ist daher auch nicht (allein) das, was in jener von Susan Wolf *fulfilment view* genannten Haltung zum Ausdruck kommt, die in den Selbstverwirklichungsnarrativen der Gegenwart so weit verbreitet ist. Es genügt eben nicht, „to find our passion and go for it‟ (Wolf 2010, 15), denn die kontingente hedonistische Qualität, die etwas für ein Individuuum aufweisen mag, ist keineswegs dasselbe wie Bedeutung. Wer beispielsweise sein Leben dem Sammeln von Überraschungseiern oder seltenen Sneakermodellen widmet, mag darin große subjektive Erfüllung finden, wird aber Wolf zufolge nicht auf wirkliche Lebensbedeutung stoßen. Es ist offenkundig, dass ihre Position die Existenz wirklicher, transsubjektiver und in *diesem* Sinne objektiver Werte voraussetzt, wie es auch der Pragmatismus tut, ohne sich doch deshalb auf eine platonistische Ontologie interaktionsunabhängiger Werte zu verpflichten[145] (vgl. Jung 2016). Lebensbedeutung, so lässt sich diese Einsicht zusammenfassen, hat ein tiefes persönliches Involviert- und Engagiertsein, wie dies von der *fulfilment view* betont wird, zur notwendigen Voraussetzung, ohne dass dieses subjektive Moment für sich bereits hinreichend wäre. Sie tritt erst auf, „when subjective attraction meets objective attractiveness‟ (Wolf 2010, 9), wenn also zum persönlichen Angezogensein von einer Praxis oder Lebensform etwas hinzutritt, das über das Subjektive hinausgeht. „[F]ind your passion‟ (Wolf 2010, 10) und „be part of something larger than yourself‟ (Wolf 2010, 10) müssen zusammenfinden. Hier zeigt sich wieder die Nähe zu Rosas Resonanzbegriff, für den nicht erzwingbare, unverfügbare (vgl. Rosa 2020) Resonanzen zwischen Subjekt und (physischer wie sozialer) Welt geradezu „ein Metakriterium des gelingenden Lebens‟ (Rosa 2018, 749) darstellen. Der Resonanzbegriff hat überdies den Vorteil klarzustellen, dass die erstrebte Verbindung der beiden von Wolf genannten Komponenten nicht voluntaristisch erzeugt werden kann, sondern auch eine „pathische‟ (Rosa 2018, 303) Seite hat. Wenn der Vergleich erlaubt ist: Nicht aus jedem Wald, in den man hineinruft, schallt es auch wieder zurück.

Auch dieser Punkt ist schon von William James mit großer Klarheit behandelt worden: das Selbst kann Optionen nicht einfach willentlich lebendig machen, selbst dann nicht, wenn es das nur zu gerne wollte, um sich beispielsweise in einem Glauben geborgen zu fühlen oder umgekehrt diesen endlich lebensbefreiend loszuwerden. Der „Will to Believe‟ greift erst, wenn es bereits lebendige Optionen gibt, also in der Sprache Rosas ausgedrückt schon Resonanzen bestehen. Wie verhält es sich aber mit Susan Wolfs Versuch, die anthropologische Kategorie der Bedeutung an den Untiefen des Subjektivismus wie des Objektivismus gleichzeitig vorbei zu

---

145 Auch Wolf weist einen von Interaktionen abgelösten Wertobjektivismus zurück, teilt aber nicht die „entproblematisierende‟ (vgl. Massing 2022), interaktionistische Perspektive des Pragmatismus, sondern sieht die Frage nach einem „adequate account of the objectivity of values‟ als „… an unsolved problem in philosophy‟ (Wolf 2010, 47).

lavieren? Der Subjektivismus soll durch die Kritik an der *fulfilment view* abgewehrt werden. Aber lässt sich die Vorstellung, Lebensbedeutung könne nur in etwas gefunden werden, dass größer ist als das Selbst und insoweit objektiv, überhaupt halten, ohne einem vorkritischen Objektivismus zu verfallen? Und hat der Liberalismus nicht damit recht, dass alle Versuche, objektive Werte auszuzeichnen, in paternalistische Bevormundung, schlimmstenfalls in totalitäre Systeme abzugleiten drohen? Der letzte Punkt wird von Susan Wolf unter dem Stichwort der Gefahren des Elitismus sehr ernstgenommen: „*Who's to say* which projects are fitting (or worthy or valuable) and which are not?" (Wolf 2010, 39, kursiv im Original). Ihre Antwort läuft, durchaus im Geist des Pragmatismus, darauf hinaus, die Ablehnung jeder finalen Autorität in dieser Frage (und damit einer paternalistischen Elite) mit einem inklusiven Verständnis von Wertdiskursen zu verbinden. Was jedoch die von ihr so genannte Frage nach der Metaphysik der Werte betrifft, möchte sie über die Zurückweisung der Subjektivitätsthese nicht hinausgehen.

Aus der hier vertretenen pragmatistischen Perspektive liegt allerdings der von Wolf als Desiderat bezeichnete „reasonable complete and defensible nonsubjective account" (Wolf 2010, 40) solcher Lebensbedeutungen und Werte bereits vor, klassisch etwa in John Deweys *Theorie der Wertschätzung* von 1939, dann auf Augenhöhe mit den zeitgenössischen Debatten in Soziologie und Philosophie in Hans Joas' *Die Entstehung der Werte* von 1996. Sobald die Wende zum Interaktionszusammenhang von Organismus und Umgebung und zur sozialen Konstitution des Selbst konsequent vollzogen ist, verflüssigt sich die Subjekt/Objekt-Dichotomie zur Unterscheidung zweier unselbständiger Komponenten einer prozessualen Einheit. Sie wird auch ontologisch sekundär und damit verschiebt sich das Problem der Objektivität von Bedeutungen und Werten in die Richtung von *Interaktionsqualitäten*, die den Begriffen Objektivität und Subjektivität vorgängig sind. Das „Objekt, das gewünscht (wertgeschätzt) werden *sollte*, steigt nicht vom *a priori* Himmel noch als ein Imperativ vom Berg Sinai herab" (Dewey 1939/2004, 324). Es formt sich auf der Grundlage einer in möglichst vielen Hinsichten inklusiven Erfahrung, die zwischen unreflektierten, spontanen individuellen Wünschen und demjenigen unterscheidet, was wirklich (und insoweit ‚objektiv') wünschenswert ist, weil es eine fortschreitende Integration und Bereicherung geteilter und in ihren Resultaten kontrollierter Erfahrung ermöglicht. Um vom Gewünschten zum Wünschens*werten* (und mithin zu Wolfs Kategorie der Lebensbedeutung) zu gelangen, bedarf es demnach keiner objektivistischen Metaphysik der Werte, wohl aber einer konsequent intersubjektivistischen Konstitutionstheorie sozialer Subjekte und ihrer Interaktionen untereinander und mit der physischen Welt.

Aus der Perspektive der hier nur knapp skizzierten pragmatistischen Werttheorie[146] handelt es sich daher auch bei der Unterscheidung zwischen Lebensbedeutung im Sinne von Wolfs dritter (neben egozentrischen und moralischen Motiven) Quelle von Handlungssinn und anderen Bedeutungsformen keineswegs um eine scharfe Trennung, sondern eher um Phasen eines Bedeutungskontinuums. Egozentrische und moralische Bedeutungen sind, anthropologisch betrachtet, ebenso interne Differenzierungen des menschlichen Lebensprozesses wie Lebensbedeutungen. Auch egozentrische Bedeutungen treten schließlich nicht einfach spontan auf, sie werden vor dem Hintergrund jeweils dem Selbst zugänglicher *social imaginaries* artikuliert und können sich durch Einbeziehung sozialer Dimensionen zu etwas erweitern, in dem subjektives Wollen und geteilte Erfahrung zusammenkommen. Und normative Diskurse können als soziale Verfahren beschrieben werden, in denen die Möglichkeitsbedingungen für die Realisierung sowohl von persönlichen Interessen als auch von übergreifenden Lebensbedeutungen und -werten für alle Subjekte verbindlich gemacht werden. Zwischen *meaning* im wolfschen Sinn und den vielfältigen Praktiken der Artikulation erlebter Bedeutsamkeit besteht also eine Kontinuität. Diese gründet vor allem in der Struktureigenschaft eines jeden symbolischen Ausdrucks, zwischen den im „objektiven Geist" bereitliegenden Deutungsressourcen und dem individuellen, verkörperten Bedeutungserleben zu vermitteln. Dabei entspricht Wolfs subjektiver Komponente („find your passion") den gespürten Qualitäten des *felt sense,* während die kulturell tradierten Bedeutungen der „larger than yourself"-Komponente entsprechen. Stimmige Artikulationen bringen beides, Bedeutsamkeit und Bedeutung in ein Resonanzverhältnis.

Resonanz setzt jedoch immer Wechselseitigkeit voraus. Der menschliche Lebens- und Zeichenprozess vollzieht sich nicht nur in der einen Richtung vom organischen Erleben zum kulturellen Ausdruck, sondern stets als eine spiralförmige Wechselwirkung in beiden Richtungen. Das zeigt sich bereits in der Ontogenese. Kulturelle Bedeutungen liegen der Entwicklung eines jeden Individuums so ursprünglich zugrunde wie die rekombinierten Gene der Eltern, wie die *Dual Inheritance Theory* betont (vgl. Tomasello 1999/2001, 53 – 55). Von den anfänglichen Lebensäußerungen wie Schreien einmal abgesehen, sind dementsprechend bereits die frühesten kindlichen Interaktionen mit den primären Bezugspersonen (durch deren kulturell erlerntes Eingehen auf das Kind) sozial vermittelt. Umgekehrt werden bereits die frühesten sozio-kulturellen Vermittlungen durch das individuelle Erleben des kindlichen Organismus geprägt. Wenn das Sprachvermögen vollständig entwickelt ist, wiederholt sich dieses Schema in Form einer wechselseitigen Inter-

---

146 Vgl. zur pragmatistischen Werttheorie zusammenfassend auch Jung 2016.

pretation symbolischer, ikonischer und indexikalischer Zeichen. Erstere entstammen wie letztere dem „objektiven Geist", letztere jedoch so, dass ihre Funktion von der individuellen Erfahrungsgeschichte des Organismus abhängig bleibt. Es existiert also ein semiotischer Kreislauf der konstanten Explikation des Impliziten und der Re-Implikation oder auch Reinkarnation des Explizierten. Handlungstheoretisch betrachtet, ist dieser Kreisprozess jedoch stets durch Lernprozesse gekennzeichnet, die für Neues aufnahmebereit sind. Kein Traditionsfundus entkommt auf Dauer der Konfrontation mit dem, was noch nicht da war. Und entsprechend haben Semiosen auch nicht die Gestalt eines rhythmisch-gleichmäßigen Ineinander-Umschlagens von Eindruck in Ausdruck und umgekehrt, vielmehr diejenige eines dynamisch-offenen Erfahrungsprozesses.

5.1.3 Bedeutungsbestimmung als ‚inquiry'

Dieser Punkt wird deutlicher, wenn man die Suche nach Lebensbedeutung mit dem von den Pragmatisten immer wieder beschriebenen Prozess der *inquiry* als Grundmuster des menschlichen Denkens und Weltverhältnisses vergleicht. Die menschliche Weltbeziehung ist für alle Pragmatisten zeichen- und damit bedeutungsvermittelt, aber die performative Dimension des humanspezifischen Zeichenprozesses trägt stets den Charakter der *inquiry.* Dieser Begriff ist sehr schwer ins Deutsche zu übertragen. In der Regel wird dafür das Wort ‚Forschung' gewählt, was gewiss nicht falsch ist, aber doch den Nachteil hat, deutlich enger zu sein als der englische Begriff, der vor allem in seinem Gebrauch durch John Dewey alle Arten des explorativen Umgangs mit der Realität erfasst, keineswegs nur die wissenschaftliche Forschung. Auch alltagspraktisches oder künstlerisches, sogar moralisches Explorieren ist hier also dezidiert mitgemeint. Probehandeln, sowohl als ein ‚bloß' mentales Durchspielen wie als wirkliches Hantieren mit Realien, ist eine zentrale Komponente bereits gewöhnlicher Erfahrung, die immer dann relevant wird, wenn Handlungsroutinen versagen. Der experimentelle Charakter der modernen Wissenschaft stellt dieses Charakteristikum des Handelns auf Dauer und systematisiert es zu methodisch geleiteten Verfahren der *inquiry.* Doch auch künstlerische Schaffensprozesse lassen sich als *inquiry* bezeichnen, weil in ihnen ebenfalls ein exploratives Zusammenspiel zwischen sich bildenden künstlerischen Ideen und der Eigenbeschaffenheit des jeweils verwendeten Materials stattfindet. Selbst die Moral hat es Dewey zufolge nicht mit dem Aufstellen kategorischer Handlungsregeln, sondern mit einer im weitesten Sinn experimentellen Erprobung von Handlungen zu tun, die situativ das Gute voranbringen. *Inquiry* ist keine exklusive Eigenschaft spezifischer, etwas wissenschaftlich geprägter Kulturen, sondern eine anthropologische Invariante.

Dass die Bestimmung von Bedeutungen und der Prozess der Erforschung in diesem weiteren Sinn eng zusammenhängen, ergibt sich bereits aus Peirce' oben zitierter (vgl. S. 106) pragmatischer Maxime, in der die Bedeutung eines Begriffs von seinen vorstellbaren praktischen Konsequenzen abhängig gemacht wird. Wenn die Bedeutung von Bedeutung in der Festlegung denkbarer Konsequenzen für diejenigen, die nach dieser Bedeutung handeln, gesehen wird, lässt sich das auch auf die wolfsche Kategorie der Lebensbedeutung übertragen. Diese ist zwar primär als Resultat des Vollzugs einer bestimmten Praxis konzipiert, wie beispielsweise regelmäßigem Meditieren, der Beschäftigung mit Musik oder der Pflege eines Gartens, nicht als die sprachliche Artikulation dieser praxisimmanenten Bedeutungen. Sobald der Sinn dieser Praktiken jedoch, etwa beim Auftreten von Schwierigkeiten oder anlässlich skeptischer Dritter, artikuliert wird, werden Handlungskonsequenzen im Zentrum stehen. Wer etwa den Satz „Gärtnern erdet mich" äußert, spricht damit aus, dass die Ausübung einer bestimmten Tätigkeit eine als intrinsisch sinnhaft empfundene Erfahrung zur Folge hat, nämlich die des ‚Geerdetseins'. Was damit genau gemeint sein mag, das zu bestimmen gehört zu den inferentiellen Verpflichtungen, die dieser Satz mit sich bringt. In solche „Festlegungen einer Überzeugung" ist dann auch bereits die Möglichkeit der Falsifikation eingebaut. Treten nämlich, beispielsweise, die erwarteten Gefühle der Entspannung und des Verbundenseins mit Elementarem als Konsequenz des Gärtnerns gar nicht ein, ist es auch mit dem Überzeugtsein von dem Satz „Gärtnern erdet mich" vorbei. Es besteht also ein innerer Zusammenhang zwischen dem Überzeugtsein von artikulierten Bedeutungen und der Bereitschaft zu ihrer kritischen Überprüfung, kurz: zur *inquiry*.

Wie weit reicht dieser Zusammenhang jedoch genau? In seiner Schrift *How We Think* von 1909 analysiert John Dewey die fünf Schritte eines vollständigen Akts des Denkens bzw. der Nachforschung (*inquiry*), die er wie folgt unterscheidet:

> *(i)* a felt difficulty; *(ii)* its location and definition; *(iii)* suggestion of possible solution; *(iv)* development by reasoning of the bearings of the suggestion; *(v)* further observation and experiment leading to its acceptance or rejection; that is, the conclusion of belief or disbelief. (Dewey 1909/1997, 72)

In welchem Ausmaß lassen sich die genannten fünf Schritte auch in Artikulationsprozessen wiederfinden? Ebenso, wie bei vielen alltäglichen und auch wissenschaftlichen Denk- und Forschungsprozessen häufig nur Abbreviaturen dieser fünf Schritte vorliegen werden, gilt natürlich auch vom sprachlichen Ausdruck, dass er nicht immer sorgfältiger, bewusster Gestaltung unterliegt. Um an Deweys Schema möglichst nahe heranzukommen, orientiere ich mich deshalb an maximal reflexiven Artikulationsakten, wie sie etwa beim Schreiben eines literarischen Werks auftreten. Initial ist Dewey zufolge immer eine gefühlte Schwierigkeit. Das lässt sich auch von Schreibprozessen sagen: ein diffus Gemeintes will im Sagen expliziert werden. Das Meinen drängt zum Ausdruck, aber wüsste es bereits, was es sagen will, wäre es kein Meinen mehr. Der *felt sense* am Beginn eines Artikulationsaktes eröffnet Möglichkeiten und schließt andere aus, determiniert jedoch nicht bereits eine bestimmte Wirklichkeit. Deweys zweiter Schritt, die Lokalisierung und Definition der zu lösenden Schwierigkeit, lässt sich bei Artikulationsprozessen nicht von dem dritten trennen, der Suggestion möglicher Lösungen. Jeder sukzessive Schritt im Schreibprozess stellt in einem sowohl eine Präzisierung der empfundenen Ausgangsqualität als auch eine tentative Konkretisierung expressiver Stimmigkeit dar. Das Hin- und Hergehen zwischen der sich bildenden Ausdrucksgestalt und den mitlaufenden Veränderungen des *felt sense* als Indikator ihrer Angemessenheit ist hier entscheidend.

Wie steht es mit der vierten Phase, die Dewey als „development by reasoning of the bearings of the suggestion" charakterisiert? Sie stellt gewissermaßen das in den Vollzug der Bedeutungsbildung hinein verlagerte pragmatische Prinzip von Peirce dar. Im Verlauf der fortschreitenden Artikulation nimmt das artikulierende Subjekt „protentional" (Husserl) mögliche Konsequenzen verschiedener Varianten der Weiterführung des Satzes (bzw. des satzübergreifenden Sinnzusammenhangs des Textes) vorweg, zwischen denen es sich entscheidet und dann entsprechend bestimmte lexikalische und grammatische Möglichkeiten realisiert, andere hingegen negiert. Die finale, fünfte Phase von Deweys vollständigem Denk- und Forschungsakt besiegelt oder verwirft schließlich die in der vierten Phase erreichten Hypothesen, indem sie durch Beobachtung und Experiment ihren Realitätsbezug überprüft. Dem Geltungsanspruch der Wahrheit, der hier im Vordergrund steht, entspricht bei Artikulationsprozessen, zumal fiktionalen, derjenige der Stimmigkeit.

Expressive Stimmigkeit lässt sich als ein stets vorläufiges und erfahrungsoffenes Gefühl der Angemessenheit der gefundenen Ausdrucksgestalt im Blick auf die erlebte Anmutung der Bedeutsamkeit, oder schlichter gesagt auf das Meinen verstehen. Als solche beherrscht sie die Ausdrucksbildung sowohl auf der Satzebene als auch auf der des finalen Werks. An die Stelle des wahrheitsorientierten Überzeugtseins oder Nichtüberzeugtseins von einer Hypothese tritt also das Gefühl expressiver Stimmigkeit bzw. eben sein Ausbleiben, das dann die Fortsetzung der Artikulationsanstrengung zur Folge hat. Allerdings muss hier auch betont werden, dass Stimmigkeit kein rein psychologisches Phänomen darstellt. Sprachlicher, zumal schriftlicher Ausdruck ist schließlich immer, selbst im Fall des Tagebuchschreibens, auf intersubjektiven Austausch angelegt (sogar Tagebuchschreiber adressieren sich selbst in der Rolle eines *alter ego*). Die von Verfasser oder Verfasserin nicht antizipierbaren Stimmigkeitsanmutungen bei den Rezipienten, die ein literarischer

Text immer dann hervorbringt, wenn er in die Öffentlichkeit entlassen wird, können daher als ein intersubjektives Pendant zu Beobachtung und Experiment in den Wissenschaften betrachtet werden. Sie basieren auf den ikonischen und indexikalischen Erfahrungen der Rezipienten und bringen deshalb auf der rezeptionsästhetischen Seite die Aspekte des Qualitativen (*firstness* bei Peirce) sowie des Widerstands (*secondness*) ins Spiel, die allen Zeichenprozessen eingeschrieben sind. Klassizität ließe sich auf dieser Linie als die Fähigkeit eines Werks verstehen, über viele Generationen hinweg ikonische und indexikalische Anschlussmöglichkeiten sicher zu stellen.

Die Unterschiede zwischen Deweys Modell des Denkens und Forschens und der symbolischen Artikulation von Bedeutungen erklären sich zum Teil aus den verschiedenen Geltungsansprüchen (Wahrheit vs. Stimmigkeit), zum Teil aber auch daraus, dass sprachliche Ausdrucksbildung nur einen Teilaspekt elaborierter Fälle von *inquiry* darstellt. In Fällen instrumentellen Problemlösens bzw. (natur-)wissenschaftlicher Forschung wird der Forschungsprozess eine referenzorientierte Sprache benötigen, in der von qualitativen Bedeutungen gerade abgesehen wird. Im explorativen Handeln der bildenden Künste werden sprachliche Formungen häufig sekundär sein oder ganz entfallen, und gewöhnliche Erfahrung wird in der Regel eine Bedeutungsbestimmung mit einer instrumentellen Erfolgsorientierung verbinden. Unbeschadet dieser Differenzierungen zeigen sich aber auch grundlegende Gemeinsamkeiten zwischen der forschend-reflexiven Einstellung und der Artikulation von Bedeutungen: In beiden Fällen wird, ausgehend von Veränderungen in gefühlten Situationsqualitäten, das Organismus-Umwelt-Verhältnis expliziert – bei der symbolischen Artikulation hinsichtlich seiner Bedeutung für den Lebensvollzug (was die Referenz auf eine objektive Welt natürlich einschließt), in den Praktiken der *inquiry* hinsichtlich seines besseren Verständnisses um der Fortsetzung bzw. Verbesserung der Umweltinteraktion willen. Da aber, pragmatistisch betrachtet, auch Bedeutungen nichts anderes sind als virtuelle Handlungskonsequenzen, handelt es sich eher um einen Unterschied in der Akzentuierung der Umweltinteraktion als um eine prinzipielle Differenz.

Jörg Volbers hat in seiner Monographie *Die Vernunft der Erfahrung* (2018) eindringlich herausgearbeitet, dass ein Verständnis zentraler Begriffe wie *inquiry*, Denken, Erfahrung, Bedeutung und Artikulation im Pragmatismus erst möglich wird, wenn man den *deklarativen* (ich würde hier eher von ‚designativ' sprechen) Erfahrungsbegriff der (post-)analytischen Philosophie (vgl. Volbers 2018, 12) aufgibt und an seine Stelle ein „*transformatives* Verständnis der Erfahrung" (Volbers 2018, 14) setzt. „Die Praxis der *inquiry*", so schreibt Volbers, „ist eine Praxis der Artikulation der Erfahrung, die dann gelingt, wenn sie die problematische Erfahrung in ihre Praxis mit einbezieht, anstatt nur über sie zu urteilen" (Volbers 2018, 13; beide Kursivierungen im Original). Diese Beurteilung *von außen* ist epistemisch bereits deshalb problematisch, weil sie von dem immer schon bestehenden Handlungszusammenhang von Organismus und Umgebung abstrahiert und entsprechend den Unterschied zwischen Subjekt und Objekt absolut setzt, statt ihn, wie sachlich angemessen, als eine Phasendifferenzierung innerhalb des übergreifenden Zusammenhangs zu behandeln. Sie steht auch vor der prinzipiellen Schwierigkeit, dass situativ relevante Erfahrungen zunächst immer unbestimmt, also dem prädikativen Schema „Ding-Eigenschaften" noch gar nicht unterworfen sind. Initial, in ihrer unartikulierten Gestalt, erscheinen diese Erfahrungen als diffuse Mannigfaltigkeiten, die durch jeweils eine durchdringende Qualität gekennzeichnet sind. „Was Peirce ‚irritation of doubt' und Dewey ‚indeterminate situation' nennt, sind Erfahrungen, auf die sich gerade nicht erklärend hinweisen lässt. Sie sind vielmehr in ihrem Gehalt immer erst unbestimmt, es kann noch nichts deklariert werden." (Volbers 2018, 13) Die Bestimmung der Erfahrung verwandelt diese grundlegend. ‚Transformation' erweist sich entsprechend in mehreren Hinsichten als Schlüsselbegriff: Jede Interaktion stellt bereits eine Transformation dar, in der sich der Organismus einerseits physische Strukturen der Umgebung assimiliert – im einfachsten Fall bereits durch die Atmung –, aber auch selbst der Umwelt angepasst wird. Jede reflexiv gelenkte Erfahrung transformiert den Austausch zwischen Organismus und Umgebung, indem sie Konsequenzen auswählt und erprobt. Jede sprachliche Bedeutungsbestimmung schließlich transformiert gestalthaft Erlebtes in gegliederten intersubjektiven Sinn.

Daraus erklärt sich die anthropologische Zentralstellung des Bedeutungsphänomens: Aus dem Lebensprozess des sozialen Organismus Mensch heben sich andauernd Situationen als bedeutsam heraus, die durch eine „pervasive unifying quality" (Dewey) vom diffusen Strom der Erfahrung und von anderen beiherspielenden Bewusstseinsinhalten abgegrenzt werden. Gespürte Bedeutsamkeit ist aber eben noch nicht Bedeutung. Diese entsteht erst durch ihre artikulierende Transformation in expliziten, intersubjektiv zugänglichen Sinn, deren Anlass immer das Gewahrwerden einer Stockung, eines Problems, jedenfalls einer klärungsbedürftigen Handlungshemmung ist, die sich auf das Wohl und Wehe des Organismus auswirkt. Die situative Freiheit des Menschen besteht in der Gestaltung dieser Transformation. Aus diesem Grund hat die klassische Philosophische Anthropologie immer wieder zu Recht darauf verwiesen, dass menschliches Handeln durch Instinkte, Triebregungen und affektive Zustände *unterdeterminiert* ist. So schreibt Helmuth Plessner: „Instinkte manifestieren im Verhalten eines Organismus die primäre Übereinstimmung zwischen ihm und der Umwelt in der Zeit." (Plessner 1928/1975, 286) Diese primäre Übereinstimmung ist im Fall der menschlichen Lebensform jedoch durch deren exzentrische Positionalität immer schon gebrochen. Reflektierendes Denken ermöglicht, angestoßen durch den „outward clash" (Peirce), eine Rekonstruktion des Interaktionszusammenhangs, in der das Selbst sich als unterschieden, wenn auch nicht getrennt, vom Objekt innewird. Damit transformiert sich Verhalten in Handeln, das als bedeutsam Erlebte triggert nur noch selten unmittelbar instinktive Reaktionen, und selbst dann, wenn dies geschieht, werden diese Reaktionen von dem Selbst und seiner sozialen Umwelt im Lichte verinnerlichter sozialer Normen und Werte bewertet. Die von Plessner so genannte „Positionalität der exzentrischen Form" (Plessner 1928/1975, 288) des Menschen erzeugt also eine Distanz innerhalb des leiblichen Eingelassenseins in die Umwelt, einen Abstand, der sich anthropologisch als die Notwendigkeit zur Selbstinterpretation und semiotisch in der Transformation von Bedeutsamkeit zu Bedeutung zeigt.

„Instinktreduktion" ist der große Schlüsselbegriff Arnold Gehlens für dieses Phänomen (vgl. Gehlen 1940/2004, 26, 35, 60, 330, 357), trifft die Sachlage aber im Grunde nicht präzise, denn die Instinkte, affektiven Einschätzungen und Triebregungen werden schließlich durch die neu emergierenden kulturellen Handlungsmöglichkeiten und -zwänge nicht weitgehend abgebaut, wie Gehlen meint (vgl. Gehlen 1940/2004, 26), sondern eher neu kontextualisiert und verortet.[147] Der Sexualinstinkt und die Instinkte der Nahrungsaufnahme legen sich hier als Beispiele nahe. Was reduziert wird, ist gerade nicht der vitale Impuls selbst, sondern seine starre Verkoppelung mit bestimmten sensomotorischen Verhaltensmustern. Das lässt sich auch semiotisch formulieren: Artikulierte Bedeutungen ersetzen qualitative Bedeutsamkeiten nicht, sie interpretieren diese in dem semiotischen Kreis- bzw. Spiralprozess von *Erleben, Ausdruck und Verstehen*[148] kulturell auf eine Weise, die zwar symbolische Distanz entstehen lässt, aber gleichzeitig immer auf leibliches Erleben angewiesen bleibt. Aus evolutionstheoretischer Perspektive handelt es sich also um das schon bekannte Phänomen der Exaptation. Das Explizieren des Impliziten, die „Ausdrücklichkeit als Lebensmodus des Menschen" (Plessner 1928/1975, 323) erzeugt kulturelle Bedeutungswelten, Formen des „objektiven Geistes", die auf das organische Bedeutungserleben zurückwirken und doch immer von ihm verschieden bleiben. Aus dieser internen Polarität von Bedeut-

---

147 Vollends abwegig erscheint vor dem Hintergrund der aktuellen Erforschung der Humanevolution Gehlens Versuch, die menschliche Instinktreduktion als „biologische Mittellosigkeit" (Gehlen 1940/2004, 34) zu inszenieren. So schreibt Gehlen: „Gegenüber den Großaffen, die hochspezialisierte Baumtiere mit überentwickelten Armen für Hangelkletterei sind, die Kletterfuß, Haarkleid und gewaltigen Eckzahn haben, ist der Mensch, als Naturwesen gesehen, hoffnungslos unangepasst." (Gehlen 1940/2004, 34) Hier wird mit einem Dualismus operiert, den die moderne Evolutionsbiologie mit ihrem Verständnis der menschlichen Kultur als biologischer Anpassungsleistung (vgl. etwa Tomasello 1999) grundsätzlich obsolet gemacht hat. Und selbstverständlich stellt auch die menschliche Spezialisierung auf generalistische Kompetenzen einen evolutionären Selektionsvorteil dar. Adaptivität kann zwar, muss aber eben keineswegs, durch Spezialisierung entstehen.
148 So die zentrale hermeneutische Denkfigur des späten Dilthey. Vgl. Dilthey 1926/1992, 191–227 und Jung 2014b, 153–164.

samkeit und Bedeutung jedoch einen Dualismus von Leben und Geist zu machen, lässt die Quelle kulturellen Sinns versiegen und den Bedeutungsgenerator stillstehen. Nur für vulnerable Organismen sind bestimmte Aspekte der Realität wichtiger als andere und damit bedeutsam, doch nur Symbolverwender können sich darüber verständigen, was das eigentlich bedeutet: erlebte Bedeutsamkeit.

In den folgenden Abschnitten dieses fünften Kapitels wird es darum gehen, die verschiedenen Formen humanspezifischer Bedeutungsgenese genauer zu bestimmen. Der Fokus liegt dabei zunächst auf den kognitiven ‚Mechanismen‘ der kreativen Rekombination, metaphorischen Ausweitung und leiblichen Fundierung von Bedeutungen (5.2–5.3). Abschnitt 5.4 thematisiert die selbstreflexive Wendung des Artikulationsprozesses und Abschnitt 5.5 wendet sich der Frage zu, ob mit dieser Wendung ein Bruch im Bedeutungskontinuum verbunden ist, der die Entstehung metabiologischer Bedeutungen ermöglicht.

5.2 ‚Conceptual blending‘, Metaphern und Bildschemata

5.2.1 Der Leib als Metaphernbasis

Die Entwicklung des neuen Theorieclusters der *cognitive science* hat sich lange auf das Computermodell des Geistes, auf Fragen der Intentionalität und Repräsentation und ganz allgemein auf *formalistische* Paradigmen fokussiert.[149] Bedeutung wurde entsprechend durchgängig abbildtheoretisch verstanden, im „‚disembodied‘ Fregean mode“ (Johnson 2017, 7) und unter der Leitidee von Denken als einer formalen Manipulation inhaltsneutraler Repräsentationen, wie sie besonders im Wiener Kreis stark gemacht worden ist (vgl. Volbers 2018, 55–98). Diese Leitidee war aber auch für die klassische Informatik und die erste Entwicklungsphase der neu entstehenden Kognitionswissenschaft von größter Wichtigkeit, wohingegen sie den Autoren des klassischen Pragmatismus schon immer als abwegig erscheinen musste. Mit dem Aufkommen der von Lakoff und Johnson so benannten zweiten Generation der Kognitionswissenschaften (vgl. Johnson 2017, 2–16) und deren Wende zur *4E cognition* ändern sich die Verhältnisse, wie schon oben betont, gründlich, und sprachliche Bedeutung erscheint nun grundsätzlich als eine humanspezifische Ausdifferenzierung des Organismus-Umwelt-Interaktionszusammenhangs. Wenn Bedeutung im Relevanzerleben des Organismus gründet, dann sind dessen physiologische Beschaffenheit und die Art seiner Eingelassenheit in die

---

149 Repräsentativ dafür im deutschen Sprachraum ist der von Dieter Münch herausgegebene Band *Kognitionswissenschaft* (Münch 1992).

Umwelt zentral und ermöglichen überhaupt erst die Entstehung immer komplexerer formaler Traditionen. Der Schwerpunkt verschiebt sich damit von der formalen Repräsentation auf die bedeutungsgenerierenden Eigenschaften des menschlichen Geistes in seiner funktionalen Verschränkung mit der Umwelt. Und selbst dort, wo der Fokus, wie im Fall von Gilles Fauconniers und Mark Turners *The Way We Think* (Fauconier/Turner 2003), doch auf der Funktionsweise des Gehirns und nicht auf dem Organismus-Umwelt-Interaktionszusammenhang liegt, lässt sich eine scharfe Kritik des bedeutungstheoretischen *Formalismus* finden, wie er weiten Teilen der (post-)analytischen Philosophie zugrunde liegt.

Fauconniers/Turners Monographie bietet trotz ihrer eher neurozentrischen und damit methodisch-individualistischen Sichtweise einen guten Einstieg in die Diskussion der Frage, welche menschlichen Fähigkeiten die Vielfalt und Komplexität von Bedeutungen ermöglichen. Ihre Überlegungen nutze ich als Startpunkt, um dann die Rolle verkörperter Metaphern genauer zu erkunden. Die Kritik Fauconniers/Turners am bedeutungstheoretischen Formalismus lässt an Klarheit nichts zu wünschen übrig:

> [H]uman beings have the most elaborate forms (language, math, music, art) because they have the most effective abilities for the construction of meanings. The forms are especially impressive because they have been suited to the meanings they prompt, but *on their own the forms are hollow.* In particular, meaning is not another kind of form. [...] what is behind form is not a thing at all but rather the human power to construct meanings. (Fauconnier/Turner 2003, 5 f.; Kursivierung M.J.)

Bedeutungstragend sind Formen demnach nicht intrinsisch, sondern ‚lediglich' aufgrund ihrer Genese in semiotischen (ich ergänze: sozialen und in die Umwelt eingebundenen) Operationen des menschlichen Geistes – eine Einsicht, deren Relevanz für die anthropologische Einordnung künstlicher Intelligenz kaum überschätzt werden kann, deren Ausarbeitung jedoch nicht Gegenstand dieser Arbeit ist.

Aus evolutionstheoretischer Perspektive waren im Kapitel 3.4. bereits Kreativität und Imagination als Fähigkeiten ausgezeichnet worden, die für die *human uniqueness* mit ausschlaggebend sind. Diesen Punkt greifen Fauconnier/Turner systematisch auf, indem sie unsere „unprecedented ability to innovate" (Fauconnier/Turner 2003, v) herausstellen und mit einer zentralen Fähigkeit in Verbindung bringen, die sie als *„conceptual blending"* (Fauconnier/Turner 2003, v; kursiv im Original) bezeichnen. Gemeint ist die spezifische Fähigkeit, kreative Verbindungen und „Überblendungen" zwischen verschiedenen kognitiven Domänen herzustellen und daraus neue Bedeutungen zu formen. Ohne diese Fähigkeit sind für die Autoren weder Religion, noch Wissenschaft und Kunst denkbar, denn kraft ihrer löst sich der menschliche Geist von der exklusiven Orientierung am aktuellen Lebensvollzug. Fauconniers/Turners umfangreiche Monographie entwickelt bei der Suche nach der funktionalen Realisierung der mannigfachen Formen des *blendings* eine höchst differenzierte Theorie mentaler Netzwerke und ihrer verschiedenen Elemente, Prinzipien und Operationsmodi. Eine zentrale Rolle spielen hier diverse spezifische *input spaces* (mentale Vorstellungskomplexe, die den Ausgangspunkt für Prozeduren wie Analogiebildung abgeben), *cross-space mapping* (Übertragungen zwischen ihnen), *generic spaces* (übergreifende Vorstellungen) und vor allem die Resultate der Projektion dieser triangulären Struktur (*input space I, input space II, generic space*) in neuartige, im strengen Sinn emergente Vorstellungskomplexe, die *blended spaces*. *Blending* als kreativer kognitiver Mechanismus besteht also im Kern darin, dass eine neuartige *conceptual integration* geschaffen wird, die einen Erkenntnisgewinn oder auch anderweitigen, etwa künstlerischen Impuls freisetzt, indem sie auf der Basis eines geteilten Vorstellungsraums Elemente zweier getrennter Vorstellungräume zu einem neuen Vorstellungsraum verbindet.

Diese sehr abstrakten Ausführungen werden von den Autoren an zahlreichen Beispielen erläutert, am ausführlichsten an dem auf Arthur Koestler zurückgehenden Rätsel des buddhistischen Mönchs (vgl. Fauconnier/Turner 2003, 39 – 58). In einer vereinfachten Variante besteht es darin, dass der titelgebende Mönch einen Berg besteigt, dort lange meditiert, schließlich Tage später wieder herunterkommt, und nun die Frage entsteht, ob es einen Wegpunkt gibt, den der Mönch beim Aufstieg und beim Abstieg zur selben Tageszeit erreicht. Die konkrete Pointe besteht darin, dass man sich den Mönch kontrafaktisch gleichzeitig auf- und absteigend vorstellen kann (was *blending* voraussetzt) und dann unmittelbar klar wird, dass es irgendeinen Punkt geben muss, an dem er sich auf seiner Wanderung selbst begegnet. Im Fall des Beispiels ist es sogar die Vorstellung von etwas sachlich Unmöglichem, die bei der Lösung des Problems hilfreich ist. Damit ergibt sich zugleich eine allgemeinere Pointe, die darin besteht, dass ein kognitives Problem leichter lösbar wird, wenn es gelingt, eine neue Vorstellung (den *blended space*) zu bilden, die Elemente der zwei Aspekte des Rätsels imaginativ verbindet. Auch dieser Punkt lässt sich noch verallgemeinern und stützt dann die These Fauconniers/Turners, dass *conceptual blending*, also die kreative Verschmelzung mehrerer Vorstellungskomplexe, ein zentrales Merkmal des menschlichen Geistes und vor allem auch der Grund für seine evolutionär einzigartige Flexibilität und Kreativität ist. Ihre Darstellung von Prozessen des *blending* lässt sich ungezwungen als eine Konkretisierung der oben (vgl. 3.4.2) bereits behandelten, dort überwiegend neuroanatomisch und genetisch begründeten These Liebermans verstehen, *human uniqueness* gründe in der einzigartigen Kreativität des menschlichen Verhaltens.

Die drei grundlegendsten Aspekte von *conceptual blending* bezeichnen die Autoren mit den Begriffen *identity, integration* und *imagination* (vgl. Fauconnier/ Turner 2003, 6). *Identität* und Gegensatz bzw. Differenz (als Grundmuster der Formalisierung, wie es beispielsweise in der digitalen 1/0-Unterscheidung instantiiert ist) stellen aus dieser Perspektive nicht etwa intrinsische Eigenschaften der Dinge dar, sie sind Resultate komplexer Diskriminierungsleistungen des menschlichen Geistes. Als solche gehören sie in den weiteren Kontext der Verfahren begrifflicher *Integration* zwischen verschiedenen Domänen, wie sie etwa bei der Metaphernbildung vollzogen wird. All dies ermöglicht aber nur die Operation der menschlichen *Imagination*, kognitionswissenschaftlich gesprochen also der Fähigkeit, auch in Abwesenheit externer Stimuli Vorstellungen, Simulationen, innere Bilder etc. zu entwickeln. Diese Fähigkeit, mit der ein Anwachsen der Selbstbezüglichkeit kognitiver Prozesse einhergeht, gibt uns bildlich gesprochen die Lizenz zum Träumen, hätte sich aber nie entwickeln können, wenn sie nicht evolutionäre Selektionsvorteile hinsichtlich der Lösung komplexer Probleme geboten hätte.

Um dieses bedeutungsgenerierende Verfahren des Geistes inhaltlich und vor allem hinsichtlich der Rolle zu konkretisieren, die der menschliche Körper dabei spielt, gehe ich nun zu den Arbeiten George Lakoffs und Mark Johnsons über. Deren Gemeinschaftswerk *Metaphors We Live By* von 1980 (Lakoff/Johnson 1980/ 2003) ist nicht nur ein Klassiker der Metaphernforschung, es zählt auch zu den frühesten kognitionswissenschaftlichen Texten, in denen ein konsequent verkörperungstheoretischer Standpunkt eingenommen wird. Mit *Philosophy in the Flesh* (Lakoff/Johnson 1999) wird ihr Ansatz dann zu einer weit ausholenden Kritik der dualistischen Traditionen des westlichen Denkens auf der Grundlage der Theorie des verkörperten Geistes erweitert. Besonders Mark Johnson hat in der Folge diese Position in mehreren Monographien und zahlreichen Aufsätzen (Johnson 1987, 2016, 2017, 2018a, 2018b) rationalitätstheoretisch, moralphilosophisch, wissenschaftstheoretisch, ästhetisch und auch metaphilosophisch weiter ausgebaut.

Zentral ist für alle genannten Arbeiten die Einsicht, dass die von Fauconnier und Turner betonte Fähigkeit des *conceptual blending*, die für die Genese der Vielfalt von Bedeutungen ausschlaggebend ist, auf leiblichen Erfahrungen des mit seiner Umwelt interagierenden Organismus basiert. Denkkategorien entstehen nicht in einem isolierten Bereich des Geistigen, sie schöpfen aus den sensomotorischen Mustern, die den Organismus in seiner Umwelt orientieren. Aus dieser verkörperungstheoretischen Grundhaltung resultiert ein im Vergleich zur klassischen Linguistik stark veränderter und erweiterter Metaphernbegriff. Die Erweiterung besteht darin, dass Metaphern nicht mehr als linguistische (Sekundär-) Phänomene, etwa als prinzipiell auch entbehrlicher Redeschmuck, behandelt werden, sondern – wie auch bereits die *conceptual blendings* von Fauconnier und Turner – als *Formen des Denkens und der basalen Artikulation*. Auch Lakoff und Johnson gestehen natürlich die Existenz sekundärer, lediglich illustrativer Metaphern zu, und sie behaupten auch nicht, dass alle Metaphern auf basale leibliche Erfahrungen zurückgehen. Sie bestehen jedoch darauf, dass solche Erfahrungen einen Fundus von räumlichen, zeitlichen und bewegungsdynamischen Mustern erzeugen, auf dem große Teile des menschlichen Denkens und Sprachgebrauchs aufbauen.

Damit ist es nicht mehr länger möglich, metaphorische Übertragungen lediglich als Weisen uneigentlicher Rede zu verstehen, die grundsätzlich auch ohne Bedeutungsverlust in unmetaphorische Sprache zurück übertragen werden könnten; diese gewinnen vielmehr einen denk- und sprachkonstitutiven Rang. Und weil Metaphern auf Verkörperungsmustern beruhen, erscheinen Kognitionsprozesse in einem sehr grundsätzlichen Sinn als verkörpert. Die *conceptual metaphor theory* ist entsprechend ohne den Hintergrund der *4E cognition* (mit Schwerpunkt auf leiblichem *embodiment*) gar nicht denkbar. Außerdem setzt der verkörperungstheoretische Metaphernbegriff von Lakoff und Johnson gegenüber dem linguistischen auch insofern einen ganz anderen Akzent, als er sich nicht speziell für den Übergang von wörtlicher zu bildhafter Bedeutung (wie etwa bei der Bildung der Komposita ‚Schneckentempo‘ oder ‚Flaschenhals‘) interessiert, sondern in einem sehr grundsätzlichen Sinn für die verschiedenen Modi des *mappings*, der Übertragungen zwischen den Bereichen der senso-motorischen Erfahrung und anderen Bereichen. „Conceptual metaphor", so schreiben die Autoren in einem Nachwort von 2003 zu den *Metaphors We Live By*, „allows inferences in sensory-motor domains [...] to be used to draw inferences about other domains" (Lakoff/ Johnson 1980/2003, 244).

Dieser Schritt von der sprachlichen zur *begrifflichen* Metapher ist entscheidend. Solange metaphorische Strukturen lediglich als sprachliche Hilfsmittel gelten, die einen nichtmetaphorischen Sinn anschaulicher, intuitiver und leichter verständlich machen, lassen sie sich noch als Erweiterungen eines im Kern repräsentationalen Sprachgebrauchs verstehen und bleiben vom primären Kognitionsprozess ausgeschlossen. Anders steht es, wenn, wie von Lakoff und Johnson behauptet, zwar nicht allen, aber vielen und zentralen Grundbegriffen unseres Denkens ein metaphorischer Charakter zugesprochen wird:

even our most abiding concepts – time, events, causation, morality, and mind itself – are understood and reasoned about via multiple metaphors.[150] In each case, one conceptual domain (say, time) is reasoned about, as well as talked about, in terms of the conceptual structure of another domain (say, space). (Lakoff/Johnson 1980/2003, 245)

Für das von Lakoff und Johnson so genannte metaphorische *mapping* auch abstrakter Grundbegriffe lässt sich als prominentes Beispiel ironischer Weise ausgerechnet Aristoteles anführen, der doch immer als Kronzeuge der klassischen Metapherntheorien herangezogen wird. Im vierten Buch seiner Physik behauptet er nämlich von der Zeit, sie sei die „Zahl der Bewegung" (IV 11, 219b), nutzt also – im Sinne von Lakoff/Johnson metaphorisch – die Strukturen des Raums, in dem die Bewegung stattfindet, zum Verständnis der Strukturen der Zeit.[151] Solche „cross-domain correlations" (Lakoff/Johnson 1980/2003, 245) zwischen verschiedenen Erfahrungsbereichen und die damit ermöglichten Inferenzen bilden den Kern des metaphorischen Denkens. Und die primäre Domäne menschlicher Erfahrung, von der ausgehend solche mappings vorgenommen werden, ist natürlich die senso-motorische Interaktion des Organismus mit seiner Umgebung.

Hilfreich ist es, hier zwei verschiedene Ebenen zu unterscheiden. Die *Metaphors We Live By*, denen sich der Klassiker von 1980 zuwendet, werden als basale Strukturen menschlicher Kognitions- und Artikulationsprozesse verstanden, die nahezu den Status transkultureller Invarianten beanspruchen können. Als Beleg hierfür bietet sich die Container-Metapher an. Sie ist besonders ubiquitär, weil sie die Raumorientierung von Organismen und die typischen Manipulationen (im Wortsinn) des Menschen zur Strukturierung aller Arten von Prozessen nutzbar macht. Das Grundmuster beinhaltet immer eine Unterscheidung zwischen der

---

150 Ein philosophiehistorischer Hinweis ist hier überfällig: Wilhelm Dilthey, einer der ersten deutschsprachigen Philosophen, die den Organismus-Umwelt-Interaktionszusammenhang zum Ausgangspunkt ihres Nachdenkens gemacht hatten, entwickelt in seinem erkenntnistheoretischen Entwurf *Leben und Erkennen* (ca. 1892/93) bereits eine Konzeption der sog. "Lebenskategorien". Damit möchte er aufzeigen, dass Grundkategorien des menschlichen Weltverhältnisses wie Identität, Kausalität und Substantialität aus Grunderfahrungen der leiblich-sozialen Subjekte hervorgegangen sind. Er verwendet zwar nicht den Begriff der Metapher, spricht aber von dem "Analogische[n] des Zusammenhangs in dem Subjekt und Objekt, der Lebenseinheit und dem Ding" (Dilthey ca. 1892/1982, 359). Es handelt sich hier zweifellos um eine, wenngleich noch nicht kognitionswissenschaftlich und damit empirisch fundierte, Vorwegnahme der verkörperten Metapherntheorie von Lakoff und Johnson hinsichtlich elementarer Denkkategorien.

151 Heidegger weist in *Sein und Zeit* ausdrücklich darauf hin, dass das auf den Raum zurückgreifende aristotelische Verständnis der Zeit für das gesamte spätere Denken maßgeblich geblieben ist (vgl. Heidegger 1927/1979, 421). Diese kognitive, nicht bloß sprachliche Bedeutung der aristotelischen Bestimmung wird auch dadurch unterstrichen, dass sie eben nicht als uneigentlicher Ausdruck für etwas, das sich auch unmetaphorisch darstellen ließe, verstanden werden kann.

source domain, der *target domain* und den jeweiligen *mappings,* also Zuordnungsmustern. Am Beispiel der metaphorischen Basis für die Kategorie der Kategorie sieht das dann konkret so aus (Johnson 2017, 110):

The Categories Are Containers Metaphor

Source domain (containers)		*Target domain (categories)*
Bounded regions in space	→	Category
Objects inside bounded regions	→	Category members
One bounded region inside one another	→	Subcategory

Begriffliche Unterschiede und Gemeinsamkeiten zwischen ihnen werden also metaphorisch dadurch erschlossen, dass basale Raumerfahrungen auf dem Weg des *cross-domain mapping* ihre Strukturierung anleiten. Das schließt im Übrigen immer auch Erfahrungen mit der Manipulation von Objekten ein, etwa das Hineinlegen in und Entnehmen aus Behältern, wie sich an Formulierungen wie „Eigenschaft *x* ist *in* Begriff *y* nicht *enthalten"* zeigt. Primäre Metaphern sind dynamisch, nicht statisch. Und die entsprechenden basalen Übertragungen sind Lakoff und Johnson zufolge nicht kulturspezifisch, sie stellen anthropologische Invarianten dar und gehen aus dem „cognitive unconscious" (Lakoff/Johnson 1999, 9 – 15) hervor. Dies wollen die den Autoren auch dadurch unterstreichen, dass Metaphern als ein „neural phenomenon" begriffen werden: „What we have referred to as metaphorical mappings appears to be realized physically as neural maps. They constitute the neural mechanism that naturally, and inevitably, recruits sensory-motor inference for use in abstract thought." (Lakoff/Johnson 1980/2003, 256) Diese neurozentrische Sichtweise steht jedoch in einer völlig unaufgelösten Spannung zu den verkörperungstheoretischen Aussagen der Autoren, was sich bis in die jüngsten Veröffentlichungen von Johnson durchzieht. So spricht dieser, ganz im Sinne von John Dewey, einerseits von „multiple, ontologically distinct levels of embodiment" (Johnson 2017, 197) und betont: *„Mind* and *body,* as well as *mental* and *physical,* are ... just terms we use to pick out certain aspects of the integrated process of organism-engaging-its-world" (Johnson 2017, 221). Andererseits, und unverträglich mit solchen Äußerungen, finden sich andere, die einen neurozentrischen Standpunkt suggerieren, so etwa dann, wenn Johnson zustimmend die Position von Lawrence Basalou referiert, bei der es um das Verständnis von Begriffen geht. Johnson behauptet hier: „... the neural activations involved in the sensory, motor, and affective stimulations within a specific context (including the social and cultural dimensions) *just are* what it is to grasp the meaning of the concept in question" (Johnson 2017, 24; kursiv im Original). Neuronale Erregungsmuster werden somit als nicht bloß notwendige, sondern auch hinreichende Faktoren für die Instantiierung von Bedeutungen verstanden, und es hilft dann auch nicht mehr, vage auf die sozialen und kulturellen Dimensionen zu verweisen. Diese reduktionistische Unterströmung des Denkens von Lakoff und vor allem Johnson wird hier ausdrücklich zurückgewiesen.

Wie stellt sich aber das Verhältnis der *metaphorical mappings* zu der von Lieberman, Suddorf, Fauconnier/Turner und vielen anderen so betonten spezifisch menschlichen Kreativität dar? Die Antwort muss lauten, dass sie die Bedingungen der Möglichkeit kollektiver und individueller Kreativität ausmachen. Die allgemeinsten Muster für das *mapping* zwischen einer Ursprungs- und einer Zieldomäne stammen aus grundlegenden leiblich-sensomotorischen Erfahrungen, die alle Menschen in allen Kulturen machen. Das gilt für die gerade erwähnte Containermetapher genauso wie für andere Primärmetaphern (alle Zitate aus Lakoff/Johnson 1999, 50 – 52; Kursivierungen im Original) wie etwa *„Affection Is Warmth"* (Erfahrungsbasis: „Feeling warm while being held affectionately"), *„Intimacy Is Closeness"* (Erfahrungsbasis: „Being physically close to people you are close with"), *„Difficulties Are Burdens"* (Erfahrungsbasis: „The discomfort or disabling effect of lifting or carrying heavy objects"), *„Similiarity Is Closeness"* (Erfahrungsbasis: „Observing similar objects clustered together [flowers, trees, rocks, buildings, dishes]"), *„Organization Is Physical Structure"* (Erfahrungsbasis: „Interacting with complex objects and attending to their structure [correlation between observing part-whole structure and forming cognitive representations of logical relationships]") oder *„Knowing Is Seeing"* (Erfahrungsbasis: „Getting information through vision"). Damit habe ich nur sechs von 24 bei Lakoff/Johnson gelisteten (Lakoff/Johnson 1999, 50 – 54) Primärmetaphern erwähnt, die allesamt auf teils affektiven, teils volitionalen, teils kognitiven Grunderfahrungen eines sich mit seiner physischen und sozialen Umwelt austauschenden Organismus beruhen. Es handelt sich dabei, wie gesagt, Lakoff und Johnson zufolge um Interaktionssituationen, die elementar genug sind, um allen soziokulturellen Differenzen voraus zu liegen.[152] Sie sind noch keine Produkte individueller Kreativität, sondern fungieren als unbewusste Schemata für Kategorisierungen.

Gerade dadurch stellen sie aber eine flexible Basis für weitere und komplexere *conceptual blendings* bereit, die sich dann bewussten Kognitionsprozessen verdanken. In derselben Weise, in der unbewusste Körperschemata überhaupt erst die Ausführung komplexer bewusster Bewegungen ermöglichen (vgl. Gallagher 2005, chap. 1), erlauben es weitgehend kulturunabhängige Basismetaphern erst, kultur-

---

152 Ob dies uneingeschränkt für alle 24 von Lakoff/Johnson aufgeführten Basismetaphern gilt, soll hier nicht pauschal als gegeben unterstellt und müsste jeweils im Einzelfall überprüft werden. Daran jedoch, dass zumindest viele Basismetaphern tatsächlich auf in allen möglichen sozialen Umwelten entstehende Erfahrungen zurückgehen, gibt es wenig Zweifel. So sind Physiologie und Anatomie des menschlichen Körpers überall auf der Erde von der Schwerkraft geformt, und ebenso dürfte körperliche und seelische Nähe in allen denkbaren Gemeinschaften eng verbunden sein.

spezifische Unterschiede in der Artikulation und Kategorisierung der erscheinenden physischen und sozialen Welt ausdrücklich zu machen. Es sind eben die Invarianten, die kulturelle Varianzen als Variationen ein und derselben, intern pluralen Lebensform erscheinen lassen. Auch die Pfadabhängigkeit, aufgrund derer sich kulturelle Entwicklungen aus dem Hintergrund evolutionär entstandener Kulturalität heraus immer stärker verzweigen, ist schließlich ihrerseits ein Produkt kumulativer Lernprozesse. Diese können nur von den kulturspezifischen Artefakten ausgehen, die in einer Gruppe jeweils verfügbar sind.

Betrachten wir die Grundsituation, in der sich überhaupt erst die Notwendigkeit einstellt, etwas zu artikulieren: Hier liegt als Ausgangspunkt immer ein Mangel an Bestimmtheit in Verbindung mit dem Gefühl der Bedeutsamkeit vor. Darin besteht, wie oben gezeigt, die Parallele zwischen dem rationalen Prozess der *inquiry* und der Genese von Bedeutungen. Es gilt, kurz gesagt, immer ein Problem – in dem erläuterten, sehr weiten Sinn – zu lösen, und dabei spielt dessen Formulierung eine entscheidende Rolle (bei Prozessen der *inquiry*) bzw. fällt sogar mit ihr zusammen (bei Artikulationsprozessen ohne Bezug auf nonverbale Handlungen). Nun gäbe es dieses Problem gar nicht, wenn die verfügbaren Routinen des Handelns bzw. der Kategorisierung/Artikulation eine fließende Fortsetzung des Handlungszusammenhangs ermöglicht hätten. Also ist Kreativität erforderlich, und diese besteht in der bewussten Verwendung der verfügbaren begrifflichen und sprachlichen Mittel zur Erzeugung neuer, innovativer *mappings*. Es muss also zwischen den Möglichkeitsbedingungen individueller Kreativität, den basalen *cross-domain mappings*, und ihrem situativen Einsatz selbst klar unterschieden werden. Die präzedenzlose Kreativität des Menschen gründet in den basalen Metaphern, die aber in konkreten Problemsituationen zu kreativen Werkzeugen des bewussten Handelns werden.

Lakoff/Johnson betonen immer wieder, dass Metaphern keine isolierbaren Phänomene darstellen, sondern komplexe systematische Zusammenhänge bilden, sowohl untereinander als auch mit den von ihnen strukturierten Begriffen. Dieser Punkt ist besonders interessant, weil er einen Zusammenhang zwischen den metaphorischen Netzwerken und der Wirkungsweise symbolischer Sprache im Allgemeinen verdeutlicht. Die anthropologisch entscheidende Leistung symbolischer Kommunikation besteht darin, dass sie eine holistische Stabilisierung von Bedeutung und Referenz durch inferentielle Zusammenhänge innerhalb des Netzwerks leistet. Dadurch wird der Bezug auf unmittelbare, d.i. ikonische und indexikalische Erfahrungen indirekt und es entsteht jene typische Verschränkung von Erfahrungsbezug und relativer Erfahrungsunabhängigkeit, die alle Symbolsprachen auszeichnet. Der ‚vertikale' Bezug ikonischer und indexikalischer Zeichen auf das Bezeichnete wird bei der Emergenz von Symbolnetzen in das ‚horizontale' Netzwerk der Inferenzbeziehungen zwischen Zeichen integriert.

In vergleichbarer Weise existieren mehrere Arten von inferenziellen Beziehungen, in die leibliche Metaphern involviert sind. *Erstens* sind solche Metaphern bereits durch ihren Bezug auf die physische Welt und sensomotorischen Aktivitäten, die in ihr möglich sind, systematisch untereinander verbunden. Offensichtlich ist das beispielsweise bei metaphorischen Kontrastpaaren wie etwa „oben ist gut" und „unten ist schlecht". Hier organisiert die räumliche Unterscheidung unzählige Metaphern, wie „Er liegt am Boden" oder „Sie hat sich wieder aufgerichtet", bei denen der Kontrast oben/unten immer mit gemeint ist. Der evolutionäre Hintergrund besteht hier in der Entstehung des aufrechten Gangs mit dem damit verbundenen Freiwerden des Blicks und der Hände.[153] Es gibt aber auch komplexere Verbindungen zwischen verschiedenen räumlichen Metaphern wie der des Containers und der des Wegs (das Leben oder ein bestimmtes Projekt als Reise mit Startpunkt Widerständen auf der Strecke und Ziel). Ein Beispiel wäre die Rede davon, was man auf seinem Lebensweg mitnehmen oder umgekehrt als Ballast hinter sich lassen kann. Beides impliziert metaphorisch die Befüllung bzw. Entleerung eines über eine Strecke mitgeführten Containers (bzw. des als ein solcher Container gedachten Selbst), also eine Verbindung zweier Metaphern. So lassen sich immer komplexere Metaphern konstruieren: „Primary metaphors are like atoms that can be put together to form molecules." (Lakoff/Johnson 1999, 60).

Lakoff/Johnson untersuchen das exemplarisch an der Metapher „A Purposeful Life Is a Journey" (Lakoff/Johnson 1999, 60). Ihr liegt folgendes *mapping* zugrunde (Lakoff/Johnson 1999, 62):

Journey	→	Purposeful Life
Traveler	→	Person Living a Life
Destinations	→	Life Goals
Itinerary	→	Life Plan

Der systematisch zentrale Punkt besteht dabei darin, dass die komplexe Metapher des zielgerichteten Lebens als Reise eben keine direkte, sondern nur eine indirekte Verankerung in leiblicher Erfahrung aufweist. Zwar gilt, dass die Basismetaphern (etwa „Actions Are Motions") als leibliche Ankerpunkte der Reisemetapher ihre Funktion nur erfüllen können, weil sie direkt auf elementare sensomotorische Aktivitäten verweisen; die komplexe Metapher selbst hat jedoch keinen direkten Erfahrungsbezug mehr. Obwohl es sicherlich einige zielgerichtete Lebensformen gibt, in denen das Reisen eine zentrale Rolle spielt, gibt es natürlich auch viele

---

153 Vgl. dazu aus kognitionswissenschaftlicher Perspektive das Kap. 9 („The Upright Posture: Its Current Standing") in Gallagher 2017, 164–186, dort speziell, mit Bezug auf Erwin Strauss, 167 f.

andere, bei denen das offensichtlich nicht der Fall ist. Niemand hat ein Verständnisproblem, wenn eine eher stationäre Lebensführung dennoch als „Lebensreise" metaphorisiert wird. Hier zeigt sich eine verkörperungstheoretische Parallele zwischen der semiotischen Unterscheidung von ikonischen und indexikalischen Zeichen einer-, symbolischen Zeichen andererseits und der Funktionsweise leibbasierter Metaphern. So wie Symbolzeichen ein inferenziell gesponnenes holistisches Netz bilden, das nur durch die diesem Netz eingelagerten Verweise auf direkte Erfahrung einen Realitätsbezug stabilisieren kann, gründen auch die unendlichen Möglichkeiten zur kreativen Weiterentwicklung von Metaphern in Basismetaphern, deren Kraft und Plausibilität an ihrer Verankerung in mehr oder minder universellen leiblichen Erfahrungen gebunden ist. Häufig entstehen beispielsweise Metaphern, die kulturspezifische Artefakte einbeziehen, aus kreativen Extensionen der basaleren Metaphern. So lässt sich beispielsweise die elementare Erfahrung der räumlichen Bewegung nicht nur sehr grundsätzlich metaphorisch nutzen, wie im Fall des „Lebenswegs", sie kann auch durch Einbezug technischer Artefakte („auf der Straße des Lebens") bzw. kultureller Praktiken („er ist sein letztes Rennen gelaufen") beliebig erweitert werden.

Der *zweite* wichtige Aspekt der Metaphernvernetzung besteht in ihrem Bezug auf die Begriffe und kulturellen Wertvorstellungen, die sie zum Ausdruck bringen: „The most fundamental values in a culture will be coherent with the metaphorical structure of the most fundamental concepts in the culture." (Lakoff/Johnson 1980/ 2003, 22) Lakoff/Johnson illustrieren das mit der „UP-DOWN spatialization metaphor" (Lakoff/Johnson 1980/2003, 22), in der *up* jeweils positiv und *down* jeweils negativ besetzt ist. So gilt dann beispielsweise: „‚More is better' is coherent with MORE IS UP and GOOD IS UP. ‚Less is better' is not coherent with them" und ebenso „‚Bigger is better' is coherent with MORE IS UP and GOOD IS UP. ‚Small is better' is not coherent with them." (Lakoff/Johnson 1980/2003, 22) Die Kohärenz kultureller Wertvorstellungen ist also zumindest in Teilen durch die metaphorischen Grundmuster mit vermittelt. Dagegen liegt der Einwand nahe, dass es schließlich auch kulturelle Gemeinschaften und Individuen gibt, die sich gegen die Dominanz von „Bigger is better"-Narrativen richten, wie sie in der westlichen und zumal der amerikanischen Kultur sicherlich eine zentrale Rolle spielen. Wird hier also nicht die Wachstumsorientierung westlicher Konsumgesellschaften umstandslos zur kulturellen Invariante erklärt?

Lakoff/Johnson argumentieren, dass auch Werthaltungen, die *prima facie* nicht unter das Schema des „Mehr ist besser" zu fallen scheinen, diese Leitmetaphern indirekt bestätigen, indem sie ihnen allerdings eine alternative Interpretation zuweisen. Ihr sehr spezielles Beispiel sind Trappisten-Mönche, für die zwar „LESS IS BETTER" und „SMALLER IS BETTER" hinsichtlich materiellen Besitzes zentrale Leitwerte sind, dies aber gerade aufgrund einer Akzeptanz des „mainstream value

VIRTUE IS UP" (Lakoff/Johnson 1980/2003, 24). „MORE IS UP" und „GOOD IS UP"
gelten in dieser Interpretation also weiterhin, nur dass sie nun nicht keinem kon-
sumistischen *framing* mehr unterliegen, sondern einem spirituellen[154] und sote-
riologischen. Diese Deutung gewinnt an Plausibilität, wenn bedacht wird, dass
diejenigen menschlichen Basiserfahrungen, die sich aus den häufigsten Mustern
der Interaktion von Organismus und Umgebung ergeben, willkürlicher Manipulation entzogen sind. Es steht eben nicht im Belieben der Akteure, einen flüssigen
Austausch mit der Umgebung, das Sich-Aufrichten oder das Erleben von Wärme (im
Unterschied zu Hitze) als angenehm zu empfinden. Als Organismen, deren Gedeihen von der Qualität ihres Umweltaustauschs abhängig ist, können wir gar nicht
anders. Umgekehrt sind Erfahrungen des Stockens und Gehindert-Werdens, solche,
in denen die Schwerkraft über die Körper- und Muskelspannung eines Organismus
dominiert, und solche der Kälte intrinsisch unangenehm. Die Kohärenz kultureller
Symbolwelten setzt dementsprechend voraus, dass die basismetaphorischen Implikationen der Symbole Beachtung finden. Und darin liegt eine strukturelle Parallele zu der semiotischen Abstützung der Symbole durch die unmittelbar verkörperten Zeichen. Die Metapherntheorie von Lakoff und Johnson lässt sich
dementsprechend als eine Konkretisierung der semiotischen Frage nach dem Erfahrungsbezug von Zeichenzusammenhängen lesen. Leibliche Grunderfahrungen
werden in jedem menschlichen Zeichensystem herangezogen, um neue Bedeutungen via *conceptual mapping* zu generieren und gleichzeitig ihren Realitätsbezug zu
sichern. Abstrakte Begriffe blieben unverständlich, würden sie nicht durch meta-
phorisches *mapping* mit verkörperten Erfahrungen verbunden.

Selbstverständlich gibt es auch zahllose Metaphern, bildliche Redeformen,
Metonymien usw., die keineswegs auf invariante Muster der leiblichen Umweltinteraktion zurückgehen, sondern kulturspezifisch sind. Das für die Anthropologie
sicherlich relevanteste Beispiel hierfür ist die Computermetapher des menschlichen Geistes.[155] Gedanken mit Software zu vergleichen, die auf der *wetware* des
Gehirn läuft, Gedächtnisleistungen nach dem (gänzlich irreführenden) Muster der
Speicherung von Dateien auf einer Festplatte zu modellieren, Denkoperationen als
die Manipulation intrinsisch bedeutungsfreier Einheiten nach syntaktischen Regeln
zu verstehen – all das sind höchst folgenreiche Metaphorisierungen, die bis in die
Gegenwart Forschungsprojekte bestimmen, Forschungsmittel kanalisieren und
immer stärker ins öffentliche Bewusstsein eindringen. Im Unterschied zu den ba-

---

154 Hier wäre auch an E.F. Schumachers buddhistisch inspirierte Wirtschafts- und Technikphilo-
sophie mit dem Titel *Small is beautiful* (1973) zu erinnern, die mittlerweile den Status eines Klas-
sikers erlangt hat.
155 Ihre ‚physiologische‘ Parallele findet sie in der Maschinenmetapher des menschlichen Körpers,
die dann wiederum Untermetaphern wie die vom Herz als Pumpe oder Motor ermöglicht.

salen leibbasierten Metaphern dienen solche Vergleiche jedoch nicht der Rückkoppelung von Zeichenketten an sensomotorische Zusammenhänge, sie verdanken sich vielmehr kulturellen Selbstdeutungen, die dann sogar in Widerspruch zu den anthropologischen Grundtatsachen unserer Existenz, wie der essentiellen Verkörperung des Geistes, treten können. Damit soll natürlich nicht behauptet werden, dass anthropologisch erschließende Metaphern des Menschseins unmittelbar von Basismetaphern abgeleitet sein müssen. So zu argumentieren, wäre ein schlechter Biologismus, der die kreative Freiheit kultureller Sinnentwürfe und die Emergenz von genuin Neuem in der Kulturentwicklung übersieht. Wohl aber ergibt sich aus dem Gesagten, dass nur solche metaphorische Neubeschreibungen anthropologisch tragfähig sein können, die der leiblichen Praxis des Geistes, der Spannungseinheit von symbolischem Sinn und verkörperter Bedeutsamkeit, zumindest nicht widersprechen. Von der metaphorischen Basis post- und transhumanistischer Visionen wie derjenigen vom Hochladen des menschlichen Geistes in digitale Systeme, um der Vulnerabilität des biologischen Organismus zu entgehen, wird man kaum sagen können, dass sie dieser Mindestanforderung gerecht werden.

Lakoff und Johnson haben überzeugende Argumente dafür entwickelt, dass die Welt der Bedeutungen unendlich viel reicher ist, als es reduktionistische Sprachtheorien suggerieren. Vom Organismus und seiner Umweltinteraktion auszugehen, erschließt eine Fülle an Bedeutungsformen, die sich nicht repräsentationalistisch fassen lassen:

> No traditional understanding of signs as having meaning only through some conceptual/propositional content grounded in reference to states of affairs in the world could even begin to capture the richness of body-based meaning that is experienced in all these varied forms of human meaning-making and communicative activity. (Johnson 2017, 20)

In diesem Zitat wird allerdings noch nicht zwischen erlebter Bedeutsamkeit und artikulierter Bedeutung unterschieden. Entscheidend bleibt daher immer auch die Einsicht des Enaktivismus, dass Bedeutungen ausagiert (*enacted*) werden, und zwar im Austausch des lebendigen Organismus mit der Umwelt. Etwas qualitativ Neues kommt jedoch ins Spiel, sobald dieser Austausch über spontane Expressivität hinausgeht und reflexiv wird: Dann entsteht eine Lebensform, die der *artikulatorische* Enaktivismus zu verstehen sucht. Artikulierte Bedeutungen sind grundsätzlich strukturell reflexiv, weil sie in jeder Artikulationsphase Entscheidungen über die weitere Gliederung und damit Explikation dessen beinhalten, was als bedeutsam gespürt wird. Daher weisen sie auch einen ausgeprägt *transformativen* Charakter auf. Präferenzen transformieren sich in Werte, erlebte Situationen in beschreibbare Sachverhalte etc. Die bisher in diesem Kapitel entwickelten Aspekte des *conceptual blending* und des *cross-domain mapping* veranschaulichen bereits, wie solche bewussten Artikulationsprozesse durch unbewusste Leistungen vorbereitet und ermöglicht werden. Im letzten Abschnitt wird diese Argumentation nun um einen wichtigen Aspekt ergänzt, nämlich um die Rolle von Bildschemata (*image schemas*) beim Transfer leiblicher Erfahrungen in vielfältige symbolische Bedeutungen. Es sind insbesondere solche Schemata, die eine Kontinuität zwischen unbewussten sensomotorischen Mustern, kulturellen Traditionen und individueller Kreativität erzeugen.

5.2.2 Die Bedeutung von Bildschemata

Bereits Kant hatte in der *Kritik der reinen Vernunft* dafür argumentiert, dass Begriffe mit den Grundbedingungen sinnlicher Erfahrung über die Einbildungskraft verbunden werden und dafür den Begriff des Schemas vorgeschlagen: „Diese Vorstellung nun von einem allgemeinen Verfahren der Einbildungskraft, einem Begriff sein Bild zu verschaffen, nenne ich das Schema zu diesem Begriff." (KrV, B 180, A 141)[156] In einer detranszendentalisierten und verkörperungsbezogenen Variante wird die Idee eines sensomotorisch-begrifflichen Schematismus von Lakoff und Johnson sachlich weitergeführt, bei Johnson sogar unter explizitem Verweis auf Kant (vgl. Johnson 1987, 19). Dass sowohl Kant als auch die genannten Autoren den Begriff des Bilds verwenden, ist allerdings etwas missverständlich: Es geht hier nämlich keineswegs um Bilder oder gar Abbilder im engeren Sinn, sondern um teils statische, öfter aber kinetische Handlungs- und Orientierungsmuster, die zum metaphorischen *grounding* von Begriffen herangezogen werden können und dem interagierenden Organismus ‚eingebildet' sind. John Michael Krois hat unter Rückgriff auf vielfältige empirische Befunde herausgearbeitet (vgl. Krois 2006), dass das Bildliche in diesem Sinn ikonische und indexikalische Zeichen umfasst (vgl. Krois 2006, 176 ff.) und in unserer leiblich-interaktiven Beschaffenheit, in unseren Bewegungsmodi verankert ist:

> Die Grundlage für unsere Kapazitäten, Bilder zu erkennen oder herzustellen, ist aber nicht, daß wir die Welt abtasten, sondern daß wir ‚ambulant' leben. So ändert sich beim Liegen [...] nicht bloß unsere geometrische Ausrichtung, wir erleben die Erdanziehungskraft anders. Das Schweregefühl orientiert uns über Oben und Unten, ob wir sehen oder nicht. Unsere Sinne sind auf vielfältige Weise verbunden ... (Krois 2006, 181)

---

[156] Ausführlich zu Kants Schema-Begriff und seinem Verhältnis zum kognitionswissenschaftlichen Begriff des Bildschemas Schneider 2017, 54–79.

Deshalb sind auch Bildschemata in aller Regel multisensorisch und nicht oder nicht nur visuell zu verstehen. Besonders Mark Johnson hat immer wieder auf die zentrale anthropologische Relevanz solcher Schemata hingewiesen und sie als Angebote für bedeutungshaltige Handlungen, als „Affordanzen" im Sinne von James J. Gibson verstanden:

> The way our perceptual and motor systems get characteristically wired up (neuronally) as we grow and develop[157] – through ongoing relations with energy patterns in our environment – establishes a large number of recurring, intrinsically meaningful patters that Georg Lakoff (1987) und I (M. Johnson 1987) dubbed ‚image schemas'. The basic idea was that, given the nature of our bodies (how and what we perceive, how we move, what we value) and the general dimensions of our surroundings (stable structures in our environment) we will experience regular recurring patterns (such as up/down, left/right, front/back, containment, iteration, balance, loss of balance, source-path-goal, forced motion, locomotion, center/periphery, straight, curved) that afford us possibilities for meaningful interaction with our surroundings, both physical and social. (Johnson 2017, 21)

Warum sind Bildschemata aber eigentlich intrinsisch mit Bedeutung aufgeladen? Warum sind die Interaktionen, von denen Johnson spricht, immer bedeutungsvoll? Weil sie grundlegende Muster darstellen, wie sich das Wohl und Wehe des Organismus durch seinen aktiven Austausch mit der physischen und sozialen Umgebung verändert. Ob jemand aufrecht steht, etwas im Rücken hat, die Balance behält oder verliert, über basale Raumorientierung verfügt, am Rand oder im Zentrum steht – all das ist keineswegs bereits intrinsisch bedeutungsvoll; es gewinnt diesen Charakter erst, aber dann notwendig dadurch, dass es unmittelbar die Chancen einer Person beeinflusst, gelingende Austauschbeziehungen mit der Umwelt zu vollziehen. Es handelt sich also um Grunderfahrungen, die sich dem lebendigen Körper und seinem Gehirn im Lauf der Ontogenese einprägen. Damit rücken die „figurativen und nichtpropositionalen Aspekte des Denkens, die der Untergrund jeder menschlichen Verstehensfähigkeit sind" (Schneider 2017, 31) ins Zentrum. Bildschemata weisen eine „*Gestalteigenschaft*" (Schneider 2017, 31) auf, sie bilden dy-

---

157 Auch hier zeigt Johnson wieder sein charakteristisches Schwanken zwischen einem genuin verkörperungstheoretischen und einem doch eher neurozentrischen Ansatz. Wenn die Rolle der Umweltinteraktion darauf beschränkt wird, die neuronale Ausbildung spezifischer Netzwerke zu triggern, erscheint es befremdlich, erstens diese typischen Erregungsmuster nicht bloß als notwendige Bedingungen von *image schemas*, sondern tendenziell als diese selbst zu charakterisieren, ihnen aber zweitens dennoch Bedeutung zuzuschreiben. Bedeutung kann etwas nur dadurch haben, dass es einen vollständigen Organismus in seinem Wohl und Wehe betrifft. – Die Rede von "ongoing relations" deutet hingegen wieder eher darauf hin, dass Johnson nicht die Bahnung stabiler synaptischer Verbindungen allein als entscheidend ansieht, sondern die Umweltinteraktion als Ganze.

namische *Einheiten* und ihre Gestalt ist gerade nicht statisch, sondern durch eine charakteristische Verlaufsform gekennzeichnet. Diesen Zeitaspekt hebt Schneider in seiner Interpretation besonders hervor und ich schließe mich hier an seine subtilen und differenzierten Analysen an. Demnach unterscheiden sich Bildschemata sowohl von mentalen Bildern als auch von propositionalen Repräsentationen. Entscheidend bleibt dabei, dass sie eine charakteristische Vermittlungsrolle spielen, indem sie einerseits unbewusst bleibende Möglichkeiten des Agierens eröffnen, andererseits aber gerade dadurch auch ein Repertoire an Gliederungsmustern bereitstellen, das in bewusster Artikulation aufgegriffen werden kann. Die sensomotorischen Muster und Affordanzen, für sich betrachtet, spielen sich auf der Ebene vorbewusster, fließender Austauschbeziehungen zwischen Organismus und Umgebung ab. Als solche sind sie sicherlich noch nichts Humanspezifisches, sondern ein allgemeines Charakteristikum selbstbeweglichen, also tierischen Lebens, zumindest in seinen komplexeren Formen.

Charakteristisch für die menschliche Lebensform sind demnach nicht bereits die sensomotorischen Bedeutungsmuster als solche. Erst ihre Verwendung *als Bildschemata* bei ihrer Übertragung in artikulierte, symbolisch-distanzierte Bedeutungsverhältnisse bringt ihre humanspezifische Rolle zur Geltung. Nur in dieser Funktion tragen sie auch zur Entstehung der spezifisch menschlichen Kreativität, Flexibilität und ästhetischen Transzendenz über das unmittelbar Nützliche bei. Dieser Aspekt bleibt in den Ausführungen von Lakoff und Johnson unterbelichtet. Bildschemata erzeugen Basismetaphern, aber Basismetaphern sind eben keine bloßen Interaktionsmuster, sie verkörpern – im Sinne einer Rückbindung an direkte, leibliche Erfahrung – die allgemeinen, intersubjektiv geteilten Bedeutungen symbolischer Formen. Fraglich wird die Bedeutung erlebter Bedeutsamkeit immer dann, wenn Probleme im weitesten Sinn auftreten. Dann muss diese in jene transformiert, das Implizite ausdrücklich gemacht werden. Für diesen Prozess bedarf es aber eines Schematismus der Rückbindung allgemeiner Bedeutungen an spezifische sensomotorische Bedeutsamkeitsmuster, und genau diesen Schematismus stellen die Bildschemata bereit, indem sie *cross-domain mapping* und damit *blended spaces* (Fauconnier/Turner) ermöglichen. In der Sprache der peirceschen Semiotik können Bildschemata deshalb als zunächst unbewusste und auch transkulturell invariante Muster der ikonischen und indexikalischen Interpretation symbolischer Zeichenprozesse verstanden werden.

Als solche ermöglichen sie auch ein besseres Verständnis der pragmatischen Maxime von Peirce, die bekanntlich die Bedeutung von Zeichenketten an Unterschiede in Handlungskonsequenzen koppelt. Bildschemata und die entsprechenden Basismetaphern lassen sich als Grundmuster deuten, mittels derer Affordanzen in der Umwelt bestimmt werden können. Sie ermöglichen Zuordnungsformen von sensomotorischen Elementarhandlungen und Dingen bzw. anderen Akteuren. Was vor mir liegt, bietet andere Möglichkeiten als das, was hinter mir liegt, das Ausgangspunkt-Weg-Ziel-Schema (*source-path-goal*) ermöglicht Projektionen in die Zukunft, teleologische Antizipationen, die ohne es nicht möglich wären, das dynamische Schema der Entnahme aus bzw. Befüllung von Containern erlaubt Teil/Ganzes-Kategorisierungen etc. In all diesen Fällen erscheint es aber auch als offensichtlich, dass die dem Organismus zuzurechnenden Bewegungsmöglichkeiten nicht für sich alleine, sondern erst durch ihren Bezug auf den in Frage stehenden Weltausschnitt Bedeutung gewinnen. Von irgendwo weg oder irgendwo hin zu wollen, setzt eine affektive Bewertung der Konsequenzen dieses Tuns voraus – sonst bleibt das Irgendwo ein Nirgendwo. Der Begriff der Affordanz hat dementsprechend eine doppelt verkörperungstheoretische Pointe. Er lässt sich nicht neurophilosophisch ins Gehirn zurückdrängen und schließt Organismus- und Umweltaspekte zusammen. In Abhängigkeit von der jeweiligen Situationswahrnehmung können so ganz unterschiedliche, sogar gegensätzliche Zuordnungen entstehen, etwa Kälte vs. Wärme als Bildschemata von sozialen Begegnungen. Und immer gilt, dass erst dann, wenn die automatisierten Rückkopplungsschleifen zwischen erlebter Bedeutung, Bewegungsmustern und Gegenständen nicht mehr ausreichen, das Bedürfnis nach Bedeutungsklärung und -explikation entsteht.

Dabei muss beachtet werden, dass Bildschemata zwar im individuellen Sprachgebrauch sehr unterschiedlich und stets in Abhängigkeit von den biographischen Erfahrungen einer Person aktiviert werden können, dass es aber für die pragmatische Klärung symbolischer Bedeutungen auf die *allgemeinen* Zuordnungsrelationen zwischen diesen und den sensomotorischen Aktivitätsmustern ankommt. Wenn ich wissen möchte, welche denkbar praktischen Unterschiede das Überzeugtsein von etwas sprachlich Artikuliertem macht, dann geht es nicht um individuelle oder gar idiosynkratische Reaktionen, sondern um denkbare Handlungsmuster, deren – wenn der Ausdruck erlaubt ist – sensomotorische Grammatik sich auf allgemeine Bildschemata stützt. Hier zeigt sich allerdings ein wichtiger Unterschied: Bedeutungsrelevante, denkbare praktische Unterschiede, die die Verwendung eines Begriffs oder einer Zeichenkette ausmacht, sind das eine, kreative Artikulationsprozesse innerhalb einer kulturellen Interpretationsgemeinschaft etwas anderes. Es gibt Bildschemata, die auf sehr elementare Zuordnungsmuster zwischen dem menschlichen Organismus und seiner Umwelt zurückgehen. Die Natur des menschlichen Körpers und die stabilen Eigenschaften der physischen Umwelt, so drückt es Johnson im obenstehenden Zitat aus, sind hier maßgeblich und daher auch keine erheblichen kulturellen Differenzen zu erwarten. Kulturelle Sinnbildungsprozesse bestehen aber darin, von solchen anthropologischen Universalien einen sehr spezifischen Gebrauch zu machen und damit einen Bedeutungsgenerator zu nutzen, der zugleich ein Generator für Unterschiede ist. Exemplarisch deutlich wird das im Fall von kulturspezifischen und innerhalb von

Kulturen auch unterschiedlich gegenderten sozialen Mustern der Körperhaltung und Bewegungsausführung.[158] Sie alle basieren auf der aufgerichteten Haltung des Menschen und ihren interaktionellen Implikationen, wie sie Shaun Gallagher (2017, 164–186) besonders klar herausgearbeitet hat. Aber die Art und Weise, in der diese Haltung in unterschiedlichen kulturellen Kontexten artikuliert wird – im Doppelsinn von sensomotorisch ausagiert und sprachlich expliziert –, kann eben sehr unterschiedlich ausfallen und unterliegt zudem erheblichem kulturellem Wandel. Rassistische und klassenspezifische Stereotype spielen dabei für die Internalisierung von Bewegungsmustern unverkennbar ebenfalls eine wichtige Rolle.

Um das Konzept der Bildschemata für die Anthropologie der Artikulation nutzbar zu machen, ist es deshalb erforderlich, über die Ebene physiologisch vorgeprägter Erfahrungsmuster und damit über den Schwerpunkt der Darstellung von Lakoff und Johnson hinauszugehen und auch kulturell und historisch variable Schemata einzubeziehen. Bildschemata sind demnach auf drei klar zu unterscheidende Weisen bei der Produktion von Bedeutungen wirksam: *erstens* in Form universeller, sensomotorischer Muster, die sich mit Umweltgegebenheiten verschränken und dadurch bedeutungsvolle Handlungsmöglichkeiten schaffen. Diese Funktion ist noch *nicht* humanspezifisch. Auch für ein Eichhörnchen determiniert die spezifische Beschaffenheit seines Körpers im Verbund mit deshalb salienten Reizen aus der Umwelt (z. B. Eicheln) solche mit Bedeutung aufgeladenen Affordanzen. *Zweitens* historisch gewachsene, kulturell spezifische Bildschemata, die eine Verwandtschaft mit Charles Taylors „social imaginaries" aufweisen. *Drittens* die bewussten, artikulierten Inanspruchnahmen und kreativen Variationen solcher Schemata durch individuelle Kreativität. Erst in den letzten beiden Punkten zeigt sich das Besondere menschlicher Bedeutungsbildung, und auf sie ist noch genauer einzugehen.

Die verkörperungstheoretische Analyse kulturspezifischer Bildschemata und ihres Zusammenhangs mit kulturübergreifenden Basismetaphern stellt ein bislang kaum eingelöstes kulturtheoretisches Desiderat dar. Lakoff und Johnson haben zwar den Begriff des Bildschemas energisch in die Debatten der *4E cognition* eingeführt, aber relativ wenig zu seiner Bedeutung für kulturspezifische Traditionen und kreative Innovationen gesagt. Umgekehrt liegen sehr subtile und historisch informierte philosophische Analysen der kulturellen Entstehung, Verwendung und Transformation von Leitmetaphern vor, am eindringlichsten sicherlich in den großen einschlägigen Monographien von Hans Blumenberg (Blumenberg 1966, 1975, 1979, 1981). Produktive wechselseitige Bezugnahmen finden sich jedoch bislang

---

158 Der klassische Text zur kulturspezifischen Genderung von körperschematischen Bewegungsmustern stammt von Iris Marion Young: „Throwing like a Girl" (Young 1980/2005).

kaum. Zwischen der historischen Erforschung von Leitmetaphern und der kognitionswissenschaftlichen von Leibmetaphern findet wenig Austausch statt. Es zeigt sich hier mit besonderer Deutlichkeit, was grundsätzlich für das Verhältnis der ursprünglich naturwissenschaftlich geprägten Verkörperungsdiskurse zu jenen in der Kulturphilosophie und -wissenschaften gilt: nicht selten bestehen erhebliche Berührungsängste auf beiden Seiten. Dabei fällt allerdings auf, dass die Bereitschaft von naturwissenschaftlich geprägten Verkörperungstheoretikern, sich für kulturelle Fragen zu öffnen (beispielhaft dafür die Entwicklung der Arbeiten von Alva Noë), deutlich größer ist als umgekehrt. Vereinzelte Bemühungen (vgl. etwa Jung/Bauks/Ackermann 2016, Durt/Fuchs/Tewes 2017) um eine stärkere Integration des kognitionswissenschaftlich-evolutionär geprägten Embodimentansatzes mit den hermeneutisch-sinnerschließenden Wissenschaften haben daran wie auch an der obsoleten Dualität von *science* und *humanities* bisher leider eher wenig ändern können.

Im speziellen Fall der Bildschemata sieht die Lage jedoch etwas anders und ein wenig günstiger aus. Hier gibt es nämlich eine lebendige, interdisziplinär offene Forschungstradition, die von Kunsthistorikern und Philosophen wie Aby Warburg – der den hier einschlägigen Begriff der „Pathosformel" prägte – und Edgar Wind bis in die Gegenwart reicht, in der besonders die Berliner Forschergruppen „Bildakt und Verkörperung" sowie „Symbolische Artikulation" um Jürgen Trabant und Horst Bredekamp die Begriffe des Schemas und der Artikulation aufeinander bezogen haben (vgl. Marienberg 2017). Auch hier wird mit einem erweiterten, nicht allein visuellen Bildbegriff gearbeitet. „Für Bilder", so formuliert es programmatisch zugespitzt John Michael Krois, „braucht man keine Augen" (Krois 2006, 167), will sagen: Die Rede von Bildern zielt nach Krois auf die meist multisensorische und -motorische, affektiv ergreifende Verkörperung von Interaktionssituationen zwischen menschlichen Organismen und ihrer Umwelt. Das Wortfeld „Ein-bildung", „Bildung", „Sich-bilden" etc. ist hier assoziativ viel stärker beteiligt als der Vorstellungskreis „Bild-Abbild", „Repräsentation" usw. Bilder erscheinen damit primär als sensomotorische Muster oder Schemata der Beziehung zwischen Organismen und Umgebungssituationen, und nur sekundär kann daraus ein auf das Visuelle eingeschränkter Bildbegriff abgeleitet werden. Dabei kann nicht bestritten werden, dass dieser originär multisensorische Bildbegriff sicherlich in einer gewissen Spannung zu unserem Alltagsverständnis steht.

Die Arbeiten in der gerade genannten Forschungstradition fokussieren sich vor dem Hintergrund dieser erweiterten Konzeption auf die Frage, wie durch kulturelle Traditionsbildung expressive Schemata entstehen, für welche die von Warburg so genannten *Pathosformeln* prominente Beispiele abgeben. Solche Pathosformeln können als Schemata der Ausdrucksbildung hinsichtlich markanter affektiver Zustände verstanden werden, die über lange Zeiträume hinweg, beispielsweise von der Antike bis zur Renaissance, und dann in sehr unterschiedlichen Kunstwerken identifiziert werden können.[159] Warburgs bereits 1905 geprägte Formel ist in den letzten Jahrzehnten, vor allem von den Mitgliedern der beiden genannten Berliner Forschergruppen immer wieder aufgegriffen und auch in Zusammenhang mit der kognitionswissenschaftlichen Erforschung von Prozessen des *conceptual blending* und der Metaphernbildung gebracht worden. Gleichzeitig gewinnt der Begriff des *Schemas* an Bedeutung und Prägnanz, und dies vor allem deshalb, weil er sich in idealer Weise zur Vermittlung zwischen anthropologischen Konstanten, kontingenten kulturellen Traditionen und individueller Kreativität eignet. Die Verkörperung des Geistes zieht sich durch diese drei Dimensionen hindurch, denn es sind jeweils, ganz im Einklang mit der pragmatischen Maxime von Peirce, spezifische Handlungsmöglichkeiten und ihre Konsequenzen, die den Zusammenhang zwischen verkörperten Symbolverwendern und Sachverhalten in deren Umwelt miteinander vermitteln.

Was den Begriff des Bildschemas für eine artikulatorische Anthropologie so interessant macht, ist die Tatsache, dass Schemata immer artikuliert sind, also dynamische Muster einer gliedernden Bewegung darstellen. Es ist dieser Aspekt, den auch Horst Bredekamp betont, wenn er mit seiner „Definition des *schematischen* Bildakts" auf Bilder abzielt, „die darin musterhafte Wirkungen erzielen, daß sie auf unmittelbare Weise lebendig werden oder Lebendigkeit simulieren" (Bredekamp 2015, 112). Diese Lebendigkeit zeigt sich prägnant im gegliederten Fluss der Körperbewegungen, womit der Wortsinn des Begriffs der Artikulation ins Spiel kommt. Dieser bezieht sich schließlich etymologisch auf lat. *articulus,* das Gelenk, während *articulosus,* „artikuliert", soviel wie „voller Gelenke", und übertragen dann „reich gegliedert" bedeutet. Artikulationen sind dementsprechend Schemata, die Gliederungsmöglichkeiten für eine Sequenz determinieren und andere ausschließen, wobei diese Sequenz ursprünglich einen Bewegungsfluss von Körperbewegungen meint, besonders solche der Arme, die der Realisierung eines sich durch die Artikulation erst klärenden Handlungsziels untergeordnet sind. In ihrer elementarsten sensomotorischen Bedeutung sind Artikulationen also ursprünglich *Gesten.* Dieser Begriff findet in jüngster Zeit vermehrt philosophische Aufmerksamkeit, was sich in einer Beschäftigung insbesondere mit der Bedeutung von Zeigegesten für die Menschwerdung (vgl. Tallis 2010) und in Michael Tomasellos Arbeiten zur Rolle gestischer Kommunikation bei der Entstehung von *shared in-*

---

159 Vgl. dazu den Sammelband *Die entfesselte Antike. Aby Warburg und die Geburt der Pathosformel* (Hurttig/Ketelsen 2012). Speziell zu den anthropologisch-ausdruckstheoretischen Konnotationen dieser Begriffsprägung vgl. Claudia Wedepohls Beitrag (2012, in diesem Band), wo die „Charakterisierung des Ein- und Ausdrucksspektrums der menschlichen Psyche" als „Warburgs erstes Anliegen" (Wedepohl 2012, 37) herausgestellt wird.

tentionality (vgl. Tomasello 2008) manifestiert, aber auch bereits zu großangelegten Versuchen einer *Philosophy of Gesture* (Maddalena 2015) im Geiste des Pragmatismus geführt hat. Bei Maddalena ist freilich der Begriff der Geste derart weit gefasst, nämlich als „an action with a beginning and an end that carries a meaning" (Maddalena 2015, Coverrückseite), dass er wieder erheblich an analytischer Schärfe verliert. Zudem hat dieser Begriff verglichen mit dem des Bildschemas den Nachteil, die multisensorische und multimodale Dimension verkörperter Bedeutung nicht gut fassen zu können. Viszerale, proprizeptive, taktile, visuelle, akustische, olfaktorische, eventuell sogar gustatorische Reize und ihre vielfältigen Relationen zu möglichen Bewegungsformen (auch diese reichen von Kontraktionen der viszeralen Muskulatur über globale Veränderungen des Muskeltonus, die leibliche Aufrichtung im Raum bis zu komplexen Lokomotionen und Handbewegungen) fließen in solchen multimodalen Schemata zusammen, während der Begriff der Geste doch ungleich stärker auf Bewegungen der oberen Extremitäten bzw. die Lautproduktion eingeschränkt ist.

Aus dem gerade beschriebenen ‚multisensomotorischen' Charakter von Bildschemata haben die Forschenden der genannten Berliner Arbeitsgruppen einen innovativen und anthropologisch höchst bedeutsamen Schluss gezogen: Wenn Bildschemata immer multidimensional verkörpert sind und gleichzeitig als intrinsisch artikulierend verstanden werden müssen, dann kann auch der Begriff der Artikulation nicht mehr auf den sprachlichen Bereich beschränkt werden und muss *alle* verkörperten Formen der Sinngebung einbeziehen. Artikuliert sind demnach nicht allein Sätze, sondern auch Musikstücke, Tanzchoreographien, alltägliche Bewegungsmuster, skulpturale und piktoriale Gestaltungen, im Grunde alles, was mit der Explikation eines zunächst noch latenten Sinns durch eine gegliederte Abfolge von sensomotorischen Mustern (Bildschemata) im weitesten Sinn zu tun hat. Exemplarische Untersuchungen zu sprachlichen, choreographisch-tänzerischen und bildnerischen Praktiken (vgl. Marienberg 2017) unterstreichen und exemplifizieren diesen erweiterten Artikulationsbegriff. Gleichzeitig verdeutlichen sie, wie sich anthropologisch universelle Bildschemata zu kulturspezifischen Traditionen, wie etwa den warburgschen Pathosformeln, verdichten können und wie individuelle Kreativität auf dem doppelten Fundament dieser beiden Sinnschichten aufruht.[160]

Für die Erweiterung des Artikulationsbegriffs über die Sprache hinaus sprechen überzeugende Gründe, die sich teilweise bereits aus elementaren Erwägungen zur Verkörpertheit des Geistes ergeben. Wird diese nämlich enaktivistisch gedeutet,

---

160 Für eine außerordentlich eindrucksvolle und immens detaillierte exemplarische Untersuchung der Verschränkung bildschematischer Traditionen mit individueller Kreativität vgl. Horst Bredekamps *opus magnum* „Michelangelo" (2021).

ist damit schon gesagt, dass spezifische Interaktionsformen auch jeweils spezifische Weisen der Strukturierung des Verhältnisses zwischen den handelnden Menschen und den dabei erschlossenen Affordanzen mit sich bringen. Die Metapherntheorie von Lakoff und Johnson liefert dann eine auch kognitionswissenschaftlich vielfach abgesicherte Basis für die Annahme, dass bildschematische Gliederungsmuster kognitive Universalien des Denkens und sinnhaften Handelns im Allgemeinen, nicht allein solche der Sprache darstellen. Wenn Basismetaphern artikulierte Denkprozesse und Handlungen ermöglichen, kann Artikulation kein rein sprachliches Prinzip mehr sein. Aber natürlich ist der Zusammenhang zwischen sprachlichen und nichtsprachlichen Artikulationen ebenfalls außerordentlich eng, was empirisch auch dadurch bekräftigt wird, dass gestische Ausdrucksformen vermutlich der Entwicklung der Verbalsprache vorausgegangen sind, sprachliche Artikulation also phylogenetisch als eine Art lautbasierte Internalisierung gegliederter Gesten in den Vokaltrakt betrachtet werden muss (vgl. Tomasello 2008, 61, 81 f., 104, 161 f., 218 f., 317, 328–330). Damit stellt sich aber umso dringender die Frage, wie sich sprachliche Symbolizität zu den zahlreichen anderen Formen artikulierter Bedeutungsbildung verhält. Hat Sprache eine anthropologische Sonderstellung oder reiht sie sich gleichberechtigt in die vielfältigen humanen Praktiken der Sinnproduktion ein?

Was die Phylogenese des Menschen angeht, spricht sicherlich alles dafür, dass das Sprachvermögen zusammen mit anderen artikulierten expressiven Fähigkeiten ko-evolviert ist. Beispielsweise hat Steven Mithen reiches Material für eine Ko-evolution von Sprache und Musik zusammengetragen (vgl. Mithen 2006[161]). Das schließt aber keineswegs aus, sondern ein, dass die Fähigkeit zu symbolischer Kommunikation in einer natürlichen Sprache innerhalb dieses Komplexes von evolvierten Fähigkeiten dennoch eine besondere, ja entscheidende Rolle einnimmt. Sie gründet in der Fähigkeit von syntaktisch gegliederten Symbolsprachen, Sachverhalte explizit, Geltungsansprüche ausdrücklich und damit auch sich selbst ebensosehr wie andere Formen des symbolischen Ausdrucks reflexiv zum Gegenstand zu machen. Sprache, und eben nicht irgendeine andere symbolische Artikulationsform, liefert uns das Meta-Bezugssystem, in dem wir über die Grenzen und Möglichkeiten aller anderen Bezugssysteme und der Sprache selbst nachdenken können. Man kann Bücher über Tanz, Musik und Malerei schreiben, aber keine Tänze, Musikstücke und Bilder ,über' Sprache aufführen bzw. verfertigen. Das liegt einfach daran, dass alleine Symbolsprachen die Möglichkeit bieten, ausdrücklich

---

161 Schon der Untertitel seiner Monographie *The Singing Neanderthals* streicht seinen verkörperungstheoretischen Integrationsanspruch heraus: „The Origins of Music, Language, Mind and Body". Mithen macht darauf aufmerksam, dass „bodily entrainment" (Mithen 2006, 16) ein zentrales Merkmal von Musik darstellt und zieht von hier eine Parallele zu der gestischen Dimension von Sprache.

etwas über etwas auszusagen, wobei dieses zweite ‚etwas' sich eben auf das erste ‚etwas', also die Sprache selbst beziehen kann, wodurch diese als Medium reflexiver Intentionalität zu dienen vermag. Indirekte Referenz, Perspektivität, logische Unterscheidungen und Negationsmöglichkeiten, Abstraktion, artikulatorische Gliederung, Verschränkung der symbolischen mit den ikonischen und indexikalischen Dimensionen, schließlich die Explizitmachung von Geltungsansprüchen sind die wichtigsten Aspekte dieser *metakognitiven Sonderstellung der Sprache* unter allen menschlichen Artikulationsformen.

Gleichzeitig bleibt es entscheidend, diese gewissermaßen ‚meta-anthropologische' Funktion der Sprache nicht mit der abwegigen Vorstellung zu verwechseln, allein in der Sprache artikuliere sich das Spezifische der menschlichen Lebensform. Bildschemata sind in allen menschlichen Artikulationsformen wirksam, und jede dieser Formen verkörpert Bedeutungen in einer Weise, die nicht einfach durch einen sprachlichen Ausdruck ersetzt werden kann. Sich das klarzumachen, verdeutlich nochmals den strukturellen Reduktionismus der analytischen Sprachphilosophie. „Language profoundly changes and develops the human animal all the way through, but the body's implying is and remains more than what language determines." (Gendlin 2016, 62) Das betrifft nicht allein die Vielfalt und Komplexität dessen, was Gendlin den „felt sense" nennt, es greift auch auf alle nichtsprachlichen Artikulationsformen aus.

Die Vorstellung, die Rezeption eines Musikstücks ließe sich durch die sprachliche Beschreibung der Partitur, das Betrachten eines Gemäldes durch die Schilderung seiner Malweise und des in ihm Dargestellten beschreiben, ist offensichtlich absurd. Die Verkörperungsmuster der menschlichen Umweltinteraktion gehen mit allen Ausdrucksformen jeweils ganz spezifische Verbindungen ein, die im Produktionsprozess artikuliert und im Rezeptionsprozess wieder erschlossen werden. Dabei lässt sich das sprachlich artikulierbare, geteilte Bewusstsein der Beteiligten als die Bedingung der Möglichkeit verstehen, nichtsprachliche Artikulationen zu kreieren und zu verstehen. Ein Bild zu malen ist nicht dasselbe wie eine Sprache zu sprechen. Aber nur Wesen, die eine Symbolsprache zu sprechen in der Lage sind, können auch Bilder malen, denn Bilder sind Ausdrücke derselben Transzendenz des Bezeichneten über das Zeichen, die erst von Symbolizität ermöglicht wird. Das zeigt sich unter anderem auch daran, dass Sprache das Medium der Reparatur von Missverständnissen in und der Verständigung über alle symbolischen Medien ist, sie selbst eingeschlossen.[162] Wenn wir über eine andere symbolische Artikulati-

---

162 Eine faszinierende Erkundung der Möglichkeiten und Grenzen von Sprache als Medium der Selbstreflexion und Kommunikation vor dem Hintergrund der Gefahr des Scheiterns und am Leitfaden der Geschichte von Kunstsprachen unternimmt Clemens J. Setz in *Die Bienen und das Unsichtbare* (Setz 2020).

onsform, etwa über eine Tanzaufführung, in angemessener Weise sprechen, dann beanspruchen wir also nicht etwa, tänzerische Expressivität in sprachliche zu übersetzen; wir nutzen im Gegenteil die expressiven Mittel propositionaler Sprache, um explizit zu machen, dass und in welcher Weise diese Ausdrucksform eine bildschematische Eigenlogik hat, die gerade nicht in Sprache abgebildet werden kann. Sprache realisiert jene Verschränkung von leiblicher Unmittelbarkeit und Symbolizität, die auf eine nichtsprachliche Weise dann und nur deshalb *auch* in anderen symbolischen Artikulationen wirksam werden kann. Um einen ursprünglich auf die Gesundheit gemünzten Ausspruch zu variieren: Sprache ist nicht alles, aber ohne Sprache ist alles nichts.

5.3 Leibliches Erleben und seine Artikulation

Verkörperungsmuster sind auf vielen Ebenen wirksam, von anthropologisch invarianten Basismetaphern über kulturell tradierte Bildschemata bis hin zu individueller Expressivität. In diesem Abschnitt wird es darum gehen, den letzten Punkt genauer zu analysieren. Was geschieht genau, wenn nach Worten gesucht wird? Wie lässt es sich verstehen, dass wir bereits etwas meinen, bevor wir es sagen, obwohl uns doch nur das Sagen zu verstehen geben kann, was wir eigentlich gemeint haben? Welche Rolle spielt dabei das leibliche Erleben und wie beeinflusst es die Kreativität des sprachlichen Ausdrucks? Welche Rückwirkungen hat die fortschreitende Artikulation auf das Erleben von Situationen und umgekehrt? Zu all diesen Fragen muss es, wenn das oben über die Erweiterung des Artikulationsbegriffs Ausgeführte stichhaltig ist, Entsprechungen in anderen Expressivitätsbereichen geben. Ich beschränke mich hier aber auf sprachliche Artikulationen, weil nur diese ihren Vollzug und die Reflexion über ihn im selben Medium ausagieren (*to enact*) können.

5.3.1 Vom Meinen zum Sagen

Das eigentümliche Implizite und doch Gerichtete des Meinens und seine Interaktion mit dem fortschreitenden Prozess des Sagens hat William James in dem berühmten Kapitel „The stream of thought" seiner *Principles of Psychology* unnachahmlich zum Ausdruck gebracht:

> What is that first instantaneous glimpse of some one's meaning which we have, when in vulgar phrase we say we "twig" it? Surely an altogether specific affection of our mind. And has the reader never asked himself what kind of a mental fact is his *intention of saying a thing*

before he has said it? It is an entirely definite intention, distinct from all other intentions, an absolute distinct state of consciousness, therefore; and yet how much of it consists in definite sensorial images, either of words or of things? Hardly anything! Linger, and the words and things come into the mind, the anticipatory intention, the divination is there no more. But as the words that replace it arrive, it welcomes them successively and calls them right if they agree with it, it rejects them and calls them wrong if they do not. It has therefore a nature of its own of the most positive sort, and yet what can we say about it without using words that belong to the latter mental facts that replace it? The intention *to-say-so-and-so* is the only name it can receive. (James 1890/1950, vol. 1, 253; kursiv im Original)

„*[T]o-say-so-and-so*" ist hier nicht so zu verstehen, als ob es bei jeweils konkreten Intentionen durch eine inhaltliche Beschreibung ersetzt werden könnte, denn diese – darin besteht die Pointe – ist vor dem Artikulationsprozess noch gar nicht verfügbar. Gäbe es sie schon, wäre bereits alles gesagt. Es geht also, so argumentiert James, um einen „distinct state of consciousness", der zwar eine vage intentionale Richtung hat, aber keine diskreten Elemente in Form unterscheidbarer „sensorial images" aufweist, weder von Worten noch von Dingen. Während der Artikulation verändert sich dieser Bewusstseinszustand, und zwar in einer Weise, die es dem artikulierenden Selbst erlaubt, sich aufdrängende Formulierungen entweder zu akzeptieren oder aber zurückzuweisen. Das Kriterium dieses Auswahlprozesses, der die geistige Dimension der Artikulation ausmacht, kann jedoch nicht in einem vorab schon vorhandenen Wissen um die inneren Elemente einer Situation bestehen, denn Unterscheidungen zu schaffen und die Relationen zwischen den Elementen ausdrücklich hervortreten zu lassen, darin besteht schließlich erst die Leistung der Artikulation. Es liegt hier also folgender Sachverhalt vor: Eine deutlich, aber keineswegs klar empfundene und mit Ausdrucksbedürftigkeit gewissermaßen aufgeladene Situation existiert, in der sich eine Intention formiert, die auf etwas hinauswill, die aber – scheinbar paradoxerweise – nicht bereits am Beginn, sondern erst im Verlauf der Artikulation erfährt, was dieses ‚etwas' eigentlich genau ist. Wie kann man aber wissen, wohin die Reise geht, wenn sich das erst im Verlauf der Reise selbst herausstellen wird? Und wenn sich das so verhält, wie kann dann die „intention *to-say-so-and-so*" dennoch ein gerichteter Bewusstseinszustand sein?

Solche Fragen wurden im Verlauf dieses Buchs immer wieder ansatzweise bereits diskutiert, vor allem im Abschnitt 2.4 über die „Wiederentdeckung des Qualitativen". Dort hatte ich (S. 71–76) drei verschiedene Lenkungsfunktionen qualitativer Erfahrung für Artikulationsprozesse unterschieden: vor, während und am Ende eines solchen Prozesses. Mit Hilfe dieser Lenkungsfunktionen lässt sich das Scheinparadox auflösen, dass man einerseits bereits wissen muss, was man sagen möchte, um mit dem sprachlichen Ausdruck beginnen zu können, andererseits aber erst das Sagen explizit macht, was im Meinen impliziert war. Wenn man Deweys Konzept des qualitativen Denkens auf James' Frage nach dem Verhältnis zwischen dem Meinen und dem Sagen anwendet, ergibt sich Folgendes: Sobald Situationen bewusst werden, geschieht dies jeweils in Form einer einzigen „pervasive unifying quality" (Dewey), die sich phänomenal durch einen bestimmten Leitton, der ihr die Einheit gibt, und eine diffuse, noch nicht in diskrete Elemente ausdifferenzierte Mannigfaltigkeit beschreiben lässt. Situationen werden Menschen jedoch immer nur dann bewusst, wenn sich – in dem schon mehrfach erläuterten, sehr grundsätzlichen Sinn – ein Problem zeigt. Die Einschätzung der Relevanz dieses Problems durch den erlebenden Organismus drückt sich in dem erlebten Leitton der einheitlichen Situationsqualität aus, und eben deshalb kann dieser eine erste Richtungsanzeige für die sprachliche Transformation des Gemeinten in eine öffentlich zugängliche Zeichenkette bereitstellen. Das ist natürlich nicht so zu verstehen, als ob der Beginn einer Ausdrucksbildung rein privat wäre und Sprache sowie intersubjektives Bewusstsein erst in ihrem Verlauf ins Spiel kämen. Das Bewusstsein einer Person, die sich etwas zu sagen anschickt, ist durch und durch intersubjektiv konstituiert und somit sind es auch die Erfahrungen dieser Person. Gleichwohl ist es der individuelle Organismus in seiner Sensitivität für eine spezifische Situation innerhalb seines Zusammenhangs mit der Umwelt, durch den die Situationsqualität zum Bewusstsein gelangt.

Der Leitton, also die jeweils durchdringende Qualität der Erfahrung, eröffnet und verschließt Möglichkeitshorizonte des Sagens, indem er aus der diffusen Situationsmannigfaltigkeit heraus bereits Relevantes von Irrelevantem abhebt. Handlungstheoretisch formuliert, indiziert er ein Stocken *innerhalb* einer weiterdrängenden, dynamischen Organismus-Umwelt-Interaktionssequenz, in dem die sensomotorischen Impulse der unterbrochenen Handlung noch gewissermaßen nachvibrieren. Eben deshalb weist die Situationsqualität einen Richtungssinn auf, der als Ausgangspunkt der Bedeutungsbestimmung fungiert. *Während* des Artikulationsprozesses kommt es dann zu dauernden Veränderungen des „felt sense" (Gendlin), die den Sprechenden signalisieren, ob die gewählten Wörter und grammatischen Verbindungsmuster gerade diejenigen Elemente individuieren und diejenigen Relationen zwischen ihnen sichtbar machen, durch die eine Fortsetzung der unterbrochenen Interaktionssequenz möglich wird. Eine Artikulationssequenz *endet* dann, sobald diese gefühlte Bedeutung sich in einer Weise verändert, die dem Selbst Stimmigkeit signalisiert, also das vertraute Gefühl, es sei einem gelungen, das zu sagen, was man sagen wollte (vgl. Jung/Schlette 2018).

Um die Unverzichtbarkeit erlebter Situationsqualitäten besser herauszuarbeiten, möchte ich kurz auf etwas eingehen, das nur auf ersten Blick vom Thema weit entfernt wirkt, nämlich das *frame-problem*,[163] wie es in der Künstlichen-Intelligenz-

---

163 Zur Bedeutung des *frame-problems* für das Problem des Verhältnisses zwischen implizitem

Forschung und darüber hinaus in der Philosophie des Geistes eine wichtige Rolle spielt. Dabei werde ich zeigen, dass eine Auflösung dieses Problems, freilich nur für lebendige Organismen, möglich wird, wenn man die Funktion von Situationsqualitäten ernst nimmt und konsequent verkörperungstheoretisch denkt. Die *Stanford Encyclopedia of Philosophy* definiert das *frame-problem* als die „challenge of representing the effects of acting in logic without having to represent explicitly a large number of intuitively obvious non-effects" (Shanahan 2016). Diese Herausforderung wird nicht mehr akademisch klingen, sobald man sich mit einem berühmt gewordenen Beispiel für das Problem vertraut gemacht hat, das von Daniel Dennett stammt:[164] „Ein Roboter erhält die Nachricht, dass innerhalb der nächsten Minuten eine Bombe in seinem Schuppen explodieren wird. Der Roboter berechnet daraufhin, was zu tun ist. Als er gerade ableitet, dass ein Verlassen des Schuppens den Teepreis in China nicht verändern würde, explodiert die Bombe." (Engelen 2007, 36)

Der zentrale Punkt ist hier, dass jede Entscheidung potentiell unendliche viele Hintergrundfakten und Handlungsmöglichkeiten einschließt, jedoch nur getroffen werden kann, wenn diese nach Maßgabe ihrer Relevanz selektiert, ‚geframt' und auf eine handhabbare Größe gebracht worden sind, und zwar *bevor* das Durchspielen der Konsequenzen überhaupt beginnen kann. Es ist prinzipiell unmöglich, zunächst *alle möglichen* Konsequenzen zu berücksichtigen und dann erst die relevanten von den irrelevanten zu unterscheiden. Vielmehr geht es darum, die „intuitively obvious non-effects" gar nicht erst zu berücksichtigen. Anders gesagt: Man muss spüren, was irrelevant ist, ohne alles Irrelevante bereits explizit zu *wissen*. Eben dies gelingt dem Roboter in Dennetts Geschichte nicht, weil er keine Intuitionen – was ich hier mit „qualitative Zustände" übersetze – hat, was schließlich zu seiner Zerstörung führt. Grundsätzlich lässt sich sagen, dass gesteigerte Rechenkapazität und -geschwindigkeit in dieser Situation angesichts der Existenz beliebig vieler Weltzustände und möglicher Handlungskonsequenzen nicht im Geringsten weiterhilft. Während Schachcomputer die Möglichkeiten für erfolgreiche Züge in einem zwar tiefen, aber durch einfache und eindeutige Regeln strukturierten Möglichkeitsraum mit schierer Rechenleistung eruieren können, funktioniert dies beim Umgang mit der wirklichen Welt nicht mehr. Es geht hierbei nicht nur um das Verhältnis von Entscheidungs*druck* und Entscheidungs*zeit*, es braucht auch eine Vorselektion, die aus *abstrakten* Möglichkeiten relevante, also *konkrete* Möglichkeiten macht. Eben dies leistet in jedem Organismus – aber, zumindest bis jetzt, noch nicht in künstlichen Systemen – die qualitative Bewertung der Situation. Aus diesem Grund be-

---

Hintergrund (qualitativer Mannigfaltigkeit) und expliziter Denk- und Formulierungsakte siehe auch Schoeller/Saller 2016, 13.

164 Vgl. Dennett 1984, 129. Ich zitiere das Beispiel hier in einer stark verknappten Darstellung von Eva-Maria Engelen.

schäftigt sich die Robotik seit den Pionierarbeiten von Rodney Brooks auch mit der Herstellung ‚autonomer' Agenten, die durch sensomotorische Rückmeldungen aus ihrer Umgebung Relevanzindikatoren erhalten (Brooks 1991/2013) und dadurch in die Lage versetzt werden sollen, ihre Berechnungen situativ zu framen.[165]

Der Bezug auf die Artikulation sprachlicher Bedeutungen ist dann nicht mehr schwer herzustellen: Etwas zu *meinen* bedeutet, Relevanzen und Unterscheidungsmöglichkeiten zu *spüren*. Nur deshalb wird es möglich, von den unendlichen Möglichkeiten der Sprache einen endlichen Gebrauch zu machen, sich also nicht in abstrakten Möglichkeitshorizonten zu verlieren, sondern Schritt für Schritt bei der Transformation des Meinens im Sagen zu spüren, welche konkreten Möglichkeiten es gibt und unter diesen dann eine einzige wirklich werden zu lassen. In vielen Fällen ist das keine große Sache und gelingt durch situative Routinen (*habits* im Sinne Deweys), die nur geringfügig an das jeweils Neue und Spezifische der Situation angepasst werden. Niemand muss sich beim Bäcker eigens überlegen, welches *wording* jetzt zur Aufgabe der Brötchenbestellung wohl am Angemessensten wäre. Der Sprachgebrauch ist in solchen Situationen eher instrumentell als genuin artikulierend. Anders verhält es sich jedoch immer dann, wenn wirkliche Kreativität gefragt ist, wie bei Künstlern, Wissenschaftlern, aber auch in gewöhnlicher Erfahrung immer dann, wenn es um für das Selbst besonders relevante, sich aber expressiven Routinen *entziehende* Sachverhalte geht, beispielsweise bei existenziellen Entscheidungen oder im Kontext psychotherapeutischer Praktiken. Dann zeigen sich überhaupt erst Reichtum und Eigensinn des leiblichen Spürens sowie seine fundamentale Bedeutung für Denk- und Ausdrucksprozesse. Aus dieser Einsicht haben sich in den letzten Jahrzehnten neue theoretische, aber auch praktische Ansätze entwickelt, die diese Zusammenhänge verstehen und in sie auch einüben möchten. Der Schwerpunkt liegt hier nicht auf neuronalem *cross-mapping*, auf interkulturell invarianten Basismetaphern oder auf bildschematischen kulturellen Traditionen, sondern auf den intrikaten *Wechselwirkungen* zwischen dem leibli-

---

[165] Brooks' Ansatz, die klassische repräsentationale KI hinter sich zu lassen und die Interaktion zwischen den technischen Systemen und ihrer Umwelt in den Fokus zu rücken („... die Welt als ihr eigenes Modell zu benutzen", Brooks 1991/2013, 145) ist sicherlich ein Schritt in Richtung Verkörperungsdenken. Allerdings wird hier immer noch ein wesentlicher Aspekt der Organismus-Umwelt-Interaktion ausgeklammert, nämlich die Tatsache, dass Umweltereignisse für den Organismus relevant sind, weil sie dessen Wohl und Wehe beeinflussen. Den nächsten Schritt in Richtung einer konsequenten Einbeziehung des Zusammenhangs von Bedeutung und Vulnerabilität/Bedürftigkeit geht deshalb erst die *artificial life*-Forschung. Ob allerdings künstlich simulierte Relevanz überhaupt möglich ist oder diese nur natürlichen Lebewesen zugesprochen werden kann, ist eine ganz andere Frage und ein Prüfstein für die enaktivistische Engführung von *mind* und *life*.

chen Spüren und den – in der Regel als sprachlichen gedachten – sich artikulierenden Bedeutungen.

Man könnte versucht sein, diese Fragestellung in einen völlig unüberbrückbaren Gegensatz zu analytischen Bedeutungstheorien zu bringen. Schließlich tendieren letztere dazu, das Phänomen der Bedeutung auf die Repräsentation von mentalen, sozialen oder physischen Tatsachen zu verengen und erscheinen deshalb aus pragmatistischer oder phänomenologischer Perspektive als massiv reduktionistisch. Das theoretische und praktische Interesse daran, „der multidimensional verästelten Wirklichkeit des Daseins in ihrer feintarierten Präzision eine Sprache verleihen zu können" (Schoeller 2015, 16 f.), bildet dazu sicherlich einen scharfen Kontrast. Dennoch erscheint es mir sinnvoll, hier weniger in Gegensätzen als in Komplementaritäten zu denken, was sich im Übrigen für Pragmatisten bereits durch das peircesche Kriterium des Synechismus nahegelegt wird. Wahrheitskonditionale und repräsentationalistische Sprachtheorien erscheinen aus dieser Perspektive nicht so sehr als geradezu falsch, vielmehr als einseitig und unterkomplex. Dass jedoch eine wichtige Sprachfunktion darin besteht, Geltungsansprüche hinsichtlich des Bestehens und Nichtbestehens von Tatsachen zu artikulieren und zu kommunizieren, lässt sich gar nicht leugnen. Der anthropologische Reduktionismus beginnt erst dann, wenn diese Funktion als Schlüssel für Sprachlichkeit überhaupt verstanden, Expressivität marginalisiert und Sprache analysiert wird, ohne ihre Einbettung und Kontextualisierung in den Organismus-Umwelt-Interaktionszusammenhang überhaupt zu beachten. Technischer formuliert: Wenn das *Explanandum* (Bedeutung) nicht durch eine sorgfältige dichte Beschreibung identifiziert wurde (im Sinne der bekannten Formulierung von Clifford Geertz [Geertz 2003]), wenn es keinen phänomenalen Reichtum aufweist und auch die anthropologische Ubiquität vor- und nichtsprachlicher Bedeutungen verfehlt, dann wird entsprechend auch das *Explanans* (bspw. Wahrheitsbedingungen) nur Teilaspekte des komplexen Phänomens der Bedeutung erfassen können – was mit der Gültigkeit der Teilerklärungen in ihrem Bereich durchaus verträglich ist.

5.3.2 Den Leib zur Sprache bringen

Das neue Interesse an den verkörperten Grundmustern des Denkens und der Sprache aus der Perspektive des leiblich erlebenden Individuums ist wesentlich durch die Arbeiten von Eugene Gendlin angeregt worden, dessen Hauptwerk seit 2015 auch in deutscher Übersetzung unter dem Titel *Ein Prozess-Modell* verfügbar ist. Gendlin erarbeitet dort in extensiver Detailfülle ein anthropologisch-handlungstheoretisch-sprachphilosophisches Modell, das radikal mit den etablierten Dualismen der westlichen Denktradition brechen möchte. Dabei entwickelt er auch, um den Rückfall in eingeschliffene Denktraditionen zu vermeiden, eine neuartige, idiosynkratische Sprache, wofür freilich der Preis einer gewissen Hermetik gezahlt werden muss. Die Wirkung Gendlins ist jedoch ohnehin deutlich weniger auf sein philosophisches Werk als auf sein vielfältiges Engagement im Bereich der philosophischen und therapeutischen Praxis (als Begründer von *focussing*[166] und *thinking-at-the-edge*[167]) zurück zu führen. Antike Vorstellungen von der Philosophie als Einübung in eine bestimmte Lebenspraxis aufgreifend, geht es Gendlin und seinen Nachfolgerinnen um eine theoriegestützte und auf die Theorie zurückwirkende Praxis der Sensibilisierung für die Zusammenhänge zwischen dem leiblichen Spüren und der artikulierenden Bedeutungsbildung. Leitend ist dabei die Annahme, dass zunächst und zumeist übersehen wird, welche subtilen Beziehungen und Komplexitäten hier bestehen, und wie die Beachtung dieser Beziehungen ein genaueres und für die Fortführung der jeweiligen Praxis hilfreiches Artikulieren ermöglicht – mit den von Taylor zitierten Worten Shelleys „a subtler language"" (Taylor 2007, 353).

Gendlin knüpft implizit an Deweys Einsichten in den situativen Charakter des Handelns und den Primat latenter, leiblicher Handlungstendenzen vor expliziten Intentionen an. In seiner eigenwilligen Terminologie spielt die Unterscheidung zwischen zwei Dimensionen des situativen Handelns eine zentrale Rolle, die er „implying" und „occuring"[168] (Gendlin 2016, 59) nennt:

> We can conceptualize all organism bodily processes (including the lowest) as implying and occuring. The readiness for speech and the coming of words is just one instance of the body's implying and occurring. What occurs from the organism enacts something like what the organism implied. I say "something like" because the implying (like the readiness to speak) is not yet any particular words, behavior, or tissue process. The implying is "all that", many past events, but it implies one next occurring. *The occurring is not formed until it comes in the environment.* Therefore implying is never the same as what the occurring enacts. (Gendlin 2016, 59; kursiv im Original)

Ich verstehe das als eine Explikation der Deweyschen Einsicht in die uneinholbare Vorgängigkeit der gelebten Situation, die aus diesem Grund eine propositionale Darstellung ermöglicht, selbst aber nicht darstellbar ist: „Die Situation kann sich selbst genauso wenig als Element in einer Aussage darstellen, wie ein Gegen-

---

166 https://www.focusing-netzwerk.de/, letzter Zugriff 10.08.2022.
167 Vgl. die Einführung in „Thinking at the Edge" durch Gendlin, zugänglich über: https://focusing.org/sites/default/files/legacy/pdf/tae_intro.pdf, letzter Zugriff 10.08.2022.
168 Gendlin hat eine besondere Vorliebe für die englische ‚ing-Form', was sicherlich damit zusammenhängt, dass es ihm darum geht, an die Stelle statischer Substanzbegriffe prozessuale Beschreibungen zu setzen.

standsbereich als Element des Diskurses innerhalb jenes Bereichs erscheinen kann. Wenn man sie ‚implizit' nennt, bedeutet das nicht, dass sie ‚impliziert' ist." (Dewey 1930/2003, 98). Im leiblichen Tun und Erleben ist eine Situation gegeben, in der das Spezifische dessen, was ‚jetzt' und ‚hier' passiert, mit der biographischen Erfahrungsgeschichte eines individuellen Organismus und einer Bewertung der Lebenszuträglichkeit zu einer Einheit gebracht ist. Deswegen enthält dieses „implying" ‚all dies' und viele vergangene Ereignisse, aber eben, das ist der springende Punkt, nicht ausdrücklich, sondern implizit. „Occuring" ist Gendlins Terminus für alles, was der Organismus dann explizit tut, ‚ausagiert', um dem, was implizit wirksam ist, gerecht zu werden. Stärker als Dewey, der seine Überlegungen zum qualitativen Denken von dessen Rolle bei der logischen Kontrolle von Denk- und Expressionsakten her entfaltet, legt Gendlin dabei den Akzent auf die implizit bleibenden funktionalen Leistungen des interagierenden Organismus und deren nie vollständig thematisierbaren Reichtum: „.... the body's implicit functioning is always already more than what cognition will ever carry forward." (Gendlin 2016, 60) Die Pointe ist dabei, dass es eine dauernde dialektische Spannung (die Gendlin allerdings nicht so nennt) zwischen dem „implying" und dem „occuring" gibt. Wenn das Implizieren (die Handlungstendenzen des Organismus) in Verbindung mit den Affordanzen der Umwelt (vgl. Gendlin 2016, 69) zur Realisierung einer konkreten Handlung („occuring") führt, wird dieses Ereignis Teil des nunmehr neuen impliziten Hintergrunds und verändert diesen, wodurch wiederum neue Handlungsmöglichkeiten entstehen, deren Realisierung das „implying" verändert und so weiter in einem offenen Prozess. Mit den Worten Gendlins:

> The implying implies one next occurring which will carry the implying forward. If that happens, the implying is carried forward so that it implies a further occurring which, if it happens, will carry the implying forward to imply a further occurring. (Gendlin 2016, 60)

Vor dem Hintergrund dessen, was bisher über das Verhältnis zwischen dem qualitativen Erleben und dem expliziten (Sprach-)Handeln entwickelt wurde, ist es allerdings irritierend, dass Gendlin sein Schema einer vorwärtstreibenden Spannung zwischen „implying" und „occuring" in dem hier aufgeführten Zitat so beschreibt, als ob im Impliziten bereits festgelegt wäre, welches „occuring" es genau aus sich heraustreibt. So verstanden, würde sich der transformative Charakter von Artikulationsbegriffen nicht mehr halten lassen. In der Analyse Deweys, die ich teile, verhält es sich jedenfalls so, dass die dominierende Situationsqualität dem artikulierenden Denken einen bestimmten, endlichen Möglichkeitshorizont suggeriert, der sich auf das in dieser Qualität präsente diffus-bedeutungsvoll Mannigfaltige der Situation bezieht, das sich immer in verschiedene, wenn auch keineswegs beliebige Richtungen explizieren lässt. Dieser Sachverhalt war oben schon verschiedentlich als die *bedingte Freiheit der Artikulation* erläutert worden. Dementsprechend ist auch das Gefühl der Stimmigkeit, das gelungene Artikulationen begleitet, nicht von derselben Art wie das Gefühl, für ein Urbild ein gültiges Abbild gefunden zu haben. Die Stimmigkeitserfahrung lässt das Gelungene eines Ausdrucks in einer Weise spüren, die eine Fortsetzungsmöglichkeit des Handelns suggeriert, nicht aber impliziert, dass lediglich genau dieser eine gefundene Ausdruck die Situation angemessen erfasst.

Die vage-intensiv, aber als bedeutsam empfundene Situationsqualität, so hatte ich mit Dewey argumentiert, ermöglicht kraft ihrer Lenkungsfunktionen explizite Semantisierungen, legt aber noch keine einzelne, bestimmte Semantisierung fest. Wäre es anders, dann wäre das Implizite bereits ein Impliziertes und es ginge lediglich darum, eine bereits vorhandene Struktur gewissermaßen eins-zu-eins sichtbar zu machen. Wie verträgt sich diese Argumentation jedoch mit Gendlins Anspruch, durch größere Genauigkeit im Aufmerken auf den „felt sense" einen „changed ground for precise cognition" (Gendlin 2016, Titel des Aufsatzes) zu liefern? Um hier voranzukommen, sind einige Unterscheidungen nötig. Zum einen betont Gendlin, das in dem leiblich Implizierten „gespeicherte" *know-how* sei keineswegs vage, sondern höchst präzise. Beispielsweise greifen beim gekonnten, nicht bewusst reflektierten Autofahren die verschiedensten sensomotorischen Koordinationen (Auge-Hand-Lenkrad, Fuß-Gaspedal, Schulterdrehung-Rückblick etc.) höchst präzise zusammen. Von Vagheit ist hier keine Spur zu erkennen. Ebenfalls am Beispiel des Autofahrens lässt sich zeigen (vgl. Gendlin 2016, 52), dass sich nach dem Übergang vom expliziten Lernen, etwa dem Verstehen und Umsetzen verbaler Instruktionen des Fahrlehrers, zum gekonnten flüssigen Autofahren gegenüber der Lernphase sogar ein Mehr an Präzision zeigt. Eine erfahrene Autofahrerin lenkt ihr Fahrzeug *ohne* den Einsatz expliziten Bewusstseins präziser als der Fahranfänger *mit* diesem Bewusstsein. Auch Hubert Dreyfus hat in seinen Untersuchungen zum „skillful coping" (vgl. Dreyfus 2016) diesen Punkt immer wieder hervorgehoben. Verglichen mit der Weise, in der beispielsweise die Lenkbewegungen eines routinierten Rennradfahrers, die Eigenarten der verwendeten Rennmaschine und die jeweilige Beschaffenheit der Straße präzise ineinandergreifen, könnte dann das Ringen um Ausdruck, die mühsame und tentative Suche nach Worten unbeholfen und ungenau wirken.

Das hängt jedoch einfach damit zusammen, dass in den genannten Beispielen funktionierende Rückkoppelungen zwischen Organismus und Umgebung vorliegen. Innerhalb dieser Rückkoppelungsschleifen fungiert das leibliche Spüren als präzise, automatische Lenkung des Verhaltens (dem entspricht die erste der vier Lenkungsfunktionen des Qualitativen, die ich oben S. 71–76 unterschieden hatte). Anlässe zum bewussten Nachdenken und zur Artikulation entstehen jedoch, wie schon vielfach betont, regelmäßig erst dann, wenn präzises Funktionieren im Sinne eines

Automatismus eben nicht mehr möglich ist, wenn die Situation und damit auch ihr Objekt, wie George Herbert Mead das ausdrückt, „neu rekonstruiert" werden müssen. In diesem Prozess erscheint dann die *präzise Vagheit* der Situationsqualität, in ihrer Verbindung mit dem einheitlichen Leitton, als etwas Genuines und Positives, nämlich als Bedingung der Möglichkeit einer Denk- und Ausdrucksleistung, die es erlaubt, die unterbrochene Handlung fortzusetzen.

Die Präzision der empfundenen Stimmigkeit eines gelungenen Ausdrucks ist von anderer Art als die Präzision des unbewussten *know-hows* im gekonnten Tun. Im ersten Fall sind ihr symbolische Distanz und artikulatorische Freiheit eingeschrieben, im zweiten Fall fehlen diese Qualitäten. Zwischen der Steigerung der Präzision des Denkens und Sich-Ausdrückens und der intensiv-andrängenden Vagheit noch nicht in Teile gegliederter Situationsqualitäten besteht nach meiner Interpretation demnach kein Gegensatz, sondern ein Bedingungsverhältnis. Dem „veränderten Grund", von dem Gendlin im Titel seines Aufsatzes spricht, entspricht demzufolge ein genaueres Gespür für die in der Situationsqualität impliziten konkreten *Möglichkeiten,* also für die, mit James gesprochen, genuinen Optionen (vgl. oben S. 246 f.). Und „präzise Kognition" bedeutet dann den Einbezug *aller* genuinen Optionen in die Entscheidungs- bzw. Ausdrucksfindung. Außerdem stellt natürlich, in der Terminologie von Gendlin ausgedrückt, auch der wiederholte Prozess von implizit-unbewusstem Tun, Problematischwerden der Situation, sprachlicher Explizierung und Fortsetzung des Handelns mit dem Effekt eines Implizitwerdens des Explizierens einen Fall der dynamischen Abfolge von „implying" und „occuring" dar. Diese hat immer den Charakter eines modalen Transfers von Möglichkeit in Wirklichkeit und umgekehrt, und die präzise Bestimmung der Möglichkeiten darf eben nicht mit der präzisen Realisierung genauer einer dieser Möglichkeiten verwechselt werden.

Um besser zu verstehen, wie das Erleben von leiblichen Regungen bei der Genese neuer Bedeutungen fungiert, wende ich mich nun einer Fallstudie der französischen Mikrophänomenologin[169] Claire Petitmengin zu. Sie behandelt dort genau diejenigen kognitiven Prozesse der Forschung, bei denen die *communis opinio* der Wissenschaftstheoretiker bisher ein Maximum an Abstraktion von lebensweltlicher Erfahrung am Werk sah; allerdings liegt bei ihr der Schwerpunkt auf der Gewin-

---

[169] Mikrophänomenologie ist eine von Petitmengin im Rückgriff auf Ideen u. a. Franciso Varelas entwickelte Forschungsmethode zur feinkörnigen, detaillierten Beschreibung erlebter Erfahrung in unterschiedlichsten Kontexten, von wissenschaftlicher Kreativität über biographische Erinnerungen und sinnliche Erlebnisse bis zu Formen der professionsspezifischen Erfahrung, etwa in pädagogischen und Heilberufen. Sie wird mittlerweile in so verschiedenen Bereichen wie der Wissenschaftstheorie und der Psychotherapie praktiziert. Vgl. https://www.microphenomenology.com/home, letzter Zugriff 15.08.2022.

nung neuer wissenschaftlicher Ideen (*ideation*). Durch ihren Fokus auf den *Gehalt* solcher Ideen und ihre Überprüfung, so argumentiert Petitmengin, hat die Forschung bisher der Frage nicht genügend Aufmerksamkeit geschenkt, wie es denn überhaupt zum Durchbruch neuer kreativer Ideen kommen kann und welche Formen gelebter und erlebter Erfahrung dabei für die Subjekte solcher Durchbrüche eine entscheidende Rolle spielen. Ohne sich auf ihn zu beziehen, führt sie damit eine Einsicht weiter aus, die John Dewey bereits in seiner Logik energisch verteidigt hatte: Wenn kein qualitatives Gespür für das in einer Situation Implizite vorhanden ist, wird es unmöglich, ein Problem klar zu formulieren und zu innovativen Lösungen zu gelangen. Dies gilt für Alltagssituationen ebenso wie für diejenigen Bereiche der modernen Naturwissenschaften, die sich am weitesten von unseren Alltagsintuitionen entfernt haben, etwa die theoretische Physik.

> Ein Problem muss, wie man gewöhnlich sagt, empfunden werden, bevor es formuliert werden kann. Wenn die einzigartige Qualität der Situation unmittelbar *erlebt* wird, dann gibt es etwas, das die Auswahl und Gewichtung der beobachteten Tatsachen und ihrer begrifflichen Ordnung regelt. (Dewey 1938/2002, 92; kursiv im Original.)

Und obwohl es zutrifft, dass die *Gegenstände* der Naturwissenschaft soweit wie möglich methodisch von subjektiver, qualitativer Erfahrung gereinigt werden, ist es doch ebenso wahr, dass für den kreativen, abduktiven Prozess der Erkenntnisgewinnung, der Entstehung neuer Bedeutungen, das Situationsgespür der Wissenschaftlerinnen und Wissenschaftler, also ihre leibliche Erfahrung, unverzichtbar bleibt.

Es besteht mithin ein innerer Zusammenhang zwischen der „emergence of truly innovative ideas", die immer „a rupture, a discontinuity" (Petitmengin 2016, 29) impliziert, und dem bewussten Erleben von Situationsqualitäten. Denn diese werden, wie Dewey und Mead gezeigt haben, immer nur dann bewusst, wenn die fließende Interaktion mit der Umwelt stockt. Diskontinuität ist demnach ein allgemeines Merkmal solcher Qualitäten, und in der Art und Weise der Empfindung dieser Diskontinuität ist bereits angelegt, wie es weitergehen *könnte*, wenn denn das Neue Form und Bestimmtheit gewinnt, also artikuliert wird. Die gegenwärtig so gern bemühte Qualität des *Disruptiven* ist demnach dem Gewahrwerden von Erfahrungssituationen immer schon eingeschrieben.[170] Erfahrungen basieren gera-

---

[170] Damit wird natürlich nicht bestritten, dass präreflexiv gespürte Begleitqualitäten das Handeln in unzähligen Fällen ohne die mindeste Disruption lenken, etwa beim routinierten Autofahren, Kochen oder Musizieren. Dabei handelt es sich dann um die erste der vier von mir unterschiedenen Funktionen des Qualitativen (vgl. oben S. 71 f.). Behauptet wird nur, dass in allen Fällen, die Kreativität und die Emergenz von Neuem erfordern, bewusstes Erleben und damit ein Kontinuitätsbruch

dezu auf *Mikrodisruptionen*. Ohne sie gibt es keine Kreativität, aber erst das artikulierte Erleben macht explizit, welche neuen Bedeutungsmöglichkeiten der Situationsqualität immanent waren. Dabei macht es keinen Unterschied, ob es sich um ein Problem der gewöhnlichen Lebenserfahrung oder um eine hochspezialisierte Frage der Teilchenphysik, Genetik oder Neurowissenschaft handelt.

Petitmengin hat eine sehr ausgefeilte Interview-Technik entwickelt, das sog. „elicitation" oder „micro-phenomenological interview" (Petitmengin 2016, 30). Dabei geht es in erster Linie darum, eine vergangene Erfahrung gegenwärtig zu machen, ohne in Interpretationen, und Urteile hinsichtlich ihrer auszuweichen, diese Vergegenwärtigung bis zu einem Maximum zu steigern und die Aufmerksamkeit der interviewten Person von den Inhalten auf das ‚Wie' der Erfahrung zu lenken: „micro-adjustments of the attention mode, inner images and discourses, subtle emotions and feelings..." (Petitmengin 2016, 30). Dahinter steht die Vorstellung, dass sich durch solche Formen der Aufmerksamkeitslenkung eine zentrale, jedoch meist vernachlässigte Form der Bedeutungsbildung innerhalb individueller Erfahrung sichtbar machen lässt. Die ‚Mikrogenese' neuer Ideen und Bedeutungen sei, darin kommen die durchgeführten Interviews Petitmengin zufolge überein, weder als deduktiver und diskursiver Prozess zu verstehen noch lasse sie sich methodisch erzwingen. Wohl aber sei es möglich, günstige innere Dispositionen hierfür zu erzeugen. Im Kern gehe es um eine „deep pre-reflective dimension of experience, which is preconceptual, pre-discursive, ‚felt', and has very specific sensory, spatial and dynamic characteristics" (Petitmengin 2016, 32).

Disponierend für diese vorsprachliche Erfahrungsdimension sei ein „abandonment of the abstract and discursive mode of thinking for an imaged and kinesthetic mode" (Petitmengin 2016, 33). Anhand von zahlreichen Zeugnissen bedeutender Wissenschaftler (etwa Kekulé, auf den ich oben bereits eingegangen bin [S. 99], und Einstein) arbeitet Petitmengin heraus, dass es sich dann beim ‚Kommen' der Idee stets um eine Art innerer Geste, eine von den Subjekten der Erfahrung gespürte Bewegungsrichtung handelt, die sich leichter einstellt, wenn ein körperlicher Rhythmus vorliegt, wie etwa beim Gehen, und sich der Schwerpunkt der Selbstwahrnehmung in den bewegten Leib verlagert. All dies lässt sich zwanglos an Einsichten Deweys, Merleau-Pontys und auch der Protagonisten der *4E cognition* anschließen.

---

unverzichtbar sind. Möglich wird dieser Bruch nur vor dem Hintergrund weiterhin operativer unbewusster Leistungen, wie oben schon u. a. am Verhältnis zwischen Körperschemata und bewusstem Handeln diskutiert worden ist.

5.3.3 Leibliche Bedeutsamkeit und artikulierte Bedeutung

Petitmengin argumentiert von hier ab jedoch weiter in eine Richtung, die sich mit den Grundeinsichten einer artikulatorischen Verkörperungsanthropologie nur noch teilweise deckt und die ich bereits bei Gendlin kritisiert hatte. Für sie sind es nämlich die „inner gestures that constitute the meaning" (Petitmengin 2016, 39). Spezifische leibliche Regungen werden geradezu mit dem Phänomen der Bedeutung identifiziert, statt diese Regungen als einen konstitutiven Teilaspekt zu behandeln, der in einem produktiven Spannungsverhältnis zur symbolischen Artikulation steht. So führt Petitmengin aus, dass das Kriterium für die Gelungenheit einer Übersetzung im erfolgreichen „de-verbalising" der „units of meaning" (Petitmengin 2016, 38) besteht, das zwischen Ausgangs- und Zielsprache geschaltet werden sollte. Der Dimension der Sprache selbst, ihren Gliederungsmöglichkeiten, ihrem Klang und ihrem Wortschatz, auch ihrer Intersubjektivität wird damit jede Eigenständigkeit abgesprochen; sie degeneriert zu einer bloßen Transportfunktion für die erlebte Erfahrung, die leibliche Geste, die als Bedeutung schlechthin identifiziert wird.

Eine sorgfältige und gelingende Artikulation ist zwar auch für Petitmengin wichtig, aber ihr verbleibt keine konstitutive Rolle bei der Bedeutungsgenese, sondern allein die instrumentelle Funktion, durch den Ausdruck die gefühlte Bedeutung intensiver und präziser zu machen: „Words seem to have *no other role* than helping the felt dimension to unfold." (Petitmengin 2016, 40; Kursivierung M.J.) So hilfreich Petitmengins detaillierte Beschreibungen für das Verständnis der Rolle gespürter Qualitäten sind, so wenig kann dieser Versuch überzeugen, die Spannung von erlebter Bedeutsamkeit und artikulierter Bedeutung einfach in eine Richtung aufzulösen. Damit werden grundlegende Einsichten der modernen Hermeneutik und Sprachphilosophie unterlaufen, die darin übereinkommen, die – relative – Selbständigkeit sprachlicher Gebilde gegenüber ihren Produzenten zu betonen; eine Einsicht, ohne die auch nicht zu verstehen ist, wie so etwas wie „objektiver Geist" in dem hier vielfach in Anspruch genommenen Sinn überhaupt entstehen kann. Wenn Petimengin zustimmend Marcel Jousses Überzeugung paraphrasiert, entscheidend für das Verstehen sei ein „finding and reenacting inside ourselves [of] the subtle gestures that the author himself lived when writing the text" (Petitmengin 2016, 45), dann klingt das wie eine verkörperungstheoretische Neuauflage der mit guten Gründen überwunden geglaubten hermeneutischen These vom Primat der *mens auctoris,* also der Vorstellung, Verstehen sei ein Erschließen der Absicht des Autors bzw. der Autorin. Schon Wilhelm Dilthey hatte demgegenüber (nachdem er seine frühe Einfühlungshermeneutik überwunden hatte) entschieden darauf bestanden, dass man Episoden qualitativen, leiblichen Erlebens als solche, isoliert von der Öffentlichkeit und Objektivität der Sprache, überhaupt nicht verstehen kann. Gegenstände des Verstehens sind Dilthey zufolge einzig und allein objektivierte

Ausdrücke dieses Erlebens, die dann freilich *auch, aber nicht nur,* das initiale leibliche Erleben mitschwingen lassen.[171]

Mit dieser Kritik soll weder die systematische Bedeutung von Petitmengins mikrophänomenologischer Methode für die Erschließung des Erlebens von Bedeutsamkeit bestritten noch geleugnet werden, dass in jeder Artikulation und jedem Verstehen einer symbolischen Ausdrucksgestalt leibliche Erfahrung – sowohl bei den Sprechenden/ Schreibenden wie bei den Hörenden/Lesenden – eine wichtige Rolle spielt. Im Gegenteil: Ohne diese Erfahrung gibt es weder Bedeutung noch Verstehen. Behauptet wird aber, dass die Funktion des Erlebens nur einen Teilaspekt symbolischer Bedeutungsgenese erfasst. Dabei leitet mich wieder die peircesche Unterscheidung von ikonischen, indexikalischen und symbolischen Zeichen, die ich mit derjenigen zwischen direktem und indirektem Realitätsbezug kombiniert habe. Symbolische Ausdrucksgestalten sind durch reflexive Distanz, Intersubjektivität, Bedeutungsüberschuss (im Sinne einer partiellen Unkontrollierbarkeit der Bedeutung durch die Subjekte des Sprechens) und die Verflochtenheit in ein hochkomplexes Ganzes von Werten, Normen und *social imaginaries* gekennzeichnet. All diese Aspekte entgehen einer Betrachtung, die Bedeutung mit der „gesture behind the words" (Petitmengin 2016, 45) identifiziert. Jedoch sind in alle sprachlichen Ausdrucksgestalten, die sich im Ganzen als symbolisch kennzeichnen lassen, immer auch – das ist die entscheidende Einsicht von Peirce – ikonische und indexikalische Zeichen eingelagert, und es sind diese Zeichenformen, die die entscheidende Rolle bei der Rückbindung des Gesagten an leibliche Erfahrung spielen. Der allgemeine Sinn symbolischer Bezugnahmen auf Realität, der durch die horizontale Bedeutungsstabilisierung des holistischen Netzwerks der Zeichen möglich wird, bedarf eines vertikalen *groundings*, wofür mit Peirce gesprochen eben die direkt auf Erfahrung bezogenen Zeichenformen zuständig sind. Terrence Deacon hat diese Verschränkung, Peirce aufgreifend, dahingehend erläutert, dass primäre Ausdrucksbildung und Verstehen als komplementäre Formen der *Interpretation* des symbolischen, gegliederten Zeichenganzen durch in ikonischen und indexikalischen Zeichen sedimentierte Erfahrung verstanden werden müssen (vgl. Deacon 1997, 451).

Eine einseitige Privilegierung des Erlebens über den Ausdrucksprozess und die ihm geschaffenen sozialen Objektivitäten lässt darüber hinaus auch den transformativ-freiheitlichen Charakter von Artikulationsprozessen unsichtbar werden. Bei Petitmengin dominiert in der Darstellung der kreativen Ideenfindung das passive Moment. Die Forscherin oder der Künstler kann im besten Fall nur die „conditions

---

171 Zu Diltheys Entwicklung zum Verkörperungs- und Erfahrungstheoretiker sowie seiner reifen Hermeneutik vgl. Jung 2014b.

for its self-unfolding" (Petitmengin 2016, 35) hervorbringen und den kreativen Impuls dann, wenn er denn kommt, empfangen. Mir scheint, dass diese Beschreibung zwar in der Tat phänomengerecht ist, aber nur, was die *Ausgangsintuition* eines dynamischen Prozesses angeht. Da wir erst wissen, was wir meinen, wenn wir es auch gesagt, also eine leiblich erlebte, dynamische Qualität oder Bewegungssuggestion in eine Abfolge öffentlicher, diskreter, grammatisch gegliederter Zeichen verwandelt haben, lässt sich die Unterstellung von Passivität nicht für den Prozess als ganzen aufrechterhalten. Sich bzw. einen intuitiv vorschwebenden Sachverhalt zu artikulieren, stellt im Ganzen einen *Akt bedingter Freiheit* dar. Schritt für Schritt müssen dabei wirkliche, freie Wahlen zwischen jenen konkreten Möglichkeiten getroffen werden, die vom Begleiterleben suggeriert werden. Auf den Leib zu hören, ist demnach keine passive Angelegenheit, schon deshalb nicht, weil das leibliche Erleben streng genommen selbstverständlich überhaupt nicht *spricht.* Es hat keine öffentliche, diskursiv gegliederte Form. Diese muss durch Selektion, Emphase, logische Gliederung etc. erst erzeugt werden, und dabei sind die Sprechenden oder Schreibenden keineswegs nur die passiven Empfänger innerer Offenbarungen des Leibes. Sie übernehmen im Gegenteil in bedingter Freiheit Verantwortung dafür, was sie als stimmigen Ausdruck des Gespürten, als gelungene Transformation von Bedeutsam*keit* in öffentliche, dem geteilten Bewusstsein einer Sprachgemeinschaft zugängliche Bedeutungen anzuerkennen bereit sind.

Ein Essentialismus leiblicher Erfahrung, selbst wenn er in dynamisierter Form erscheint, ist daher kein wirksames Gegenmittel gegen den leibvergessenen Propositionalismus der analytischen Sprachphilosophie, denn er sitzt der komplementären Einseitigkeit auf und privilegiert einen Aspekt der anthropologischen Struktureinheit auf Kosten des anderen. Für jede Anthropologie, die dem Phänomen der menschlichen Einzigartigkeit gerecht werden will, kommt es jedoch vor allem anderen darauf an, Bedeutsamkeit und Bedeutung, Leiberleben und artikulierte Sprache *unterscheidend aufeinander zu beziehen.* Wo dies nicht gelingt, geht das Einzigartige der menschlichen Lebensform unvermeidlich verloren – entweder in bloß allgemeinbiologischen Bedeutungsphänomenen (*mind in life*) oder in der dürren und lebensfremden Schrumpfanthropologie eines Wesens, dessen Sinn für Bedeutung sich darin erschöpft, innerweltliche Tatsachen zu repräsentieren.

5.4 Reflexion, Denken zweiter Ordnung und Schriftlichkeit

5.4.1 Grade der Expressivität

Im vergangenen Abschnitt habe ich mich mit Positionen auseinandergesetzt, bei denen die komplexe Bedeutsamkeitsfülle des leiblichen Erlebens im Vordergrund steht. Einmal mehr wurde dabei deutlich, wie wichtig es ist, das Thema der menschlichen Einzigartigkeit von der *Struktureinheit* zwischen Erleben und Artikulation her aufzufassen und der Versuchung zu widerstehen, einen der beiden Pole dieses „aufgespannten Verhältnisses" (H. Schrödter) zu privilegieren. In diesem Abschnitt wird es nun darum gehen, innerhalb dieser Einheit das Verhältnis zwischen der Artikulation von Bedeutungen und der Reflexivität menschlichen Denkens und Sprechens genauer zu erörtern. Dabei gehe ich von einer Einsicht aus, die Robert Brandom am Ende seines Werks *Making It Explicit* entfaltet, allerdings vor dem Hintergrund seiner Ausblendung leiblicher, qualitativer Erfahrung:[172]

> In the end, though, this expressive account of language, mind, and logic is an account of who *we* are. For it is an account of the sort of thing that constitutes itself as an expressive being – as a creature who makes explicit, and who makes itself explicit. We are sapients: rational, expressive – that is discursive – beings. But we are more than rational expressive beings. We are also *logical, self*-expressive beings. We not only make *it* explicit, we make *ourselves* explicit *as* making it explicit. (Brandom 2000, 650; kursiv im Original)

In dem inneren Zusammenhang zwischen Expressivität, Selbstexplikation und Weltexplikation, den Brandom hier herausstellt, sehe ich eine entscheidende anthropologische Einsicht, die es allerdings erst aus dem Kontext seines verengten Bedeutungs- und Erfahrungsbegriffs herauszulösen gilt. Menschen sind diejenige Art von Lebewesen, die sie sind, und sie unterscheiden sich auf eine Weise von anderen Lebewesen, die sich von den Unterschieden zwischen anderen Lebensformen unterscheidet, weil sie Welt und Selbst explizit machen. Deshalb ist die instrumentelle Intelligenz, die sie mit anderen Lebewesen verbindet, in eine reflexive Intelligenz eingebettet, bei der es darum geht, nicht allein angemessene Mittel für biologische Zwecke zu finden, sondern auch die Angemessenheit der Zwecke selbst auf den Prüfstand zu stellen. Und aus demselben Grund ist das biologische Erleben von Bedeutung, mit dem der menschliche Organismus die Veränderungen in der Interaktionsqualität zwischen ihm und der Umwelt registriert, eingebettet in die Bedeutungswelten des „objektiven Geistes", die über den individuellen Organismus und seine Lebensinteressen weit hinausgehen, obwohl sie doch immer auf die leibliche Bedeutungserfahrung der Individuen verwiesen bleiben.

Andere Lebewesen machen nicht explizit, was ihnen ihr Leben bedeutet, und ihr Verhalten ist kein bewusstes, zwischen explizierbaren Möglichkeiten wählendes Handeln; sie leben einfach ihr Leben und erleben dabei vielfältige Bedeutungen, die sie jedoch, nach allem, was wir von den Kommunikationssystemen der Tiere wissen,

---

172 Vgl. dazu meine teils affirmativen, teils kritischen Ausführungen zu Brandom im Teil 2.3.2 dieses Buchs.

nicht in einen übergreifenden, mit intersubjektiven Geltungsansprüchen ausgestatteten *space of reasons* hineinstellen können. Die Tatsache, dass Bedeutungsphänomene, wie Jakob von Uexküll zuerst klar gesehen hat (vgl. Uexküll 1940/2023), geradezu koextensiv mit Lebensprozessen sind, erinnert uns dabei daran, dass noch die subtilste kulturelle Bedeutung in einem kontinuierlichen evolutionären Zusammenhang mit nichtmenschlichem Leben steht, und gibt Anlass zur Bescheidenheit. Vor allem erlaubt sie es auch, das ‚Wir‘, von dem Brandom spricht, über die Gattung Mensch hinaus auszudehnen und andere Lebensformen einzubeziehen, wie dies beispielsweise biozentrische Positionen in der Ethik auch explizit tun. Jedoch ist diese Kontinuität, wie gezeigt, mit der Emergenz von Neuem verträglich, und dieses Neue ist eben die spezifisch menschliche expressive Artikuliertheit. Auch sie wächst, wie Darwin in seinem Ausdrucksbuch (Darwin 1872/2000) vorgeführt hat, aus allgemeinbiologischen Wurzeln; jedoch transformiert sie dabei erlebte Bedeutsamkeit in einer Weise, die Brandom in dem oben gegebenen Zitat zum Ausdruck bringen möchte. Dabei unterscheidet er zwischen *rationaler* und *logischer* Expressivität. Was ist damit gemeint und wie lässt es sich unter den Prämissen eines anthropologisch gehaltvollen Erfahrungsbegriffs aufgreifen?

Rationale Expressivität deute ich – darin von Brandom, abweichend, der diesen Begriff sorgfältig vermeidet[173] – als diejenige Form der Explikation von *Erfahrung*, bei der sachliche Bezüge dominieren. Sie transformiert eine unklare, jedoch als klärungsbedürftig erlebte Situation durch die (zer-)gliedernde Herausarbeitung der relevanten Objekte, ihrer Eigenschaften und der Relationen zwischen ihnen und den beteiligten Subjekten in eine bestimmte(re) Situation, die es erlaubt, eine Handlungssequenz im weitesten Sinn weiterzuführen, die vorher gestockt hat. Dieses ‚Stocken‘ kann dabei auch im Rahmen bestimmter kultureller Praktiken, etwa in Wissenschaft und Kunst, bewusst herbeigeführt werden, es muss nicht unmittelbar Lebensproblemen erwachsen, wie dies bei gewöhnlicher Erfahrung der Fall ist. Immer aber führt die transformierende Praxis rationaler Expressivität dazu, dass vorher ‚nur‘ gefühlte Bedeutungen privat geklärt, öffentlich zugänglich gemacht und in ihren Geltungsansprüchen in die diskursiven Praktiken menschlicher Kommunikationsgemeinschaften hineingestellt werden. Bereits über diese Fähigkeit verfügt unter allen Lebewesen nur der Mensch, denn sie setzt symbolische Zeichen voraus. Und sie schließt auch ein, sachlogische Aspekte von solchen unterscheiden zu können, die durch den Bezug auf die erlebenden Subjekte erst konstituiert werden. Die wichtigste Unterscheidung ist in diesem Zusammenhang diejenige zwischen Bedeutung und Referenz, zwischen dem Sinnaspekt, unter dem

---

173 „Erfahrung gehört nicht zu meinen Wörtern." (Brandom 2001, 38, FN 7) Vgl. auch meine Kritik an Brandoms Ausklammerung des Erfahrungsbegriffs in Jung 2005.

die explizierten Tatsachen für die Beteiligten erscheinen, und dem Gegenstandsbezug der Äußerung.

Logische Expressivität geht einen reflexiven Schritt weiter. So wie ich Brandom verstehe, zeichnet sie sich dadurch aus, dass hier nicht mehr allein Sachverhalte expliziert werden, sondern auch das ‚Dass‘ und das ‚Wie‘ dieses Explizierens. Beides wird dann von den Subjekten als dasjenige expliziert und verstanden, was uns als Menschen ausmacht und zu Wesen werden lässt, die ‚Wir‘ sagen können. Den Zusammenhang, den Brandom zwischen Logizität und Selbst-Expressivität konstatiert, verstehe ich so, dass natürlichen Sprachen logische Unterscheidungen – wie Subjekt/Prädikat, Negation, Konjunktion, Disjunktion, Subordination etc. – eingeschrieben sind, die ein Selbstreflexiv-Werden des Explizierens und damit eben auch der Subjekte dieses Prozesses ermöglichen: „The expressive role distinctive of logical vocabulary is its use in making explicit the fundamental semantic and pragmatic structures of discursive practice, and hence of explicitness and expression.“ (Brandom 2000, 650) Diese Metaebene einnehmen, also selbst die eigenen explikativen Praktiken noch reflexiv explizieren zu können, ist für Brandom die Voraussetzung dafür, im vollen Sinn ‚wir‘ sagen, eine Gemeinschaft bilden zu können, die durch reziproke Anerkennungsverhältnisse ausgezeichnet ist.

Ergibt sich damit ein harter Dualismus zwischen Menschen und anderen Lebewesen? Das ist selbst innerhalb von Brandoms Inferentialismus nicht zwangsläufig der Fall. Brandom unterscheidet in *Making It Explicit* zwischen vier Stufen des „wir“-Sagens, und nur die letzte ist durch volle logische (Selbst-)Reflexivität gekennzeichnet. Auf der ersten, basalsten Stufe bezieht sich die „community-constituting ‚we‘-saying attitude“ (Brandom 2000, 643) auf alle Entitäten, deren Verhalten durch die Zuschreibung von „propositionally contentful practical and doxastic commitments“ (Brandom 2000, 643) interpretiert werden kann. Das lässt sich auch auf tierisches Verhalten anwenden, dem Intentionalität zuzuschreiben sich gar nicht vermeiden lässt, wenn man es verstehen möchte. Allerdings würde ich hier über Brandom hinausgehen und betonen wollen, dass die praktischen und auf Überzeugungen verweisenden Verpflichtungen, von denen bei ihm die Rede ist, nur durch Verweis auf ein reiches Bedeutungserleben bei vielen Tieren erklärt werden können. Tiere haben Intentionen und ihnen lassen sich präverbale Überzeugungen (etwa: „diese Pflanze ist essbar“; „mit diesem Stock komme ich an die Ameisen heran“) zuschreiben, weil ihr Organismus die Qualität seiner Umweltaktionen unentwegt bewertet. Auf Brandoms zweiter Stufe seiner Skala des „wir“-Sagens behandeln wir Andere dann bereits als fähig, Sprechakte zu vollziehen (vgl. Brandom 2000, 643), also als Mitglieder der menschlichen Kommunikationsgemeinschaft, sehen aber noch von ihrer Fähigkeit ab, die Mittel rationaler Expressivität bewusst einzusetzen. Ganz klar ist es nicht, aber vermutlich denkt Brandom z. B. an kleine Kinder und deren Sprachvermögen. Hier besteht noch eine merkliche Asymmetrie zu erwachsenen Sprachverwendern. Auf der dritten Stufe des „wir"-Sagens befinden sich dann alle Mitglieder einer linguistischen Gemeinschaft, die über explizite rationale Expressivität verfügen, während erst auf der vierten Stufe, derjenigen der logischen Expressivität, volle Symmetrie erreicht wird: „The richest sort of ‚we'-saying is then taking those others to be in addition *logical* creatures – treating them as able to adopt, toward each other and at least potentially toward us, just the attitude we are adopting toward them." (Brandom 2000, 643) Die Fähigkeit, eine völlig symmetrische Einstellung gegenüber den Mitgliedern der eigenen Gemeinschaft einnehmen zu können, ist also Brandom zufolge logischer Art, sie setzt das reflexive Explizieren der Funktionsweise des sprachlichen Gebens und Nehmens von Gründen voraus. Damit basiert sie auf einem radikalen Kognitivismus, der die humanspezifisch leibliche Intersubjektivität völlig ausklammert. Für Brandom ist dasjenige, was expliziert wird, in den normativen Voraussetzungen intersubjektiver Verständigung implizit (nicht impliziert), doch für einen anthropologischen Bedeutungsbegriff ist diese Einschränkung auf den Binnenraum linguistischer Kommunikation nicht plausibel. Wir können den Reichtum und die Vielfalt von Bedeutungsphänomenen nur dann verstehen, wenn wir Bedeutung im biologischen Lebensprozess des Organismus verankern, was der Spannung zwischen dem Impliziten und dem Explizierten eine ganz andere Dynamik verleiht.

Brandoms Ausführungen sind knapp, teils auch, vor allem hinsichtlich der Differenzierung zwischen „einfachen" und logisch kompetenten Sprachverwendern schwer verständlich, und lassen vor allem die ethischen Konsequenzen dieser vierfachen Stufung des „wir"-Sagens völlig offen. Die Grundidee besteht darin, dass völlig reziproke Anerkennungsverhältnisse nur unter Wesen möglich sind, die sich und die anderen bewusst als symmetrische Partner in dem Spiel des Nehmens und Gebens von Gründen anerkennen können. Sind Wesen, die zwar sprechen, aber darüber und über die Rolle symmetrischer Kommunikationsverhältnisse (noch) nicht reflektieren können, dann keine Mitglieder der menschlichen Gemeinschaft im Vollsinn? Dieser Gefahr lässt sich nur dadurch entgehen, dass moralisch-normativer Status ohne jeden Unterschied allen Gemeinschaftsmitgliedern zugeschrieben wird und die von Brandom markierten Differenzen als für moralische *Rechte* – nicht zwangsläufig auch für moralische *Pflichten* – irrelevant betrachtet werden. Und immerhin eröffnet seine Deutung der „simple intentional stance" (Brandom 2000, 643) die Möglichkeit, auch nichtmenschliche Lebewesen in ein gemeinsames ‚Wir' einzubeziehen. Am anderen Ende der Skala wäre logische Reflexivität nach diesem Verständnis dann eine in der menschlichen, durch Sprache bestimmten Lebensform grundsätzlich angelegte Möglichkeit, die jedoch nicht von allen Menschen realisiert werden muss, damit diese im Vollsinn als Mitglieder dieser Lebensform anerkannt werden können.

Offensichtlich besteht zwischen Brandoms kognitivistisch-propositionalistischem Ansatz und den tragenden Intuitionen einer Anthropologie der artikulierenden Verkörperung eine erhebliche, gar nicht aufzulösende Spannung. Dennoch sehe ich mindestens zwei anthropologisch[174] wichtige Einsichten, die aus dem Kontext des erfahrungsvergessenen Inferentialismus herausgelöst und produktiv aufgegriffen werden können: (1) Der innere Konnex zwischen Expressivität[175], Selbstbezug und Weltbezug, (2) das Verhältnis von rationaler zu logischer Expressivität. (1) Wesen, zu deren Lebensform es konstitutiv gehört, Bedeutungen zu artikulieren, also explizit zu machen, haben eine Form des Zugangs zur Wirklichkeit, die prinzipiell einen transformierenden Charakter aufweist, zwischen leiblicher Unmittelbarkeit und symbolischer Distanz aufgespannt und damit grundsätzlich durch bedingte Freiheit geprägt ist. Expressive Freiheit ist eine zentrale Dimension von Handlungsfreiheit und besteht darin, zwischen lebendigen Möglichkeiten (im Sinne von William James) der Bedeutungsbestimmung wählen zu können, aber auch zu müssen. Allerdings scheint es mir offensichtlich, dass die wichtigste Quelle von Bedeutungen gerade im qualitativen Erleben der Welt und des Selbst gefunden werden kann – ein Punkt, den Brandom bekanntlich entschieden ausklammert. Helmuth Plessners dialektische Formulierungen der *conditio humana* hingegen („Vermittelte Unmittelbarkeit", „Utopischer Standort", „Exzentrische Positionalität" vgl. Plessner 1928/1975. Kap. 7) bringen plastisch zum Ausdruck, dass humanspezifische Expressivität überhaupt erst Selbst und Welt als unterscheidbare Größen sichtbar werden lässt und immer von der Spannung zwischen dem organischen Eingelassensein in eine Umwelt und der reflexiven Abstandnahme von ihr lebt.

(2) Die Unterscheidung zwischen rationaler und logischer Expressivität deute ich mithilfe der schon in der Scholastik verbreiteten Differenzierung zwischen der *intentio recta* und der *intentio obliqua*, die ich oben (S. 219) bereits mit Blick auf Alva Noës Überlegungen zu *level 1* und *level 2* der menschlichen Kognition herangezogen hatte: Rationale Expressivität erlaubt es, das intentionale Bezogensein auf Sachverhalte zu explizieren (*intentio recta*), während logische Expressivität rekursiv auf

---

174 Brandom selbst vermeidet nicht nur erfahrungsbezogene, sondern auch anthropologische Sprechweisen. Ihm geht es um ein durch diskursive Praktiken erzeugtes „Wir", das ohne Bezug auf den biologischen Organismus Mensch konzipiert ist, ähnlich wie ja auch Kant die Geltung seiner Ethik auf alle rationalen Wesen ausgedehnt sehen wollte.

175 In Brandoms Theorie ist dabei immer *menschliche* Expressivität der Maßstab, also das Explizit-Machen dessen, was in Handlungen implizit ist. In diesem Buch hingegen wird, um die evolutionäre Kontinuität zu betonen, immer auch tierisches Ausdrucksverhalten als eine Form von Expressivität behandelt. Explizierend in dem Sinne, dass über eine einfache Signalfunktion hinausgegangen und Aspekte eines erlebten Ganzen unterschieden und in ihren Relationen bestimmt werden, ist in meinem Sprachgebrauch allerdings nur menschliche, d. h. artikulierende Expressivität.

den Explikationsprozess selbst bezogen ist und diesen explizit macht (*intentio obliqua*): Das entspricht der Unterscheidung zwischen Kognition und Metakognition, wobei die Metakognition in den Strukturen sprachlicher Artikulation bereits angelegt ist, also „nur" einen reflexiven Gebrauch derjenigen expressiven Mittel darstellt, die natürliche Sprachen durch ihre Grammatikalität, ihre Verknüpfung direkter mit indirekter Referenz, ihre logischen Junktoren und Quantoren und Weiteres bereits zur Verfügung stellen.

Logische Expressivität ist selbstreflexiv gewendete rationale Expressivität. Zunächst wird Sprache verwendet, um die Vielfalt innerweltlicher Bedeutungen explizit zu machen, dann erst kann sie auch auf sich selbst angewendet werden. Doch bedarf es dazu keiner qualitativen Weiterentwicklung der Sprache, denn sobald sich in der Infrastruktur des geteilten menschlichen Bewusstseins der „unique human mode of reference, which can be termed symbolic reference" (Deacon 1997, 43) etabliert hat, ist der entscheidende Schritt bereits getan. Symbolizität und reflexive Distanz gehen, wie erläutert, Hand in Hand, denn die allgemeinen Bedeutungen einer Symbolsprache können nicht nur unabhängig von jeder aktuellen Erfahrung (re-)kombiniert werden, sie verdanken sich auch der bedingten Freiheit einer Wahl zwischen Möglichkeiten, die in jeder sprachlichen Wirklichkeit noch untergründig präsent sind. Jede symbolsprachliche Zeichenkette ist daher perspektivisch, jede hätte auch anders ausfallen können, wenn andere Möglichkeiten gewählt worden wären. Diese Perspektivität hat besonders Michael Tomasello immer wieder hervorgehoben:

> The idea is that invoking a particular linguistic symbol quite often brings with it a perspective of the surrounding context,[176] for example, calling the same piece of real estate *the coast, the shore* or *the beach*, depending on the contextual frame within which the speech occurs –or calling the same event *selling* or *marketing* depending on the point of view taken on the process. (Tomasello 1999/2001, 119)

Symbolizität impliziert Perspektivität und Perspektivität reflexive Distanz. Die sprachevolutionäre und sprachgeschichtliche These besteht demzufolge darin, dass mit der Entstehung symbolischer Sprachen bereits die Möglichkeitsbedingungen für ein prinzipiell reflexives Welt- und Selbstverhältnis geschaffen worden sind. Symbolsprachen ermöglichen nicht allein die Explikation unbestimmter Situationen in *intentione recta*, in der diese nach Sachzusammenhängen aufgeschlüsselt werden, sie stellen auch bereits die expressiven Mittel bereit, Sprache rekursiv und reflexiv

---

176 Also auf dasjenige, was in Deweys Terminologie die "Situation" ist, nämlich die selbst nicht artikulierbare Voraussetzung des Treffens von Unterscheidungen innerhalb ihrer (vgl. Dewey 1930/2003, 98).

auf sich selbst zu beziehen. Damit entsteht die Möglichkeit, das sprachlich Bezeichnete von der Perspektive zu unterscheiden, aus der heraus es bezeichnet wird – ein Wissen um Objektivität und die Grenzen der Signifikation wird denkbar.

5.4.2 Symbolische Transzendenz und die Achsenzeit-Debatte

Das bedeutet jedoch auch, dass in allen Symbolsprachen bereits die Möglichkeit zur Erfahrung von *Transzendenz* angelegt ist. Ich hatte schon in der Einleitung darauf hingewiesen, dass dieser Begriff hier explizit nicht als Platzhalter für einen ‚höheren' Seinsbereich verstanden werden soll, der sich gewöhnlicher, sinnlicher Erfahrung entzieht. Jede Debatte über in diesem Sinn transzendente Bereiche oder ‚Gegenstände' setzt ohnehin bereits menschliche Handlungen des Transzendierens als ihre epistemische Bedingung voraus. Es geht hier dementsprechend nicht um ‚das Transzendente', das niemals Gegenstand der Anthropologie sein kann, sondern um den performativen Akt des *Transzendierens*. Wer allerdings diesen Akt, aus Angst, den Bereich des erfahrungswissenschaftlich Zugänglichen zu verlassen ausklammert, übersieht unvermeidlich einen zentralen Aspekt menschlicher Erfahrung (vgl. Tallis 2010) und oben, Abschnitt 2.5). Nur symbolisch verkörperte Wesen können Akte des Transzendierens vollziehen, weil nur sie in der Lage sind, die Differenz zwischen Zeichen und Bezeichnetem im Zeichengebrauch zu erfahren, zu markieren und als prinzipiell und unaufhebbar zu erfassen. Wie Reinhard Margreiter gezeigt hat, ist diese Erfahrung der „Grenzen der Symbolisierung" (Margreiter 1997, Untertitel) auch der gemeinsame Nenner aller Formen der *Mystik*, von ihren theistischen bis zu ihren atheistischen Varianten. Ob allerdings die mit der Entstehung symbolischer Kommunikation in die Welt gelangte Möglichkeit des Transzendierens über lokale Kommunikationen hinaus auch kulturgeschichtliche Realität und damit Macht gewinnt, lässt sich nicht mehr durch den Hinweis auf anthropologische Strukturkonstanten klären, es stellt eine Frage kontingenter, pfadabhängiger Entwicklungen dar. In den letzten Jahrzehnten hat es sich in der Kultursoziologie und -philosophie eingebürgert, diese Frage unter dem allerdings heftig umstrittenen Stichwort der *Achsenzeit* (oder, bei Skepsis gegenüber einer zu engen Chronologie, der Achsen*zeiten*) zu behandeln.

Dieser umfangreiche und höchst bedeutsame Themenkomplex kann hier zwar nicht im Entferntesten angemessen behandelt, wohl aber wenigstens seine Relevanz für die Frage nach der Genese von Reflexivität aus den Strukturen symbolischer Artikulation deutlich gemacht werden. Unter dem Sammelbegriff der ‚Achsenzeit' wird ein Bündel soziokultureller Entwicklungen an verschiedenen Orten verstanden, die gleichzeitig auch bedeutende kognitive Durchbrüche darstellen und mehr oder minder zur selben Zeit entstanden sind. Charakterisieren lassen sie sich durch

Stichworte wie „The Age of Transcendence" (Schwartz 1975, Titel), die „Entdeckung des Denkens zweiter Ordnung" (Elkana 1987, Titel) bzw. der „metacognition" (Donald 2012, 73) oder die „Einsicht in die Symbolizität der Symbole" (so fasst Hans Joas die Position Ernst Cassirers zusammen [Joas 2014, 17]).

Hauptimpulsgeber für die Debatte, die dann erst Jahrzehnte später wirklich Fahrt aufgenommen hat, war Karl Jaspers, der in seiner Schrift *Vom Ursprung und Ziel der Geschichte* (1949/1994) versucht hatte, einen nicht mehr eurozentrischen Anknüpfungspunkt für moralische und kulturelle Orientierungen nach der Katastrophe von zwei Weltkriegen und der Schoah ausfindig zu machen.[177] Er fand diesen Punkt in eminenten soziokulturellen Entwicklungen in China, Indien, dem Iran, dem Nahen Osten und in Griechenland, die er als unabhängig voneinander, aber zeitlich parallel verstand und in den Jahrhunderten zwischen 800 und 200 v. Chr. lokalisierte. Die These der Unabhängigkeit wird aufgrund neuer Entdeckungen zur Bedeutung der Seidenstraße für den kulturellen Austausch mittlerweile kritisch gesehen, ebenso wie Jaspers' Einschränkung auf einen einzigen Zeitraum. Inspirierend ist für die moderne Debatte dementsprechend weniger Jaspers' Versuch einer „geschichtsphilosophische[n] Totalanschauung" (Jaspers 1949/1994, 109) gewesen als seine anthropologisch-kultursoziologische These, es habe sich (in diskutierbar vielen Weltregionen und Zeiten) ein epochaler Umbruch ereignet, der durch eine neuartige, radikale Reflexivität gekennzeichnet sei:

> Das Neue dieses Zeitalters ist in allen drei Welten [Jaspers meint hier China, Indien und den Westen; M.J.], daß der Mensch sich seines Seins im Ganzen, seiner Selbst und seiner Grenzen bewußt wird. Er erfährt die Furchtbarkeit der Welt und die eigene Ohnmacht. Er stellt radikale Fragen. Er drängt vor dem Abgrund auf Befreiung und Erlösung. Indem er mit Bewußtsein seine Grenzen erfaßt, steckt er sich die höchsten Ziele. Er erfährt die Unbedingtheit in der Tiefe des Selbstseins und in der Klarheit der Transzendenz. Das geschah in Reflexion. Bewußtheit machte noch einmal das Bewußtsein bewußt, das Denken richtet sich auf das Denken. (Jaspers 1949/1994, 20)

---

177 Am entschiedensten und kultursoziologisch am breitesten angelegt hat Shmuel Eisenstadt Jaspers' Anregungen aufgegriffen (vgl. die von ihm herausgegebenen fünf Bände „Kulturen der Achsenzeit" [Eisenstadt 1987–1992]). Meine eigene Deutung habe ich ausführlich in dem Aufsatz „Embodiment, Transcendence, and Contingency: Anthropological Features of the Axial Age" (Jung 2012) dargestellt. Vgl. zum Stand der Debatte auch den Band, in dem mein Aufsatz erschienen ist (Bellah/Joas 2012). Eine im Begriff der Transzendenz zentrierte Deutung bietet Joas 2014. Für eine kritische Perspektive vgl. Assmann 2018.

Ich interpretiere dieses dichte Zitat so, dass in den ‚axialen'[178] Kulturen jene Möglichkeit zur symbolischen Distanz und Reflexivität, die in jeder natürlichen Sprache angelegt ist, über bereits früher oder anderswo mögliche transzendierende Akte Einzelner oder kleiner Gemeinschaften hinaus auch kulturbestimmend wirksam wird. In der Charakterisierung durch Jaspers sind es vor allem *existenzielle* Fragen nach der Wirklichkeit im Ganzen und der Stellung des Menschen in ihr, die damit drängend und in neuer Weise artikuliert werden. Und klar ist für Jaspers auch, dass das in der Achsenzeit einsetzende Nachdenken über diese Themen durch eine reflexive Wendung des Bewusstseins überhaupt erst ermöglicht wird. In der Terminologie Brandoms ausgedrückt, ist es also der logische, mithin reflexive Gebrauch der Mittel rationaler Expressivität, der den menschheitsgeschichtlichen Schub auslöst. Jaspers selbst sieht vor allem die großen, universalistisch ausgerichteten abrahamitischen Religionen sowie Zoroastrismus, Hinduismus, Buddhismus und Konfuzianismus als zentrale Resultate der axialen Umgestaltungen. Hier sei ein Parallelismus (vgl. Jaspers 1949/1994, 30 f.) voneinander unabhängiger Wirklichkeitsdeutungen am Werk, auf den sich die entstehende Weltgesellschaft der Nachkriegsmoderne berufen und damit den diskreditierten Eurozentrismus überwinden könne. Natürlich lässt sich an diese Position eine ganze Reihe gewichtiger Fragen richten, etwa die folgenden: Erweitert Jaspers zwar den eurozentrischen Partikularismus, behält ihn aber doch im Grundsatz bei, weil nun die Mitgliedschaft in dem exklusiven Klub der achsenzeitlichen Zivilisationen für den weltgeschichtlichen Rang einer Kultur entscheidend wird? Lässt nicht die Fixierung auf ‚große Texte' die viel differenzierten sozial-, politik- und kulturgeschichtlichen Befunde außer Acht? Ist die axiale „Archäologie der Moderne" (Assmann 2018, Untertitel) wirklich ein globalgeschichtliches, empirisch geleitetes Projekt oder trägt sie obsolete, geschichtsmetaphysische Züge? All diese Fragen werden in der Debatte etwa seit Beginn der 80er Jahre des letzten Jahrhunderts lebhaft und kontrovers diskutiert. – Ohne diese Diskussionen hier aufgreifen zu können, geht es mir allein darum, einige systematisch interessante Parallelen zwischen der Achsenzeitdebatte und der Anthropologie verkörperter Artikulation einschließlich ihrer evolutionstheoretischen Implikationen aufzuzeigen.

Die moderne Achsenzeitdebatte in der Makrosoziologie, Geschichtswissenschaft und Kulturphilosophie hat die Vielfalt axialen Wandels immer differenzierter herausgearbeitet. Eine Anregung von Hans Joas (vgl. Joas 2014, 18) aufgreifend, müssen minimal *religiöse, erkenntniskritische, anthropologische, moralische* und

---

[178] Vor allem in der englischsprachigen Debatte hat sich dieser adjektivische Gebrauch zunehmend durchgesetzt, wohl vor allem deshalb, weil er weniger wuchtig und substantialistisch wirkt als das gewichtige Nomen *„die* Achsenzeit".

semiotische Dimensionen unterschieden werden. Religiöse und weltanschauliche Gesamtdeutungen der Wirklichkeit, epistemische Konzepte von Objektivität und Perspektivität, reflexive Selbstdeutungen der menschlichen Identität in ihrem Verhältnis zu anderen Lebewesen, moralisch-universalistische Werte und Normen, schließlich sprachkritische Differenzierungen zwischen dem Sagbaren und einer davon unterschiedenen und unabhängigen Wirklichkeit – all das stellt in dieser Sicht wesentliche Facetten axialer Umbrüche dar, die in sehr unterschiedlichem Maß zu sehr unterschiedlichen Zeiten in sehr unterschiedlichen Kulturen Wirklichkeit gewonnen haben können. Was mich dabei aus der Perspektive meines anthropologischen Projekts am meisten interessiert, sind die Kontinuitäten und Diskontinuitäten, die diese Entwicklungen zu jenen kognitionswissenschaftlich erforschbaren Prozessen aufweisen, die zur Evolution der menschlichen Kognition und Sprachlichkeit als solcher gehören.

In dieser Hinsicht sind vor allem die Arbeiten von Merlin Donald höchst bedeutend. Donald ist ein Pionier der Verknüpfung kulturevolutionärer und kulturgeschichtlicher Aspekte. Auch der Religionssoziologe Robert Bellah hat deshalb in seinem von der Kategorie der Achsenzeit geprägten *opus magnum* namens *Religion in Human Evolution* (Bellah 2011) an Donalds kulturevolutionäres Schema angeknüpft (vgl. Bellah 2011, xviii u. passim), das ich oben im Abschnitt 3.3.2 bereits behandelt habe. Zur Erinnerung: Donald unterscheidet in seiner Theorie der Kulturevolution drei epochale Übergänge zu neuen Kulturstufen, den zur *mimetischen*, zur *mythischen* und zur *theoretischen* Kultur. Das Neue an der *mimetischen* Kultur sind an anderen Individuen und am Gruppenverhalten orientierte Expressions- und Interaktionsstile, die einen „theatrical, embodied, and performance-oriented" (Donald 2012, 56) Charakter aufweisen und evolutionär vor allem der Weitergabe immer elaborierterer *skills* sowie der Gruppenkohäsion dienen.[179] Die Entwicklung einer *mythischen* Kultur wird dann parallel zu der Entstehung symbolischer Sprachen möglich und bringt integrierende Narrative hervor, die Weltbild und Gesellschaftsordnung miteinander verweben, wie dies auch schon Ernst Cassirer in dem Mythos-Band seiner *Philosophie der symbolischen Formen* mit dem „Gesetz der Konkreszenz oder Koinzidenz der Relationsglieder im mythischen Denken" (Cassirer 1987, 82) herausgearbeitet hatte. Weil die mythische Kultur, anders als die mimetische, schon symbolisch strukturiert ist, bietet sie einzelnen Individuen und sozialen Gruppen bereits die Möglichkeit zur reflexiven Distanz und Kritik, ohne

---

179 Donald kritisiert die von mir oben ebenfalls herangezogene Konzeption von Terrence Deacon dafür, dass sie infolge ihrer Orientierung an der Peirceschen Trias von Ikon, Index und Symbol die Bedeutung des Mimetischen verkenne (vgl. Donald 2012, 57); mir scheint jedoch, dass Donalds Kategorie der Mimesis und Peirce' Ikonizität genügend Verwandtschaften aufweisen, um zumindest für eine integrative Interpretation offen zu sein.

dass dies jedoch bereits eine Wirkung entfalten würde, die die Kultur im Ganzen prägt. Die letzte Transition ist schließlich diejenige zur *theoretischen* Kultur, die sich durch reflexives Denken, Metakognition, zentrale Kontrolle, Expertenkulturen, globalisierte Wirklichkeitsdeutungen und weitere Innovationen auszeichnet. Ihr liegt jedoch *keine* prinzipielle Veränderung in den semiotischen Möglichkeiten des Realitätsbezugs zugrunde, vielmehr ein von deutungsmächtigen Experten ausgehender, selbstreflexiver Gebrauch der expressiven Mittel symbolischer Sprachen, der dann auch Änderungen in der Sozialstruktur und im Kognitionsstil nach sich zieht.

Anders als es die gewählte Terminologie nahelegen könnte, geht Donald nicht von einer einfachen Sukzession dieser Kulturstufen aus. Auch die theoretische Kultur ersetzt keineswegs die früheren, und so gilt: „The modern mind [...] is a complex mix of mimetic, mythic, and theoretic elements." (Donald 2012, 72) Donald verwendet zwar für diesen „Mix" auch die eher missverständliche Metapher verschiedener „Schichten" bzw. der „Hybridität" (vgl. Donald 2012, 67), was sich so verstehen ließe, dass die neu emergierenden Strukturen unabhängig von den alten wären und diese umgekehrt ihrerseits nicht veränderten. Auf der anderen Seite betont er jedoch genauso stark die Verschränkung der verschiedenen Dimensionen und die evolutionäre Integration früherer in spätere Stadien gemäß dem „evolutionary principle of conservation of previous gains" (Donald 2012, 72). Diese Zurückweisung simpler Schichten- bzw. ‚Stockwerks'-Modelle ist entscheidend, denn ohne sie ist die humanspezifische Spannung zwischen symbolischer Distanz und Verkörperung überhaupt nicht in den Blick zu bekommen. Ihre zeichentheoretische Fundierung sehe ich, wie schon mehrfach betont, in der Einsicht von Peirce, dass symbolische Zeichen nur in funktionaler Integration mit ikonischen und indexikalischen, also auf konkrete, verkörperte Erfahrung bezogenen Zeichen, einen Realitätsbezug aufbauen können. Daraus ergibt sich unmittelbar, dass symbolisch strukturierte Kulturen evolutionär frühere Stufen integrieren und diese nicht etwa obsolet werden oder unverändert weiterbestehen lassen.

Das systematisch Weiterführende in Donalds Argumentation sehe ich in der Verbindung von theoretischer Kultur, Achsenzeit und Metakognition sowie in der Herausarbeitung der Rolle von Schriftlichkeit und externen Gedächtnismedien. In dem sehr langen und auch in der Gegenwart alles andere als abgeschlossenen Prozess der Entstehung und Durchsetzung von „institutionalized analytical thinking" lässt sich Donald zufolge die Achsenzeit als „the first period that germinated the seeds of later full-blown theoretic cultures" (Donald 2012, 70) begreifen. Eine zentrale Rolle in diesem Prozess schreibt er dabei, was bislang in der Debatte nicht angemessen berücksichtigt worden ist, dem Aufkommen externer Gedächtnismedien zu. Systematische Reflexivität, symbolische Distanz, Metakognition, „logico-scientific thought" (Donald 2012, 66) – all diese axialen Phänomene seien ohne die

Erweiterung des biologischen, körper- und gehirnbasierten Gedächtnisses durch externe Medien undenkbar. in der Terminologie der *4E cognition* könnte man daher sagen, dass die axialen Entwicklungen, was ihren kognitiven Stil angeht, durch eine Erweiterung der *embodied* um die *extended cognition* gekennzeichnet sind. Damit leistet Donald auch einen wichtigen Beitrag zur Verkörperungsdebatte, der die materielle Kultur bewusst einbezieht und dabei anders als etwa Malafouris (2013) deren Rolle für die Erweiterung des Gedächtnisses betont. Tabellarisch führt er elf signifikante Unterschiede zwischen „internal and external memory"[180] (Donald 2012, 65) auf, u. a. die prinzipielle Unbegrenztheit in der Speicherkapazität und die Möglichkeit, auf verschiedene physische Medien zuzugreifen, die Permanenz der Zugänglichkeit, die unbegrenzte Größe einzelner Einträge, die Offenheit der Zugriffsmöglichkeiten und die höhere Verlässlichkeit externer Gedächtnismedien.

Donalds eindrucksvolle Tabelle verdeutlicht die Größe des kognitiven Sprungs, der durch öffentlich zugängliche, materielle sowie dauerhafte Symbolspeicher möglich wird. Dabei denkt er nicht nur an schriftliche Zeugnisse, sondern etwa auch an symbolische Sakral- und Herrschaftsarchitektur, an Bildwerke und Skulpturen. Sie alle lösen die kognitive Intention von der alleinigen Fixierung auf das Hier und Jetzt (was bereits mit den Narrativen der Mythischen Kultur beginnt, durch die zeitliche und räumliche Tiefe erzeugt wird) und tragen zur Entstehung eines „novel, semiautonomous realm of human culture" (Donald 2012, 66) bei, also des Bereichs des „objektiven Geistes". *Semi*autonom bleibt er, weil er *erstens* keine unabhängige Substanzialität ausbilden kann, sondern darauf angewiesen ist, dynamisch in Interaktionen reproduziert zu werden und *zweitens*, weil eben diese Reproduktion ihn in ständigen Kontakt mit neuer, nichtantizipierbarer und verkörperter Erfahrung bringt, er also einem dauernden Wandel unterliegt. Dennoch gewinnt er gegenüber der Lebensführung der durch ihn verbundenen Individuen eine charakteristische Autonomie, Vorgängigkeit und Unhintergehbarkeit, und integriert die Gesellschaftsmitglieder im selben Zug über ihre *collective intentionality* in pfadabhängige Entwicklungen, die sich von Kultur zu Kultur eben auch massiv unterscheiden können.

---

180 Donalds Terminologie erscheint mir hier nicht ganz präzise, denn strenggenommen handelt es sich beim „external memory" gar nicht um eine bewusste Erinnerung, wie im Fall des „internal memory", sondern um die durch Artefakte vermittelte Erweiterung der Zugriffsmöglichkeiten des „internal memory", also des biologischen Gedächtnisses. Auch die verteilten kognitiven Netzwerke, die u. a. durch externe Speichermedien möglich werden, setzen daher immer noch einzelne Menschen voraus, in deren Bewusstsein das Gespeicherte Präsenz erlangt. Am Beispiel des Internet wird dies wohl am Deutlichsten, denn hier ist der qualitative Unterschied zwischen bloßer abstrakter Verfügbar*keit* von Informationen auf der einen Seite und dem verstehenden, bewussten Zugriff auf diese unmittelbar evident.

Unbeschadet dieser Differenzen ist es Donald zufolge möglich, bestimmte Grundmuster des Zusammenhangs zwischen Metakognition und externer Speicherung zu identifizieren. Er geht dabei davon aus, dass es in erster Linie die Beschränkungen des Vorstellungsvermögens sind, die durch dauerhafte externe Symboltechnologien verändert werden. Letztere erweitern den Bereich zugänglicher sozialer Bedeutungen immens und machen es möglich, immer und immer wieder auf dieselben, nun gleichsam sedimentierten, Ausdrucksgestalten zurückzukommen. Dadurch können „iterative cycles of refinement" (Donald 2012, 65) entstehen. Das betrifft alle möglichen kulturellen Praktiken, in besonderem Maß aber die Gründungsurkunden komprehensiver Religionen und Weltanschauungen, die dann zwar als heilige Texte gegen Veränderungen abgeschirmt werden, gerade dadurch aber als ständig neu interpretierbare Normen dauerhaft verfügbar sind und so zum Gegenstand einer in mündlichen Kulturen kaum vorstellbaren[181] Dauerhermeneutik[182] werden können. In solchen Fällen handelt es sich um durch Traditionsbildung gewissermaßen eingehegte Metakognition.

„Refinement" kann jedoch auch die Form radikaler methodischer Kritik annehmen und hat dann noch entschiedener den Charakter des Denkens zweiter Ordnung. Dieses Denken bezieht sich auf die *intentio recta* des sachbezogenen sprachlichen Ausdrucks zurück, was durch dessen dauerhafte, unveränderte Verfügbarkeit in Schriftform enorm erleichtert wird, und fragt nach der Legitimität, Geltung und den Grenzen einer symbolischen Struktur erster Ordnung. Damit tritt die Rechtfertigungsbedürftigkeit des mundanen Wissens ins Bewusstsein der Eliten ein, und es entstehen sehr unterschiedliche Muster reflexiver Kontrolle. die eine zweite, für epistemische, wertbezogene und normative Geltungsfragen sensible Ordnung über der ersten errichten. Aus diesem Grund hat Yehuda Alkana den *Beweis*, wie er sich erstmalig im geometrischen Denken Griechenlands ausbildet, als „Idee zweiter Ordnung *par excellence*" (Elkana 1987, 59; Kursiv im Original) bezeichnet.

Wählt man den Begriff der Transzendenz zur übergreifenden Kennzeichnung der axialen Entwicklungen, dann zeigt sich sogleich, dass dieser einen hermeneutisch-verstehensbezogenen und einen kritisch-reflexiven Aspekt verbindet. Einer-

---

181 Jedoch weist Donald zu Recht auf Bellah 2011 hin, der dafür argumentiert, dass die axiale indische Kultur eine Form von „hyperorality" (Bellah 2011, 482) hervorgebracht habe, die als ein „functional equivalent of writing" (Bellah 2011, 482) fungieren könne.

182 Ob das in allen schriftlichen, axialen Kulturen der Fall ist, bedürfte gründlicher Untersuchungen. Wolfgang Reinhard hat die These vertreten, die westlichen Kulturen wiesen eine spezifische Prägung dahingehend auf, dass sie ein im Ganzen hermeneutisches, erst durch Textualität ermöglichtes Traditions- und Selbstverständnis entwickelt haben. Er spricht zugespitzt sogar von „Hermeneutik als der ,mentalen Lebensform des Abendlandes'" (Reinhard 2013,12).

seits setzt die Erfahrung einer „unerhörte[n] Spannung zwischen dem ‚Mundanen'
(dem Weltlichen) und dem Transzendenten" (Joas 2014, 6), die Hans Joas in der
Achsenzeit aufbrechen sieht, ein gewisses Maß an Positivierung des Transzendenten, an Versuchen zu seiner Artikulation voraus, woran sich dann hermeneutische
Versuche abarbeiten können. Anders ausgedrückt: Die Differenzerfahrung der
Transzendenz setzt eine zumindest residuale Erfahrung der Identität und damit
auch hermeneutischer Zugänglichkeit voraus. Andererseits ist dem Begriff der
Transzendenz schließlich eingeschrieben, dass er auf etwas zielt, das seine
sprachlichen Gestaltungen immer übersteigt und nur deshalb kritisch auf die Welt
zugänglicher Tatsachen und Ereignisse zurückwirken kann. Wäre es anders und das
Transzendente sprachlich fassbar, wäre es eben nicht mehr transzendent. Dabei
muss jedoch beachtet werden, dass sich die semiotische Transzendenzerfahrung
ganz unterschiedlich ausdifferenziert, je nachdem, auf welche Erfahrungsbereiche
sie bezogen wird. Die Transzendenz, die Vorstellungen des Göttlichen oder einer
kosmischen Ordnung eingeschrieben ist, ist anders zu verstehen als die Art und
Weise, in der die natürliche Wirklichkeit menschliche Theorien und Modellbil-
dungen transzendiert. Entsprechend wird sich auch die Dynamik von Artikulation
und Negation der Artikulation in Abhängigkeit von den jeweiligen Erfahrungen
sehr unterschiedlich gestalten.

Merlin Donald zufolge hätten sich all die achsenzeitlichen Unterscheidungen
zwischen der Realität selbst und den Formen und Begriffen unseres Zugangs zu ihr
(ob in Religion oder Wissenschaft) niemals ausbilden können, wären nicht zuvor
„distributed cognitive networks" (Donald 2012, 72) entstanden. Diese sind nicht nur
embodied im engeren Sinn, verbinden also physisch kopräsente Akteure miteinander in kollektiver Intentionalität, sondern auch *extended*; sie nutzen Eigenschaften
von physischen Objekten und zunehmend dann auch eigens geschaffene Artefakte
in der Umwelt der Akteure, um die kognitiven Begrenzungen des individuellen
Geistes zu überwinden und die unendlich variablen Figurationen des „objektiven
Geistes" zu erzeugen. Bei der Nutzung von Umweltstrukturen für die menschliche
Kognition, die Andy Clark so plastisch als „external scaffolding" (Clark 1997, 65)
bezeichnet hat, zeigt sich aber ein prinzipieller Unterschied zwischen symbolisch
aufgeladenen Objekten wie Statuen oder Gebäuden, Wandgemälden etc. und den
Systemen zur schriftlichen Aufzeichnung der Sprache. Auch diese sind zwar – dem
Organismus, nicht der Kognition – externe Hilfsmittel, erweitern aber die reflexive
Kraft des sprachlich artikulierten Denkens in prinzipiellerer Weise als die oben
genannten Objekte, weil sie das gesamte rationale und logische Potential der
Sprache metakognitiv verfügbar machen. „Above all", schreibt Donald, „writing
enabled scholars to build an apparatus of thought that stepped outside the normal
restrictions of time and space and enabled conversations and debates to endure
much longer than the life spans of any of the participants." (Donald 2012, 71)

Schriftlichkeit ist, mit anderen Worten, ein enormer Beschleuniger kumulativer Kultur, weil sie das Tradieren komplexer Innovationen und dabei zugleich deren kritische Diskussion über viele Generationen und große Zeiträume hinweg ermöglicht. Diese Behauptung stellt gewissermaßen die kognitionswissenschaftliche Antithese zu Platons Schriftkritik aus dem Phaidros (vgl. oben S. 141) dar. Und in ihr geht es nicht nur um eine quantitative Ausdehnung des kulturellen Gedächtnisses, sondern ebenso sehr um die Möglichkeit, objektbezogene Artikulationen ihrerseits zum Objekt machen und damit reflexiv bearbeiten zu können.

5.4.3 Schrift und Reflexivität

Es besteht demnach ein wechselseitiger Verweisungszusammenhang zwischen der Herausbildung einer theoretischen Kultur, den axialen Innovationen und der reflexivitätsförderlichen Erfindung von Schriftsystemen.[183] Mit Bezug auf individuelle Kognitionsstile hat Alva Noë geradezu von der Entstehung einer „writerly attitude" (Noë 2017, Titel) gesprochen, deren Voraussetzungen und Effekte in seinem gleichnamigen Aufsatz analysiert werden. Seine Argumentation beginnt mit dem Hinweis, dass allein *gesprochene* Sprache ein universelles Merkmal unserer Spezies ist, Schriftlichkeit jedoch eine kulturabhängige und sehr viel jüngere Innovation darstellt, die auch keineswegs alle Aspekte gesprochener Sprache (z. B. nicht die Phrasierung) erfasst. Daraus schließe nun die von ihm zurückgewiesene „widespread, simple view", dass das Schreiben eine „technology for amplifying and extending our natural linguistic capacities" (Noë 2017, 75) sei. Dieser Einschätzung widerspricht Noë schon deshalb, weil sie nichtlinguistische Notationstechniken wie in der Musik oder Mathematik übersieht. Sie sei allerdings weniger falsch als vielmehr unterkomplex. Für ihn gründet Schriftlichkeit in noch elementareren und evolutionär früheren Aktivitäten, die man im weitesten Sinn als *graphisch* bezeichnen könnte. „There is some reason to think that the deep origins of writing are to be found in Upper Paleolithic mark-making activities whose purpose was not to encode or represent *speech*, but rather to keep score, or keep track, or tally, calculate or count up." (Noë 2017, 75)

Noë geht noch einen Schritt weiter und verbindet diesen sprachunabhängigen Ursprung des Markierens und (Be-)Zeichnens mit der enaktiven Grundform des

---

183 Diese Behauptung schließt keineswegs die andere ein, dass sich Schriften evolutionär entwickelt haben, um reflexive Einstellungen zu fördern. Aller Wahrscheinlichkeit nach standen Belange der Buchführung und Verwaltung in komplexen hierarchischen Gesellschaften Pate bei dieser Innovation. Die metakognitiven Effekte der Schrift wären dann, wie so häufig im Prozess der Menschheitsentwicklung, Exaptationen früherer Funktionen.

menschlichen Weltverhältnisses. Menschen sind ihm zufolge „mark-makers" (Noë 2017, 76) in dem ganz elementaren Sinn, dass sie ständig Spuren in ihrer physischen Umgebung hinterlassen, um den Gang ihrer Interaktionen mit dieser zu markieren und damit zu kontrollieren. Für ihn sind „graphisches" und linguistisches Verhalten gleichermaßen Resultate jener explosionsartigen Ausbreitung einer spezifisch kulturellen Lebensform, die sich im jüngeren Paläolithikum vor ungefähr 50000 Jahren zugetragen und jene Menschen hervorgebracht hat, die bereits als unsere „experiential peers"[184] (Noë 2017, 77) begriffen werden müssen. Warum betont Noë aber so sehr die Unabhängigkeit des Schreibens (im weitesten Sinn) von der gesprochenen Sprache? Seine These läuft darauf hinaus, dass den Akten des Markierens bereits eine reflexive Aufmerksamkeit auf dasjenige eingeschrieben ist, was gerade getan wird, und dementsprechend erst die Übertragung der Aktivitäten des Markierens auf die gesprochene Sprache jene selbstreflexive Wendung ermöglicht hat, die dann wiederum (in der Terminologie Donalds, nicht Noës) theoretische Kulturen wie diejenige der Achsenzeit hervorbringen konnte. Ich verstehe das so, dass zwar die gesprochenen Symbolsprachen bereits die rationalen *und* logischen Mittel der Selbstreflexivität enthalten, ihr verkörperter Gebrauch in der *intentio recta* aber ganz ‚bei den Dingen' bleibt. Sprache ist, so könnte man sagen, im alltäglichen Sprachgebrauch in derselben Weise transparent, auf ihre Inhalte hin ausgerichtet, wie der Körper/Leib der Akteure im erfolgreichen Handeln nicht selbst auffällig wird. Zur Entbindung des reflexiven Potentials der Sprache ist daher ein aus einer anderen Quelle kommender Anstoß nötig, eben die kulturellen Praktiken des *track-keepings* mithilfe graphischer Zeichen. So zumindest die so spekulative wie originelle Argumentation Noës.

„[W]hy did we at some point in our cultural history come to apply an already extant graphical toolkit to the case of speech?" (Noë 2017, 78) Diese Frage lässt sich für Noë nur dann beantworten, wenn man sich klarmacht, dass gesprochene Sprache in erster Linie ein dynamischer Fluss menschlicher sensomotorischer Aktivität ist, dessen Gliederung in Phoneme, Morpheme, grammatische Muster etc. nicht einfach an dem Vollzug sprachlichen Austauschs abgelesen werden kann.[185] Anders formuliert: der Charakter der Sprache als (doppelte) Artikulation, als innere Verbindung diskreter lautlicher und sinnhafter Elemente nach syntaktischen Regeln, taucht im Bewusstsein der Sprechenden zunächst gar nicht auf, er erschließt

---

184 Jaspers betont in seinem Buch von 1949, dass erst in den Entwicklungen der Achsenzeit die kognitiven Muster des modernen Menschen entstanden sind (vgl. Jaspers 1949/1994, 20). Berücksichtigt man allerdings, dass die axialen Durchbrüche ihrerseits tief ins Prähistorische zurückweisende Voraussetzungen hatten, lassen sich beide Deutungen durchaus miteinander vereinbaren.
185 Für die detaillierte Entfaltung einer ähnlichen Position, die dem „enactive sensemaking" den Vorrang gegenüber Regelförmigkeit und Gliederung zuweist, vgl. Di Paolo/Cuffari/De Jaegher 2018.

sich nicht im Modus der fließenden, ungebrochenen, auf Inhalte gerichteten Performanz, sondern erst durch die Einnahme einer *writerly attitude*.

Die Klammer zwischen dieser Einstellung und den sprachlichen Performanzen der Sprachbenutzer stellt Noë mittels einer Kritik an dem formalistischen Sprachverständnis der analytischen Philosophie her, in der Sprache als durch Regeln *konstituiert* gilt. Wirkliche Sprecherinnen und Sprecher seien jedoch eben nicht „rule governed" in einem Sinn, der sich an formalen Sprachen ablesen ließe, sondern „rule-using" (Noë 2017, 83) und manchmal sogar „rule-creating" (Noë 2017, 84). Sie tauschen sich aus und tun dies immer vor dem Hintergrund der „live and immediate possibility of misunderstanding" (Noë 2017, 83). Deshalb gehört zur lebendigen Sprache auch das Aushandeln von Bedeutungen, der Versuch des Ausräumens von Missverständnissen, die Präzisierung und ggf. Korrektur sprachlicher Regeln hinzu, die durch diese reflexiven Praktiken überhaupt erst bewusst werden. „To be a language user, then, is perforce to be one who takes a stand on language, who corrects misunderstandings and copes with difference." (Noë 2017, 83 f.)

In der streckenweise recht freihändigen, aber doch durchgängig an historischen Befunden orientierten Darstellung Noës ist es erst die schriftorientierte („writerly") Einstellung zur Sprache, die diese interne Reflexivität ermöglicht, weil sie, anders als der direkte Ausdruck, nicht das *was* des Sprechens, sondern sein *wie* ins Zentrum rückt. Ins Bewusstsein tritt sie, ganz im Einklang mit der pragmatistischen Grundidee, erst dann, wenn die Performanz stockt, was freilich keineswegs als seltene Ausnahme, sondern als *conditio sine qua non* des außersprachlichen wie sprachlichen Handelns begriffen werden muss. Dabei verhält es sich so, dass der Beitrag der Schriftlichkeit zur Reflexivität nicht in etwas qualitativ Neuem, vielmehr in der expliziten Markierung und Sichtbarmachung der expressiven Mittel besteht, die bereits den gesprochenen natürlichen Sprachen innewohnen. Diese Funktion der Schriftlichkeit ist sachlich unabhängig von der Bedeutung für die Ausweitung der Vorstellungskraft, die Donald ihr zuspricht.

Die kulturelle Entwicklung der *writerly attitude* verlief demnach Noë zufolge zwar teilweise unabhängig von derjenigen der Sprache (wenngleich es sicherlich auch ko-evolutive Abhängigkeiten gab), ist aber in Gesellschaften, die durch Schriftlichkeit geprägt sind, mit dem Sprachgebrauch eng verschmolzen, der *erst dadurch* eine intrinsisch selbstreflexive Qualität gewinnt. Das ist selbstverständlich nicht so zu verstehen, als ob durch die *writerly attitude* einer an sich reflexionsfreien Sprache sekundär eine logische Struktur zugeschrieben würde. Vielmehr sind es die impliziten und durch drohende Missverständnisse immer schon aufgescheuchten Reflexionsmöglichkeiten aller Symbolsprachen, die die ‚Kooptation' von Schreibpraktiken fast zwingend erscheinen ließen. „Language contains its own meta-theory; [...] Reflection on and argument about language, second-order though they may be, are already contained within language as a first-order phenomenon."

(Noë 2017, 84) Wenn diese Einschätzung zutrifft, ist Schriftlichkeit auch eine Voraussetzung für den brandomschen Übergang von rationaler zu logischer Expressivität und es ist sicherlich kein Zufall, dass die axialen Kulturen der Antike (mit der
oben erwähnten Ausnahme Indiens, wo Schriftsysteme überwiegend erst nach der
Achsenzeit entstanden sind) allesamt über elaborierte Schreibsysteme verfügt haben.

Geschriebene Sprache ermöglicht, so Noë, „übersichtliche Darstellungen" (Noë
2017, 74; deutsch im Original) dessen, was wir tun, wenn wir uns sprachlich artikulieren, Darstellungen, wie sie Wittgenstein als Ziel der philosophischen Suche
nach Klarheit gefordert hat. Sie erlaubt es uns, über die Bedeutung von Bedeutung
nachzudenken, woraus sich, so die Schlusspointe des Aufsatzes von Noë, eine innere
Affinität zwischen der *writerly attitude* und der Praxis des Philosophierens ergibt,
letztere verstanden als Aufklärung des Menschen über sich selbst und sein Weltverhältnis:

> [I]t turns out that the invention of written language was ultimately an act in the service of
> philosophy rather than in the service of more hundrum kinds of utility such as making it pos-
> sible to record or send messages or enable the invention of science or bureaucracy. These are
> side effects. For it was an attempt to exhibit the structure of our language so that, in effect, we
> can know what we are doing when we talk. Writing has always been about writing ourselves.
> (Noë 2017, 87)

So sehr ich die anthropologische These Noës teile, der Impuls zum Philosophieren
erwachse aus dem selbstreflexiven Gebrauch menschlicher Expressivität, so wenig
kann allerdings die Priorisierung dieses Impulses gegenüber mundaneren Funktionen überzeugen. Nicht nur gerät Noë damit in Widerspruch zu seiner oben zitierten Überzeugung, graphische Praktiken hätten ursprünglich Zwecken der
Buchhaltung im weitesten Sinn gedient, es besteht auch gar keine sachliche Notwendigkeit, hier zu priorisieren. Die verfügbaren archäologischen Evidenzen geben
das jedenfalls nicht her. Und es mindert keineswegs die anthropologisch-philoso-
phische Bedeutung der Fusion von Schriftlichkeit und Sprachlichkeit, wenn ihre
kulturevolutionären Ursprünge anderswo zu finden sind als in der Ermöglichung
selbstreflexiver expressiver Einstellungen. Wir hätten dann einen der unzähligen
Fälle, in denen sich ursprünglicher Entstehungskontext und spätere Funktion sehr
deutlich unterscheiden, ein Umstand, der Mark Johnson bekanntlich veranlasst hat,
die Vierzahl von *embodied, extendend, embedded* und *enactive cognition* u. a. um das
Adjektiv *exaptive* zu erweitern (vgl. Johnson 2017, 34; oben. S. 25).

Noës Versuch, eine sprachunabhängige Wurzel der Schriftlichkeit zu finden
und diese dann unterscheidend mit der gesprochenen Sprache in Beziehung zu
setzen, kann als sprachanthropologische Konkretisierung seiner Unterscheidung
zwischen zwei verschiedenen Arten organisierender Aktivitäten verstanden wer-

den, die oben (S. 218 f.) bereits behandelt wurde. Um die Vokabulare Brandoms und Noës zusammenzuführen: Rationale Expressivität ist eine „level 1"-Aktivität, die zu den „basic and involuntary modes of our organization" (Noë 2016, 29) gehört, wohingegen logische Expressivität – wie Philosophie – eine „reorganizational practice" (Noë 2016, 29) auf „level 2" ermöglicht, durch die wir symbolische Distanz erzeugen und zu Selbstaufklärung und Selbstkritik fähig werden. Dabei kommen jedoch keine qualitativ neuen Mittel ins Spiel. Symbolizität ist aufgrund ihrer Doppelstruktur der Distanzierung von unmittelbarer Erfahrung bei gleichzeitiger Angewiesenheit auf diese (Peirce' funktionale Verschränkung der drei basalen Zeichenformen) bereits intrinsisch reflexiv. Handlungstheoretisch ausgedrückt, bilden sich Sprechakte durch sukzessive Wahlen zwischen mindestens zwei, meistens sehr viel mehr konkreten Möglichkeiten und sind damit durch bedingte Freiheit gekennzeichnet. Damit diese Struktur, die humanspezifische Expressivität auszeichnet, jedoch auch als solche bewusst wird, müssen kontingente Bedingungen erfüllt sein. Schriftlichkeit spielt, wie die Achsenzeitdebatte zeigt, unter diesen Bedingungen eine prominente Rolle. Allerdings ist hier Vorsicht angebracht. Wenn nämlich Schriftlichkeit keinen qualitativen semiotischen Sprung mehr produziert, sondern ‚lediglich' die reflexive Erfassung und Verwendung der expressiven Möglichkeiten mündlicher Sprache massiv erleichtert, sollte die Möglichkeit von Durchbrüchen zum *second-order-thinking* auch in schriftlosen Kulturen nicht ausgeschlossen werden, vor allem nicht in solchen, die ausgefeilte memotechnische Hilfsmittel entwickelt haben.

5.5 Lebensbedeutung und metabiologische Bedeutung: Charles Taylor

Im Zusammenhang des Lebens auf der Erde sind Menschen einzigartig, nicht zuletzt deshalb, weil sie sich artikulieren können. Damit schalten sie in den Kreislauf ihrer Interaktionen mit der Umwelt eine Reflexionsinstanz ein, die unvermeidlich ihre Lebensform als Ganze verändert. Nicht allein philosophisch-anthropologische, sondern auch starke evolutionstheoretische Argumente, wie sie oben (Kap. 3) bereits dargelegt worden sind, sprechen für diese These. In bedingter Freiheit artikulieren Menschen die Bedeutung der Welt, in der sie leben, und sie sind sogar in der Lage, in wissenschaftlicher Einstellung Lebensbedeutsamkeit zurückzustellen, um frei zu werden für die Erkenntnis objektiver Sachzusammenhänge. All dies lässt sich jedoch evolutionstheoretisch und kognitionswissenschaftlich als Resultat natürlicher Entwicklungsprozesse beschreiben, stellt also keinen Bruch mit der biologischen Form des Lebens, sondern dessen innere Erweiterung dar. Die *human uniqueness* ist ebenso evolviert wie jede andere Eigenschaft jeder anderen Spezies. Diese Feststellung impliziert einen methodischen Naturalismus in dem schwachen Sinn, dass keine kausalen Effekte zugelassen werden, die weder auf die Evolution noch auf die aus ihr erwachsene Kultur des Menschen zurückgeführt werden können. Der so spezifizierte Naturalismus muss jedoch mit der Fähigkeit des Menschen zum Transzendieren seiner symbolisch erschlossenen Welt zusammengedacht werden, um ihn klar von einem metaphysischen Naturalismus zu unterscheiden. Letzterer nimmt genau diese fallibilistische Differenzierung zwischen Symbolisierung und Realität nicht vor, sondern meint, die Wirklichkeit im Ganzen ohne perspektivische Brechung, als Korrelat eines „view from nowhere" (Th. Nagel) und im Rahmen eines privilegierten Beschreibungssystems erfassen zu können.

Nach allem bisher Ausgeführten kann dieses Transzendieren selbstverständlich nicht als Ausstieg aus oder Überstieg der natürlichen Erkenntnisbedingungen des Menschen verstanden werden. Im Gegenteil, denn denkbar wird es überhaupt erst durch die strukturellen Eigenschaften symbolischer Kommunikation, genauer: ihre Ermöglichung von Selbstkritik und reflexiver Distanz. Die Fähigkeit, Grenzen der Symbolisierung zu erfahren und zu benennen, ist etwas genuin anderes als die sinnwidrige und ungereimte Vorstellung, Realität auf unverkörperte und transsymbolische Weise erfahren zu können. Die Idee, es könne eine einzige privilegierte Perspektive auf die Realität, so etwas wie einen Gottesstandpunkt geben, ist für Pragmatisten und Verkörperungstheoretiker sinnwidrig, denn die pragmatistische Grundeinsicht in die Unhintergehbarkeit menschlicher Erfahrung betrifft auch alle Formen der symbolischen Differenz und des damit möglichen Transzendierens. In diesem Abschnitt möchte ich genauer erkunden, was dies für die Art der Bedeutungen bedeutet, die Menschen artikulieren können. Kann es Artikulationen geben, die den biologischen Lebensprozess grundsätzlich transzendieren, oder bleibt der Bezug zur Leiblichkeit und damit zur biologischen Grundform von Bedeutungen immer gewahrt? Anders formuliert: sind *alle* möglichen Bedeutungen *Lebens*bedeutungen?

Charles Taylor bestreitet das vehement. In seiner Monographie *The Language Animal* (2016) behauptet er, dass es zum Wesen natürlicher Sprachen gehöre, Lebensbedeutungen zu transzendieren und *metabiologische* Bedeutungen artikulieren zu können. Seit seinen frühen Arbeiten zu Bedeutungstheorien (Taylor 1980/ 1995) ist Taylor als scharfer und wortmächtiger Kritiker der referenzorientierten Sprachphilosophien analytischen Zuschnitts hervorgetreten und hat dann mit der genannten Monographie 2016 eine breite, systematisch ausgearbeitete Darstellung seiner sprachphilosophischen Alternative vorgelegt. Sie versteht sich als „constitutive expressive" (Taylor 2016, 4). Die Fähigkeit des Sprachgebrauchs soll nicht in bereits existierende Muster eingeordnet, sondern als *konstitutiv* für unser Menschsein begriffen werden. Konstitutiv ist sie deshalb, weil sie nicht (nur) Sachverhalte abbildet, sondern Weltbeziehungen und Selbstverhältnisse *expressiv* erst generiert – weil sie als „making possible new purposes, new levels of behavior, new meanings, and hence as not explicable within a framework picture of human life conceived without language" (Taylor 2016, 4) verstanden wird. Diese Deutung der Sprache teilt der artikulatorische Enaktivismus, für den hier argumentiert worden ist, entschieden mit Taylor. Niemand hat schärfer als er den Reduktionismus kritisiert, der in wahrheitskonditionalen Bedeutungstheorien angelegt ist (vgl. Taylor 1980/1995, 58 f.), niemand die Aktualität Herders, Wilhelm von Humboldts und der Romantiker klarer herausgestellt, niemand auch unermüdlicher die expressive Vielfalt sprachlicher Bedeutungen herausgearbeitet und mit ihr die Arten und Weisen, wie sie das individuelle und kollektive Bewusstsein mitprägen.

Jedoch bringt Taylor Lebensbedeutungen und solche, die sprachlich konstituiert sind, in einen scharfen Gegensatz, der mir als Rückfall in den Dualismus von Geist und materiellem, biologischem Leben erscheint:

> I talk here of "human meanings", and I will also talk of "metabiological meanings", terms which are closely related, and need some explanations here. The contrast class to human meanings could be described as "life meanings". These also have significance for us, but this is something we share with other animals. Like them it matters to us that we preserve our lives, that we find the means to live, food, shelter, and so on. But issues like defining the meaning of life, or living up to the demands of love, touch us alone. (Taylor 2016, 91)

Damit legt sich Taylor zumindest implizit auf eine Stockwerks- oder Schichtenanthropologie fest, wie ich sie im Lauf dieses Buch immer wieder zurückgewiesen habe. Ihm zufolge gibt es Bedeutungen, die wir mit Tieren teilen (z. B. Hunger und Durst) und, ein Stockwerk höher, aber nicht auf die „niederen" Schichten zurückwirkend, können wir sprachlich „metabiologische" Bedeutungen zum Ausdruck bringen, etwa den Glauben an Gott oder die Werte einer universalistischen Moral. Vermutlich würde Taylor aber auch beispielsweise die Erkenntnisse der Quantenphysik als metabiologisch einordnen. Um einem angemessenen Verständnis näher zu kommen, möchte ich hier zwischen dem deskriptiven Gehalt von Taylors Äußerung und dessen begrifflichem *framing* unterscheiden. Deskriptiv hat Taylor mit Sicherheit recht, wenn er betont, dass es humanspezifische Bedeutungen gibt, die für alle anderen Lebewesen unzugänglich sind. Tiere sind für Vernunftgründe sowenig ansprechbar wie für Werterfahrungen, und wir behandeln sie deshalb auch nicht als moralisch verantwortliche Akteure. In meiner Ausdrucksweise formuliert, gründet der qualitative Unterschied zwischen Menschen und anderen Lebewesen darin, dass der Prozess, der von erlebter Bedeutsamkeit zu artikulierten, intersubjektiv geteilten und kritisierbaren Bedeutungen führt, einen transformativen Charakter hat und deshalb symbolische Distanz ermöglicht. Taylor fügt diese anthropologisch zentrale, qualitative Differenz jedoch in einen dualistischen Rahmen ein. Unglücklich erscheint mir bereits der Kontrast von „humanen" und „Lebensbedeutungen", denn er insinuiert, Aspekte wie Hunger, Schmerz oder Lust erreichten gar nicht die Tiefe des eigentlich Menschlichen, sondern beträfen uns lediglich als Lebewesen. Ein komplementärer und noch folgenreicherer Dualismus macht sich geltend, wenn dann diejenigen Bedeutungen, die allein Menschen zugänglich sind, als *meta*biologisch verstanden werden.

Ich halte das für falsch. Der Hunger, der Durst, die sexuellen Bedürfnisse, die Menschen spüren, sind nicht einfach menschliche Pendants tierischer Bedürfnisse, sondern bereits spezifisch menschlich. In allen genannten Fällen werden die biologischen Dimensionen derart weitgehend durch kulturelle Sinnfiguren transformiert (nicht hingegen eliminiert!), dass es Menschen seit vielen zehntausend Jahren schlicht unmöglich ist, ,einfach nur so', also rein biologisch, etwas zu essen, den Durst zu stillen oder sexuell aktiv zu sein. Soziokulturelle Deutungsmuster sind immer mit dabei, was ein starkes Argument für die These einer *top-down*-Beeinflussung auch elementarer Lebensbedürfnisse darstellt. Wie sieht es nun umgekehrt, also *bottom-up*, aus? Die hier vertretene Auffassung läuft darauf hinaus, dass zwischen qualitativ erlebten Lebensprozessen und kultureller Semiose in *beiden* Richtungen vielfältige Feedbackschleifen bestehen, in denen sich die bedingte Freiheit von Artikulationsprozessen entfalten kann. *Top-down* und *bottom-up* bedingen sich in zirkulärer Kausalität wechselseitig. Wenn das zutrifft, dann stehen auch die subtilsten und humanspezifischsten kulturellen Bedeutungen in einer nicht nur genealogischen Kontinuität zu Lebensbedeutungen, und natürlich umgekehrt.

Die Vermutung eines Rückfalls in dualistische Denkmuster verstärkt sich bei einem genaueren Blick auf das, was Taylor unter jenen Lebens-Bedeutungen versteht, die von den metabiologischen Bedeutungen getrennt werden sollen. Diese werden nämlich so verstanden, dass sie *externen funktionalen Beschreibungen* zugänglich sein sollen:

> Life meanings are modes of significance that things can have for an organism or agent who pursues certain goals or purposes which can be identified from outside even by beings who don't share these purposes. So we can attribute them to animals, or each other, independent of self-understanding. We only have to identify the animal's needs and the patterns of action – hunting prey, eating gras, building nests – by which they meet these needs. [...] Life meanings are defined by objectively recognizable patterns of need and action. (Taylor 2016, 91)

Es ist jedoch gar nicht so einfach und trivial, Funktionen von außen zuzuschreiben, wie Taylor hier anzunehmen scheint. Peter McLaughlin (McLaughlin 2008, 30 – 37) hat gezeigt, das externe funktionale Zuschreibungen immer von einem infiniten Regress bedroht sind: Beispielsweise besteht die Funktion des Hungergefühls darin, den Organismus zur Aufnahme von Nahrung zu motivieren. Nahrungsaufnahme hat die Funktion, den Organismus mit Nährstoffen zu versorgen, die Versorgung mit

Nährstoffen dient wiederum der Aufrechterhaltung grundlegender Funktionen des Organismus, diese Funktionen hat der Organismus, damit er überleben und sich fortpflanzen kann. Diese Kette kann jedoch nicht *ad infinitum* fortgesetzt werden. McLaughlins Punkt ist, dass Funktionen Mittel-Zweck-Beschreibungen darstellen, die zwangsläufig in einem unendlichen Regress enden, wenn sie nicht durch etwas *in sich Zweckhaftes* unterbrochen werden – etwas, dessen Zweckmäßigkeit nicht mehr von außen, durch Angabe seiner Funktion für einen anderen Zweck definiert werden kann:

> Jedes Glied der Kette mag gut sein zum Herbeiführen des nächsten, aber dieser Regressus der Zweckmäßigkeit muss irgendwo aufhören. [...] Diese andere Art der Zweckmässigkeit, die Kant als innere oder absolute Zweckmässigkeit bezeichnet, ist nicht iterierbar; sie bezeichnet eine Beziehung zu etwas – sagen wir – Subjekthaften. [...] Das, was den funktionalen Regressus beenden kann, hat ... ein Wohl. (McLaughlin 2008, 32 f.)

Als Subjekte dieses Wohls kommen nur vulnerable Organismen in Frage und umgekehrt hat aber auch ein jeder Organismus ein Wohl, weil sein Lebensprozess gedeihen oder gelingen kann. Nur weil Lebewesen ein Wohl haben, können ihnen dann auch sekundär von außen Funktionen zugeschrieben werden. Bei Artefakten hingegen lassen sich zwar Funktionen tatsächlich von außen zuschreiben, aber eben nur deshalb, weil die Funktionen der Artefakte immer relativ auf humane Lebensinteressen sind. Auch eine funktionale Beschreibung von Artefakten ist also, bei Licht besehen, nur möglich, wenn der Zusammenhang mit ihrem Zweck bekannt ist (z. B. ist der Ausguss einer Kaffeekanne so-und-so geformt, um ein tropffreies Ausgießen zu ermöglichen). Und der damit entstehende Regress kann nur gestoppt werden, wenn an irgendeinem Punkt der Mittel-Zweck-Verkettung der Zusammenhang zum Wohl eines Organismus hergestellt werden kann. Der täuschende Eindruck von Artefakten als von außen erklärbaren Zweck-Mittel-Verkettungen entsteht erst durch Ausblendung der final zwecksetzenden Instanz.

Diese Abhängigkeit von Funktionsbeschreibungen von intrinsischem Wohl wird von Taylors Externalismus mit Bezug auf Lebensbedeutungen übersehen. Das Wohl gründet in den variablen Qualitäten der Umweltbeziehung *für den Organismus selbst*, die erlebt werden und damit eine Vorform von Subjektivität – wenn auch noch nicht die subjektiven Selbstdeutungen, an die Taylor denkt – ins Spiel bringen. Aus diesem Grund sind Lebensprozesse immer schon durch eine spezifische *Innerlichkeit* charakterisiert, die sich dem fast mechanistischen Modell, das Taylor für die Lebensbedeutungen verwendet, nicht fügt. „There is an inwardness to life [...]", schreibt Evan Thompson. „A purely external or outside view of structure and function is inadequate for life. A living being is not sheer exteriority (*partes extra partes*), but instead imbodies a kind of interiority, that of its own immanent purposiveness." (Thompson 2007, 224 f.) Taylors Versuch, Lebensbedeutungen in einen klaren Gegensatz zu subjekthaften Bedeutungen zu bringen, scheitert an seinem – zumindest an dieser Stelle – externalistischen und dualistischen Verständnis von Lebensprozessen. Und erst die unterkomplexe, Innerlichkeit ausblendende Beschreibung von Lebensfunktionen erzeugt dann jene Kluft zu humanspezifischen Bedeutungen, auf die Taylor hinauswill.

Metabiologische Bedeutungen definiert er geradezu dadurch, dass sie nicht extern identifiziert werden können.

> These [metabiological meanings, M. J.] concern goals, purposes and discriminations of better or worse, which can't be defined in terms of objectively recognizable states or patterns. If what I seek is a meaningful life, or a profound sense of peace, or to be at one with the world [...], what I'm after can't be captured in some objectively identifiable pattern. (Taylor 2016, 91)

In der Tat: Die Suche nach tiefem inneren Frieden, beispielsweise, kann nicht als die Suche nach der Erfüllung einer extern zuschreibbaren Funktion verstanden werden. Aber schon die Qualität, die – beispielsweise – dem Lebens eines Bonobos in der Primatenanlage eines Zoos zukommt, lässt sich eben auch nicht extern definieren; sie muss mit Bezug auf das erlebte Wohl dieses Organismus beschrieben werden.[186] Weil auch die Bedeutung des Lebens nichtmenschlicher Organismen an deren inneres Erleben gebunden ist, ist die extern/intern-Differenzierung nicht geeignet, um Lebensbedeutung von metabiologischer zu unterscheiden bzw. zu begründen, warum humanspezifische Bedeutung kategorial einen eigenen Zuschnitt hat. Das expressive Kontinuum des Lebensprozesses überspannt die Unterschiede zwischen Menschen und anderen Lebewesen.

Dennoch hat Taylor recht, wenn er darauf besteht, dass sich humanspezifische Bedeutungen qualitativ und nicht bloß quantitativ von denen anderer Lebewesen unterscheiden. Zurückzuweisen ist nicht seine Annahme einer qualitativen Differenz, sondern ihre dualistische Bestimmung, die auf Kosten der Innerlichkeit *aller* Lebensprozesse geht. Dass sprachliche Artikulationen erlebte Bedeutsamkeit mit Hilfe rationaler und logischer Expressivität in intersubjektiv geteilte und kritisierbare Bedeutungen transformieren, also symbolische Distanz schaffen, begründet einen qualitativen Unterschied zu anderen Lebensformen *ums Ganze.* Jedoch hätten der ganze reiche Kosmos an soziokulturellen Bedeutungen niemals entstehen

---

186 Wir können andere, nichtmenschliche Lebewesen nicht fragen, wie es ihnen geht und welche Bedeutungen ihnen wichtig sind. Deshalb verwenden wir zur Beurteilung von Lebensqualität externe, verhaltensbezogene Kriterien. Der springende Punkt ist jedoch, dass sich diese Kriterien überhaupt nur deshalb zuschreiben lassen, weil wir davon überzeugt sind, dass es für die betreffenden Organismus eine phänomenale Qualität hat, sich so-und-nicht-anders anfühlt, ob es ihnen gut oder schlecht geht.

können, wenn Menschen keine Organismen wären, für die Qualitäten im Erleben gegenwärtig sind. Das verbindet sie mit allen anderen Lebewesen, doch gleichzeitig ist dieses Erleben auch von dem nahezu unendlichen Reichtum intersubjektiv teilbarer symbolischer Bedeutungen geprägt. Es gibt also tatsächlich einen robusten qualitativen Unterschied zwischen denjenigen Bedeutsamkeiten, die anderen Lebewesen zugänglich sind, und den Bedeutungen, die nur uns erreichen können. Dennoch führt es in die Irre, diesen Unterschied als denjenigen zwischen reinen Lebensbedeutungen und metabiologisch-linguistischem Sinn fassen zu wollen.

Doch genau für diese dualistische Perspektive entscheidet sich Taylor, wenn er mit Blick auf menschliche Sprachen behauptet: „Language can only be explained through a radical discontinuity with the extralinguistic." (Taylor 2016, 33) Das lässt sich nur schwer mit den empirischen Befunden der modernen Sprachentstehungsforschung vereinbaren (vgl. etwa Tomasello 2003), die selbstverständlich von einem evolutionären Kontinuum aus argumentiert. Sie geht beispielsweise davon aus, dass mimetische und gestische Vorformen, wie sie noch heute eine wichtige kommunikative Rolle spielen, die Entstehung moderner Sprachen erst ermöglicht haben. Außerdem argumentiert sie mit einer engen Verbindung zwischen dem extralinguistischen Kontext – etwa der Entstehung evolutionären Selektionsdrucks durch veränderte ökologische Bedingungen – und den Formen geteilten Bewusstseins, die von Sprache vorausgesetzt werden. So steigert Taylor die anthropologisch in der Tat entscheidende, qualitative Differenz zwischen Sprachen und tierischen Kommunikationssystemen zur Ablehnung jener evolutionären Kontinuität, aus der heraus sich Sprache entwickelt haben muss, will man nicht unmittelbar von einem transzendenten Sprachursprung ausgehen[187] und damit den Boden des *methodischen* Naturalismus verlassen.

Auch eine *inhaltliche* Betrachtung humanspezifischer und also nach Taylor metabiologischer Bedeutungen spricht für die unaufhebbare Doppelstruktur von evolutionärer Kontinuität und qualitativer Differenz qua Symbolgebrauch. Das zeigt ein Blick auf die Beispiele, mit denen Taylor seine Unterscheidung plausibilisieren möchte (vgl. oben, S. 320). In der Tat: Nur Menschen vermögen über den Sinn des Lebens nachzudenken, und nur Menschen können versuchen, dem gerecht zu werden, was sie als den Anspruch der Liebe empfinden. Es trifft zu, dass solche Bedeutungen nur von sprachmächtigen Wesen artikuliert werden und sie dadurch

---

187 Diesen hat bekanntlich schon Herder, auf den Taylor sich gern beruft, in seiner *Abhandlung über den Ursprung der Sprache* von 1771 zurückgewiesen. Sein Essay beginnt mit dem Satz: „*Schon als Tier hat der Mensch Sprache.*" (Herder 1771/2001, 5; kursiv im Original) Darin wendet sich Herder gegen die Titelthese eines 1766 von Johann Peter Süßmilch publizierten Textes: „Versuch eines Beweises, daß die erste Sprache ihren Ursprung nicht von Menschen, sondern allein vom Schöpfer erhalten habe".

erreichen können, und dass darin eine prinzipielle, qualitative Differenz zu allen anderen Lebensformen liegt. Sieht man jedoch genauer hin, dann zeigt sich: Es handelt sich in beiden Fällen (und auch bei den anderen, in Taylor 2016, 91 f. aufgeführten Beispielen) um humanspezifische Bedeutungen, in denen Lebensprozesse keineswegs hinter sich gelassen oder gar negiert, sondern ‚nur' auf eine neue, emergente Stufe gehoben werden, die jedoch die evolutionär früheren Stufen voraussetzt. Sicherlich wäre es nicht möglich, über den Sinn des Lebens nachzudenken, wenn wir keine biologischen Organismen wären, die geboren werden, leben und sterben, die im Austausch mit der physischen und sozialen Umwelt Wohl und Wehe erfahren und eine grundsätzliche Vulnerabilität aufweisen, die Anlass für Nachdenklichkeit werden kann. Selbst die klassische, reichlich abstrakte metaphysische Frage, warum es überhaupt etwas gibt und nicht vielmehr nichts (Leibniz), setzt als Bedingung ihrer Möglichkeit Wesen voraus, die an ihrem Sein und dessen Gelingen Interesse nehmen. Hypothetische Engelwesen könnten solche Fragen gar nicht stellen, weil sie nicht am Lebensprozess und dessen Endlichkeit teilhätten, ohne den es kein Erleben von Bedeutsamkeit gibt. Und ohne dieses qualitative Erleben gäbe es auch nichts, was durch Artikulation in intersubjektiv geteilte menschliche Bedeutungen verwandelt werden könnte.

Vergleichbares gilt vom zweiten Beispiel: Die Ansprüche der Liebe an uns sind in hohem Maß, jedenfalls aber nicht bloß akzidentell davon geprägt, dass die Menschen, die wir lieben können, ebenso sehr wie wir selbst vulnerabel und daher schutzbedürftig sind. Personale, von tiefen, verinnerlichten Werten getragene Liebe ist mit Sicherheit qualitativ von der Zuneigung verschieden, die andere Primaten füreinander empfinden können. Diese qualitative Differenz entwickelt sich aber *innerhalb* der evolutionären Kontinuität und basiert daher immer noch auf dem Grundschema vulnerabler Lebewesen, die ein Wohl haben, zu dem die Anerkennung durch andere und die Sorge für sie gehört. Der Religionssoziologe Robert Bellah hat diese Thematik in seinem Versuch einer Rekonstruktion der biologischen Vorgeschichte religiöser Evolution aufgegriffen. Er kommt dabei im Anschluss an Irenäus Eibl-Eibesfeld zu dem Ergebnis, dass „the origin of love [...] in parental care" (Bellah 2011, 70) gefunden werden könne, wie sie bei allen Säugetieren anzutreffen ist. Auch hier also wieder Differenz *in der* Kontinuität statt an ihr vorbei.

Mit all diesen Hinweisen soll nicht im Mindesten das evolutionäre Einzigartige artikulierter und reflektierter Bedeutungen und Werte bestritten werden. Dafür habe ich schließlich in diesem Buch durchgängig argumentiert. Jedoch soll gegen Taylor betont werden, dass menschlichen Bedeutungen und Werten immer noch und in evolutionärer Kontinuität das Grundmuster aller Lebensprozesse eingeschrieben ist. Wenn „metabiologische" Bedeutungen solche sein sollen, die überhaupt nicht mehr mit biologischen Lebensprozessen verbunden sind und auch ohne Bezug auf den erlebenden Organismus verstanden werden können, dann spricht wenig für ihre Existenz. Wenn man das Prädikat jedoch so versteht, dass es eine qualitative, emergierende Differenz zu bloßer biologischer Bedeutsamkeit bezeichnet, die den Zusammenhang des Bedeutungsphänomens mit der erlebten Interaktionsqualität zwischen Organismus und Umgebung nicht aufhebt, kann man es unproblematisch verwenden. Taylors Gleichsetzung von Lebensbedeutung und extern zuschreibbarer Funktionalität lässt allerdings vermuten, dass diese zweite Deutung nicht mit seinem Verständnis vereinbar ist. Er betont die Diskontinuität und übersieht dabei die Kontinuität als Voraussetzung ihrer evolutionären Entstehung *und* ihrer gegenwärtigen Funktion. Ohne Leben im biologischen Sinn gibt es keine Bedeutung und auch kein Transzendieren bloß utilitärer Bedeutungen auf höhere, intrinsisch als bedeutungsvoll erfahrene Werte.

Schon die Beispiele, die Taylor für seine „metabiologischen" Bedeutungen auswählt, machen deutlich, dass er bei dieser Begriffsprägung an menschliche Sinnorientierungen axiologischer, normativer, religiöser oder weltanschaulicher Art denkt, also an sog. „starke Wertungen" (Taylor 1977/1995, 14). Diese beinhalten immer eine Reflexion auf die Identität einer Person oder Gruppe, unterscheiden sich dadurch von schwachen, utilitätsbezogenen Wertungen und können nicht als quantitative Erweiterung tierischer Lebensinteressen verstanden werden. Sie sind qualitativ neu und an symbolische Kompetenzen gebunden. Beispielsweise wäre es nicht möglich, universalistische Ethiken zu entwickeln, wenn Menschen nicht über *shared intentionality* und die Möglichkeit zu symbolischer Distanz vom unmittelbaren Andrang ihrer Triebregungen verfügen würden. Darin habe ich Taylor zugestimmt, gleichzeitig aber betont, dass genealogisch betrachtet auch emergente Fähigkeiten im Lauf der Menschheitsgeschichte evolviert sein müssen und dass auch ihr gegenwärtiger Gebrauch innerhalb eines Bedeutungskontinuums verstanden werden muss, das leibbasierte qualitative Erlebnisse einschließt. Im Rahmen eines methodischen Naturalismus pragmatistischen Zuschnitts sind evolutionäre Kontinuität und die Emergenz von genuin Neuem ohnehin keine Widersprüche; vielmehr ist diese von jener bedingt. Die These von der radikalen Diskontinuität des Linguistischen lässt sich daher nicht halten.

Merkwürdig genug bleibt, dass Taylor selbst diesen Punkt an anderer Stelle eigentlich deutlich sieht. Er betont im seinem Werk *The Linguistic Animal* immer wieder die Relevanz des Qualitativen und damit, nahe an Gendlin, der „felt intuitions" (Taylor 2016, 221), und er konstruiert eine „ladder of articulative expressions" (Taylor 2016, 224), die mit dem „enactment" (Taylor 2016, 224) von Bedeutungen beginnt, also mit leiblichem Handeln. Zwischen den verschiedenen Explizitheitsgraden der Artikulation konstatiert er ein hermeneutisches Verhältnis, in dem gilt: „the higher rungs interpret and clarify the lower" (Taylor 2016, 225). Bedeutungsintentionen und das Ausagieren von Bedeutungen (hier ist kulturevolutionär an Donalds *mimetic culture* zu erinnern) sind jedoch so offensichtlich leibliche Aktivitäten mit Wurzeln in der allgemeinen Interaktionsform allen Lebens, dass Taylor mit diesen Einsichten seine eigene Behauptung radikaler Diskontinuität unterläuft.

Nun wird in menschlichen Kulturen nicht nur artikuliert, welche Werte, Normen und komprehensiven Wirklichkeitsdeutungen (einschließlich, in der späten Moderne, der grundsätzliche Kritik an ihnen) als gültig und orientierend bzw. als strittig und veränderungsbedürftig empfunden werden. Eine zentrale, in Taylors Expressivismus allerdings eher marginalisierte Sprachfunktion besteht schließlich auch in der Artikulation von Aussagesätzen über Tatsachen. Es ist dieser assertorisch-designative Aspekt, der in der analytischen Sprachphilosophie, vor allem in wahrheitskonditionalen Bedeutungstheorien, einseitig pointiert worden ist und beispielsweise auch Brandoms analytischen Expressivismus dominiert. Nun können Aussagesätze in sehr verschiedenen Kontexten gebraucht werden, unter denen jedoch das objektivierende Sprechen eine besondere Bedeutung hat. In ihm wird von der Relevanz eines Sachverhalts für das artikulierende Subjekt ausdrücklich abgesehen und stattdessen etwas über die Welt behauptet. Damit entsteht eine spezifische Perspektive, der im System der Personalpronomina die dritte Person entspricht. Dieser Wechsel zu einer drittpersonalen Perspektive wird zum Beispiel deutlich, wenn von dem Satz „mir ist warm" zu dem Satz „die Lufttemperatur beträgt 35°" übergegangen wird, und die gesamte Wissenschaftspraxis basiert auf diesem Absehen von Lebensbedeutung und Hinsehen auf Objekte und ihre Relationen. Kann demnach wenigstens der wissenschaftliche, referenzielle Sprachgebrauch im Sinn von Taylor als eine Realisierung metabiologischer Bedeutungen angesehen werden, wenn dies schon beim wertorientierten nicht der Fall ist?

Auch hier würde ich für ein ‚nein‘ argumentieren, wenn „metabiologisch" als „getrennt von und diskontinuierlich zu Lebensbedeutungen" verstanden wird – was Taylor erklärtermaßen tut –, für ein ‚ja‘ hingegen, wenn das Adjektiv einfach die Emergenz von qualitativ Neuem bezeichnen soll, das nicht aus den biologischen Bedingungen seines Zustandekommens abgeleitet werden kann und einen kulturellen Ursprung hat. Dabei beziehe ich mich auf die pragmatische Wissenschaftstheorie. Von Deweys *How we Think* (Dewey 1909/1997) und seiner späten *Logik* (Dewey 1938/2002) bis hin zu den neuesten Arbeiten Philipp Kitchers (Kitcher 2001; 2011) hat sie wissenschaftliche Praktiken *inquiry* stets zwar methodisch naturalistisch gedeutet, also als interne Ausdifferenzierungen des Organismus-Umwelt-Zusammenhangs, dabei aber auch durchgängig betont, dass Symbolizität, propositionale Sprache und drittpersonale Perspektive *game-changer* darstellen, also im Gang der Kulturevolution emergierende, qualitativ neue Phänomene.

Im Lauf der Wissenschaftsentwicklung und -ausdifferenzierung wird dabei der rote Faden, der die Theoriebildung mit lebensweltlichen Bedeutungsinteressen verbindet, immer länger und der Prozess immer eigendynamischer. Damit entsteht eine tiefe Kluft zwischen den normativen und axiologischen Bedingungen eines guten menschlichen Lebens und der Sachlogik der Wissenschaften mitsamt der von ihnen ermöglichten technischen Veränderungen. Diese Kluft, die durch dualistische Philosophien und Weltanschauungen noch vertieft wird, sieht Dewey als die zentrale Pathologie des modernen Lebens, den „größte[n] Dualismus, der jetzt die Menschheit niederdrückt: die Trennung zwischen dem Materiellen, dem Mechanischen, dem Wissenschaftlichen einerseits und dem Moralischen und Idealen andererseits" (Dewey 1920/1989, 217). Je weiter geistige Ideale von den materiellen Bedingungen ihrer Verwirklichung getrennt werden, desto folgenloser werden sie auch. Und je mehr die physischen und biologischen Lebensbedingungen und deren Veränderung als bloß utilitär, als nicht an das Geistige heranreichend gesehen werden, desto banaler und trivialer droht ihre soziale Reproduktion zu geraten. Sinnentleerte Nützlichkeit und abgehobene Idealvorstellungen sind zwei Seiten ein und derselben Medaille. Auch diese Überlegung gibt Anlass zu einer nichtdualistischen Deutung des Verhältnisses von geistigen Idealen und Lebensprozessen.

Was nun die Wissenschaften betrifft, so bleiben sie für die pragmatistische Wissenschaftsphilosophie auch im Zustand drohender Entfremdung noch über zwei starke Verbindungen mit dem bedeutungsorientierten Zugriff lebensweltlicher Erfahrung verknüpft, dem letztlich „Sorge um oder Interesse am menschlichen Schicksal" (Dewey 1930/2003, 106) zugrunde liegt. Zum einen hat schon Dewey in seiner *Logik* gezeigt, dass die verkörperte, qualitative Sensitivität für Situationen auf Seiten der Wissenschaftreibenden eine *conditio sine qua non* auch des wissenschaftlichen Fortschritts ist (vgl. Dewey 1938/2002, 92 f.). Ohne Situationserleben funktioniert auch Wissenschaft nicht. Zum anderen sind es immer noch menschliche Erkenntnisinteressen und Lebensbedeutungen, die das stärkste Motiv dafür liefern, von ihnen in der Forschungspraxis gerade abzusehen. Das klingt zwar zunächst paradox, ist jedoch einfach der bereits von Francis Bacon im 16. Jahrhundert betonten Tatsache geschuldet, dass wir die Natur entanthropomorphisieren und uns ihrer Eigenlogik fügen müssen, wenn wir sie verstehen und kausal kontrollieren wollen („natura parendo vincitur"). Wissenschaft ist demnach kein rein extensionales, referenzorientiertes Projekt, sie bleibt eingebunden in die Lebensbedeutungen, aus denen Erkenntnisinteressen erwachsen – wenngleich in eigendynamischer und auf die Lebenswelt massiv zurückwirkender Weise.

In manchen Bereichen, etwa in der medizinischen Forschung, ist das unmittelbar evident, in anderen, etwa der Astrophysik, erscheint der Zusammenhang mit den Bedeutungen alltäglicher Erfahrung als weniger eng. Doch auch die Astrophysik bewahrt den Zusammenhang mit der lebensweltlichen Bedeutung, die das sinnlich anschaubare, uns umgebende Weltall in unserer gewöhnlichen Erfahrung hat, und sei es nur in Form der prägenden Erlebnisse, die den späteren Astrophysikern in ihrer Kindheit oder Jugend durch den Anblick des Sternenhimmels zuteilgeworden sind. In dieser Wissenschaft gibt es zwar kein praktisches Interesse am Eingriff in

Naturphänomene um menschlicher Bedürfnisse willen – die Sterne lassen sich nicht manipulieren –, gleichwohl aber ein Bedeutungskontinuum vom nächtlichen Blick in den „bestirnten Himmel über mir" (Kant) zur technisch gestützten Erforschung des Weltalls. Kurz: Wissenschaftliche Forschung abstrahiert von Lebensinteressen, tut dies aber häufig gerade, um das Verständnis sowie damit auch in sehr vielen, wenn auch nicht allen Fällen die kausale Eingriffstiefe zu steigern. Deshalb bleibt sie über ihren gesellschaftlichen Kontext und das qualitative Erleben der Forscherinnen und Forscher in den Lebensprozess eingebunden. Ihre Praxis ist metabiologisch nur in dem schwachen Sinn, dass sie kulturell emergente, nicht allein genetisch vererbte Fähigkeiten voraussetzt und dabei die Alltagswelt transzendiert.

Während Charles Taylor dazu neigt, um der Einzigartigkeit der menschlichen Sprache und Lebensform willen die biologischen Wurzeln der Bedeutung zu unterschätzen, gibt es andere Autoren, die eine gegenteilige Tendenz aufweisen und sehr stark die Kontinuität von „mind *in* life" (Thompson 2016, Titel; Kursivierung M.J.) betonen. So zu argumentieren liegt besonders in der Tradition von Varela und Maturana nahe (und lag auch bereits in der Konsequenz des Ansatzes von Jakob von Uexküll). *Meaning* erscheint dann zwar als das zentrale Phänomen des Lebensprozesses schlechthin, als die *basic unit of explanation*, die Sonderstellung symbolischer Artikulation hingegen tritt eher zurück. *Mind*[188], *life*, und *meaning* formen eine trianguläre Struktur: „[T]he organizational properties of mind are an enriched version of those fundamental to life" (Thompson 2016, 157) und „[l]iving is a process of sense-making, of bringing forth significance and value." (Thompson 2016, 158) Das wirft die doppelte Frage auf, ob man damit nicht einerseits den Begriff des Bewusstseins zu tief in Lebensprozesse hineinverlegt und damit beliebig werden lässt und ob sich andererseits mit dieser Triangulierung die *Einzigartigkeit* der menschlichen Lebensform überhaupt noch fassen lässt.

Was den ersten Punkt angeht, so betont Thompson massiv, und explizit gegen David Chalmers bekannte These vom *hard problem of consciousness* gerichtet, die Kontinuität zwischen Bewusstsein und biologischem Leben (vgl. Thompson 2016, 223). Es geht ihm darum „... to understand the emergence of living subjectivity from living being" (Thompson 2016, 236) – ein kontinuitätstheoretisches Projekt, das ihn

---

188 Ich habe hier die englischen Begriffe verwendet, weil eine angemessene Übersetzung von *mind* notorisch schwierig ist. Gängig ist natürlich das deutsche Wort *Geist*, wie etwa in der Phrase „Philosophie des Geistes". Geist kann jedoch kaum ohne Bewusstsein gedacht werden, während etwa Evan Thompson ganz selbstverständlich *mind* als Übergriff verwendet und davon „conscious mentality" (Thompson 2007, 222) als Unterart unterscheidet. *Mindedness* ist, zumindest in der Varela/Maturana-Tradition, stark mit Selbstorganisation und Innerlichkeit auch *vor* dem Auftreten von Bewusstsein verbunden.

dazu bringt, das *mind-body*-Problem mit seinem ontologischen Dualismus durch ein *body-body*-Problem zu ersetzen, nämlich durch die Unterscheidung zwischen „the structural morphology of the physical body and its living and lived dynamics" (Thompson 2016, 236), und es damit zu entdramatisieren. In der deutschen Sprache lässt sich Thompsons Pointe gut durch die Unterscheidung, aber eben nicht Trennung von Körper und Leib ausdrücken. Es ist der *lived body*, der Leib, der dann Biologie und Phänomenologie, also Funktionalität und bewusstes Erleben, verknüpft. Damit, so gibt sich Thompson überzeugt, ist der ontologische Dualismus cartesianischer Prägung im Prinzip überwunden und durch eine interne Differenzierung innerhalb von Lebensprozessen ersetzt. Übrig bleibe der „scientific task ... to understand how the organizational and dynamic processes of a living body can become constitutive of a subjective point of view, so that there is something it is like to be that body" (Thompson 2016, 237). Ob mit dieser Entproblematisierung des Leib-Seele-Problems jedoch etwas hinsichtlich der Frage gewonnen ist, warum erlebte Bedeutungen gerade diese und nicht jene Qualität aufweisen, ließe sich sicherlich kontrovers diskutieren.

Zum Zusammenhang von Bewusstsein und Leben existiert eine sehr lebhafte und differenzierte Diskussion (vgl. Thompson 2022), bei der es etwa um die Frage geht, wie die Eigenschaft des *being sentient*, also die Fähigkeit, Umweltinteraktionen qualitativ und als mit positivem oder negativem Überlebenswert ausgestattet wahrzunehmen, mit der Eigenschaft des Bewusst-seins zusammenhängt. Daran hängt dann u. a. die weitere Frage, ob das differentielle Reagieren-können auf verschiedene Umweltaspekte bereits ein Kriterium für das Vorliegen von *sentience* bildet. Evan Thompson greift in diesem Kontext die alte Unterscheidung Ernst Haeckels zwischen *Panpsychismus*, *Biopsychismus* und *Zoopsychismus* (vgl. Thompson 2022, 2 f.) wieder auf. Panpsychismus schreibt allen Dingen Bewusstsein zu, Biopsychismus allem Lebendigen und Zoopsychismus nur den höher entwickelten Lebewesen, wobei dann in der Regel das Vorliegen eines komplexen Nervensystems als Bedingung genannt wird. Er argumentiert vorsichtig für einen Biopsychismus, ohne die Debatte bereits für abgeschlossen zu halten.

Ohne diese verwickelte Debatte hier im Detail rekonstruieren zu können: Dass der Enaktivismus, ebenso wie der pragmatistische Ausgang von der Organismus-Umwelt-Interaktion, eine *kontinuitätstheoretische* Analyse von Leben und Bewusstsein *in allen seinen Formen* nahelegt, scheint mir offensichtlich und liefert ein weiteres Argument gegen Taylors These von der radikalen Diskontinuität der metabiologischen Bedeutungen. Ob es allerdings theoriestrategisch sinnvoll ist, den Begriff des Bewusstseins derart radikal zu entanthropomorphisieren, dass er selbst noch für das responsive Verhalten eines Bakteriums in einer Nährlösung anwendbar wird, ist eine ganz andere Frage.[189] Extensionserweiterung und Prägnanzverlust gehen bekanntlich nicht selten Hand in Hand. Eine überzeugende Gegenposition, der ich mich hier anschließe, vertritt Antonio Damasio. Er betont massiv die Kontinuität der emotionalen[190] Bewertungsfunktion in der Entwicklung des Lebens und als Voraussetzung intelligenten Verhaltens, besteht aber gleichzeitig darauf, dass für *feelings*, also bewusste Emotionen und damit auch für Bewusstsein überhaupt, die Existenz komplexer Nervensysteme unabdingbar ist: „I am contrasting ‚intelligence‘, of which single-celled organisms are abundantly capable, with ‚mind, consciousness, and feeling‘, which in my opinion require nervous systems." (Damasio 2018, 259, FN 9)

Wie steht es nun mit der *human uniqueness?* Lässt sich im Rahmen des enaktivistischen Denkens nicht nur die evolutionäre Kontinuität humanspezifischer Bedeutungen, sondern auch ihre gleichzeitige qualitative Differenz zu den erlebten Bedeutungen anderer Lebewesen denken? Hierzu sei an die in Kapitel 4 bereits entwickelten Überlegungen zu einer artikulatorischen Erweiterung des Enaktivismus erinnert: Der Prozess des *enactive sense-making* nimmt beim symbolisch verkörperten Lebewesen Mensch mit seinem intersubjektiv erweiterten Bewusstsein und dessen historischen Sedimentierungen in den Erscheinungsformen des „objektiven Geistes" eine spezifische Gestalt an, die nicht aus dem allgemeinorganischen *sensemaking* abgeleitet werden kann, wohl aber aus diesem als eine qualitativ neue Form emergiert. Die expressiven Möglichkeiten artikulierter Sprachen werden, wie schon verschiedentlich ausgeführt, durch Symbolizität und Grammatikalisierung hervorgebracht, und sie wirken auf sämtliche menschlichen Ausdrucksformen zurück, selbst auf die scheinbar präsymbolischen, wie Plessners Analysen des Lachen, Lächelns und Weinen eindrucksvoll gezeigt haben (vgl. oben S. 233 f.). Anthropologisch ist hierbei entscheidend, dass im symbolisch erweiterten, intersubjektiven menschlichen Bewusstsein eine unauflösbare, für unsere Lebensform konstitutive Spannung zwischen den allgemeinen Bedeutungen des objektiven Geistes und dem individuellen Bedeutungserleben entsteht. Diese Spannung zeigt sich semiotisch in der Verschränkung von ikonischen und indexikalischen Zeichen mit symbolischen, handlungstheoretisch aber als Ermöglichung bedingter Freiheit. Zur Naivität eines nur in *intentione recta* gelebten Lebens ist uns der Rückweg

---

189 So behaupten etwa Lynn Margulis und Dorion Sagan: „Not just animals are conscious, but every organic being, every autopoietic cell is conscious." (Margulis/Sagan 1995, 122)
190 Zur Erinnerung: Emotionen sind für Damasio unbewusst ablaufende organismische Verhaltensprogramme, die klar von *feelings* zu unterscheiden sind, die als „felt experiences of emotions" (Damasio 2018, 100) beschrieben werden können. Diese äußerst idiosynkratische Terminologie hat sich nicht durchgesetzt, sondern im Gegenteil für viel Verwirrung gesorgt.

verbaut, aber getrennt vom Wärmestrom des leiblichen Erlebens verlieren noch die subtilsten Ausdrucksformen des Geistes ihre Relevanz für uns.

Insoweit kann ein zeichentheoretisch erweiterter Enaktivismus auch Taylors Anliegen in modifizierter Form aufgreifen. Es gibt zahllose nur innerhalb der menschlichen Lebensform zugängliche Bedeutungen, die nicht mehr als Lebensbedeutungen verstanden werden können, wenn man darunter lediglich bloße Utilität für den Lebensvollzug eines Organismus versteht. Gegen Taylor ist allerdings zu betonen, dass selbst solche meta-utilitären Bedeutungen wie die Universalität der Menschenrechte oder die Frage nach der Existenz Gottes Bedeutungen bleiben, die nicht für reine Geister, sondern nur für vulnerable, am Gelingen ihres Lebens interessierte verkörperte Symbolverwender zugänglich sind. Die relative Diskontinuität des Bewusstseins sich artikulierender Sprachverwender zum sprachlosen Bewusstsein der Tiere kann überhaupt nur im Rahmen jenes organischen *sensemaking* verstanden werden, das die Grundform des Lebens überhaupt ausmacht. Damit büßt sie allerdings ihren radikalen und dualistischen Charakter ein.

6 Human Uniqueness Revisited

In den vergangenen Kapiteln wurde deutlich, dass die Einzigartigkeit der menschlichen Lebensform *erstens* niemals gegen die evolutionäre Kontinuität des Menschen, sondern nur mit ihr und durch sie gedacht werden kann. Ohne den Kontext des Lebendigseins im biologischen Sinn ist der menschliche Geist schlechterdings nicht zu verstehen, denn erst der organische Lebensvollzug sensibilisiert für die möglichen Bedeutungen der Realität, indem er deren Zu- oder Abträglichkeit für den Lebensprozess bewertet. Die Einzigartigkeit hängt *zweitens* eng mit den Arten von Bedeutungen zusammen, die Menschen artikulieren können und für die nur sie empfänglich sind. Dass es solche humanspezifischen Bedeutungen gibt,[191] dass sie aber dennoch nicht in radikaler Diskontinuität mit dem Lebensprozess stehen, habe ich im vorangegangenen Kapitel gegen Charles Taylor zu zeigen versucht. Der Plural ‚Bedeutungen' wurde hier bewusst gewählt um anzudeuten, dass die Vielfalt menschlicher Erfahrungen auch eine Vielfalt von Bedeutungsmöglichkeiten generiert, die nicht auf eine einzige Leitbedeutung reduziert werden kann. *Drittens* hat sich gezeigt, dass physische Strukturen, vor allem aber die Körperlichkeit/Leiblichkeit des Menschen einerseits für *alle* Formen der Bedeutungsbildung konstitutiv sind, symbolische Zeichen- und Denkprozesse andererseits aber auch bedingte Freiheit, kognitive Distanz und die *relative* Selbstständigkeit soziokultureller Bedeutungen ermöglichen. Um eine kategoriale Klammer zu gewinnen, die diese Dimensionen verbindet, habe ich den Begriff der Artikulation als leibliche Gliederung semantischen Sinns mittels lautlicher – oder anderer, physischer – Differenzen stark gemacht. Dessen antidualistisches Potential scheint mir noch keineswegs ausgeschöpft zu sein.

Im Schlussteil dieser Arbeit möchte ich nun nochmals auf die Frage der *human uniqueness* zurückkommen, und zwar unter dem leitenden Gesichtspunkt des Zusammenhangs von organischem Leben und Bedeutung. Globale technologische Entwicklungstendenzen, aber auch alltagskulturelle Veränderungen der Sinn(re)--produktion geben dazu allen Anlass. Beides wird von den trans- und posthumanistischen Visionen befeuert, die nicht wenige prominente Führungspersönlichkeiten der weltweit agierenden Digitalkonzerne umtreiben. Die globale Digitalisierung, die zunehmende Bedeutung künstlicher Intelligenz, virtuelle Lern-, Arbeits- und Freizeitumgebungen, *brain-machine-interfaces* und weitere Entwick-

---

191 Streng genommen ist sogar jede Bedeutung humanspezifisch, weil eben zwar sehr viele verschiedene Lebewesen, in meiner Terminologie formuliert, Bedeutsamkeiten erleben, ausdrücken und ausagieren, aber nur Menschen erlebte Bedeutsamkeit explizit machen, d.h. artikulieren können.

https://doi.org/10.1515/9783111065595-007

lungen verschieben die Grenzen des Organischen immer weiter. Dieser technologisch-wirtschaftlich-kulturelle Megatrend hat natürlich zahlreiche Facetten und ist auch Gegenstand intensiver Forschungen in den Sozial- und Kulturwissenschaften. Ich greife aus der Fülle der Fragen, die sich hier stellen, nur eine einzige heraus, die mir aus der Perspektive meines anthropologischen Projekts allerdings entscheidend zu sein scheint: In welchem Verhältnis stehen primäre Leiblichkeit und sekundäre *extended cognition* im Blick auf die Verkörperung von Bedeutungen? Dabei geht es mir nicht um ‚klassische' Extensionen des Geistes wie Schreibgeräte, Abakusse oder einfache Werkzeuge, sondern um aktuelle Entwicklungen, die sehr viel invasiver sind, wie digitale Medien, Künstliche Intelligenz, virtuelle Realität, Mensch-Maschine-Hybridisierungen etc.

Anders formuliert: Wo liegen die Grenzen der Plastizität des verkörperten Geistes? Wie verändert sich die Bedeutung von Bedeutung, wenn artifizielle Erweiterungen den biologischen Lebensprozess des Menschen immer stärker prägen? Sind wir, um den programmatischen Titel eines Buchs von Andy Clark in eine Frage zu verwandeln, wirklich *Natural-Born Cyborgs* (Clark 2003)? Oder spielt die biologische Form unseres Lebens eine wesentliche Rolle für die sinnvollen Aktivitäten, die wir ausführen, und die Bedeutungen, die wir zum Ausdruck bringen können? Diese Fragen sind alles andere als bloß akademisch. Mit ihnen steht zur Debatte, wie wir uns als Menschen sehen, selbst verstehen und in den Zusammenhang des organischen Lebens einordnen. Sind solche elementaren Gegebenheiten wie Geburtlichkeit, Endlichkeit und Tod kontingente Aspekte unserer *bisherigen* Verkörperungsform und könnten langfristig mit Hilfe von Technologie überwindbar werden? Oder sind sie am Ende konstitutiv für unsere Fähigkeit, Bedeutungsphänomene überhaupt zu erleben und zu artikulieren? Falls das zweite der Fall sein sollte, wäre das natürlich noch kein Argument gegen die Möglichkeit einer radikal cyborgisierten Existenzform. Diese bliebe dann denkbarerweise zwar biotechnologisch realisierbar, aber die so entstehenden Wesen hätten die Fähigkeit, das Leben als bedeutsam zu erfahren, (zumindest teilweise) eingebüßt. Der Traum könnte damit zum Alptraum mutieren, und zwar keineswegs nur aus der Perspektive hochkultureller Protagonisten in Musik, Literatur und Kunst, also kultureller Praktiken, die auf einen leiblichen Erfahrungs- und Resonanzraum zwingend angewiesen sind. Auch und gerade die Nützlichkeit von Dingen und Artefakten im ganz alltäglichen Sinn setzt die Existenz vulnerabler Organismen voraus, die sich mithilfe ihrer Austauschbeziehungen mit der Umwelt unterhalten und reproduzieren *müssen*. Ohne den organischen Stoffwechsel mit seiner Angewiesenheit auf eine responsive Umwelt gibt es keine Utilität, genauso wenig aber intrinsisch als sinnhaft erfahrbare Aktivitäten.

Die Einzigartigkeit der menschlichen Lebensform in Abgrenzung von technologischen Utopien zur Überwindung unserer organischen Grundausstattung zu verstehen, ist ein wichtiges Anliegen dieser Arbeit. Genauso wichtig ist es jedoch, die evolutionäre Kontinuität des Menschen mit dem Aufkommen humanspezifischer Bedeutungsformen zusammen zu denken. Symbolizität, Perspektivität, Reflexivität, Normativität, Artikuliertheit und die Fähigkeit zum Transzendieren des biologischen Eingelassenseins in die Umwelt sind miteinander verschränkte Merkmale unserer Lebensform, die einen Unterschied ums Ganze machen. Dieser qualitative Unterschied bleibt unsichtbar, wenn biologische Bedeutsamkeit den alleinigen Maßstab für alle, also auch für kulturelle Bedeutungen abgeben soll. Deshalb ist hier durchgängig dafür argumentiert worden, dass sich humanspezifische Bedeutungswelten nur innerhalb einer unauflöslichen Spannungseinheit zwischen den Polen des leiblichen Erlebens und der eigenlogisch strukturierten symbolisch-expressiven Möglichkeiten (und, als „objektiver Geist", Wirklichkeiten) ausbilden können. Wir sind und bleiben eben verkörperte, gewissermaßen ikonisch-indexikalisch geerdete Symbolverwender. Der Begriff der *Verkörperung* hat allerdings den Nachteil, gegenüber dem entscheidenden Unterschied zwischen dem als Leib erlebten physiologischen Körper und nichtlebendigen materiellen Umgebungsstrukturen neutral zu sein. Das verwischt eine wichtige Differenzierung, denn innerhalb des breiten Spektrums von Formen der Verkörperung (vom biologischen Organismus über materielle Artefakte bis hin zu digitalen Systemen) kommt dem lebendigen Leib ein bedeutungstheoretischer Primat gegenüber transorganischen, materiellen Erweiterungen der Kognition zu. Das soll im Folgenden in kritischer Auseinandersetzung mit Positionen von David Chalmers und (vor allem) Andy Clark sowie im Rückgriff auf Alva Noë und Thomas Fuchs gezeigt werden.

6.1 Leibliche Bedeutungen und materielle Erweiterungen

Eine Wissenschaftlerin vertieft sich erwartungsvoll in ein interessantes neues *paper* zu ihrem Forschungsgebiet. Ein Musikliebhaber lauscht hingegeben dem Konzert seines Lieblingsorchesters. Jemand spürt bedauernd in einem Gespräch, dass er seine Gesprächspartnerin nicht richtig versteht. Die Astronauten von Apollo 17 betrachten die Erde von ihrem Raumschiff aus und machen schließlich jenes ikonische Foto der *blue marble,* das dann viele Millionen Menschen berührt hat. Diese höchst unterschiedlichen Manifestationen von Bedeutungen weisen eine fundamentale Gemeinsamkeit auf: Die Rezipienten und die Produzenten dieser Bedeutungen *fühl(t)en* etwas mit und in ihrem Leib. Mit Thomas Nagel gesprochen gab es jeweils ein qualitatives, phänomenales und an Subjektivität gebundenes *what-it-is-like* der gerade geschilderten Situationen. Und diese phänomenale Qualität gilt keineswegs nur für elementare Erfahrungen wie Schmerz oder Lust, sie konstituiert auch das Verstehen komplexester kultureller Bedeutungen mit, wie im Fall der

Wissenschaftlerin. Dass sie den neuen Artikel verstehen kann, dass er überhaupt ihr Interesse findet, ist zwar Resultat eines viele Jahre währenden kognitiven Trainings in einem sehr speziellen Bereich der menschlichen Kultur, doch erweitert diese Sozialisation dann auch ihr leibliches Resonanzvermögen in symbolisch artikulierte Bereiche hinein, die Laien verschlossen bleiben. Technischer formuliert: Leibgefühle sind *notwendige* Bedingungen von Bedeutungen. *Hinreichend* sind sie für Menschen als Teilhaber eines kollektiven Bewusstseins und einer symbolisch strukturierten Kultur allerdings keineswegs. Kultureller Sinn entsteht schließlich erst, indem Bedeutsamkeit durch arbeitsteilige und traditionsgeprägte Prozesse der Artikulation in Bedeutung transformiert und damit symbolische Distanz ermöglicht wird. Dennoch: Anzuerkennen, dass Leiblichkeit schlechterdings unhintergehbar ist, stellt im Blick auf eine nicht mehr dualistische Anthropologie bereits einen großen Schritt nach vorn dar. Der rote Faden, der erlebte und kulturell tradierte Sinnphänomene miteinander verbindet, kann sich im Lauf kultureller Entwicklungen immer weiter dehnen und dabei schließlich so dünn werden, dass er dem ersten Blick entgeht – reißen könnte er aber nur um den Preis einer Implosion kultureller Bedeutungen.

Warum aber wäre es reinen Geistern nicht möglich, Bedeutungen zu erleben? Die in diesem Buch schon vielfach variierte Antwort kann nur lauten: weil Etwas-zu-Bedeuten immer bedeutet, einen relevanten Unterschied für das Wohl und Wehe eines Organismus zu machen. Im Fall kulturell vermittelter, intersubjektiv artikulierter Bedeutungen bezieht sich dieses Erleben zwar nicht mehr auf die Qualität des biologischen Austauschs mit der Umwelt, sondern auf häufig hochkomplexe soziokulturelle Aspekte. Mein Beispiel mit Martin Luthers Suche nach einem gnädigen Gott sollte das deutlich machen. Das ändert jedoch nichts daran, dass jeder Organismus vom und im Austausch mit seiner Umwelt lebt und das Gedeihen dieses Austauschs überwacht, weil dies für ihn von höchster Relevanz ist. Gefühle indizieren eine positive oder negative Veränderung in der Interaktionsqualität, und Gefühle sind deshalb zugleich die ursprünglichste und persistenteste Manifestation des Bedeutungsphänomens, *der* Bedeutungs- und Relevanzgenerator schlechthin. Damit schließe ich mich der Argumentation von Antonio Damasio an:

> ... the experience of feeling ... is imbued with a special trait called *valence. Valence* translates the conditions of life directly in mental terms, moment for moment. It inevitably reveals the condition as good, bad, or somewhere in between. (Damasio 2018, 102; Kursivierung M.J.)

Gefühle kann somit nur ein vulnerables, sich in Interaktionen reproduzierendes und deshalb von seiner Umwelt abhängiges Lebewesen haben, jedoch kein reiner Geist. Genauso wenig könnten reine Geister jene Dimensionen von Bedeutung verstehen, die nicht mit gespürten Qualitäten, sondern primär mit der Sensomotorik des bewegten Körpers und seiner spezifischen Morphologie verknüpft sind. So könnten sie in Ermangelung eines eigenen Organismus beispielsweise nicht jene Unterscheidungen von oben und unten, links und rechts,[192] vorne und hinten treffen, von denen Lakoff und Johnson gezeigt haben, wie tief sie metaphorisch in alle Begriffssysteme eingelassen sind.

Man kann noch einen Schritt weiter gehen: Leibgebundene, in der homöostatischen Regulation verankerte Relevanzgefühle sind auch die Ausgangsbasis aller *Werte*, die aus ihnen mittels sprachlicher Artikulation und Kritik hervorgehen. Und diese Einsicht lässt sich nicht von der sprachlichen Welt der assertorischen Äußerungen über Sachverhalte isolieren, sie schlägt auch auf die Ideen der Tatsache und der wahren Aussage durch. Die Zugänglichkeit von Tatsachen ist von Werten und Relevanzgefühlen keineswegs unabhängig, wie Hilary Putnam an dem klassischen Lieblingsbeispiel der analytischen Sprachphilosophie („Die Katze ist auf der Matte") vorexerziert:

> Die Weise, in der Relevanzkriterien zumindest indirekt Werte einbeziehen, läßt sich durch eine Untersuchung selbst der einfachsten Aussage erkennen. Nehmen wir den Satz „Die Katze ist auf der Matte". Wenn jemand dieses Urteil in einem bestimmten Zusammenhang tatsächlich abgibt, nimmt er begriffliche Mittel in Anspruch – nämlich die Begriffe „Katze", „auf" und „Matte" –, die ihm von einer bestimmten Kultur geliefert werden und deren Vorhandensein und Allgegenwart Aufschluß gibt über die Interessen dieser und beinahe jeder Kultur. Wir haben die Kategorie „Katze", weil die Aufteilung der Welt in *Lebewesen* und *Nichtlebewesen* uns etwas bedeutet, und wir sind überdies daran interessiert, welcher *Art* ein gegebenes Lebewesen angehört. Es ist *relevant*, daß auf dieser Matte eine *Katze* ist und nicht bloß ein *Ding*. Wir haben die Kategorie „Matte", weil wir die Aufteilung unbelebter Dinge in *Artefakte* und *Nichtartefakte* für bedeutungsvoll erachten, und wir sind ferner daran interessiert, welchen *Zweck* und welche *wesentliche Beschaffenheit* ein bestimmtes Artefakt hat. Es ist relevant, daß es eine *Matte* ist, auf der sich die Katze befindet, und nicht bloß ein *Etwas*. Wir haben die Kategorie „auf", weil wir an *räumlichen Beziehungen* interessiert sind. (Putnam 1981/1990, 266f; alle Kursivierungen im Original)

Tatsachen sind demnach immer wertimprägniert und umgekehrt, was eine sehr bedeutsame epistemologische Konsequenz mit sich bringt: „Ein Wesen ohne Werte

---

192 In seinem Aufsatz „Was heißt: sich im Denken orientieren?" hatte bereits Kant darauf hingewiesen, dass es eine verkörperungstheoretische Basis dieses titelgebenden Orientierungsvermögens gibt, und zwar die auf den eigenen Leib bezogene Links/Rechts-Unterscheidung. Räumliche Orientierung setzt nämlich „das Gefühl eines Unterschieds an meinem eigenen *Subjekt*, nämlich der rechten und linken Hand" (Kant 1786/1980, 269, A 308) voraus, sie könnte in einem subjektneutral-objektiven Beschreibungssystem allein nicht funktionieren. Diese Orientierungsleistung des Gefühls für die eigene Körperachse überträgt Kant dann analog auf das „Gefühl des der Vernunft eigenen *Bedürfnisses*" (Kant 1786/1980, 270, A 310); beide Kursivierungen im Original gesperrt), das uns leiten soll, wenn es um Orientierung in metaphysischen Fragen geht.

würde auch keine Tatsachen erkennen." (Putnam 1981/1990, 266) Die Vorstellung eines rein rational urteilenden Wesens, dessen Urteile ohne jede Verzerrung durch leibgebundene Gefühle und Wertschätzungen auskommen könnten und die deshalb den menschlichen grundsätzlich überlegen sind – popkulturell verkörpert in der Figur des Mr. Spock aus *Star Trek* – erweist sich vor dem Hintergrund einer Epistemologie der Verkörperung als ganz und gar unsinnig.

Wenn also Leiblichkeit eine konstitutive Rolle für alle Formen von Bedeutung zukommt, dann muss allerdings auch gefragt werden, *welche* Leiblichkeit denn genau gemeint ist. Ich hatte in dieser Frage oben (vgl. S. 183) bereits für die Annahme einer *sehr schwachen Multirealisierbarkeit* plädiert. Damit soll der Tatsache Rechnung getragen werden, dass es zwar für unser Bedeutsamkeitserleben entscheidend ist, so-und-nicht-anders-beschaffene Organismen zu sein, diese Festlegung aber auch nicht zu feinkörnig aufgefasst werden darf. Physische Behinderungen, kongenital fehlende Gliedmaßen und Ähnliches beinträchtigen nicht die anatomischen und physiologischen Voraussetzungen der Verständlichkeit basaler Metaphern. Wie steht es aber um die Erweiterungen der physiologischen Körperlichkeit mithilfe materieller Artefakte, einschließlich digitaler Maschinen? Das ist in der zunehmend virtualisierten Realität der Gegenwart eine anthropologisch zentrale Frage, die auch wichtige ethische Implikationen hat. Während manche Post- und Transhumanisten die Verschmelzung des biologischen Organismus mit kybernetischen Systemen oder gar das angebliche Hochladen des Geistes auf technische Speichermedien kaum noch erwarten können (vgl. Clark 2003; Kurzweil 1999), gibt es Andere, die sehr viel skeptischer sind und die technisch nicht aufgerüstete Leiblichkeit zur zentralen Bezugsgröße des Menschseins machen (vgl. Fuchs 2020).

Als Ausgangspunkt, um dieses Thema zu erörtern, bietet sich im Rahmen der *4E cognition* zwanglos die Unterscheidung zwischen leiblicher und materiell erweiterter Kognition an. Mit Lambros Malafouris hatte ich bereits oben (vgl. 3.6.2) dafür argumentiert, dass es über primäre Leiblichkeit hinaus interaktionelle Verschränkungen mit Artefakten sind, die den Geist wesentlich formen. *Embodied cognition* erweitert sich durch ihre eigene Sachlogik zur *extended cognition.* Insoweit erscheint eine Position, die ausschließlich auf den Organismus setzt und Artefakte unberücksichtigt lässt, von vorn herein als unplausibel. Aus dem verkörperungstheoretischen Ansatz ergibt sich also eine gewisse Plastizität des menschlichen *sense-making*, sowohl was die beanspruchten Körper- und Gehirnregionen, als auch, was die Einbeziehung von Umwelteigenschaften betrifft. Von den ersten Faustkeilen über die externen Gedächtnissysteme, die Merlin Donald als entscheidend für den Übergang zur theoretischen Kultur betrachtet (vgl. oben S. 140) bis hin zur technologiebasierten Gegenwartskultur erstreckt sich über zehntausende von Jahren die Geschichte der Ausdehnung des Geistes in seine natürliche und dann immer mehr technisch gestaltete Umwelt, die gleichzeitig eine Geschichte der

Selbsttransformation ist. Es ist schon deshalb nicht konsistent, auf der einen Seite Verkörperung und Leiblichkeit zu betonen und auf der anderen sämtlichen technologischen Erweiterungen ihre anthropologische Relevanz rundweg abzusprechen.

Klarheit lässt sich hier aber nur gewinnen, wenn die Frage nach den möglichen artifiziellen Ausdehnungen des Geistes, beispielsweise durch Informationstechnologie, von derjenigen nach der Wurzel von Bedeutung im Sinne von *Relevanz* unterschieden wird. Dann wird eine Position denkbar, die in dieser zweiten Frage den Organismus weiterhin als entscheidend betrachtet, jedoch gleichzeitig für Extensionen der Leiblichkeit offen ist, die den *space of meanings* enorm erweitern – solange diese nicht den Primat des Leibes für die Entstehung der Bedeutsamkeit von Bedeutungen in Frage stellen. Und genau diese Position möchte ich hier verteidigen. Wo endet also die Plastizität menschlicher Kognition? Und wie wirkt sie sich auf die Artikulation von Bedeutungen aus? Hier zeigt sich wieder eine konstitutive Spannung, die nicht aufgelöst werden kann: Einerseits ist es immer möglich und auch sinnvoll, zwischen dem Organismus und seiner Umwelt eine Grenze zu ziehen – schließlich ist Grenzziehung (zusammen mit Grenzüberschreitung) dasjenige, wodurch beides überhaupt erst entsteht. Doch ist diese Grenze andererseits eben, und zwar vom frühesten Einzeller bis zum heutigen Menschen, *semipermeabel*, sie markiert ein Inneres, indem sie dieses auf ein Äußeres bezieht, und umgekehrt.

Seit Andy Clarks und David Chalmers' berühmtem Aufsatz über den „ausgedehnten Geist" (Clark/Chalmers 1998/2013) wird in der analytischen Philosophie des Geistes darüber gestritten, ob, wie, und wo diese Grenze gezogen werden sollte. Das von den beiden Autoren entwickelte und dann bald kanonisch gewordene Beispiel bezieht sich auf den fiktiven Alzheimer-Patienten Otto und sein Notizbuch (vgl. die Diskussion oben in Abschnitt 3.6.1 und Clark/Chalmers 1998/2013, 214f.). Kurz zur Erinnerung: Otto wohnt in New York und möchte nun eine Ausstellung im MoMA besuchen, ist jedoch vergesslich. Deshalb zieht er sein Notizbuch zu Rate, in das er vorsorglich die geographischen Informationen eingetragen hat, die ihm sein Gedächtnis vorenthält, seit die Krankheit ausgebrochen ist. Er entnimmt ihm, dass sich das MoMA in der 53. Straße befindet und ist nun in der Lage, sich dorthin zu begeben und das Museum zu besuchen. Sein Notizbuch stellt eine notwendige Bedingung für diesen Besuch dar, weil sein verkörperter Geist krankheitsbedingt keine Ortsinformationen mehr speichern kann. Dehnt sich nun durch diesen Sachverhalt Ottos Geist in sein Notizbuch hinein aus? Sind die Bedeutungen, die Otto noch verstehen kann, über seinen Leib und seine externen Gedächtnishilfen hinweg verteilt? Clark und Chalmers argumentieren dafür, dass „die Grenzen von Schädel und Haut nicht heilig sind, wenn es um Überzeugungen geht. Was eine Information zu einer Überzeugung macht, ist die Rolle, die sie spielt. Und es gibt keinen Grund, warum die relevante Rolle nur vor der Innenseite des Körpers her gespielt werden kann." (Clark/Chalmers 1998/2013, 216)

6.2 Ottos Notizbuch und das Leibgedächtnis

Clarks und Chalmers' sog. ‚aktiver Externalismus' wird von anderen Autoren energisch zurückgewiesen, am prominentesten von Fred Adams und Ken Aizawa (Adams/Aizawa 2001), die sich als „Intrakranialisten" (Adams/Aizawa 2001, 241) bezeichnen und dafür argumentieren, dass es hinsichtlich kognitiver Zustände eine robuste Unterscheidung zwischen genuinem, d.h. intrinsischen und nichtabgeleiteten Gehalt einerseits und abgeleitetem Gehalt (also auch zwischen Ottos Gedanken und Ottos Notizbuch) andererseits gibt. Dieser intrinsische Gehalt sei das entscheidende „Merkmal des Mentalen" (Adams/Aizawa 2001, 232), wohingegen etwa die Fähigkeit von Zeichen auf Papier, etwas zu bedeuten, nur derivativ sei. Aus der Perspektive des bedeutungszentrierten Ansatzes, den ich hier vertrete, fällt allerdings auf, dass Clark/Chalmers mit Adams/Aizawa eine keineswegs selbstverständliche Prämisse teilen. Sie gehen nämlich davon aus, Kognition sei primär die Verfügung über und Manipulation von Informationen, wofür das deklarative Zugriffsgedächtnis dann natürlich eine zentrale Rolle spielt. Damit bleiben sie dem repräsentationalistischen Paradigma verpflichtet. In der Konsequenz geht es schließlich nur noch um die Frage, ob beispielsweise ein Notizbuch oder ein Smartphone als externe Ergänzung oder als intrinsischer Bestandteil dieser Kognition verstanden werden sollten. Dieser Ansatz muss aus einer enaktivistischen Perspektive als reduktionistisch erscheinen. Für sie ist nicht der Zugriff auf neutrale Informationen, sondern die gefühlte und im Artikulieren explizierte Relevanz für den Organismus (einschließlich der sozialen Umwelt, in der er lebt) das zentrale Bedeutungsphänomen, aus dem heraus sich dann überhaupt erst die Notwendigkeit gibt, auch Sachinformationen aus der Umwelt zu extrahieren.

Ottos Lage bzw. diejenige dementer Menschen im Allgemeinen – und mit ihr auch gleich die Frage nach dem Verhältnis von *embodied* und *extended cognition* – stellt sich dementsprechend völlig anders dar, sobald man enaktivistisch das Erleben und Ausagieren von Bedeutungen ins Zentrum rückt, also den Prozess des *sense-making* auch diesseits der Formulierung assertorischer Sätze. Das hat Thomas Fuchs sehr klar in einem Aufsatz über „Leiblichkeit und personale Identität in der Demenz" herausgearbeitet und dazu den Begriff des „Leibgedächtnisses" herangezogen. Anders als das deklarative Gedächtnis, das auf propositional darstellbare Fakten bezogen ist, weist das leibliche Gedächtnis einen prozeduralen und impliziten Charakter auf und bleibt auch bei schwer dementen Menschen noch lange erhalten. In ihm sind die biographischen Bedeutungserfahrungen eines Menschen in ihren gefühlsmäßigen und sensomotorischen Qualitäten sedimentiert.

Fuchs unterscheidet vier Dimensionen des Leibgedächtnisses: (1) Das prozedurale Gedächtnis, das „eingespielte Gewohnheiten, den geschickten Umgang mit Instrumenten ebenso wie die Vertrautheit mit Wahrnehmungsmustern" (Fuchs 2020, 283) betrifft. Ein sehr eindringliches Beispiel für die Bedeutung dieser Form des Leibgedächtnisses schildert Oliver Sacks in seinem Werk *Musicophilia* (Sacks 2007) Es geht um den außerordentlich berührenden Fall des „eminent English musician and musicologist" (Sacks 2007, 187) Clive Wearing, dem infolge einer infektiösen Erkrankung sein deklaratives Gedächtnis für alles, was mehr als einige Sekunden zurück liegt, vollständig genommen wurde. Trotz dieses totalen Erinnerungsverlustes war er jedoch noch in der Lage, beispielsweise komplexe Bachpräludien auf dem Klavier zu spielen – ein überzeugendes Exempel für den Primat des Leibgedächtnisses vor dem deklarativen, das den Abruf expliziter Erinnerungen ermöglicht. (2) Das situative Gedächtnis, das sich auf das Zurechtkommen in einer lokalen, biographisch vertrauten Umgebung bezieht. Es hätte Otto in dem Beispiel von Clark und Chalmers wohl weiterhelfen können, wenn es um Orientierung in (Innen-)Räumen oder innerhalb eines gewachsenen, überschaubaren Stadtbilds gegangen wäre. Beim geometrischen *grid-pattern* der Straßen einer Millionenstadt hilft das situative Leibgedächtnis jedoch nicht mehr weiter. (3) „Auch die intuitive, non-verbale Kommunikation mit anderen einschließlich des empathischen Ausdrucksverstehens beruht auf leiblichen Vermögen, nämlich auf dem *zwischenleiblichen Gedächtnis,* das bis in die früheste Kindheit zurückreicht." (Fuchs 2020, 284) (4) Der letzte Aspekt betrifft die „individuellen Haltungen, Ausdrucks- und Verhaltensweisen, die einem Menschen in Fleisch und Blut übergegangen und so zu seiner *leiblichen Persönlichkeitsstruktur* geworden sind." (Fuchs 2020, 285; alle Kursivierungen im Original).

In allen vier Aspekten zeigt sich, dass die an den physischen Leib gebundenen Formen der Kognition Identität in einer Weise konstituieren, das Bedeutungserleben eines Menschen prägen und seine Handlungsfähigkeit bestimmen, die elementarer ist als diejenige, die priorisiert, was in der Regel als *extended cognition* bezeichnet wird. *Extended* im Sinn von „den individuellen Organismus überschreitend" ist allerdings – das sollte an dieser Stelle nicht vergessen werden – schon die leibliche Kognition. Denn auch sie ist bereits genuin intersubjektiv und manifestiert sich in den zahlreichen Spielarten der (primären) Zwischenleiblichkeit. Die Tatsache, dass in der englischsprachig geprägten Debatte mit dem Adjektiv *extended* in der Regel nur auf *physische Hilfsmittel* (Clark nennt das plastisch „external scaffolding" [Clark 1997, 65]) Bezug genommen wird, erweist sich hier als unglückliche Reminiszenz an den methodischen Individualismus, der weite Teile der Kognitionswissenschaft immer noch prägt. Zieht man jedoch beispielsweise die

Arbeiten von Shaun Gallagher über „primary intersubjectivity" oder von Michael Tomasello zur kollektiven Intentionalität heran, dann zeigt sich, wie verfehlt diese Beschränkung auf materielle Erweiterungen des Geistes ist. Die basale Erweiterung des individuellen Leibs ist diejenige, die sich in primärer leiblicher Intersubjektivität vollzieht.

Der Text von Thomas Fuchs stellt ein Plädoyer für die Neubewertung dementieller Erkrankungen auf der Basis der Einsicht in die lange verbleibenden Fähigkeiten des Leibgedächtnisses dar. Gleichzeitig verdeutlicht er am konkreten Beispiel auch den generellen Vorrang des impliziten *know-how* vor dem expliziten *knowing that* und damit den Primat der Praxis. Etwas praktisch zu können, ist kognitiv elementarer und auch evolutionsgeschichtlich älter als die Fähigkeit, auf propositional strukturierte Informationen zuzugreifen. Diese bereits von den klassischen Pragmatisten formulierte Einsicht teilen alle enaktivistischen Positionen. Dabei zeigt sich dann auch, wie sinnvoll es ist, zwischen der Rolle externer Techniken und Medien für das deklarative Gedächtnis (von der Steingravur über das Buch bis hin zum Internet) und der andersartigen Funktion etwa von Werkzeugen bei der Extension praktischen Könnens zu unterscheiden. Externe Gedächtnismedien vervielfältigen, als Stützen des *expliziten Wissens,* kognitive Zugriffsmöglichkeiten, wohingegen Werkzeuge, aber auch etwa Sportgeräte etc. sensomotorische Möglichkeiten des lebendigen Organismus im Sinne eines *know-how* erweitern, also intimer mit dem Leib verschmelzen als externe Speichermedien. Zwar handelt es sich hier um einen graduellen Unterschied, der keine vollständigen Disjunktionen erlaubt. Ist beispielsweise ein Abakus eine Extension prozeduralen Könnens – schließlich externalisiert er das Abzählen mit den Fingern – oder bereits eine Externalisierung von Gedächtnisleistung – schließlich stehen die Kugeln für Zahlenwerte? Dennoch ist die Unterscheidung sehr hilfreich, weil sie es ermöglicht, das hier vertretene, dauerhaft leibbasierte Verständnis der Rolle von Artefakten für das Bewusstsein von Bedeutungen von einem stärker funktionalistischen Zugriff à la Andy Clark zu unterscheiden. Dieser neigt wie die Protagonisten des Trans- und Posthumanismus dazu, Leiblichkeit als kontingente und sogar zunehmend obsolete Frühform eines technologisch gedachten *extended embodiment* zu betrachten. „[W]e need to understand that the very ideas of minds and persons are not limited to the biological skin-bag" (Clark 2003, 33), hebt Clark dementsprechend hervor und bewegt sich damit ganz in der Tradition des Lockeschen Begriffs der Person. Dazu unten mehr.

Auch das Leibgedächtnis, das Thomas Fuchs gegen den Reduktionismus eines rein bewusstseinsbasierten Verständnisses von Identität stark macht, inkorporiert mit großer Selbstverständlichkeit Umweltobjekte. So sind in Oliver Sacks oben zitiertem Beispiel des unter Amnesie leidenden Musikers Clive Wearing für die Aktualisierung der noch intakten körperschematischen Muster Artefakte unverzichtbar, vor allem natürlich das Klavier, auf dem gespielt wird. Vergleichbares wird von der Säge und dem Hobel eines dementen Tischlers oder dem Ball eines dementen Fußballers (vgl. Fuchs 2020, 288) gelten – erst in einem sehr fortgeschrittenen Stadium der Zersetzung des Gehirns werden diese Dinge ihre praktischen Bedeutungen verlieren. Es gilt also, bei der Rede von *extended cognition* zwischen Extensionen des prozeduralen Könnens, bei denen Artefakte körperschematisch integriert werden, und Extensionen des expliziten Wissen-Könnens mittels Steintafeln oder Datenbanken zu differenzieren. Im ersten Fall handelt es sich um Erweiterungen und Verfeinerungen des Leibgedächtnisses, im zweiten um solche des deklarativen Gedächtnisses.

Diese Unterscheidung ist auch hinsichtlich des Erlebens von Bedeutsamkeit von hoher Relevanz. Fokussiert man sich primär auf die Fähigkeit des „Zugriffsbewusstseins" (Ned Block), und die damit einhergehenden Erinnerungsfähigkeiten – also das explizite Wissen um Ereignisse in der Welt und in der eigenen Biographie –, dann scheint es so, als ob demente Personen in einer bedeutungsarmen bzw. sogar bedeutungslosen Welt lebten. Richtet man hingegen den Blick auf das prozedurale Leibgedächtnis und das in ihm inkorporierte praktische *know-how*, zeigt sich ein ganz anderes Bild. In allen vier von Fuchs genannten Bereichen werden dann vielfältige, erlebte und sensomotorisch ausagierte Bedeutungsaspekte sichtbar. Der Unterschied zu nicht dementen Personen läuft in solchen Fällen darauf hinaus, dass das Bedeutungsverstehen letzterer durch einen Spannungsbogen charakterisiert ist, der vom Erlebten und praktisch Gekonnten hin zu explizierten, ausartikulierten, als Wissensbestand abrufbaren Bedeutungen führt.

(1) In vertrauten Wahrnehmungsmustern und Gewohnheiten gewinnt die Realität Resonanz, erscheint also als bedeutsam. Etwas *als* etwas wahrzunehmen zu können, zum Beispiel den Duft von Kirschblüten als indexikalisches Zeichen des Frühlings, ist vom expliziten Gedächtnis für Informationen und persönliche Erinnerungen gänzlich unabhängig. (2) Vertraute Räume, Möbel, Landschaftsbilder, Kleidungsstücke und ähnliches bilden ein bedeutsames Repertoire der räumlichen Orientierung. Dass Otto in dem Beispiel von Clark und Chalmers ein Notizbuch benötigt, zeigt entsprechend, wie ihm als dementer Person das Leben in einer hochgradig artifiziellen, von geometrischer Rationalität geprägten Umgebung eher zum Nachteil gereicht. Ohne damit in die Falle einer reaktionären Urbanitätskritik tappen zu wollen: In dörflicher Umgebung wäre Otto wohl länger zurechtgekommen und hätte wohl (noch) kein Notizbuch gebraucht. (3) Das zwischenleibliche Gedächtnis generiert *Interaktionsbedeutungen* zwischen den Akteuren und öffnet auch schwer demente Menschen noch für andere. Dazu gehört elementar die Fähigkeit, emotionale Expressionen zu verstehen und selbst zu produzieren. Im emotionalen Erleben und dem sich anschließenden Ausdrucksverhalten gründet – so habe ich mit Damasio argumentiert – jedwede Form von Bedeutung, ohne sich

freilich darin zu erschöpfen. Zwischenleibliche Intersubjektivität als Bedeutungsquelle ist in besonderem Maß an direkte leibliche Begegnungen gebunden und durch digitale Surrogate nur sehr begrenzt imitierbar, wie etwa die Vereinsamung vieler alter Menschen während der Coronapandemie deutlich gezeigt hat. Schließlich bleibt (4) das Individuellste an einem Menschen, seine Gewohnheiten, Haltungen und sensomotorischen Muster, im Leibgedächtnis noch lange erhalten und ermöglicht das Verstehen von Bedeutungen für diejenigen, die mit diesem Menschen vertraut sind, auch wenn er nicht mehr verbal kommunizieren kann. Alle vier Aspekte müssen einem Identitätsverständnis, das in der Tradition von John Locke nur auf die diachrone Selbigkeit bewusster Erinnerungen setzt, notwendig entgehen.

Zusammenfassend lässt sich sagen, dass dem Erleben und sensomotorischen Agieren des menschlichen Organismus in seiner inneren Bezogenheit auf andere menschliche – und oft, wie bei allen Tierfreunden und Haustierbesitzern, auch nichtmenschliche – Organismen ein *Primat bei der Genese von Bedeutungen* zukommt. Wie steht es nun um die Rolle materieller Artefakte? Sie ist ebenfalls konstitutiv, jedoch *derivativ* auf den lebendigen Organismus und kann entweder in der Erweiterung leiblicher *skills* oder aber in der Extension des Zugriffsbewusstseins mittels entsprechender Technologien liegen. Mit der Anerkennung dieses Primats ist natürlich nicht die absurde Behauptung verbunden, alle Bedeutungen ließen sich auf leibliches Spüren oder sensomotorisches Agieren reduzieren, noch wird mit ihm die relative Vorgängigkeit der Erscheinungsformen des „objektiven Geistes" vor dem Erleben der Individuen bestritten, die sich nur durch das Aufwachsen in einer bestimmten Kultur zu kompetenten Interaktionspartnern entwickeln können. Wohl aber wird behauptet, dass der Bedeutungsgenerator „Kultur" gar nicht erst anspringen und sich auch nicht durch dauernde Innovationen dynamisch verändern würde, wenn er nicht vom organischen Erleben ständig unter Strom gesetzt würde. Nicht nur für reine Geister, auch für Zombies, um ein weiteres, in der analytischen Philosophie beliebtes Gedankenspiel zu bemühen, kann es keine Bedeutungen geben.

Nur dann, wenn die Realität für uns Bedeutung hat, hat sie auch *Präsenz*, ist sie uns gegenwärtig. Es gibt keine Präsenz ohne Relevanz, und Relevanz ist immer mit unmittelbarem Erleben verbunden. Auch in Gibsons Begriff der Affordanz werden diese beiden Aspekte zur Einheit gebracht: Die Dinge und Artefakte der Umwelt sind für uns nur deshalb präsent, weil wir sie als relevant für unsere Lebensführung erleben. Menschen sind jedoch durch ihre Lebensform – zu der die sie prägenden Technologien gehören – auch auf die nur vermittelt zugängliche Welt hin geöffnet, womit sie den Umweltbezug, der alle Lebewesen charakterisiert, qualitativ erweitern. Diesen Aspekt der Weltoffenheit betont Alva Noë und nutzt ihn, um verschiedene Formen wirklicher Gegenwart zu unterscheiden. Wie steht es also ihm zufolge um das Verhältnis zwischen leiblicher und technologisch vermittelter, mithin virtueller Präsenz? Noë greift Clarks und Chalmers Zurückweisung der Beschränkung des Geistes auf den Leib oder gar das Gehirn positiv auf (vgl. Noë 2009, 82), aber er verschiebt die Debatte sofort in eine Richtung, die vom Repräsentationalismus wegführt:

> We are not world representers. We have no need for that idea. [...] our worlds are not confined to what is inside us, memorized, represented. Much more is present to us than is immediately present. We live in extended worlds where much is present virtually, thanks to our skills and to technology. (Noë 2009, 82)

Für Noës Enaktivismus kann all dasjenige für uns wirkliche Gegenwart erlangen, wozu wir, sei es unmittelbar leiblich oder über Technologien vermittelt, einen verlässlichen Zugang haben. Gegenwärtig fühlt sich für Noë etwas dann an, wenn es eine robuste sensomotorische Feedbackschleife gibt, die uns mit dem betreffenden Gegenstand oder Sachverhalt in Verbindung bringt, und dies unabhängig davon, ob diese Schleife das Funktionieren einer komplexen Technologie voraussetzt. Auch komplexe Technologie kann daher ihm zufolge Präsenz erzeugen.[193] Noë erläutert das am Beispiel der sozialen Kommunikation von Teenagern, die sich dauernd Nachrichten über soziale Netzwerke zuschicken, bei denen es nicht um die Mitteilung von Informationen geht, sondern darum, ein Gefühl virtuellen Beim-andern-seins zu erzeugen. Gleichwohl betont auch Noë den Vorrang direkter leiblicher Intersubjektivität:

> A case can be made that joint presence in an actual shared physical space is the best kind of presence. [...] Physical contact is polymodal: we hear the words and see the facial expression and feel the heat of each other's breath and jointly attend to what is going on around us. Virtual worlds, in comparison, are thin[194] in a distinctively digital way. (Noë 2009, 84)

---

193 Allerdings nur dann, wenn sie zuverlässig funktioniert, wie jeder Teilnehmer einer Videokonferenz aus leidvoller Erfahrung weiß.

194 Lägen die Dinge anders, wenn virtuelle Realitäten die multimodale Dichte physischer Präsenz nahezu erreichen würden, wie dies das Ziel der u.a. von Mark Zuckerberg vorangetriebenen Metaversums-,Vision' zu sein scheint? Wären virtuelle Welten dann der Lebens-und Sterbensrealität ebenbürtig, die Menschen leiblich erfahren? Aus pragmatistischer und leibphänomenologischer Sicht muss die Antwort ein klares "Nein" sein. Denn Relevanz entspringt aus dem Einfluss, die eine Interaktion mit der Umgebung auf die wirklichen Lebensinteressen eines Organismus ausübt, und solange im Metaversum nicht geboren, gelebt und gestorben werden kann, bleibt dessen Surrogatcharakter zwangsläufig erhalten.

Noës Argumentation optiert für einen vergleichsweise gelassenen Umgang mit virtuellen Realitätserweiterungen bei gleichzeitiger Anerkennung eines Primats des physischen Leibs. Das ist plausibel, bedarf aber dringend der Ergänzung. Noë konzentriert sich nämlich im Rahmen seines „Präsenz-Enaktivismus" ganz auf die sensomotorischen Koppelungen zwischen Organismus und Umwelt als Voraussetzung für das Gegenwärtig-werden der Realität für uns. Unterbelichtet bleibt die Rolle des qualitativen Erlebens als Relevanzindikator, wie sie u.a. die Pragmatisten, Damasios Theorie der homöostatischen Regulation und die Überlegungen von Thomas Fuchs zum leiblichen Gedächtnis herausstellen. Nicht allein aufgrund der Möglichkeit, mit ihnen zu interagieren und sie praktisch zu explorieren, sind Wirklichkeitsausschnitte für uns ‚da', gewinnen Präsenz, Dichte und Realität. Sie müssen auch als relevant *erlebt* werden, damit wir unsere Aufmerksamkeit und Wahrnehmung überhaupt auf sie richten können. Dass die Gegenwärtigkeit der Welt für uns an den Möglichkeiten hängt, über die wir verfügen, um sie uns aktiv zu erschließen, ist noch keine Erklärung dafür, warum wir uns überhaupt intentional auf etwas richten, also *diesem* und nicht *jenem* Weltausschnitt unsere Aufmerksamkeit zuwenden. Erst qualitative Relevanzbewertung produziert Selektivität, und ohne diese wäre das menschliche Bewusstsein nicht mehr als eine „great blooming, buzzing confusion" (James 1890/1950, vol. I, 488), um es mit der berühmten Formulierung von William James zu sagen. Die basale, immer auch eine emotionale Dimension einschließende Relevanzbewertung schließt sich dann mit der Aktivierung sensomotorischer Rückkoppelungsschleifen, wie sie der Enaktivismus so stark betont, zusammen, und erst dadurch entstehen zielgerichtetes Wahrnehmen und Handeln. In symbolischen Artikulationen werden diese Bewertungen schließlich expliziert, differenziert und als solche wieder in das bewusste Erleben der Subjekte eingespeist. Aus diesem Grund habe ich oben in Abschnitt 4.4 auch betont, dass der Enaktivismus sich artikulatorisch erweitern muss. Die Einbeziehung des qualitativen Erlebens in seiner inneren Verbindung zur Expressivität liefert also ein zusätzliches, im Ansatz von Noë leider weitgehend ausgeklammertes Argument für den Bedeutungsprimat des noch nicht technologisch ‚geboosterten' menschlichen Leibs.

6.3 Sind wir geborene Cyborgs?

Wie kommt es aber dann, dass ein so bedeutender Pionier der *embodied cognition* wie Andy Clark derart energisch ein Verständnis von Verkörperung vertritt, das darauf hinzielt, den biologischen Organismus in selbstgeschaffenen biokybernetischen Artefakten aufgehen zu lassen? Nach der hier vertretenen Auffassung würde schließlich eine ‚Cyborgisierung' des Menschen die organischen Quellen der Be deutung, die ohne die Vulnerabilität endlicher Leiblichkeit nicht zu haben ist, weitestgehend vertrocknen lassen. Was also sind die Motive und Gründe Clarks, und in welchem Umfang können sie überzeugen? Bereits in seiner Schrift *Natural-Born Cyborgs* lässt Clark keinen Zweifel daran, dass seiner Meinung nach Menschen *erstens* schon immer hybride, aus biologischen Vorgaben und physischen Ergänzungen – schlagwortartig: vom Faustkeil zum Cochlea-Implantat, und von dort natürlich weiter zu immer weitergehenderen Integrationsstufen – bestehende Lebensformen waren und eben dies, nicht etwa die hier vertretenen Aspekte wie Artikulationsfähigkeit und reflexive Distanz, den Unterschied unserer Gattung zu anderen begründet. Menschen seien geborene Cyborgs, weil die *embodied cognition* immer schon *extended* und *embedded* war, also die Grenzen des physischen Leibs ignoriert hat. Menschen sind, anders formuliert, von Haus aus über Gehirne, Körper, Werkzeuge, später dann auch über Bücher, Datenbanken, KI-Programme hinweg etc. distribuierte Systeme, in denen der Leib und das ihn in seinem Umweltaustausch steuernde Gehirn keinen privilegierten Platz einnehmen. Etwas provozierend formuliert: Wir alle sind Clark zufolge wie Otto aus dem von ihm mit Chalmers verfassten Text, und es sind nicht allein unsere Notizbücher, sondern vor allem auch unsere Werkzeuge, die genuin zu unserem Geist gehören. Unter diesen Werkzeugen nehmen Schnittstellen, die eine immer weitergehende „human-machine symbiosis" (Clark 2003, 32) ermöglichen, die zentrale Rolle ein.

Die hier skizzierten Thesen Clarks beschränken sich auch keineswegs auf deskriptiv-anthropologische Behauptungen, sie haben vielmehr einen vor allem *normativen* Sinn: Wir *sollten* uns immer weiter mit unseren Maschinen verschmelzen, um unser kognitives Potential freizusetzen – ein Gedanke, den Clark mit den Protagonisten des Trans- und Posthumanismus teilt. Die posthumanistische These, wir könnten und sollten uns in Richtung auf eine nach-menschliche Existenzform weiterentwickeln, lehnt Clark allerdings explizit ab, und zwar mit der konsequenten Begründung, dass es ja ohnehin gerade das Spezifikum des Menschen ausmache, sich dauernd selbst zu verändern: „... we humans are naturally designed to be the subjects of just such repeated transformations." (Clark 2003, 142) Der Schwerpunkt liegt bei Clark aber eindeutig nicht auf sozialen, moralischen und/oder kulturellen, sondern auf technischen Transformationen – das kann als eine Art technophiler Radikalisierung von Plessners „natürlicher Künstlichkeit" verstanden werden. Natürlichkeit im Sinne evolvierter biologischer Strukturen erscheint so immer schon im Licht von Künstlichkeit, also kultureller Praktiken, wobei keineswegs, wie bei den Pragmatisten, primär an die soziale Durchsetzung von Werten gedacht ist, sondern in erster Linie an technologisch konstruierte Ergänzungen und Erweiterungen des Menschlichen im Sinne einer evolutionär verbrämten Cyborg-Teleologie. Ein gewisser prometheischer Zug des Ganzen lässt sich nicht übersehen.

Die *zweite* folgenschwere, theoriearchitektonische Entscheidung Clarks ist die Gleichsetzung der Operationen dieses distribuierten kognitiven Systems mit „our distinctive human intelligence" (Clark 2003, 33). Menschen sind schlauer als andere Organismen, weil sie die besseren Externalisierer, die evolutionären Virtuosen des „external scaffolding" (Clark 1997, 65) sind. Im Kontext von Clarks methodischem Individualismus wird diese Externalisierung jedoch nicht im Sinne eines Offenwerdens des Geistes für intersubjektive Bedeutungen verstanden, das Maß aller Dinge bleibt vielmehr das Individuum: „What matters most [...] is that our technologies be responsive to our individual needs..." (Clark 2003, 172) Dem entspricht auch Clarks Verständnis von Intelligenz, die als die zielgerichtete Nutzung von Informationen aus der Umwelt des Agenten für dessen Zwecke verstanden wird: Utilitätsmaximierung statt Selbsttranszendenz.

Woher diese Zwecke stammen, ob sie, wie Dewey sagt, wirklich wünschenswert sind oder einfach nur faktisch gewünscht werden (vgl. Dewey 1939/2004, 324) wie sie mit erlebter Bedeutsamkeit zusammenhängen, ob wir in der Lage sind, sie zu artikulieren, intern zu kritisieren und ihre Angemessenheit intersubjektiv-diskursiv zu bewerten – für all das bringt Clark keinerlei Interesse auf. Sein Verständnis von Rationalität klammert alle expressiven Komponenten aus und hält sich ganz im Rahmen der instrumentalistischen Tradition, wie sie sehr klar beispielsweise Steven Pinker, sich auf Hume beziehend, in seinem Rationalitätsbuch zum Ausdruck gebracht hat: „... reason is the means to an end, and cannot tell you what the end should be ..." (Pinker 2021, 45). Ziele haben und in ihrer Verfolgung dann auch intelligent handeln kann ein Lebewesen jedoch nur deshalb, weil die Umwelt für sein Gedeihen bedeutsam ist, weil bestimmte Interaktionen mit ihr seinen Lebensinteressen dienen und andere eben nicht. Es ist diese Einsicht, die Jakob von Uexküll – den Clark kennt und eigentlich schätzt (vgl. Clark 1997, 24f.), ohne jedoch seine Bedeutungslehre ernst zu nehmen – dazu gebracht hat, seine Theorie vom Primat der Bedeutung in der Biologie zu entwickeln. Wenn die Frage nach der Genese von Bedeutung und ihrer intersubjektiven Artikulation ausgeklammert wird, müssen die Volitionen eines Individuums jedoch als kontingente, nicht weiter begründ- oder kritisierbare, in ihrem So-sein schlicht hinzunehmende psychische Faktoren erscheinen. Intelligenz erscheint dann zwangsläufig, nach dem berühmten Diktum Humes, als „...the slave of the passions..." (Hume 1739/1984, 462).

Ich habe deshalb in diesem Buch sorgfältig darauf verzichtet, hochentwickelte Intelligenz im Sinne instrumenteller Rationalität als ein Humanspezifikum herauszustellen. Wir sind keine intelligenteren Affen. Humanspezifisch in einem qualitativen Sinn ist die Fähigkeit, erlebte Bedeutungen soziokulturell zu transformieren, sie durch Artikulation zu sublimieren, zu verfeinern und zu kritisieren und vor allem über die Grenze des individuellen Geistes hinaus zu treiben. Die höhere Problemlösungsfähigkeit kraft der Intelligenz des Menschen hingegen begründet einen nur quantitativen Unterschied zu allen Lebensformen. Denn wo Leben ist, da ist auch intelligente Kognition. Clarks Instrumentalismus hat seine Ursache darin, dass er zwar den Geist als wesentlich verkörpert ansieht, den Zusammenhang des Organismus mit der Umwelt jedoch weder als von den qualitativen Bedeutsamkeiten geprägt versteht, wie sie im Lebensprozess entstehen, noch von den leibspezifischen sensomotorischen Rückkopplungen her denkt. Damit entgehen ihm zwei wichtige Aspekte zugleich, nämlich zum einen die Tatsache, dass menschliche Kognition fundamental als die artikulierende Weiterentwicklung erlebter Bedeutsamkeiten (*articulative sense-making*) verstanden werden muss, also als *expressive Vernunft* (im Sinne von Taylor, nicht von Brandom), zum anderen die Zentralität des biologischen Organismus als Erfahrungs- und Bedeutungsgenerator. Die zeitliche Bestimmtheit des Lebens im Rhythmus von Geburt und Tod, seine Kontingenz und prinzipiell prekär-vulnerable Natur, die Relevanz der Homöostase im Sinne Damasios – all das kommt bei Clark nicht vor, prägt aber doch konstitutiv die Verkörpertheit der menschlichen Person, und zwar immer in der existenziellen Doppelbedeutung von drohendem Sinn*entzug* (Tod, Krankheit, Vereinsamung etc.) einerseits und gelingender Sinn*erfahrung* im Gedeihen der sozialen Organismen in ihrer Umwelt andererseits.

Die hier geäußerte Kritik darf jedoch nicht dazu führen, Clark als einen nur scheinbar an Verkörperung interessierten Denker zu verstehen. Materielle Realisierung versteht er als fundamental, jedoch ist *leibliche* Verkörperung für ihn nur der Startpunkt einer offenen Entwicklung hin zur *extended* und *embedded cognition*. Clark entwickelt ein funktionalistisches Verständnis des Geistes, das Verkörperung zwar ernst nimmt, aber eben nur in einer eingeschränkt-instrumentellen Bedeutung und ohne den Primat des Leibes vor den technologischen Erweiterungen anzuerkennen: „... embodiment is *essential but negotiable.*" (Clark 2003, 114; kursiv im Original) Es ist deshalb instruktiv, seinen erweiterten, das qualitative Erleben eliminierenden Funktionalismus genauer zu betrachten, um so die Argumente für einen bedeutungstheoretischen Primat des Leiblichen – bei Anerkennung seiner Verwobenheit mit physischen Umweltstrukturen – noch plastischer hervortreten zu lassen. Clarks Aufsatz aus dem Jahr 2008 mit dem aussagekräftigen Titel *Pressing the Flesh* bietet hierfür den besten Ausgangspunkt.

Clark unterscheidet dort zwischen zwei unterschiedlichen Positionen innerhalb des Verkörperungsansatzes, der „*Larger Mechanism Story (LMS)*" und der „*Special Contribution Story*" (*SC*). *LMS* behaupte, dass „aspects of body and world can, at times, be proper parts of larger mechanisms whose states and overall operating profile determine (or minimally, help determine) our mental states and properties." Hingegen laufe *SC* auf die These hinaus, dass „the specific details of human embodiment make a special and [...] ineliminable contribution to our mental states and properties" (Clark 2008, 39; beide Kursivierungen im Original).

Clark argumentiert in seinem Aufsatz gegen *SC* und für *LMS*. Er möchte der Annahme widersprechen, ein menschenähnlicher Geist hänge vom Besitz[195] eines menschenähnlichen Körpers ab (vgl. Clark 2008, 43) und will *4E cognition* so verstehen, dass sie gerade als Erweiterung des Funktionalismus mit seiner starken Multirealisierbarkeitsthese verstanden werden kann. Um das zu plausibilisieren, schildert er verschiedene Ansätze zu einem Verständnis von menschlicher Informationsverarbeitung (von Ballard et.al., ihm selbst und Chalmers sowie Wilson), bei denen körperliche Handlungen und physische Elemente in der Umwelt so ineinandergreifen, dass sich ein neues System bildet. Entscheidend sei dabei, wie am Beispiel buchhalterischer Aufgaben erläutert wird, jeweils die operationale Qualität dieses Gesamtsystems und keineswegs der spezifische Beitrag von Gehirn und Organismus.

Mit Hilfe dieses systemtheoretischen Arguments möchte Clark deutlich machen, dass die folgende These tatsächlich zutrifft: „Bodily structures and worldly interventions can be active and crucial participants in extended information-processing routines." (Clark 2008, 51) Soweit reicht sein Verkörperungsdenken. Aber die Rolle, die dem lebendigen Körper zukommt, sei eben „fully exhausted by its ability to play a certain functional role in an intelligent organization" (Clark 2008, 56). Und daraus, dass der Körper mit seiner spezifischen Beschaffenheit tatsächlich eine funktional unentbehrliche Rolle spiele, folge eben keineswegs, dass nur genau diese spezifische Beschaffenheit dies vermöge. Aus diesem Grund treffe die These von *SC* („bodily structures and worldly interventions must in all cases play a special role such that *sameness of mental state requires sameness of bodily structure*" [Clark 2008, 51; kursiv im Original]) eben gerade *nicht* zu. Informationsverarbeitung ist also Clark zufolge prinzipiell in verschiedenen kognitiven Medien und damit multirealisierbar, und zwar genau soweit, als es eben gelingt, die in das übergreifende kognitive System eingehenden Merkmale des lebendigen Körpers, beispielsweise spezifische Muster sensomotorischer Kontingenzen (ich erinnere an die Wahrnehmungstheorie von O'Regan und Noë), auch anderweitig und vielleicht sogar besser zu implementieren. Hingegen sind die Tatsache, dass lebendige menschliche Organismen einen Stoffwechsel mit der Umgebung unterhalten und ihre kognitiven Eigenschaften, so behauptet Clark explizit, *nicht* wesentlich miteinander verbunden: Es sei „merely a contingent (and increasingly negotiable) fact about human

---

195 Im Original „possession". Auf die Gefahr hin, hier überzuinterpretieren, möchte ich doch darauf hinweisen, dass die Verwendung dieser Vokabel bereits dualistische Obertöne mit sich führt. „Besitzt" der Geist seinen Körper? Nein – er steht mit ihm in einer Spannungseinheit von Identität und Nichtidentität. Mein Leib, mein gelebter Körper – das bin ich selbst, und doch erlaubt mir die symbolische Aktivität des intersubjektiven Bewusstseins auch eine gewisse Distanz zu ihm, die sich freilich nie zu einer dualistischen Trennung verstärken kann.

embodiment that the body is both the metabolic centre and the bridge to sensory presence and intelligent action" (Clark 2008, 56).

Die Schwierigkeit mit dieser Argumentation liegt genau in Clarks Kontingenzannahme begründet. Diese setzt Kognition mit Informationsverarbeitung gleich und abstrahiert gänzlich von der Tatsache, dass nur ein lebendiger Organismus, der seinen internen Stoffwechsel durch denjenigen mit der Umwelt erhalten muss, auch über Gründe verfügen kann, überhaupt Informationen – nämlich genau diejenigen, die sein qualitatives Erleben als relevant registriert – zu verarbeiten. Die Annahme, das metabolische Zentrum des Lebens und sein sensomotorisches Verhalten seien lediglich kontingent verkoppelt, stellt aus pragmatistischer wie aus leibphänomenologischer Perspektive den ‚Sündenfall' des erweiterten Funktionalismus von Clark dar. Ich habe diese Annahme und ihre Hintergründe hier so ausführlich behandelt, weil sie mir für einen Diskurs typisch zu sein scheint, der zwar *embodiment* ernst nimmt, aber *embodied cognition* dennoch rein instrumentell versteht, weil nicht zwischen leibgebundener Bedeutungsgenese und materiellen Erweiterungen unterschieden wird. Sie erscheint im Übrigen bereits aus einer evolutionstheoretischen Perspektive als höchst unplausibel, denn die kognitiven Ressourcen eines jeden Organismus sind alleine deshalb evolviert, weil in dieser Hinsicht besser ausgestattete Organismen eine höhere Überlebens- und Fortpflanzungschance hatten. Das heißt aber nicht anderes, als dass sie besser in der Lage waren, ihren Austausch mit der Umwelt auch in widrigen Situationen fortzuführen, also ihr metabolisches Zentrum zu erhalten.

Zwar glaube ich, dass selbst dann, wenn man Lebens- und Kognitionsprozess mit Clark entkoppeln würde, noch gute Gründe für eine multirealierbarkeitsskeptische[196] Interpretation gefunden werden könnten. Schließlich spielen nicht nur sensomotorische Muster und der aufrechte Gang, sondern auch die kohlenstoffbasierte Biochemie des menschlichen Gehirns, die Verbindungen zwischen viszeralem Milieu und Gehirn und vieles mehr eine konstitutive Rolle für die Art von Kognitionsprozessen, zu denen Menschen in der Lage sind. Der entscheidende Einwand bleibt aber, dass „sensory presence and intelligent action" eben nicht bloß kontingent, sondern konstitutiv mit dem Lebensprozess des Organismus verbunden sind. Wie schon mehrfach betont, ergibt sich daraus eine spezifische Vulnerabilität und Bedürftigkeit des Organismus. Nur deshalb werden Umweltqualitäten überhaupt als relevant erlebt. Ohne die grundsätzlich prekäre Aufrechterhaltung des Stoffwechsels im Organismus und mit der Umgebung, ohne dessen Qualitäts-

---

196 Damit ziele ich natürlich auf die klassische funktionalistische Multirealisierbarkeitsthese, nicht auf meine sehr schwache Version davon.

schwankungen, gäbe es keine Relevanz, also keine Bedeutung, also auch keine Notwendigkeit, Informationen zu verarbeiten.

Es scheint mir offensichtlich, und ist auch bereits verschiedentlich, etwa von Thomas Fuchs, herausgestellt worden (vgl. Fuchs 2020, 92f.), dass die Abkoppelung der Kognition vom organischen Stoffwechsel häufig im Dienst von leibfeindlichen Unsterblichkeitsphantasien steht. Wenn das, was die menschliche Person im Kern ausmacht, in der dauernden Erweiterung ihrer Existenz durch neue instrumentelle Eingriffsmöglichkeiten in bislang noch unbeherrschte Natur sowie in gesteigerter Informationsverarbeitung gesehen wird, lässt sich die organische Hinfälligkeit aus dem Personkern extrahieren und erscheint damit als prinzipiell überwindbar. Alles jedoch, was bisher über die Rolle des Erlebens als Bedeutungsgenerator und dessen Rückbezug auf die Vulnerabilität des Organischen gesagt wurde, widerspricht dem vehement. Wir altern nicht bloß aus kontigenten Gründen und sind auch keineswegs nur kontingent sterblich, und schon aus diesem Grund ist Clarks *LMS*-Annahme unhaltbar, der Beitrag des Körpers zum Geist könne mit seiner spezifischen funktionalen Rolle in einem übergreifenden hybriden System gleichgesetzt werden. Hier ist wieder an die Einsicht Peter McLaughlins (vgl. oben S. 322) zu erinnern, dass funktionale Zweck-Mittel-Ketten nur durch einen Regress-Stopper davon abgehalten werden können, sich *ad infinitum* fortzusetzen und damit jeden Sinn zu verlieren. Als ein solcher Stopper fungiert für organische Prozesse das Wohl und Wehe eines jeden Organismus, das im Zeichen von dessen Hinfälligkeit, Bedürftigkeit und Sterblichkeit steht. Ein eingeschränkter, instrumenteller Begriff von Rationalität macht überhaupt nur deswegen *scheinbar* Sinn, weil implizit eben dieses intrinsische Wohl bereits vorausgesetzt ist. Da aber nur vulnerable und endliche Organismen sich gegen die Entropie erhalten müssen und ein solches Wohl haben können, ist der Zusammenhang zwischen organischem Stoffwechsel und Kognition Clark zum Trotz keineswegs kontingent, sondern konstitutiv.

Dieser Zusammenhang wird nun zwar einerseits unausweichlich durch die Möglichkeit und finale Wirklichkeit des Todes bestimmt, genau das ermöglicht andererseits aber auch erst, wie Thomas Fuchs mit Hans Jonas betont, eine „Selbstaffirmation des Lebendigen":

> Leben bejaht sich selbst. Und dies ist zugleich die Grundlage für alles, was in der Welt überhaupt einen Wert oder ein Gut darstellt. Denn es ist die Bedeutsamkeit für das eigene Fortbestehen, die Dinge und Zustände für das Lebewesen attraktiv, erstrebenswert oder aber leidvoll und bedrohlich macht. Lust und Schmerz, Bedürfnis und Befriedigung haben ihren Grund darin, dass das Leben sich gegen den möglichen Tod behaupten muss. Die Bedrohung durch das Nicht-Sein, der Stachel des Todes ist es also, der die Bejahung des Lebens und seines Werts erst zu sich kommen lässt. (Fuchs 2001, 93f.)

Die funktionalistische Entkoppelung von Stoffwechsel und Kognition hingegen bringt den Bedeutungsgenerator zum Stillstand. Insofern hat Clark Recht, wenn er die Auseinandersetzung zwischen *LMS*- und *SC*-Vertretern als zentral herausstellt. An ihr entscheidet sich nämlich, ob Menschen, wie hier argumentiert worden ist, als artikulierende Lebewesen gesehen werden können, die erlebte Bedeutsamkeiten kritisch explizieren und intersubjektiv erweitern, oder mit Clark als Kognitions-agenten, die zwar essentiell verkörpert sind, sich jedoch die Form dieser Verkör-perung selbstoptimierend zunehmend selbst erschaffen. Damit würden sie eine Verschiebung der Dynamik von der *embodied* auf die *extended* und *embedded cog-nition* bewirken, die – wenn sie denn überhaupt möglich wäre – ein Austrocknen der Quellen der Bedeutung zur Folge hätte.

Nichts von dem, was hier über den Primat des Leiblichen gesagt wurde, ist damit unverträglich, dass in der Evolution humaner Kognition und auch im Kul-turprozess Artefakte eine zentrale Rolle gespielt haben und immer noch, genauer gesagt sogar immer mehr, spielen. Die Rede von *extended* und *embedded cognition* bringt eine anthropologisch wesentliche Tatsache zum Ausdruck. Auch Werkzeuge, externe Speichermöglichkeiten und digitale Netzwerke sind Medien der Expression. Den Primat des erlebten Lebens als Bedeutungsgenerator herauszustellen, wider-streitet nicht der Anerkennung externer Faktoren, sowenig wie die relative Selbstständigkeit der Formen des „objektiven Geistes" gegenüber den Individuen etwas daran ändert, dass diese Formen ständig durch individuelle Interaktionen reproduziert werden müssen. Leiblichkeit ist eben sowohl plastisch als auch per-sistent. Persistent, weil die organische Grundform vulnerabler Existenz zwischen Geburt und Tod im Austausch mit der Umwelt an der Wurzel des Bedeutungsphä-nomens sitzt, plastisch hingegen, weil sich aus der Umweltabhängigkeit des Orga-nismus auch dessen Interaktionscharakter ergibt. Wer ganz bei sich bleibt, stirbt. Wer ganz aus sich herausgeht, ebenfalls. Die Homöostase des Organismus hängt davon ab, ob es ihm gelingt, strukturelle Koppelungen mit entweder natürlichen oder, im Fall des Menschen, zunehmend auch artifiziellen Umwelteigenschaften zu bilden. Eine verkörperungssensible Anthropologie der Artikulation verbindet bei-des, indem sie die Transformation des qualitativ Erlebten mittels leiblicher *und* materieller Strukturen der Zeichenbildung samt deren Rückschlag ins Erleben in den Mittelpunkt der Theoriebildung stellt.

Damit gelingt es ihr auch, sich dem unbefriedigenden Gegensatz von ‚Maschi-nenstürmern' und Technophilen zu entziehen, der sich spätestens seit dem ge-waltsamen Aufstand einer ‚Ludditen' genannten radikalen Gruppe von Textilar-beitern gegen die aufkommenden Textilmaschinen zum Beginn des 19. Jahrhunderts auch durch die Geistesgeschichte zieht. Ja, der menschliche Geist ist intrinsisch auf die Integration materieller und auch technischer Erweiterungen über den natür-lichen Organismus hinaus angelegt. Daraus ergibt sich eine hohe Plastizität und

Erweiterungsfähigkeit kognitiver Verkörperungen. Nein, der biologische Organismus ist nicht einfach nur einer unter den vielen gleichberechtigten Playern, die dann erst zusammen immer neue emergente Kognitionssysteme konstituieren, wie Andy Clark meint. Solche fundamentalen Kennzeichen allen Lebens wie Natalität, Wachstum, Reife, Verfall, Sterblichkeit, Tod sowie der Kampf gegen die Entropie und die sich daraus ergebene grundsätzliche Vulnerabilität und Wertbesetztheit der Austauschprozesse mit der Umwelt machen überhaupt erst Bedeutsamkeit, schließlich auch artikulierte Bedeutungen und damit menschliche Kognition möglich. Oben (S. 60) hatte ich bereits einen bekannten Aphorismus Wittgensteins zitiert: „Wenn ein Löwe sprechen könnte, wir könnten ihn nicht verstehen." (Wittgenstein 1958/1971, 358) Wir können nun ergänzen: Auch wenn ein (der Vulnerabilität des Organischen entronnener) Cyborg sprechen könnte, wir könnten ihn nicht verstehen. Und er uns genauso wenig, was womöglich im Blick auf den Fortbestand der menschlichen Gattung noch verhängnisvoller wäre.

6.4 Vulnerabilität und Freiheit: Die Einzigartigkeit der menschlichen Lebensform

Was bedeutet all das für die Frage nach der Einzigartigkeit der menschlichen Lebensform? Zunächst dies, dass sie nicht als die Lizenz zur zunehmenden Selbstermächtigung eines sich selbst erschaffenden Geistes missverstanden werden darf, der immer technoidere materielle Verkörperungen wählt, um die Erdenschwere des vulnerablen biologischen Daseins hinter sich zu lassen. Solche Vorstellungen laufen letztlich auf einen technologisch erneuerten Leib-Seele-Dualismus hinaus. Leiblichkeit, nicht bloß materielle Realisierung ist jedoch fundamental für das Menschsein und physische Präsenz in einem geteilten Nahraum daher die beste – d.h. reichhaltigste, bedeutungträchtigste, relevanteste – Form von Präsenz. Ihr gegenüber bleiben alle digitalen Welten und *brain-machine*-Hybridisierungen derivativ. Das heißt natürlich keineswegs – wie schon mehrmals betont – dass materielle Extensionen des verkörperten Geistes unwichtig wären; sie spielen im Lauf der Menschheitsgeschichte im Gegenteil eine immer wichtigere Rolle, setzen aber dennoch die leibliche Basis der Bedeutung als ihre eigene Möglichkeitsbedingung immer schon voraus. Ein *mind* ohne zugehöriges *life* (im Sinne des biologischen Lebensprozesses) ist eine schlechthin sinnwidrige Vorstellung und deshalb bleibt auch der Begriff *artificial life* solange eine bloß erschlichene Prägung, als die entsprechenden künstlichen Systeme nicht mit etwas ausgestattet sind, dass der Vulnerabilität natürlicher Organismen zumindest nahekommt.

Sehr klar ist dieser Punkt von Kingson Man und Antonio Damasio betont worden, allerdings nicht unter dem Gesichtspunkt humanspezifischer Bedeutungen und ihrer organischen Verwurzelung, sondern unter dem der technologischen Konstruierbarkeit von *artificial life*. Die genannten Autoren argumentieren in ihrem Paper „Homeostasis and soft robotics in the design of feeling machines" (Man/Damasio 2019), dass künstliche Agenten so beschaffen sein müssten, dass sie ihre Aktionsfähigkeit nur im Rahmen einer homöostatischen Selbstregulierung, die den riskanten Austausch mit der Umwelt voraussetzt, erhalten könnten:

> The fundamental innovation of these machines is the introduction of risk-to-self. Rather than up-armouring or adding raw processing power to achieve resilience, we begin the design of these robots by, paradoxically, introducing *vulnerability*. [...] Rewards are not rewarding and losses do not hurt unless they are *rooted in life and death*. True agency arises when the machine can take a side in this dichotomy, when it acts with a preference for (or, seen from a different angle, makes a reliable prediction of) existence over dissolution. (Man/Damasio 2019, 446; Kursivierungen M.J.)[197]

Es ist klar (und den beiden Autoren auch bewusst), dass ihr Ansatz, sollte er denn funktionieren, immer noch sehr weit von den *spezifischen* Vulnerabilitätsbedingungen eines biologischen und schon gar eines menschlichen Organismus entfernt bleiben würde. Im Unterschied zu Clarks instrumentalistischem Verständnis von Verkörperung kann man ihm jedoch nicht mehr vorwerfen, dass der intrinsische Zusammenhang von Bedeutung und Kognition hier unterschlagen würde.

Nur durch den Lebensprozess entsteht emotionale Relevanz und mithin Bedeutsamkeit. Es gibt in dieser Hinsicht keinen Bruch mit der evolutionären Kontinuität allen Lebens. Aber nur im *menschlichen* Lebensprozess kann sich gefühlte Bedeutsamkeit in artikulierte Bedeutung verwandeln, können Objektivität und intersubjektive Richtigkeit beanspruchende Bedeutungen entstehen und wird es sogar möglich, die Transzendenz der Realität über unsere Bedeutungswelten zu denken, was sowohl Religion als auch Wissenschaft erst möglich macht. So entsteht aus dem Alten und auf dessen bleibendem Grund, dem biologischen Basisphänomen ‚Bedeutung' (in meiner Terminologie Bedeut*samkeit*), etwas genuin Neues, nämlich perspektivische, explizite, grammatisch gegliederte, reflexiv kritisierbare und intentional entgrenzte (d.h. auf *alles Mögliche* beziehbare) Bedeutung – Sinn, der nur diejenigen erreichen kann, die an der menschlichen Lebensform teilhaben. Und so prägt die sprachliche Artikulationsform einen verkörperten Geist, der auch vielfältige andere nichtsprachliche Bedeutungsformen hervorbringt, mit denen Sprache ko-evolviert und die entsprechend auch auf die Ausbildung von Symbolsprachen zurückwirken: Bildwerke und Plastiken, Architektur, Mode, Musik, Tanz, mathematische Notationen und vieles Weitere. Allen diesen Bedeutungsformen

---

197 Ich danke Thomas Fuchs für den Hinweis auf diesen Text.

entsprechen Formen der Erfahrung, die ihrerseits spezifische Interaktionsweisen zwischen dem menschlichen Organismus und seiner natürlichen wie sozialen Umgebung zur Voraussetzung haben.

In solchen Erfahrungen erschließen sich – wenn sie denn ihren spezifischen Geltungsbedingungen genügen – jeweils neue Facetten der Wirklichkeit. Der Bereich des Erfahrbaren ist größer als der des propositionalen Wissens:

> Wenn wirkliche Objekte Punkt für Punkt mit Gegenständen des Wissens identifiziert werden, werden alle Gegenstände des Affekts und des Wollens unvermeidlich aus der ‚wirklichen' Welt ausgeschlossen und gezwungen, Zuflucht in der Privatheit eines erfahrenden Subjekts oder Geistes zu suchen. (Dewey 1925/2007, 40)

Diese Dichotomisierung subjektiver und objektiver Erfahrungen wird nur dann wirklich überwunden, wenn die Vorgängigkeit der Organismus-Umwelt-Interaktion vor ihren Relaten anerkannt wird. Darin kommen Pragmatismus und Enaktivismus überein. Erfahrung ist Resonanz, die als Bedeutsamkeit erlebt und als Bedeutung artikuliert und interpretiert wird. Damit unterscheidet sich Bedeutungserfahrung sowohl von Repräsentation als auch von Konstruktion. Sie zu denken wird erst möglich, wenn die Vorstellung einer in ihrem subjektlosen An-sich-sein prinzipiell erkennbaren Wirklichkeit (*metaphysischer Realismus*) genauso als sinnwidrig zurückgewiesen worden ist wie diejenige eines Symbolsystems, in dem *Drittheit* (Peirce) und damit Wahrheit und Objektivität keine Rolle mehr spielen. Obsolet wird damit die von Rorty so scharf kritisierte Idee der Sprache als „Spiegel der Natur" (vgl. Rorty 1979/1981), ebenso aber auch die konstruktivistische und poststrukturalistische Idee eines von objektiven Kriterien freien Entwerfens von Wirklichkeiten bzw. des freien Flottierens der Signifikanten.

Aus pragmatistisch-enaktivistischer Perspektive legt sich als Alternative zu diesen komplementären Einseitigkeiten ein verkörperungstheoretisch erweiterter (nicht mehr nur auf Begriffsschemata bezogener) *interner Realismus* (vgl. Putnam 1981/1990) nahe: Normative Leitbegriffe wie Wahrheit, Objektivität und moralische Richtigkeit sind demnach grundsätzlich *realistisch*, jedoch immer *innerhalb* der unhintergehbaren Interaktionseinheit von Organismus und Umgebung zu interpretieren. Mit neu evolvierenden Wahrnehmungs- und Erfahrungsformen von Organismen emergieren dann auch neue Eigenschaften und Objekte innerhalb der Realität. Die Korrelativität von Organismus und Umwelt in Interaktionssituationen ist die *basic unit of explanation*, und deshalb gilt: „When a new situation arises, new objects arise." (Mead 1938, 77) Dementsprechend sind Bedeutungen weder Abbilder der Realität noch Projektionen menschlicher Sinnbedürfnisse auf eine intrinsisch sinnfreie Oberfläche, sondern artikulierte, explizit gemachte spezifische *Resonanzen* zwischen sozialen Organismen mit unserer physiologischen, linguistischen, mentalen und kulturellen Ausstattung einerseits und jeweils perspektivisch angeeigneten Weltinhalten („objects" in Meads Terminologie) andererseits. Kraft der Reflexivität und Transzendenz des sprachlich erweiterten Bewusstseins können solche Resonanzen sogar zwischen der Wirklichkeit im Ganzen und dem kollektiven bzw. individuellen Bewusstsein entstehen, wie im Fall von Religionen und komprehensiven Weltanschauungen.

Alle Gestalten des symbolischen Ausdrucks reagieren auf etwas leiblich Erlebtes bzw. Empfundenes und ihnen kommt deswegen ein Moment des Pathischen zu, der Widerfahrnis und Passivität.[198] Weil symbolisches *sense-making* jedoch keine Impressionen abbildet, sondern Interaktionserfahrungen artikuliert, steht diesem Moment komplementär dasjenige der *artikulatorischen Freiheit* gegenüber. Man kann diese Freiheit durchaus bis in ihre allerfrühesten Anfänge in der Selbstorganisation des Organismus und der Einbettung des Pathischen in eigenaktive motorische Muster zurückverfolgen, wie beides bereits von Dewey in seinem *Reflexbogenaufsatz* (Dewey 1896/2003) herausgearbeitet worden ist. Das ändert jedoch nichts daran, dass Freiheit in dem emphatischen Sinn einer reflexiven Wahl zwischen wohlerwogenen Gründen erst mit der Entstehung symbolischer Distanz und damit mit der menschlichen Lebensform auf die Welt kommt. Eines der organisierenden Prinzipien dieser Monographie, nämlich das Grundmuster einer Verschränkung von evolutionärer Kontinuität und qualitativer Differenz, zeigt sich bei dem Thema ‚Freiheit' mit besonderer Eindringlichkeit.

Die Idee artikulierter Freiheit klingt womöglich ungewohnt, weil wir Freiheit häufig weniger mit sprachlichen Ausdrucksphänomenen und stärker mit bewusstem nichtsprachlichem Handeln in Verbindung bringen. Der Zusammenhang zwischen der Fähigkeit des *making-it-explicit*, also dem Artikulieren-Können, und der bedingten Freiheit des Handelns im Allgemeinen ist jedoch konstitutiv, und zwar vor allem auf zwei Ebenen: *Zum einen* liegt eine fundamentale Form von Freiheit darin, Situationsbedeutungen nicht abzubilden, sondern zu artikulieren. Es führt niemals ein eindeutiger Weg von der Situation zu ihrer Beschreibung und Bedeutung, weil jeder sprachliche Ausdruck perspektivisch ist und in der Wahl der grammatischen Mittel, des Wortschatzes, der Abstraktionsebene, der Prosodie oder des Textflusses etc. immer Alternativen zur Verfügung stehen. Jede Situationsexplikation ist daher im selben Zug auch eine persönlich zu verantwortende, freie *Deutung* der Verhältnisse.

Zum anderen bedarf eine verantwortete Wahl auch im Blick auf nichtsprachliches Handeln eines klaren Bewusstseins der verfügbaren Alternativen und ihrer mutmaßlichen Konsequenzen. Denken als Probehandeln ist jedoch nur möglich,

---

198 Vgl. dazu, mit Fokus auf der Leiblichkeit der Wahrnehmung, ausführlich Bonnemann 2016.

wenn Handlungskonsequenzen bereits unabhängig von ihrem Eintreten so weit wie möglich bestimmt werden können. Bedeutsamkeitsgefühle können das nicht leisten, artikulierte Bedeutungen hingegen schon. Auch wer in bedingter Freiheit still und für sich alleine versucht, die Gründe, Gegengründe und Konsequenzen eines Handlungsproblems zu durchdenken, kann dies eben nur, wenn sie oder er symbolisch auf Distanz zum Andrang der Gefühle zu gehen vermag. Zwar bilden diese erlebten Qualitäten den unhintergehbaren Ausgangspunkt aller sprachlichen Klärung. Aber es muss eben auch eine symbolisch artikulierende Sprache zur Verfügung stehen, die es erlaubt, die relevanten Aspekte einer erlebten Situation zu explizieren, aus ihnen kreativ Alternativen zu entwickeln und die Folgen dieser Alternativen ausdrücklich zu machen. Freiheit ist, kurz gesagt, nur als artikulierte denkbar.

Die spezifisch menschliche Fähigkeit, Gefühle, Bewegungsintentionen und -gewohnheiten sowie normative soziale Praktiken zu explizieren, wirkt aber nicht nur auf diese Phänomene kulturschaffend zurück, sie macht auch ausdrücklich, welche Art von Wesen diejenigen sind, zu deren Lebensform das Etwas- und Sich-Explizieren gehört. Auch andere Lebewesen leben in Bedeutungswelten, wie Uexküll eindrücklich gezeigt hat – aber sie explizieren sie nicht. Explikation als Humanspezifikum hat Robert Brandom, freilich enggeführt auf diskursive Praktiken, am Ende seines *Making it Explicit* als zentral herausgestellt (vgl. Brandom 2000, 649f. und oben S. 300–302). Das Ideal expressiver Vollständigkeit, das ihn dabei leitet (vgl. Brandom 2000, 650) erscheint allerdings im Licht der Verkörperungsanthropologie der Artikulation als illusionär. Das ‚aufgespannte Verhältnis‘ von leiblichem Erleben und symbolsprachlicher Artikulation kann niemals zugunsten reiner Diskursivität aufgelöst werden, es reproduziert sich in allen soziokulturellen Lebensäußerungen ständig aufs Neue. Sowenig einerseits die phänomenale Fülle erlebbarer Qualitäten jemals vollständig in sprachlichen oder anderen Artikulationsmedien zum Ausdruck gebracht werden kann, so sehr bleibt andererseits auch das individuelle Erleben gegenüber dem Reichtum kultureller Symbolwelten und ihrer fast unbegrenzten ikonisch-indexikalischen Interpretierbarkeit zurück.

Der klassische Pragmatismus als Lieferant des grundbegrifflichen Rahmens und die moderne Evolutionsanthropologie und Kognitionswissenschaft mit ihrem immensen empirischen Wissen über die Genese von geteiltem Bewusstsein, Sprache und kumulativer Kultur sowie über die anthropologischen Bedingungen der Entstehung von genuin Neuem haben zusammen genommen erstmals die Möglichkeit geschaffen, ein nichtreduktionistisches und nichtdualistisches Verständnis der menschlichen Lebensform zu entwickeln, das auf einer soliden begrifflichen *und* empirischen Basis ruht. Denn die *differentia specifica* des Menschen und damit auch sein komplexes und gebrochenes Verhältnis zu anderen Lebensformen lassen sich nicht begreifen, solange sie nicht aus dem Naturprozess der Evolution des

Lebens, spezifischer der Evolution menschlicher Kognition, Sprache und Kultur heraus verständlich gemacht worden ist. Das Geschäft der Sozial-, Kultur- und Geisteswissenschaften ist es dann, die außerordentliche Vielfalt der pfadabhängigen Konkretisierungen dieser Lebensform zu untersuchen. Dafür braucht es eine tragfähige kognitionswissenschaftliche und anthropologische Grundlage, wie umgekehrt auch naturwissenschaftlich orientierte Positionen gut beraten sind, die eigenlogischen Entwicklungsdynamiken des Kulturprozesses nicht zu unterschätzen. Hilary Putnam hat diese unauflösbare Verschränkung vor Jahrzehnten in ein prägnantes Bild gebracht: „Der Geist und die Welt zusammen erschaffen den Geist und die Welt." (Putnam 1981/1990, 11) Materialistisch-reduktionistische Positionen werden diesem basalen Zusammenhang, in den sich die Organismus-Umwelt-Interaktionseinheit beim Menschen ausdifferenziert, nicht gerecht. Sie haben ebenso inhumane Konsequenzen wie all die philosophischen und religiösen Versuche, den Geist ohne seine Verkörperung zu denken und damit nicht nur hinter den Stand einer methodologisch naturalistischen Wissenschaft zurückzufallen, sondern auch die Sinnressourcen auszutrocknen, ohne die es keine Kultur geben kann. Es gibt keine anderen Bedeutungen als solche des Lebens. Darin liegt jedoch kein Mangel, sondern gerade die Fülle des Menschlichen, artikuliert von unserem verkörperten Geist, der in Resonanz mit der Fülle des Wirklichen steht.

Literaturverzeichnis

Adams, Fred/Aizawa, Ken (2001/2013): „Die Grenzen der Kognition", in: Joerg Fingerhut/Rebekka Hufendiek/Markus Wild (Hg.), Philosophie der Verkörperung. Grundlagentexte zu einer aktuellen Debatte, Berlin 2013,224 – 259.

Aiken, Scott B. /Tallisse, Robert F. (2020): Pragmatism, Pluralism, and the Nature of Philosophy, Routledge: London.

Aristoteles (2021): Physik. Teilband 1, Bücher I-IV, hrsg. v. Gottfried Heinemann, Hamburg.

Assmann, Jan (2018): Achsenzeit. Eine Archäologie der Moderne, München.

Anschütz, Richard (1929): August Kekulé, 2 Bde., Bonn.

Bellah, Robert N. (2011): Religion in Human Evolution. From the Paleolithic to the Axial Age, The Belknap Press of Harvard University Press: Cambridge MA/London.

Bellah, Robert N./Joas, Hans (2012): The Axial Age and Its Consequences (Eds.), The Belknap Press of Harvard University Press: Cambridge MA/London.

Bergthaler, Hannes/Horn, Eva (2020): Anthropozän zur Einführung, Hamburg.

Blackmore, Susan (1999): The Meme Machine, Oxford UP: Oxford/New York.

Blumenberg, Hans (1966): Die Legitimität der Neuzeit, Frankfurt am Main.

Blumenberg, Hans (1975): Die Genesis der kopernikanischen Welt, Frankfurt am Main.

Blumenberg, Hans (1979): Arbeit am Mythos, Frankfurt am Main.

Blumenberg, Hans (1981): Die Lesbarkeit der Welt, Frankfurt am Main.

Bloch, Ernst (1959/1973): Das Prinzip Hoffnung, 3 Bde., Frankfurt am Main.

Bonnemann, Jens (2016): Das leibliche Widerfahrnis der Wahrnehmung. Eine Phänomenologie des Leib-Welt-Verhältnisses, Münster.

Bourdieu, Pierre (1998): Die feinen Unterschiede. Kritik der gesellschaftlichen Urteilskraft, Frankfurt/Main.

Boyd, Robert/Richerson, Peter J. (1985/1988): Culture and the Evolutionary Process, University of Chicago Press: Chicago and London.

Brandom, Robert (^{3}2000): Making it Explicit. Reasoning, Representing & Discursive Commitment, Harvard UP: Cambridge MA/London.

Brandom, Robert (2001): Begründen und Begreifen. Einführung in den Inferentialismus, Frankfurt am Main.

Brandom, Robert (2008): Between Saying and Doing. Towards an Analytic Pragmatism, Oxford UP: Oxford/New York.

Brandom, Robert (2011): Perspectives on Pragmatism: Classical, Recent and Contemporary, Harvard UP: Cambridge MA/London.

Brandt, Reinhard (2009): Können Tiere denken? Ein Beitrag zur Tierphilosophie, Frankfurt am Main.

Bräuer, Juliane (2014): Klüger als wir denken: Wozu Tiere fähig sind, Heidelberg.

Bredekamp, Horst (2015): Der Bildakt. Frankfurter Adorno-Vorlesungen 2007, Neufassung 2015, Berlin.

Bredekamp, Horst (2017): „Early Forms of Articulation", in Sabine Marienberg (Ed.), Symbolic Articulation. Image, Word, and Body between Action and Schema, Berlin, 3 – 30.

Bredekamp, Horst (2021): Michelangelo, Berlin.

Brooks, Rodney (1991/2013): „Intelligenz ohne Repräsentation", in: Joerg Fingerhut/Rebekka Hufendiek/Markus Wild (Hg.), Philosophie der Verkörperung. Grundlagentexte zu einer aktuellen Debatte, Berlin, 144 – 173.

Cassirer, Ernst (^{9}1988): Philosophie der symbolischen Formen, Erster Teil. Die Sprache, Darmstadt.

https://doi.org/10.1515/9783111065595-008

Cassirer, Ernst ([8]1987): Philosophie der symbolischen Formen. Zweiter Teil. Das mythische Denken, Darmstadt.

Cassirer, Ernst ([9]1990): Philosophie der symbolischen Formen. Dritter Teil. Phänomenologie der Erkenntnis, Darmstadt.

Cassirer, Ernst, (1944/1996): Versuch über den Menschen. Einführung in eine Philosophie der Kultur, Hamburg.

Catoni, Maria Louisa (2017): „Symbolic Articulation in Ancient Greece. Word, *Schema*, and Image", in: Sabine Marienberg (Ed.), Symbolic Articulation. Image, Word, and Body between Action and Schema, Berlin, 131–152.

Clark, Andy (1997): Being There. Putting Brain, Body and World Together Again, MIT-Press: Cambridge MA/London.

Clark, Andy/Chalmers, David (1998/2013): „Der ausgedehnte Geist", in: Joerg Fingerhut/Rebekka Hufendiek/Markus Wild (Hg.), Philosophie der Verkörperung. Grundlagentexte zu einer aktuellen Debatte, Berlin 2013, 205–223.

Clark, Andy (2003): Natural-Born Cyborgs. Minds, Technologies, and the Future of Human Intelligence, Oxford UP: Oxford etc.

Clark, Andy (2008): „Pressing the Flesh. A Tension in the Study of the Embedded, Extended Mind?", in: Philosophy and Phenomenological Research, vol. LXXVI, Nr. 1, January 2008, 37–59.

Conrad, Klaus ([6]1992): Die beginnende Schizophrenie. Versuch einer Gestaltanalyse des Wahns, Stuttgart.

Cosmides, Leda/Tooby, John (1997): Evolutionary Psychology: A Primer, https://www.cep.ucsb.edu/primer.html, letzter Zugriff 05.02.2020.

Cook, Amy (2018): „4E Cognition and the Humanities", in: Newen, Albert/De Bruin, Leon/Gallagher, Shaun (Eds.) (2018): The Oxford Handbook of 4E Cognition, Oxford University Press: Oxford, 875–890.

Cleeremans, Axel (2009): „Bewusstsein: Die These der radikalen Plastizität", in: Heilinger, Jan/Jung, Matthias (Hg.): Funktionen des Erlebens. Neue Perspektiven des qualitativen Bewusstseins (Humanprojekt Bd. 5), Berlin/New York, 93–120.

Damasio, Antonio (1997): Descartes' Irrtum. Fühlen, Denken und das menschliche Gehirn, München.

Damasio, Antonio (2000): Ich fühle, also bin ich. Die Entschlüsselung des Bewusstseins, München.

Damasio, Antonio (2003): Looking for Spinoza. Joy, Sorrow, and the Feeling Brain, Harvest Book/Hartcourt Inc.: Orlando etc.

Damasio, Antonio (2018): The Strange Order of Things. Life, Feeling, and the Making of Cultures, Vintage Books/Penguin: New York.

Damasio, Antonio (2021): Feeling and Knowing. Making Minds Conscious, Pantheon Books: New York.

Darwin, Charles (1859/2003): The Origin of Species, Signet Classics (Penguin): London.

Darwin, Charles (1872/2000): Der Ausdruck der Gemütsbewegungen bei den Menschen und den Tieren, hrsg. von Paul Ekman, Frankfurt am Main.

Dawkins, Richard (1976): The Selfish Gene, Oxford UP: Oxford/New York.

Deacon, Terrence W. (1997): The Symbolic Species. The Co-Evolution of Language and the Brain, W.W. Norton & Company: New York/London.

Dennett, Daniel (1984): „Cognitive Wheels: The Frame Problem of AI", in: C. Hookway (Ed.), Minds, Machines, and Evolutions, Cambridge UP: Cambridge, 129–150.

Dennett, Daniel (1996): Darwin's Dangerous Idea: Evolution and the Meanings of Life, Penguin: London.

Descartes, René (1637/1990): Discours de la méthode/Von der Methode des richtigen Vernunftgebrauchs und der wissenschaftlichen Forschung, Französisch-Deutsch, Hamburg.

Dewey, John (1896/2003): „Das Reflexbogenkonzept in der Psychologie" (wiederveröffentlicht 1931 unter dem Titel „Die Elementareinheit des Verhaltens"), in: ders., Philosophie und Zivilisation, Frankfurt am Main 2003, 230–244.

Dewey, John (1908/2008): Ethics (The Middle Works 1899–1924, vo. 5), Southern Illinois Press: Carbondale.

Dewey, John (1909/1997): How We Think, Dover Publications: Mineola NY.

Dewey, John (1909/2004): „Der Einfluß des Darwinismus auf die Philosophie", in: Ders., Erfahrung, Erkenntnis und Wert, Frankfurt am Main, 31–43.

Dewey, John (1920/1989): Die Erneuerung der Philosophie, Hamburg.

Dewey, John (1922, 2007): Human Nature and Conduct. An Introduction to Social Psychology, Cosimo Classics, New York.

Dewey, John (1925/2007): Erfahrung und Natur, Frankfurt am Main.

Dewey, John (1925/1998): „The Development of American Pragmatism", in: Larry A. Hickman/Thomas M. Alexander (Eds.), The Essential Dewey vol. 1, Pragmatism, Education, Democracy, Indiana University Press: Bloomington/Indianapolis, 3–13.

Dewey, John (1928/2003): „Philosophien der Freiheit", in: Ders., Philosophie und Zivilisation, Frankfurt am Main, 266–291.

Dewey, John (1929/2001): Die Suche nach Gewißheit, Frankfurt am Main.

Dewey, John (1930/2003): „Qualitatives Denken", in: Ders., Philosophie und Zivilisation, Frankfurt am Main, 94–116.

Dewey, John (1931/2003): „Philosophie und Zivilisation", in: Ders., Philosophie und Zivilisation, Frankfurt am Main, 7–15.

Dewey, John (1934/1988): Kunst als Erfahrung, Frankfurt am Main.

Dewey, John (1938/2002): Logik. Die Theorie der Forschung, Frankfurt am Main.

Dewey, John (1939/2004): „Theorie der Wertschätzung", in: Ders., Erfahrung, Erkenntnis und Wert, Frankfurt am Main, 293–361.

Dewey, John (1949/1998): „Importance, Significance, and Meaning", in: Larry A. Hickman/Thomas M. Alexander (Eds.), The Essential Dewey vol. 2, Ethics, Logic, Psychology, Indiana University Press: Bloomington/Indianapolis, 213–223.

Diamond, Jared (1992): The Third Chimpanzee. The Evolution and Future of the Human Animal, Harper & Colins: New York.

Diamond, Jared (2011): Kollaps. Warum Gesellschaften überleben oder untergehen, Frankfurt am Main.

Dilthey, Wilhelm (1890/²1957): „Beiträge zur Lösung der Frage vom Ursprung unseres Glaubens an die Realität der Außenwelt und seinem Recht", in: Ders., Die Geistige Welt. Einleitung in die Philosophie des Lebens. Erste Hälfte. Abhandlungen zur Grundlegung der Geisteswissenschaften (Gesammelte Schriften Bd. V), Stuttgart/Göttingen.

Dilthey, Wilhelm (ca. 1892/1982): „Leben und Erkennen", in: Helmut Johach/Frithjof Rodi (Hg.), Grundlegung der Wissenschaften vom Menschen, der Gesellschaft und der Geschichte. Ausarbeitungen und Entwürfe zum zweiten Band der Einleitung in die Geisteswissenschaften (Gesammelte Schriften Bd. XIX), Göttingen.

Dilthey, Wilhelm (1926/⁸1992): Der Aufbau der geschichtlichen Welt in den Geisteswissenschaften (Gesammelte Schriften Bd. VIII), Stuttgart/Göttingen.

Di Paolo, Ezequiel/Cuffari, Elena Clare/De Jaegher, Hanne (2018): Linguistic Bodies. The Continuity between Life and Language, MIT-Press: Cambridge MA/London.

Dreyfus, Hubert (2016): Skillful Coping. Essays on the Phenomenology of Everyday Perception and Action (Ed. Mark A. Wrathall), Oxford UP: Oxford/New York.

Dobzhansky, Theodosius (1973): „Nothing in Biology Makes Sense Except in the Light of Evolution", in: American Biology Teacher 35 (3): 125–129.

Donald, Merlin (1991): Origins of the Modern Mind. Three Stages in the Evolution of Culture and Cognition, Harvard UP: Cambridge MA/London.

Donald, Merlin (2002): A Mind so Rare. The Evolution of Human Consciousness, W.W. Norton & Company: New York/London.

Donald, Merlin (2012): „An Evolutionary Approach to Culture. Implications for the Study of the Axial Age, in: Robert Bellah/Hans Joas (Eds.), The Axial Age and its Consequences, Harvard UP: Cambridge MA/London, 47–76.

Dworkin, Ronald (2011): Justice for Hedgehogs, The Belknap Press of Harvard University Press: Cambridge MA/London.

Dworkin, Ronald (2013): Religion without God. Harvard UP: Cambridge MA/London.

Dupré, John (2003): Darwin's Legacy. What Evolution Means Today, Oxford UP: Oxford/New York; (deutsch 2009): Darwins Vermächtnis, Frankfurt am Main.

Dupré, John (2006): Humans and Other Animals, Clarendon Press, Oxford UP: Oxford/New York.

Durt, Christoph/Fuchs, Thomas/Tewes, Christian (Eds.) (2017): Embodiment, Enaction, and Culture. Investigating the Constitution of the Shared World, MIT-Press: Cambridge MA/London.

Duttweiler, Stefanie/Gugutzer, Robert/Passoth, Jan-Hendrik/Strübing, Jörg (Hg.) (2016): Leben nach Zahlen: Self-tracking als Optimierungsprojekt?, Bielefeld.

Dux, Günter (2014): „Natur und Geist im Verständnis einer säkular gewordenen Welt", in: Volker Steenblock/Hans-Ulrich Lessing (Hg.), Vom Ursprung der Kultur. Mit einem Gespräch mit Günter Dux, Freiburg, 35–53.

Eagleman, David (2012): Inkognito. Die geheimen Eigenleben unseres Gehirns, Frankfurt am Main/New York.

Eisenstadt, Shmuel N. (1987–1992): (Hg.), Kulturen der Achsenzeit, fünf Bände, Frankfurt am Main.

Elkana, Yehuda (1987): „Die Entstehung des Denkens zweiter Ordnung im antiken Griechenland", in: Shmuel N. Eisenstadt (Hg.), Kulturen der Achsenzeit, Ihre Ursprünge und ihre Vielfalt, Teil 1, Griechenland, Israel, Mesopotamien, Frankfurt am Main.

Engelen, Eva-Maria (2007): Gefühle, Ditzingen.

Everett, Daniel (2009): Don't Sleep, There Are Snakes. Life and Language in the Amazonian Jungle, Profile Books: London.

Fabbrichesi, Rossella (2016): „Peirce, Mead, and the Theory of Extended Mind", in: The Commens Encyclopedia. The Digital Encyclopedia of Peirce Studies, New Edition, ed. by Mats Berman and João Queiroz, http://www.commens.org/encyclopedia/article/fabbrichesi-rossella-peirce-mead-and-theory-extended-mind, letzter Zugriff 20.02.2022

Fauconnier, Gilles/Turner, Mark (2003): The Way We Think. Conceptual Blending and the Mind's Hidden Complexities, Basic Books: New York.

Fellmann, Ferdinand (1991): Symbolischer Pragmatismus. Hermeneutik nach Dilthey, Reinbek bei Hamburg.

Fischer, Joachim (2009): Philosophische Anthropologie. Eine Denkrichtung des 20. Jahrhunderts, Freiburg/München.

Fodor, Jerry (1975/1980): The Language of Thought, Harvard UP: Cambridge MA.

Freud, Sigmund (1916 u. 1917/1989): Vorlesung zur Einführung in die Psychoanalyse (Studienausgabe Bd. I), Frankfurt am Main [11]1989.

Fuchs, Thomas (2008): Das Gehirn – ein Beziehungsorgan. Eine phänomenologisch-ökologische Konzeption, Stuttgart.

Fuchs, Thomas (2020): Verteidigung des Menschen. Grundfragen einer verkörperten Anthropologie, Berlin.

Gadamer, Hans-Georg (1960): Wahrheit und Methode, Tübingen.

Gallagher, Shaun (2005): How the Body Shapes the Mind, Clarendon Press, Oxford UP: Oxford etc.

Gallagher, Shaun (2009): „Philosophical Antecedents to Situated Cognition", in: Robbins, Philipp/ Aydede, Murat (Eds.), The Cambridge Handbook of Situated Cognition, Cambridge UP: Cambridge, 35 – 51.

Gallagher, Shaun (2017): Enactivist Interventions. Rethinking the Mind, Oxford UP: Oxford etc.

Geertz, Clifford (2003): Dichte Beschreibung. Beiträge zum Verstehen kultureller Systeme, Frankfurt/ Main.

Gehlen, Arnold (1940/[14]2004): Der Mensch. Seine Natur und seine Stellung in der Welt, Wiebelsheim.

Gendlin, Eugene (o.J.): „Introduction to Thinking at the Edge" https://focusing.org/sites/default/files/ legacy/pdf/tae_intro.pdf, letzter Zugriff 15.4.2022.

Gendlin, Eugene (2015): Ein Prozess-Modell, hrsg. und übersetzt von Donata Schoeller und Christiane Geiser, Freiburg/München.

Gendlin, Eugene (2016): „A changed ground for precise cognition", in: Donata Schoeller/Vera Saller (Eds.), Thinking Thinking. Practicing Radical Reflection, Freiburg/München, 50 – 91.

Gerhardt, Volker (2010): „Kulturelle Evolution", in: Volker Gerhardt/Julian Nida-Rümelin (Hg.), Evolution in Natur und Kultur (Humanprojekt 6), Berlin/New York.

Gibson, James J. (1979/2015): The Ecological Approach to Visual Perception, Classical Edition, Psychology Press: New York/Hove.

Gopnik, Alison/Meltzoff, Andrew N. (1997): Words, Thoughts, and Theories, MIT-Press: Cambridge MA.

Gopnik, Alison (2009): The Philosophical Baby. What Children's Minds Tell Us About Truth, Love, and the Meaning of Life, Picador: (Farrar, Straus and Giroux), New York.

Greene, Joshua (2013): Moral Tribes. Emotion, Reason, and the Gap between us and them, Atlantic Books: London.

Habermas, Jürgen (1981): Theorie des kommunikativen Handelns, 2 Bde., Frankfurt am Main.

Habermas, Jürgen (2012): „Die Lebenswelt als Raum symbolisch verkörperter Gründe", in: Ders., Nachmetaphysisches Denken II, Aufsätze und Repliken, Berlin 2012, 54 – 76.

Habermas, Jürgen (2019): Auch eine Geschichte der Philosophie, 2 Bde., Berlin.

Hadjinicolaou, Jannis (2017): „Blotches as Symbolic Articulation", in Sabine Marienberg (Ed.), Symbolic Articulation. Image, Word, and Body between Action and Schema, Berlin, 173 – 204.

Haeckel, Ernst (1907/1984): Die Welträtsel: Gemeinverständliche Studien über monistische Philosophie, Stuttgart.

Haidle, Miriam et.al. (2015): „The Nature of Culture: an eight-grade model for the evolution and expansion of cultural capacities in hominins and other animals", in: Journal of Anthropological Sciences, vol. 93 (2015), pp. 43 – 70, doi 10.4436/jass.93011

Heidegger, Martin (1927/[15]1979): Sein und Zeit, Tübingen.

Heilinger, Jan/Jung, Matthias (2009): Funktionen des Erlebens. Neue Perspektiven des qualitativen Bewusstseins (Humanprojekt Bd. 5), Berlin/New York.

Heilinger, Jan/Jung, Matthias (Hg.) (2009): „Funktionen des Erlebens. Neue Perspektiven des Qualitativen Bewusstseins", in; Funktionen des Erlebens. Neue Perspektiven des qualitativen Bewusstseins (Humanprojekt Bd. 5), Berlin/New York, 1 – 40.

Herder, Johann Gottfried (1771/2001): Abhandlung über den Ursprung der Sprache, Stuttgart.

Hertler, Christine/Haidle, Miriam (2017): KULT – UR – MENSCH. Kulturkonzepte für die Erforschung der Menschwerdung – ein Positionspapier. (MS)

Humboldt, Wilhelm von (1820/1994): „Über das vergleichende Sprachstudium", in: Jürgen Trabant (Hg.), Über die Sprache. Reden vor der Akademie, Tübingen/Basel, 11 – 32.

Humboldt, Wilhelm von (1836/1998): Über die Verschiedenheit des menschlichen Sprachbaues und ihren Einfluß auf die geistige Entwicklung des Menschengeschlechts (hrsg. von Donatella Di Cesare), Paderborn etc.

Hume, David (1739/1984): A Treatise of Human Nature (ed. by Ernest C. Mossner), London.

Hurley, Susan (1998/2013): „Wahrnehmen und Handeln. Alternative Sichtweisen", in: Joerg Fingerhut/ Rebekka Hufendiek/Markus Wild (Hg.), Philosophie der Verkörperung. Grundlagentexte zu einer aktuellen Debatte, Berlin, 379 – 414.

Hurttig, Marcus Andrew/Ketelsen, Thomas (2012): Die entfesselte Antike. Aby Warburg und die Geburt der Pathosformel, Köln.

Husserl, Edmund (1928/1980): Vorlesungen zur Phänomenologie des inneren Zeitbewusstseins, Tübingen.

Iliopoulos, Antonis (2019): „Material Engagement Theory and its philosophical ties to pragmatism", in: Phenomenology and the Cognitive Sciences 18: 39 – 63 https://doi.org/10.1007/ s11097 – 018 – 9596 – 5, letzter Zugriff 05. 08. 2022.

Illies, Christian (2010): „Biologie statt Philosophie? Evolutionäre Kulturerklärungen und ihre Grenzen", in: Volker Gerhardt/Julian Nida-Rümelin (Hg.), Evolution in Natur und Kultur (Humanprojekt 6), Berlin/New York.

Jackson, Frank (1982): „Epiphenomenal Qualia", in: Philosophical Quarterly, 32: 127 – 136.

James, William (1890/1950): The Principles of Psychology, 2 vol., Dover: New York.

James, William (1896/2022): Der Wille zum Glauben (Reclam Great Papers Philosophie), hrsg. von Matthias Jung, Ditzingen.

James, William (1902/1990): The Varieties of Religious Experience, Vintage Books/The Library of America: New York.

James, William (1904/1987): „A World of Pure Experience", in: Ders., Writings 1902 – 1910, The Library of America: New York.

James, William (1907/⁴1988): Pragmatism, Hackett Publishing Company: Indianapolis/Cambridge.

Jaspers, Karl (1948/1974): Der philosophische Glaube, Zürich.

Jaspers, Karl (1949/1994): Vom Ursprung und Ziel der Geschichte, München.

Joas, Hans (1996): Die Kreativität des Handelns, Frankfurt am Main.

Joas, Hans (1996): Die Entstehung der Werte, Frankfurt am Main.

Joas, Hans (2014): Was ist die Achsenzeit? Eine wissenschaftliche Debatte als Diskurs über Transzendenz, Basel.

Joas, Hans (2015): „Pragmatismus und Historismus. Meads Philosophie der Zeit und die Logik der Geschichtsschreibung", in: DZPhil 2015; 63(1):1 – 21.

Johnson, Mark (1987): The Body in the Mind. The Bodily Basis of Meaning, Imagination, and Reason: Chicago UP: Chicago/London.

Johnson, Mark (2016): „Pragmatism, Cognitive Science, and Embodied Mind", in: Roman Madzia/ Matthias Jung (Eds.), Pragmatism and Embodied Cognitive Science, Berlin, 101 – 126.

Johnson, Mark (2017): Embodied Mind, Meaning, and Reason. How Our Bodies Give Rise to Understanding, Chicago UP: Chicago/London.

Johnson, Mark (2018a): The Aesthetics of Meaning and Thought. The Bodily Roots of Philosophy, Science, Morality, and Art, Chicago UP: Chicago/London.

Johnson, Mark (2018b): „The Embodiment of Language", in: Newen, Albert/De Bruin, Leon/Gallagher/ Shaun (Eds.), The Oxford Handbook of 4E Cognition, Oxford UP: Oxford.

Jung, Matthias/Schlette, Magnus (Hg.) (2005): Anthropologie der Artikulation. Erfahrungswissenschaftliche und philosophische Beiträge, Königshausen & Neumann: Würzburg.

Jung, Matthias (2005): „Making us Explicit" – Artikulation als Organisationsprinzip von Erfahrung, in: Anthropologie der Artikulation, hrsg. v. Magnus Schlette u. Matthias Jung, Würzburg 2005.

Jung, Matthias (2009a): Der bewusste Ausdruck. Anthropologie der Artikulation (Humanprojekt 4), Berlin.

Jung, Matthias (2009b): „Handlung, Erleben, Mitteilung – Bewusstsein als Interaktionsphase", in: Matthias Jung/Jan-Christoph Heilinger (Hg.), Funktionen des Erlebens, Berlin, 217–251.

Jung, Matthias (2012): „Embodiment, Transcendence, and Contingency: Anthropological Features of the Axial Age", in: Robert N. Bellah/Hans Joas (Eds.), The Axial Age and Its Consequences, The Belknap Press of Harvard University Press, Cambridge MA/London, 77–101.

Jung, Matthias (2014a): Gewöhnliche Erfahrung, Tübingen.

Jung, Matthias (^{2}2014b): Wilhelm Dilthey zur Einführung, Hamburg.

Jung, Matthias/Madzia, Roman (2015): „Wilhelm Diltheys Philosophie der Verkörperung", in: DZPhil 2015; 63(6), 1001–1021).

Jung, Matthias/Bauks, Michaela/Ackermann, Andreas (Hg.) (2016): Dem Körper eingeschrieben. Verkörperung zwischen Leiberleben und kulturellem Sinn, Wiesbaden.

Jung, Matthias (2016): Die Natur der Werte – eine pragmatistische Perspektive, in: DZPhil 2016 (Band 64), Heft 3, 410–423.

Jung, Matthias (2017a): Symbolische Verkörperung. Die Lebendigkeit des Sinns, Tübingen.

Jung, Matthias (2017b): „Wahrnehmung als Handlungsphase. Warum Pragmatisten keine Fusionisten sind", in: „Biologie und Anthropologie der Wahrnehmung", in: Gerald Hartung/Matthias Hergen (Hg.), Interdisziplinäre Anthropologie, Jahrbuch 4/2016: Wahrnehmung, Wiesbaden, 91–96.

Jung Matthias (2017c): „Ausdruck, Wahrnehmung und symbolische Distanz", in: Magnus Schlette/ Thomas Fuchs/Anna Maria Kirchner (Hg.), Anthropologie der Wahrnehmung, Heidelberg, 141–160.

Jung, Matthias/Schlette, Magnus (2018): „Stimmigkeit als Geltungsanspruch. Die Triade der Artikulation", in: DZPhil (2018), 66 (5), 587–606.

Jung, Matthias (2019): Science, Humanism and, Religion. The Quest for Orientation, Palgrave Macmillan: Cham.

Jung, Matthias (2022): Nachwort zu William James, Der Wille zum Glauben (Reclam Great Papers Philosophie), Ditzingen, 91–138.

Kahneman, Daniel (2012): Thinking, Fast and Slow, Penguin Books: London.

Kant, Immanuel (1781/1980): Kritik der reinen Vernunft (Werkausgabe, hrsg. v. Wilhelm Weischedel Bd. III/1), Frankfurt am Main.

Kant, Immanuel (1786/1980): „Was heißt: sich im Denken orientieren?", in: ders., Schriften zur Metaphysik und Logik I (Werkausgabe, hrsg. v. Wilhelm Weischedel Bd. V), Frankfurt am Main, 265–283.

Kitcher, Philip (2001): Science, Truth, and Democracy, Oxford UP: New York.

Kitcher, Philip (2011): Science in a Democratic Society, Prometheus Books: New York.

Koch, Christof (2004): The Quest for Consciousness. A Neurobiological Approach, Roberts and Company Publishers: Eaglewood.

Koch, Christof (2020): The Feeling of Life Itself. Why Consciousness Is Widespread but Can't Be Computed, MIT-Press: Cambridge MA/London.

Kohlberg, Lawrence (1997): Die Psychologie der Moralentwicklung, Frankfurt am Main.

Kleist, Heinrich von (1805): Über die allmähliche Verfertigung der Gedanken beim Reden https://pure.mpg.de/pubman/faces/ViewItemOverviewPage.jsp?itemId=item_2352284_4, letzter Zugriff 05.05.2022.

Krois, John Michael (2006): „Für Bilder braucht man keine Augen", in: John Michael Krois/Norbert Meuter (Hg.), Kulturelle Existenz und symbolische Form. Philosophische Essays zu Kultur und Medien, Berlin, 167–190.

Kuhn, Thomas (1962/1996): Die Struktur wissenschaftlicher Revolutionen, Frankfurt am Main.

Kull, Kalevi (2001): „Jakob von Uexküll: An Introduction", in: Semiotica (134–1/4), 1–59.

Kurthen, Martin (1994): Hermeneutische Kognitionswissenschaft. Die Krise der Orthodoxie, DJRE-Verlag: Bonn.

Kurzweil, Ray (1999): The Age of Spiritual Machines. When Computers Exceed Human Intelligence, Penguin Books: New York etc.

Lakoff, George (1987): Women, Fire, and Dangerous Things. What Categories Reveal about the Mind, University of Chicago Press: Chicago.

Lakoff, George/Johnson, Mark (1980/2003): Metaphors we live by, Chicago UP: Chicago/London.

Lakoff, George/Johnson, Mark (1999): Philosophy in the Flesh. The Embodied Mind and its Challenge to Western Thought, Basic Books: New York.

Laland, Kevin N. (2017): Darwin's Unfinished Symphony. How Culture Made the Human Mind, Princeton UP: Princeton/Oxford.

Langer, Susanne K. (1942/1992): Philosophie auf neuem Wege. Das Symbol im Denken, im Ritus und in der Kunst, Frankfurt am Main.

Lieberman, Philip (2013): The Unpredictable Species. What makes Humans Unique, Princeton UP: Princeton/Oxford.

Loenhoff, Jens/Mollenhauer, Rafael /2016): „Zwischen Kooperation und methodologischem Individualismus. Zur Genese von Tomasellos Kommunikationsbegriff und seinen kognitionstheoretischen Hintergründen", in: Gert Albert/Jens Greve/Rainer Schützeichel (Hg.), Kooperation, Sozialität und Kultur. Michael Tomasellos Arbeiten in der soziologischen Diskussion (Drittes Beiheft der Zeitschrift für theoretische Soziologie), Weinheim, 102–127.

Maddalena, Giovanni (2015): The Philosophy of Gesture, Completing Pragmatism's Incomplete Revolution, Mc Guill-Queen's University Press: Montreal & Kingston/London/Chicago.

Madzia, Roman/Jung, Matthias (Hg.) (2016): Pragmatism and Embodied Cognitive Science (Humanprojekt 14), Berlin.

Määttänen, Pentti (2021): „Body-Language Continuity via Non-linguistic Meaning", in: Alfonsia Scarizini (Ed.), Meaningful Relations: The Enactivist Making of Experiental Worlds, Academia: Baden Baden.

Malachowski, Alan (2010): The New Pragmatism, Acumen: Durham.

Malafouris, Lambros (2013): How Things Shape the Mind. A Theory of Material Engagement, MIT-Press: Cambridge MA/London.

Man, Kingson/Damasio, Antonio (2019): „Homeostasis and soft robotics in the design of feeling machines", in: Nature Machine Intelligence | VOL 1 | OCTOBER 2019 |, https://doi.org/10.1038/s42256-019-0103-7, 446–452. Letzter Zugriff 05.08.2022.

Manemann, Jürgen/Arisaka, Yoko/Drell, Volker/Hauk, Anna Maria (^{2}2013): Prophetischer Pragmatismus. Eine Einführung in das Denken von Cornel West, München.

Margreiter, Reinhard (1997): Erfahrung und Mystik. Grenzen der Symbolisierung, Berlin.

Margulis, Lynn/Sagan, Dorion (1997): What is life?, Simon & Schuster: New York.

Marienberg, Sabine (2009): „Die Grenzen der Vergegenständlichung qualitativen Erlebens", in: Heilinger, Jan/Jung, Matthias (Hg.), Funktionen des Erlebens. Neue Perspektiven des qualitativen Bewusstseins (Humanprojekt Bd. 5), Berlin/New York, 41–58.

Marienberg, Sabine (Ed.) (2017): Symbolic Articulation. Image, Word, and Body between Action and Schema, Berlin/Boston.

Marstaller, Lars (2009): „Welche Funktion hat qualitatives Erleben für einen ausgedehnten Geist?", in: Heilinger, Jan/Jung, Matthias (Hg.): Funktionen des Erlebens. Neue Perspektiven des qualitativen Bewusstseins (Humanprojekt Bd. 5), Berlin/New York, 153–186.

Massing, Tina (2022): Die Logik der Erfahrung. Grundlagen einer pragmatistischen Wissenschaftsphilosophie: https://kola.opus.hbz-nrw.de/frontdoor/index/index/docId/2289, letzter Zugriff 05.08.2022.

Maturana, Humberto R./Varela, Francisco J. (1984/2020): Der Baum der Erkenntnis. Die biologischen Wurzeln menschlichen Erkennens, Frankfurt am Main.

McGinn, Colin (2019): „Belief, Desire, and Action", in: https://www.colinmcginn.net/belief-desire-and-action/, letzter Zugriff 08.03.2021.

McLaughlin, Peter (2008): „Funktion und Bewusstsein", in: Detlev Ganten/Volker Gerhardt/Julian Nida-Rümelin (Hg.), Funktionen des Bewusstseins (Humanprojekt 2), Berlin/New York, 21–38.

Mead, George Herbert (1903/1980): „Die Definition des Psychischen", in: Ders., Gesammelte Aufsätze Bd. 1, hrsg. von Hans Joas, Frankfurt, 83–186.

Mead, George Herbert (1913/1980): „Die soziale Identität", in: Ders., Gesammelte Aufsätze Bd. 1, hrsg. von Hans Joas, Frankfurt, 241–252.

Mead, George Herbert (1934/2015): Daniel B. Huebner/Hans Joas (Eds.), Mind, Self and Society. The Definitive Edition, University of Chicago Press: Chicago/London.

Mead, George Herbert (1938): The Philosophy of the Act, The University of Chicago Press: Chicago.

Merleau-Ponty, Maurice (1945/1966): Phänomenologie der Wahrnehmung, Berlin.

Metzinger, Thomas (1998): „Anthropologie und Kognitionswissenschaft", in: Peter Gold/Andreas K. Engel (Hg.), Der Mensch in der Perspektive der Kognitionswissenschaft, Frankfurt am Main, 326–372.

Metzinger, Thomas (^{6}2017): Der Ego-Tunnel. Eine neue Philosophie des Selbst: Von der Hirnforschung zur Bewusstseinsethik, München.

Meuter, Norbert (2006): Anthropologie des Ausdrucks. Die Expressivität des Menschen zwischen Natur und Kultur, München.

Miller, Daniel (1997): Material Culture and Mass Consumption, Basil Blackwell: Oxford.

Miller, Daniel (2008): The Comfort of Things, Polity Press: Cambridge.

Misak, Cheryl (2007): New Pragmatists (Ed.), Clarendon Press (Oxford UP): Oxford.

Misak, Cheryl (2013): The American Pragmatists, Oxford UP: Oxford.

Mithen, Steven (1996): The Prehistory of the Mind. A search for the origins of art, religion and science, Phoenix (Orion Books): London.

Mithen, Steven (2006): The Singing Neanderthals. The Origins of Music, Language, Mind and Body, Phoenix: London.

Münch, Dieter (Hg.) (1992): Kognitionswissenschaft. Grundlagen, Probleme, Perspektiven. Frankfurt am Main.

Münch, Dieter (1998): „Kognitivismus in anthropologischer Perspektive", in: Peter Gold/Andreas K. Engel (Hg.), Der Mensch in der Perspektive der Kognitionswissenschaft, Frankfurt am Main.

Musil, Robert (1978): Der Mann ohne Eigenschaften (2 Bde), Reinbeck bei Hamburg.

Nagel, Thomas (1974/1979): „What is it like to be a bat?", in: Ders., Mortal Questions, Cambridge University Press: Cambridge/London, 165–180.

Nagl, Ludwig (1992): Charles Sanders Peirce, Frankfurt am Main.

Neuweiler, Gerhard (2008): Und wir sind es doch – die Krone der Evolution, Berlin.

Newen, Albert/De Bruin, Leon/Gallagher, Shaun (Eds.) (2018): The Oxford Handbook of 4E Cognition, Oxford University Press: Oxford.

Newson, Lesley/Richerson, Peter J. (2021): A Story of Us. A New Look at Human Evolution, Oxford UP.

Nietzsche, Friedrich (1988): Jenseits von Gut und Böse, in: Jenseits von Gut und Böse/Zur Genealogie der Moral (Kritische Studienausgabe Bd. 5), München/Berlin.

Noë, Alva (2004): Action in Perception, MIT-Press: Cambridge MA/London.

Noë, Alva (2009): Out of Our Heads. Why You Are Not Your Brain, and Other Lessons from the Biology of Consciousness, Hill and Wang: New York.

Noë, Alva (2016): Strange Tools. Art and Human Nature, Hill and Wang: New York.

Noë, Alva (2017): „The Writerly Attitude", in: Sabine Marienberg (Ed.), Symbolic Articulation. Image, Word, and Body Between Action and Schema, Berlin, 73–87.

Noë, Alva (2021): Learning to Look. Dispatches from the Art World, Oxford University Press: New York.

Nungesser, Frithjof (2020): „Life in action. Zur pragmatistischen Konzeptualisierung des (menschlichen) Lebens und ihrer empirischen Haltbarkeit", in: Heike Delitz/Frithjof Nungesser/Robert Eyfert (Hg.), Soziologie des Lebens. Überschreitung – Differenzierung – Kritik, Bielefeld, 259–297.

Nungesser, Frithjof (2021): Die Sozialität des Handelns. Eine Aktualisierung der pragmatistischen Sozialtheorie, Frankfurt am Main.

O'Regan, J. Kevin/Noë, Alva (2001/2013): „Ein sensomotorischer Ansatz des Sehens und des visuellen Bewusstseins", in: Joerg Fingerhut/Rebekka Hufendiek/Markus Wild (Hg.), Philosophie der Verkörperung. Grundlagentexte zu einer aktuellen Debatte, Berlin 2013, 328–378.

Pape, Helmut (1989): Erfahrung und Wirklichkeit als Zeichenprozeß. Charles S. Peirces Entwurf einer Spekulativen Grammatik des Seins, Frankfurt.

Pape, Helmut (2012): „Der Körper der Symbole. Die Materialität der Zeichen in der Semiotik des C.S. Peirce", in: Bodies in Action and Symbolic Forms, hrsg. von H. Bredekamp, M. Lauschke und A. Arteaga, Berlin 2012, S. 47–64.

Pascal, Blaise (1670/1871): Pensées, Hachette: Paris.

Pawel, Anja (2017): „Ancient Articulation? Antique Schemata in Modern Art and Dance", in Sabine Marienberg (Ed.), Symbolic Articulation. Image, Word, and Body between Action and Schema, Berlin, 153–172.

Peirce, Charles Sanders (1866/1986): „Die neunte Lowell-Lecture", in: Christian Kloesel/Helmut Pape (Hg.), Charles Peirce, Semiotische Schriften, Frankfurt, 128–146.

Peirce, Charles Sanders (1867/1992): „On a New List of Categories", in: (Nathan Houser/Christian Kloesel, eds.), The Essential Peirce, Selected Philosophical Writings, Vol.1, Indiana University Press: Bloomington/Indianapolis, 1–10.

Peirce, Charles Sanders (1868/1992a): „Questions Concerning Certain Faculties Claimed for Man", in: (Nathan Houser/Christian Kloesel, eds.), The Essential Peirce, Selected Philosophical Writings, Vol.1, Indiana University Press: Bloomington/Indianapolis,11–27.

Peirce, Charles Sanders (1868/1992b): „Some Consequences of Four Incapacities", in: (Nathan Houser/ Christian Kloesel, eds.), The Essential Peirce, Selected Philosophical Writings, Vol.1, Indiana University Press: Bloomington/Indianapolis, 28 – 55.

Peirce, Charles Sanders (1877/1992): „The Fixation of Belief", in: (Nathan Houser/Christian Kloesel, eds.), The Essential Peirce, Selected Philosophical Writings, Vol.1, Indiana University Press: Bloomington/Indianapolis, 109 – 123.

Peirce, Charles Sanders (1878/1992): „How to Make Our Ideas Clear", in: (Nathan Houser/Christian Kloesel, eds.), The Essential Peirce, Selected Philosophical Writings, Vol.1, Indiana University Press: Bloomington/Indianapolis,124 – 141.

Peirce, Charles Sanders (1885/1992): „An American Plato. Review of Royce's *Religious Aspect of Philosophy*", in: (Nathan Houser/Christian Kloesel, eds.), The Essential Peirce, Selected Philosophical Writings, Vol.1, Indiana University Press: Bloomington/Indianapolis, 229 – 241.

Peirce, Charles Sanders (1892/1992): „The Law of Mind", in: (Nathan Houser/Christian Kloesel, eds.), The Essential Peirce, Selected Philosophical Writings, Vol.1, Indiana University Press: Bloomington/Indianapolis,312 – 333.

Peirce, Charles Sanders (1893/1998): „Immortality in the Light of Synechism", in: (The Peirce Edition Project, eds.) The Essential Peirce, Vol. 2, Selected Philosophical Writings, Indiana University Press: Bloomington/Indianapolis, 1 – 3.

Peirce, Charles Sanders (1894/1998): „What is a Sign?", in: (The Peirce Edition Project, eds.) The Essential Peirce, Selected Philosophical Writings, Vol. 2, Indiana University Press: Bloomington/ Indianapolis, 4 – 10.

Peirce, Charles Sanders (1903/1998): „Harvard Lectures on Pragmatism", in: (The Peirce Edition Project, eds.) The Essential Peirce, Selected Philosophical Writings, Vol. 2, Indiana University Press: Bloomington/Indianapolis, 133 – 241.

Peirce, Charles Sanders (1958): The Collected Papers of Charles Sanders Peirce, Vol. VII: Science and Philosophy. CP 7. Edited by A. W. Burks. Harvard University Press: Cambridge MA.

Perler, Dominik/Wild, Markus (Hg.) (2005): Der Geist der Tiere, Philosophische Texte zu einer aktuellen Diskussion, Frankfurt am Main.

Petitmengin, Claire (2016): „The scientist's body as the source of meaning", in: Donata Schoeller/ Vera Saller (Eds.), Thinking thinking. Practicing radical reflection, Freiburg/München, 28 – 49.

Pinker, Steven (1998): Der Sprachinstinkt. Wie der Geist die Sprache bildet, München.

Pinker, Steven (2021): Rationality. What it is, why it seems scarce, why it matters, Viking (Penguin Random House): München.

Pihlström, Sami (2014): „Pragmatic Realism", in: Kenneth R. Westphal (Ed.), Realism, Science, and Pragmatism. Routledge: London/New York.

Pihlström, Sami (2022a): Pragmatist Truth in the Post-Truth Age; Sincerity, Normativity, and Humanism, Cambridge UP: Cambridge.

Pihlström Sami (2022b): Toward a Pragmatist Philosophy of the Humanities, State University of New York Press: New York.

Platon (2019): Phaidros, hrsg. von Thomas Paulsen und Rudolf Rehn, Hamburg.

Plessner, Helmuth (1923/2003): Anthropologie der Sinne (Gesammelte Schriften III), Frankfurt am Main.

Plessner, Helmuth (1928/³1975): Die Stufen des Organischen und der Mensch, Einleitung in die philosophische Anthropologie, Berlin/New York.

Plessner, Helmuth (1923/2003): „Die Einheit der Sinne. Grundlinien einer Ästhesiologie des Geistes", in: Ders., Anthropologie der Sinne (Gesammelte Schriften III), Frankfurt am Main, 7 – 316.

Plessner, Helmuth (1941/2003): „Lachen und Weinen. Eine Untersuchung der Grenzen menschlichen Verhaltens", in: Ders., Ausdruck und menschliche Natur (Gesammelte Schriften VII), Frankfurt am Main, 201 – 388.

Plessner, Helmuth (1950/2003): „Das Lächeln", in: Ders., Ausdruck und menschliche Natur (Gesammelte Schriften VII), Frankfurt am Main, 419 – 434.

Putnam, Hilary (1981/1990): Vernunft, Wahrheit und Geschichte, Frankfurt am Main.

Ratcliffe, Matthew (2008): Feelings of Being: Phenomenology, Psychiatry and the Sense of Reality, Oxford UP: Oxford.

Ratcliffe, Matthew (2012): „The Phenomenology of Existential Feeling", in: Joerg Fingerhut/Sabine Marienberg (Eds.), Feelings of Being Alive, De Gruyter: Berlin, 23 – 53.

Reinhard, Wolfgang (2013): „Einleitung" zu: Meinrad Böhl/Wolfgang Reinhard/Peter Walter (Hg.), Hermeneutik. Die Geschichte der abendländischen Textauslegung von der Antike bis zur Gegenwart, Wien/Köln/Weimar, 11 – 24.

Rockwell, W. Teed (2007): Neither Brain nor Ghost. A Nondualist Alternative to the Mind-Brain Identity Theory, Bradford Book (MIT-Press), Cambridge MA/London.

Rorty, Richard (1979/1981): The Mirror of Nature, dt.: Der Spiegel der Natur, Frankfurt am Main.

Rosa, Hartmut (2018): Resonanz. Eine Soziologie der Weltbeziehung, Berlin.

Rosa, Hartmut (2020): Unverfügbarkeit, Berlin.

Roth, Gerhard (2001): Fühlen, Denken, Handeln. Wie das Gehirn unser Verhalten steuert, Frankfurt am Main.

Rünger, Dennis (2009): „Das Problem der Messung des Bewusstseins", in: Heilinger, Jan/Jung, Matthias (Hg.): Funktionen des Erlebens. Neue Perspektiven des qualitativen Bewusstseins (Humanprojekt Bd. 5), Berlin/New York, 59 – 92.

Sacks, Oliver (2007): Musicophilia. Tales of Music and the Brain, Picador: London.

Sartre, Jean-Paul (1946/1986): „Ist der Existenzialismus ein Humanismus?", in: ders., Drei Essays, Frankfurt am Main/Berlin, 7 – 51.

Scheler, Max (1928/[12]1991): Die Stellung des Menschen im Kosmos, Bonn.

Schumacher, Ernst Friedrich (1973): Small is Beautiful. A Study of Economics as if People Mattered, Hutchinson (Random House): London.

Schneider, Domenico (2017): Dynamik des Verstehens. Eine phänomenologische Untersuchung der Dynamik bildschematischer Strukturen, Berlin.

Schoeller, Donata (2015): „Einleitung" zu: Eugene Gendlin, Ein Prozess-Modell, herausgegeben und übersetzt von Donata Schoeller und Christiane Geiser, München, 11 – 47.

Schoeller, Donata/Saller, Vera (Eds.) (2016): Thinking thinking. Practicing radical reflection, Freiburg/ München.

Schopenhauer, Arthur (1844/1977): Die Welt als Wille und Vorstellung II, Zweiter Teilband, Zürich.

Schrödter, Hermann (1987): Erfahrung und Transzendenz. Ein Versuch zu Anfang und Methode von Religionsphilosophie, Altenberge.

Schwartz, Benjamin (1975), „The Age of Transcendence", in: Daedalus 104, no. 2, 1 – 7.

Searle, John (1997): Die Konstruktion der gesellschaftlichen Wirklichkeit. Zur Ontologie sozialer Tatsachen, Reinbek bei Hamburg.

Setz, Clemens J. (2020): Die Bienen und das Unsichtbare, Berlin.

Shahanan, Murray (2016): „The Frame Problem", The Stanford Encyclopedia of Philosophy (Spring 2016 Edition), Edward N. Zalta (Ed.), forthcoming URL = <https://plato.stanford.edu/archives/spr2021/entries/frame-problem/>.

Smith, John Maynard/Szathmáry, Eörs (2009): The Origins of Life. From the Birth of Life to the Origins of Language, Oxford UP: Oxford/New York.

Speaks, Jeff (2021): „Theories of Meaning", *The Stanford Encyclopedia of Philosophy* (Spring 2021 Edition), Edward N. Zalta (Ed.), forthcoming URL = <https://plato.stanford.edu/archives/spr2021/entries/meaning/>.

Stjernfelt, Frederik (2014): Natural Propositions. The Actuality of Peirce's Doctrine of Dicisigns, Docent Press: Boston MA.

Suddendorf, Thomas (2014): Der Unterschied. Was den Mensch zum Menschen macht, Berlin.

Suhr, Martin (1994): John Dewey zur Einführung, Hamburg.

Tallis, Raymond (2004): I am. An Enquiry into First-person Being, Edinburgh UP: Edinburgh.

Tallis, Raymond (2010): Michelangelo's Finger. An Exploration of Everyday Transcendence, Atlantic Books: London.

Tallis, Raymond (2011): Aping Mankind. Neuromania, Darwinitis and the Misrepresentation of Humanity, Acumen: Durham.

Taylor, Charles (1977/1995): „Was ist menschliches Handeln?", in: Ders., Negative Freiheit? Zur Kritik des neuzeitlichen Individualismus, Frankfurt am Main, 9–51.

Taylor, Charles (1980/1995): „Bedeutungstheorien", in: Ders., Negative Freiheit? Zur Kritik des neuzeitlichen Individualismus, Frankfurt am Main, 52–117.

Taylor, Charles (2007): A Secular Age, The Belknap Press (Harvard UP), Cambridge MA/London.

Taylor, Charles (2016): The Language Animal. The Full Shape of the Human Linguistic Capacity, The Belknap Press (Harvard UP), Cambridge MA/London.

Thompson, Evan (2007): Mind in Life. Biology, Phenomenology, and the Sciences of Mind, The Belknap Press of Harvard University Press: Cambridge MA/London.

Thompson, Evan (2016): „Introduction to the Revised Edition", in: Varela, Francisco J./Thompson, Evan/Rosch, Eleanor (1991/2016): The Embodied Mind. Cognitive Science and Human Experience (revised edition), MIT-Press: Cambridge MA/London, xvii-xxxiii.

Thompson, Evan (2022): „Could All Life Be Sentient?", in: Journal for Consciousness Studies vol. 29, number 3–4, pp. 229–265.

Toepfer, Georg (2017a): „Biologie und Anthropologie der Wahrnehmung", in: Gerald Hartung/Matthias Hergen (Hg.), Interdisziplinäre Anthropologie, Jahrbuch 4/2016: Wahrnehmung, Wiesbaden, 3–50.

Toepfer, Georg (2017b): „Leben", in: Thomas Kirchhoff et.al. (Hg.), Naturphilosophie, Tübingen.

Tomasello, Michael (1999/³2001): The Cultural Origins of Human Cognition, Harvard UP: Cambridge MA/London.

Tomasello, Michael (2003): Constructing a Language. A Usage-Based Theory of Language Acquisition, Harvard UP: Cambridge MA/London.

Tomasello, Michael (2008): Origins of Human Communication, A Bradford Book, MIT-Press: Cambridge MA/London.

Tomasello, Michael (2014): A Natural History of Human Thinking, Harvard UP: Cambridge MA/London.

Tomasello, Michael (2016): A Natural History of Human Morality, Harvard UP: Cambridge MA/London.

Tomasello, Michael (2019): Becoming Human. A Theory of Ontogeny, The Belknap Press of Harvard UP: Cambridge MA/London.

Tugendhat, Ernst (1976): Vorlesungen zur Einführung in die sprachanalytische Philosophie, Frankfurt am Main.

Trabant, Jürgen (1998): Artikulationen. Historische Anthropologie der Sprache, Frankfurt/Main.

Trabant, Jürgen (2017): „Symbolische Artikulation und Wahrnehmung", in: Magnus Schlette/ Thomas Fuchs/Anna Maria Kirchner (Hg.), Anthropologie der Wahrnehmung, Heidelberg, 161–182.

Trujillo, Cleber A. et al. (2021): „Reintroduction of the archaic variant of *NOVA1* in cortical organoids alters neurodevelopment", in: Science 37172021,DOI: 10.1126/science.aax2537

Tye, Michael (2018): „Qualia", *The Stanford Encyclopedia of Philosophy* (Summer 2018 Edition), Edward N. Zalta (Ed.), URL = <https://plato.stanford.edu/archives/sum2018/entries/qualia/>.

Uexküll, Jakob von/Kriszat, Georg (1934/2023) Streifzüge durch die Umwelten von Tieren und Menschen (ein Band mit der *Bedeutungslehre*), Berlin.

Uexküll, Jakob von (1940/2023), Bedeutungslehre (ein Band mit den *Streifzügen durch die Umwelten von Menschen und Tieren*), Berlin.

Varela, Franciso J./Thompson, Evan/Rosch, Eleanor (1991/2016): The Embodied Mind. Cognitive Science and Human Experience (revised edition), MIT-Press: Cambridge MA/London.

Viola, Tullio (2016): „Peirce on Abduction and Embodiment", in: Roman Madzia/Matthias Jung (Eds.), Pragmatism and Embodied Cognitive Science. From Bodily Intersubjectivity to Symbolic Articulation (Humanprojekt 14), Berlin, 251–268.

Viola, Tullio (2017): „Habit and the Symbolic Process", in: Sabine Marienberg (Ed.),Symbolic Articulation. Image, Word, and Body between Action and Schema, Berlin/Boston, 89–108.

Volbers, Jörg (2018): Die Vernunft der Erfahrung. Eine pragmatistische Kritik der Rationalität, Hamburg.

Ward, Dave/Silverman, David/Villalobos, Mario (2017): „Introduction: The Varieties of Enactivism", in: Topoi 2017 36: 365–375. DOI 10.1007/s11245–017–9484–6.

Weber, Max (1922/1988): „Soziologische Grundbegriffe", in: Ders., Gesammelte Aufsätze zur Wissenschaftstheorie, Tübingen.

Wedepohl, Claudia (2012): „Von der ‚Pathosformel' zum ‚Gebärdensprachenatlas'. Dürers *Tod des Orpheus* und Warburgs Arbeit an einer ausdruckstheoretisch begründeten Kulturgeschichte", in: Hurttig, Marcus Andrew/Ketelsen, Thomas (Hg.), (2012): Die entfesselte Antike. Aby Warburg und die Geburt der Pathosformel, Köln, 33–50.

Welsch, Wolfgang (2014): „Das Rätsel der menschlichen Besonderheit", in: Volker Steenblock/Hans-Ulrich Lessing (Hg.), Vom Ursprung der Kultur, Freiburg, 95–116.

Westbrook, Robert B. (1991): John Dewey and American Democracy, Cornell University Press: Ithaca and London.

Whiten, Andrew (2021): „The burgeoning reach of animal culture", in: *Science* 02 Apr 2021: Vol. 372, Issue 6537, eabe6514 DOI: 10.1126/science.abe6514.

Wilson, Edward O. (1975): Sociobiology. The New Synthesis, Harvard UP: Cambridge MA/London.

Wittgenstein, Ludwig (1921/1963): Tractus logico-philosophicus. Logisch-philosophische Abhandlung, Frankfurt am Main.

Wittgenstein, Ludwig (1958/1971): Philosophische Untersuchungen, Frankfurt am Main.

Wolf, Susan (2010): Meaning in Life and Why It Matters, Princeton UP: Princeton and Oxford.

Wulf, Christoph (2004): Anthropologie. Geschichte, Kultur, Philosophie, Reinbek bei Hamburg.

Young, Iris Marion (1980/2005): „Throwing like a Girl", in: Dies., On Female Experience, „Throwing like a Girl" and Other Essays, Oxford UP: Oxford.

Namensregister

Adams, Fred   104, 340
Aikien, Scott BF.   59
Aizawa, Ken   340
Aristoteles   145, 267
Assmann, Jan   307f.

Bellah, Robert   136–138, 148, 155, 307, 309, 312, 325
Bloch, Ernst   66
Bonnemann, Jens   357
Bourdieu, Pierre   118
Boyd, Robert   191
Brandom, Robert   6, 11, 58–63, 67, 96, 102, 108, 110, 114, 120, 137, 148, 187, 232, 300–304, 308, 318, 327, 349, 358
Bratman, Michael J.   192
Braudel, Ferdinand   238
Bräuer, Juliane   106, 185, 233
Bredekamp, Horst   34, 150, 280–282
Brook, Rodney   289

Cassirer, Ernst   12, 132f., 164, 229, 307, 309
Catoni, Maria Louisa   35
Chalmers, David   171f., 176, 329, 335, 339–341, 343, 345, 347, 350
Chomsky, Noam   116, 152, 161, 234
Clark, Andy   42, 51, 171–174, 176, 313, 334f., 338–343, 345–355
Cleeremans, Axel   80
Conrad, Klaus   31
Cosmides, Lea   128, 145, 224
Crick, Francis   84
Cuffari, Elena Clare   7, 183, 196, 220f., 223–230, 242, 315

Damasio, Antonio   7, 16, 29, 79–85, 87, 97, 121, 126f., 130, 148, 187, 220, 224, 331, 336, 343, 346, 349, 354f.
Darwin, Charles   13f., 16, 36f., 128, 220, 233, 246, 301
Dawkins, Richard   18, 128, 137, 152, 164
De Bruin, Leon   202
De Jaegher, Hanne   220f., 223–230, 242, 315

Deacon, Terrence   16, 109, 137, 152, 160f., 167, 227, 298, 305, 309
Dennett, Daniel   137, 288
Descartes, René   6, 13, 41
Dewey, John   11, 22f., 25, 33, 36f., 42–45, 48–50, 52f., 58, 63–65, 67–80, 82, 84–88, 90, 92–94, 96, 98, 102, 110, 116f., 120, 125, 127, 132, 149, 157, 165, 173, 175, 186, 195, 197–199, 218, 231f., 234, 236, 238–240, 245f., 248, 251, 254, 256–260, 268, 286f., 289, 291–293, 295f., 305, 327f., 348, 356f.
Di Paolo, Ezequiel A.   7, 183, 196, 220f., 223–230, 242, 315
Diamond, Jared   128, 194
Dilthey, Wilhelm   11f., 27f., 31, 40–42, 45, 48, 115, 123, 126, 202, 221, 229, 261, 267, 297f.
Dobzhansky, Theodosius   22
Donald, Merlin   20, 130, 136–147, 152, 159, 188, 200, 240, 307, 309–313, 315f., 326, 338
Dreyfus, Hubert   26, 293
Dupré, John   10, 16, 18, 23, 129, 146
Durt, Christoph   196, 203, 280
Duttweiler, Stefanie   9
Dux, Günter   184, 190f.
Dworkin, Richard   127, 252

Eagleman, David   9
Eibl-Eibesfeld, Irenäus   325
Eichendorff, Joseph von   234
Einstein, Albert   296
Eisenstadt, Shmuel   307
Elias, Norbert   118
Elkana, Jehuda   307, 312
Emerson, Ralph Waldo   65
Engelen, Eva Maria   288
Engels, Friedrich   37
Everett, Daniel   161, 234
Evers, Joachim Lorenz   26

Fabbrichesi, Rosella   172
Fauconnier, Gilles   263–266, 269, 277
Fellmann, Ferdinand   192
Fischer, Joachim   22f., 125, 237

https://doi.org/10.1515/9783111065595-009

Sachregister

https://doi.org/10.1515/9783111065595-010

9 783111 065519